Droit administratif

À notre catalogue

Les manuels millésimés 2010-2011

Droit civil - Personnes, Incapacités, Famille - 16e éd.
Droit des obligations - 2e éd.
Droit constitutionnel et institutions politiques - 16e éd.
Institutions européennes - 13e éd.
Relations internationales - 15e éd.
Droit administratif - 15e éd.
Finances publiques - 12e éd.
Droit pénal général - 15e éd.
Procédure pénale - 11e éd.
Procédures civiles d'exécution - 1re éd.

En complément de votre manuel, par Philippe Foillard :

Droit constitutionnel et institutions politiques - 16e éd.
En annexe, La Constitution révisée en juillet 2008

Autres manuels

Procédure civile - 2010
Droit international privé - 2010
Régimes matrimoniaux - 2009
Droit de la famille - 2e éd.
Droit des biens - 4e éd.
Institutions, vie politique et faits sociaux de 1789 à 1958
Introduction générale et historique à l'étude du droit

Méthodes

Réussir son Droit
Réussir ses TD 1 – Personnes, Incapacités, Famille - 2010
Réussir ses TD 2 – Les obligations

Ces ouvrages sont disponibles chez votre libraire
ou, à défaut, par correspondance à l'adresse suivante :

Éditions Paradigme
14 quai Saint-Laurent, 45000 Orléans
Tél. 02 38 70 84 44 - Fax 02 38 70 56 76
e-mail : commercial@paradigme.com

ou sur cpuniv.com

Manuel
2010-2011

Droit administratif

Philippe Foillard

Paradigme

14, quai Saint-Laurent, 45000 Orléans

ISBN 978-2-35020-070-5

Mise en page : Fab Orléans (02 38 70 84 44)
Achevé d'imprimer en août 2010
Dépôt légal : août 2010
Impression : Imprimerie Darantiere (France)
N° d'imprimeur : 10-1020

SOMMAIRE

Liste des principales abréviations

AJDA	Actualité juridique, droit administratif
AJPI	Actualité juridique, propriété immobilière
C	Constitution de 1958 (exemple : art. 15 C : article 15 de la Constitution de 1958)
Cour de cassation (arrêts de la) :	
Cass. Ass. plén.	Assemblée plénière
Cass. ch. mixte	chambre mixte
Cass. civ.	chambre civile
Cass. com.	chambre commerciale
Cass. crim.	chambre criminelle
CAA	(arrêt d'une) Cour administrative d'appel
Cah. dr. eur.	Cahiers de droit européen
CC	(décision du) Conseil constitutionnel
CE	(arrêt du) Conseil d'État
CE Ass.	(arrêt rendu par l') Assemblée du contentieux du Conseil d'État
CE ord.	ordonnance du Conseil d'État
CE Sect.	(arrêt de la) section du contentieux du Conseil d'État
CEDH	Cour européenne des droits de l'homme
CJCE	**(devenue CJUE)** Cour de justice des Communautés européennes
CJEG	Cahiers juridiques électricité-gaz
CJUE	**(anciennement CJCE)** Cour de justice de l'Union européenne
CMP	Code des marchés publics
CNIL	Commission nationale informatique et libertés
concl.	conclusions (des commissaires du gouvernement)
Conv. EDH	Convention européenne des droits de l'homme
D.	Recueil Dalloz (Dalloz-Sirey depuis 1965)
DA	Droit administratif
DDHC	Déclaration des droits de l'homme et du citoyen
EDCE	Études et documents du Conseil d'État
EP	Établissement public
EPA	Établissement public à caractère administratif
EPIC	Établissement public à caractère industriel et commercial
GAJA	Les grands arrêts de la jurisprudence administrative
Gaz. Pal.	Gazette du Palais
GDCC	Les grandes décisions du Conseil constitutionnel
JCP	Jurisclasseur périodique (La Semaine juridique)
JO	Journal officiel de la République française
LPA	Les Petites Affiches
MTPB	Moniteur des travaux publics et du bâtiment
POS	Plan d'occupation des sols
RA	Revue administrative
RDP	Revue du droit public et de la science politique
Rec.	Recueil Lebon (Recueil des arrêts du Conseil d'État) ou Recueil des décisions du Conseil constitutionnel
Rec. Lachaume	Les grandes décisions de la jurisprudence, droit administratif
RFDA	Revue française de droit administratif
S.	Recueil Sirey
SP	Service public
SPA	Service public à caractère administratif
SPIC	Service public à caractère industriel et commercial
Sté	Société
TA	(jugement d'un) tribunal administratif
TC	(arrêt du) Tribunal des conflits

INTRODUCTION GÉNÉRALE

SECTION I
Le droit administratif

§ 1. Un droit spécifique

Se démarquant des systèmes juridiques dans lesquels un droit unique régit l'ensemble des relations juridiques (en particulier dans les pays anglo-saxons), celles des personnes publiques comme des personnes privées, **le système juridique français est doté de règles spécifiques en matière d'organisation et d'activité de l'administration.** Ces règles composant le droit administratif se distinguent des règles du droit privé qui forment le droit civil, le droit social, le droit commercial…

Le droit administratif, qui est avant tout **le droit des relations de l'administration avec les administrés, poursuit un objectif fondamental : donner à l'administration les moyens de satisfaire l'intérêt général.**

Pour ce faire, celle-ci dispose d'un cadre d'action et de prérogatives particulières. Le cadre est celui du **service public** (de la police, de la justice, de la poste…). Quant aux prérogatives particulières, ce sont celles liées à la **puissance publique** – d'où leur appellation de prérogatives de puissance publique – qui ont pour objet de permettre à l'administration d'imposer ses vues et ses décisions. La plus significative est sans doute celle qui permet dans certains cas à l'administration de faire exécuter ses décisions avec l'appui de la force publique (le privilège de l'exécution d'office).

Inversement, **l'administration est soumise à des sujétions** (des contraintes) particulières. Ainsi, en matière contractuelle, elle ne peut choisir librement son cocontractant.

Le droit administratif s'applique naturellement à l'administration **lorsque celle-ci agit en tant que puissance publique et inscrit par là même son action dans le cadre des règles de la gestion publique.** Les litiges nés de cette activité relèvent alors de la compétence des juridictions administratives.

Mais **l'activité administrative n'est pas régie exclusivement par les règles du droit administratif.** Schématiquement, la diversification et la complexité croissante des missions et des tâches dévolues à l'administration ont conduit les pouvoirs publics à **soumettre certaines de ses tâches aux règles de la gestion privée relevant des règles du droit privé.** Il en résulte que les litiges nés des activités administratives soumises aux règles de gestion privée relèvent de la compétence des juges en charge du contentieux de droit privé.

§ 2. L'origine du droit administratif

Ce droit spécifique est **né du principe de la séparation des autorités administratives et judiciaires** proclamé, plus que posé, par la loi des 16 et 24 août 1790 (relative à l'organisation judiciaire) et réaffirmé par le décret (qui a valeur de loi) du 16 Fructidor An III. Ce principe, **inspiré par la méfiance envers les tribunaux judiciaires** (héritiers des Parlements de l'Ancien Régime), **leur dénie toute compétence pour juger de l'action administrative** (du moins lorsque celle-ci est synonyme de puissance publique).

Il fallait donc, sous peine de déni de justice ou d'arbitraire, donner un juge à la puissance publique. Ce fut fait en l'An VIII avec l'**institution de juridictions spécialisées dans le règlement du contentieux de l'administration** (conseils de préfecture et Conseil d'État).

Cette lente construction devait trouver son aboutissement dans **l'arrêt *Blanco* du Tribunal des conflits du 8 février 1873** (GAJA, Rec. Lachaume) qui **consacre l'autonomie du droit administratif** (voir p. 360).

SECTION II
Les définitions du droit administratif

Aucune définition ne rend parfaitement compte de la complexité et des subtilités du droit administratif (en particulier de la jurisprudence qui en est la principale composante). Ceci dit, on distingue schématiquement des doctrines classiques et des conceptions plus modernes.

§ 1. Les doctrines classiques

La définition du droit administratif s'est longtemps résumée à une opposition entre les écoles fondées au début du XXe siècle par deux grands maîtres du droit public.

Pour Léon Duguit, fondateur de l'école du service public, **le droit administratif se définit avant tout par son objet, par sa finalité** qui est la gestion des activités de service public destinées à la satisfaction de l'intérêt général. L'activité de service public entraîne la mise en œuvre des règles du droit administratif et détermine la compétence du juge administratif.

Pour Maurice Hauriou, fondateur de l'école de la puissance publique, **le droit administratif se détermine par les moyens mis en œuvre par l'administration** pour mener à bien sa mission de service public. Si ces moyens sont ceux de la gestion publique, alors le droit administratif s'applique et le juge administratif est compétent.

Ces deux visions « matérielles », qui ont le mérite de la clarté, n'en sont pas moins dogmatiques donc réductrices de la complexité du droit administratif (elles proposent une vision globale et tranchée du droit administratif reposant sur un critère exclusif).

Pour approfondir et affiner la définition du droit administratif, **Georges Vedel** propose dans les années cinquante une doctrine, certes plus complexe, mais plus pragmatique : **la doctrine des bases constitutionnelles du droit administratif.** L'idée du doyen Vedel est que l'**on peut trouver dans la Constitution les bases objectives d'une définition de l'administration et du droit administratif.** Et en effet, l'approche organique que propose la Constitution (ses différents titres traitent notamment du gouvernement, du Parlement, du Conseil constitutionnel, de l'autorité judiciaire) constitue un point de départ possible. À partir de là, la doctrine des bases constitutionnelles du droit administratif repose sur la combinaison de trois niveaux d'analyse.

Le premier niveau est celui de **l'analyse organique** et consiste à rattacher l'administration au gouvernement (en excluant par conséquent ce qui relève du Parlement et de l'autorité judiciaire).

Le second niveau est celui de **l'analyse matérielle** et consiste à exclure de l'activité du gouvernement ce qui n'a pas de caractère administratif, à savoir la diplomatie et les rapports avec les autres pouvoirs publics constitutionnels (comme le Parlement).

Le troisième niveau est celui de **l'analyse juridique** et consiste à exclure de l'activité administrative le recours aux procédés de droit privé. Par là même, l'analyse **redonne vigueur à la théorie de la puissance publique** chère à Maurice Hauriou.

Le droit administratif apparaît donc comme le **régime de puissance publique sous lequel est exercé « l'ensemble des activités du gouvernement et des autorités décentralisées étrangères à la conduite des relations internationales et aux rapports entre les pouvoirs publics ».** De la même façon, l'administration est « l'ensemble des activités du gouvernement et des autorités décentralisées... s'exerçant sous un régime de puissance publique ».

§ 2. Les conceptions modernes

Puisant en quelque sorte aux sources, **elles opèrent la combinaison des doctrines du service public et de la puissance publique** (méthode préconisée notamment par le professeur Chapus).

Le droit administratif a souvent été présenté (de façon privilégiée) comme le droit de la puissance publique ou de la gestion publique (de façon plus large) commandant l'application des règles spécifiques du droit administratif ainsi que la compétence de la juridiction administrative.

Mais cette approche s'est avérée réductrice dans la mesure où elle ne prenait pas en compte ce qui est **la raison d'être du droit administratif, sa finalité : la satisfaction de l'intérêt général** (qui justifie le recours à des procédés exorbitants du droit commun) **s'exprimant à travers le service public** (cette notion de service public a fourni au droit administratif nombre de ses grands principes ; le professeur Marcel Waline fut parmi les premiers dès 1952 à prendre en compte la notion d'intérêt général dans la définition du droit administratif).

Le droit administratif apparaît donc comme le droit s'appliquant aux activités du gouvernement (hormis ce qui à trait à la conduite des relations internationales et aux rapports entre les pouvoirs publics) et ayant **vocation à la satisfaction de l'intérêt général par l'utilisation de prérogatives de puissance publique.**

SECTION III
Les caractères fondamentaux du droit administratif

Le droit administratif est avant tout un droit autonome possédant ses propres règles, différentes voire opposées à celles du droit privé. De manière originale, ces règles sont le fruit de l'œuvre prétorienne (c'est-à-dire qui est l'œuvre du juge) du juge administratif. Par ailleurs, depuis une vingtaine d'années, un rapprochement logique s'est opéré entre le droit administratif et le droit constitutionnel. Enfin, malgré les évolutions positives, le droit et la pratique administrative demeurent trop complexes, notamment pour des administrés souvent désarmés.

§ 1. Un droit autonome

Ainsi que nous l'avons mentionné, l'autonomie du droit administratif est consacrée par l'arrêt *Blanco* du Tribunal des conflits du 8 février 1873. Il y est stipulé que **la responsabilité administrative** « ne peut être régie par les principes qui sont établis dans le Code civil, pour les rapports de particuliers à particuliers » ; qu'« elle **a ses règles spéciales qui varient suivant les besoins du service et la nécessité de concilier les droits de l'État avec les droits privés** ». Quelle est la portée de la règle ainsi posée ?

L'expression « droit autonome » peut être quelque peu trompeuse. S'il est clair que les règles du droit administratif sont autonomes par rapport à celles du droit privé (et réciproquement), cela ne signifie pas qu'il existe un cloisonnement entre les deux droits. En effet, historiquement, le premier s'est construit dans une certaine mesure par référence au second (cela demeure vrai). C'est pour cela que, malgré sa cohérence et sa spécificité, on peut dire que **le droit administratif demeure un droit dérogatoire « au droit commun » que constitue le droit privé.**

De la même façon, l'autonomie du droit administratif par rapport aux autres branches du droit public, notamment le droit constitutionnel, ne doit pas masquer les convergences et les rapprochements entre ces droits (voir p. 5).

§ 2. D'un droit jurisprudentiel à un droit écrit et codifié

Historiquement, le droit administratif est « éminemment » jurisprudentiel. En clair, cela signifie que **les règles et les principes fondamentaux du droit administratif ont été élaborés et posés à l'occasion d'arrêts rendus par le Conseil d'État.**

Ce droit prétorien n'est pas le fruit d'une quelconque volonté du Conseil d'État de se dresser en législateur (ou plus exactement en jurislateur) mais simplement la traduction de la nécessité devant laquelle il s'est trouvé de doter l'administration de règles et de principes de fonctionnement. En effet, il n'a jamais existé pour le droit administratif de code écrit équivalant au Code civil et rassemblant les principes et les règles de ce droit.

En se faisant normateur (qui élabore des normes), le Conseil est sorti de son rôle *stricto sensu* qui est de veiller à la bonne application des normes juridiques voulues par le gouvernement et le Parlement. Mais son audace, ainsi que celle du Tribunal des conflits chargé de trancher les questions de compétence entre les ordres de juridiction administratif et judiciaire (voir par exemple l'arrêt *Blanco*), a permis de structurer des domaines aussi fondamentaux que la responsabilité administrative ou les contrats. En restant fidèle à l'esprit du système juridique français et en se référant fréquemment aux principes d'équité, **le Conseil a su éviter l'écueil d'une jurisprudence arbitraire.**

Ceci dit, le droit administratif n'est pas, loin s'en faut, exclusivement jurisprudentiel. **Le droit écrit y prend une place importante, du moins quantitativement.** Ainsi, en matière d'organisation administrative, citons la loi du 2 mars 1982 relative aux droits et libertés des communes, des départements et des régions. De même, le statut de la fonction publique est déterminé par des lois et des règlements. Par ailleurs, le **droit administratif est de plus en plus codifié.** Entendu au sens large, cela signifie d'une part que **la place du droit écrit augmente dans la détermination des règles et des principes de ce droit** (ne serait-ce que parce que le législateur a repris à son compte certaines règles et principes posés par la jurisprudence), d'autre part que **ce droit écrit est mis en ordre sous forme de codes** rassemblant les textes relatifs à des domaines particuliers du droit administratif (Code général des collectivités territoriales, Code de l'urbanisme…).

Enfin, si par définition on ne peut dire que l'œuvre jurisprudentielle du Conseil d'État est achevée (elle est vivante, évolue en permanence et s'adapte), du moins peut-on affirmer que le droit administratif est aujourd'hui un droit homogène, « complet ». **L'époque de l'affirmation des grands principes jurisprudentiels semble révolue et a cédé la place à une période dans laquelle le Conseil se comporte davantage**, et cela n'a rien de péjoratif, **comme un « gestionnaire » du droit administratif** (il gère en quelque sorte les règles et les principes qu'il a lui-même édictés). Moins audacieux qu'hier, il est tenté d'abandonner en quelque sorte le champ normatif au législateur, au gouvernement mais aussi au juge constitutionnel.

§ 3. Le rapprochement du droit administratif et du droit constitutionnel

Historiquement, droit administratif et droit constitutionnel sont deux droits séparés. Le droit administratif a toujours été « déconnecté » des Constitutions successives et le Conseil d'État a longtemps été dans l'impossibilité d'exercer un contrôle de l'action administrative sur la base de normes constitutionnelles. En revanche, le droit constitutionnel s'est inspiré très tôt, au moins implicitement, du droit administratif (de ses concepts, de ses méthodes) pour se construire.

Pour la première fois, l'introduction de la Déclaration des droits de l'homme et du citoyen de 1789 dans l'ordre juridique (Déclaration qui est l'une des sources majeures d'inspiration du Conseil d'État dans l'élaboration des principes du droit administratif), par le biais des préambules respectifs des Constitutions de 1946 et 1958, a certes mis en évidence le fossé qui séparait droit administratif et droit constitutionnel mais a également laissé entrevoir certaines perspectives de rapprochement.

Ce n'est que depuis une dizaine d'années qu'un rapprochement significatif s'est opéré. Depuis lors, **ces deux droits s'enrichissent et s'influencent mutuellement.** Le Conseil constitutionnel s'est inspiré et s'inspire toujours de concepts, de méthodes et de principes jurisprudentiels élaborés par le Conseil d'État (il en est ainsi de l'idée d'une gradation du contrôle juridictionnel, de la notion d'erreur manifeste d'appréciation ou de la jurisprudence des principes généraux du droit prolongée par celle relative aux principes à valeur constitutionnelle). Réciproquement, le Conseil d'État bénéficie de l'œuvre jurisprudentielle du Conseil constitutionnel. En effet, **la Haute Juridiction administrative n'hésite pas à se référer directement, à l'appui de ses décisions, aux principes de valeur constitutionnelle consacrés comme tels par la jurisprudence constitutionnelle.** Il s'agit notamment des principes contenus dans le préambule de la Constitution de 1958 au sein duquel la Déclaration des droits de l'homme occupe une place primordiale (à compter de la décision fondamentale du 16 juillet 1971, ***Liberté d'association,*** Rec. Lachaume).

§ 4. L'excessive complexité du droit administratif

Même si **des progrès considérables ont été réalisés depuis plusieurs décennies pour rapprocher l'administration des administrés** (davantage de transparence, d'informations…) et pour faire du droit administratif **un droit moins inégal** (même s'il l'est par nature), force est de constater que ce dernier **apparaît toujours aux administrés comme une nébuleuse de règles et de principes plus ou moins inaccessibles.** De la même façon, **la pratique administrative demeure trop complexe** pour leur permettre d'en comprendre et d'en maîtriser les rouages.

Par ailleurs, si le Conseil d'État (et la juridiction administrative en général) n'est plus aujourd'hui le « protecteur des prérogatives de l'administration », il n'en reste pas moins organiquement, intellectuellement, proche de l'administration et de ses préoccupations.

Enfin, **la lisibilité parfois réduite de la jurisprudence** (les arrêts sont souvent concis, complexes et leurs motivations restent trop sommaires) en rend difficile la compréhension et l'interprétation. Là encore, si l'administration ou les praticiens du droit sont à même de chercher le sens d'une décision, notamment en se reportant aux conclusions des Commissaires du gouvernement (qui exposent de manière plus substantielle les arguments qui fondent l'arrêt), tel n'est évidemment pas le cas des administrés quelque peu désarmés face à un langage de spécialistes.

Pourquoi, de façon générale, ne pas organiser une meilleure publicité des solutions marquantes rendues par le Conseil d'État et les tribunaux administratifs ? Pourquoi le justiciable doit-il attendre d'être en conflit avec l'administration pour avoir un premier aperçu de ses droits et par là même des obligations de l'administration ?

PARTIE I
L'organisation administrative

L'organisation administrative française repose sur des personnes publiques dont la compétence est soit :

- générale et s'étend à l'ensemble du territoire (l'État) ;
- générale mais limitée à une partie du territoire (régions, départements, communes) ;
- spécialisée et s'étend à l'ensemble du territoire (établissement public national) ou à une partie (établissement public local).

Nous examinerons donc ces différentes personnes publiques (leur composition, leur fonctionnement, leur vocation) ainsi que les rapports qu'elles entretiennent. En préalable, il nous faut décrire les caractères fondamentaux de l'organisation administrative afin de pouvoir mieux comprendre les développements qui suivront.

Bibliographie et lectures pour approfondir

P. Bernard, *La fonction préfectorale au cœur de la mutation de notre siècle,* RA 1992, p. 101 ; J. Biancarelli, *L'influence du droit communautaire sur l'organisation administrative française,* AJDA 20 juin 1996 (n° spécial), p. 22 ; J.-F. Boudet, *Les services à compétence nationale*, RFDA n° 5, sept.-oct. 2009, p. 995 ; S. Bouet-Devrière, *Intercommunalité : quel avenir pour la démocratie locale ?,* Rev. gén. coll. territ. 2000, p. 522 ; M. Boumediene, *La consolidation de la place du préfet dans l'administration déconcentrée de l'État*, AJDA 2004, p. 1644 ; M. Bouvier, *La révision générale des politiques publiques et la métamorphose de l'État*, AJDA 25 février 2008, p. 329 ; A. Chaminade, *La réforme de la coopération intercommunale,* JCP 2000, I, 220, p. 675-682 ; M. Degoffe, *Les autorités publiques indépendantes*, AJDA 31 mars 2008, p. 622 ; B. Delaunay, *Liberté d'accès aux documents administratifs et réutilisation des documents publics*, AJDA, 10 juillet 2006, p. 1377 ; S. Diémert, *Le droit de l'outre-mer,* Revue *Pouvoirs*, 2005 (113), pp. 109-130 ; O. Faure, *Les mutations du droit des collectivités locales,* Pouvoirs locaux, mars 2000, p. 120-123 ; P. Ferrari, *Les droits des citoyens dans leurs relations avec les administrations,* AJDA 2000, p. 471 ; O. Gohin, *Institutions administratives,* LGDJ ; A. Gruber, *La réforme des conseils régionaux,* DA, 12 février 1999, p. 9-17 ; A. Haquet, *Quelle est l'étendue du pouvoir réglementaire des collectivités territoriales ?,* BJCL 2003, p. 549 ; H. Hoepffner, *Les avis du Conseil d'État. Essai de synthèse,* RFDA n° 5, sept.-oct. 2009, p. 895 ; B. Jorion, *Les groupements d'intérêts publics : un instrument de gestion du service public administratif*, AJDA 2004, p. 305 ; G. Marcou, *La réforme territoriale : ambition et défaut de perspective*, RFDA n° 2, mars-avril 2010, p. 357 ; L. Milano, *La loi du 13 août 2004 relative aux libertés et responsabilités locales, premier jalon de la réorganisation de l'État*, Rev. gén. coll. territ. 33/2005, p. 87 ; J. Moreau, *Administration régionale, départementale et municipale,* mémento Dalloz ; *S. Traoré, Les AAI dotées de la personnalité morale : vers une réintégration institutionnelle de la catégorie juridique ? DA 2004, n° 8-9 ;* Rapport public 2001 du Conseil d'État, *Les autorités administratives indépendantes,* La documentation française, mars 2001 ; cahiers de la fonction publique, *L'administration préfectorale*, 2002, n° 212 ; J. Viguier, *La région en quête d'identité politique*, AJDA 2004, p. 513 ; A. Viola, *La démocratie locale en question*, LPA 2003, n° 153, p. 11 ; *L'organisation décentralisée de la République*, RFDA 2004, p. 7 ; *Accès aux documents administratifs : bilan et nouveaux enjeux*, AJDA 2003, p. 1307.

CHAPITRE 1
Les caractères fondamentaux de l'organisation administrative

L'organisation administrative a pour objet de répondre aux besoins de la population. L'État et les nombreuses institutions sur lesquels repose cette organisation sont dotés de la personnalité morale. Empruntée au droit privé, la notion de personne morale est en droit public un instrument d'aménagement de l'organisation et de l'activité administrative.

Au sein de l'État d'une part, entre l'État et les différentes personnes administratives d'autre part, le pouvoir de décision doit être organisé. Cette organisation relève des techniques de la déconcentration et de la décentralisation.

SECTION I
La personnalité morale

Bien que rejetée par certains auteurs (Duguit, par exemple, rejette la notion même de personne morale), la personne morale en droit public comme en droit privé s'avère être **une abstraction bien pratique.**

Une abstraction car elle est juste **un moyen d'accéder à la vie juridique.** En ce sens, la personnalité morale permet d'établir la distinction avec les personnes physiques également en charge d'une activité de même nature (pour une activité administrative, ces personnes physiques peuvent être les ministres ou, plus simplement, les fonctionnaires).

Une abstraction bien pratique car **elle permet d'attribuer à une collectivité, à un groupement, des droits et des obligations lui permettant d'assumer ses missions.** En particulier, la collectivité ou le groupement **doit pouvoir disposer d'un patrimoine dont il est propriétaire** (ce patrimoine se distingue du patrimoine des membres qui le composent) **et réaliser des actes juridiques** (qui se distinguent des actes passés par ses membres pour leur propre compte).

Les personnes morales en charge de l'activité administrative relèvent du droit public ou du droit privé.

§ 1. Les personnes de droit public

La création des personnes morales de droit public par l'autorité publique répond au besoin de **satisfaire un intérêt public** (par opposition à la création des personnes morales de droit privé par les personnes privées, qui répond au besoin de satisfaire un intérêt privé).

A) L'identification des personnes de droit public

Il existe trois catégories de personnes publiques : l'État, les collectivités territoriales et les établissements publics. Cependant, on assiste à l'émergence d'une nouvelle catégorie de personnes publiques, spécialisées comme les établissements publics, mais qui n'en sont pas.

1) L'État

Voir page 23, L'administration d'État.

2) Les collectivités territoriales

Elles ont une **existence constitutionnelle**. L'article 72 de la Constitution modifiée (révision constitutionnelle du 28 mars 2003) mentionne qu'il s'agit des communes, des départements, des régions, des collectivités à statut particulier et des collectivités d'outre-mer.

Toujours selon cet article, toute autre collectivité territoriale est créée par la loi.

C'est ce qui s'est produit en 1982 lorsque les régions se sont vues attribuer le statut de collectivités territoriales.

Il appartient également au législateur de déterminer les principes « de la libre administration des collectivités territoriales, de leurs compétences et de leurs ressources » (art. 34 al. 14 de la Constitution). Autrement dit, **leur organisation et leurs compétences sont largement déterminées par la loi.**

Hors du cadre constitutionnel, comment peut-on définir les collectivités territoriales ?

Elles répondent en premier lieu à une **définition territoriale : l'ensemble des personnes physiques vivant sur un territoire déterminé.**

Mais elles répondent également à une **définition fonctionnelle** : contrairement aux personnes morales de droit privé et aux autres personnes de droit public, les collectivités territoriales ont pour objet **la prise en charge de l'ensemble des intérêts collectifs de leurs habitants.**

Cette généralité de la compétence doit évidemment être relativisée par le fait que les différentes collectivités ne peuvent en bonne logique disposer des mêmes compétences dans les mêmes domaines. Il a donc fallu procéder à **une répartition des compétences** entre les différents niveaux de collectivités territoriales **et en particulier entre l'État et les collectivités territoriales.**

C'est donc à la loi qu'il revient de procéder à cette répartition (elle résulte actuellement des **lois de décentralisation**, notamment celle du 2 mars 1982). Le plus souvent, le législateur a suivi **le critère de l'intérêt territorial ou local** en se posant la question de savoir si telle matière est d'intérêt communal, départemental ou régional. Mais la révision constitutionnelle du 28 mars 2003 a introduit la notion de « subsidiarité » comme nouvelle clef de répartition des compétences. Celle-ci implique de rechercher pour chaque compétence, le niveau d'administration territorial le plus approprié pour son exercice (voir p. 53 et s.).

3) Les établissements publics (EP)

Nous n'évoquerons pas ici la question de la crise de la notion d'établissement public et les difficultés qui en résultent, ni celle de l'identification de ces établissements (voir p. 99 et s.).

À la différence des collectivités territoriales qui ont une vocation générale, **les établissements publics sont des collectivités de personnes physiques, spécialisées dans une mission particulière d'intérêt général.**

Les **besoins particuliers** auxquels ils doivent répondre sont essentiellement de nature sociale et économique. Ainsi, **les Universités** apportent une réponse en matière d'éducation ; **les chambres de commerce et d'industrie**, les chambres d'agriculture, les chambres des métiers, satisfont certains besoins en matière professionnelle et économique, **les hôpitaux** en matière sociale et de santé.

Chaque établissement public est rattaché à une collectivité publique. Les EP nationaux à l'État, les EP régionaux aux régions, les EP départementaux aux départements, les EP communaux aux communes.

Il existe cependant d'autres types d'établissements publics qui échappent quelque peu à cette définition classique.

Il en est ainsi de **l'EP territorial fédératif.** Cette dénomination abstraite correspond à un regroupement de personnes morales territoriales (et non plus physiques) désireuses de confier à un nouvel EP la mission de **gérer certains domaines ou matières d'intérêt commun.** C'est le cas des **communautés d'agglomération** ou des **communautés urbaines** dont la compétence, même spécialisée, peut s'avérer particulièrement large. L'EP territorial fédératif apparaît en quelque sorte comme un **hybride de l'EP et de la collectivité territoriale.**

Il en est également ainsi des établissements publics à caractère scientifique, culturel et professionnel et des établissements publics de coopération culturelle. La variété et la complexité des différents groupements que nous avons décrits (sans oublier les entreprises publiques qui peuvent être des EP) fournissent un premier aperçu de la **difficulté à définir l'établissement public.**

E1 **La reconnaissance de personnes publiques spécialisées qui ne sont pas des établissements publics**

Ces personnes publiques d'un nouveau type viennent en quelque sorte concurrencer l'établissement public sur son terrain.

Il en est ainsi des groupements d'intérêt public (GIP) qui ont été identifiés par le tribunal des conflits comme « des personnes publiques soumises à régime spécifique », ces groupements n'étant pas soumis de plein droit aux textes régissant les établissements publics (TC, 14 février 2000, *GIP habitat et intervention sociale pour les mal logés et les sans-abri c/ Verdier,* JCP 2000, II, 10301, note N. Eveno). Créés par convention, c'est-à-dire par contrat (avec un agrément ministériel), les GIP ont pour objet de **favoriser la coopération entre personnes publiques et entre personnes publiques et personnes morales de droit privé dans des domaines où existent des intérêts communs.** Ils n'ont pas vocation à réaliser des bénéfices et peuvent être constitués sans capital. Le premier GIP a été créé dans le cadre de la loi du 15 juillet 1982 sur la recherche scientifique. Ils se sont ensuite multipliés dans les domaines les plus variés : en matière d'enseignement supérieur (loi universitaire du 26 janvier 1984), de formation continue (loi d'orientation de l'éducation du 10 juillet 1989), de transfusion sanguine (loi du 4 janvier 1993)...

Il en est de même de l'Autorité des marchés financiers (AMF), instituée par la loi de sécurité financière du 1er août 2003, qui est une autorité administrative indépendante, la seule dotée de la personnalité morale (voir p. 42). Sa mission est essentiellement de définir les règles de fonctionnement des marchés financiers.

Il en est de même enfin de la Banque de France personne publique, dont le Conseil d'État a réaffirmé qu'elle « n'a pas le caractère d'un établissement public mais revêt une nature particulière et présente des caractéristiques propres » (CE, 2 octobre 2002, *Banque de France et autres*, AJDA 2002, p. 1345, note J. P. Markus).

Le développement annoncé de cette catégorie pourtant hétérogène de personnes publiques devrait contribuer à marginaliser un peu plus l'Établissement Public.

B) Les implications de la personnalité de droit public sur le régime juridique des personnes publiques

Être une personne publique permet de bénéficier d'**un régime juridique spécifique** qualifié d'**exorbitant du droit privé**, c'est-à-dire dérogatoire au droit privé qui est le droit commun. Ce régime particulier permet aux personnes publiques de faire **usage de prérogatives de puissance publique** mais, en même temps, **il les soumet à des sujétions** (des contraintes et des limitations).

1) La protection des biens et des deniers publics

Les biens et les deniers des personnes publiques **ne peuvent faire l'objet de voies d'exécution.**

Ainsi, **ils sont insaisissables,** qu'il s'agisse de la saisie-vente (sur les meubles) ou de la saisie-attribution (sur les créances). De même, les procédures de redressement et de liquidation judiciaire ne s'appliquent pas aux personnes publiques.

Si aucun procédé de paiement forcé n'est applicable à l'encontre des personnes publiques, à l'inverse, **ces dernières ont la faculté de recouvrer leurs créances en émettant des états exécutoires.** Elles contraignent ainsi directement leurs débiteurs **sans passer par la justice.** Elles peuvent également se prévaloir d'une **règle particulière relative à l'extinction de leurs dettes, la prescription quadriennale** (au-delà de quatre années après la contraction de la dette, les créanciers des personnes publiques ne peuvent plus réclamer cette dette).

Mais les personnes publiques n'ont pas que des prérogatives. Elles connaissent également certaines contraintes, comme **l'impossibilité dans laquelle elles se trouvent de recourir à l'arbitrage pour résoudre leurs litiges** (en prenant l'avis d'une personne étrangère à l'affaire). Néanmoins, des dispositions législatives ont prévu la possibilité pour certaines entreprises publiques ayant le statut d'établissements publics industriels et commerciaux d'y recourir (c'est le cas pour la Société nationale des chemins de fer français transformée en EPIC – établissement public industriel et commercial – par la loi du 30 décembre 1982). De plus, les personnes publiques peuvent s'appuyer sur d'autres modes non juridictionnels (non contentieux) de résolution des litiges en particulier la transaction (voir p. 317 et s.).

Les règles que nous venons de décrire apparaissent comme **intangibles** (intouchables). D'ailleurs, la Cour de cassation n'a pas manqué de mettre fin aux tentatives jurisprudentielles pour ouvrir une brèche dans le sacro-saint principe de non-applicabilité des voies d'exécution aux personnes publiques (voir Cass. civ. 1re, 21 décembre 1987, *BRGM c/ Sté Lloyd Continental*, GAJA, RFDA 1988, p. 771, concl. L. Charbonnier, note B. Pacteau). Ainsi, certains tribunaux avaient estimé possible l'application des voies d'exécution aux établissements publics industriels et commerciaux sous réserve que cette application ne remette pas en cause la continuité du service public.

Il est néanmoins l'une de ces règles qui est aujourd'hui remise en cause : celle de l'intangibilité de l'ouvrage public qui veut qu'un ouvrage public mal planté ne puisse pas être détruit. Le Conseil d'État a en effet estimé que cette règle ne doit plus faire obstacle à l'exécution d'une décision de justice impliquant la remise en état des lieux et donc la démolition de l'ouvrage. Néanmoins, avant de prononcer la démolition, le juge doit se demander si une régularisation est possible. Si ce n'est pas le cas, il lui revient de mettre en balance d'une part, les inconvénients de la présence de l'ouvrage pour les intérêts publics et privés et d'autre part, les conséquences de la démolition pour l'intérêt général (CE Sect., 29 janvier 2003, *Syndicat départemental de l'électricité et du gaz des Alpes-Maritimes et commune de Clans*).

2) La possibilité de bénéficier du « régime public »

Les personnes publiques peuvent faire le choix du « régime public » dans différents domaines (alors que les organismes de droit privé n'y ont pas accès).

Ainsi, certains de leurs contrats reçoivent la qualification de **contrats administratifs** et relèvent à ce titre d'un régime juridique particulier (certaines personnes privées peuvent également conclure de tels contrats ; voir les contrats administratifs, p. 199 et s.).

De même, leurs agents peuvent être (tous ou en partie) **des agents publics** relevant d'un statut de droit public ; **leurs biens** répondre aux règles de **la domanialité publique** (elles ont donc la possibilité de posséder un domaine public) ; les travaux effectués par elles ou pour leur compte sont **des travaux publics** relevant là encore d'un régime particulier.

3) La responsabilité pénale des personnes publiques

La loi du 27 juillet 1992 a prévu la possibilité de l'engagement de la responsabilité pénale des personnes morales (privées comme publiques) devant les tribunaux judiciaires répressifs pour « les infractions commises, pour leur compte, par leurs organes ou représentants ». Cette disposition n'a pourtant pas la même portée selon qu'il s'agit de la responsabilité des personnes privées ou de celle des personnes publiques.

Le principe de la responsabilité pénale des personnes publiques **trouve sa limite dans les manifestations de la puissance publique.** Autrement dit, lorsqu'une infraction est commise dans l'exercice d'une activité qui donne lieu à la mise en œuvre de prérogatives de puissance publique, la personne publique en charge de cette activité est « intouchable » du point de vue pénal.

Ainsi, l'État bénéficie d'une protection absolue contre toute condamnation pénale. Quant aux collectivités locales, la loi prévoit que leur responsabilité pénale ne peut être engagée que si l'infraction a été commise dans l'exercice d'activités « susceptibles de faire l'objet de conventions de délégations de service public » (les activités en question sont la distribution de l'eau ou de l'électricité, l'enlèvement et le traitement des ordures ménagères, les transports routiers…).

Même lorsque les personnes publiques voient leur responsabilité pénale engagée, **le régime des sanctions qui leur est applicable est atténué par rapport à celui qui est applicable aux personnes privées.** Ainsi, la plus grave des sanctions prononçables à l'encontre d'une personne morale, la dissolution, est exclue à l'encontre des personnes publiques. De même, l'exercice de certaines activités ne peut être prohibé. En revanche, des amendes ou des fermetures d'établissements peuvent être prononcées.

En conclusion, on peut dire que **l'hypothèse de l'engagement de la responsabilité pénale des personnes publiques**, aussi audacieuse soit-elle, **n'entame pas la logique protectrice du régime juridique particulier applicable à ces personnes.**

C) La « dilution » de la notion de personne publique

Les éléments évoqués ici seront repris et approfondis dans divers développements. Toutefois, il nous est apparu utile d'en donner un premier aperçu.

Le théorème originel selon lequel les personnes morales de droit public sont seules et seulement en charge des activités de service public et, en conséquence, seules à pouvoir faire usage de prérogatives de puissance publique est, depuis longtemps, dépassé. Autrement dit, **le régime spécifique lié à la qualité de personne publique s'est peu à peu dilué** (pour des raisons qui seront évoquées ultérieurement) **et des passerelles se sont établies entre personnes morales de droit public et personnes morales de droit privé.**

Ainsi, un certain nombre de personnes publiques n'exercent plus d'activités de service public. C'est le cas de nombreuses entreprises publiques qui se livrent à une activité commerciale de la même façon que les sociétés privées.

Inversement, certaines personnes morales de droit privé peuvent être investies de missions de service public et se voir dotées de prérogatives de puissance publique pour mener à bien leur tâche.

Enfin, de façon générale, il n'y a plus de correspondance automatique entre la nature de la personne morale et le droit qui lui est applicable. Des personnes morales de droit public sont en grande partie soumises au droit privé (comme les établissements publics industriels et commerciaux) et des personnes morales de droit privé sont en grande partie soumises au droit public (celles qui bénéficient de concessions de services publics ou encore les sociétés d'économie mixte).

§ 2. Les organismes de droit privé chargés d'une mission de service public

Le procédé de **la gestion déléguée** consiste à confier à un organisme privé (mais aussi à une personne physique ; voir CE Sect., 20 avril 1956, *Époux Bertin*, GAJA) par contrat, par la loi ou par décision de l'autorité administrative, la gestion d'un service public. Le législateur a repris à son compte cette notion doctrinale depuis 1992. Ces points sont développés dans le chapitre sur le service public (voir p. 225 et s.).

SECTION II
L'aménagement des rapports entre personnes publiques : déconcentration et décentralisation

On associe souvent déconcentration et décentralisation. Il s'agit en effet de deux techniques d'aménagement des rapports entre personnes publiques mais de nature différente.

La déconcentration est une modalité d'aménagement du pouvoir au sein de l'État mais aussi des collectivités locales alors que la décentralisation est une modalité de répartition du pouvoir entre l'État et des collectivités décentralisées (plus ou moins) autonomes.

§ 1. L'aménagement du pouvoir central : la déconcentration

En pratique, la déconcentration n'est qu'une technique parmi d'autres d'aménagement du pouvoir au sein d'une même institution (qui comprend notamment la technique de la délégation de pouvoir d'une autorité supérieure à une autorité hiérarchiquement inférieure). Il ne faut pas confondre déconcentration et délocalisation, cette dernière étant un instrument de la politique d'aménagement du territoire qui consiste à transférer en province ou en banlieue des organismes parisiens présentant un intérêt national (l'exemple le plus marquant de délocalisation est le transfert de l'École nationale d'administration à Strasbourg).

La nature de la relation, des rapports, entre les différentes autorités d'une institution déconcentrée **est hiérarchique.**

A) Les modalités de la déconcentration

1) Centralisation et déconcentration

La France possède un État historiquement centralisé, c'est-à-dire à qui est confié l'ensemble des responsabilités administratives. **Cette centralisation administrative n'est que le pendant de la centralisation politique** (héritée de l'Ancien Régime, puis imposée par le jacobinisme révolutionnaire et sa doctrine d'un État fort et autoritaire), caractéristique d'un État unitaire.

L'État unitaire se caractérise par un fonctionnement homogène, obéissant à une règle du jeu unique s'imposant à tous. **En termes institutionnels, cela signifie que la nation tout entière obéit à une seule Constitution, à une seule législation, à un seul système judiciaire.** Cette affirmation doit être nuancée pour les États membres de l'Union européenne dont on peut dire schématiquement qu'ils obéissent à une règle du jeu nationale et de plus en plus à une règle du jeu européenne (les deux tendant à se confondre). Dans une moindre mesure, la France, sans remettre en cause l'unité de l'État, a doté ses autorités décentralisées de moyens et de pouvoirs permettant une certaine adaptation des règles générales aux spécificités locales (voir la révision constitutionnelle du 28 mars 2003, p. 54 et s.).

La déconcentration consiste à déplacer le pouvoir de décision (dans certains domaines) **des autorités les plus élevées vers des autorités hiérarchiquement inférieures.**

2) Les avantages de la déconcentration

La déconcentration répond à plusieurs motivations qui se confondent d'ailleurs avec les avantages qu'elle procure.

Sur le plan pratique et en premier lieu, **elle permet d'éviter ou vient remédier à un engorgement du pouvoir de décision au plus haut niveau administratif.** En effet, on comprend aisément que toutes les affaires administratives ne puissent être traitées par les seules autorités les plus élevées. La déconcentration vient donc **simplifier et rendre son efficacité** (en théorie) **au système de décision.**

En second lieu, **elle répond à une aspiration démocratique** tout en permettant d'améliorer l'action administrative. En effet, **la déconcentration rapproche**

l'administration des citoyens. Les administrés ont des interlocuteurs sur place qui peuvent mieux comprendre et prendre en compte leurs problèmes spécifiques.

3) La déconcentration en France

Née en réaction à la centralisation excessive, la déconcentration apparaît au milieu du XIXe siècle. Elle prend la forme d'**un transfert de pouvoirs de l'État aux préfets.** À titre d'exemple, citons le décret-loi du 5 novembre 1926 qui transfère aux préfets la tutelle sur les collectivités locales.

La loi du 6 février 1992 (relative à l'administration territoriale de la République) est venue donner un nouveau souffle. Elle **a posé le principe de la subsidiarité des affaires traitées par les administrations centrales.** Cela signifie que **ces administrations ne gèrent que les affaires qui ne peuvent pas l'être à un niveau déconcentré** (soit que le transfert n'est pas opportun, soit que la loi s'y oppose). Pour simplifier, disons qu'il est logique que les questions d'intérêt local soient traitées par les services déconcentrés.

Mais l'effectivité de ces transferts s'est heurtée à la question des moyens financiers. Pour relancer la dynamique, **la loi du 4 février 1995** (relative à l'aménagement du territoire) a créé des fonds financiers dans lesquels les préfets peuvent puiser pour financer la mise en œuvre des attributions transférées.

Dans le prolongement du principe de subsidiarité, le décret n° 97-34 du 15 janvier 1997 a transféré au préfet le pouvoir de prendre les décisions administratives individuelles qui relevaient jusque-là de la compétence des administrations centrales.

Enfin, dans le cadre de la réforme de l'État, **le décret n° 2004-374 du 29 avril 2004** (qui abroge le décret du 10 mai 1982) relatif aux pouvoirs des préfets, à l'organisation et à l'action des services de l'État dans les régions et départements, **remanie l'architecture de la déconcentration.** En théorie, le département demeure le cadre de base de l'action de l'État sur le territoire. Cependant, outre la revalorisation du rôle du préfet de région, il semble que l'on s'oriente progressivement **vers une logique régionale de la déconcentration** (voir p. 44 et s.).

En conclusion, il est important de souligner que, dans un pays comme la France où la déconcentration se superpose à la décentralisation, la première peut servir de point d'appui à la seconde. En effet, même si les autorités décentralisées ont tendance à vouloir traiter directement avec les autorités administratives centrales, **elles peuvent s'appuyer localement sur des interlocuteurs fiables et au fait de leurs affaires.**

B) Le pouvoir hiérarchique sur les autorités déconcentrées

Essayons en premier lieu d'appréhender la nature du pouvoir hiérarchique avant de décrire les attributions et les obligations qui en découlent.

1) La nature du pouvoir hiérarchique

Le pouvoir hiérarchique est propre à toute organisation au sein de laquelle existent des relations d'autorité entre individus.

La position du supérieur hiérarchique dans l'organisation d'un service administratif lui confère de plein droit son pouvoir hiérarchique. Aucun texte n'est nécessaire pour organiser ce pouvoir.

L'exercice du pouvoir hiérarchique ne répond à aucune cause juridique particulière. Il est mis en œuvre **pour des raisons de légalité** (lorsqu'un texte le prévoit) **comme pour des raisons d'opportunité** (appréciées discrétionnairement par l'autorité supérieure).

Enfin, **le pouvoir hiérarchique peut s'exercer spontanément** dans le cadre d'une relation d'autorité **ou s'exercer à la demande d'un administré qui aura formulé un recours hiérarchique** (par lequel il réclame à l'autorité supérieure qu'elle corrige ou mette fin à une décision ou à un comportement d'une autorité inférieure).

2) Les attributions résultant du pouvoir hiérarchique et les limites qui lui sont imposées

a) Les attributions inhérentes au pouvoir hiérarchique

Les attributions résultant du pouvoir hiérarchique sont généralement classées en trois catégories.

En premier lieu, l'autorité supérieure dispose du **pouvoir d'instruction.** Cela signifie qu'elle peut **adresser des ordres à ses subordonnés.** Ces ordres peuvent avoir pour objet de définir un cadre à l'action du subordonné dans un domaine donné ou peuvent contenir des instructions précises relatives à une affaire particulière. L'autorité inférieure a un **devoir d'obéissance sous peine de sanctions disciplinaires.** Ce devoir d'obéissance n'est rompu que lorsque les ordres reçus ont un caractère manifestement illégal et sont susceptibles de compromettre gravement un intérêt public (CE Sect., 10 novembre 1944, *Langneur*, Rec. Lachaume).

En second lieu, le supérieur hiérarchique dispose du **pouvoir d'annulation** (sous certaines limites, voir ci-après). L'annulation de la décision d'un subordonné a **pour effet de la faire disparaître** pour l'avenir mais aussi pour le passé (effet rétroactif).

En dernier lieu, le supérieur hiérarchique dispose du **pouvoir de réformation.** Il peut ainsi **substituer** (pour l'avenir) **sa propre décision à une décision d'un subordonné**.

b) Les aménagements de procédure et de compétence

Dans le prolongement des pouvoirs d'instruction, d'annulation et de réformation, **la loi ou le règlement peuvent aménager certaines procédures et compétences au profit du supérieur hiérarchique.**

En matière de procédure, les aménagements sont destinés à permettre à l'autorité supérieure d'avoir le dernier mot dans les affaires pour lesquelles elle doit exercer son pouvoir hiérarchique (conditions restrictives à la formation du recours hiérarchique, délais de recours…).

En matière de compétence, le supérieur hiérarchique a la possibilité de voir ses attributions renforcées et élargies. Il peut ainsi obtenir de soumettre l'application de certaines décisions de ses subordonnés à son **pouvoir d'approbation.**

Par ailleurs, dans certaines circonstances, il se voit attribuer un **pouvoir de substitution de décision** par dérogation à la règle qui veut que le supérieur hiérarchique ne puisse se substituer à son subordonné dans les domaines de compétences dévolus à ce dernier. **Si l'autorité inférieure ne respecte pas son obligation d'action** (par refus ou par abstention), **le supérieur a la faculté, après mise en demeure non suivie d'effets, de se substituer à elle pour agir** (ainsi, les carences du maire en tant qu'agent de l'État peuvent être palliées par le préfet).

Enfin, lorsqu'une décision d'un subordonné produit déjà des effets, le supérieur est autorisé, s'il estime ces effets contraires à la loi ou inopportuns, à user de son **pouvoir de suspension.**

c) Les limites du pouvoir hiérarchique

Ce sont d'abord celles que peuvent imposer les textes législatifs ou réglementaires. Ainsi, si un texte attribue une compétence exclusive à une autorité, le supérieur hiérarchique ne pourra user de son pouvoir d'annulation.

En second lieu, **l'autorité supérieure a l'obligation d'exercer son pouvoir hiérarchique** (CE Sect., 19 novembre 1971, *Dlle Bruguière*, Rec., p. 691). Cette obligation positive, qui implique qu'*a contrario* **un refus est illégal**, résulte de la compétence du supérieur hiérarchique ainsi que du droit de l'administré qui intente un recours hiérarchique à voir sa demande prise en compte.

En troisième lieu, l'autorité supérieure dans l'exercice de son pouvoir hiérarchique, comme l'autorité inférieure qui a pris la décision en cause, **est liée par les droits que cette décision a pu faire acquérir à leur destinataire ou à un tiers** (délivrance de permis de construire, nomination de fonctionnaires…). Autrement dit, **elle ne peut la remettre en cause et à travers elle, les droits acquis** (sauf si elle n'est pas encore définitive et si elle est illégale).

Enfin, **en présence d'une décision illégale** de son subordonné, le supérieur hiérarchique est **tenu soit de l'annuler, soit d'user de son pouvoir de réformation, c'est-à-dire de la remplacer par une décision légale** (CE Ass., 23 avril 1965, *Dame Veuve Ducroux*, D. 1965, p. 845, note C. Palazzoli). Si l'illégalité de la décision du subordonné tient à l'illégalité d'un motif, le supérieur hiérarchique remplace cette décision par une autre ayant le même contenu mais reposant sur un autre motif. L'annulation ou la réformation de la décision du subordonné ont pour effet sa disparition de l'ordonnancement juridique, c'est-à-dire sa disparition des règles en vigueur.

§ 2. Le transfert d'attributions étatiques à des collectivités autonomes : la décentralisation

La décentralisation permet d'attribuer aux institutions décentralisées (collectivités territoriales et institutions spécialisées) **une personnalité juridique propre** distincte de celle de l'État et qui traduit **l'existence d'une sphère d'autonomie.** Pour autant, cette autonomie a ses limites puisque les autorités décentralisées demeurent sous la « tutelle » de l'État.

A) Les modalités de la décentralisation

Pour ne pas être qu'une coquille vide, la décentralisation doit répondre à certaines conditions, notamment quant à « l'autonomie » des collectivités décentralisées. Par ailleurs, si la décentralisation territoriale est la plus communément évoquée, il ne faut pas négliger la décentralisation fonctionnelle.

1) Les conditions d'une décentralisation effective

Elles sont au nombre de quatre.

L'institution décentralisée doit **disposer d'affaires propres**, c'est-à-dire d'affaires dont le traitement et le règlement lui reviennent et pour lesquelles il ne saurait y avoir de concurrence entre les services décentralisés et les services de l'État. Ainsi, l'approvisionnement en eau d'une commune est bien une affaire communale. **L'attribution de la personnalité juridique aux autorités décentralisées marque leur existence en tant qu'institution distincte de l'État** et leur donne les moyens de mener à bien leurs missions.

En second lieu, les institutions décentralisées sont **dotées d'autorités propres et indépendantes** émanant de la collectivité. **Cette indépendance est acquise grâce à l'élection** qui se substitue à la désignation. Ainsi, la décentralisation en France a progressé avec l'élection des conseils municipaux et généraux au suffrage universel direct (depuis plus d'un siècle) puis avec l'élection des maires et des présidents des conseils généraux par les assemblées élues (pour les conseils régionaux, première élection au suffrage universel direct en 1986).

La troisième condition est que les institutions décentralisées **bénéficient de moyens propres**, tant sur le plan technique et matériel que financier. **Seule une fiscalité locale adéquate peut assurer cette autonomie** par des ressources propres suffisantes.

Enfin, **la décentralisation ne doit pas remettre en cause la souveraineté de l'État** et la cohésion nationale. **L'État doit donc maintenir un certain contrôle** (par le biais de la tutelle).

2) Décentralisation territoriale et décentralisation fonctionnelle

On distingue de façon classique la décentralisation territoriale qui concerne les collectivités territoriales et la décentralisation fonctionnelle qui concerne les établissements publics.

a) La décentralisation territoriale

L'existence des collectivités territoriales consacrée par la Constitution (« dans les conditions prévues par la loi, ces collectivités s'administrent librement par des conseils élus » ; art. 72 al. 3 de la Constitution) a marqué **l'avènement de la démocratie locale.** La décentralisation territoriale a **une portée politique.**

Les habitants des communes, des départements et des régions ont ainsi la **capacité d'agir sur les affaires qui leur sont propres,** soit par le biais de leurs représentants élus, soit en s'investissant directement dans la vie politique locale (on dénombre un demi-million d'élus locaux en France), soit à travers des outils de démocratie directe (comme le référendum local institué par la révision constitutionnelle du 28 mars 2003, voir p. 57).

Certes, les affaires qui relèvent de la compétence des collectivités territoriales ont jusqu'ici une portée relativement limitée (essentiellement des affaires administratives) et le statut de ces collectivités (organisation, fonctionnement) est encore largement déterminé par la loi. **Ce qui importe, c'est que la démocratie locale renforce le caractère démocratique du régime politique.**

Ajoutons que la révision constitutionnelle du 28 mars 2003 relative à l'organisation décentralisée de la République a fait **franchir une nouvelle étape**

à la décentralisation territoriale : des règles de répartition des compétences plus favorables aux collectivités territoriales (principe de subsidiarité), des possibilités d'aménagement des normes générales aux spécificités locales, l'institution d'outils de démocratie directe… Mais la décentralisation territoriale n'a pas que des défenseurs. Elle peut être, poussée à l'extrême, une menace pour l'unité de l'État. Sans aller jusque-là, **elle peut conduire les élus locaux à privilégier les intérêts locaux sur les intérêts nationaux et généraux** (il est relativement fréquent que les choix des élus privilégient les intérêts économiques locaux sur les règles générales édictées par l'État en matière d'urbanisme ou de protection de l'environnement).

b) La décentralisation fonctionnelle

Elle s'applique aux institutions spécialisées et notamment aux établissements publics. Ce type de décentralisation n'est pas prévu par la Constitution mais par la loi qui fixe les règles concernant « la création de catégories d'établissements publics » (art. 34 al. 3). Elle peut revêtir deux significations.

La décentralisation fonctionnelle qui consiste à **attribuer la personnalité juridique et l'autonomie de gestion à un groupement d'individus partageant une communauté d'intérêts** (les Universités et les chambres professionnelles, par exemple) **n'a pas une signification éloignée de celle de la décentralisation territoriale.** Le recours à l'élection (le plus souvent) pour désigner les organes de direction permet alors aux membres du groupement d'agir sur les affaires entrant dans le domaine de spécialisation de l'institution.

En revanche, lorsqu'elle consiste à **attribuer l'autonomie de gestion à des services pour en améliorer le fonctionnement**, la décentralisation fonctionnelle n'est guère plus qu'**un aménagement technique.** Dans cette configuration, c'est bien souvent la simple commodité technique qui la fait préférer à la déconcentration, les règles de gestion applicables aux établissements publics étant plus souples que les règles administratives, tant du point de vue de la gestion du personnel que de la gestion comptable et financière.

B) La tutelle administrative

Ensemble des pouvoirs de contrôle sur les collectivités décentralisées, la tutelle a partiellement disparu en 1982. Ainsi, la tutelle sur les actes des collectivités locales a été supprimée par la loi sur la décentralisation du 2 mars 1982 et remplacée par un contrôle administratif (voir p. 91). Par ailleurs, la tutelle technique a été allégée par la loi de 1982 et n'a cessé, depuis, de s'estomper. Enfin, la tutelle sur les personnes a subsisté mais n'est utilisée que de façon exceptionnelle (sur ces deux derniers points, voir p. 90 « Le maintien d'une tutelle »).

1) Les caractères de la tutelle

Le premier caractère de la tutelle tient à son objet qui est de **veiller au respect de l'intérêt général.** Le contrôle de tutelle est un filtre qui doit permettre de détecter et d'éliminer les actes illégaux, voire inopportuns, pris par les autorités décentralisées. Bien évidemment, **il s'agit de protéger les intérêts de la collectivité ou de l'institution décentralisée** qui pourraient être affectés par une illégalité ou par un mauvais choix. **Mais plus encore, il s'agit de protéger l'inté-**

rêt général. N'oublions pas qu'aux termes de l'article 72 alinéa 6 de la Constitution, le représentant de l'État « a la charge des intérêts nationaux, du contrôle administratif et du respect des lois ».

Le second caractère de la tutelle tient à la forme qu'elle revêt, à savoir celle d'**un contrôle**. Contrairement au pouvoir hiérarchique, **le pouvoir de tutelle n'est pas un pouvoir de plein droit.** Autrement dit, **il n'existe que lorsqu'un texte le prévoit** (loi ou règlement) et dans les conditions fixées par ce texte.

En outre, les textes déterminent la portée du contrôle, c'est-à-dire si l'autorité de tutelle exerce **un contrôle simplement sur la légalité des décisions** des autorités décentralisées **ou également sur leur opportunité**. Dans le premier cas, il s'agit de veiller au respect des dispositions légales. Dans le second cas, la marge de contrôle est plus étendue (car plus subjective) et c'est le fondement même de l'acte qui peut être contesté (l'autorité de tutelle peut faire prévaloir son appréciation de l'opportunité de la décision sur celle de l'autorité décentralisée).

L'exercice de la tutelle se rapproche du contrôle hiérarchique sans pour autant donner à son titulaire des attributs aussi étendus. Ainsi, si l'autorité de tutelle dispose des pouvoirs d'annulation, d'approbation et de substitution (voir ci-après) en revanche, elle ne peut donner d'instruction à l'autorité contrôlée (ce serait la négation même de la décentralisation) ou réformer ses actes.

Comme le contrôle de tutelle peut aboutir à une contestation et à une remise en cause des actes pris par les autorités décentralisées, ces dernières disposent d'un recours. C'est le **recours pour excès de pouvoir** exercé auprès du juge administratif (CE, 18 avril 1902, *Commune de Néris-les-Bains*, GAJA, Rec. Lachaume).

2) La tutelle sur les actes et les personnes

a) Sur les actes

Le contrôle de tutelle permet d'exercer **un contrôle direct** sur les actes des autorités décentralisées.

Si l'urgence le nécessite, l'autorité de tutelle peut **suspendre une décision ou, plus exactement, les effets d'une décision.** Comme le contrôle est effectué *a posteriori*, cette autorité doit pouvoir réagir rapidement sans pour autant remettre en cause définitivement l'acte incriminé.

En second lieu, de façon générale, l'autorité de tutelle dispose du **pouvoir d'annulation des actes** des autorités décentralisées.

En troisième lieu, l'autorité de tutelle dispose du **pouvoir d'approbation.** Autrement dit, l'exécution de certains types de décisions pris par les autorités décentralisées est conditionnée à leur approbation.

Enfin et surtout, l'autorité de tutelle dispose du **pouvoir de substitution d'action.** Lorsqu'une autorité décentralisée s'abstient d'agir par refus ou par inaction dans un domaine qui est de sa compétence (par exemple lorsqu'un maire s'abstient d'exercer son pouvoir de police), l'autorité de tutelle peut, après une mise en demeure (d'agir) restée sans suite, se substituer pour prendre les décisions nécessaires.

b) Sur les personnes

En réalité, ce ne sont pas tant les personnes en tant que telles que **les personnes dans l'exercice de leurs fonctions** qui sont contrôlées.

Cette tutelle s'assimile très explicitement à **un pouvoir disciplinaire** mis en œuvre en cas de faute de l'autorité décentralisée (la faute étant entendue au sens large). Comment en effet qualifier autrement le pouvoir dont dispose l'autorité de tutelle de **dissoudre les assemblées locales** ou de **suspendre, voire de révoquer les exécutifs locaux**. Ce contrôle ne se comprend que dans la mesure où ces autorités sont élues (cela vaut également pour les autorités élues des établissements publics) et, en même temps, il marque bien les limites de la décentralisation. En effet, **un organe collégial élu au suffrage universel direct peut être dissous par son autorité de tutelle**, simple autorité administrative. En réalité, lorsqu'elle prend une décision aussi grave, **l'autorité de tutelle agit bien sûr au nom de l'État et pour défendre l'intérêt public.** Lorsqu'une commune ou un département se trouve paralysé(e) du fait de l'incapacité du conseil municipal ou du conseil général à prendre les décisions qui en assurent le fonctionnement (par exemple, le vote du budget), la dissolution de l'assemblée locale peut s'avérer nécessaire pour protéger l'intérêt public.

3) La tutelle technique

Il ne s'agit pas d'un contrôle en matière technique. C'est plutôt **un moyen permettant à l'État de contraindre ou d'inciter les collectivités décentralisées à adopter certaines décisions ou, plus exactement, à conformer leurs décisions à des normes préalablement définies par lui dans certains domaines.**

Ces normes, de caractère technique, sont contenues dans des actes types (règlements, cahiers des charges ou même circulaires). On en trouve, par exemple, en matière de travaux publics, d'organisation des services publics, d'expropriation.

La tutelle technique est un moyen de pression d'autant plus efficace que le non-respect par les autorités décentralisées des normes techniques permet (légalement) à l'État de refuser l'octroi de subventions et de diverses aides à ces collectivités. Ainsi, la tutelle technique permet à l'État d'exercer **un contrôle indirect** sur certains de leurs actes. La marge d'appréciation et d'action de ces collectivités s'en trouve évidemment réduite.

CHAPITRE 2

L'administration d'État

L'État personne publique a pour raison d'être et pour mission de pourvoir aux besoins de la population sur l'ensemble du territoire. Il dispose pour cela d'une administration centrale d'où partent les grandes impulsions, d'une administration déconcentrée qui le relaie localement dans le cadre de circonscriptions administratives et de services à compétence nationale dont la fonction est spécialisée et technique (leur spécificité a été reconnue par le décret n° 97-463 du 9 mai 1997).

SECTION I

L'administration centrale

Les plus hautes autorités de l'État (Président de la République, Premier ministre et ministres) sont à la fois des autorités politiques et administratives. Dans leur fonction politique, elles définissent les grandes orientations de l'action publique. Dans leur fonction administrative, elles disposent de compétences pour faire « tourner la machine administrative » et pour mettre en œuvre les décisions politiques. Seule la fonction administrative nous intéresse ici.

De cette administration active qui détient le pouvoir de la décision, il faut distinguer une administration consultative et une administration de contrôle composées d'organismes très divers, chargés d'assister et de contrôler le gouvernement ainsi que les services administratifs.

§ 1. Les autorités centrales

La Constitution de 1958 a organisé une **répartition des compétences entre le chef de l'État et le Premier ministre.** Quant aux ministres, leur compétence en ce domaine est essentiellement limitée à la bonne marche de leur ministère. Chacune de ces autorités est assistée par des collaborateurs et des services dont la mission est de préparer et d'exécuter les décisions.

A) Le Président de la République

Centre d'impulsion de la vie politique, le chef de l'État doit en revanche partager ses compétences administratives avec le Premier ministre. La pratique a pourtant fait évoluer le bicéphalisme administratif à l'avantage du Président.

1) Les compétences administratives du Président

On retiendra que **ses attributions administratives ont également une dimension politique**, voire « politicienne ».

a) Les nominations aux emplois supérieurs de l'État

L'article 13 de la Constitution **confère au Président le soin de nommer aux emplois civils et militaires de l'État.** Ces nominations interviennent en Conseil des ministres ; elles sont discrétionnaires ou obligatoires.

Les nominations discrétionnaires de hauts fonctionnaires se font sur proposition du Premier ministre et avec l'accord du Président. Ceci implique qu'il y ait une **concertation entre le Président et le gouvernement** (en période de cohabitation, si le Président accepte le plus souvent les nominations, il conserve un droit de regard). Ces nominations **posent la question de la politisation de la haute administration.** Les hauts fonctionnaires ainsi nommés (directeurs d'administration centrale des ministères, secrétaire général du gouvernement, secrétaire général de la défense nationale, préfets...) sont réputés acquis au gouvernement qui les a nommés et susceptibles d'œuvrer en sa faveur.

Le problème se pose aussi pour les nominations aux emplois de direction dans les établissements publics, entreprises publiques et sociétés nationales (président du conseil d'administration de la SNCF et jusque récemment d'Air France et de Renault...). En effet, ces nominations permettent d'établir des liens avec le monde économique voire d'en contrôler certains pans.

Afin de rendre ce système des nominations discrétionnaires plus transparent, **le pouvoir de nomination du chef de l'État est désormais encadré** (art. 13 al. 5 C issu de la révision constitutionnelle du 23 juillet 2008, précisé par la loi n° 2010-838 et la loi organique n° 2010-837 du 23 juillet 2010). Pour certains emplois ou fonctions (ex. : le Médiateur de la République, les PDG des grandes entreprises publiques, le président du Conseil supérieur de l'audiovisuel ou le président de France Télévisions), les nominations par le président de la République sont soumises, **au préalable, à l'avis public de la commission permanente compétente de chaque assemblée** du Parlement (ex. : la commission compétente en matière d'énergie pour le PDG d'EDF ou la commission compétente en matière d'affaires culturelles pour le président du Conseil supérieur de l'audiovisuel). Le président ne peut procéder à une nomination si l'addition des votes négatifs dans chaque commission représente au moins trois cinquièmes des suffrages exprimés au sein des deux commissions.

Quant aux nominations obligatoires, elles concernent certains corps de la haute fonction publique (Conseil d'État, Cour des comptes, magistrats de l'ordre judiciaire, professeurs d'Université...). Cette compétence liée du Président marque l'importance et l'indépendance de ces corps.

b) La participation à l'exercice du pouvoir réglementaire

En théorie, le Président n'exerce qu'à titre exceptionnel le pouvoir réglementaire qui relève de la compétence du Premier ministre en vertu de l'article 21 de la Constitution. Son intervention dans le domaine de l'exécutif n'est donc que ponctuelle. Il signe les décrets et les ordonnances délibérés en Conseil des ministres.

Le Président signe les décrets délibérés en Conseil des ministres. L'examen de ces décrets est parfois imposé par un texte (par exemple, le décret de proclamation de l'état d'urgence est imposé par l'ordonnance du 15 avril 1960) mais, **le plus souvent, c'est le Président qui décide de les inclure dans les délibérations.** Dans cette deuxième hypothèse, **le Président participe à l'exercice du pouvoir réglementaire dont le titulaire est le Premier ministre** (pour plus de développements, voir p. 172).

Le Président signe également les ordonnances, actes réglementaires délibérés en Conseil des ministres, par lesquelles, sur habilitation du Parlement, le gouvernement peut agir dans le domaine de la loi pour une période et des objectifs déterminés (article 38 de la Constitution ; sur les ordonnances, voir p. 127). Il s'agit d'un **pouvoir discrétionnaire** du chef de l'État qui est donc libre de signer ou non les ordonnances (voir p. 174).

2) Les services et organismes de la présidence

Nés de la pratique, les services de la présidence sont à la disposition du Président qui les organise librement.

Le cabinet regroupe les plus proches collaborateurs du chef de l'État, ses hommes de confiance. Il est donc nécessairement politisé. Il a pour mission d'**organiser et de coordonner les activités politiques du Président** (ses rapports avec les partis politiques, avec les personnalités de la majorité, ses déplacements...).

Le secrétariat général est le rouage clé de l'organisation présidentielle. Il est à la fois une instance de conseil, de réflexion et d'exécution (avec les conseillers techniques et les chargés de mission) et **l'instrument indispensable de coordination de l'activité de l'État** (il gère les rapports de la présidence avec le gouvernement, prépare le Conseil des ministres, assure le suivi des activités des différents ministères...). Bien évidemment, cette coordination ne peut se faire qu'**en collaboration avec les services du Premier ministre**, notamment le Secrétaire général du gouvernement.

L'état-major particulier a pour mission de conseiller le Président dans ses attributions constitutionnelles de chef des armées (art. 15 C).

Créé par le décret du 19 novembre 1997 et renouvelé par le décret du 15 mai 2002, le **conseil de sécurité intérieure** (CSI) a pour rôle de définir les orientations de la politique menée dans le domaine de la sécurité intérieure et de fixer les priorités. Il s'assure de la cohérence des actions menées par les différents ministères, procède à leur évaluation et veille à l'adéquation des moyens mis en œuvre. Ses premières décisions ont porté, par exemple, sur la politique de la ville ou l'amélioration de la répartition géographique des effectifs de police et de gendarmerie nationale.

B) Le Premier ministre

Il est la première autorité administrative : en effet, non seulement le gouvernement « dispose de l'administration » (art. 20 C) mais encore le Premier ministre dispose du pouvoir réglementaire de droit commun (art. 21 C).

1) Ses compétences administratives

a) L'exercice du pouvoir réglementaire de droit commun

Le Premier ministre est **chargé de l'exécution des lois et exerce le pouvoir réglementaire** (art. 21 C). À ce titre, il est le chef de l'administration.

D'une part, il exerce le **pouvoir réglementaire subordonné**, ce qui veut dire qu'il prend les mesures nécessaires à l'exécution des lois : les décrets d'application, mesures d'une portée générale s'imposant à tous.

D'autre part, il dispose d'un **pouvoir réglementaire autonome** (pour lequel il n'a pas à rattacher sa décision à un texte législatif). Cela signifie qu'il exerce seul ce pouvoir (avec le contreseing des ministres concernés) sous forme de décrets simples pris en Conseil d'État ou délibérés en Conseil des ministres (sur le pouvoir réglementaire autonome, voir p. 172).

Il dispose d'autres attributions lui permettant d'être présent dans le processus d'élaboration des normes étatiques : il contresigne de nombreuses décisions présidentielles (art. 19 C), il a l'initiative des lois (art. 39 C)...

Cela dit, le Premier ministre n'a pas l'exclusivité du pouvoir réglementaire. **Il faut plutôt parler d'un pouvoir partagé entre le Premier ministre et le Président**, d'autant que si la plupart des décrets émanent du Premier ministre, force est de constater qu'il ne lui est pas possible d'exercer son pouvoir réglementaire sur une question importante sans en référer au Président. De plus, ce dernier fixant l'ordre du jour du Conseil des ministres, il possède de ce fait, même en période de cohabitation, un moyen d'aborder les projets de décrets qui sont alors considérés comme « délibérés en Conseil des ministres » et doivent donc être revêtus de sa signature.

b) Le Premier ministre, centre d'impulsion du gouvernement

Selon l'article 21 de la Constitution, **« le Premier ministre dirige l'action du gouvernement »**. Il propose au Président la nomination et la révocation des ministres.

L'essentiel de l'autorité du Premier ministre s'exerce dans le fonctionnement quotidien du gouvernement. Il **adresse ses instructions** aux différents ministres (par exemple, il leur adresse chaque année, dans la perspective de la préparation du budget, une lettre de cadrage qui situe le niveau des dépenses autorisées).

Il doit **signer ou contresigner** les principaux textes émanant des ministères, ce qui lui permet de contrôler leur activité et, **le cas échéant, d'opposer son veto à un projet**. Réciproquement, les décisions du Premier ministre doivent être contresignées par les ministres concernés.

Il dispose du **pouvoir de nomination** des fonctionnaires civils et militaires, pouvoir limité par celui appartenant au Président (nomination aux emplois supérieurs) et celui confié aux ministres.

Il dispose également d'un **pouvoir d'arbitrage** qui lui permet de trancher les désaccords entre ministres. L'arbitrage le plus classique est celui qui tranche les différends qui opposent le ministre du Budget aux ministres dépensiers.

2) Les services du Premier ministre

Certains sont placés directement sous son autorité alors que d'autres lui sont simplement rattachés.

a) Les cabinets

Le cabinet civil regroupe les collaborateurs personnels du Premier ministre. À l'instar de celui du Président, il a une forte connotation politique.

Sous la direction d'un directeur de cabinet, conseillers techniques et chargés de mission (pour l'essentiel, issus des grands corps de la fonction publique) assurent **la coordination et le suivi des différents domaines de l'activité gouvernementale** (ils transmettent les instructions du Premier ministre, élaborent des projets dont ils assurent le suivi...).

Le cabinet militaire (composé de quelques membres) **assiste et conseille le Premier ministre sur les questions de défense nationale** dont il est constitutionnellement responsable (art. 21 C). Mais la prééminence présidentielle (qui s'exerce par le biais de l'article 15) le prive de tout pouvoir de décision. La politique de défense de la France est un **« domaine réservé »** du chef de l'État. Le Premier ministre n'en est qu'un exécutant.

b) Le Secrétariat général du gouvernement

Structure relativement légère composée d'un personnel de haut niveau (une soixantaine de personnes), le Secrétariat général joue un **rôle d'intermédiaire et de transmission des instructions** du Premier ministre aux ministres, **contrôle la régularité juridique des projets de lois et de décrets** et intervient **en matière législative** puisqu'il est chargé de la coordination du gouvernement et du Parlement.

Le secrétaire général du gouvernement est un personnage peu connu du grand public. Traditionnellement choisi parmi les conseillers d'État, sa position particulière et sa grande compétence lui ont souvent permis de rester en poste malgré les changements de gouvernements (par exemple, Marceau Long est resté en poste de 1975 à 1982). **Cette stabilité permet d'assurer la continuité, au moins administrative, du travail gouvernemental.** Il joue un rôle important dans la **coordination du travail gouvernemental.** Il collabore avec le secrétaire général de l'Élysée pour préparer le planning du travail gouvernemental (par exemple, pour définir l'ordre du jour des Conseils des ministres selon les instructions du Président).

c) Les organismes et les services rattachés au Premier ministre

Ils lui permettent de **jouer un rôle non négligeable dans des domaines dont certains sont considérés comme sensibles.** Nous présentons ici les plus importants.

Le **Secrétariat général de la défense nationale** (SGDN) a une fonction d'animation (information et coordination) en matière de politique de défense.

Le « Secrétariat général du Comité interministériel pour les questions de coopération économique européenne » (SGCI), service chargé de coordonner l'activité des ministères sur l'Europe, est devenu le **« Secrétariat général des affaires européennes »** (SGAE) (décret du 18 octobre 2005). Il couvre l'ensemble des domaines définis par le traité sur l'Union européenne, à l'exception de la politique étrangère et de sécurité commune qui reste de la compétence du ministère des Affaires étrangères.

La Direction des Journaux officiels, la Direction de la Documentation française et le Service d'information et de diffusion ont pour mission d'assurer l'information officielle relative à l'activité des pouvoirs publics.

C) Les ministres

Ils ont tout à la fois un rôle politique et un rôle administratif.

1) Leurs compétences administratives

Chaque ministre est **à la tête d'un département ministériel** et doit en assurer la direction et le bon fonctionnement. Le ministre est le représentant de l'État et agit en son nom dans son domaine de compétence (pour les décisions, les contrats, les actions en justice).

Il dispose du pouvoir hiérarchique sur tous les personnels du ministère. Il donne des ordres et des instructions sous forme de directives, circulaires... mais **ne dispose pas du pouvoir réglementaire**, sauf pour l'organisation et le fonctionnement des services du ministère (CE Sect., 7 février 1936, *Jamart*, GAJA).

Pour toutes les décisions prises par le Président ou le Premier ministre dans le domaine de compétence du ministère, le ministre concerné doit donner son contreseing. Il participe ainsi à l'exercice du pouvoir réglementaire. Le ministre qui refuserait son contreseing prendrait le risque d'« être démissionné ».

Hormis les emplois les plus élevés de son ministère qui relèvent du Président ou du Premier ministre, le ministre dispose d'une compétence de nomination des fonctionnaires de ses services (par délégation du Premier ministre).

2) Les structures ministérielles

a) La hiérarchie gouvernementale

Au sommet de cette hiérarchie, on trouve bien évidemment le **Premier ministre** qui, aux termes de l'article 21 de la Constitution, dirige l'action du gouvernement. **Bien que juridiquement il ne soit pas le supérieur hiérarchique des ministres, il exerce sur eux une autorité.**

Il faut ensuite se référer aux décrets de nomination qui classent les membres du gouvernement en plusieurs catégories hiérarchisées.

Au second rang (après le Premier ministre), on trouve dans certains gouvernements des **ministres d'État**, en général chargés d'un département ministériel important. Il s'agit d'un **titre honorifique** qui vient souligner le poids politique de l'intéressé.

Viennent ensuite les **ministres dits de plein exercice**, en charge d'un département ministériel et participant à toutes les réunions du Conseil des ministres. D'un gouvernement à l'autre, leur nombre (en incluant les ministres d'État) a varié de 14 (gouvernement Jospin) à 28 (gouvernement Mauroy de juin 1981 à mars 1983), selon que certains regroupements de départements ministériels sont opérés ou non (on peut ainsi trouver un grand ministère de l'Économie ou alors un ministère de l'Économie et un ministère du Budget) et selon que certains domaines sont pris en compte ou non (ainsi, les droits de la femme ou la mer ont rarement été pris en compte spécifiquement).

Il arrive que des gouvernements comprennent également des **ministres délégués** en charge de départements ministériels mais rattachés à un ministre de plein exercice ou au Premier ministre.

Enfin, au bas de la pyramide gouvernementale, on trouve les **secrétaires d'État.** Ils sont, eux aussi, rattachés au Premier ministre ou à un ministre de plein exercice pour, dans le premier cas, accomplir des tâches précises ou, dans le second cas, assister le ministre dans la gestion de son département. Ils ne participent pas au Conseil des ministres sauf si leur présence est requise.

Signalons également l'attribution, au sein des gouvernements Fillon, d'**un titre de Haut-commissaire** (titre souvent utilisé pour des missions liées à des périodes troublées ou des dossiers délicats mais jamais pour un membre du gouvernement).

b) Les services ministériels

1. Le cabinet

Pour diriger son ministère, le ministre est assisté par des conseillers qui forment son **cabinet**.

Il recrute lui-même ce cabinet souvent composé de **hauts fonctionnaires. Les cabinets ministériels, organes politiques et techniques, sont régulièrement mis en cause.** Outre le nombre de conseillers jugé abusif (jusqu'à une vingtaine dans certains ministères), il est surtout reproché aux cabinets ministériels d'être le véritable centre de décision alors qu'en démocratie, c'est au politique, donc au ministre, de prendre les décisions et de les assumer.

2. L'organisation interne des ministères

Elle répond à une **logique hiérarchique et pyramidale.**

La structure la plus large des ministères est la direction. Elle peut être « horizontale », c'est-à-dire qu'elle couvre un domaine qui intéresse l'ensemble du ministère (direction du budget, du personnel…) ou « verticale », c'est-à-dire spécialisée (la direction de l'enseignement supérieur dans celui de l'Éducation nationale, la direction des hôpitaux au ministère des Affaires sociales).

À la tête de chaque direction, on trouve un directeur d'administration centrale. Ces emplois supérieurs à la discrétion du gouvernement sont pourvus par décret en Conseil des ministres. Cela signifie que les directeurs sont choisis librement (et donc révoqués de la même façon) par le gouvernement. Les directeurs sont souvent choisis parmi les membres des cabinets.

Les directions sont divisées en sous-directions, elles-mêmes organisées en services. Au sein des services, le travail est réparti entre les bureaux qui sont les structures de base des ministères.

§ 2. Les organes consultatifs et de contrôle

Les premiers sont au service du gouvernement et de l'administration et interviennent en amont de la prise de décision alors que **les seconds**, agissant en qualité d'**autorités de contrôle administratif et non juridictionnel**, interviennent en aval. **Enfin, nous évoquerons le cas des autorités administratives indépendantes (AAI)** qui sont tout à la fois des organismes consultatifs et de contrôle.

A) Les organes consultatifs

1) Leur mission

Comme leur nom l'indique, **les organes consultatifs ont pour mission de conseiller et d'éclairer le gouvernement et l'administration** (mais aussi, dans une moindre mesure, le Parlement) **sur des questions d'ordre général ou sur des points précis** (par des avis, des propositions, des rapports et des études). Siégeant de façon permanente ou périodique, ils peuvent être rattachés au chef de l'État, au gouvernement dans son ensemble, directement au Premier ministre ou à un ministre.

Leur grande diversité est le corollaire de la diversification des interventions de l'État. La technicité et la complexité des questions à traiter ne sont pas la seule raison d'être du développement de ces organismes. **L'époque est à la concertation et à la participation, même indirecte, des acteurs socioprofessionnels, des représentants des agents de l'administration et des administrés au processus de décision.**

Les avis rendus peuvent être facultatifs ou obligatoires. Dans le second cas, la consultation obligatoire est une condition de la légalité de la décision administrative. De façon plus exceptionnelle, les avis sont obligatoires et conformes, c'est-à-dire que le gouvernement ou l'administration a l'obligation de consulter l'organisme et, de surcroît, ne peut pas prendre une décision contraire à l'avis formulé.

2) La diversité des organismes consultatifs

Un seul organisme a véritablement une vocation consultative générale : le Conseil d'État (voir p. 280 et s.).

a) Le Conseil d'État

Les deux fonctions du Conseil sont la fonction juridictionnelle (exercée au sein des formations contentieuses) **et la fonction consultative** (exercée au sein des formations administratives).

La fonction consultative consiste à donner un **avis au gouvernement sur la régularité juridique et sur l'opportunité administrative de ses projets.** Le Conseil doit donc vérifier que le projet respecte les conditions de forme et de fond imposées par la loi mais **il peut également donner son avis sur le fond.**

En matière législative, **tous les projets de loi** sont obligatoirement soumis au Conseil. Ils doivent être **accompagnés de leur étude d'impact** qui comporte la justification du recours à la norme législative et diverses informations dont une évaluation des conséquences économiques, financières, sociales et environnementales des dispositions envisagées, ainsi que leur impact sur l'ordre juridique interne (loi organique du 15 avril 2009). Par ailleurs, la révision constitutionnelle du 23 juillet 2008 a prévu qu'**une proposition de loi peut également être soumise pour avis au Conseil d'État** (par le président de l'assemblée dont elle est issue) avant son examen en commission (de l'assemblée), sauf si le parlementaire qui en est à l'origine s'y oppose (art. 39, al. 5 C ; l'instauration de cette procédure consultative facultative vise à renforcer la « qualité » de la loi). Le Conseil peut donc suggérer des retouches ou des modifications parfois substantielles au projet ou à la proposition de loi.

En matière réglementaire, il donne un avis sur les projets d'ordonnance ou sur les projets de décret qui lui sont soumis (dits décrets en Conseil d'État).

Le Conseil est aussi consulté sur des décisions individuelles (comme un changement de nom à l'état civil).

Lorsque le gouvernement ne respecte pas son obligation de consultation, sa décision est entachée d'un vice de compétence susceptible d'entraîner l'annulation du texte. Par ailleurs, parmi les avis rendus, rares sont ceux qui lient le gouvernement.

En revanche, le gouvernement peut passer outre à un avis négatif du Conseil d'État. Cette hypothèse se produit toutefois assez rarement dans la mesure où un avis négatif laisse présager d'une annulation contentieuse (si un recours est formé).

Enfin, en dehors des hypothèses de consultation obligatoire, un ministre a toujours la possibilité de consulter le Conseil d'État sur la régularité d'un projet de décision ou sur l'**interprétation d'un texte.** C'est ainsi que le Conseil a rendu le 27 novembre 1989 un avis relatif au port du **« foulard islamique »** dans les écoles publiques (il a estimé que le port de signes d'appartenance à une communauté religieuse n'était pas incompatible avec le principe de laïcité à condition que ces signes ne soient pas portés de façon ostentatoire et ne portent pas préjudice à un suivi normal des enseignements). Il a démontré dans cette affaire ô combien sensible, sa capacité à effectuer une **interprétation subtile et nuancée des textes** (une fois de plus, serait-on tenté de dire).

En principe secrets (ils sont destinés au seul gouvernement), les avis du Conseil d'État peuvent être rendus publics si le gouvernement en décide ainsi. Celui-ci est d'ailleurs de moins en moins hostile à cette « divulgation » qui peut permettre d'informer l'opinion publique sur des sujets complexes (comme dans l'affaire du « foulard islamique ») et, le cas échéant, de la convaincre du bien-fondé des projets gouvernementaux (la plupart des avis sont publiés au rapport annuel du Conseil d'État).

Signalons également que, dans le cadre de la procédure définie à l'article 88-4 de la Constitution, le gouvernement transmet au Conseil d'État les projets ou propositions d'actes de l'Union européenne (règlements, directives...). Ce dernier doit rendre un avis sur leur nature législative ou réglementaire (l'ensemble des projets et propositions est transmis aux commissions chargées des affaires européennes de l'Assemblée nationale et du Sénat pour examen).

À côté du travail consultatif effectué par les sections administratives, il ne faut pas négliger l'apport de la **section du rapport et des études du Conseil d'État.** Elle peut réaliser des études afin d'**éclairer le gouvernement sur les problèmes juridiques posés** par telle ou telle question d'actualité souvent technique.

Incontestablement, **la large prise en compte des avis du Conseil par le gouvernement permet à la juridiction suprême de s'inscrire dans le processus de décision gouvernementale.**

Mais la fonction consultative est également l'occasion d'une réflexion de plus en plus critique sur certains aspects de la procédure d'élaboration et du contenu des textes législatifs et réglementaires.

Ainsi, de façon régulière, le Conseil d'État met en évidence la précipitation avec laquelle les gouvernements veulent faire passer leurs réformes, ce qui se traduit par une insuffisance des délais d'examen de certains textes et nuit donc à la qualité du travail de préparation de ces textes. Il dénonce également la négligence certaine dont font preuve les gouvernements à l'égard des procédures de consultation préalable à la présentation de certains textes au Conseil d'État. Mais surtout la Haute juridiction met en garde contre **les conséquences de l'instabilité de la règle de droit**, c'est-à-dire les changements fréquents de législation et de réglementation. Il en résulte soit de l'insécurité juridique, soit de l'inefficacité.

b) Le Conseil économique, social et environnemental (CESE)

Son existence et ses fonctions sont prévues par la Constitution (art. 69, 70 et 71). La révision constitutionnelle du 23 juillet 2008 a élargi son champ de compétence à l'environnement et a prévu qu'il puisse être saisi par voie de pétition. Dans sa fonction consultative traditionnelle, le CESE intervient à la demande du gouvernement pour donner un avis sur les projets de loi, d'ordonnance ou de décret ainsi que sur les propositions de loi qui lui sont soumis (il se prononce sur les aspects économiques, sociaux ou environnementaux du projet ou de la proposition). Cela explique que ses avis ne soient pas conformes pour les pouvoirs publics, c'est-à-dire qu'ils ne sont pas tenus de les respecter. Outre ses avis, le Conseil peut influencer la décision gouvernementale via ses rapports.

La loi organique du 28 juin 2010 met en œuvre les dispositions issues de la révision constitutionnelle du 23 juillet 2008. Elle rénove la composition du Conseil afin de tenir compte de sa nouvelle vocation environnementale : représentants traditionnels des catégories socioprofessionnelles, syndicalistes, représentants des associations et fondations agissant dans le domaine de la protection de l'environnement, représentants des jeunes et des étudiants, présence de personnalités qualifiées... Concernant le nouveau mode de saisine du Conseil par voie de pétition, la loi fixe à 500 000 le nombre de signataires requis. L'avis rendu sur les pétitions sera transmis au Premier ministre et aux assemblées parlementaires, puis publié au JO.

À côté du CESE, il existe des centaines d'organismes spécialisés : Conseil supérieur de la fonction publique, Conseil supérieur des transports, Conseil supérieur des hôpitaux, Commission nationale consultative des droits de l'homme…

B) Les organes de contrôle

Ils sont **chargés de contrôler la bonne marche des services publics et la régularité de leur fonctionnement.** Traditionnellement discrets voire bienveillants à l'égard de l'administration et **sans pouvoir de sanction réel**, les organes de contrôle ont acquis progressivement une **influence grandissante, notamment grâce à la publicité et à la médiatisation données à leurs travaux et à leurs rapports** (hormis ceux des corps d'inspection). La « langue de bois » a laissé place à une plus grande transparence et à une plus grande fermeté vis-à-vis des « errements » de l'administration.

1) Les corps d'inspection

Remontant pour certains au Consulat et à l'Empire, ils existent au sein de chaque ministère : Inspection générale de l'Éducation nationale, Inspection générale des ponts et chaussées, Contrôle général des armées, Inspection générale des affaires sociales.

Il existe également deux corps d'inspection à vocation interministérielle : l'Inspection générale de l'administration (rattachée au ministère de l'Intérieur) qui contrôle en particulier les services de police ainsi que l'administration territoriale et l'Inspection générale des finances. Créée en 1831 et rattachée au ministre des Finances, elle est la plus prestigieuse de toutes et contrôle le respect des règles de la gestion publique ainsi que la gestion financière des organismes de Sécurité sociale et des entreprises publiques.

Les atouts des corps d'inspection sont de deux ordres. En premier lieu, **ils jouissent d'une indépendance certaine** au sein de leurs ministères. En second lieu, la **qualité des contrôles exercés** est garantie par le niveau de compétence élevé auquel sont recrutés les « inspecteurs » : diplômés de l'ENA (surtout pour l'Inspection générale des finances), hauts fonctionnaires d'expérience...

Malgré ces atouts, leur efficacité est contestée. D'abord, contrairement aux autres organes de contrôle que sont la Cour des comptes et le médiateur, **leurs travaux restent secrets** (même s'il s'agit souvent de secrets de polichinelle). Cela ne contribue évidemment pas à la nécessaire transparence sur le fonctionnement de l'administration. Ensuite, les corps d'inspection ont quelque peu tendance à **délaisser leur mission d'inspection au profit de tâches de conseil aux administrations.** Quelle que soit l'utilité de ces tâches, elles détournent les inspecteurs de leur vocation première et font douter de leur capacité à effectuer un contrôle objectif sur des services avec lesquels ils collaborent. Enfin, les corps d'inspection sont relativement liés aux administrations qu'ils contrôlent, notamment par des solidarités de « corps » qui altèrent quelque peu leur sens critique.

Ceci dit, les corps d'inspection restent indispensables au bon fonctionnement des administrations. Souhaitons qu'à l'instar des autres grands organes de contrôle, leurs travaux fassent l'objet d'une plus grande publicité et prennent donc plus de poids (si le rapport de l'Inspection générale des affaires sociales sur l'Association pour la recherche contre le cancer avait reçu la publicité nécessaire, il n'aurait sans doute pas fallu attendre deux ans supplémentaires pour que le problème soit traité).

2) La Cour des comptes

Les missions de la Cour des comptes sont définies par la Constitution au 1er alinéa de l'article 47-2. Sa première mission est d'assister le Parlement dans le contrôle de l'action du gouvernement. À cette fin, outre des fonctions juridictionnelles (contrôle des comptes des comptables publics), la Cour des comptes (créée par une loi de 1807) exerce une fonction de contrôle du **bon usage des deniers publics** (on dit qu'il s'agit d'un « contrôle de gestion ») par les différents services et établissements publics de l'État, les organismes de Sécurité sociale, les entreprises publiques et les organismes privés qui reçoivent des fonds publics (comme des associations). Le contrôle porte sur la qualité et la régularité de la gestion, sur l'efficacité des actions menées au regard des objectifs fixés par les pouvoirs publics ou l'organisme concerné (il s'apparente à un **audit de la performance** qui repose sur la vérification des résultats).

Pour ce faire, la Cour diligente des enquêtes, établit des rapports dits « particuliers » et consacre une partie de son rapport annuel à cet aspect de sa mission. **La publicité et la médiatisation croissante dont bénéficient les rapports de la Cour et l'intérêt que leur portent l'opinion et les autorités publiques permettent de compenser son absence de pouvoir de décision et de sanction.**

En réalité, les travaux de la Cour des comptes s'adressent avant tout aux pouvoirs publics qui doivent en tirer les conclusions et prendre les mesures susceptibles de corriger les situations dénoncées (ils peuvent s'appuyer sur les recommandations de la Cour).

Régulièrement, **elle dénonce les gaspillages et la mauvaise gestion de l'argent public.** Ainsi, la Cour a notamment mis en évidence la mauvaise « rentabilité » et l'efficacité douteuse des organismes sociaux, les dysfonctionnements des tribunaux judiciaires ou la désorganisation qui règne au sein du ministère de la Culture.

Dans cette mission, la Cour des comptes est **relayée au niveau local par les chambres régionales des comptes** (contrôle de la gestion des collectivités locales et des organismes qui s'y rattachent). En outre, la loi du 21 décembre 2001 a consacré la faculté pour la Cour de confier « le jugement des comptes et l'examen de la gestion » d'établissements publics, disposant d'une assise territoriale, aux chambres régionales des comptes. De même, l'action de la Cour est complétée par celle du **Comité central d'enquête sur le coût et le rendement des services publics.** Créé par un décret de 1946, il a pour mission d'évaluer, grâce à des pouvoirs d'investigation importants, le coût et la qualité du fonctionnement des services publics.

Outre le contrôle juridictionnel et le contrôle de gestion, **la Cour des comptes assure la certification des comptes**. Elle est chargée de certifier, chaque année, la régularité (conformité aux règles), la sincérité (application de bonne foi des règles) et la fidélité (rendant compte de la réalité) des comptes de l'État (loi organique de 2001) et ceux des organismes nationaux de la Sécurité sociale (loi organique de 2005).

À côté de sa mission de contrôle de l'action du gouvernement, la Cour des comptes est chargée d'assister le Parlement et le Gouvernement dans le contrôle de l'exécution des lois de finances (notamment du budget de l'État) et de l'application des lois de financement de la Sécurité sociale, ainsi que dans l'évaluation des politiques publiques (la révision constitutionnelle du 23 juillet 2008 a étendu la mission d'assistance à l'évaluation des politiques publiques). Pour ce faire, la Cour élabore chaque année des rapports (comme le rapport sur la situation des finances publiques) et répond sur ces sujets aux questions qui lui sont posées par les commissions concernées des assemblées (lois organiques des 1er août 2001 et 2 août 2005).

Les rapports de la Cour des comptes revêtent une importance toute particulière pour la diffusion de ses travaux. La Constitution a consacré leur rôle majeur : « Par ses rapports publics, elle contribue à l'information des citoyens » (article 47-2 C).

Les membres de la Cour des comptes ont la **qualité de magistrats et sont inamovibles**, ce qui assure leur indépendance (loi du 1er juillet 2006 portant dispositions statutaires applicables aux membres de la Cour des comptes).

3) Le médiateur de la République

Le médiateur est une **autorité administrative indépendante** (en abrégé AAI) **d'un type particulier.** Désigné par le chef de l'État, son statut lui garantit l'indépendance nécessaire pour mener à bien sa mission (il est nommé pour une durée de six ans, non renouvelable ; il ne reçoit pas d'ordre...).

Le médiateur présente une différence majeure avec les autres AAI (voir p. 35). En effet, « **les recommandations** adressées par le médiateur aux parlementaires qui le saisissent de réclamations… **n'ont pas le caractère de décisions administratives** susceptibles de faire l'objet d'un recours par la voie contentieuse » (CE Ass., 10 juillet 1981, *Retail*, Rec., p. 303). Privé du pouvoir de décision, il occupe une place à part au sein des AAI.

Institué en 1973, il a pour mission de **défendre les droits des administrés contre les dysfonctionnements, la mauvaise volonté et l'opacité administrative.** Afin d'éviter un afflux de réclamations qui aurait paralysé son fonctionnement, les citoyens doivent le saisir par l'intermédiaire d'un parlementaire.

Pour assurer la décentralisation de son activité, le médiateur dispose, sur l'ensemble du territoire, de délégués qu'il désigne (plus de 330 points d'accueil dans les préfectures, sous-préfectures, mairies, établissements pénitentiaires...). Nommés pour une durée d'un an renouvelable, ces derniers exercent leurs fonctions à titre bénévole. La loi du 12 avril 2000 reconnaît le rôle d'intermédiaire joué par les délégués dans la mesure où les réclamations adressées au médiateur par les délégués leur ont nécessairement été transmises par un parlementaire.

Lorsqu'il constate des dysfonctionnements administratifs, il peut **adresser des recommandations aux administrations en cause** pour qu'elles modifient leur comportement, voire leur fonctionnement. La loi du 12 avril 2000 prévoit qu'une publicité peut être donnée aux propositions du médiateur.

On a longtemps considéré que le médiateur était une institution sans réel pouvoir. Pourtant, **son poids et son influence ne cessent de croître, notamment grâce à la publicité donnée à ses travaux et à son rapport annuel.** Les médias ne manquent pas de faire leurs choux gras des situations ubuesques dénoncées, ce qui a le mérite d'attirer l'attention de l'opinion publique et, par voie de conséquence, des pouvoirs publics. De plus en plus, le médiateur n'hésite pas à mettre en cause la « chicanerie » administrative et le manque de bonne volonté de nombreux agents de l'administration dans leurs rapports avec le public.

Enfin, **le médiateur peut proposer aux pouvoirs publics des réformes administratives.**

La place importante prise par le médiateur est également le **reflet du développement des procédures de conciliation dans les litiges** entre l'administration et les administrés. Il s'agit d'**éviter d'en arriver à des procédures contentieuses longues et de soulager les juridictions administratives.**

C) Les autorités administratives indépendantes (AAI)

Le développement spectaculaire des AAI à compter des années 1970 illustre le **phénomène de diffusion et d'éparpillement du pouvoir exécutif.** Les autorités traditionnelles, à savoir les ministres, sont désormais concurrencées dans certains domaines par ces autorités plus impartiales. Nombreuses et diverses, **elles assurent la régulation de quelques secteurs stratégiques.**

1) La nature juridique et institutionnelle des AAI

Inspirées de l'exemple anglo-saxon, les AAI sont nées de la **volonté des autorités exécutives de s'autocontrôler et de s'autocensurer.** En effet, jusqu'alors, la faiblesse ou l'absence de contrôle sur l'activité administrative, hormis celui exercé par le juge administratif, laissait planer un **risque d'arbitraire.**

Toute la difficulté pour assurer l'effectivité de ce contrôle résidait dans le fait que **les AAI sont des émanations de l'administration et en font partie intégrante.** Il fallait donc garantir à ces autorités à la fois leur **indépendance** vis-à-vis des autorités exécutives et de **véritables moyens d'action.** Leur statut leur procure une véritable indépendance. En particulier, il les place **en dehors de toute hiérarchie administrative** (elles ne sont donc pas contrôlées par d'autres autorités administratives).

Par ailleurs, **les AAI disposent d'un pouvoir propre : pouvoir réglementaire** dans leur domaine de compétence, pouvoir de recommandation, **pouvoir de prendre des mesures individuelles** dont les plus spectaculaires sont les **sanctions**. Comme toutes décisions administratives faisant grief, leurs décisions sont susceptibles d'être portées devant le juge administratif (CE Ass., 12 mars 1982, CGT ; RDP 1982, p. 1697, note J.M. Auby).

Le Conseil d'État a estimé qu'**une AAI dotée de la personnalité morale devait supporter**, et non l'État, **les conséquences des actions en responsabilité** qui pourraient être engagées contre elle (CE Avis, 8 septembre 2005 ; à propos de la commission de contrôle des assurances, mutuelles et institutions de prévoyance, créée et qualifiée d'AAI dotée de la personnalité morale par la loi du 1er août 2003 relative à la sécurité financière). Ceci résulte de la règle selon laquelle « nul n'est responsable pénalement que de son propre fait », à laquelle il n'y a pas lieu de déroger, dès lors que les missions confiées à la commission ne relèvent pas de l'exercice d'une fonction juridictionnelle et que la commission ne peut être considérée comme un simple prolongement de l'État. En revanche, le Conseil d'État a précisé que la responsabilité de l'État pouvait, à titre subsidiaire, être mise en jeu par les victimes des fautes commises par la CCAMIP dans l'exécution de sa mission de service public, en cas d'insolvabilité de celle-ci.

À l'origine autorités de contrôle, les AAI ont vu leur rôle s'élargir pour devenir aujourd'hui de **véritables instances de régulation** des domaines qu'elles couvrent (grâce au pouvoir réglementaire). Le Conseil constitutionnel a clairement posé la **limite de leur pouvoir**. Le législateur peut élargir leur champ de compétence à condition que celui-ci **ne remette pas en cause la capacité du gouvernement à définir la politique nationale dans les domaines concernés** (CC, 3 août 1993, décision relative à la politique monétaire ; LPA, 18 juillet 1994, p. 5 ; en l'espèce, le CC censure les dispositions de la loi qui donne pour mission à la Banque de France de « définir… la politique monétaire de la France »).

Chaque année, elles publient un rapport dans lequel elles font le bilan de leurs activités et attirent l'attention des pouvoirs publics sur les dysfonctionnements existants.

2) Les domaines de compétence et la variété des AAI

Les domaines dans lesquels elles doivent intervenir **au nom de l'État** sont souvent considérés comme **stratégiques**. Si ces domaines (et donc les AAI correspondantes) sont nombreux et variés, deux d'entre eux paraissent dominants.

a) Le domaine des libertés publiques

1. **Le médiateur**

Voir page 34.

2. La Commission nationale de l'informatique et des libertés (CNIL) et la protection des « données à caractère personnel »

Créée par la loi du 6 janvier 1978 (relative à l'informatique, aux fichiers et aux libertés), elle a pour mission de **veiller à ce que la constitution et l'utilisation de fichiers informatiques ne constituent pas une menace pour les droits et libertés des citoyens**.

Elle doit être informée de la constitution de nouveaux fichiers, peut être consultée sur des points sensibles (par exemple, sur la création d'un fichier comportant la liste connue des malades du Sida). Elle tente de régler les litiges à l'amiable, a un devoir d'information des administrés quant à leur droit d'accès aux fichiers. Enfin, elle dispose du pouvoir réglementaire pour mener à bien sa mission.

Une refonte de la loi de 1978 s'est avérée nécessaire afin de permettre une meilleure adaptation aux situations actuelles et notamment « aux nombreuses évolutions technologiques de notre société de l'information » et de transposer en droit interne la directive européenne du 24 octobre 1995 relative à la protection des personnes physiques à l'égard du traitement des données à caractère personnel. Ce fut l'objet de la nouvelle **loi Informatique et Libertés (LIL) du 6 août 2004**.

Premièrement, **le champ d'application de la LIL est précisé**. La loi de 1978 parlait essentiellement d'« informations nominatives », la LIL opte pour le terme plus général de « **données à caractère personnel** » afin d'englober le plus de situations possibles : « Constitue une donnée à caractère personnel toute information relative à une personne physique identifiée ou qui peut être identifiée, directement ou indirectement, par référence à un numéro d'identification ou à un ou plusieurs éléments qui lui sont propres » (nom, numéro d'identification, voix, image et empreintes digitales). Par ailleurs, la nouvelle loi s'applique dès lors qu'un élément se rattache au territoire français. Enfin, la loi prévoit que les données à caractère personnel doivent remplir plusieurs conditions pour être licites : être collectées pour des finalités déterminées, être exactes, complètes et mises à jour... **L'accent est mis sur le consentement de la personne concernée** par la collecte et le traitement de ces données.

Deuxièmement, **c'est désormais la finalité du fichier et la nature des données collectées qui détermineront le régime applicable, peu importe qu'il s'agisse d'un fichier public ou privé**. La LIL prévoit une simple déclaration préalable pour les fichiers relatifs à des données anodines. Les personnes morales seront même dispensées de toute déclaration si elles se dotent d'un « correspondant à la protection des données » (personne qui veillera à ce que les traitements ne soient pas susceptibles de porter atteinte aux droits et libertés des personnes concernées). **Le régime d'autorisation est limité aux seuls traitements générateurs de risques pour les libertés** tels que les traitements portant sur des données génétiques ou relatives aux infractions et condamnations (par exemple, pour la constitution de « casiers judiciaires privés » par des sociétés désireuses de lutter contre le piratage sur Internet). Par ailleurs, la loi énonce qu'il est interdit de collecter et d'enregistrer des données relatives à l'origine ethnique, aux opinions politiques, aux convictions religieuses, aux mœurs de la personne (sauf si le traitement de ces données est justifié par l'intérêt public).

Troisièmement, **la loi accroît les pouvoirs d'intervention *a posteriori* de la CNIL**. Elle est dotée de pouvoirs de contrôle lui permettant de vérifier si les fichiers existants sont conformes aux obligations prévues par la loi (elle pourra sanctionner les infractions). En cas d'opposition du propriétaire des lieux à un contrôle, elle pourra, sur autorisation judiciaire, accéder à tout local professionnel et aux matériels qui permettent le traitement des données. Par ailleurs, outre un possible avertissement, la CNIL pourra mettre en demeure le responsable du traitement de se conformer aux dispositions de la loi sous peine de sanctions administratives et notamment pécuniaires importantes (jusqu'à 300 000 euros).

Enfin, la loi prévoit la responsabilité des collecteurs/utilisateurs de données et des droits nouveaux pour les personnes concernées par le traitement. Le responsable des traitements de données a l'obligation d'informer les personnes concernées, notamment lorsque les données les concernant ne sont pas recueillies directement auprès d'elles. **L'obligation d'information est donc renforcée**. De plus, le responsable des traitements se doit de conserver les données et d'en préserver la sécurité sous peine de sanction.

Par ailleurs, les personnes concernées par le traitement disposent de droits nouveaux. Ainsi, le **droit d'opposition** (à l'utilisation de données), qui existait déjà mais devait être justifié par des « raisons légitimes », est désormais discrétionnaire (sans condition) et sans frais lorsque les données seront utilisées à des fins de prospection. Les fichiers relatifs à la sûreté de l'État, la défense et la sécurité publique et qui ne sont accessibles que par l'intermédiaire de la CNIL pourront être communiqués à la personne concernée si les intérêts publics ne sont pas mis en cause. Enfin, la loi prévoit le droit d'accès et de rectification des données à caractère personnel par les intéressés.

3. La Commission d'accès aux documents administratifs (CADA)

Instituée par la loi du 17 juillet 1978, la CADA est qualifiée explicitement d'**autorité administrative indépendante** par l'ordonnance du 6 juin 2005 relative à la liberté d'accès aux documents administratifs et à la réutilisation des informations publiques (qui modifie et complète la loi de 1978). L'ordonnance modifie ses missions et sa composition.

La CADA **est chargée de veiller au respect de la liberté d'accès aux documents administratifs et aux archives publiques** (loi de 1978) ainsi qu'à l'application des dispositions relatives à la réutilisation des informations publiques (ordonnance du 6 juin 2005 ; sur le régime d'accès aux documents administratifs et sur la réutilisation des informations publiques, voir encadré ci-après). Concernant sa mission traditionnelle en matière de liberté d'accès, sa compétence est étendue aux questions d'accès régies par plusieurs législations particulières (Code général des collectivités locales, Code électoral ou Code de la route).

La CADA émet des avis lorsqu'elle est saisie par une personne à qui est opposé un refus de communication d'un document administratif, un refus de consultation des documents d'archives publiques ou une décision défavorable en matière de réutilisation d'informations publiques. Ce n'est qu'après un nouveau refus opposé par l'administration, suite à l'intervention de la CADA, que le juge peut être saisi. Autrement dit, **la saisine pour avis de la commission est un préalable obligatoire à l'exercice d'un recours contentieux**.

Les nombreuses suites favorables données par l'administration aux avis de la Commission ont permis d'éviter un alourdissement supplémentaire du contentieux administratif et de faire ainsi de la Commission une **instance précontentieuse incontournable.**

Par ailleurs, elle est dotée d'un pouvoir de sanction destiné à assurer le respect des dispositions en matière de réutilisation des informations publiques, pouvoir exercé sous le contrôle du Conseil d'État statuant en premier et dernier ressort et en matière de plein contentieux.

La CADA est une autorité consultative mais également une autorité de conseil et de proposition. Elle conseille les autorités administratives sur la « liberté d'accès » et peut proposer des modifications des textes qui organisent cette liberté. Incontestablement, la Commission a contribué à **faire progresser la transparence administrative.**

Ajoutons que **l'extension des compétences de la CADA par la loi du 12 avril 2000 lui permet d'unifier l'interprétation de la loi sur l'ensemble des questions d'accès aux documents administratifs.** Ainsi, remettant en cause le partage des compétences entre la CNIL et la CADA, la loi donne à cette dernière compétence pour donner un avis sur le caractère communicable, aux tiers, des documents administratifs résultant de traitements automatisés d'informations nominatives.

E2 **L'accès aux documents administratifs**

La loi du 17 juillet 1978 a consacré le principe de la liberté d'accès aux documents administratifs sous certaines conditions et réserves. Des textes ultérieurs et notamment la loi du 12 avril 2000 et l'ordonnance du 6 juin 2005 (complétée par le décret du 30 décembre 2005) ont apporté des modifications et des précisions aux conditions d'exercice de cette liberté. De son côté, le Conseil d'État a consacré le « droit d'accès » comme l'une des garanties fondamentales pour l'exercice des libertés publiques (CE, 29 avril 2002, *Ullmann*, AJDA 2002, p. 691, note P. Raimbault).

Constituent des documents administratifs : tous dossiers, rapports, études, comptes rendus, avis (à l'exception de ceux du Conseil d'État et des tribunaux administratifs), statistiques, directives, circulaires, instructions, décisions laissant une trace (écrite, enregistrement...), délibérations des assemblées délibérantes des collectivités locales, procès-verbaux, documents obtenus à partir de fichiers informatisés, consultations juridiques délivrées par un avocat à une collectivité publique (cependant, la collectivité peut invoquer le secret professionnel pour refuser de les communiquer ; dans ce cas, seuls les élus peuvent en obtenir communication, à condition que celle-ci soit nécessaire pour qu'ils se prononcent utilement sur les affaires de la collectivité soumises à leur délibération ; CE Ass., 27 mai 2005, *Département de l'Essonne, Commune d'Yvetot*). Ces documents peuvent émaner des administrations de l'État, des collectivités territoriales, des établissements publics ou des organismes privés chargés de la gestion d'un service public. L'ordonnance du 6 juin 2005, reprenant l'état de la jurisprudence, prévoit que sont communicables les seuls documents élaborés ou détenus dans le cadre de la mission de service public de ces autorités ou organismes.

Pour être communicable, un document doit présenter certaines caractéristiques de forme. Ainsi, il doit être définitif et de nature administrative (sont donc notamment exclus, les actes d'état civil). Cependant, la loi du 12 avril 2000 autorise la communication des documents dépourvus de caractère administratif mais contenant des informations utiles quant à l'utilisation des deniers publics par des organismes de droit privé. Par ailleurs, les modalités de mise en œuvre du droit d'accès ont évolué dans un sens favorable aux administrés : une « personne responsable de l'accès aux documents administratifs » doit être désignée dans chaque administration, son rôle étant notamment de réceptionner les demandes d'accès aux documents administratifs ainsi que les éventuelles réclamations et veiller à leur instruction ; l'accès aux documents administratifs peut s'effectuer par consultation sur place ou par délivrance de copies aux frais de la personne qui les demande (il peut s'agir d'une copie papier ou d'une copie « sur un support identique à celui utilisé par l'administration » tels une disquette, un cédérom ou un fichier par messagerie électronique) ; les administrations sont tenues de communiquer les documents administratifs qu'elles détiennent effectivement (qu'elles en soient l'auteur ou non) ; un document comportant des mentions non communicables peut faire l'objet d'une communication partielle, moyennant l'occultation desdites mentions (ordonnance du 6 juin 2005 qui consacre une pratique déjà existante) ; toute autorité administrative saisie à tort doit transmettre la demande à l'autorité compétente. En cas de refus de consultation ou de communication par l'administration, celle-ci doit notifier son refus au demandeur sous forme de décision écrite motivée. Le silence gardé pendant plus d'un mois par l'administration saisie d'une demande de communication vaut décision de refus. À compter du refus, exprès ou implicite, le demandeur dispose d'un délai de deux mois pour s'adresser à la CADA. Cette démarche auprès de la CADA constitue un préalable obligatoire à la saisine du juge administratif (décret du 28 novembre 1983).

Le décret du 30 décembre 2005 a encore élargi les possibilités d'accès puisqu'il pose **l'obligation de publication de tout document** au Bulletin officiel (BO) ou au Recueil des actes administratifs (RAA) dans les quatre mois suivant la date du document (y compris les actes ne faisant pas grief). Si le texte n'impose pas une diffusion en ligne, les documents peuvent être publiés par voie électronique.

La loi de 1978 faisait dépendre l'étendue du droit d'accès de la distinction entre documents non nominatifs et documents nominatifs (c'est-à-dire mentionnant nommément une personne physique ou comportant des éléments permettant de l'identifier). La loi du 12 avril 2000 a réorganisé ce droit d'accès autour de la notion de secret (médical, des affaires...). Désormais, on peut distinguer :

- les documents ne comportant « aucun secret » dont la communication est ouverte à toute personne qui en fait la demande ;
- les documents comportant des « secrets relatifs » dont l'accès est réservé aux seules personnes intéressées : documents dont la communication porterait atteinte au secret de la vie privée, documents portant une appréciation ou un jugement de valeur sur une personne physique nommément désignée ou facilement identifiable... Il est admis que les proches du titulaire du droit d'accès peuvent être considérés comme des « personnes intéressées », notamment lorsque le document comporte des informations utiles pour la défense de leurs propres intérêts (dossier fiscal, dossier médical après le décès du patient) ;
- les documents comportant des « secrets absolus » (défense nationale, sécurité publique...) qui font obstacle à toute communication.

Par plusieurs décisions, le Conseil d'État a précisé la portée de ces dispositions. Ainsi, le fait que des exemplaires d'un rapport établi par une commission administrative d'enquête ont été transmis à l'autorité judiciaire ne suffit pas à faire perdre à ce rapport son caractère de document administratif communicable (CE, 5 mai 2008, *Société anonyme Baudin Chateauneuf*, req. n° 309518). Cependant, l'administration peut refuser la communication d'un tel document lorsque celle-ci serait de nature à porter atteinte au déroulement de procédures engagées devant une juridiction, ou à l'un des secrets protégés par la loi comme le secret de l'instruction (article 6 de la loi du 17 juillet 1978). De même, lorsqu'une base de données contient des informations dont la divulgation risquerait de porter atteinte à la sécurité publique, le Conseil d'État estime qu'une juridiction ne peut admettre un refus de communication pour ce motif sans rechercher d'abord si certaines des informations contenues dans le document sont communicables, et ensuite si elles peuvent être disjointes. (CE, 6 février 2008, *SA d'exploitation de l'hebdomadaire Le Point* ; AJDA 18 février 2008, p. 277 : à propos de la base de données CEZAR de la SNCF qui recense l'ensemble des informations relatives aux atteintes à la sécurité et aux défaillances des systèmes de sécurité sur le réseau SNCF).

Par ailleurs, toute personne a droit de connaître les informations contenues dans un document administratif dont les conclusions lui sont opposées (ex. : rejet d'une demande de permis de construire). Sur sa demande, le service concerné doit annexer au document ses observations.

Différents textes sont venus élargir le droit d'accès aux documents administratifs. La loi du 6 février 1992 prévoit que les documents budgétaires des collectivités territoriales ainsi que les documents relatifs à l'exploitation des services publics délégués sont mis à la disposition du public. La loi du 12 avril 2000 impose l'obligation, pour les autorités administratives dotées de la personnalité morale et pour les organismes bénéficiant d'aides publiques, de tenir leurs comptes à la disposition des citoyens. Enfin, la loi du 4 mars 2002 permet désormais aux malades de consulter directement et gratuitement leur dossier médical sans passer par un médecin.

4. **La Commission consultative du secret de la défense nationale (CCSDN)**

La loi du 8 juillet 1998 instituant une CCSDN a pour objet de **confier à une autorité indépendante le soin de rendre un avis sur les demandes motivées de déclassification et de communication d'informations protégées au titre du secret de la défense nationale.** La déclassification peut être demandée à l'autorité administrative en charge de la classification par une juridiction française. Cette autorité doit alors saisir la CCSDN. L'idée est d'**empêcher à l'avenir que le secret défense ne soit un prétexte, voire un bouclier** (comme dans l'affaire des écoutes téléphoniques « sauvages » demandées par l'Élysée sous la présidence de François Mitterrand).

Si l'avis rendu par la CCSDN n'est pas obligatoire pour l'autorité administrative chargée de la déclassification, il n'en possède pas moins un certain poids compte tenu de sa publication au Journal officiel.

5. **Le Conseil supérieur de l'audiovisuel (CSA)**

Institué en remplacement de la Commission nationale de la communication et des libertés (CNCL) en vertu de la loi du 17 janvier 1989 (la CNCL avait elle-même, en 1986, pris la suite de la Haute autorité de l'audiovisuel instituée par la loi du 29 juillet 1982), **le CSA a pour mission de réguler le secteur audiovisuel (privé comme public).** En particulier, il doit **veiller au respect de la liberté et du pluralisme afin de garantir le principe constitutionnel de la liberté de communication.**

Le Conseil, dont les 9 membres sont nommés par le chef de l'État, le président du Sénat et celui de l'Assemblée nationale (3 chacun), dispose de pouvoirs élargis par rapport à ses prédécesseurs : il fixe les règles relatives aux campagnes électorales à la radiotélévision, à l'expression des partis politiques ; il nomme les présidents des médias publics, il donne les autorisations d'exploitation des fréquences pour les radios privées et accorde les concessions et leur renouvellement aux télévisions privées ; il exerce également un « contrôle de moralité » sur le contenu des programmes et peut rappeler à l'ordre les médias fautifs (Fun radio pour le langage un peu trop fleuri de certains de ses animateurs, télévisions pour les programmes violents ou voyeuristes qu'elles proposent) ; ainsi, face au phénomène *Loft Story*, le CSA avait exigé de M6 qu'elle laisse quelques heures d'« intimité » (sans caméras) par jour aux « lofteurs ».

Le CSA dispose surtout d'un **pouvoir de contrainte et de sanction à l'égard des médias de l'audiovisuel ne respectant pas leurs obligations** : mises en demeure, sanctions pécuniaires, suspension provisoire de l'autorisation d'émettre… Pourtant, malgré ces pouvoirs, les instances de contrôle et de régulation qui se sont succédé ne sont jamais parvenues à contraindre TF1 à respecter ses obligations contractuelles.

Le pouvoir de décision et de sanction du CSA s'exerce **sous le contrôle du juge**. Toutes ses décisions sont susceptibles d'être contestées devant le Conseil d'État. Plus spécifiquement, le Conseil constitutionnel a décidé que **les sanctions prononcées devaient être proportionnelles aux manquements constatés** (CC, 17 janvier 1989, RFDA 1989, p. 215).

Le contrôle de l'information (au sens large) **et donc des médias est, par nature, un enjeu pour le pouvoir et pour l'opposition. On peut affirmer qu'il n'y a pas de véritable démocratie sans une réelle indépendance de l'information, donc des médias**.

De ce point de vue, l'institution d'une autorité administrative indépendante a constitué un progrès indéniable. Cependant, parce que le contrôle de l'information est un enjeu de pouvoir, le CSA (et, avant lui, la Haute Autorité de la communication audiovisuelle et la CNCL) est sans doute **la plus « politisée » des AAI** (malgré son indépendance statutaire). La sensibilité politique de ses membres est connue et leur renouvellement (par 3) est toujours l'occasion d'accentuer ou de rééquilibrer la tendance au sein du Conseil.

6. La Commission nationale de déontologie de la sécurité (CNDS)

La CNDS a été créée par la loi du 6 juin 2000. Elle est composée, outre d'un président (nommé par le chef de l'État), de sept membres : un député et un sénateur (désignés respectivement par les présidents des assemblées), un magistrat de la Cour de cassation et un conseiller-maître à la Cour des comptes, un conseiller d'État (nommé par le vice-président du Conseil d'État) et deux personnalités qualifiées. Les membres de la CNDS exercent leurs fonctions pour une durée de six ans non renouvelable.

La mission de la CNDS est de **contrôler la déontologie des forces qui jouent un rôle en matière de sécurité intérieure** : fonctionnaires de l'État (policiers, gendarmes et douaniers), policiers municipaux… ainsi que les agents privés de sécurité (comme les entreprises de gardiennage). Pour ce faire, la Commission dispose de larges pouvoirs d'investigation. Ainsi, elle peut « convoquer ou entendre tout fonctionnaire ou toute personne privée, demander toutes les pièces utiles à ses investigations et, via les ministères concernés, demander aux corps d'inspection ou de contrôle d'obtenir des investigations ». Néanmoins, elle ne peut « pas intervenir dans les enquêtes judiciaires en cours ». À l'issue de ses investigations, elle dispose de la faculté d'adresser des avis ou recommandations et, le cas échéant, de rendre publiques ses « remontrances » à telle ou telle force de sécurité.

Il faut noter l'originalité du mode de saisine de la CNDS. Outre le Premier ministre et les parlementaires qui peuvent la saisir directement « toute personne qui aurait été témoin ou victime de faits pouvant porter atteinte aux règles déontologiques de la sécurité [peut] saisir la CNDS par le biais d'un parlementaire ».

7. La Commission des sondages

Instituée par la loi du 29 juillet 1977, elle doit notamment veiller à l'objectivité des sondages électoraux.

b) Le domaine économique et financier

1. L'Autorité des marchés financiers (l'AMF)

Instituée par la loi relative à la sécurité financière du 1er août 2003, l'AMF est une AAI d'un type nouveau : elle est **dotée de la personnalité morale**. L'AMF résulte de la fusion de la Commission des opérations de bourse (qui avait pour mission de veiller à la régularité des opérations boursières), du Conseil des marchés financiers et du Conseil de discipline de la gestion financière. Elle a pour mission de fixer les règles d'organisation des marchés financiers. Mais elle peut aussi prendre des décisions individuelles et notamment des sanctions à l'égard des professionnels en infraction. L'AMF bénéficiera de ressources apportées par les contributions des opérateurs du marché.

2. L'Autorité de régulation des télécommunications (ART)

Instituée par la loi du 26 juillet 1996 réformant le droit des télécommunications, l'ART est une AAI d'un nouveau type (bien qu'elle ne soit pas expressément qualifiée d'AAI). C'est en effet **la première fois qu'une autorité indépendante est appelée à assurer la régulation économique d'un domaine d'activité caractérisé à la fois par l'ouverture à la concurrence et le maintien des exigences de service public.**

Bien qu'il existe des autorités en charge de la concurrence (notamment l'Autorité de la concurrence), la création de l'ART se justifie par les spécificités du secteur des télécommunications. **L'instauration d'une autorité régulatrice indépendante** de l'administration et du gouvernement **est apparue indispensable dans un domaine où la concurrence généralisée s'exerce entre une entreprise appartenant à l'État** (France Telecom) **et des opérateurs privés.** L'indépendance de l'ART est garantie par le statut de ses membres (dotés d'un mandat irrévocable et non renouvelable de six ans, trois sont nommés par le gouvernement et les deux autres par les présidents des assemblées parlementaires) ainsi que par les moyens humains et financiers conséquents mis à sa disposition.

L'ART **est surtout compétente pour prendre des décisions individuelles s'adressant aux opérateurs des télécommunications.** Elle contrôle le respect des obligations qui s'imposent aux exploitants et peut sanctionner les manquements (notamment par des sanctions pécuniaires) ou encore elle attribue les fréquences. En revanche, pour l'attribution des licences d'exploitation et pour la fixation des prix des services, sa compétence n'est que consultative puisque la décision finale appartient au gouvernement. **Ce pouvoir de décision du gouvernement s'explique par le fait qu'il est le garant du respect des missions de service public** (respect conditionné par le contenu des licences et la fixation de tarifs raisonnables et équitables).

Les autres AAI d'importance dans le domaine économique et financier sont : le Comité de la réglementation bancaire, l'Autorité de la concurrence (qui succède au Conseil de la concurrence, loi du 4 août 2008) qui veille au respect par les entreprises de la législation relative à la concurrence et à la liberté des prix, la Commission nationale des comptes de campagne (électorale) et des financements politiques (des partis) (loi du 15 janvier 1990)...

En conclusion, il faut noter que, conformément aux recommandations du Conseil d'État, le mouvement de création de nouvelles AAI dans des domaines sensibles a repris après plusieurs années d'interruption (création de la Haute autorité de lutte contre les discriminations par la loi du 3 décembre 2004).

SECTION II

L'administration déconcentrée (les organes locaux de l'État)

La France est divisée en circonscriptions administratives qui servent de cadre aux services administratifs de l'État, **qualifiés de services extérieurs jusqu'à la réforme de 1992, de services déconcentrés depuis.**

Parmi ces circonscriptions, la région, le département et la commune connaissent ce que l'on appelle un « dédoublement fonctionnel ». Ce sont des circonscriptions administratives de l'État mais aussi des collectivités décentralisées dotées de la personnalité juridique.

Dans le cadre de la réforme de l'État, le décret du 29 avril 2004 (qui abroge le décret du 10 mai 1982) relatif aux pouvoirs des préfets, à l'organisation et à l'action des services de l'État dans les régions et départements, et le décret du 16 février 2010 qui l'a modifié, **ont remanié l'architecture de la déconcentration**. Si le département demeure le cadre de base pour l'exercice de compétences générales de l'État dans certains domaines (ordre public, droit des étrangers...), le niveau régional devient le **niveau de droit commun pour mettre en œuvre les politiques publiques et piloter leur adaptation aux territoires**. En conséquence, le préfet de région voit ses attributions considérablement accrues. En outre, dans un souci d'efficacité et de mutualisation des moyens, les services déconcentrés sont largement réorganisés.

§ 1. Le département

Historiquement, les services extérieurs (devenus « déconcentrés ») de l'État étaient essentiellement implantés dans les circonscriptions départementales. Avec la réorganisation actuelle, le niveau départemental est allégé (au profit du niveau régional). À la tête de ces services on trouve le préfet, véritable « homme à tout faire » du gouvernement et pièce maîtresse de la circonscription départementale.

A) Le préfet

Création bonapartiste, l'institution préfectorale est instaurée par la loi du 28 Pluviôse An VIII (17 février 1800). L'idée de Bonaparte était de doter la France d'**institutions qui résistent au temps** (au même titre que le Conseil d'État ou le Code civil, autres créations du futur empereur). Le préfet a conservé jusqu'à aujourd'hui sa vocation originelle : celle de **représentant de l'autorité de l'État dans le département.**

En tant que dépositaire de cette autorité, il dispose de nombreuses attributions (malgré les lois de décentralisation). En contrepartie, il est, comme jadis, étroitement subordonné au gouvernement.

1) Le statut personnel « précaire » du préfet

La fonction préfectorale relève du statut général de la fonction publique (loi du 11 janvier 1984) qui prévoit que **l'emploi de préfet est « à la discrétion du gouvernement »**, pourvu par décret en Conseil des ministres. Cela signifie que le préfet est **désigné mais aussi révoqué librement** par le gouvernement.

La liberté de choix du gouvernement n'est cependant pas absolue. Elle connaît une petite restriction liée à la règle selon laquelle les quatre cinquièmes des préfets doivent être recrutés parmi les sous-préfets et les administrateurs civils hors classe, donc parmi des corps de fonctionnaires dont les membres sont recrutés, pour l'essentiel, à la sortie de l'ENA.

Leur désignation discrétionnaire et leur rôle de représentant du gouvernement impliquent de la part des préfets une **loyauté sans faille** à l'égard de celui-ci (au-delà des éventuelles divergences politiques, les préfets ont régulièrement démontré leur **sens du service de l'État**).

Quant à la **libre révocation**, elle signifie que le préfet a en permanence une épée de Damoclès au-dessus de la tête. En effet, il est d'usage que les changements de gouvernements et *a fortiori* les alternances politiques s'accompagnent d'une « valse des préfets » (sans compter le fait que ces derniers peuvent également servir de « fusible » aux autorités centrales en cas de crise locale).

Quant au statut (au sens strict) du préfet, il peut, à bien des égards, paraître **peu avantageux et même précaire**. Il est en tout cas **exorbitant du droit commun de la fonction publique**, c'est-à-dire que les règles statutaires s'appliquant au préfet sont spécifiques et dérogent aux règles générales (le corps préfectoral est régi par un décret du 29 juillet 1964).

En premier lieu, **les préfets subissent des contraintes qui restreignent leur liberté. Ils ne disposent ni de la liberté d'opinion, ni de la liberté syndicale** (qui s'accompagne de l'impossibilité de faire grève).

En second lieu, les garanties dont ils bénéficient dans le déroulement de leur carrière sont faibles. Leur avancement se fait « au choix » et leur mutation peut intervenir à tout moment à la discrétion du gouvernement. De même, les garanties disciplinaires sont réduites (sanctions prononcées directement sans intervention d'un organisme disciplinaire). Enfin, les préfets peuvent être placés en « disponibilité » ou en « congé spécial » pour des raisons d'opportunité.

Ces contraintes bien rigoureuses trouvent leur fondement dans la **nécessaire cohérence de la fonction préfectorale**. Représentant de l'État et doté de pouvoirs importants, le préfet doit demeurer « à la disposition » du gouvernement et adopter une attitude générale de retenue.

2) Les attributions du préfet

Elles demeurent importantes même si, dans un premier temps, les lois de décentralisation de 1982-1983 ont retiré au préfet sa fonction d'exécutif du département (pour la transférer au président du Conseil général) puis, dans un deuxième temps, les décrets des 29 avril 2004 et 16 février 2010 ont accordé au préfet de région un rôle accru.

Le préfet de département est le dépositaire de l'autorité de l'État dans le département et son rôle ainsi que son autorité en tant que chef des services déconcentrés de l'État ont été réaffirmés et renforcés.

a) Le représentant de l'État dans le département

L'article 72 al. 6 de la Constitution (issu de la révision constitutionnelle du 28 mars 2003) dispose : « Dans les collectivités territoriales de la République, le représentant de l'État, représentant de chacun des membres du Gouvernement, a la charge des intérêts nationaux, du contrôle administratif et du respect des lois ». Le préfet n'est donc plus le « délégué du gouvernement » (ancienne rédaction) mais le « représentant de l'État », ce qui est une façon de signifier l'objectivité et la continuité de sa mission. Par ailleurs, le principe déjà en vigueur selon lequel il est le « représentant de chacun des membres du gouvernement » est constitutionnalisé.

Le préfet de département est le dépositaire de l'autorité de l'État dans le département. Dans ce rôle, il peut s'appuyer sur diverses compétences réaffirmées pour l'essentiel par les décrets du 29 avril 2004 et du 16 février 2010 : il est seul responsable de l'ordre public (voir c), du respect des lois, et de la mise en œuvre des politiques publiques auprès des citoyens. Il est compétent en matière d'entrée et de séjour des étrangers ainsi qu'en matière de droit d'asile.

En premier lieu, le préfet de département **met en œuvre dans le département les politiques publiques, nationales et européennes** (via les services déconcentrés). Mais les orientations nécessaires à la mise en œuvre de ces politiques sont définies par le préfet de région qui, en outre, a désormais **autorité sur le préfet de département** sauf dans certaines matières (décret du 16 février 2010, voir p. 50).

En second lieu, le préfet de département **assure la représentation juridique de l'État dans le département**. Ainsi, il est le seul à pouvoir s'exprimer au nom de l'État devant le conseil général. Par ailleurs, le préfet de département est **seul habilité à négocier et conclure, au nom de l'État, toute convention avec le département, les communes et leurs établissements publics**. Enfin, il assure, au nom de l'État, **le contrôle administratif** du département, des communes, des établissements publics locaux et des établissements publics interdépartementaux qui ont leur siège dans le département mais aussi des établissements et organismes publics de l'État dont l'activité se situe dans le département (contrôle qui peut donner lieu à un déféré préfectoral, voir p. 91 et s.).

En troisième lieu, **il a un rôle d'information**. Il doit tenir le gouvernement informé en permanence de la situation (sociale, économique, politique...) dans le département. Il doit également tenir informées les populations de la politique gouvernementale.

En quatrième lieu, depuis le décret du 15 janvier 1997, **il est compétent pour prendre les décisions administratives individuelles** qui relevaient auparavant des administrations centrales.

Enfin, il exerce **diverses compétences dans des domaines administratifs spécialisés**. Ainsi, il est compétent en matière de déclaration d'utilité publique, de suspension de permis de conduire, et dispose d'un droit de veto sur l'ensemble des opérations immobilières effectuées localement.

Pour faciliter le fonctionnement de l'administration préfectorale, le préfet de département peut donner délégation de signature : en toutes matières, au secrétaire général de la préfecture ; pour toutes les matières intéressant son arrondissement, au sous-préfet...

b) La direction des services déconcentrés de l'État

Les services déconcentrés sont les services de l'État dans le département. Les attributions du préfet sur ces services ont été régulièrement renforcées.

Dans le cadre de la réforme de l'administration territoriale de l'État, l'échelon départemental est l'échelon de contact avec les usagers et de mise en œuvre des politiques publiques. À cet effet, l'administration départementale est organisée en fonction des besoins de la population sur le territoire.

Le décret du 3 décembre 2009 précise l'organisation et les missions des nouvelles directions départementales interministérielles (DDI) créées par fusion des nombreux services qui existaient jusque-là. Ces DDI sont placées sous l'autorité directe des préfets de département.

Désormais, outre l'inspection d'académie, les services de la sécurité publique (Police nationale, Gendarmerie) et la direction départementale des finances publiques, résultant elle-même du rapprochement des services fiscaux et de la trésorerie générale, le préfet disposera de seulement deux ou, dans les plus gros départements, trois directions départementales interministérielles :

- la direction départementale des territoires (et de la mer, sur le littoral), regroupant les services de l'équipement, de l'agriculture (et des affaires maritimes, sur le littoral) met en œuvre les politiques d'aménagement et de développement durables des territoires (politique agricole, urbanisme, logement, prévention des risques naturels, transports, sécurité portuaire, gens de mer et pêche…) ;
- la direction départementale de la cohésion sociale, regroupant essentiellement les services de la jeunesse et des sports et la partie sociale des actuelles directions départementales des affaires sanitaires et sociales met en œuvre les politiques sociales et celles en faveur de la jeunesse, des sports, de la vie associative et de l'éducation populaire ;
- la direction départementale de la protection des populations, regroupant les services vétérinaires et l'administration de la concurrence, de la consommation et de la répression des fraudes met en œuvre les politiques de protection de la population (protection économique des consommateurs, sécurité des produits et des services, hygiène des produits alimentaires, santé animale, protection des animaux…).

Dans les départements de moins de 400 000 habitants, ces deux dernières directions n'en feront qu'une.

Sur le plan pratique, la grande majorité des agents continuent à exercer les mêmes fonctions tout en travaillant de façon décloisonnée. Par exemple, l'instruction d'un permis de construire intègre mieux les préoccupations environnementales. Ou encore, la question de l'hébergement des demandeurs d'asile est traitée par le même service que celui qui traite de la demande d'asile.

La création des DDI est effective depuis le 1er janvier 2010 (cette nouvelle organisation ne s'applique pas aux départements de la région Île-de-France, ni aux départements d'outre-mer). Quant à la préfecture du département proprement dite, elle regroupe le cabinet, les moyens ainsi que les services chargés des libertés publiques, des élections, du contrôle de légalité, ou les services dont les compétences n'auront pas été réparties entre les directions départementales.

Le préfet de département a également autorité directe sur les unités départementales des services régionaux lorsque ces unités traitent de dossiers relevant de domaines de sa compétence.

Le préfet de département s'appuie sur une équipe restreinte au sein du collège des chefs de service (qu'il préside) qui est composé, entre autres, du ou des préfets délégués, des sous-préfets, des chefs des services déconcentrés placés sous son autorité, du directeur départemental des services d'incendie et de secours... Le collège est consulté sur les conditions de mise en œuvre des politiques de l'État dans le département et les conditions d'organisation et de fonctionnement des services de l'État.

c) Des pouvoirs de police

Le préfet détient des pouvoirs de **police administrative** : il a, dans le cadre du département, **la charge de l'ordre public, de la sécurité et de la protection des populations**.

Pour ce faire, il peut prendre des mesures de police générale (qui s'appliquent à plusieurs communes, voire à toutes celles du département). Il doit, après mise en demeure restée sans effet, **se substituer au maire** d'une commune qui n'a pas respecté son obligation d'agir en matière de police. Il dispose également de compétences dans certaines polices spéciales (en matière de forêts, de pêche...).

Enfin, il faut signaler que **la loi du 4 janvier 1993 lui a ôté toute compétence en matière de police judiciaire**. Jusqu'alors, il avait le pouvoir de faire procéder à des arrestations ou des perquisitions, ce qui constituait une atteinte manifeste à la séparation des pouvoirs.

L'évolution la plus notable de ces dernières années réside dans l'accroissement des pouvoirs du préfet en matière de sécurité (voir notamment la loi du 18 mars 2003 pour la sécurité intérieure). Le préfet anime et coordonne « la prévention de la délinquance et l'ensemble du dispositif de sécurité intérieure ». Mais surtout, il dispose du pouvoir de fixer les missions de différents services et forces dont dispose l'État en la matière. De plus, il se voit reconnaître un pouvoir de direction de l'action des unités de la gendarmerie nationale (pour des actions préventives). Enfin, la loi attribue au préfet **un pouvoir de réquisition** en « cas d'urgence, lorsque l'atteinte au bon ordre, à la salubrité (...) l'exige et que les moyens dont [il] dispose » ne lui permettent plus d'assurer ses missions de police. Ce pouvoir pourrait être mis en œuvre en cas de catastrophes naturelles, industrielles, voire sanitaires (ex. : réquisition de moyens privés pour nettoyer un terrain après une *rave-party*) ou même de conflit social (réquisition d'engins afin de dégager une voie occupée par des transporteurs routiers).

d) Le contrôle administratif des collectivités locales

La loi du 2 mars 1982 a transformé le contrôle de tutelle *a priori* sur les collectivités locales et leurs établissements publics en un **contrôle administratif *a posteriori***. Désormais, le préfet ne contrôle les actes des collectivités que de façon indirecte, par le biais du tribunal administratif et de la chambre régionale des comptes (voir chapitre suivant, p. 90).

B) Les collaborateurs du préfet

Le collaborateur le plus proche du préfet est certainement son directeur de cabinet. Il est en quelque sorte son homme de confiance puisque le cabinet est en charge des affaires sensibles (à incidence politique ou qui requièrent de la discrétion). Le secrétaire général de la préfecture dirige les services administratifs de la préfecture. Ces services ont notamment pour rôle de préparer et d'exécuter les décisions du préfet. Le secrétaire général peut recevoir par délégation du préfet certaines des attributions de ce dernier. Les chefs de service, sous l'autorité directe du préfet, dirigent les services déconcentrés de l'État. Enfin, les sous-préfets d'arrondissement, délégués du préfet dans l'arrondissement, assistent le préfet dans la représentation territoriale de l'État : ils veillent au respect des lois et règlements et concourent au maintien de l'ordre public ; ils animent et coordonnent l'action, dans l'arrondissement, des services de l'État ; ils participent à l'exercice du contrôle administratif et au conseil aux collectivités territoriales. Il existe également des sous-préfets spécialisés, chargés d'une mission particulière dans des zones urbaines en difficulté (sous-préfet à la ville).

§ 2. Les circonscriptions à l'intérieur du département

A) La commune

La commune est à la fois une collectivité décentralisée dotée de la personnalité morale et une circonscription administrative de l'État. De même, **le maire est à la fois l'autorité exécutive et décentralisée de la commune collectivité locale et agent de l'État dans la circonscription communale**.

En sa qualité d'agent de l'État, il est **soumis au pouvoir hiérarchique du préfet**, c'est-à-dire à son pouvoir d'instruction, d'annulation, de réformation et enfin de substitution. Le maire agent de l'État est chargé de la publication et de l'exécution des lois et des règlements ainsi que de l'exécution des mesures de sûreté générale. Il dresse les listes électorales et délivre certains permis de construire, a la qualité d'officier d'état civil (au titre duquel il célèbre les mariages) et d'officier de police judiciaire (constatation des infractions).

Enfin, il dispose de certaines attributions de police spéciale. Par exemple, en matière de police des étrangers, il est compétent pour délivrer ou refuser de délivrer un visa.

B) L'arrondissement

L'arrondissement est le cadre géographique des services déconcentrés de l'État à l'intérieur du département. Chaque département est subdivisé en trois ou quatre arrondissements qui sont donc des circonscriptions administratives de l'État dirigées par les sous-préfets.

C) Le canton

Créés au début de la Révolution (en même temps que les départements), les cantons sont eux-mêmes des subdivisions des arrondissements.

Le canton remplit une double fonction. En premier lieu, il joue le rôle de circonscription électorale pour l'élection des conseillers généraux (qui forment l'assemblée du département). À ce titre, il s'insère dans la décentralisation. En second lieu, il constitue le cadre géographique d'implantation de deux services de l'État, la brigade de gendarmerie et la perception.

§ 3. La région

La circonscription régionale a été créée (décrets de janvier 1959 et juin 1960) pour servir de cadre à la mise en œuvre de la planification économique et sociale et de la politique d'aménagement du territoire. On dénombre aujourd'hui 22 circonscriptions régionales métropolitaines et 4 d'outre-mer.

À la tête des services de l'État, on trouve le **préfet de région** (placé sous l'autorité des ministres) **qui n'est autre que le préfet du département où la région a son chef-lieu**. Une des grandes innovations des dernières réformes est de **faire du préfet de région dans la région**, au même titre que le préfet de département dans le département, **le dépositaire de l'autorité de l'État**. En conséquence, au niveau régional, il a la charge des intérêts nationaux et du respect des lois, il représente le Premier ministre et chacun des ministres, il veille à l'exécution des règlements et des décisions gouvernementales et il dirige, sous l'autorité des ministres, les services déconcentrés de l'État.

Les décrets des 29 avril 2004 et 16 février 2010 ont donné une nouvelle dimension à l'échelon régional et au préfet de région en attribuant à ce dernier, d'abord, un rôle de coordinateur de l'action des préfets de département, puis, autorité sur ces mêmes préfets.

A) Le préfet de région responsable des fonctions stratégiques de l'État

Le préfet de région est le **garant de la cohérence de l'action des services de l'État** dans la région. Il assume une mission de **pilotage des politiques publiques**. À ce titre, il détermine les orientations nécessaires à la mise en œuvre dans la région des politiques nationales et européennes de sa compétence (qu'il élabore avec les préfets de département dans la région). Il anime et coordonne l'action des préfets de département. Plus encore, le décret du 16 février 2010 prévoit que **le préfet de région a autorité sur le préfet de département, sauf dans certaines matières**. Il peut évoquer, par arrêté, et pour une durée limitée, tout ou partie d'une compétence à des fins de coordination régionale. Dans ce cas, il prend les décisions correspondantes en lieu et place des préfets de département. Par ailleurs, il arrête **le projet d'action stratégique de l'État dans la région**.

Les politiques nationales dont la mise en œuvre relève de cette compétence de cohérence sont **le développement économique et social et l'aménagement du territoire**, mais aussi l'environnement et le développement durable, la culture, l'emploi, le logement...

Pour accompagner ces fonctions stratégiques, la déconcentration des interventions financières de l'État est renforcée : le préfet de région arrête la répartition entre actions et entre départements des crédits qui sont mis à sa disposition à l'intérieur d'un même programme budgétaire. Les préfets de région et de département engagent les dépenses de l'État et veillent au respect de la performance.

Le préfet de région est **assisté par le comité de l'administration régionale** (qu'il préside) qui est composé, notamment, des préfets de département, du recteur d'académie, du directeur général de l'Agence régionale de santé et des directeurs des six nouvelles directions régionales de l'État. Le comité se prononce sur les orientations stratégiques de l'État dans la région. Il examine les moyens nécessaires à la mise en œuvre des politiques de l'État.

Par ailleurs, au même titre que le préfet du département dans le département, le préfet de région **assure la représentation juridique de l'État**. Ainsi, il est le seul à pouvoir s'exprimer au nom de l'État devant le conseil régional. De même, le préfet de région est **seul habilité à négocier et conclure, au nom de l'État, toute convention avec la région ou ses établissements publics**. Enfin, **il exerce le contrôle administratif** de la région, de ses établissements publics et des établissements publics interrégionaux qui ont leur siège dans la région mais aussi des établissements et organismes publics de l'État dont l'activité est située dans la région (contrôle qui peut donner lieu à un déféré préfectoral, voir p. 91 et s.).

B) Le préfet de région dirige les services déconcentrés de l'État dans la région

Dans le cadre de la réforme de l'administration territoriale de l'État, l'échelon régional devient **le niveau de pilotage des politiques publiques** qui s'effectue sous l'autorité du préfet de région. À une organisation éparpillée qui juxtaposait des structures de taille et missions excessivement hétéroclites, et qui impliquait une importante activité de coordination interservices au détriment des activités de pilotage et de conception, succède une organisation reposant sur des périmètres de compétence correspondant globalement aux missions des ministères dans l'organisation gouvernementale.

La nouvelle organisation type pour chaque région, qui sera adaptée dans des régions spécifiques comme l'Île-de-France, la Corse et les régions d'outre-mer, se compose de huit structures :

- la direction régionale des finances publiques (trésorerie générale et services fiscaux),
- la direction régionale de l'alimentation, de l'agriculture et de la forêt (DRAAF),
- la direction régionale de la culture (DRAC),
- la direction régionale de l'environnement, de l'aménagement et du logement (DREAL),
- la direction régionale des entreprises, de la concurrence et de la consommation, du travail et de l'emploi (DIRECCTE),
- la direction régionale de la jeunesse, des sports et de la cohésion sociale (DRJSCS),
- le rectorat d'académie,
- et l'agence régionale de santé (ARS).

Les directions régionales peuvent avoir des unités territoriales au niveau des départements (ex. : direction départementale du travail et de l'emploi, service départemental de l'architecture et du patrimoine) placées sous l'autorité des préfets de département.

Outre ces directions régionales, le préfet de région s'appuie sur le Secrétariat général pour les affaires régionales (SGAR), dont le rôle est renforcé. Le déploiement de l'ensemble des services sous l'autorité du préfet de région doit s'achever en 2011.

SECTION III

Une nouvelle catégorie de services de l'État : les services à compétence nationale (SCN)

La loi du 6 février 1992 et le décret du 1er juillet 1992 portant charte de la déconcentration ont défini deux catégories de services de l'État : les administrations centrales et les services déconcentrés. Paradoxalement, ces textes n'ont pas pris en compte une troisième catégorie de services, bien réelle même si moins importante que les deux autres, **les services à compétence nationale**. Cet oubli est désormais réparé par le décret n° 97-463 du 9 mai 1997 qui consacre l'existence de cette **nouvelle catégorie de services de l'État**.

Les SCN ne sont pas assimilables aux services d'administration centrale car, à la différence de ces derniers qui ont une fonction de conception, ils « peuvent se voir confier des **fonctions de gestion, d'études techniques ou de formation**, des **activités de production de biens ou de prestation de services** ainsi que toute autre mission à caractère opérationnel… ». De même, on ne peut les confondre avec les services déconcentrés puisque **leur compétence est nationale** (ces services agissent sur l'ensemble du territoire).

Pour schématiser, disons que les SCN ont une **fonction spécialisée à caractère technique.** La nature de leur fonction justifie qu'ils bénéficient d'une **certaine autonomie d'organisation,** sans pour autant aller jusqu'à leur attribuer la personnalité juridique (ils sont exploités en régie directe ; sur la régie, voir p. 250). Ils sont rattachés à un ministre, à une direction ou sous-direction d'un ministère.

Les SCN sont nombreux (on en recense une centaine) et concernent la plupart des ministères. Ainsi rentrent dans cette catégorie : les musées nationaux (musée Picasso, musée des Antiquités nationales…) du ministère de la Culture, le Service technique des remontées mécaniques du ministère de l'Équipement, le Casier judiciaire national du ministère de la Justice, le service d'études sur les transports, les routes et leurs aménagements, rattaché au directeur général chargé de la voirie routière nationale (décret du 9 juillet 2008), l'Agence nationale de la sécurité des systèmes d'information rattachée au secrétariat général de la défense nationale (entre autres, elle conçoit, fait réaliser et met en œuvre les moyens sécurisés de communications électroniques nécessaires au président de la République et au gouvernement et mène des inspections des systèmes d'information des services de l'État ; décret du 7 juillet 2009)…

CHAPITRE 3

Les collectivités territoriales

Les collectivités territoriales sont dotées d'un statut constitutionnel (voir p. 10) qui prévoit leur existence ainsi que leur libre administration par des conseils élus, dans les conditions prévues par la loi. Il revient donc au législateur de préciser le contenu de ce statut dans le respect du principe de libre administration.

En vertu de ce même statut constitutionnel, elles doivent faire l'objet d'un contrôle de la part de l'État. La loi du 2 mars 1982 a changé la nature de ce contrôle.

La révision constitutionnelle de mars 2003 organise une nouvelle décentralisation qui ne modifie pas la forme politique de l'État en France : elle vise, dans le respect de l'unité de la République, à mieux assurer la diversité des statuts des collectivités territoriales (en particulier d'outre-mer) en leur donnant davantage de moyens propres à renforcer leur autonomie et à leur permettre d'assumer leurs spécificités. Le contrôle de l'État sur les collectivités est inchangé.

SECTION I

Le nouveau cadre de la décentralisation (issu de la révision constitutionnelle de 2003)

L'acte II de la décentralisation (la révision constitutionnelle et ses lois de mise en œuvre) est venu approfondir le processus de décentralisation. Il vise à renforcer l'autonomie administrative et financière des collectivités territoriales mais aussi à favoriser le développement de la démocratie locale. Par ailleurs, de nouvelles responsabilités et de nouveaux moyens ont été transférés aux collectivités territoriales.

§ 1. En matière d'autonomie administrative des collectivités territoriales

A) La notion de « subsidiarité » comme mode de répartition des compétences

L'article 72 al. 2 de la Constitution dispose que « les collectivités territoriales ont vocation à prendre les décisions relatives à l'ensemble des compétences qui peuvent le mieux être mises en œuvre à leur échelon ». Cette nouvelle règle s'inspire du principe de subsidiarité qui suggère que pour chaque compétence, il convient de rechercher l'échelon d'administration territoriale le plus adéquat pour sa mise en œuvre (principe déjà mis en œuvre pour la répartition des compétences entre l'Union européenne et les États membres). Autrement dit, il ne saurait y avoir une liste figée des compétences locales mais plutôt une répartition au cas par cas.

Le principe de subsidiarité met fin à la conception jacobine de la répartition des compétences. Les collectivités se voient reconnaître, au même titre que l'État qui n'a plus aujourd'hui les moyens d'agir seul de façon efficace, vocation à exprimer l'intérêt général dans le domaine de leurs compétences. Sur ce fondement, le législateur a transféré de nouvelles responsabilités aux collectivités territoriales.

B) La notion de « collectivité chef de file »

L'article 72 al. 5 prévoit que « lorsque l'exercice d'une compétence nécessite le concours de plusieurs collectivités territoriales, la loi peut autoriser l'une d'entre elles ou un de leurs groupements à organiser les modalités de leur action commune ». Cette disposition part du constat que dans de nombreux domaines de l'action locale, les collectivités seront amenées à exercer des compétences partagées (action sociale, environnement, politique de la ville...). Pour éviter des empiétements de compétences et une dispersion des moyens, il conviendra donc de désigner, au cas par cas, une collectivité chef de file pour conduire cette action commune. Cependant, la Constitution précise qu'« aucune collectivité ne peut exercer une tutelle sur une autre ». Dès lors, la coordination des compétences au niveau local ne pourra s'inscrire que dans un cadre contractuel (qui seul permettra de s'assurer du consentement des partenaires).

C) La reconnaissance d'un pouvoir réglementaire local

L'article 72 al. 3 de la Constitution dispose que « dans les conditions prévues par la loi, les collectivités s'administrent librement par des conseils élus et disposent d'un pouvoir réglementaire pour l'exercice de leurs compétences ». Cela signifie que pour l'exercice d'une compétence donnée, les collectivités disposent du pouvoir de fixer des règles générales.

En réalité, le pouvoir réglementaire local existe déjà : compétence des assemblées délibérantes pour fixer les conditions d'organisation et de fonctionnement des services publics locaux, pouvoir de police du maire... Disons que l'article 72 al. 3 consacre ce pouvoir et que d'autres dispositions l'explicitent. Ainsi, il apparaît que le pouvoir réglementaire local est toujours subordonné. À la loi d'abord seule compétente pour déterminer les principes de la libre administration des collectivités territoriales, de leurs compétences, de leurs ressources... Au pouvoir réglementaire du Premier ministre ensuite qu'il ne saurait concurrencer. Autrement dit, le pouvoir réglementaire local ne peut intervenir que dans le respect de la réglementation nationale sauf s'il est autorisé par cette même réglementation à y déroger. Un règlement local ne peut intervenir directement que lorsque la loi est suffisamment précise ou quand ses dispositions sont suffisamment claires pour pouvoir être adaptées à chaque situation locale. Même dans ce cas, son champ d'application demeure restreint : ainsi, une intervention directe ne saurait avoir pour effet d'entraîner une inégalité spatiale dans l'exercice des libertés publiques.

D) La reconnaissance d'un droit à l'expérimentation

Dans sa nouvelle rédaction, l'article 72 de la Constitution pose le principe d'un droit à l'expérimentation en faveur des collectivités territoriales. Cela signifie que les autorités locales peuvent s'affranchir, sous certaines conditions et dans des limites précises, des textes en vigueur au plan national (lois et règlements) pour la mise en œuvre de leurs compétences. L'objectif est ici de permettre aux collectivités d'adapter la « norme » à leurs besoins et aux spécificités locales.

L'article 72 pose un certain nombre de restrictions à l'exercice de ce droit :

- l'expérimentation doit être limitée dans le temps (cinq ans au maximum d'après le projet de loi organique) ;
- elle doit porter sur un objet précis ;
- il ne peut y avoir d'expérimentation lorsque sont en cause les conditions essentielles d'exercice d'une liberté publique.

La loi organique n° 2003-704 du 1er août 2003 précise le contenu du droit à l'expérimentation :

- les bénéficiaires du droit à l'expérimentation sont les collectivités territoriales et les établissements publics regroupant exclusivement des collectivités territoriales ;
- une loi d'habilitation préalable définit l'objet de l'expérimentation ainsi que sa durée (qui ne peut pas excéder cinq ans) et mentionne les dispositions auxquelles il peut être dérogé. Elle précise également la nature juridique et les caractéristiques des collectivités territoriales autorisées à participer à l'expérimentation ;
- les collectivités territoriales participantes à l'expérimentation sont celles qui, remplissant les conditions, ont fait connaître leur décision au représentant de l'État. Leur liste est établie par décret ;
- les actes à caractère général et impersonnel d'une collectivité territoriale portant dérogation aux dispositions législatives mentionnent leur durée de validité. Ils font l'objet, après leur transmission au représentant de l'État, d'une publication au Journal officiel de la République française ;
- les actes dérogatoires peuvent faire l'objet d'un contrôle juridictionnel. La demande de suspension par le préfet a un effet immédiat d'une durée d'un mois ;
- avant la fin de l'expérimentation, un rapport en fait l'évaluation. Au vu de celle-ci, le législateur peut décider soit de mettre fin à l'expérimentation, soit la prolonger ou la modifier, soit généraliser les mesures prises à titre expérimental ;
- les dispositions relatives aux dérogations aux dispositions réglementaires sont les mêmes que pour les dérogations aux dispositions législatives, excepté que les premières sont autorisées par le Gouvernement agissant par voie de décret en Conseil d'État (au lieu de la loi d'habilitation).

§ 2. En matière d'autonomie financière des collectivités territoriales

L'article 72-2 de la Constitution a pour ambition de créer les conditions et les garanties de l'autonomie financière des collectivités territoriales en leur permettant de fixer, dans les limites que la loi détermine, le taux et l'assiette des impôts locaux, en leur assurant des ressources propres qui constituent « une part déterminante de l'ensemble de leurs ressources » et en accompagnant tout transfert de compétences (aux collectivités) de l'attribution de ressources financières équivalentes à celles qui étaient consacrées à leur exercice. Par ailleurs, « la loi prévoit des dispositifs de péréquation destinés à favoriser l'égalité entre les collectivités territoriales ». On peut dire que la réforme consolide des règles existantes et en consacre d'autres au niveau constitutionnel (l'obligation de compenser financièrement les transferts de compétences, la péréquation entre collectivités). La seule originalité réside dans le principe selon lequel les ressources (fiscales) propres des collectivités doivent représenter une part déterminante de l'ensemble de leurs ressources (l'idée est ici de réduire le lien de dépendance des collectivités vis-à-vis de l'État).

La loi organique n° 2004-758 du 29 juillet 2004 est venue préciser ces dispositions constitutionnelles.

A) Les ressources propres

La notion de ressources propres des collectivités est définie comme la somme :

- du produit des impositions de toutes natures dont la loi soit les autorise à fixer l'assiette, le taux ou le tarif, soit détermine, par collectivité, le taux ou une part locale d'assiette (cette catégorie visant des impôts nationaux comme la TIPP, répartis entre collectivités territoriales par la loi suite à la décentralisation du RMI) ;
- des redevances pour services rendus ;
- des produits du domaine ;
- des participations d'urbanisme ;
- des produits financiers ;
- des dons et legs.

Pour les communes, il faut intégrer le montant des ressources propres dont bénéficient les établissements publics de coopération intercommunale.

B) Le « ratio d'autonomie »

Pour chaque catégorie de collectivités, la part des ressources propres (ratio d'autonomie) est calculée en rapportant le montant de ces dernières à celui de la totalité de leurs ressources, à l'exclusion des emprunts, des ressources correspondant au financement de compétences transférées à titre expérimental ou mises en œuvre par délégation et des transferts financiers entre collectivités d'une même catégorie.

C) La fixation de la « part déterminante » des ressources propres

La loi organique fixe une valeur minimale du ratio d'autonomie. Distincte pour chaque catégorie de collectivité territoriale, elle est fixée par référence au niveau constaté au titre de l'année 2003 (soit approximativement, 35 % pour les régions, 51 % pour les départements et 53 % pour les communes). Dans le cas où la part des ressources propres ne répondrait plus à cette règle, c'est-à-dire descendrait au-dessous de ces planchers, la loi organique prévoit que les dispositions nécessaires soient prises, au plus tard, par une loi de finances pour la deuxième année suivant celle où ce constat a été fait.

D) Le rapport annuel

Le Gouvernement doit annuellement transmettre au Parlement un rapport faisant apparaître pour chaque catégorie de collectivités territoriales, la part des ressources propres dans l'ensemble des ressources ainsi que ses modalités de calcul et son évolution.

§ 3. Le développement de la démocratie locale directe

A) Un droit de pétition

L'article 72-1, alinéa 1 de la Constitution institue un droit de pétition ouvert aux électeurs de chaque collectivité territoriale pour leur permettre de demander l'inscription à l'ordre du jour de l'assemblée délibérante de cette collectivité d'une question relevant de sa compétence. La loi devra fixer les conditions d'exercice de ce droit.

Ainsi, la loi du 13 août 2004 relative aux libertés et responsabilités locales prévoit qu'1/5e des électeurs d'une commune ou 1/10e dans les départements et les régions peuvent demander que soit inscrite à l'ordre du jour de l'assemblée délibérante **l'organisation d'un référendum consultatif** sur toute affaire relevant de la décision de cette assemblée. C'est l'assemblée délibérante qui arrête le principe et les modalités de la consultation qui se déroule ensuite de la même manière que lorsque l'initiative vient de l'assemblée (voir p. 58).

B) Le référendum local décisionnel

L'article 72-1, alinéa 2 C prévoit que « les projets de délibération ou d'acte relevant de la compétence d'une collectivité territoriale peuvent, à son initiative, être soumis, par la voie du référendum, à la décision des électeurs de cette collectivité ». L'introduction du référendum local constitue une petite révolution dans un pays marqué par la centralisation et par la crainte des élus locaux d'être entravés dans leur action par la participation des citoyens à la vie locale. La grande innovation tient à ce que le référendum local est décisionnel et non plus seulement consultatif. Autrement dit, la consultation doit aboutir à une véritable décision qui s'impose aux autorités locales.

La loi organique n° 2003-705 du 1er août 2003 précise les modalités d'exercice du référendum local :

- il ne peut porter que sur des matières de la compétence de la collectivité territoriale organisatrice ;
- la décision de recourir à un référendum local appartient à l'assemblée délibérante de la collectivité territoriale et à elle seule ;
- le référendum peut porter soit sur une délibération de l'assemblée soit sur un acte de son exécutif pris en vertu de ses pouvoirs propres ou par délégation (les actes individuels sont exclus du champ du référendum local) ;
- une même délibération de l'assemblée délibérante détermine les modalités d'organisation du référendum local, fixe le jour du scrutin, convoque les électeurs, précise le projet d'acte ou de délibération soumis à l'approbation des électeurs et définit la question qui leur est posée de façon à ce qu'ils puissent répondre par oui ou par non ;

- deux mois au moins avant le référendum, la délibération est transmise au représentant de l'État qui dispose de 10 jours pour la déférer au tribunal administratif s'il l'estime illégale ;
- pour éviter des interférences avec d'autres scrutins, le référendum local ne peut avoir lieu pendant certaines périodes et notamment moins de six mois avant la date de renouvellement des membres de son assemblée délibérante ;
- la charge financière de la tenue du référendum est supportée par la collectivité territoriale qui l'organise ;
- les participants au référendum local sont toutes les personnes inscrites sur les listes électorales de la collectivité territoriale ayant décidé d'organiser le référendum et, pour un référendum local décidé par une commune, les ressortissants d'un État membre de l'Union européenne inscrits sur les listes électorales complémentaires établies pour les élections municipales ;
- le projet soumis à référendum est adopté si deux conditions cumulatives sont réunies : la majorité des suffrages exprimés et une participation au vote d'au moins 50 % des électeurs inscrits (si ce seuil n'est pas atteint, le référendum n'a plus qu'une valeur consultative) ;
- les opérations électorales peuvent être contestées devant le juge électoral ; la légalité de la décision définitive prise sur le fondement du référendum local peut être contestée devant le juge administratif.

§ 4. De nouvelles responsabilités et de nouveaux moyens pour les collectivités territoriales

La loi relative aux responsabilités locales du 13 août 2004 constitue une nouvelle étape de la décentralisation rendue possible par la révision constitutionnelle du 28 mars 2003. Elle organise d'importants transferts de compétences et de moyens au profit des collectivités territoriales, principalement des départements (voir p. 67) et des régions (voir p. 71 et s.), tout en favorisant une meilleure identification de leurs missions respectives (par l'unification des compétences). Ces transferts ont pris effet au 1er janvier 2005.

La loi comporte également des dispositions relatives à différents aspects de la décentralisation :

- elle prévoit que **toutes les collectivités territoriales**, et non plus seulement les communes, **peuvent organiser des référendums consultatifs** (en complément des référendums décisionnels, voir p. 57) : ces consultations peuvent porter sur toute décision relevant de la compétence de la collectivité territoriale ; l'assemblée délibérante de la collectivité arrête le principe et les modalités d'organisation de la consultation ; les électeurs font connaître par « oui » ou par « non » s'ils approuvent le projet qui leur est présenté mais aucune condition de participation minimale au scrutin n'est exigée ; les résultats de la consultation n'ont qu'une simple valeur d'avis ; le juge administratif contrôle la légalité de la consultation (contrôle sur la question posée) ;
- les conditions de mise en œuvre du droit à l'expérimentation sont précisées ;
- le cadre juridique de la coopération intercommunale est réformé (voir p. 80) ;

– le contrôle de légalité des actes des collectivités territoriales est un peu modifié, notamment par une réduction de la liste des actes soumis à l'obligation de transmission (voir p. 96).

A) Les moyens des collectivités territoriales

1) Le transfert des moyens financiers et humains

Le transfert de compétences aux collectivités territoriales doit s'accompagner du transfert des moyens financiers et humains nécessaires à l'exercice de ces compétences.

En 2005, le transfert a porté sur environ 3 milliards d'euros aux régions et 8 milliards aux départements (dont 5 milliards d'euros pour le RMI). Par rapport à 2001, les budgets de fonctionnement des régions ont augmenté alors de 41 % et ceux des départements de 26 %. En ce qui concerne les personnels, le transfert correspond à un déplacement d'environ 130 000 fonctionnaires (environ 90 000 personnels techniciens, ouvriers et de service de l'éducation nationale, les autres agents relevant essentiellement du ministère de l'Équipement), répartis à hauteur d'environ 50 000 pour les régions et 80 000 pour les départements. Une région moyenne passerait ainsi de 450 à 2 400 agents et un département de 1 800 à 2 600 agents.

La loi apporte des garanties à ces personnels en leur laissant le choix :

– du maintien de leur qualité de fonctionnaires d'État, s'ils le souhaitent ;
– ou d'une intégration dans les cadres d'emploi de la fonction publique territoriale (qui bénéficie des mêmes garanties que la fonction publique d'État) ;
– du maintien de leurs missions dans les établissements, en ce qui concerne les personnels de l'éducation ;
– du maintien du service actif pour les agents qui en bénéficient déjà au service de l'État (notamment dans les DDE).

2) Les ressources des collectivités territoriales

Si on replace les transferts financiers de l'État dans le cadre plus général des ressources des collectivités, voilà ce que l'on obtient.

Les impôts et taxes (fiscalités directe et indirecte) **sont la catégorie de ressources la plus importante** des collectivités. La **fiscalité directe** est principalement constituée de quatre taxes, qui constituent environ les trois quarts des recettes fiscales : la taxe d'habitation payée par les particuliers et les entreprises ; la taxe sur le foncier non bâti et la taxe sur le foncier bâti acquittées par les propriétaires d'un terrain et/ou d'un immeuble ; la taxe professionnelle payée par les entreprises (remplacée, au 1er janvier 2010, par la contribution économique territoriale). Chaque niveau de collectivité (communes, EPCI, départements et régions) détermine ses taux d'imposition. La **fiscalité indirecte** ne représente donc qu'une part limitée des ressources fiscales des collectivités (ex : taxe locale d'équipement, taxes de séjour...).

Les transferts (d'impôts) **et concours de l'État** (dotations) constituent la **seconde catégorie de ressources** des collectivités locales en ordre d'importance. Ils ont pour objectif de **compenser l'augmentation des dépenses, engendrée par**

les transferts de compétences de l'État aux collectivités locales, mais également **les exonérations et dégrèvements d'impôts locaux décidés par l'État**. On distingue : les dotations et subventions de fonctionnement (ex. : dotations globales de fonctionnement (DGF) des communes et groupement de communes à fiscalité propre, des départements, et, depuis le 1er janvier 2004, des régions) ; les dotations et subventions d'équipement (ex. : dotation globale d'équipement) ; le financement des nouveaux transferts de compétences (ex. : dotation générale de décentralisation de formation professionnelle) et les compensations d'exonérations et de dégrèvements d'impôts (dotation de compensation de la taxe professionnelle). **Les dotations sont libres d'emploi** (elles ne sont pas affectées à une dépense précise) et leur obtention est automatique. Depuis 2004, la DGF regroupe les compensations fiscales liées à la suppression d'impôts et la dotation générale de décentralisation et reprend différents fonds supprimés (ex. : fonds de correction des déséquilibres régionaux).

L'emprunt est la **troisième ressource** des collectivités territoriales. Les collectivités disposent d'**une autonomie d'emprunt**, c'est-à-dire qu'elles n'ont pas d'autorisation préalable à obtenir avant d'emprunter, mais l'emprunt est exclusivement affecté aux nouveaux investissements. Enfin, parmi **les autres ressources**, on peut citer les recettes tarifaires (tarifs des services publics) et patrimoniales (ex. : exploitation des forêts), ainsi que les fonds structurels européens (aides à la reconversion industrielle, à la coopération transfrontalière…).

B) Les missions et l'organisation de l'État

La décentralisation devrait permettre de recentrer l'État sur ses missions principales :

- au niveau local, l'État restera acteur dans les missions régaliennes que sont la sécurité, la justice, l'emploi, l'éducation, la fiscalité et la santé publique, ainsi qu'en ce qui concerne les équipements structurants à l'échelle nationale (par exemple en matière de transports), l'équilibre entre les territoires ou les interventions en cas de crise ;
- dans les autres domaines, l'État reste le garant de la norme en amont, et de l'évaluation ou du contrôle en aval.

SECTION II
Le statut des collectivités territoriales

L'article 72, alinéa 1er, de la Constitution dispose : « Les collectivités territoriales de la République sont les communes, les départements, les régions, les collectivités à statut particulier et les collectivités d'outre-mer (…) Toute autre collectivité territoriale est créée par la loi » (révision constitutionnelle du 28 mars 2003). Auparavant, la Constitution ne mentionnait que les communes, les départements et les territoires d'outre-mer, les autres collectivités territoriales étant créées par la loi.

Il en résulte une nouvelle architecture des collectivités territoriales :

- Les communes, les départements et les régions. Les départements et régions d'outre-mer sont deux sous-catégories constitutionnelles.

– Les collectivités d'outre-mer qui ne sont ni des départements ni des régions d'outre-mer (Mayotte, Polynésie française...).
– Les collectivités à statut particulier (Corse, Nouvelle-Calédonie).
– Les collectivités créées par la loi.

Nous nous intéresserons successivement aux collectivités territoriales de droit commun et aux collectivités territoriales à statut dérogatoire (villes et collectivités à statuts particuliers, collectivités d'outre-mer, départements et régions d'outre-mer). Puis nous dresserons un panorama de la coopération entre collectivités territoriales qui revêt une ampleur particulière.

§ 1. Les collectivités territoriales de droit commun

Avant toute chose, il convient d'apporter un éclaircissement. Y a-t-il une différence entre collectivités territoriales et collectivités locales ? Il a été d'usage de considérer que les premières regroupaient la commune, le département, la région... et l'État alors que les secondes étaient, par définition, les mêmes moins l'État. Cependant, la Constitution modifiée (en 2003) ainsi que ses textes d'application réservent la qualification de collectivités territoriales aux seules collectivités locales.

Les communes, les départements et les régions sont, chacun à leur niveau, dotés d'un même statut. De surcroît, les institutions locales ont été organisées de façon uniforme : une assemblée délibérante élue au suffrage universel direct et un exécutif, autorité individuelle, élu au sein de l'assemblée. La révision constitutionnelle de mars 2003, précisée par plusieurs lois organiques, vise à développer la démocratie locale et à amplifier l'autonomie administrative et financière des collectivités locales.

A) La commune

La commune a connu une évolution en trois temps. Créée par la loi du 14 septembre 1789 afin de doter les plus petits groupes naturels de population d'une organisation administrative, son statut est essentiellement défini par la loi du 5 avril 1884, elle-même rénovée par la loi du 2 mars 1982.

Comme déjà mentionné, la commune fait l'objet d'un dédoublement fonctionnel. Elle est à la fois une circonscription administrative de l'État et une collectivité décentralisée chargée de **gérer les intérêts locaux**.

Toutes les communes sont dotées de la même structure institutionnelle : un conseil municipal, autorité délibérante, et un maire, autorité exécutive.

1) Le conseil municipal

a) L'organisation du conseil municipal

Les conseillers municipaux sont élus pour six ans au suffrage universel direct (l'élection comme mode de désignation a été instituée en 1831). Leur nombre varie selon l'importance de la commune : de 9 (pour les communes de moins de 100 habitants) à 69 (pour celles de 300 000 habitants ou plus).

Pour être éligible, il faut être âgé d'au moins 18 ans, posséder la nationalité française et être inscrit sur les listes électorales de la commune (en général la commune de domiciliation).

Depuis 1992, en application du traité de Maastricht, l'article 88-3 de la Constitution prévoit que le droit de vote et d'éligibilité aux élections municipales est accordé aux citoyens de l'Union européenne résidant en France. Ils ne peuvent néanmoins pas être maire ou adjoint, les titulaires de ces fonctions participant à l'élection du Sénat, acte de souveraineté réservé aux seuls nationaux.

La loi du 19 décembre 1982 établit un mode de scrutin qui varie selon le nombre d'habitants de la commune (appliqué pour la première fois aux élections de 1983).

Dans les communes de moins de 3 500 habitants, les conseils sont élus au scrutin de liste majoritaire à deux tours (comme avant 1982). Avec ce mode de scrutin, la liste qui obtient la majorité des voix remporte la totalité des sièges du conseil municipal.

Dans les communes de 3 500 habitants et plus, **le scrutin majoritaire est combiné avec une représentation proportionnelle**. Ce système permet de dégager une majorité indispensable à la gestion de la commune tout en assurant la représentation de l'opposition. La liste qui recueille la majorité absolue des suffrages au premier tour ou la majorité relative au second (auquel peuvent participer les listes ayant obtenu au moins 10 % des suffrages exprimés au premier tour) obtient la moitié des sièges à pourvoir. Les autres sièges sont répartis à la représentation proportionnelle à la plus forte moyenne entre toutes les listes ayant obtenu au moins 5 % au premier tour (lorsque celui-ci est suffisant) et 10 % au second. La liste majoritaire, qui bénéficie également de cette répartition proportionnelle, est donc assurée des deux tiers des sièges au conseil municipal.

Les contestations relatives à l'élection sont portées devant le tribunal administratif et, en appel, devant le Conseil d'État.

b) Le fonctionnement du conseil municipal

Aux termes de la loi du 31 décembre 1970, le conseil municipal se réunit obligatoirement au moins une fois par trimestre. Des séances supplémentaires peuvent toutefois avoir lieu sur convocation du maire ou de la moitié des conseillers municipaux, mais aussi du préfet.

Les séances sont présidées par le maire et sont, en principe, publiques. Les délibérations doivent faire l'objet d'une publicité afin d'être portées à la connaissance des administrés (le plus souvent par affichage). Les délibérations du conseil ne peuvent intervenir que dans les domaines de compétence de la commune (en vertu de la loi). Certaines d'entre elles, comme le vote du budget, sont obligatoires.

c) Les attributions du conseil municipal

Selon le Code des communes (dont la partie législative a été intégrée au Code général des collectivités territoriales), « Le Conseil municipal règle par ses délibérations les affaires de la commune ». Cette compétence générale pour les **affaires d'intérêt communal** s'inscrit bien évidemment dans le cadre de la politique de répartition des compétences entre les collectivités locales et l'État (lois des 7 janvier, 22 juillet et 29 décembre 1983). Cependant, à une conception quelque peu rigide de la politique de répartition marquée par l'idée que l'État avait prioritairement vocation à exprimer l'intérêt général (et donc à exercer certaines responsabilités), la révision constitutionnelle de mars 2003 substitue **l'idée de « subsidiarité »** (voir p. 53 et s.).

En premier lieu, le conseil municipal est compétent en matière de **création de services publics communaux**.

Certains de ces services sont **obligatoires** et la commune a donc l'obligation de les créer (état civil, pompes funèbres...). D'autres sont **facultatifs** avec, comme seule restriction, de ne pas concurrencer les services de l'État (création de bibliothèques...).

En matière de services publics industriels et commerciaux, la commune est limitée par le principe de la spécialité matérielle. Par son interprétation du principe de la liberté du commerce et de l'industrie, le Conseil d'État a réduit les possibilités d'initiative des communes en matière économique. Ainsi, leur intervention n'est possible que lorsqu'un besoin de la population l'exige et que l'initiative privée, qu'en principe elles ne peuvent concurrencer (puisque la recherche du profit ne peut suffire à justifier la création d'un SPIC), a été défaillante ou insuffisante (CE Sect., 30 mai 1930, *Chambre syndicale du commerce en détail de Nevers*, GAJA, Rec. Lachaume). Pourtant, le Conseil d'État s'est montré de moins en moins exigeant dans son appréciation de ces restrictions. Il a ainsi admis la création de salles de spectacle ou de cabinets dentaires. Par ailleurs, le Conseil a modifié sa jurisprudence en décidant que le critère justifiant la création d'un service public par une collectivité publique est **l'intérêt public** dont la carence de l'initiative privée n'est que l'un des éléments constitutifs (CE Ass., 31 mai 2006, *Ordre des avocats au barreau de Paris* ; pour plus de détails, voir p. 239).

De son côté, **le législateur**, à travers les lois de décentralisation, **a encadré l'intervention des communes** (et celle des autres collectivités territoriales et de leurs groupements) **en matière économique**. La loi du 2 mars 1982 leur a donné la possibilité d'accorder des aides aux entreprises qui ont une activité sur la commune pour favoriser le développement économique, c'est-à-dire la création et la croissance d'entreprises ou préserver des services d'intérêt communal mis en danger par la carence de l'initiative privée. En revanche, depuis la loi du 5 janvier 1988, **les communes ne peuvent plus apporter d'aide aux entreprises en difficulté**. La loi du 27 février 2002 a apporté une innovation importante en prévoyant que c'est la région qui détermine et met en œuvre, avant toute intervention des communes (et des autres collectivités publiques infrarégionales), le régime des aides directes (types d'aide, conditions d'octroi, décisions d'octroi). Enfin, la loi du 13 août 2004 relative aux responsabilités locales a réorganisé le champ d'action des communes (mais aussi des départements et des intercommunalités). Tout d'abord, elle prévoit que les actions de développement économique des communes (et de ces autres collectivités) sont coordonnées par la région. Ensuite, elle remplace la distinction traditionnelle entre aides directes et aides indirectes aux entreprises par une distinction entre aides économiques (prestations de services, subventions, avances remboursables...) et aides à l'immobilier d'entreprise (rabais sur le prix de vente ou de location de terrains nus ou aménagés ou de bâtiments). Enfin, elle élargit le champ d'action des communes (mais aussi des intercommunalités et des départements). D'une part, ces collectivités ont plusieurs possibilités d'intervention en ce qui concerne les aides économiques : conclure avec la région une convention de participation au financement d'aides régionales (en complément de l'aide de la région) ; mettre elles-mêmes en œuvre ces aides, avec l'accord de la région... D'autre part, elles peuvent attribuer directement (sans accord préalable) des aides à l'immobilier d'entreprise.

Les communes ont également été dotées d'outils d'intervention directe en matière économique. Ainsi, la loi du 7 juillet 1983 leur permet de créer des sociétés d'économie mixte (SEM), sociétés commerciales dont le capital est partagé entre des actionnaires privés et les communes, si ces sociétés poursuivent comme objectif l'exploitation de services communaux ou d'activité d'intérêt général. Cependant, face à l'échec des SEM, la loi du 28 mai 2010 permet aux communes de créer des sociétés publiques locales (SPL) sous la forme de sociétés anonymes auxquelles elles peuvent recourir sans avoir à les mettre en concurrence (voir encadré p. 72).

En second lieu, il appartient au conseil municipal **de discuter et de voter en équilibre le budget de la commune.** Le budget est l'acte qui prévoit et autorise les recettes et les dépenses pour une année donnée. Comme pour toute collectivité territoriale, le budget comprend une section de fonctionnement et une section d'investissement. Ce budget comprend notamment les dépenses obligatoires pour les communes (rémunération des agents communaux, participation à des services d'intérêt local...) et est essentiellement alimenté par des ressources propres (taxes locales) et des transferts et dotations de l'État (voir p. 59).

Enfin, le conseil municipal exerce des compétences diverses : il administre les biens dont la commune est propriétaire ; il autorise le maire à agir en justice et à passer des contrats ; il désigne des délégués qui participent au collège électoral des sénateurs...

Ajoutons que la loi relative aux responsabilités locales du 13 août 2004, tout en réaffirmant la volonté de l'État de confier aux communes **la gestion des politiques de proximité**, n'a organisé que des transferts de compétence limités aux communes et aux établissements publics de coopération intercommunale : aux communes, les écoles artistiques et de spectacle vivant ainsi que la procédure de déclaration de biens vacants ; la possibilité pour les préfets de déléguer leur contingent de logements sociaux aux EPCI.

2) Le maire et ses adjoints

Le maire et ses adjoints, qui forment la « municipalité », sont élus par le conseil municipal en son sein lors de sa première séance (à la majorité absolue aux deux premiers tours et à la majorité relative au troisième). La durée de leur mandat est celle du conseil municipal, à savoir six ans.

La fonction de maire et d'adjoint devenant de plus en plus lourde et exigeante (ces fonctions sont en principe gratuites), un système d'indemnités de fonction et de frais de mission a été mis en place.

Comme déjà mentionné, le maire est à la fois agent de l'État et exécutif de la commune.

Dans son rôle d'agent de l'État, il est chargé de diriger les services de l'État dans la commune. De même, au nom de l'État, il est chargé de la publication et de l'exécution des lois et des règlements, exerce des attributions d'officier de police judiciaire et d'officier d'état civil...

Dans son rôle d'exécutif de la commune, **le maire agit au nom de la commune**. En premier lieu, il prépare les décisions du conseil municipal, en préside les séances et surtout en exécute les délibérations (par exemple, il passe les contrats approuvés en conseil). En second lieu, il dispose de pouvoirs propres : un **pouvoir de police municipale** afin de veiller au respect du bon ordre, de la sécurité, de la tranquillité et de la salubrité (sauf dans les communes de plus de 10 000 habitants où le maintien de l'ordre est confié au préfet, représentant de l'État) et un **pouvoir de direction de l'administration communale**. Enfin, le maire peut recevoir du conseil municipal des délégations de compétence (par exemple, pour effectuer un emprunt).

Dans la mesure où le maire agit au nom de la commune, il engage la responsabilité de cette dernière (responsabilité administrative mais aussi pénale ; sur ce dernier point, voir p. 13).

Il faut également signaler que le maire est l'autorité de droit commun pour la délivrance des permis de construire lorsque la commune est dotée d'un Plan d'occupation des sols (POS) ou d'un Plan local d'urbanisme (PLU), ces documents étant élaborés par les autorités municipales sous la surveillance du préfet (la loi du 13 décembre 2000 a supprimé les POS, lesquels subsistent tant qu'ils n'ont pas été transformés en PLU).

En conclusion, notons que la loi du 27 février 2002 relative à la démocratie de proximité prévoit diverses mesures dont l'objet est de **favoriser la participation des citoyens à la vie locale et au processus de décision local**.

Ainsi, **l'institution de conseils de quartier** est obligatoire dans les villes de plus de 80 000 habitants et facultative dans celles entre 20 000 et 79 999 habitants. Les conseils de quartier peuvent être consultés par le maire et peuvent lui faire des propositions sur toute question concernant le quartier et la ville. Par ailleurs, les communes de plus de 100 000 habitants doivent créer dans les quartiers **des « mairies annexes »**. Enfin, les communes de plus de 10 000 habitants doivent créer une **commission consultative des services publics locaux**. Celle-ci est obligatoirement consultée par le conseil municipal, pour avis préalable, sur tout projet de délégation de service public et tout projet de création d'une régie dotée de l'autonomie financière.

B) Le département

Présenté parfois comme une création artificielle de la Révolution (loi du 22 décembre 1789), le département a été conçu pour mettre fin à la confusion des circonscriptions administratives de l'Ancien Régime et dans un **souci d'équilibre géographique**.

Il a finalement été bien compris et accepté par les populations concernées qui y trouvent un point de repère, voire d'identification. La création de la région puis l'émergence de l'Europe comme niveaux supplémentaires d'administration ont fait resurgir le débat sur l'opportunité de maintenir autant de cadres de gestion et d'action. Lorsque l'on évoque l'hypothèse de la suppression de l'un d'entre eux, le département est le plus souvent cité (la commune, structure de base de l'organisation du territoire, est intouchable et la région semble être le cadre le plus approprié à la nouvelle dimension européenne). Mais nous n'en sommes pas encore là et le débat a largement le temps de rebondir.

Le statut du département défini par la loi du 10 août 1871 a été largement rénové par la loi du 2 mars 1982. Outre la suppression de la tutelle *stricto sensu* de l'État, elle organise un **transfert du pouvoir exécutif du préfet vers le président du conseil général** (assemblée délibérante du département), élu par ses pairs.

1) Le conseil général

a) L'organisation du conseil général

Le conseil général est élu pour six ans au suffrage universel direct (scrutin uninominal majoritaire à deux tours). Chaque canton élit un conseiller général, ce qui provoque des inégalités importantes de représentation au détriment des villes et au bénéfice des campagnes, compte tenu des disparités de population entre cantons. Le conseil est renouvelé par moitié tous les trois ans.

E3

Loi n° 2008-175 du 26 février 2008 facilitant l'égal accès des femmes et des hommes au mandat de conseiller général

La loi du 31 janvier 2007 a attribué un suppléant à chaque conseiller général et a prévu que le titulaire du mandat et son suppléant sont obligatoirement de sexe opposé.

La loi du 26 février 2008 prévoit que lorsqu'un parlementaire élu conseiller général démissionne de ce dernier mandat pour respecter la législation relative au cumul, son remplaçant lui succède sans qu'il soit besoin d'organiser une élection partielle.

Par cette nouvelle règle, le législateur a entendu augmenter le nombre de femmes exerçant un mandat de conseiller général, puisque celles-ci sont le plus souvent en position de suppléant.

b) Le fonctionnement du conseil général

En vertu de la loi du 2 mars 1982, le conseil général se réunit au moins une fois par trimestre ainsi qu'à la demande de son bureau ou d'un tiers de ses membres (mais sur un ordre du jour déterminé).

Le conseil détermine son règlement intérieur (sous réserve des limites posées par la loi). Il élit son bureau et son président. Les séances qui se tiennent à « l'hôtel du département » sont en principe publiques.

Le président présente chaque année au conseil général un rapport sur la situation du département. Chaque conseiller doit recevoir l'ordre du jour, ainsi que les rapports sur les affaires à venir en séance, au moins huit jours avant la réunion.

Depuis 1982, le préfet n'a plus une entrée libre au conseil général. Désormais, il est entendu avec l'accord du président du conseil ou à la demande du Premier ministre.

Enfin, un conseil général peut être dissous par un décret motivé. Ce cas de figure ne s'est présenté qu'une seule fois, en 1874.

c) Les attributions du conseil général

Aux termes de la loi du 2 mars 1982, le conseil général « règle, par ses délibérations, les affaires du département ». Cette compétence générale pour les affaires d'intérêt départemental s'est inscrite dans une conception quelque peu rigide de la répartition des compétences entre l'État et les collectivités territoriales marquée par l'idée que l'État avait prioritairement vocation à exprimer l'intérêt général (et donc à exercer certaines responsabilités). À cette conception jacobine, la révision constitutionnelle de mars 2003 a substitué **l'idée de « subsidiarité »** (voir p. 53 et s.). Cela s'est traduit par de nouveaux transferts de responsabilités aux autorités départementales, organisés par la loi relative aux responsabilités locales du 13 août 2004. L'objectif de la loi est de **renforcer le département** (en subsidiarité avec les communes et les agglomérations) **dans son rôle de gestionnaire des politiques de solidarité et de lui transférer la responsabilité des infrastructures de proximité**.

Le conseil général vote et exécute en équilibre le budget du département. Ce budget comprend notamment les dépenses obligatoires (rémunération des agents départementaux, dépenses de fonctionnement des collèges…) et est essentiellement alimenté par des ressources propres (taxes locales) et des transferts et dotations de l'État (voir p. 59).

Le conseil général est compétent pour créer (de façon obligatoire ou facultative selon les cas) et gérer les services publics départementaux. Il administre également les biens et le domaine du département (dont les routes anciennement nationales qui ont été transférées au département par la loi de 2004).

Déjà actif en **matière économique** (loi de 1955), le département a vu sa capacité d'intervention s'accroître avec la loi du 2 mars 1982 : possibilité d'accorder des aides directes et indirectes aux entreprises, pour favoriser le développement économique, pour assurer le maintien de services d'intérêt départemental lorsqu'il y a une carence de l'initiative privée et pour aider des entreprises en difficulté. La loi du 27 février 2002 relative à la démocratie de proximité, puis celle du 13 août 2004 relative aux responsabilités locales, ont réorganisé et élargi le champ d'action des départements en matière économique (voir p. 63).

Ajoutons que le département a également été doté d'outils d'intervention directe en matière économique avec la possibilité de créer des sociétés d'économie mixte (SEM ; loi du 7 juillet 1983) ou des sociétés publiques locales (loi du 28 mai 2010, voir encadré p. 72).

Le département est surtout appelé à jouer un **rôle prépondérant en matière sociale**. Les lois des 7 janvier et 22 juillet 1983, puis celle de 2004, ont en effet opéré d'importants transferts dans ce domaine. Ainsi, le département est responsable au premier chef de l'action sociale (versement des prestations d'aide sociale), de la santé (certaines vaccinations obligatoires) et, pour partie, de la protection judiciaire de la jeunesse. Il exerce également des responsabilités en matière de personnes âgées (élaboration du schéma gérontologique). Enfin, il est chargé de la gestion du RSA (revenu de solidarité active) et du RMA (revenu minimum d'activité).

De même, il est de sa compétence d'organiser et de veiller au bon fonctionnement des transports scolaires et des transports routiers non urbains, à la construction et au fonctionnement des collèges, à l'entretien de la voirie départementale, à l'efficacité du service des secours et de lutte contre l'incendie. Enfin, il joue un rôle non négligeable en matière d'action culturelle.

Toutes les actions entreprises et les missions assumées en matière sociale se traduisent évidemment en termes budgétaires : **la moitié du budget départemental est consacrée aux dépenses sociales**.

2) Le président du conseil général

Élu par les conseillers généraux à chaque renouvellement triennal (à la majorité absolue sauf au troisième tour de scrutin où la majorité simple suffit), la loi du 2 mars 1982 a fait de lui la plus haute autorité du département collectivité décentralisée en lui attribuant la qualité d'**organe exécutif du département** (qu'elle enlève donc au préfet) ainsi que toutes les compétences qui y sont attachées. Les actes du président du conseil général sont donc exécutoires de plein droit. Par ailleurs, il représente le département pour tous les actes de la vie juridique (pour passer des conventions, ester en justice).

Au titre d'autorité exécutive, il prépare et exécute les délibérations du conseil général, est l'ordonnateur du département (ce qui veut dire qu'il prescrit l'exécution des recettes et des dépenses du département) ; il est également le chef des services du département.

La décentralisation a permis et rendu nécessaire un **développement spectaculaire des services propres au département**. En premier lieu, **certains services de l'État ont été transférés au département** (dans le cadre d'une convention signée par le président du conseil général avec le préfet). En second lieu, même lorsqu'ils ne sont pas transférés, **les services de l'État sont mis à la disposition du département** en fonction de ses besoins (bien que le président puisse leur adresser des instructions, ils demeurent toutefois sous l'autorité du préfet).

Par ailleurs, le président du conseil général gère le domaine public départemental sur lequel il exerce les pouvoirs de police afférents à cette gestion (en matière de circulation routière, par exemple).

Dans sa fonction d'exécutif du département, le président du conseil général est assisté par un bureau. Celui-ci est formé des vice-présidents élus par le conseil général. Les vice-présidents peuvent recevoir des délégations de compétence du président.

Pour le reste, le département, comme les autres collectivités territoriales, est concerné par un **certain nombre de nouvelles dispositions constitutionnelles (révision de mars 2003)** dont plusieurs sont précisées par des lois organiques et qui visent : au **renforcement de l'autonomie administrative** des collectivités territoriales (reconnaissance d'un pouvoir réglementaire ainsi que d'un droit à l'expérimentation, introduction de la notion de « subsidiarité ») ; au **renforcement de l'autonomie financière** des collectivités ; au **développement de la démocratie locale directe** (création d'un droit de pétition, du référendum local…) (sur tous ces points, voir p. 53 et s.).

E4 **La concomitance des renouvellements des conseils généraux et des conseils régionaux en 2014**

La loi du 16 février 2010 organise la concomitance des renouvellements des conseils généraux et des conseils régionaux en 2014. Pour cela, elle raccourcit le mandat des conseillers généraux élus en mars 2011 et le mandat des conseillers régionaux et celui des membres de l'Assemblée de Corse élus en mars 2010. Cette loi s'inscrit dans la perspective de la réforme des collectivités territoriales selon laquelle les conseillers généraux et les conseillers régionaux formeraient un ensemble unique d'élus qui pourraient siéger à la fois au conseil général de leur département d'élection et au conseil régional correspondant.

C) La région

1) Une construction progressive

Pour résumer l'évolution de la question régionale, on peut dire que l'accession de la région au statut de collectivité territoriale résulte d'une lente maturation. **Il se dégage une constante : la vocation économique de la région**.

Avec le décret-loi du 30 juin 1955 instituant des programmes d'action régionale et le décret du 2 juin 1960 instituant des circonscriptions d'action régionale, la région s'est affirmée comme le cadre privilégié de la planification économique.

La réforme de 1964 (décrets du 14 mars) a constitué une première tentative de déconcentration : institution des préfets de région ainsi que d'organismes chargés de les conseiller, comme la conférence administrative régionale et surtout la Commission de développement économique régional (la CODER).

L'échec du référendum du 27 avril 1969, relatif à la création des régions et à la rénovation du Sénat, **a marqué un coup d'arrêt à la tentative de transformer les régions en collectivités locales**. Pourtant, cet échec exprimait plutôt une censure à l'égard du général de Gaulle.

La loi du 5 juillet 1972 qui se voulait à la fois audacieuse et prudente. **Audacieuse, car elle attribue à la région la personnalité juridique ; prudente, car elle la lui attribue sous la forme de l'établissement public**. Bien que limitée par le principe de spécialité des EP, la région se voit reconnaître une vocation assez large à « contribuer au développement économique et social de la région ».

Pour assurer son fonctionnement, elle est dotée de différents organes. Un organe exécutif, le préfet de région (le président du conseil régional n'a qu'un rôle symbolique). Un organe délibérant, le conseil régional, composé des parlementaires de la région ainsi que de représentants des conseils généraux et des conseils municipaux. Un organe consultatif, le comité économique et social, composé de représentants des activités économiques, sociales et culturelles. L'établissement public régional dispose d'un budget alimenté en partie par des ressources propres (taxes sur les permis de conduire ou les cartes grises).

Enfin, **avec la loi du 2 mars 1982** (et le décret du 10 mai 1982), **la région quitte le statut étroit de l'établissement public et accède à celui, plus conforme à l'importance de sa mission, de collectivité territoriale**. Désormais, elle est dotée d'une assemblée délibérante – le conseil régional, élu au suffrage universel direct – dont le président est l'organe exécutif.

On peut noter la **« dimension européenne » des régions**. En effet, les régions d'Europe font l'objet d'une prise en compte spécifique : **la politique régionale** (appuyée par des fonds structurels) **est l'un des axes d'action prioritaires de l'Union européenne**, en particulier à l'égard des régions qui présentent un retard de développement ou sont particulièrement frappées par les crises économiques. Ainsi, certaines régions françaises (Lorraine, Nord-Pas-de-Calais) ont bénéficié de programmes d'aide à la reconversion industrielle (en complément des aides nationales).

Après plus d'un demi-siècle d'une évolution chaotique, la région a reçu **sa véritable consécration : son existence est désormais inscrite dans la Constitution** (art. 72 C, réforme constitutionnelle du 28 mars 2003) au même titre que le département et la commune.

2) L'organisation régionale

Aux termes de la loi du 2 mars 1982, le conseil régional, par ses délibérations, le président du conseil régional, par l'instruction des affaires et l'exécution des délibérations, le comité économique et social, par ses avis, concourent à l'administration de la région.

a) Les institutions régionales

Le conseil régional, par ses délibérations, règle les affaires de la région. Cette compétence générale pour les affaires d'intérêt régional s'inscrit dans le cadre de la politique de répartition des compétences entre les collectivités territoriales et l'État. À une conception quelque peu rigide de cette politique, la révision constitutionnelle de mars 2003 substitue une démarche souple et évolutive fondée sur **le principe de « subsidiarité »** (mais aussi sur le droit à l'expérimentation, voir p. 54).

À l'origine, les conseillers qui composent le conseil régional étaient élus pour six ans au suffrage universel direct à la représentation proportionnelle (loi du 10 juillet 1985).

E5 **L'égal accès des femmes et des hommes aux mandats électoraux et fonctions électives**

La loi n° 2007-128 du 31 janvier 2007 étend l'obligation de parité entre femmes et hommes à l'élection des exécutifs municipaux et régionaux (respectivement, les adjoints au maire dans les communes de plus de 3 500 habitants et les membres de la commission permanente de la région). Cela vaut également pour Mayotte, la Nouvelle-Calédonie et la Polynésie française.

Mais à l'occasion des élections régionales de mars 1998, le scrutin proportionnel dans le cadre départemental a montré toutes ses faiblesses : absence de majorités dans les conseils régionaux, favorisant des alliances de « gouvernement » porteuses de blocages futurs, difficulté à former un exécutif cohérent…

Tirant les conséquences de cette situation, le Parlement a réformé une première fois le mode d'élection des conseillers régionaux avec la loi du 19 janvier 1999 puis à nouveau à travers **la loi du 11 avril 2003**.

Le mode d'élection combine scrutin majoritaire et représentation proportionnelle. Les conseillers régionaux sont élus pour six ans au scrutin de liste à un ou deux tours. La circonscription régionale est divisée en sections départementales : chaque liste doit être constituée d'autant de sections qu'il y a de départements dans la région. Enfin, un strict principe de parité s'impose aux listes (chaque liste devra être composée alternativement d'un candidat de chaque sexe).

Au premier tour, la liste qui a recueilli la majorité absolue des suffrages exprimés obtient le quart du nombre des sièges à pourvoir. Les autres sièges sont répartis entre toutes les listes (à la représentation proportionnelle, suivant la règle de la plus forte moyenne) ayant obtenu au moins 5 % des suffrages exprimés. Ainsi, la liste qui a obtenu la majorité absolue en nombre de voix est assurée de retrouver cette majorité absolue en nombre de sièges.

Si aucune liste n'a recueilli la majorité absolue des suffrages exprimés au premier tour, il est procédé à un second tour. **Pour pouvoir se maintenir, une liste doit avoir obtenu au premier tour 10 % des suffrages exprimés** (au lieu de 5 % auparavant). Par ailleurs, des listes peuvent être autorisées à fusionner à condition d'avoir atteint au premier tour le seuil de 5 % des suffrages exprimés (contre 3 % auparavant). Au second tour, la liste qui recueille le plus de voix obtient le quart des sièges à pourvoir. Les autres sièges sont répartis entre toutes les listes (à la représentation proportionnelle) ayant obtenu au moins 5 % des suffrages exprimés. En conséquence, la liste qui arrive en tête au second tour avec plus du tiers des voix obtient la majorité absolue en nombre de sièges.

Le conseil régional se réunit au moins une fois par trimestre. Il est assisté par des organes consultatifs spécialisés tels le comité régional des transports ou le comité régional de la formation professionnelle ainsi que par un conseil économique et social.

Le président du conseil régional est élu par le conseil régional. La loi du 2 mars 1982 a fait de lui l'autorité exécutive de la région (fonction jusque-là exercée par le préfet). Son statut est proche de celui du président du conseil général.

Enfin, le préfet de région, délégué du gouvernement, exerce son autorité sur les services déconcentrés.

b) Attributions et moyens d'action de la région

Rappelons que la région a **avant tout une vocation économique**.

Le conseil régional a compétence pour **promouvoir le développement économique, social, sanitaire, culturel et scientifique** de la région. La loi du 2 mars 1982 a considérablement accru son pouvoir d'intervention économique : possibilité pour la région d'accorder des aides directes ou indirectes aux entreprises pour favoriser le développement économique (créations d'entreprises, d'emplois) et aider les entreprises en difficulté, de participer au capital des sociétés de développement régional, au financement des équipements publics…

La loi du 27 février 2002 relative à la démocratie de proximité a fait de la région **la « collectivité chef de file » en matière de développement économique**. Cette compétence a été confirmée par la loi relative aux responsabilités locales du 13 août 2004 qui, à cette fin, a transféré à la région les compétences d'orientation et de programmation en matière économique (il revient donc au couple État-Région d'assurer la cohérence des politiques publiques sur le territoire). Ainsi, la loi prévoit que la région assure **une mission générale de coordination sur son territoire de l'ensemble des actions de développement économique des collectivités territoriales**. De même, **la région détermine et met en œuvre le régime des aides économiques aux entreprises** (subventions, prêts…). Les autres collectivités territoriales peuvent intervenir dans ce domaine en complément de l'aide économique accordée par la région (sur la base d'une convention de participation) ou seules, mais avec l'accord de la région. Quant aux aides à l'immobilier d'entreprise (rabais sur le prix de vente ou de location de terrains nus ou aménagés…), elles sont attribuées directement par la région et les autres collectivités territoriales.

Le conseil régional est également compétent en matière d'**aménagement du territoire**. Il est ainsi responsable de l'action en faveur du tourisme et de l'aménagement touristique de la région, peut créer des parcs naturels, aménage et exploite certaines voies navigables ainsi que les ports fluviaux de la région. En outre, la loi de 2004 a transféré à la région la gestion des ports et aéroports n'ayant pas un intérêt national et lui a transféré, en Île-de-France, le contrôle du syndicat des transports (STIF).

Par ailleurs, les transferts de compétences organisés par la loi du 22 juillet 1983, puis par celle de 2004, ont **renforcé la vocation sociale et culturelle de la région** : prise en charge des lycées, définition et mise en œuvre de la politique de formation professionnelle et de programmes de recherche scientifique, inventaire du patrimoine culturel. Enfin, la loi de 2004 a donné des responsabilités à la région en matière de **santé** : élaboration du programme régional de santé et financement des investissements hospitaliers.

Quant au président du conseil régional, il prépare et exécute les délibérations du conseil régional ainsi que le budget ; il est l'ordonnateur des dépenses, gère les biens de la région, dirige les services et exerce sur eux un pouvoir hiérarchique. En revanche, il n'a aucun pouvoir de police.

Pour mettre en œuvre ses compétences, la région peut s'appuyer sur ses propres services administratifs (par transfert de services de l'État) placés sous l'autorité du président du conseil régional. Les services qui demeurent de la responsabilité de l'État sont mis à la disposition de la région, selon ses besoins.

D'autre part, la région dispose d'un budget voté et exécuté en équilibre par le conseil régional. Ce budget comprend notamment les dépenses obligatoires (rémunération des agents régionaux, dépenses dont la région a la charge en matière d'éducation nationale...) et est essentiellement alimenté par des ressources propres (taxes locales) et des transferts et dotations de l'État (voir p. 59).

Pour le reste, la région, comme les autres collectivités territoriales, est concernée par **un certain nombre de nouvelles dispositions constitutionnelles (révision de mars 2003)** dont plusieurs sont précisées par des lois organiques et qui visent : au **renforcement de l'autonomie administrative** des collectivités territoriales (reconnaissance d'un pouvoir réglementaire ainsi que d'un droit à l'expérimentation, introduction de la notion de « subsidiarité ») ; au **renforcement de l'autonomie financière** des collectivités ; au **développement de la démocratie locale directe** (sur tous ces points, voir p. 53 et s.).

E6 **Un nouvel outil d'intervention des collectivités territoriales : les sociétés publiques locales**

La loi du 28 mai 2010 permet aux collectivités territoriales et leurs groupements de créer, dans le cadre des compétences qui leur sont attribuées par la loi, des sociétés publiques locales (SPL) sous la forme de sociétés anonymes dont ils détiennent la totalité du capital. Ces sociétés sont compétentes pour réaliser des opérations d'aménagement, de construction ou pour exploiter des services publics à caractère industriel ou commercial ou toutes autres activités d'intérêt général.

Le véritable intérêt pour une collectivité de recourir à une SPL réside dans le fait qu'elle n'a pas à procéder à une mise en concurrence pour lui confier une prestation à effectuer ou la gestion d'un service public. Cependant, la jurisprudence européenne exige, pour qu'il n'y ait pas de mise en concurrence, que deux conditions soient remplies (CJCE, 18 nov. 1999, *Teckal*). La première l'est automatiquement puisque la loi prévoit que ces sociétés ne peuvent exercer leurs activités que pour le compte de leurs actionnaires et sur le territoire des collectivités territoriales et des groupements de collectivités territoriales qui en sont membres. La seconde condition est que la collectivité exerce sur la société un contrôle analogue à celui imposé à ses propres services. Autrement dit, la société doit rester sous la coupe de la ou des collectivités qui l'ont créée (notamment par la présence, au sein de la société, d'administrateurs nommés par les collectivités).

La SPL apparaît, en quelque sorte, comme une réponse à l'échec des SEM. En effet, la jurisprudence communautaire a imposé à une collectivité publique souhaitant avoir recours à sa SEM de la mettre en concurrence (puisqu'elle n'est pas entièrement sous la coupe de la collectivité). Par ailleurs, les collectivités pouvant confier à une SPL la gestion d'un service public, les SPL pourraient à l'avenir, dans une certaine mesure, venir concurrencer les concessionnaires de service public.

La SPL est donc un nouveau moyen d'intervention des collectivités entièrement entre leurs mains et qui cumule les avantages du tout public (pas d'obligation de mise en concurrence) et du privé (droit de la société anonyme). Cependant, les SPL n'ont pas la possibilité comme les EPIC de mener des activités accessoires. Les collectivités pourraient donc préférer, plutôt que d'utiliser la SPL, avoir recours à un EPIC ou à la classique délégation de service public attribuée après mise en concurrence.

§ 2. Les collectivités territoriales à statut dérogatoire

Des statuts particuliers ont été accordés pour tenir compte soit d'une démographie importante (Paris, région parisienne, Lyon, Marseille), soit de particularités géographiques et culturelles (outre-mer, Corse).

Cependant, l'article 72-1 de la Constitution (issu de la révision constitutionnelle du 17 mars 2003) procède à une réorganisation de ces collectivités, en particulier d'outre-mer, à statut dérogatoire. On distingue désormais :

- les « départements et les régions d'outre-mer » qui sont deux sous-catégories constitutionnelles ;
- les « collectivités d'outre-mer » sont celles qui ne sont ni des départements ni des régions d'outre-mer ;
- des « collectivités à statut particulier » : la Corse et la Nouvelle-Calédonie ;
- les autres collectivités territoriales sont créées par la loi.

L'objectif de ce réajustement est une meilleure prise en compte de la diversité des situations locales. Pour autant, ces collectivités vont bénéficier, comme les collectivités territoriales « de droit commun », des progrès de la décentralisation issus de la révision constitutionnelle de mars 2003 (voir p. 53 et s.).

A) Paris

Paris a été placé sous administration étatique jusqu'en 1964. La loi du 10 juillet 1964 attribue à Paris la double qualité de ville et de département doté d'un statut particulier mais dépourvu d'exécutif indépendant (la fonction est assurée par le préfet de Paris et le préfet de police). **La loi du 31 décembre 1975** opère une rupture et **fait de Paris une collectivité territoriale autonome**. Elle confirme son statut de ville-département.

Le Conseil de Paris est l'organe délibérant. Composé de 163 membres, il siège tantôt en qualité de conseil municipal, tantôt en qualité de conseil général. Il est compétent pour traiter les affaires d'intérêt communal ou départemental de Paris.

Le maire, désormais élu comme tous les maires, agit tantôt en qualité de maire ordinaire, tantôt en qualité de président du conseil général. En tant que maire, il est à la fois agent de l'État et exécutif de la commune avec néanmoins des pouvoirs de police administrative réduits (le préfet de police est chargé de la police municipale ainsi que de la police générale et dispose d'un budget propre).

Depuis la loi du 31 décembre 1982, les 20 arrondissements de Paris sont dotés chacun d'un conseil d'arrondissement élu au suffrage universel direct et d'un maire élu au sein du conseil. Disposant d'une compétence essentiellement consultative, le conseil possède quelques attributions propres, renforcées par la loi du 27 février 2002 relative à la démocratie de proximité.

Enfin, le préfet de Paris et le préfet de police sont, pour leurs attributions respectives, les représentants de l'État pour la commune et le département de Paris. Dans le département de Paris, le préfet de police a la charge de l'ordre public. Dans la limite de ses attributions, le préfet de police arrête, conjointement avec le préfet de Paris, le projet d'action stratégique de l'État dans le département de Paris (décret du 29 avril 2004).

B) Lyon et Marseille

La loi, ou plus exactement les deux lois du 31 décembre 1982 (lois dites « PLM »), ont apporté les mêmes modifications aux statuts de Paris, Lyon et Marseille. Comme Paris, Marseille et Lyon ont été divisés en arrondissements administrés par un conseil élu au suffrage universel direct et par un maire. Ces conseils, essentiellement dotés d'une compétence consultative, disposent néanmoins d'attributions en matière d'implantation et de gestion des équipements sociaux.

C) L'Île-de-France

Entamé avec la loi du 6 mai 1976, le rapprochement du statut de la région Île-de-France avec celui de droit commun des régions a été accentué par les lois de décentralisation de 1982-1983. **Administrée comme les autres régions, l'Île-de-France possède néanmoins des compétences spécifiques dues à son poids démographique et économique**. Ainsi, elle est responsable de la politique des transports, de l'aménagement des espaces verts, de l'alimentation en eau… Le corollaire logique de ce supplément de responsabilité est un **supplément de ressources** (par rapport aux autres régions) tiré de la redevance pour la construction de bureaux ou de la taxe complémentaire à la taxe locale d'équipement. Enfin, la grande disparité de moyens entre communes de la région a incité le législateur (loi du 13 mai 1991) à mettre sur pied un mécanisme de solidarité financière entre elles (c'est un euphémisme de dire que Neuilly et Sarcelles n'ont pas les mêmes moyens…).

Ajoutons que la loi du 3 juin 2010 relative au Grand Paris institue le « projet de développement du Grand Paris ». Il s'agit d'un projet urbain, social et économique d'intérêt national qui unit les grands territoires stratégiques de la région d'Île-de-France. Le projet s'appuie sur la création d'un réseau de transport public de voyageurs reliant les pôles de développement. Ce réseau s'articule autour de contrats de développement territorial définis et réalisés conjointement par l'État, les communes et leurs groupements et qui participent à l'objectif de construction chaque année de 70 000 logements en Île-de-France et de maîtrise de l'étalement urbain. La « Société du Grand Paris », EPIC de l'État, a pour mission d'élaborer le schéma d'ensemble et les projets d'infrastructures composant le réseau de transport et d'en assurer la réalisation.

D) La Corse

Dotée du statut de région depuis 1975 (divisée en deux départements), la Corse s'est vue reconnaître des spécificités par les lois de décentralisation de 1982-1983. Mais surtout, **la loi du 13 mai 1991 la transforme en « collectivité territoriale »** (au sens de l'article 72 C). À cette occasion, le Conseil constitutionnel a déclaré inconstitutionnelle une disposition qui faisait du « peuple corse » une « composante du peuple français » (CC, 9 mai 1991). La reconnaissance d'un « peuple corse » allait en effet à l'encontre du principe d'unité du peuple français (et introduisait incontestablement un ferment de dissension au sein de la nation).

La Corse possède des institutions propres : un Conseil exécutif, élu par l'Assemblée de Corse, qui peut voir sa responsabilité politique engagée devant elle (par le biais d'une motion de défiance qui peut le conduire à démissionner) ; l'Assemblée de Corse, élue pour six ans selon un mode de scrutin combinant suffrage majoritaire et représentation proportionnelle, dotée de compétences plus importantes que les autres conseils régionaux (elle est chargée de régler les affaires de la collectivité, d'adopter le budget, **le plan d'aménagement**, et dispose d'attributions en matière d'« identité culturelle » de la Corse) ; un conseil économique, social et culturel, organisme consultatif (dont la consultation par le Conseil et l'Assemblée est obligatoire dans un certain nombre de cas).

Jusqu'ici, l'Assemblée devait obligatoirement être consultée sur les projets de lois et de décrets dont des dispositions intéressent la Corse et elle pouvait demander que des modifications soient apportées à ces projets.

Avec la loi du 22 janvier 2002, on assiste à un **renforcement de l'autonomie de la collectivité territoriale de Corse** :

- l'Assemblée de Corse a **la faculté de modifier les décrets pris pour l'application des dispositions législatives** régissant les matières dans lesquelles elle exerce ses compétences ;
- l'Assemblée peut présenter des propositions tendant à modifier ou à adapter des dispositions réglementaires en vigueur ou en cours d'élaboration concernant les compétences, l'organisation et le fonctionnement de l'ensemble des collectivités territoriales de Corse, ainsi que toutes dispositions législatives concernant le développement économique, social ou culturel de la Corse. Il n'y a donc **aucun transfert du pouvoir législatif à la collectivité de Corse** ;
- l'offre d'enseignement de la langue corse dans toutes les écoles aux heures normales est généralisée, mais sans être obligatoire ;
- **de nombreuses compétences sont transférées à la collectivité** : en matière de tourisme, dans le domaine de la culture (patrimoine historique, archéologie), en matière d'aménagement et de développement (le plan

d'aménagement et de développement de la Corse est préparé par le Conseil exécutif et adopté par l'Assemblée), en matière d'environnement (réserves naturelles)... ;
- **des moyens accrus sont attribués** à la collectivité : adoption d'un programme exceptionnel d'investissements, de nouveaux moyens en personnel et des ressources fortement accrues.

La réforme constitutionnelle de mars 2003 classe la Corse dans la catégorie des collectivités à statut particulier (au même titre que la Nouvelle-Calédonie), en l'occurrence défini par des lois ordinaires (loi du 13 mai 1991 modifiée par la loi du 22 janvier 2002).

E) L'outre-mer

On distingue désormais les départements et régions d'outre-mer, les collectivités d'outre-mer et la Nouvelle-Calédonie à statut particulier.

La Constitution modifiée rend possible le passage d'une collectivité d'un régime à l'autre (DOM-ROM vers collectivités d'outre-mer ou l'inverse) avec le consentement des électeurs de cette collectivité.

1) Les départements et régions d'outre-mer (DOM-ROM)

Les DOM-ROM relèvent désormais du régime de l'article 73 de la Constitution. **Chaque DOM est également une région d'outre-mer** (depuis la loi du 31 décembre 1982). Ce double statut de département et de région provoque une superposition des institutions : conseil général et conseil régional, deux exécutifs mais un seul préfet. Les DOM-ROM sont toujours au nombre de quatre : la Martinique, la Guadeloupe, la Guyane et la Réunion. Cependant, le DOM-ROM de la Réunion fait l'objet d'une garantie constitutionnelle spécifique dans la mesure où sa transformation en « collectivité d'outre-mer » ou en « collectivité territoriale unique à statut propre » est exclue.

Comme précédemment, **les DOM-ROM sont soumis au principe d'identité législative.** Autrement dit, « les lois et règlements [y] sont applicables de plein droit » même si des adaptations sont possibles. En effet, la Constitution **permet désormais d'envisager des adaptations « tenant aux caractéristiques et contraintes particulières de ces collectivités »** et non plus « nécessitées » par leur situation particulière. Cette formulation plus souple devrait accroître les possibilités de prise en compte des spécificités des DOM. Quant au rôle de ces collectivités dans ce mécanisme, le Conseil constitutionnel a admis la faculté pour les conseils généraux des DOM de donner leur avis et de formuler des propositions sur les adaptations qu'ils estiment nécessaires ou utiles d'apporter aux lois et décrets les concernant (CC, 2 décembre 1982 et 25 juillet 1984).

Par ailleurs, de nouvelles dispositions constitutionnelles permettent la création d'une nouvelle collectivité « en lieu et place » du conseil général et du conseil régional ou l'institution d'une assemblée délibérante unique pour ces deux collectivités. Après transformation, la nouvelle collectivité restera soumise au principe d'identité législative. Des évolutions institutionnelles sont donc envisageables. Tel est d'ailleurs le choix fait par les électeurs de Martinique et de Guyane qui, au terme d'un référendum (24 janvier 2010), ont décidé la création de collectivités uniques se substituant aux départements/régions. Une loi va donc déterminer le nouveau statut de la Martinique et de la Guyane.

Enfin, la Constitution modifiée **laisse entrevoir la possibilité pour chaque DOM de se doter d'un droit spécifique** (en dehors même du droit à l'expérimentation). Ainsi, « dans les matières où s'exercent leurs compétences et si elles y ont été habilitées par la loi », les DOM-ROM ou les nouvelles collectivités qui se substitueraient à eux ont la possibilité de prévoir elles-mêmes les adaptations par rapport au droit commun. En application de cette disposition, la loi organique du 21 février 2007 prévoit qu'après avoir reçu une habilitation du Parlement national, les assemblées des départements d'outre-mer (DOM) pourront adapter localement les lois et décrets nationaux. Par ailleurs, pour tenir compte de leurs spécificités, ces collectivités pourront être habilitées par la loi à fixer elles-mêmes les règles applicables sur leur territoire, dans un nombre limité de matières entrant dans le domaine de la loi ou du règlement (d'après la Constitution, ces règles ne peuvent porter sur la nationalité, les droits civiques, les libertés publiques...). On estime que l'aménagement du territoire, le logement social ou la politique culturelle devraient faire partie de la liste des matières concernées par cette faculté d'adaptation.

2) Les collectivités d'outre-mer (COM)

La catégorie nouvelle des collectivités d'outre-mer regroupe deux anciennes collectivités territoriales *sui generis* créées par le législateur (Mayotte et Saint-Pierre-et-Miquelon) et deux anciens territoires d'outre-mer (Polynésie française et Wallis-et-Futuna).

L'article 74 de la Constitution prévoit que les COM ont **« un statut qui tient compte des intérêts propres de chacune d'elles au sein de la République »**. Ce statut, qui est défini par une loi organique, fixe : les conditions dans lesquelles les lois et règlements y sont applicables, les compétences de la collectivité (sans pouvoir remettre en cause celles qu'elle exerce déjà), les règles d'organisation et de fonctionnement de ses institutions et les conditions dans lesquelles ses institutions sont consultées sur les projets et propositions de loi et les projets d'ordonnance ou de décret comportant des dispositions particulières à la collectivité.

Par ailleurs, au sein des COM, la Constitution distingue, à l'article 74 al. 7, **une sous-catégorie de collectivités dotées de l'autonomie** (à leur demande, voir ci-après, le nouveau statut de la Polynésie française).

Ce statut d'autonomie permettra :

- aux assemblées délibérantes de ces COM d'adopter des actes intervenant au titre des compétences qu'elles exercent dans le domaine de la loi. Cependant, ces actes resteront administratifs et seront soumis à un contrôle juridictionnel du Conseil d'État ;
- à une assemblée délibérante de modifier une loi, lorsque le Conseil constitutionnel, saisi notamment par les autorités locales, aura constaté que la loi est intervenue dans un domaine de compétence de la collectivité ;
- aux COM de prendre des mesures de discrimination positive en faveur de leurs populations, « en matière d'accès à l'emploi, de droit d'établissement

pour l'exercice d'une activité professionnelle ou de protection du patrimoine foncier ». Cette disposition autorise donc des atteintes au principe d'égalité (comme cela est déjà le cas en Nouvelle-Calédonie) ;
- à la collectivité de participer à l'exercice des compétences que conservera l'État c'est-à-dire essentiellement les missions régaliennes (justice, police...).

Enfin, l'article 74-1 C habilite le gouvernement à prendre par ordonnances, dans les matières qui demeurent de la compétence de l'État, les mesures législatives permettant d'étendre les dispositions applicables en métropole aux collectivités d'outre-mer et en Nouvelle-Calédonie, avec les mesures d'actualisation ou d'adaptation nécessaires. Ces ordonnances doivent faire l'objet d'une ratification expresse par le Parlement dans les 18 mois suivant cette publication, à peine de caducité (révision constitutionnelle du 23 juillet 2008).

Le nouveau statut d'autonomie de la Polynésie française (PF) a été déterminé par la loi organique du 2 mars 2004. Il poursuit la logique affirmée depuis le statut de 1984 (loi du 6 septembre 1984, modifiée par la loi du 12 juillet 1990). La PF, collectivité d'outre-mer, est qualifiée de « Pays d'outre-mer au sein de la République ». Les communes sont des collectivités territoriales de la République reconnues en PF, et leur libre administration est affirmée.

Les dispositions législatives et réglementaires de l'État sont applicables de plein droit en PF. L'assemblée de la PF doit être consultée sur les projets et propositions de loi et les projets d'ordonnance qui la concernent. Les compétences de l'État sont limitativement énumérées et de nouveaux transferts de compétences sont organisés : droit du travail, droit civil (sauf l'état et la capacité des personnes), possibilité pour la PF de disposer d'une représentation auprès d'un État ou d'un organisme international (mais sans caractère diplomatique), possibilité de prendre des mesures « de discrimination positive » en faveur de sa population (notamment pour l'emploi)...

Les institutions se composent du président de la PF, d'un gouvernement, d'une assemblée délibérante et d'un conseil économique, social et culturel. Un droit de pétition est ouvert à un dixième des électeurs afin de saisir l'assemblée de PF d'une question relevant de sa compétence. Le référendum décisionnel local est organisé.

L'État est représenté par un haut-commissaire ayant la charge des intérêts nationaux, du respect des lois et des engagements internationaux, de l'ordre public et du contrôle administratif.

Quant aux **Terres australes et antarctiques françaises**, l'activité sur place se limitant à la recherche scientifique, elles sont gérées depuis Paris par un administrateur, assisté d'un conseil scientifique. La révision constitutionnelle de mars 2003 leur a fait perdre leur statut de collectivité territoriale. Elles ont été transformées en une catégorie d'établissements publics administratifs territoriaux à un seul élément, ce qui justifie qu'elles relèvent du domaine de la loi. La révision constitutionnelle du 23 juillet 2008 a constitutionnalisé ce point (article 72-3, al. 4).

Le statut de **Wallis-et-Futuna** (îles situées dans le Pacifique sud, à mi-chemin de la Polynésie et de la Nouvelle-Calédonie) est défini par la loi du 29 juillet 1961.

L'île de Mayotte, qui a exprimé son souhait de rester rattachée à la France au moment de l'indépendance de l'archipel des Comores en 1975, a connu une évolution importante de son statut. Le statut de l'île a été réécrit par la loi organique du 21 février 2007. Désormais (depuis le 1er janvier 2008), sauf dans quelques matières (fiscalité, urbanisme, droit social...), Mayotte est soumise au principe d'identité législative. Comme les DOM, elle peut adapter les lois et règlements. Enfin, dernière étape de l'évolution, la loi organique du 3 août 2009 transforme, à compter de 2011, Mayotte en **une collectivité unique appelée « département de Mayotte »**, régie par l'art. 73 C, qui exerce les compétences dévolues aux départements et aux régions d'outre-mer. Ce changement de statut a été rendu possible par le référendum local du 29 mars 2009.

Quant à **Saint-Pierre-et-Miquelon**, elle a reçu la qualification de « collectivité territoriale » tout en ayant un statut proche de celui des anciens TOM (loi du 11 juin 1985). Transformée en COM, son statut a été actualisé par la loi organique du 21 février 2007. Ses institutions se composent désormais d'un conseil territorial, d'un conseil exécutif et d'un conseil économique, social et culturel. Le conseil territorial exerce les mêmes compétences que les conseils régionaux et généraux, à quelques exceptions près (ex : construction et entretien des collèges et lycées). Saint-Pierre-et-Miquelon reste soumise au principe de l'identité législative. Depuis le 1er janvier 2008, les lois et règlements s'y appliquent de plein droit, sauf dans certains domaines (impôts, régime douanier, logement...).

E7 **Saint-Barthélemy et Saint-Martin, nouvelles collectivités d'outre-mer**

La loi organique n° 2007-223 du 21 février 2007 portant dispositions statutaires et institutionnelles relatives à l'outre-mer institue deux nouvelles collectivités d'outre-mer, Saint-Barthélemy et Saint-Martin, à la suite du référendum du 7 décembre 2003 par lequel les populations de ces îles se sont prononcées en faveur de la création de collectivités d'outre-mer de plein exercice devant se substituer aux communes faisant partie du département de la Guadeloupe.

3) La Nouvelle-Calédonie, collectivité à statut particulier

La révision constitutionnelle de mars 2003 a confirmé que la Nouvelle-Calédonie est une collectivité à statut particulier (Titre XIII de la Constitution). Son statut d'ensemble résulte de la loi référendaire du 6 novembre 1988 qui a réformé les lois du 6 septembre 1984, de **l'accord de Nouméa** (gouvernement-représentants locaux) du 5 mai 1998, du **Titre XIII de la Constitution adopté par la révision constitutionnelle du 6 juillet 1998** (organisant une dérogation au principe de la souveraineté nationale, l'accord de Nouméa avait rendu nécessaire une révision de la Constitution), de deux lois du 19 mars 1999 et de la loi organique du 3 août 2009.

L'accord de Nouméa (approuvé par un référendum local en novembre 1998) prévoit **des transferts substantiels de compétence vers les autorités locales** (droit civil, droit commercial, sécurité civile... ; loi organique du 3 août 2009) **et accorde aux citoyens de Nouvelle-Calédonie des droits que l'on peut qualifier d'exorbitants** : priorité d'accès à l'emploi, reconnaissance d'une citoyenneté néo-calédonienne au sein de la citoyenneté française, vote de « lois » locales par le Congrès... De plus, l'accord prévoit l'organisation d'un référendum d'autodétermination entre 2014 et 2018.

Par ailleurs, depuis 1988, le territoire est divisé en trois provinces (pour dire les choses clairement, le Parlement, sous l'impulsion du gouvernement Rocard en 1988, a opéré un découpage de telle sorte que l'une des provinces soit à majorité indépendantiste) comportant chacune une assemblée et administrées par un congrès du territoire (assemblée élue à la représentation proportionnelle) qui, lui-même, doit désigner à la proportionnelle un gouvernement de la Nouvelle-Calédonie (disposition des accords de 1998). La décision du Conseil constitutionnel du 15 mars 1999 relative à la composition du corps électoral étant contestée, l'article 77 de la Constitution a été complété (loi constitutionnelle n° 2007-237 du 23 février 2007) afin de régler la question. La nouvelle règle est que les personnes installées en Nouvelle-Calédonie postérieurement à l'année 1998 ne peuvent participer à l'élection des membres du congrès et des assemblées de province, même après une durée de résidence dépassant dix années. Le corps électoral est pour ainsi dire gelé.Le congrès est assisté d'organismes consultatifs tels le comité économique et social et le conseil coutumier (appelé à devenir un Sénat coutumier). Enfin, l'État est représenté en Nouvelle-Calédonie par un Haut-commissaire chargé du respect de l'ordre public et du contrôle des actes des autorités territoriales. **À terme, l'État ne conservera que les compétences régaliennes** (police, justice, défense...).

§ 3. La collaboration entre collectivités territoriales

Elle a en partie été rendue nécessaire par le nombre sans doute trop élevé de niveaux d'administration. Comme déjà mentionné, se superposent la commune, le département, la région, l'État et, dans une certaine mesure, l'Union européenne.

La plupart des autres pays d'Europe ont un système administratif plus léger ou ont entrepris de le simplifier. Ainsi, à la différence de la France qui compte 36 000 communes (dont certaines de taille extrêmement réduite) pour 64 millions d'habitants, l'Allemagne a divisé le nombre de ses communes par trois (de 24 000 à 8 500 pour 80 millions d'habitants) et la Belgique par quatre (de 2 350 à 600 pour 10 millions d'habitants). Par ailleurs, les pays qui sont dotés d'un niveau régional puissant, comme l'Espagne (avec ses provinces) ou l'Italie, ne possèdent pas l'équivalent d'un niveau départemental.

Le niveau d'administration « de trop » en France est sans doute le département, tant du point de vue de la cohérence interne que de la cohérence européenne. En effet, même si une rationalisation du découpage communal paraît indispensable, la commune n'en demeure pas moins la structure de base de l'organisation du territoire. Quant à la région, elle semble être le cadre le plus approprié à la nouvelle dimension européenne, laquelle se concrétise par l'existence d'une politique régionale et d'un comité des régions.

Le nombre trop important de niveaux d'administration entraîne une dispersion des ressources ainsi que des moyens financiers et matériels des collectivités. Leur incapacité à assumer certaines missions les a conduits à se regrouper sous diverses formes. Si cette collaboration existe entre régions et entre départements, elle s'est essentiellement développée entre communes.

A) La collaboration entre communes (ou intercommunalité)

Une grande majorité d'élus plébiscite l'intercommunalité, ce **système qui permet aux communes de collaborer au sein d'un établissement public** (EPCI)

en mettant en commun des compétences et des moyens (le transfert des compétences s'accompagne du transfert « des biens, des équipements et des services publics nécessaires à leur exercice »). D'abord conçue pour gérer des services spécialisés tels l'eau ou les ordures ménagères puis pour orienter le développement local et maîtriser l'espace, l'intercommunalité, au-delà d'un certain succès statistique, est ressentie par les communes comme un facteur de solidarité et d'intégration.

Mais dans le même temps, le système a montré ses carences : faiblesse quantitative de certaines structures intercommunales (seulement 5 communautés de villes), échec de l'intercommunalité en milieu urbain, insuffisance de l'intégration des communes membres, fiscalité inadaptée, manque de transparence et de démocratie... Après l'échec d'une première réforme (loi du 6 février 1992), **la loi du 12 juillet 1999** (relative à l'organisation urbaine et à la simplification de la coopération intercommunale) **modifie en profondeur le paysage intercommunal**.

Les axes de la réforme sont les suivants :

- transformation des districts et des communautés de villes ;
- renforcement des communautés urbaines (CU) et des communautés de communes (CC) ;
- création d'un nouveau type d'EPCI, la communauté d'agglomération (CA), destinée à renforcer l'intercommunalité en milieu urbain ;
- incitation à l'adoption d'une fiscalité propre du groupement sous la forme d'une taxe professionnelle unique (pour les CC, CU et CA) ;
- renforcement de la transparence et de la démocratie au sein des EPCI.

Le noyau dur de la nouvelle intercommunalité est constitué par les CC, CU et CA. Le renforcement de leurs compétences et le développement d'une fiscalité propre favorisent une meilleure intégration des communes membres du groupement et une solidarité plus affirmée entre elles.

La volonté des pouvoirs publics d'organiser un nouveau « maillage » du territoire s'est traduite, outre par la loi du 12 juillet 1999, par deux lois complémentaires, celle du 25 juin 1999 sur l'aménagement et le développement durable du territoire (qui, par exemple, donne un nouvel élan aux « pays ») et celle du 13 décembre 2000 relative à la solidarité et au renouvellement urbains.

Enfin, la loi « Démocratie de proximité » du 27 février 2002 apporte quelques précisions sur la mise en œuvre de l'intercommunalité et la loi relative aux responsabilités locales du 13 août 2004 la renforce.

1) Les syndicats de communes

Les premiers syndicats de communes ont été institués par la loi du 22 mars 1890. **Établissements publics à vocation unique, ils ont pour mission la gestion d'un service d'intérêt commun**. Ils ont permis à de nombreuses communes, en particulier rurales, de se doter de services de base tels l'électricité, l'eau ou, plus récemment, le ramassage et le traitement des ordures ménagères. La création de ces organismes était conditionnée à l'accord unanime des communes intéressées.

L'ordonnance du 5 janvier 1959 a permis la création des syndicats à vocation multiple (SIVOM) (créés à la majorité qualifiée des communes intéressées). Ils peuvent gérer plusieurs services d'intérêt commun et disposent d'organes propres et d'un budget propre (ils sont environ 14 000).

La loi du 12 juillet 1999 prévoit qu'il ne pourra plus être créé de SIVU ni de SIVOM.

2) Les communautés urbaines

La loi avait créé d'office quatre communautés : Bordeaux, Lille, Lyon et Strasbourg. Par ailleurs, elle prévoyait la possibilité de leur création pour les villes d'au moins 50 000 habitants (20 000 après février 1992), à l'initiative des communes de l'agglomération (ce fut le cas pour Dunkerque, Le Creusot, Cherbourg, Le Mans, Brest et Nancy).

Les communautés urbaines sont dotées d'organes propres (un conseil, représentatif des communes membres ; un président, élu par le conseil, qui exécute ses délibérations), de ressources propres (contributions des communes et subventions étatiques) et exercent d'importantes attributions transférées des communes membres. Certaines de ces compétences sont obligatoires, notamment en matière d'urbanisme, de transports urbains, d'enseignement, d'eau, de voirie.

La loi du 12 juillet 1999 prévoit que les CU existantes continueront d'exercer leurs compétences et **apporte d'importantes modifications pour les nouvelles CU** :

- **une modification des conditions de création** : un regroupement de plusieurs communes d'un seul tenant et sans enclave formant un ensemble de plus de 500 000 habitants ;
- un renforcement des compétences obligatoires : développement et aménagement économique, social et culturel de l'espace communautaire (ex. : équipements, lycées et collèges) ; aménagement de l'espace communautaire (Plan local d'urbanisme, organisation des transports urbains, voirie…) ; équilibre social de l'habitat (actions de réhabilitation de l'habitat insalubre…) ; politique de la ville (dispositifs locaux de prévention de la délinquance) ; gestion des services d'intérêt collectif (assainissement et eau, service d'incendie et de secours) ; environnement et cadre de vie (lutte contre la pollution de l'air).

3) Les communautés de communes (CC)

Ces établissements publics, institués par la loi du 6 février 1992, ont pour objet de **permettre l'élaboration d'une « politique » commune pour aménager l'espace intercommunal**.

Elles sont créées par arrêté préfectoral à la demande des deux tiers au moins des communes intéressées représentant plus de la moitié de l'ensemble de la population. Notons que la création d'une communauté de communes a pu être en contradiction avec le principe de libre administration des collectivités locales. En effet, est légal l'arrêté préfectoral de création d'une CC malgré l'opposition de certaines communes comprises dans le projet (CE, 2 octobre 1996, *Communes de Bourg-Charente, de Mainxe et de Gondeville*, RFDA 1997, p. 1209-1215).

Les CC ont bénéficié de mesures fiscales et financières avantageuses. En particulier, la taxe professionnelle s'est transformée progressivement en impôt communautaire.

La formule de la CC a connu un grand succès, en particulier auprès des communes des agglomérations (plusieurs centaines de créations). C'est pourquoi **la loi du 12 juillet 1999 tend à la renforcer**.

D'une part, elle en **modifie les conditions de création** : regroupement de communes ayant un territoire d'un seul tenant et sans enclave. Cette condition ne s'impose pas pour les CC qui seraient créées par transformation d'un district ou d'une communauté de villes. Elle rend également possible la transformation d'une CC en communauté d'agglomération : pour cela, la CC doit remplir les conditions de seuils démographiques et de compétences dévolues aux CA et appliquer la taxe professionnelle unique (TPU).

D'autre part, **la loi de 1999 organise un élargissement des compétences des CC par** :

- l'exercice de compétences obligatoires : aménagement de l'espace, actions de développement économique intéressant l'ensemble de la communauté ;
- l'exercice de compétences relevant d'au moins un des quatre groupes suivants : protection et mise en valeur de l'environnement ; politique du logement et du cadre de vie ; création, aménagement et entretien de la voirie ; construction, entretien et fonctionnement d'équipements culturels et sportifs, construction, entretien et fonctionnement d'équipements de l'enseignement pré-élémentaire et élémentaire.

Quant aux **communautés de villes**, qui étaient soumises au même régime que les CC et qui avaient le même objet mais pour l'espace urbain, elles **se sont révélées être un échec**. La loi du 12 juillet 1999 a donc organisé **leur transformation, avant le 1er janvier 2002**, en communauté d'agglomération, communauté de communes ou communauté urbaine (loi du 12 juillet 1999).

4) La communauté d'agglomération (CA)

La loi du 12 juillet 1999 institue la CA afin de relancer la coopération en milieu urbain. Cette nouvelle formule se veut en effet plus souple et plus attractive. Elle peut se définir par :

- **un périmètre d'un seul tenant et sans enclave, de 50 000 habitants, autour d'une ou plusieurs communes centre de plus de 15 000 habitants ou d'un chef-lieu de département**. Le périmètre de la CA peut être ultérieurement étendu, à l'initiative du préfet, aux communes dont l'inclusion est de nature à assurer la cohérence spatiale et économique, ainsi que la solidarité financière et sociale. L'inclusion peut se faire sans l'accord de la ou des communes concernées ;
- le régime de la taxe professionnelle d'agglomération (ou taxe professionnelle unique) ;
- **des compétences importantes mais adaptables**.

Certaines de ces compétences sont obligatoires : développement économique (création, aménagement, entretien et gestion des zones d'activité industrielle, commerciale, portuaire et aéroportuaire...), aménagement de l'espace communautaire (schéma directeur, organisation des transports urbains...), politique de la ville (dispositifs contractuels d'insertion économique et sociale...), équilibre social de l'habitat (politique du logement).

D'autres compétences sont facultatives. **La CA doit exercer obligatoirement dans trois des cinq domaines suivants** : création ou aménagement et entretien de voirie d'intérêt communautaire ; assainissement ; eau ; protection et mise en valeur de l'environnement et du cadre de vie ; construction, aménagement, entretien et gestion d'équipements culturels et sportifs dont « l'utilité dépasse manifestement l'intérêt communal » (nouvelle rédaction de la loi du 27 février 2002). Le choix est effectué par les conseils municipaux des communes membres.

La CA présente des avantages :

- **une dotation globale de fonctionnement** (DGF) **de 38 euros par habitant** (en moyenne) ;
- **une souplesse fiscale** ;
- **une structure juridique adaptée** permettant à la communauté d'être un interlocuteur à part entière dans la signature du contrat d'application des contrats de plan État-région. Autrement dit, la CA peut participer aux financements de l'aménagement du territoire.

La CA connaît un succès considérable : près de 120 créations depuis l'entrée en vigueur de la loi de 1999.

5) L'harmonisation des règles de fonctionnement des CA, CU et CC

La loi du 12 juillet 1999 ne s'est pas contentée de réorganiser les établissements publics de coopération intercommunale (EPCI). Elle s'est également efforcée d'harmoniser leurs règles de fonctionnement.

a) Concernant leur création et leur dissolution

Le périmètre de l'EPCI est fixé par le préfet : soit dans un délai de deux mois à compter de la délibération transmise au préfet à l'initiative d'un ou plusieurs conseils municipaux, soit de sa propre initiative après avis de la commission départementale de coopération intercommunale. Les conseils municipaux concernés disposent alors de trois mois pour se prononcer sur l'arrêté préfectoral fixant le périmètre : à défaut de délibération dans ces trois mois, celle-ci est réputée favorable. Enfin, l'arrêté de création du nouvel EPCI doit être approuvé par au moins deux tiers des communes concernées.

Concernant les modifications du groupement : une commune ne pourra se retirer du groupement si plus du tiers des communes membres s'y oppose ; le périmètre de l'EPCI pourra être étendu à d'autres communes dans les mêmes conditions d'approbation (que pour la création).

Enfin, la dissolution s'opère selon les mêmes modalités de décision que leur création : à la majorité des deux tiers des communes.

b) Concernant leur organe délibérant

Les CA, CU et CC sont administrées par un organe délibérant composé de délégués élus par les conseils municipaux des communes membres. Les délégués doivent être membres des conseils municipaux. Ils sont élus au scrutin secret à la majorité absolue.

c) Concernant leurs compétences

Un certain nombre de domaines de compétence sont obligatoirement ou facultativement transférés à l'EPCI lorsqu'ils présentent un « intérêt communautaire » c'est-à-dire, schématiquement, un intérêt pour l'ensemble des communes membres. La loi de 1999 attribue aux CA et aux CU, à travers leurs conseils délibérants statuant à la majorité des deux tiers, le pouvoir de statuer sur l'intérêt communautaire. En revanche, pour les CC, ce pouvoir demeure entre les mains des communes membres.

Par ailleurs, le transfert de certaines compétences des communes vers le groupement est possible à tout moment même pour des compétences qui ne sont pas prévues par la loi.

d) Concernant l'information et la transparence

Le président du groupement doit adresser un rapport annuel d'activité au maire de chaque commune membre. Il peut être entendu par les communes, à sa demande ou à la demande d'un conseil municipal. Par ailleurs, les délégués doivent rendre compte à leur conseil municipal au moins deux fois par an. Enfin, un groupement comprenant une commune de 3 500 habitants devra créer une commission consultative des services publics locaux (exploités en régie ou en délégation).

e) Concernant leur régime fiscal et financier

L'outil fiscal de ces EPCI est la taxe professionnelle unique (TPU). Elle **se veut un instrument d'équité fiscale et de lutte contre la concurrence stérile entre communes** afin d'attirer des entreprises sur leur territoire.

Par ailleurs, les EPCI peuvent décider, à la majorité de leurs membres, d'instituer une fiscalité additionnelle. Ils peuvent ainsi communautariser la taxe d'habitation et les taxes foncières.

E8 **Le renforcement de l'intercommunalité**

La loi relative aux responsabilités locales du 13 août 2004 traite de l'intercommunalité avec des mesures destinées à favoriser l'achèvement de la carte intercommunale et à faciliter le fonctionnement des structures intercommunales :

- les EPCI à fiscalité propre pourront fusionner sur la base du volontariat, qu'il s'agisse de communautés de communes ou d'agglomération entre elles ou de communautés urbaines avec des communautés de communes voisines ;
- la possibilité de donner au président du groupement le pouvoir de police dans un domaine de compétence exercé par le groupement : ainsi, en matière d'assainissement, le président du groupement compétent pourra bénéficier, après accord des maires des communes membres, de la police de l'assainissement.

Par ailleurs, la loi organise de nouveaux transferts de compétences aux groupements de communes en matière de logement social :

- les aides à la pierre (déléguées par les préfets de région). Les communes et leurs groupements sont en effet les mieux « placés » pour créer des logements sociaux en les insérant dans de bonnes conditions dans le tissu urbain ;
- la possibilité pour les préfets de déléguer leur contingent de logements aux EPCI (ou aux départements).

Du point de vue financier, la loi de 1999 accorde aux EPCI à fiscalité propre une dotation globale de fonctionnement bonifiée. Ainsi, les CA créées ou résultant de la transformation d'un EPCI avant le 1er janvier 2005, bénéficient d'une DGF bonifiée de 38 euros en moyenne par habitant.

6) Les fusions de communes

La fusion de communes représente le degré le plus avancé de la coopération intercommunale. Le moins que l'on puisse dire, c'est que **cette formule**, malgré les incitations successives, **n'a pas rencontré le succès escompté**.

Inaugurés par la loi de 1884, les mécanismes incitatifs de fusion sont restés quasiment sans effet. La loi du 9 juillet 1966 n'a guère connu de suite plus favorable.

Le régime actuel, institué par la loi du 16 juillet 1971, renforce encore le caractère incitatif des fusions. La fusion ne peut résulter que d'un **acte d'adhésion**, d'une **manifestation de volonté**. Elle intervient lorsque les conseils municipaux parviennent à s'entendre. **Les populations des communes concernées peuvent aussi se prononcer par référendum sur le projet de fusion** (décret du 3 février 1972).

Par ailleurs, les communes peuvent opter entre deux types de fusion.

La fusion simple, résultant d'un accord des conseils municipaux intéressés, **crée une nouvelle entité communale faisant « table rase » des éléments propres à chacune des communes fusionnées**. Par convention, il est établi la dénomination, les limites, le chef-lieu, les conditions de rattachement du personnel et des biens de la nouvelle commune.

La **fusion-association** permet aux conseils municipaux des communes qui en font la demande de bénéficier du statut de communes associées. Ce statut leur donne la possibilité de conserver leur nom, un « maire délégué » et leur fonction de « section électorale ».

Les fusions ne sont pas forcément définitives. Une commune fusionnée peut recouvrer sa personnalité juridique et donc son existence autonome.

Pour encourager les fusions, la loi de 1971 prévoit des avantages. Ainsi, les subventions de l'État sont majorées.

Malgré ces éléments incitatifs, les réticences et les résistances persistent. Cet échec confirme **l'existence d'une véritable identité communale**.

Par son caractère plus souple préservant un minimum d'identité des communes associées, la fusion-association a donné des résultats plus intéressants (près de 800 fusions) **que la fusion simple** (quelques dizaines de cas).

7) La transformation des villes nouvelles

Résultat d'une urbanisation rapide, en particulier en région parisienne, de nouvelles agglomérations ont vu le jour en milieu rural. Cette situation atypique à laquelle les communes ne pouvaient faire face seules avait justifié l'octroi à ces agglomérations d'un statut particulier, celui de « ville nouvelle » (loi du 10 juillet 1970).

En effet, l'ensemble des dispositions avait pour objet ultime de **leur permettre d'échapper à l'attraction de Paris et d'être de véritables villes, à la fois lieu de résidence et source d'emplois**.

Les communes constitutives de la nouvelle agglomération pouvaient choisir, pour sa gestion, entre trois formules : création d'une nouvelle commune par fusion des communes existantes ; constitution d'un syndicat d'agglomération nouvelle (SAN) ; institution d'une communauté d'agglomération nouvelle (CAN). Ces formules n'étaient que transitoires et devaient à terme laisser la place à une nouvelle commune.

Les villes nouvelles les plus connues sont Marne-la-Vallée et Évry.

La loi du 12 juillet 1999 a prévu que le SAN ou la CAN, lorsqu'il remplit les conditions de création d'une communauté d'agglomération et exerce les compétences obligatoires prévues pour la CA, peut être transformé en CA par décision de ses membres.

8) La commission de coopération intercommunale

La loi du 6 février 1992 a institué au sein de chaque département une commission de coopération intercommunale chargée d'élaborer un schéma de coopération intercommunal recensant les possibilités de coopération.

B) Les autres types de collaboration entre collectivités

La collaboration existe entre départements sous la forme de conférences interdépartementales (loi de 1871) qui débattent de questions d'intérêt interdépartemental mais sans pouvoir prendre de décisions, et d'ententes interdépartementales (loi de 1930), établissements publics formés à la demande de plusieurs départements (même non limitrophes) et exerçant des compétences déterminées par les départements.

Elle existe également entre régions sous la forme, là encore, d'ententes interrégionales (loi du 6 février 1992), établissements publics formés à la demande de plusieurs régions limitrophes et disposant de compétences attribuées par les régions. Le système des ententes n'a donc aucun caractère contraignant pour les collectivités. Bien au contraire, il est tributaire de leur volonté.

La tendance actuelle est à l'**intensification de la coopération entre collectivités**, y compris entre collectivités de niveaux différents, **laquelle prend d'ailleurs des formes de plus en plus variées**. Examinons quelques exemples significatifs.

La coopération peut s'exercer **par le biais d'institutions** telles les sociétés d'économie mixte ou les établissements publics. Ainsi, les syndicats mixtes sont des établissements publics qui permettent de rapprocher des collectivités de niveaux différents mais aussi des établissements publics. Conformément au principe de spécialité, ils ont en charge un service déterminé qu'ils assument directement ou auquel ils participent financièrement (voir p. 103 et s.).

La coopération peut également s'inscrire **dans le cadre d'une politique contractuelle**. C'est le cas pour les contrats de plan État-collectivités locales liés à la politique d'aménagement du territoire. Aux termes de la loi du 29 juillet 1982, ils ont pour objet de « contribuer à la réalisation d'objectifs compatibles avec ceux du plan de la nation ». La participation financière de l'État est la contrepartie des engagements pris par les collectivités signataires. Aujourd'hui, on retient surtout les **contrats de plan État-région** qui assignent à ces dernières des objectifs en matière d'emploi, de formation, d'aménagement du territoire (sur la base de programmes d'investissement cofinancés par l'État et les régions).

Enfin, dans le cadre européen, la coopération entre collectivités de différents États est encouragée. Ainsi, **l'Union européenne soutient des actions de coopération transfrontalières** par le biais de programmes d'aide financière (actions de développement du tourisme, permettant la création d'emplois durables, actions de protection de l'environnement ayant des retombées pour les collectivités transfrontalières partenaires).

E9 **Vers la réforme des collectivités territoriales**

Le projet de loi relatif à la réforme des collectivités territoriales (adoption, le 8 juin 2010, par l'Assemblée nationale en première lecture) prévoit notamment :

a) **La création des conseillers territoriaux** : au nombre de 3 471, ces nouveaux élus remplaceront en mars 2014 les 6 000 conseillers généraux et régionaux. Ils siégeront à la fois au conseil général et au conseil régional. Ils seront élus, tous les 6 ans, au scrutin uninominal majoritaire à deux tours. Les candidats ayant recueilli les voix d'au moins 12,5 % des inscrits pourront se maintenir au second tour. La parité est également renforcée avec, notamment, l'introduction de sanctions financières pour les formations ne présentant pas suffisamment de candidates et en prévoyant que le suppléant remplacera désormais son titulaire dans tous les cas de figure.

b) **La possibilité de fusion entre départements et entre régions** : les départements peuvent prendre l'initiative de leur regroupement. Tous les regroupements nécessitent l'accord des assemblées concernées et le soutien des populations.

c) **La clarification de la répartition des compétences entre les différentes collectivités territoriales** : si une compétence a été attribuée au département ou à la région (dite compétence d'attribution), l'autre collectivité ne pourra pas intervenir dans le même domaine. À compter du 1er janvier 2012, s'il n'y a pas eu d'attribution claire des compétences, la collectivité peut prendre l'initiative. À compter de 2014, le département et la région se mettent d'accord, après chaque élection territoriale, sur des délégations de compétence et la mutualisation de services. En ce qui concerne les modalités de cofinancement, celle-ci devra tenir compte de la taille des collectivités concernées ou de la nature des projets. La culture, le sport et le tourisme resteront des domaines de compétences partagées.

d) **La création des métropoles** : basées sur une nouvelle catégorie d'établissements publics de coopération intercommunale (EPCI) à fiscalité propre, elles regrouperont des communes d'un seul tenant et sans enclave représentant plus de 450 000 habitants. Elles bénéficient du transfert de la taxe foncière sur les propriétés bâties (TFPB) et de la Dotation globale de fonctionnement (DGF) des communes membres.

e) **L'intercommunalité** : le seuil pour créer une communauté urbaine passe de 500 000 à 450 000 habitants. Le seuil pour créer une communauté d'agglomération est abaissé de 50 000 à 30 000 habitants quand la communauté d'agglomération comprend le chef-lieu du département. La dotation globale de fonctionnement des communes sera perçue par les structures intercommunales (EPCI) sous réserve de « l'accord unanime des conseils municipaux » des communes concernées.

§ 4. Quelques éléments du statut des élus locaux

A) Fonctions électives : les améliorations apportées par la loi « démocratie de proximité »

La loi du 27 février 2002 relative à la démocratie de proximité comprend un volet dont l'objet est de faciliter l'accès aux fonctions électives locales ainsi que leur exercice et d'apporter des garanties aux élus en fin de mandat. Elle vise en particulier les salariés jusque-là défavorisés par rapport aux fonctionnaires.

Au titre de l'accès aux fonctions électives, la loi instaure au bénéfice des salariés candidats le droit à un temps d'absence pour participer à la campagne (10 jours par an).

Pour faciliter l'exercice du mandat, à côté des traditionnelles autorisations d'absence pour participer aux réunions, la loi prévoit, au bénéfice de l'ensemble des conseillers municipaux, généraux et régionaux, une durée trimestrielle de **crédit d'heures** afin de leur permettre de disposer du temps nécessaire à la gestion de leur collectivité. Enfin, le **droit à la formation** est renforcé avec un congé de formation des élus salariés qui passe de six à dix-huit jours par mandat. Par ailleurs, bien que la loi réaffirme la gratuité des mandats locaux et leur non-professionnalisation, elle prévoit l'amélioration des conditions matérielles d'exercice du mandat et notamment la **revalorisation du régime indemnitaire des adjoints**.

À l'issue du mandat, la loi prévoit que l'élu qui avait cessé son activité professionnelle bénéficie d'**une allocation différentielle**, pendant six mois au plus, afin de lui garantir un revenu de remplacement. Il bénéficie également d'un droit à formation professionnelle et à un bilan de compétences afin de préparer sa réinsertion professionnelle.

B) Les droits des élus au sein des assemblées délibérantes

La loi du 6 février 1992 relative à l'administration territoriale de la République a prévu un certain nombre de dispositions destinées à assurer une meilleure information et participation des élus : principe de la représentation proportionnelle au sein des commissions du conseil municipal, droit d'être informés des affaires de la collectivité locale qui doivent faire l'objet d'une délibération, droit de poser des questions orales au cours des séances de l'assemblée délibérante, droit de former librement des groupes d'élus.

Par ailleurs, la loi de 1992 a admis la possibilité de déposer un recours pour excès de pouvoir contre le règlement intérieur des assemblées délibérantes. Sur cette base, le juge a estimé recevable le recours formulé contre une délibération prise en violation du règlement intérieur (CAA Marseille, 20 novembre 1997, *Bernardi*).

Mais les élus locaux souhaitaient que la démocratisation du fonctionnement des assemblées locales soit renforcée. Malheureusement, la loi du 27 février 2002 relative à la démocratie de proximité s'avère bien timide. Tout juste peut-on relever deux nouvelles dispositions significatives.

Ainsi, la loi prévoit la possibilité pour les conseils municipaux des communes de 50 000 habitants et plus de créer une **mission d'information et d'évaluation**, chargée de recueillir des éléments d'information sur une question d'intérêt communal ou de procéder à l'évaluation d'un service public communal. La même disposition s'applique aux conseils généraux et régionaux. Ce dispositif correspond à une préoccupation du moment : **contrôler et évaluer les politiques publiques**.

Par ailleurs, la loi prévoit que, « dans les communes de 3 500 habitants et plus, lorsque la commune diffuse, sous quelque forme que ce soit, un bulletin d'information générale sur les réalisations et la gestion du conseil municipal, un espace est réservé à l'expression des conseillers n'appartenant pas à la majorité municipale ». La même disposition s'applique aux départements et régions mais au bénéfice des groupes d'élus. Le bulletin local étant devenu un outil de communication performant à destination des administrés et généralement de promotion de l'action du maire et de sa majorité, il était logique d'accorder, dans ce même bulletin, **un droit d'expression et de réponse à l'opposition**.

SECTION III
Le contrôle de l'État sur les actes des collectivités locales

L'allègement de la tutelle (avec les lois des 2 mars et 22 juillet 1982) est allé de pair avec l'accroissement des compétences des collectivités décentralisées (par transferts successifs).

§ 1. Le maintien d'une tutelle

Le passage à un contrôle administratif n'a pas pour autant fait disparaître toute forme de tutelle, qu'elle soit administrative ou technique.

A) La tutelle administrative

La loi du 2 mars 1982 a bouleversé le pouvoir de tutelle. Ainsi, l'autorité de tutelle, c'est-à-dire le préfet, a perdu les pouvoirs de suspension, d'annulation et d'approbation des actes des collectivités locales (voir p. 21). S'il en conteste la légalité, il ne peut que les déférer au tribunal administratif. Ces actes sont désormais « exécutoires de plein droit ».

En définitive, hormis la « tutelle » sur les personnes qui n'est en réalité qu'un pouvoir disciplinaire (voir p. 22) et n'a pas été supprimée par la loi du 2 mars 1982, **seul le pouvoir de substitution d'action subsiste et s'étend au gré de l'élargissement des compétences des autorités décentralisées** (il est mis en œuvre en cas de carence de ces dernières). Ce pouvoir n'a été supprimé que dans une seule hypothèse : le préfet ne peut plus se substituer au maire – autorité décentralisée qui refuse ou omet d'accomplir un des « actes prescrits par la loi ».

En matière de police administrative, le préfet peut se substituer au maire mais aussi au président du conseil général (en vertu de la loi du 2 mars 1982 qui lui a attribué des pouvoirs de police) après mise en demeure restée sans effet.

En matière d'urbanisme, le préfet peut se substituer aux autorités communales pour l'établissement ou la modification de certains documents de planification, tels le plan local d'urbanisme d'une commune ou son schéma directeur.

Le préfet peut également se substituer au maire en cas de refus injustifié de ce dernier d'accorder des permissions d'occupation privative de la voie publique (l'exemple le plus classique est celui de l'installation d'un kiosque à journaux).

Enfin, le préfet peut recourir à son pouvoir de substitution en **matière budgétaire et financière** (voir le contrôle budgétaire, p. 97).

B) La tutelle technique

Cette forme de **contrôle indirect** sur les collectivités locales a été **allégée** par la loi du 2 mars 1982.

En premier lieu, les actes types (cahiers des charges ou règlements types) qui servent de références pour l'organisation des services des collectivités locales, n'ont plus un caractère obligatoire. Ils deviennent de **simples « modèles »** qui leur sont proposés (par exemple, pour la rédaction de leurs contrats).

En second lieu, les normes techniques (figurant dans les actes types) ne sont opposables aux collectivités locales que lorsqu'elles figurent dans une loi ou un décret d'application d'une loi et qu'elles ont une portée générale.

Enfin, **l'octroi de prêts et de subventions** étatiques aux collectivités locales **ne peut être subordonné qu'au respect par ces dernières des prescriptions et des conditions exclusivement déterminées par une loi** ou par un décret d'application d'une loi.

§ 2. Le contrôle administratif des actes des collectivités

Avant 1982, le préfet disposait du pouvoir d'annuler les actes des collectivités décentralisées en raison de leur illégalité, voire de leur inopportunité. Il a perdu ce pouvoir et doit se contenter de demander au tribunal administratif l'annulation des actes qu'il contrôle.

Ajoutons que le contrôle effectué par le préfet vise à s'assurer de la légalité (conformité aux lois et règlements) des actes des collectivités mais aussi de **leur conventionnalité** (conformité aux éléments de droit international et européen intégrés dans l'ordre juridique français).

A) Les caractères du contrôle

Pendant longtemps, l'entrée en vigueur des actes des collectivités locales a été subordonnée à l'approbation de l'autorité de tutelle.

La loi du 31 décembre 1970 avait déjà réduit la portée du pouvoir d'approbation expresse à quelques matières limitativement énumérées. Elle avait aussi posé la règle du caractère exécutoire des actes à l'issue d'un certain délai après leur transmission au préfet. Pendant ce délai, celui-ci pouvait annuler les décisions communales ou demander au gouvernement l'annulation d'une délibération d'un conseil général. L'autorité locale désireuse de contester une annulation ou un refus d'approbation prononcé par l'autorité de tutelle devait saisir le juge administratif.

La loi du 2 mars 1982 supprime entièrement le pouvoir d'approbation et pose le principe selon lequel les actes des collectivités locales sont exécutoires de plein droit dès leur publication ou leur notification. Il faut néanmoins signaler que certains actes sont soumis à une obligation de transmission au représentant de l'État. Ceux-ci ne sont exécutoires de plein droit qu'après publication ou notification et transmission au préfet. Si aucun délai n'est imposé pour la transmission des actes réglementaires, en revanche, la loi prévoit que pour les décisions individuelles, cette transmission intervient dans un délai de quinze jours à compter de leur signature. L'instauration de ce délai de transmission vise à prendre en compte les effets de la jurisprudence Ternon qui fait courir le délai de retrait des décisions individuelles à compter de la signature et non de la transmission des actes (CE Ass., 26 octobre 2001, RFDA 2002, p. 86). L'entrée en vigueur de l'acte avant sa transmission est un motif d'annulation.

Plus précisément, quels sont les actes soumis à l'obligation de transmission ? Théoriquement, **il s'agit des actes les plus importants** des collectivités locales dont la liste est dressée par la loi du 22 juillet 1982 : délibérations des conseils des collectivités décentralisées et de leurs établissements publics, arrêtés réglementaires des autorités exécutives locales, décisions individuelles de ces mêmes autorités exécutives relatives aux agents publics locaux (désormais, uniquement les actes liés à la nomination), décisions prises dans l'exercice des pouvoirs de police (pour les maires et les présidents des conseils généraux), décisions relatives à l'utilisation des sols (comme la délivrance des permis de construire), contrats et marchés conclus par la collectivité (contrats de concession et contrats de délégation de services publics, marchés de travaux publics, contrats de partenariat). En pratique, ces actes sont les plus nombreux. Cette obligation de transmission s'assimile à une **obligation d'information de l'État**.

Cependant, face à l'accroissement du nombre d'actes soumis au contrôle, la loi du 13 août 2004 et l'ordonnance du 17 novembre 2009 ont réduit la liste des actes qui doivent obligatoirement être transmis au préfet en en retranchant des actes de moindre importance : décisions prises par le maire et le président du conseil général relatives à la circulation et au stationnement (pouvoirs de police) ; décisions individuelles relatives aux fonctionnaires territoriaux comme les décisions relatives à l'avancement d'échelon ou à l'avancement de grade ; certains actes en matière d'urbanisme comme le certificat de conformité. Ajoutons que la loi de 2004 prévoit pour tous les actes transmissibles la possibilité d'une transmission électronique.

Depuis la loi du 2 mars 1982, si le préfet conteste un acte, c'est à lui d'en demander l'annulation au juge administratif qui n'en apprécie que la légalité (et non l'opportunité, du moins en théorie).

S'il s'agit d'un acte non soumis à l'obligation de transmission, la demande d'annulation du préfet intervient par le biais d'un **recours pour excès de pouvoir** (recours de droit commun qui est également ouvert à toute personne ayant un intérêt à agir, seules les décisions unilatérales des collectivités peuvent être attaquées) ou d'un **déféré** (voir ci-dessous) lorsqu'il s'agit d'un acte dont le préfet a demandé la communication.

S'il s'agit d'un acte soumis à l'obligation de transmission, le préfet dispose de la possibilité de le déférer au tribunal administratif. Le déféré s'applique aussi bien aux décisions unilatérales qu'aux contrats. Le « déféré préfectoral » constitue la pièce maîtresse du dispositif du contrôle administratif. C'est pourquoi nous allons l'étudier de façon plus approfondie.

Signalons l'existence d'une voie de recours exceptionnelle. Contrairement à la règle selon laquelle les recours ne peuvent porter que sur la légalité de la décision contestée, le recours dans l'intérêt de la défense nationale permet de contester l'opportunité d'un acte. En effet, la loi du 9 janvier 1986 autorise le préfet à s'adresser directement au Conseil d'État pour lui demander l'annulation des actes des collectivités locales qui seraient « de nature à compromettre d'une manière grave le fonctionnement ou l'intégrité d'une installation ou d'un ouvrage intéressant la défense ».

B) Le déféré préfectoral

La loi du 2 mars 1982 a institué une nouvelle procédure de contrôle administratif des actes des collectivités locales, le déféré. **Confiée au préfet, elle consiste à demander au tribunal administratif l'annulation de l'acte déféré et ce en raison de son illégalité**. Le déféré préfectoral **déroge au recours de droit commun** (qu'est le recours pour excès de pouvoir) tant par les actes qu'il couvre et les délais qu'il ouvre que par sa mise en œuvre.

1) L'étendue du déféré

La question est de savoir quels sont les actes qui entrent dans le champ d'application du déféré préfectoral. Une chose est certaine, ce champ s'est progressivement élargi. Comme déjà mentionné, alors que le recours pour excès de pouvoir ne porte que sur les actes unilatéraux, **le déféré porte sur les actes unilatéraux et sur les contrats**. On peut donc dire que tous les aspects de l'activité des collectivités locales sont couverts par le déféré.

La loi de 1982 dispose que le préfet peut, de sa propre initiative, déférer au tribunal administratif les actes dont la transmission est obligatoire, c'est-à-dire les plus importants.

En ce qui concerne les actes non soumis à transmission, on a longtemps considéré que le seul moyen pour le préfet de les attaquer était l'exercice d'un recours pour excès de pouvoir. Cette restriction au déféré avait comme conséquence de laisser hors du champ du contrôle certains types d'actes comme les contrats. Cependant, le Conseil d'État a pris position dans le sens d'une **extension du déféré aux contrats non transmissibles** (CE, 4 novembre 1994, *Département de la Sarthe*, AJDA 1994, p. 898, concl. C. Maugüé). Mais surtout, la loi du 13 août 2004 a accru les possibilités d'intervention du préfet sur les actes non transmissibles en prévoyant qu'il peut en demander communication à tout moment et les déférer au tribunal administratif.

Le préfet peut aussi agir à la demande d'un administré lésé par une décision en la déférant au tribunal, qu'elle soit soumise ou non à l'obligation de transmission.

Par ailleurs, l'imprécision de la rédaction de la loi de 1982 laissait planer **un doute sur l'applicabilité du déféré à des décisions ne faisant pas grief**. En principe, parmi les actes unilatéraux, seuls ceux qui sont susceptibles de faire l'objet d'un recours pour excès de pouvoir sont déférables. Mais le texte ne se contente pas d'évoquer les « décisions » des collectivités décentralisées comme pouvant être l'objet du déféré mais mentionne également leurs « actes » et leurs « délibérations ».

Le Conseil d'État a levé le doute en reconnaissant au préfet la **possibilité de déférer au tribunal administratif toute délibération des organes délibérants** des collectivités locales, **y compris celles qui sont insusceptibles de faire l'objet d'un recours pour excès de pouvoir de la part des autres catégories de requérants** (membres des assemblées délibérantes, citoyens…) (CE Ass., 15 avril 1996, *Syndicat CGT des hospitaliers de Bédarieux*, AJDA 1996, p. 366, chron. J.H. Stahl et D. Chauvaux).

Une décision plus récente du Conseil d'État a encore étendu le champ d'application du déféré préfectoral. La Haute juridiction a ainsi admis la **possibilité pour le préfet de déférer au tribunal administratif la décision implicite née du silence d'une autorité locale sur une demande de ce même préfet** (CE Sect.,

28 février 1997, *Commune du Port*, AJDA mai 1997, p. 421, chron. D. Chauvaux et T.X. Girardot : en l'espèce, le préfet avait demandé à la commune du Port de recouvrer les indemnités de fonction indûment perçues par l'ancien maire alors qu'il faisait l'objet de poursuites judiciaires).

La seule limite au champ d'application du déféré réside dans le principe selon lequel **seuls les actes administratifs pris pour le compte des collectivités décentralisées sont déférables**, ce qui exclut de ce champ d'application les actes relevant du droit privé (comme les contrats de droit privé) et les décisions prises par les maires en leur qualité d'agent de l'État (ce qui est normal, ces dernières étant soumises au pouvoir hiérarchique du préfet).

2) La question du délai du déféré

Tout comme le recours pour excès de pouvoir, le déféré doit être exercé dans un **délai de deux mois**.

Pour les actes soumis à l'obligation de transmission, le point de départ du délai est le jour de leur réception par le préfet. Néanmoins, le défaut de transmission n'exclut pas la possibilité de saisir le tribunal.

Pour les actes non transmissibles qui feraient l'objet d'une demande de déféré de la part d'un administré s'estimant lésé (qui dispose de deux mois, à compter de la publication ou de la notification de l'acte, pour déposer sa demande), le point de départ du délai est le jour de saisine du préfet par l'administré. Si aucune demande n'est formulée, le délai court normalement à compter du jour de la publication ou de la notification de l'acte. Pour les actes non transmissibles dont le préfet a demandé la communication, le délai court à compter de leur communication, à condition que sa demande ait été présentée dans le délai de deux mois à compter de la date à laquelle les actes sont devenus exécutoires.

Lorsque le préfet constate une illégalité, il a la possibilité de demander à l'auteur de l'acte de la supprimer, en corrigeant ou en abrogeant l'acte. **Cette demande a pour effet de suspendre et de proroger le délai de recours** qui ne recommence à courir qu'une fois que l'autorité décentralisée a donné sa réponse (CE, 16 mai 1984, *Commune de Vigneux-Sur-Seine*, Rec, p. 182). Cette démarche du préfet qui s'assimile à un « recours gracieux » a pour objet de prévenir les illégalités et donc les éventuelles annulations prononcées par le juge.

De la même façon, **la demande de déféré adressée par l'administré lésé au préfet proroge le délai de recours** dont dispose le requérant (CE Sect., 25 janvier 1991, *Brasseur*, Rec. p. 23, LPA, 28 janvier 1991, p. 31, note S. Doumbé-Billé). Le refus du préfet de déférer un acte étant inattaquable (voir ci-après), on considère parfois que la prorogation du délai au profit de l'administré vient compenser son impuissance face à ce refus.

Lorsqu'un acte est transmis de façon incomplète au préfet (autrement dit, lorsqu'il manque des pièces essentielles à la compréhension et à l'appréciation de la légalité de l'acte), **celui-ci doit, dans les deux mois, demander à son auteur de le compléter. La transmission incomplète a pour effet de différer l'ouverture du délai de recours** qui ne recommence à courir qu'à la réception des pièces complémentaires (CE, 31 mars 1989, *Commune de Septème-les-Vallons*, Rec., p. 102, AJDA 1989, p. 547, note J. B. Auby).

Ajoutons que le Conseil d'État a reconnu la possibilité pour le préfet de formuler une demande de transmission complémentaire qui proroge le délai du déféré, suivie d'un recours gracieux auprès de l'autorité compétente qui proroge à nouveau le délai du déféré (CE, 4 novembre 1996, *Département de la Dordogne*, concl. C. Maugüé, AJDA février 1997, p. 185).

Lorsque le préfet n'a pas l'intention de déférer un acte, il peut délivrer à l'autorité locale et à la demande de cette dernière, une « attestation provisoire de non-recours ». En revanche, s'il décide de le déférer, il doit en avertir sans délai l'autorité décentralisée et lui indiquer les illégalités présumées. Néanmoins, le défaut d'information n'est pas un motif d'irrecevabilité du déféré (CE, 24 avril 1985, *Ville d'Aix-en-Provence*, RFDA 1985, p. 527, concl. D. Latournerie).

3) La mise en œuvre du déféré

Avant d'aborder le sursis à exécution, il faut s'interroger sur la marge de manœuvre dont dispose le préfet dans le maniement du déféré.

a) Y a-t-il obligation pour le préfet à déférer un acte qu'il estime illégal (déféré spontané) ou sur demande (déféré provoqué) ?

En la matière, les apparences sont trompeuses. On pourrait penser que la mission du préfet est de déférer au tribunal les actes qu'il estime illégaux. En réalité, dès 1982, le Conseil constitutionnel a estimé qu'il s'agissait d'une simple « faculté » n'emportant aucun caractère d'obligation pour le préfet (CC, 25 février 1982).

La juridiction administrative allait-elle suivre le sens de cette décision ? Par un raisonnement *a contrario,* le Conseil d'État a confirmé que l'exercice du déféré n'était pas une obligation pour le préfet.

Ainsi, après avoir admis la possibilité de recours contre les refus de déférer (CE, 18 novembre 1987, *Marcy*, RFDA 1988, p. 919, concl. O. Schrameck), il a opéré un revirement de jurisprudence et décidé que **le refus de déférer un acte constituait une décision insusceptible de recours contentieux** (CE Sect., 25 janvier 1991, *Brasseur*, précité). Si le refus est inattaquable, cela implique que le préfet n'est lié par aucune obligation.

b) Le sursis à exécution

Lorsque le préfet désire s'opposer à l'exécution d'un acte pendant la période d'examen du déféré, il peut assortir son déféré d'une demande de sursis à exécution (loi du 2 mars 1982).

Avant le 1er janvier 2001, pour que le sursis puisse être prononcé par le juge, le préfet devait invoquer, à l'appui de sa demande, **un « moyen sérieux », c'est-à-dire de nature à justifier l'annulation** (CE ordo., 15 décembre 1982, *Commune de Garches*, Rec., p. 417). Si le caractère sérieux du moyen était avéré, le juge était tenu de prononcer le sursis (à la différence de l'examen du sursis de droit commun dans lequel le juge prend en compte les conséquences de l'acte). **Depuis le 1er janvier 2001, le préfet n'a plus qu'à démontrer l'existence d'un doute sérieux** (et non plus d'un moyen sérieux) quant à la légalité de l'acte attaqué (loi du 30 juin 2000).

Il existe deux types de sursis :

- le **sursis ordinaire** dont la demande est appréciée par le tribunal administratif ;
- le **sursis d'urgence** qui peut être demandé lorsque l'acte en cause « est de nature à compromettre l'exercice d'une liberté publique ou individuelle » (la plupart de ces actes sont des mesures de police).

La demande de sursis d'urgence est appréciée par le président du tribunal (ou par un conseiller délégué par lui) qui doit se prononcer par ordonnance dans les 48 heures. En cas d'appel devant le Conseil d'État, dans les quinze jours, c'est le président de la section du contentieux (ou un conseiller délégué par lui) qui se prononce, également par ordonnance dans les 48 heures. Ainsi, **le président de la section du contentieux a suspendu l'exécution d'un arrêté municipal instaurant un couvre-feu pour les enfants, au motif que le maire ne pouvait légalement pas prévoir l'exécution forcée de sa décision** (ord. président section du contentieux, 29 juillet 1997, Préfet du Vaucluse, RFDA 1998, p. 383).

Si le déféré permet de demander un sursis à l'exécution de l'acte, il permet aussi d'en obtenir la suspension dans certains domaines.

La loi du 4 février 1995, relative à l'aménagement du territoire, prévoit que le déféré exercé à l'encontre d'un acte pris « en matière d'urbanisme, de marchés ou de délégation de service public » entraîne la **suspension automatique** de l'acte pour un mois. Il suffit pour cela que le déféré, accompagné d'une demande de sursis à exécution, soit exercé dans les dix jours. Le caractère difficilement réversible de l'exécution des actes dans ces domaines donne tout son intérêt à cette suspension automatique.

Devant la faiblesse quantitative du déféré préfectoral, on est en droit de s'interroger sur l'effectivité du contrôle de légalité. Cette faiblesse tient à l'insuffisance des moyens (notamment humains) consacrés au contrôle. Il arrive également que les préfets hésitent, pour des raisons politiques, à déférer un acte au tribunal administratif.

§ 3. Le contrôle financier

Il comprend d'abord un contrôle classique, celui du comptable local du trésor sur l'ordonnateur mais il inclut aussi et surtout un contrôle budgétaire. Réorganisé par la loi du 2 mars 1982, il fait intervenir des juridictions, les chambres régionales des comptes, ainsi que le préfet.

A) Le contrôle exercé par le comptable public

Ce contrôle classique est celui du comptable sur l'ordonnateur. Plus spécifiquement, **le comptable doit contrôler la légalité de l'ordre de paiement qu'il reçoit de l'ordonnateur**. Si sa régularité juridique lui paraît douteuse, il peut refuser d'effectuer le paiement (il doit expliquer dans sa décision les raisons de fait et de droit qui motivent ce refus).

Malgré tout, en cas de refus d'effectuer un paiement, **l'ordonnateur a le moyen de garder le dernier mot**. En effet, en vertu de la loi du 2 mars 1982, **il peut adresser au comptable un ordre de réquisition que ce dernier doit suivre** sauf dans certaines hypothèses (par exemple lorsque les crédits disponibles ne suffisent pas à couvrir la dépense envisagée).

Cela étant, les ordonnateurs se montrent extrêmement prudents dans le maniement de leur droit de réquisition qui a pour effet de substituer leur responsabilité à celle des comptables.

B) Le contrôle budgétaire et financier

Le contrôle budgétaire et financier est exercé a posteriori, essentiellement sous la direction du préfet. Mais les mesures d'autorité qu'il peut être amené à prendre à l'encontre des collectivités ne peuvent intervenir, pour la plupart, que sur avis de la chambre régionale des comptes (cette compétence de la chambre est secondaire par rapport à ses missions principales, voir encadré E10).

L'essentiel du contrôle budgétaire et financier porte sur l'élaboration et l'exécution du budget mais aussi sur les dépenses obligatoires.

La première hypothèse de contrôle correspond à trois cas : **retard dans l'adoption du budget** (c'est-à-dire au-delà du 31 mars), **budget non voté en équilibre réel, déficit dans l'exécution du budget.** Dans ces cas, le préfet saisit la chambre régionale des comptes (CRC) qui fait des propositions de solutions. C'est au préfet de prendre les mesures qui s'imposent : il peut retenir les propositions de la CRC ou, par une décision motivée, faire d'autres choix.

La deuxième hypothèse est celle où une **dépense obligatoire** (en vertu de la loi) **n'est pas inscrite au budget**. La CRC, à la demande du préfet, du comptable public de la collectivité ou de toute personne intéressée, met alors l'autorité décentralisée en demeure d'inscrire cette dépense. Si la mise en demeure reste sans effet dans un délai d'un mois, la chambre demande au préfet, en formulant le cas échéant des propositions, de procéder lui-même à l'inscription des crédits nécessaires. Le préfet retient les propositions de la chambre ou fait d'autres choix. Il peut se substituer à l'autorité décentralisée et inscrire d'office la dépense au budget.

E10 **Les chambres régionales des comptes**

Création de la loi du 2 mars 1982, les chambres régionales des comptes sont au nombre de 26. La qualité de leur travail est assurée par le haut niveau de qualification de leurs membres (majoritairement recrutés auprès de l'ENA). Elles ont pour mission, d'une part, de juger les comptes des comptables publics locaux (en tant que juridictions financières ; leurs jugements sont susceptibles d'appel devant la Cour des comptes) et, d'autre part, d'examiner la gestion des collectivités territoriales et de leurs établissements publics (« contrôle du bon emploi de l'argent public »). La loi du 21 décembre 2001 a procédé à une redéfinition de cette seconde compétence : « l'examen de la gestion porte sur la régularité des actes de gestion, sur l'économie des moyens mis en œuvre et sur l'évaluation des résultats atteints par rapport aux objectifs fixés par l'assemblée délibérante ou par l'organe délibérant. L'opportunité de ces objectifs ne peut faire l'objet d'observations ». Cette nouvelle définition s'inspire de la norme internationale la plus exigeante en matière d'audit des comptes publics. La loi de 2001 introduit dans la gestion publique des méthodes innovantes et notamment le contrôle de l'efficacité qui consiste à mesurer les objectifs d'une collectivité publique avant de les rapprocher des résultats obtenus. La limite du contrôle réside dans le fait que les choix des objectifs relèvent de décisions politiques de la collectivité sur lesquelles la CRC ne peut porter d'appréciation.

Les décisions prises par le préfet peuvent être attaquées devant le tribunal administratif par la collectivité mise en cause (CE, 11 décembre 1987, *Commune de Pointe-à-Pitre*, Rec., p. 657, DA 1988, n° 21), de même que le refus de la CRC de mettre une collectivité en demeure d'inscrire une dépense (CE, 23 mars 1984, *Organismes de gestion des écoles catholiques de Couëron*, Rec., p. 126, D. 1985, p. 260, note J. P. Duprat).

La troisième hypothèse est celle où l'ordonnateur de la collectivité n'a pas mandaté une dépense obligatoire (le paiement d'une dette) **ou n'a pas émis l'état nécessaire au recouvrement d'une créance**. Dans ces cas, le préfet adresse une mise en demeure à la collectivité puis, si celle-ci reste sans effet, il se substitue à l'autorité exécutive locale pour procéder au mandatement ou émettre l'état de recouvrement.

La loi du 6 février 1992 a élargi les possibilités d'intervention des CRC. En premier lieu, elles peuvent être saisies par le préfet ou l'exécutif local afin qu'il soit procédé à **une vérification et/ou à une enquête sur la gestion d'une collectivité locale.** En second lieu, le préfet peut les saisir pour examen des « conventions relatives aux marchés ou à des délégations de service public ».

Enfin, si les activités financières des collectivités locales sont désormais soumises à un contrôle *a posteriori*, il subsiste quelques rares hypothèses dans lesquelles s'effectue un contrôle *a priori*. Tel est le cas pour la participation des collectivités décentralisées au capital d'une société commerciale dont l'objet n'est pas d'assurer un service public (autorisation par décret en Conseil d'État).

CHAPITRE 4
L'établissement public

L'identification de l'établissement public (EP) n'est pas chose aisée. En effet, l'absence de définition légale et l'approche quelque peu restrictive adoptée par la doctrine (ainsi Maurice Hauriou le définit-il comme « un service public personnalisé ») ne permettent pas de rendre compte de la variété et de la complexité des EP.

Cette variété se manifeste notamment dans ses domaines d'intervention : économique (les chambres de commerce et d'industrie, la RATP, RFF c'est-à-dire Réseau ferré de France, créé par la loi n° 97-135 du 13 février 1997 qui en fait le propriétaire des infrastructures ferroviaires françaises), social (les hôpitaux, les bureaux d'aide sociale, les caisses nationales de Sécurité sociale), culturel (les universités, les lycées, les musées, le Collège de France), aménagement du territoire (le quartier de la Défense, l'établissement public administratif Marne-la-Vallée). Quant à la complexité de l'EP, on la retrouve dans ses structures comme dans le régime juridique qui lui est appliqué.

On peut toutefois définir de façon minimale l'EP comme une **personne morale de droit public disposant à ce titre d'une certaine autonomie et chargée d'une mission particulière d'intérêt général** (à la différence des collectivités territoriales qui ont une vocation générale).

Nous tenterons d'abord d'identifier l'EP avant d'en examiner le régime juridique puis d'en décrire la crise.

SECTION I
Identification de l'établissement public

L'EP doit répondre à certains critères d'identification : posséder la personnalité morale de droit public, être rattaché à une collectivité territoriale et exercer une activité spéciale.

§ 1. La personnalité morale de droit public

Au milieu du XIXe siècle, s'est posée la question de l'identification des institutions publiques parmi des institutions spécialisées exerçant toutes des activités d'intérêt général. La réponse à cette question fut la distinction entre EP d'une part et établissement d'utilité publique (EUP) d'autre part ; elle a surtout permis de mettre en évidence des indices d'identification du caractère public d'une institution.

A) La distinction entre établissement public et établissement d'utilité publique

En 1856, plusieurs arrêts de la Cour de cassation ont donné naissance à la distinction EP/EUP et ont permis de dégager la conception moderne de l'EP.

Quelles sont les distinctions entre ces deux types d'établissements ? Si l'EP assure de façon générale une mission de service public et est soumis au droit public, l'EUP « se contente » de rendre un service d'utilité générale et est soumis au droit privé (associations, fondations). L'EUP ne bénéficie donc pas des avantages liés au statut de droit public (ses biens et ses deniers ne sont pas protégés contre les voies d'exécution telle la saisie). Les EUP les plus connus sont les Caisses d'épargne ou la Croix Rouge.

Pour connaître la nature d'un organisme (EP ou EUP ?), il existe trois méthodes d'identification. La première consiste à se référer aux textes qui, dans la plupart des cas, qualifient expressément l'organisme. Dans le silence des textes, il arrive que le juge puisse, en examinant les travaux préparatoires à la création de l'organisme, savoir quelle a été l'intention clairement exprimée de l'autorité qui l'a fondé. Enfin, **dans le silence absolu des textes, le juge recherche cette intention en analysant d'une part les règles relatives à l'organisation et au fonctionnement de l'organisme, d'autre part le régime juridique qui lui est appliqué**. Des indices concordants attesteront de la qualité de personne publique de l'institution.

B) Les indices d'identification du caractère public d'un établissement

Par définition, **un indice ne fournit qu'une présomption incertaine. Mais la concordance, l'accumulation** de plusieurs indices, permet au juge de conclure au caractère public d'un établissement. Cette méthode est dite du **« faisceau d'indices »**.

1) Les indices

Le premier indice est lié à l'**origine de l'établissement**. Sa **création par une personne publique** donne un signe, une indication de son caractère public. En réalité, cet indice est bien fragile dans la mesure où, de plus en plus fréquemment, les personnes publiques créent également des organismes privés (TC, 20 novembre 1961, *Centre régional de lutte contre le cancer « Eugène Marquis »*, précité).

Le deuxième indice est lié à la **finalité de l'activité exercée**. Un **but d'intérêt général** (aisément identifiable en comparaison d'un intérêt commercial) fait présumer du caractère public de l'établissement en charge de l'activité. Là encore, les apparences peuvent être trompeuses. Ainsi, **certains EP n'exercent plus d'activités d'intérêt public**. C'est le cas de nombreuses entreprises publiques qui se livrent à une activité commerciale de la même façon que les sociétés privées. Inversement, **certaines personnes morales de droit privé peuvent être investies de missions de service public**.

Le troisième indice est lié à la **nature de la relation de l'établissement avec l'autorité publique**. Si celle-ci révèle des **contraintes exorbitantes du droit commun** (le droit commun étant les contraintes imposées aux organismes privés) pesant sur l'établissement, nomination des dirigeants par l'autorité publique ou tutelle administrative par exemple, celui-ci est présumé avoir un caractère public. Comme les autres, cet indice peut être contredit. En effet, nombre d'organismes privés en charge d'une mission de service public sont soumis à des sujétions exorbitantes du droit commun.

Le quatrième indice est lié à la question de savoir si **l'établissement détient ou non des prérogatives de puissance publique** (exorbitantes du droit commun). Autrement dit, peut-il prendre des décisions exécutoires (s'imposant à leurs destinataires) ou ses ressources ont-elles, au moins en partie, un caractère fiscal ? Une réponse positive à l'une de ces deux questions est une indication du caractère public de l'établissement.

De façon générale, il n'y a plus de correspondance automatique entre la nature de la personne morale et le droit qui lui est applicable. Ainsi, **des EP sont en grande partie soumis au droit privé** (comme les établissements publics industriels et commerciaux) **et des personnes morales de droit privé sont en grande partie soumises au droit public** (celles qui bénéficient de concessions de services publics ou encore les sociétés d'économie mixte).

2) La jurisprudence du « faisceau d'indices »

Voici à présent quelques arrêts classiques illustrant la technique dite du « faisceau d'indices » :

- arrêt classique, TC 9 décembre 1899, ***Association syndicale du canal de Gignac*** (GAJA). Selon le Tribunal des conflits, les associations syndicales de propriétaires sont des EP pour les raisons suivantes : elles sont autorisées par le préfet, ont pour but des travaux d'intérêt collectif afin d'assurer la protection et la mise en valeur des terres sur une certaine surface, comportent une obligation d'adhésion et bénéficient de contributions des propriétaires qui ont un caractère fiscal ;
- CE Sect., 13 novembre 1959, *Navizet* (Rec., p. 592, RDP 1960, p. 1034, concl. C. Heumann). En l'espèce, le Conseil conclut implicitement au caractère d'établissement public de l'Institut national des appellations d'origine compte tenu des éléments suivants : son directeur est nommé par arrêté ministériel, il exerce une activité d'intérêt général ayant le caractère d'un SPA (protection des appellations d'origine), sa gestion fait l'objet d'un contrôle administratif et financier de la part des autorités publiques, ses ressources proviennent de taxes fiscales et d'une subvention étatique ;
- Cass. com., 9 juillet 1951, *SNEP* (D. 1952, p. 141, note C. Blaevoet). Selon la Cour de cassation, la Société nationale des entreprises de presse est un EP. En effet, malgré un mode de gestion semblable à celui en vigueur dans les entreprises commerciales, elle ne poursuit pas un but lucratif, assume un service public (la gestion de biens de presse), possède des prérogatives de puissance publique (possibilité de recouvrement des créances par voie d'états exécutoires) et sa gestion fait l'objet de contrôles publics.

3) Les implications du caractère public de l'établissement

Être une personne publique procure à l'EP un **régime juridique exorbitant du droit privé**, c'est-à-dire dérogatoire au droit privé qui est le droit commun. Ce régime particulier **lui permet de faire usage de prérogatives de puissance**

publique mais, en même temps, **le soumet à des sujétions** (des contraintes et des limitations).

Leurs dirigeants peuvent prendre des **décisions exécutoires** (qui s'imposent aux destinataires).

Leurs biens et leurs deniers **ne peuvent faire l'objet de voies d'exécution** (en particulier, ils sont insaisissables ; Cass. civ. 1re, 21 décembre 1987, *BRGM c/ Sté Lloyd Continental*, GAJA). À l'inverse, ils peuvent recouvrer leurs créances en émettant des états exécutoires.

Mais les EP n'ont pas que des prérogatives. Ils connaissent également certaines contraintes, comme l'**impossibilité de recourir à l'arbitrage pour résoudre leurs litiges** (en prenant l'avis d'une personne étrangère à l'affaire).

Enfin, les EP peuvent se voir appliquer le « régime public » dans quelques domaines. Certains de leurs contrats reçoivent la qualification de **contrats administratifs** ; leurs agents peuvent être (tous ou en partie) des **agents publics** relevant d'un statut de droit public ; leurs biens répondre aux règles de la **domanialité publique** (ils ont donc la possibilité de posséder un domaine public depuis l'arrêt du CE, 21 mars 1984, *Mansuy* [Rec., p. 616]. En l'espèce, le Conseil d'État a admis que « la dalle centrale » de la Défense était la propriété de l'EP d'aménagement de la Défense).

§ 2. Le rattachement à une collectivité territoriale

Seule une collectivité territoriale est en mesure de créer un EP. Celui-ci a pour raison d'être l'exercice, à la place ou dans le prolongement de l'État, du département et de la commune, d'une activité, d'une mission qui revient à ces collectivités. Simplement, l'importance (quantitative et/ou qualitative) mais surtout la nature de l'activité en cause incitent la collectivité territoriale à la confier à une structure adéquate dotée de la personnalité juridique et d'une autonomie de gestion.

Chaque établissement public est rattaché à une collectivité territoriale. Les EP nationaux ou « de l'État » à l'État (environ 1 200 parmi lesquels les universités, l'École nationale d'administration, le musée du Louvre, l'Agence du médicament), les EP départementaux aux départements et les EP communaux aux communes (les EP locaux – départementaux et communaux – sont au nombre de 50 000, parmi lesquels les hôpitaux publics ou les caisses de crédit municipal).

Cependant, la portée du rattachement est bien incertaine.

En premier lieu, l'autorité créatrice d'un EP n'est pas nécessairement la collectivité de rattachement. Bien que créés par le préfet, les collèges et les lycées sont respectivement rattachés au département et à la région (loi du 22 février 1983).

En second lieu, il existe parfois une dissociation entre collectivité de rattachement et collectivité de tutelle. Ainsi, tous les EP locaux sont soumis à la tutelle de l'État.

En troisième lieu, il existe une dissociation entre la nature de l'organisme assurant le service et le rattachement. En effet, les organismes privés assurant un service public font eux aussi l'objet d'un rattachement. Ainsi, avant de devenir un EP national le 1er janvier 1983, la SNCF était une société commerciale rattachée à l'État.

Enfin, il arrive que des EP ne soient pas clairement rattachés à une collectivité. Pendant longtemps, les chambres de commerce, d'agriculture et de métiers ont été privées de qualification textuelle et jurisprudentielle. Le Conseil d'État les a reconnues comme des EP de l'État. Ainsi, ces EP sont-ils soumis à la tutelle de l'État sans être explicitement rattachés à l'État ou à une collectivité.

Néanmoins, dans plusieurs cas, le rattachement présente un intérêt dont voici deux exemples :

- il apparaît logique que des représentants de la collectivité de rattachement assurent la direction et interviennent dans la gestion de l'EP ;
- le rattachement permet de déterminer le régime de la tutelle. En effet, la loi du 2 mars 1982 prévoit que la tutelle de l'État s'exerce sur les collectivités locales et leurs établissements publics. Les EP locaux et leurs collectivités de rattachement sont donc soumis au même régime de contrôle, lequel diffère de celui applicable aux EP nationaux.

§ 3. La spécialisation des compétences

A) Le respect du principe de spécialité

L'activité des EP est guidée par le principe de spécialité. Autrement dit, **leur compétence est spécifique, particulière**, à l'inverse de la compétence générale des collectivités locales. Il découle de cette distinction l'obligation pour l'EP de ne pas aller au-delà de sa compétence et l'interdiction faite à la collectivité locale d'empiéter sur la compétence de l'EP.

Les arrêts suivants sont relatifs à l'obligation pour l'EP de se cantonner à l'exercice de sa mission :

- CE, 22 mai 1903, *Caisse des écoles du 6e arrondissement de Paris* (S. 1903, 3, p. 33, note M. Hauriou). En l'espèce, le Conseil estime qu'une caisse des écoles dont la mission est de favoriser l'accès à l'école publique ne peut exercer la même mission en faveur d'une école privée en y aidant des enfants indigents ;
- CE Sect., 4 juin 1954, *ENA* (Rec., p. 338). Le Conseil constate que la mission de l'École nationale d'administration est de former des fonctionnaires. En intentant un recours contre une décision de mutation d'un de ses anciens élèves, l'école est sortie de sa spécialité ;
- CE, 23 octobre 1985, *Commune de Blaye-les-Mines* (Rec., p. 297). Un syndicat de communes créé pour « étudier » un projet d'adduction d'eau ne peut pas mettre en œuvre lui-même le projet de distribution de cette eau.

Quant à l'interdiction faite à la collectivité publique d'empiéter sur la compétence de l'EP, elle a été prononcée par le Conseil d'État dans l'arrêt *Commune de Saint-Vallier* (CE Ass., 16 octobre 1970, Rec., p. 583, RA 1970, p. 530, note G. Lietveaux). En l'espèce, le Conseil estime qu'une commune qui a transféré des attributions (il s'agissait de la création d'une zone industrielle) à un syndicat de communes ne peut plus les exercer.

B) La souplesse du principe de spécialité

Si le juge sanctionne les débordements et les empiétements, il sait aussi faire preuve de souplesse et interpréter largement le principe de spécialité. Ainsi a-t-il admis qu'un EP puisse **exercer des activités connexes (en rapport étroit) à l'activité principale**. Par exemple, les chaînes de télévision du service public peuvent, sans sortir du cadre de leur mission, diffuser de la publicité. En effet, les ressources financières ainsi procurées contribuent à la réalisation de leur mission.

Il arrive que le statut de l'EP définisse largement sa spécialité. C'est le cas pour deux types d'EP :

- les EP territoriaux (voir p. 11). Regroupant des collectivités territoriales, le nombre et la diversité de leurs missions font d'eux une catégorie hybride entre l'EP et la collectivité territoriale. À cet égard, l'exemple des communautés urbaines est significatif : la loi du 6 février 1992 énonce que les « attributions et les règles de fonctionnement » des communautés urbaines sont « identiques à celles des collectivités territoriales » ;
- les entreprises publiques sous forme d'EP. La logique commerciale veut que les entreprises, quel que soit leur statut, ne se cantonnent pas à une activité. Certes, elles exercent une activité commerciale principale mais ne manquent pas de l'étendre et de la diversifier.

Cela dit, pour éviter que ces entreprises ne se trouvent en situation d'infériorité par rapport à leurs concurrentes privées du fait du principe de spécialité, leurs statuts prévoient fréquemment la possibilité d'exercer des activités autres que leur activité principale à condition que ces activités se rattachent « directement ou indirectement » à l'activité principale.

Les entreprises publiques diversifient leurs activités soit en gérant elles-mêmes des activités annexes, soit en créant des filiales (ainsi, la SNCF dispose de filiales qui gèrent des services de restauration, des entrepôts...), soit en prenant des participations dans le capital de sociétés privées.

Cette diversification peut cependant poser problème concernant des entreprises publiques en situation de monopole. Ainsi, la diversification des activités d'EDF et de GDF a été appréciée avec sévérité par les avis du Conseil de la concurrence du 10 mai 1994 et du Conseil d'État du 7 juillet 1994, **car elle procurait un avantage concurrentiel injustifié à ces établissements publics**.

Concernant EDF (et GDF), les perspectives sont aujourd'hui différentes. La loi du 10 février 2000 avait organisé la fin du monopole de l'entreprise publique et l'ouverture du secteur à la concurrence. Dans son prolongement, la loi du 9 août 2004 relative au service public de l'électricité et du gaz prévoit qu'EDF et GDF abandonnent le statut d'établissement public, qui entravait leur développement (par le principe de spécialité), pour devenir des sociétés de droit privé.

SECTION II
Le régime juridique de l'établissement public

Il convient d'étudier la création de l'EP, son organisation et son fonctionnement ainsi que la tutelle pesant sur lui.

§ 1. La création de l'établissement public

Avant 1958, la création d'un EP relevait de la loi. Tout en consacrant leur existence, l'article 34 de la Constitution du 4 octobre 1958 partage le pouvoir de création entre le législateur et l'autorité réglementaire.

Le législateur est compétent pour créer de nouvelles catégories d'établissements publics et déterminer les règles essentielles qui vont régir la catégorie (CC, 27 novembre 1959, GDCC). **Quant au pouvoir réglementaire, il peut créer des EP relevant d'une catégorie préexistante**.

A) Que faut-il entendre par nouvelles catégories d'EP ?

Le Conseil constitutionnel a donné une première réponse à cette question en 1961 (CC, 18 juillet 1961, *Institut des Hautes Études d'Outre-Mer*, Rec. Lachaume). Il a défini trois critères d'identification d'une « catégorie d'EP » : « Considérant que doivent être regardés comme entrant dans une même catégorie (...) les établissements publics dont l'activité a le même caractère [administratif ou industriel et commercial] et s'exerce territorialement, sous la même tutelle administrative, et qui ont une spécialité étroitement comparable ».

Par la suite, le Conseil a fait évoluer ces critères. La référence à « la même tutelle » est apparue sans réel intérêt puisque tous les EP sont soumis à la tutelle de l'État. Cette notion a été abandonnée au profit de celle de « rattachement territorial ». Quant à la référence à « une spécialité étroitement comparable » elle a été abandonnée au profit de celle, plus large, de « spécialité analogue ». Enfin, le critère du « même caractère » des activités exercées a été délaissé.

Relèvent donc d'une même catégorie, les EP qui sont soumis à la même tutelle territoriale et ont une spécialité analogue (CC, 25 juillet 1979, *Agence nationale pour l'emploi*, Rec. Lachaume).

Quelles sont les catégories d'EP existantes ? Certaines sont particulièrement larges, comme celle regroupant les hôpitaux ou les lycées. À l'inverse, un EP peut constituer à lui seul une catégorie. C'est le cas du Centre Pompidou, de la SNCF ou de la RATP.

B) La détermination des règles essentielles par le législateur

Aux termes de la Constitution, le législateur est compétent non seulement pour créer des catégories d'EP mais également pour fixer les règles « concernant leur création ».

Il s'agit donc des règles essentielles qui vont régir la catégorie. En conséquence, le législateur est compétent pour : fixer les règles définissant « le cadre de la mission » des EP de la catégorie (CC, 12 décembre 1967, *Syndicat des transports parisiens*, Rec., p. 34) ; celles relatives aux rapports de tutelle des EP avec l'État ainsi que leurs rapports avec la collectivité de rattachement ; déterminer la nature des ressources des établissements (par exemple, recettes fiscales ou non) (CC, 6 octobre 1976, *Centre de formation des personnels communaux*, Rec., p. 63) ; déterminer les catégories de membres du conseil d'administration des EP (représentants de l'État, des collectivités locales, des personnels, des usagers…) et leur mode de désignation (CC, 23 juin 1982, *Agences financières de bassin*, Rec., p. 99)…

C) La création des EP relevant d'une catégorie préexistante par le pouvoir réglementaire

Il revient au pouvoir réglementaire de déterminer le nombre de membres du conseil d'administration et la répartition des sièges entre représentants des catégories.

Par ailleurs, il lui appartient de fixer la qualification de l'EP (administratif ou industriel et commercial) et, le cas échéant, de la changer, à condition de ne pas en « dénaturer les règles constitutives » (CC, 17 mars 1987, Rec., p. 32 ; à propos de la transformation des caisses de crédit municipal en établissements publics industriels et commerciaux).

La suppression des EP est soumise aux mêmes règles que leur création.

En conclusion, une constatation s'impose concernant la « vie » de l'EP : il naît, vit, se transforme parfois, disparaît dans certains cas (par exemple, l'EP « éphémère » créé pour une mission ponctuelle comme l'organisation des Jeux Olympiques) et peut être supprimé.

En particulier, il faut noter que **le statut d'EP n'est pas intangible : un EP peut être « privatisé »**, c'est-à-dire transformé en société privée (comme l'ont été France Telecom et EDF). Mais *a contrario*, **le statut d'EP n'est pas fermé à d'autres types d'organismes** : un organisme privé peut être transformé en EP, comme ce fut le cas pour la SNCF ; société d'économie mixte devenue EPIC par la loi du 30 décembre 1982 (il se peut, comme c'est le cas ici, que des considérations politiques, pour ne pas dire idéologiques, influencent le choix des pouvoirs publics).

§ 2. Organisation et fonctionnement

L'impossibilité de décrire l'organisation type de l'EP provient de la grande diversité des statuts qui les régissent.

En général, les EP sont dotés d'organes propres qui se présentent sous la forme d'une assemblée délibérante (le plus souvent un conseil d'administration) et d'un agent exécutif (président ou directeur). Mais l'on peut tout aussi bien trouver un directeur seul ou un directeur et un président.

Par ailleurs, la composition de l'organe délibérant varie fréquemment d'un EP à l'autre (représentants de la collectivité territoriale, du personnel, des usagers…) ainsi que le mode de désignation de ses membres (élection, nomination…). Évidemment, plus il y a de représentants différents, plus la participation des différents « acteurs » à la gestion de l'EP est assurée. Quant à l'agent exécutif, il peut être élu (c'est le cas des présidents d'université) ou nommé (proviseurs de lycées).

Quant aux règles de fonctionnement, elles sont les suivantes :

- spécialité de l'activité (voir p. 103 et s.) ;
- **autonomie administrative et financière** : les organes propres détiennent un véritable pouvoir de décision ; l'EP possède son propre patrimoine et un budget autonome (parfois exclusivement alimenté par une subvention étatique comme celui de l'ENA ou par des ressources propres, comme celui d'EDF) ;
- contrôle de tutelle (voir p. 107).

En fin de compte, malgré leurs caractéristiques communes, il est aisé de comprendre que l'organisation et le fonctionnement d'un EP aussi gigantesque que la SNCF ait peu à voir avec l'organisation et le fonctionnement d'un EP aussi minuscule que le bureau d'aide sociale d'une commune.

§ 3. La tutelle sur les EP

A) Les caractères du contrôle de tutelle

Le contrôle de tutelle est la contrepartie de l'autonomie dont bénéficient les EP.

De façon générale mais pas systématique, la collectivité de rattachement est l'autorité de tutelle. Lorsqu'une collectivité exerce sa tutelle sur un EP, ce contrôle se superpose à celui de l'État. En effet, la loi du 2 mars 1982 prévoit que la tutelle de l'État s'exerce sur les collectivités locales et leurs établissements publics. Les EP locaux et leurs collectivités de rattachement sont donc soumis au même régime de contrôle, lequel diffère de celui applicable aux EP nationaux.

Les EP nationaux sont rattachés à des ministères de tutelle chargés du contrôle (la Bibliothèque nationale de France est ainsi placée sous la tutelle du ministre de la Culture).

Le contrôle ne se présumant pas, il ne peut exister et être mis en œuvre que si des textes législatifs ou réglementaires le prévoient. La diversité des textes explique les variations d'intensité du contrôle d'un EP à un autre.

B) Les formes de la tutelle

Le contrôle de tutelle se manifeste essentiellement sous deux formes : d'une part un large pouvoir d'approbation qui conditionne le caractère exécutoire des décisions concernées, d'autre part un pouvoir de suspension et d'annulation.

1) Un large pouvoir d'approbation

Pour l'ensemble des EP, le champ d'application du pouvoir d'approbation s'étend aux décisions financières les plus importantes (budget, investissements).

En ce qui concerne plus particulièrement les établissements publics administratifs (EPA), ce pouvoir d'approbation s'étend également aux décisions de portée générale et de caractère technique. Ce contrôle *a priori* comporte une tutelle administrative exercée par le représentant de l'État (le ministre de l'Éducation nationale pour les universités, le préfet pour les hôpitaux publics ou les caisses de Sécurité sociale) et une tutelle financière qui se traduit par un contrôle des dépenses (cette dernière est partagée entre un agent comptable et un contrôleur financier).

Le pouvoir d'approbation n'a cependant qu'une portée relative à l'égard de certains établissements publics, en particulier les établissements d'enseignement supérieur. Seules quelques rares délibérations doivent être approuvées (budget et encore pas systématiquement, emprunts...).

Quant à la plupart des grandes entreprises publiques, le pouvoir d'approbation s'applique aux délibérations relatives au budget, à l'établissement du bilan, à la fixation de la rémunération des dirigeants, aux prises de participation ou cessions (le contrôle sur les entreprises nationalisées en 1982 a été allégé). Le véritable intérêt du contrôle réside dans la dualité des autorités et des organes de tutelle. En vertu du décret du 9 août 1953 relatif au contrôle de l'État sur les entreprises publiques nationales et du décret du 28 mai 1955 relatif au contrôle économique et financier de l'État, le pouvoir d'approbation est réparti de la façon suivante : un commissaire du gouvernement, représentant le ministre de tutelle, exerce la tutelle administrative et un contrôleur d'État, représentant le ministre de l'Économie et des finances, la tutelle financière.

2) Un pouvoir de suspension et d'annulation

Pour les EPA, le champ d'application des pouvoirs de suspension et d'annulation s'étend aux **décisions susceptibles de porter atteinte au fonctionnement de l'EP** et, bien évidemment, aux **décisions illégales**.

À titre d'exemple, les décisions prises par les autorités universitaires peuvent être suspendues par le recteur lorsque leur exécution aurait pour conséquence de porter « gravement atteinte au fonctionnement de l'établissement ». Par ailleurs, le recteur doit saisir le tribunal administratif pour obtenir l'annulation des décisions qu'il estime illégales.

De la même façon, les décisions susceptibles de porter atteinte à « l'équilibre des risques » et les décisions illégales prises par les caisses de Sécurité sociale rentrent dans le champ des pouvoirs de suspension et d'annulation du préfet.

À travers ces pouvoirs, **c'est non seulement la légalité mais également l'opportunité des décisions qui est contrôlée**.

Seuls les EPIC échappent en grande partie à ces pouvoirs afin de préserver une certaine souplesse dans la gestion de leur activité.

SECTION III

La diversité des établissements publics

À la distinction classique EPA - EPIC sont venus s'ajouter de nouveaux types d'EP. Mais la prolifération des EP depuis le début du siècle ainsi que la diversification de leurs statuts et de leurs missions sont à l'origine de la crise de la notion d'EP.

§ 1. La distinction entre établissement public administratif (EPA) et établissement public industriel et commercial (EPIC)

A) Le fondement de la distinction

Cette distinction classique a été consacrée par la jurisprudence et reprise par certains textes. C'est le cas du décret du 29 décembre 1962 sur la comptabilité publique qui en réaffirme le fondement : selon la nature de leur activité (administrative ou industrielle et commerciale) ou les conditions de leur gestion (plus ou moins **proche** de celles d'une entreprise privée), les établissements publics sont dits « à caractère administratif » ou « à caractère industriel et commercial ».

Pourtant, **la distinction EPA-EPIC n'est pas claire car elle s'articule sur la distinction service public administratif** (SPA) – **service public industriel et commercial** (SPIC), **qui ne l'est pas davantage**. Le principe qui a été dégagé, à savoir que l'EPA gère un SPA et l'EPIC un SPIC, semble bien artificiel.

Par souci d'accorder davantage de souplesse de gestion à un EP, il arrive que ce dernier reçoive la qualification d'EPIC alors que son activité est administrative. Ce « tour de passe-passe » illustre l'**idée de plus en plus répandue selon laquelle les modes de la gestion privée sont plus adaptés que ceux de la gestion publique à l'accomplissement des missions d'intérêt général**. Quoi qu'il en soit, lorsque sa qualification ne correspond pas à la nature réelle de son activité, l'EP est dit à **« visage inversé »**.

Saisi de la question, le juge administratif peut s'affranchir des qualifications textuelles et procéder à la **requalification de l'EP**, c'est-à-dire à l'ajustement de la qualification à la nature de l'activité. Ainsi, le Tribunal des conflits a estimé que le FORMA (Fonds d'orientation et de réglementation des marchés agricoles, supprimé en 1986), qualifié d'EPIC, exerçait en réalité une activité purement administrative et l'a requalifié en EPA (TC, 24 juin 1968, *Sté. Distilleries bretonnes*, Rec., p. 801, concl. Gégout).

D'autre part, l'EP, quelle que soit sa qualification, peut cumuler l'exercice d'une activité administrative et d'une activité industrielle et commerciale. On parle alors d'**EP à « double visage »**. Dans cette catégorie, on trouve par exemple :

– les chambres de commerce et d'industrie chargées du service public administratif de représentation des intérêts professionnels (et considérées à ce titre comme des EPA) mais également du service public industriel et

commercial d'exploitation des installations portuaires et aéroportuaires (et considérées à ce titre comme des EPIC) (TC, 23 janvier 1978, *Marchand*, Rec., p. 643, D. 1978, p. 584, note Delvolvé) ;
- l'Office national des forêts (ONF) chargé du SPIC d'exploitation des ressources forestières et du SPA de protection de la forêt (TC, 9 juin 1986, ONF, Rec., p. 565).

B) Le régime juridique applicable aux EPA et EPIC

Une fois la nature d'un EP déterminée (en se fondant essentiellement sur la nature de son activité), on sait en théorie quel régime juridique lui est applicable.

Aux EPA s'applique un régime de droit administratif (le personnel est composé d'agents publics, leurs contrats sont administratifs, leur comptabilité est soumise aux règles de la comptabilité publique) et aux EPIC un régime de droit privé (le personnel relève du droit du travail, leurs contrats sont de droit privé, leur comptabilité est commerciale). Là encore, la pratique est différente de la théorie.

Pour comprendre cette divergence, il faut garder à l'esprit que **les EPIC sont avant tout des personnes publiques**. À ce titre, **ils sont soumis en grande partie au droit public.** Ensuite, il est de plus en plus fréquent que **les EPA empruntent certains modes de gestion utilisés par les entreprises privées, lesquels leur procurent davantage de souplesse.**

§ 2. Les nouveaux types d'établissements publics

Ce sont d'abord les EP créés pour favoriser la coopération entre collectivités locales : communautés d'agglomération, communautés urbaines… (voir p. 84 et s.).

Ce sont ensuite deux nouvelles formes d'EP qui se développent en dehors de la dichotomie classique EPA - EPIC :

- les **EP à caractère « scientifique et technologique »** (loi du 15 juillet 1982 sur la recherche) tels le CNRS (Centre national de la recherche scientifique) ou l'Institut de recherche d'informatique et d'automatique ;
- les **EP à caractère « scientifique, culturel et professionnel »** tels les universités (loi du 26 janvier 1984), le Muséum d'histoire naturelle ou le Centre Pompidou (loi du 3 janvier 1975).

Le moins que l'on puisse dire est que leur identification n'est pas chose aisée. En effet, le régime juridique de ces EP est quelque peu dérogatoire au régime des EPA dont pourtant ils se rapprochent. Leurs statuts visent à leur conférer une marge de manœuvre accrue par rapport aux EPA classiques, en particulier en leur accordant davantage d'autonomie et de souplesse dans la gestion (notamment pour leur permettre d'exploiter plus facilement leurs travaux).

- les **EP de coopération culturelle** (loi du 4 janvier 2002). L'objet de cette nouvelle catégorie d'établissement public est de permettre un partenariat entre les collectivités territoriales (et leurs groupements) et l'État pour la gestion d'un service public culturel présentant un intérêt pour chacune des personnes morales en cause et de contribuer ainsi à la réalisation des objectifs nationaux dans le domaine de la culture.

A priori, plusieurs catégories d'entreprises culturelles ont vocation à se transformer en EPCC : certains musées, certains établissements d'enseignement supérieur, des orchestres, des théâtres lyriques ou dramatiques...

L'un des intérêts de la loi est qu'elle laisse une grande liberté pour définir le statut de l'EPCC : il peut être à caractère administratif ou à caractère industriel et commercial. L'une de ses limites réside dans le fait que la création d'un EPCC reste soumise à l'accord du représentant de l'État.

Pour faciliter le recours au régime des EPCC, qui jusqu'à présent n'ont pas connu le succès escompté (création d'environ une trentaine), la loi du 22 juin 2006 prévoit plusieurs mesures comme la possibilité pour un EP national de participer à la création d'un EPCC ou, concernant la création d'un EPCC, le fait que l'autorité administrative compétente peut être le préfet de région ou celui du département.

§ 3. La crise de la notion d'établissement public (ou sa dénaturation progressive)

Incontestablement, la formule de l'EP a été **victime de son succès.** Son attrait (autonomie administrative et financière d'une part, participation des « acteurs » de l'EP à sa gestion d'autre part) a entraîné un développement spectaculaire des EP et, en fin de compte, provoqué l'**implosion de la notion.** Cette dernière avait pourtant une cohérence certaine : l'EP était la seule personne morale de droit public (avec les collectivités territoriales) à être exclusivement soumise au droit public et à gérer uniquement un service public.

Pour beaucoup, **l'EP a « perdu son âme » le jour où il s'est vu reconnaître la possibilité d'exercer une mission privée** (TC, 9 décembre 1899, *Canal de Gignac*, précité, à propos des associations syndicales obligatoires de propriétaires dont les travaux d'intérêt collectif destinés à assurer la protection et la mise en valeur des terres sur une certaine surface, ont en réalité une nature privée). À cette occasion, le doyen Hauriou avait fustigé « l'amalgame des intérêts économiques et de la chose publique ».

L'étape suivante de cette évolution a été la reconnaissance par le Conseil d'État de la possibilité de **confier à un organisme privé l'exercice d'une mission de service public administratif**.

Enfin, le clou fut enfoncé avec l'**essor des établissements publics industriels et commerciaux** qui a fait éclater le régime juridique (de droit public) des EP.

Pour faire face aux nouveaux besoins des administrés, les pouvoirs publics n'ont pas hésité à recourir – normalement – à la technique de l'établissement public mais également à celle de l'association ou de la société commerciale.

Cette dénaturation de la notion d'EP a été mise en évidence et dénoncée par le Conseil d'État, notamment dans son rapport de 1971 relatif à « La réforme des établissements publics » (dans lequel il constate que « la création de la plupart des établissements publics nouveaux [...] apparaît comme le moyen d'échapper ou de déroger à certaines règles des services en régie jugées trop rigides » et propose de « rendre partiellement inutile le recours aux établissements publics en déconcentrant et en modernisant l'administration ») et dans celui de 1985 sur « Les établissements publics nationaux », ainsi que par la Cour des comptes dans divers rapports.

La crise de l'établissement public connaît aujourd'hui **un nouvel épisode avec l'émergence d'une nouvelle catégorie de personnes publiques spécialisées mais qui ne sont pas des établissements publics**. Il en est ainsi des groupements d'intérêt public, de l'Autorité des marchés financiers et de la Banque de France (voir encadré p. 11). Nul doute qu'un succès croissant de cette formule concurrente contribuerait à **marginaliser progressivement l'établissement public**.

PARTIE II

Le principe de légalité

Dans un État de droit, l'administration ne peut pas agir de façon arbitraire. Le principe de légalité marque la soumission de l'administration au droit.

La légalité est constituée d'un ensemble de règles élaborées par les autorités politiques mais aussi juridictionnelles (pouvoir normatif du juge) respectivement en charge de l'intérêt général et de son respect. Ces règles ont pour effet de circonscrire le champ d'action et les moyens dont dispose l'administration.

Nous décrirons d'abord les sources de la légalité (les règles qui la composent) en expliquant comment elles s'agencent les unes par rapport aux autres avant d'examiner la portée du principe, c'est-à-dire la marge d'action qu'il confère aux autorités administratives mais aussi les limites qu'il connaît.

Enfin, précisons que « la sanction du principe de légalité » (c'est-à-dire les cas d'illégalité, leur constatation et leur sanction par le juge) sera étudiée dans le chapitre relatif au contentieux administratif (voir p. 351 et s.).

Bibliographie et lectures pour approfondir

Sur les sources de la légalité :

P. Amselek, *Le rôle de la pratique dans la formation du droit : aperçus à propos de l'exemple du droit public français,* RDP 1983, p. 1471 ; M. Canedo-Paris, *Le double apport de l'arrêt Mme Perreux : irrecevabilité des directives, charge de la preuve*, RFDA n° 1, janvier-février 2010, p. 126 ; F. Chaltiel, *Le juge administratif, juge européen*, AJDA 18 février 2008, p. 283 ; B. Genevois, *Une catégorie de principes de valeur constitutionnelle : les principes fondamentaux reconnus par les lois de la République,* RFDA 1998, p. 477 ; *L'application du droit communautaire par le Conseil d'État*, RFDA, 2009, p. 201 ; T. Larzul, *Les mutations des sources du droit administratif,* L'Hermès ; M. Long, *La loi*, RA 2001, p. 566 ; F. Moderne, *Actualité des principes généraux du droit,* RFDA 1998, p. 495 ; M. Monin, *Réflexions à l'occasion d'un anniversaire, trente ans de hiérarchie des normes,* D. 1990, chro. p. 27 ; G. Pélissier, *Développements récents de l'impératif de sécurité juridique,* LPA 1998, n° 22, p. 6-15 ; B. Stirn, *Les sources constitutionnelles du droit administratif,* LGDJ ; G. Teboul, *Remarques sur la validité des règles coutumières internes dans l'ordre juridique français,* RDP 1998, p. 691 ; *Les droits fondamentaux. Une nouvelle catégorie juridique ?,* AJDA, n° spécial juillet-août 1998 ; Conseil d'État, section du rapport et des études, *La norme internationale en droit français,* La documentation française, 2000.

Sur la portée du principe de légalité :

A. Daher, *Le pouvoir discrétionnaire entre son passé et son avenir,* RA 1990, p. 242 ; P. Cassia, *L'invocabilité des directives communautaires devant le juge administratif : la guerre des juges n'a pas eu lieu,* RFDA 2002 ; p. 20 à 32 ; P. Delvolvé, *Existe-t-il un contrôle de l'opportunité ?, in* Conseil constitutionnel et Conseil d'État, LGDJ-Montchrestien, 1988, p. 269 ; J.M. Favret, *Le rapport de compatibilité entre le droit national et le droit communautaire,* AJDA 2001, p. 727-730 ; J.M. Février, *Le juge administratif et les directives communautaires,* DA 2000, n° 12, p. 6-12 ; P.L. Frier, *L'urgence*, LGDJ ; L. Goffin, *À propos des principes régissant la responsabilité non contractuelle des États membres en cas de violation du droit communautaire,* Cah. dr. eur. 1997, n° 5-6, p. 531-554 ; O. Gohin, *Le Conseil d'État et le contrôle de la constitutionnalité de la loi,* RFDA 2000, p. 1175-1188 ; G. Morange, *Le contrôle des décisions prises au titre de l'article 16,* D. 1962, chro. p. 109 ; M. Waline, *Le pouvoir discrétionnaire de l'administration et sa limitation par le contrôle juridictionnel,* RDP 1930, p. 197.

CHAPITRE 1

Les sources de la légalité

Dans un État de droit, l'administration est tenue de respecter la légalité, c'est-à-dire l'ensemble des règles de droit formant le « bloc de légalité ». La question est donc de savoir quel est le contenu de ce bloc.

On y trouve la Constitution (entendue au sens large) et la jurisprudence du Conseil constitutionnel, les lois et les règlements administratifs, les règles posées par la jurisprudence administrative et, enfin, les règles du droit international.

SECTION I

La Constitution et la jurisprudence du Conseil constitutionnel

Il existe en droit français une hiérarchie des normes. Au sommet de cette hiérarchie se trouve l'**ensemble des normes de valeur constitutionnelle formant le bloc de constitutionnalité.** Ce bloc constitue la référence sur laquelle s'appuie le Conseil constitutionnel, juge constitutionnel, pour contrôler la constitutionnalité de la loi. Mais il s'**impose également tout naturellement à l'administration qui doit y conformer son action.**

Défini et élargi progressivement sous l'impulsion de la jurisprudence du Conseil constitutionnel et de son travail d'interprétation des normes de référence, le bloc de constitutionnalité comprend bien évidemment le texte même de la Constitution du 4 octobre 1958 mais également son préambule ainsi que tous les textes auxquels il renvoie. Il comprend également des principes non écrits (non rattachés à un texte) formulés par la jurisprudence constitutionnelle pour combler, précisément, des lacunes textuelles.

§ 1. Le texte de la Constitution

Jusqu'en 1971, on ne pouvait guère parler de bloc de constitutionnalité puisque seule la Constitution, ou plus précisément ses articles, avait valeur constitutionnelle. Certaines de ses dispositions intéressent directement l'administration et le droit administratif.

A) Le contenu de la Constitution

Schématiquement, on peut dire que **les règles relatives à l'organisation des pouvoirs publics s'imposent à l'administration.** Parmi celles-ci, on distingue des règles de compétence et des règles de fond.

Les premières concernent la **répartition des compétences** d'une part entre le Président de la République et le Premier ministre (art. 13 et 21 relatifs au pouvoir réglementaire général et au pouvoir de nomination des fonctionnaires de l'État), d'autre part entre le gouvernement et le Parlement (art. 34, 37, 38 et 53 relatifs, respectivement, au domaine de la loi, à celui du règlement, à l'intervention du gouvernement en matière législative, à la ratification et à l'approbation des traités).

Les secondes portent sur quelques grands principes tels l'égalité des citoyens devant la loi (art. 1), l'égalité et le secret du suffrage (art. 3), la liberté de constitution et d'activité des partis politiques (art. 4), la libre administration des collectivités territoriales par des conseils élus et sous le contrôle d'un représentant du gouvernement (art. 72) et la supériorité des traités internationaux sur les lois internes (art. 55).

Bien que s'adressant directement au législateur, ces règles ne s'en imposent pas moins à l'administration. Les actes administratifs doivent donc les respecter.

B) Le respect de la Constitution

Le point qui nous intéresse plus particulièrement est celui du respect de la Constitution par l'administration. Quelle est l'autorité qui a la charge de veiller à ce respect ? Certes, les pouvoirs publics jouent leur rôle (chef de l'État, gouvernement et Parlement). Mais, comme un réel contrôle de l'administration ne peut être effectué que par des autorités dont elle ne dépend pas, cette tâche revient naturellement aux juridictions judiciaires, administrative et constitutionnelle.

Dans le cadre du contrôle de constitutionnalité des décisions administratives, **la juridiction administrative joue un rôle important, notamment en matière de conformité des règlements.** Pourtant, ce contrôle connaît une limite inhérente aux compétences du juge administratif. En effet, ce dernier est compétent (comme le juge judiciaire) pour veiller au respect de la loi mais, en aucun cas, il ne peut contrôler la conformité des lois à la Constitution (tâche qui revient au Conseil constitutionnel). Il en résulte qu'**une décision administrative peut être inconstitutionnelle pour avoir voulu se conformer à une loi elle-même inconstitutionnelle** (dont le juge constitutionnel n'a pas été saisi). Dans ces conditions, le juge n'a aucun moyen de censurer la décision. C'est la **théorie de la « loi écran »**. En revanche, si aucune loi ne s'interpose entre l'acte administratif et la Constitution, le juge administratif contrôle la conformité de l'acte à la Constitution.

Par ailleurs, chaque juridiction, à son niveau, est amenée à **interpréter les dispositions constitutionnelles.** Il existe donc un risque pour la cohérence de l'ordonnancement juridique de trouver des interprétations divergentes d'une même disposition. Quelle interprétation doit alors prévaloir ? Pour répondre à cette question, il faut déterminer l'autorité des décisions du Conseil constitutionnel.

Aux termes de l'article 62 alinéa 3 de la Constitution, **les décisions du Conseil « s'imposent aux pouvoirs publics et à toutes les autorités administratives et juridictionnelles »**. C'est ce que l'on appelle l'**autorité de la chose jugée** (notion issue du Code civil et précisée par la jurisprudence judiciaire).

Les décisions du Conseil s'imposent aux pouvoirs publics, c'est-à-dire au Parlement, au Président de la République, au gouvernement et à toutes les autorités administratives et juridictionnelles, **c'est-à-dire aux différentes administrations et aux juges.** Elles s'imposent aussi évidemment à tout auteur de saisine.

Deux questions se posent immédiatement. Est-ce une partie seulement ou la décision tout entière du Conseil qui s'impose ? Quels sont les moyens dont dispose le Conseil pour imposer sa décision ?

À la première question, le Conseil constitutionnel a répondu sans ambiguïté. Il a estimé que l'autorité de ses décisions « s'attache non seulement à leur dispositif mais aussi aux motifs qui en sont le soutien nécessaire et en constituent le fondement même » (CC, 16 janvier 1962, *Loi d'orientation agricole*, S. 1963, p. 303, note L. Hamon ; décision confirmée régulièrement). Autrement dit, **le Conseil affirme non seulement l'autorité de la solution** (le dispositif) **mais aussi du raisonnement et des arguments juridiques employés** (les motifs).

À la deuxième question, il est plus complexe d'apporter une réponse. **À l'appui de l'autorité de la chose jugée, le Conseil constitutionnel ne dispose d'aucun moyen pour imposer ses décisions. En effet, il n'est pas le supérieur hiérarchique, n'est pas « au-dessus » des deux ordres de juridictions. Il ne peut donc procéder de sa propre initiative à une harmonisation de la jurisprudence sur une question donnée. Tout dépend donc de l'attitude des juridictions.**

Or, dans ce domaine, les positions de la juridiction administrative et des juridictions de l'ordre judiciaire sont relativement proches.

Elles se conforment à la chose jugée par le Conseil constitutionnel, c'est-à-dire qu'elles procèdent d'elles-mêmes aux ajustements de jurisprudence nécessaires au respect des décisions du Conseil constitutionnel. L'unité de la jurisprudence est alors préservée. Ainsi, le Conseil d'État, dans un arrêt d'Assemblée du 20 décembre 1985, *Société des Établissements Outters* (Rec., p. 382, D. 1986, p. 283, note L. Favoreu), fait explicitement référence à la jurisprudence constitutionnelle et estime, conformément à celle-ci (mais contrairement à sa propre jurisprudence), que les redevances perçues par les agences financières de bassin ont un caractère fiscal. Le juge judiciaire se réfère également à la jurisprudence du Conseil constitutionnel. En ce sens, la chambre criminelle de la Cour de cassation a défini les pouvoirs de l'autorité judiciaire en matière de contrôles d'identité en s'inspirant de la jurisprudence du Conseil (Cass. crim., 25 avril 1985, Bull. crim., n° 159).

Cependant, les juridictions ne s'estiment pas juridiquement liées par la jurisprudence de la Haute instance dans la mesure où elles estiment que le Conseil ne dispose pas (par ses décisions) d'un pouvoir normatif, c'est-à-dire créateur de règles de droit, mais simplement d'une autorité limitée au cas d'espèce. Il est arrivé dans le passé, et il arrive encore, qu'une juridiction ne respecte pas le sens des décisions du juge constitutionnel. On peut alors se retrouver devant une **divergence de jurisprudence entre le Conseil constitutionnel et les juridictions** (par exemple avec le Conseil d'État en matière de répartition des compétences entre la loi et le règlement, avec le juge judiciaire en matière de fouille des véhicules) **et/ou une contrariété de jurisprudence entre la juridiction administrative et la juridiction judiciaire** (comme cela s'est produit sur la question de la supériorité des traités sur les lois françaises).

Fort heureusement, dans l'ensemble, les juridictions tiennent très largement compte de la jurisprudence du Conseil constitutionnel.

§ 2. Le préambule de la Constitution

Extrêmement succinct, le préambule renvoie à certains textes et, par ricochet, à certains principes. De la valeur des dispositions contenues dans le préambule dépendent l'étendue et le niveau de leur application. Qu'il leur soit reconnu valeur constitutionnelle et leur respect s'imposera à l'administration, à la juridiction administrative ainsi qu'au législateur et au Conseil constitutionnel.

A) La valeur du préambule

On pouvait avoir un doute sur sa valeur constitutionnelle. En effet, le simple « attachement » du peuple français aux droits et principes proclamés dans le préambule semblait démontrer la volonté des constituants de ne pas lui attribuer une telle valeur.

Pourtant, dès que l'occasion s'est présentée, Conseil d'État et Conseil constitutionnel ont reconnu la **valeur constitutionnelle de l'ensemble des dispositions du préambule** (CE Sect., 12 février 1960, *Société Eky*, Rec., p. 101, D. 1960, p. 263, note J. L'Huillier, CC, 16 juillet 1971, *Liberté d'association*, Rec. Lachaume).

Ces dispositions sont fort nombreuses puisque le préambule renvoie à la **Déclaration des droits de l'homme et du citoyen du 26 août 1789** (DDHC), au **préambule de la Constitution du 27 octobre 1946** (ce dernier renvoie lui-même aux **« principes fondamentaux reconnus par les lois de la République »** et aux **« principes particulièrement nécessaires à notre temps »**) et, depuis la révision constitutionnelle du 1er mars 2005, à la **Charte de l'environnement.**

Parmi ces règles, certaines sont censées être suffisamment précises pour pouvoir être appliquées telles quelles, alors que d'autres sont formulées en termes trop généraux (qui leur donnent une portée plus philosophique que juridique) et doivent être précisées par une loi pour pouvoir s'appliquer. Cependant, la jurisprudence n'a pas toujours suivi cette délimitation.

Ainsi, le principe selon lequel « Tout homme persécuté en raison de son action en faveur de la liberté a droit d'asile sur les territoires de la République » (art. 4) paraissait directement applicable. Mais le Conseil d'État l'a jugé trop imprécis et a soumis son respect par le pouvoir réglementaire aux conditions définies par la loi (CE, 27 septembre 1985, *France Terre d'asile*, Rec., p. 263, D. 1986, p. 278, obs. P. Waquet et F. Julien-Laferrière).

Inversement, le principe (pourtant formulé en termes très généraux) selon lequel « La nation assure à l'individu et à la famille les conditions nécessaires à leur développement » a été considéré par le Conseil d'État comme directement applicable. Il s'est fondé sur cette disposition pour annuler un décret limitant le regroupement familial des travailleurs immigrés (CE Ass., 8 décembre 1978, *GISTI*, GAJA).

B) Le contenu du préambule : les principes consacrés, « découverts » et déduits par le juge constitutionnel

Qu'ils soient précis ou vagues, les principes contenus dans le préambule doivent, pour leur application au cas par cas, faire l'objet d'une interprétation de la part du Conseil constitutionnel et du Conseil d'État.

Parmi ces différents principes, **certains ont simplement été consacrés par le Conseil constitutionnel.** Autrement dit, il a reconnu la valeur constitutionnelle de **dispositions telles que formulées dans les textes.** C'est le cas du caractère « inviolable et sacré » du droit de propriété (décision du 16 janvier 1982 dans laquelle le Conseil s'appuie sur les articles 2 et surtout 17 de la Déclaration des droits de 1789).

Pour le reste, des principes de valeur constitutionnelle ont été « découverts », voire déduits par le Conseil constitutionnel des dispositions contenues dans le préambule.

1) Les principes fondamentaux reconnus par les lois de la République (PFRLR)

En partant de la notion vague de « principes fondamentaux reconnus par les lois de la République » (le préambule de 1946 qui contient la formule ne détermine pas ces principes fondamentaux ; quant aux lois de la République, ce sont pour la plupart des lois édictées sous la Troisième République, considérée comme « l'âge d'or des libertés »), **le Conseil a « découvert » des principes de valeur constitutionnelle. En réalité, il n'a pas créé ces principes, il les a constatés.**

Ainsi a-t-il notamment « découvert » le principe de la liberté d'association (CC, 16 juillet 1971), du respect des droits de la défense (CC, 2 décembre 1976), de la liberté individuelle (CC, 12 janvier 1977), de la liberté d'enseignement (CC, 23 novembre 1977), de la continuité des services publics (CC, 25 janvier 1979), de l'indépendance des professeurs d'université (CC, 20 janvier 1984), de l'existence des juridictions administratives et de leur monopole pour l'annulation des actes administratifs illégaux (CC, 23 janvier 1987), de l'autorité de la chose jugée (CC, 15 juillet 1989).

Le travail d'interprétation « des principes fondamentaux reconnus par les lois de la République » auquel s'est livré le Conseil n'est pas contestable. D'une part, il a recouru à ce pouvoir d'interprétation avec une extrême modération, d'autre part les principes qu'il a dégagés font l'objet d'un large consensus. Cependant, **le Conseil constitutionnel est de plus en plus réticent à élargir davantage la catégorie des PFRLR** (à en « découvrir » de nouveaux) **mais aussi à censurer des dispositions de loi sur le fondement de ces principes fondamentaux** (il préfère s'appuyer sur des normes écrites précises).

En revanche, dans un arrêt fondamental du 3 juillet 1996, **le Conseil d'État, pour la première fois sous la Cinquième République, crée un principe fondamental** reconnu par une loi de la République, le principe **selon lequel « L'État doit refuser l'extradition d'un étranger lorsqu'elle est demandée dans un but politique »** (CE Ass., *Koné*, AJDA janvier 1997, p. 76).

Cette décision constitue une innovation majeure à un double titre. En proclamant l'existence d'un nouveau PFRLR, **le Conseil d'État porte atteinte au monopole du Conseil constitutionnel en matière de proclamation des normes constitutionnelles.** Par ailleurs, la Haute juridiction administrative **décide, avec audace, de faire prévaloir ce nouveau principe fondamental de droit interne sur la norme internationale.**

L'arrêt *Koné,* approuvé par les uns (le Conseil d'État a agi dans le cadre de sa compétence d'interprétation de la Constitution), contesté par les autres (la

Haute juridiction a empiété sur la compétence du Conseil constitutionnel), constitue un **apport majeur à l'édifice de la hiérarchie des normes.**

2) Les principes de liberté et d'égalité

D'une façon plus générale, en s'appuyant sur les grands principes énoncés dans les différentes normes de référence (principes que nous qualifierions de transversaux car on les retrouve dans l'ensemble des textes) le Conseil a dégagé des droits et libertés selon une **méthode « déductive ». D'un principe général de valeur constitutionnelle, le Conseil en déduit d'autres** (ces principes se trouvant souvent eux-mêmes dans d'autres dispositions des textes de référence), **plus précis.**

Ainsi, en partant du **principe de liberté** (contenu dans la DDHC), le Conseil a pu « déduire » la liberté d'aller et venir (CC, 12 juillet 1979, *Ponts à péage*, Rec., p. 31) ou la liberté d'entreprendre (CC, 16 janvier 1982, *Lois de nationalisation*, GDCC).

Le **principe d'égalité** (contenu dans la DDHC) a été consacré par la jurisprudence constitutionnelle en 1973 (CC, 27 décembre 1973, *Taxation d'office*, Rec., p. 25). Le Conseil constitutionnel (comme le Conseil d'État) a posé comme règle que le principe d'égalité ne s'applique qu'à des situations « comparables » ou « semblables ».

Il a enrichi le principe en dégageant de nombreux « corollaires » (de tous les principes de valeur constitutionnelle, le principe d'égalité est celui qui est le plus souvent invoqué par les auteurs des requêtes). En particulier, partant du principe d'égalité devant la loi (art. 6 de la Déclaration des Droits), le Conseil a « déduit » les principes d'égalité devant la justice (CC, 23 juillet 1975), d'égalité devant les charges publiques (CC, 12 juillet 1979) ou d'égalité du suffrage (CC, 17 janvier 1979).

Par ailleurs, d'un principe constitutionnellement reconnu, le Conseil peut faire des applications diverses. Ainsi, du principe d'égalité d'accès aux emplois publics (art. 6 de la Déclaration des Droits), le Conseil a dégagé le principe d'égalité dans le déroulement de la carrière des fonctionnaires d'un même corps (CC, 15 juillet 1976).

3) Les principes particulièrement nécessaires à notre temps

Il s'agit de **principes politiques, économiques et sociaux** qui font l'objet d'une formulation générale dans le préambule de la Constitution de 1946 : droit au travail, nationalisation des monopoles de fait et des services publics nationaux, droits de la famille, droit à la protection de la santé, droit à l'instruction. Le Conseil a notamment consacré le droit d'asile (CC, 9 janvier 1980) ou le droit de grève (CC, 25 juillet 1979).

4) Les principes posés par la Charte de l'environnement

Cette Charte précise les droits et les devoirs des citoyens en matière d'environnement. Au nombre des droits : le droit de vivre dans un environnement sain, d'accéder aux informations en matière environnementale et de participer à l'élaboration des décisions publiques. En ce qui concerne les devoirs, on trouve le devoir de toute personne de prendre part à la préservation et à l'amélioration de l'environnement, de prévenir ou limiter les atteintes environnementales et celui de contribuer à la réparation des dommages qu'elle cause.

Par un arrêt d'Assemblée du 3 octobre 2008, le Conseil d'État a consacré la valeur constitutionnelle de « l'ensemble des droits et devoirs définis dans la Charte de l'environnement » (CE Ass., *Commune d'Annecy*). Il en résulte que la méconnaissance de chacune des dispositions de la Charte peut être invoquée pour contester la légalité des décisions administratives (en l'espèce, annulation pour incompétence d'un décret relatif aux grands lacs de montagne car celui-ci comportait une disposition qui, en vertu de l'article 7 de la Charte, relevait de la compétence du législateur).

§ 3. Les principes constitutionnels non écrits

Soucieux d'éviter l'accusation de « gouvernement des juges », le Conseil constitutionnel (comme le Conseil d'État) s'est toujours efforcé de rattacher à un texte les principes qu'il a consacrés ou « découverts ». Ce n'est donc que de façon exceptionnelle que sa jurisprudence s'est affranchie de tout fondement textuel pour consacrer la valeur constitutionnelle de certains principes.

Ces principes non écrits incarnent la dernière génération des normes composant le bloc de constitutionnalité. Le Conseil constitutionnel a ainsi mis en évidence des **principes généraux du droit non rattachés à un texte** (la notion de PGD a été reprise de la jurisprudence du Conseil d'État).

Ainsi, dans une décision du 25 juillet 1979 (*Continuité du service public de la radiotélévision*, Rec., p. 33, GDCC), il a concilié le droit de grève (qui figure dans le préambule de la Constitution de 1946) avec le **principe de la continuité du service public** « qui, tout comme le droit de grève, a le caractère d'un principe de valeur constitutionnelle ».

Plus récemment, le Conseil constitutionnel **a reconnu la valeur constitutionnelle des principes généraux du droit international** (décision du 22 janvier 1999 sur le traité relatif à la Cour pénale internationale ; à propos du principe selon lequel interdiction est faite à un État partie à une convention multilatérale « de nature humanitaire » d'en suspendre les « dispositions relatives à la protection de la personne humaine » au motif de la violation de cette convention par un autre État partie).

SECTION II
Les lois et les règlements

Il faut examiner successivement les domaines respectifs de la loi et du règlement, la force de la loi et du règlement, la diversité et la hiérarchie des lois et des règlements.

§ 1. Les domaines respectifs de la loi et du règlement

La Constitution de 1958 a mis fin à la souveraineté de la loi. Cela signifie que la loi n'est plus la norme suprême (elle est soumise à la Constitution et aux

normes internationales) et que son domaine n'est plus illimité. Désormais, la loi fait l'objet d'une définition matérielle selon les matières sur lesquelles elle porte. Ces matières sont énumérées limitativement dans divers articles de la Constitution et surtout dans l'**article 34 qui énumère les domaines essentiels de la loi.**

Le domaine de la loi est défini par rapport à celui du règlement, lequel relève du pouvoir exécutif, défini à l'article 37 de la Constitution. Le Conseil constitutionnel et le Conseil d'État (de façon indirecte pour ce dernier) sont chargés de veiller au respect de la répartition des compétences entre le pouvoir exécutif et le pouvoir législatif.

A) La définition du domaine de la loi et du règlement

L'article 34 énumère limitativement les domaines d'intervention du législateur. Il établit une distinction entre les domaines où le législateur **fixe les règles** (en rentrant dans le détail) et ceux où il **détermine les principes fondamentaux** (en restant à un certain niveau de généralité). À cette énumération, l'article 34 ajoute les lois de finances, les lois de financement de la Sécurité sociale et les lois de programmes qui déterminent les objectifs de l'action économique et sociale de l'État.

La loi fixe les règles en matière d'exercice des libertés publiques, de liberté, de pluralisme et d'indépendance des médias (révision constitutionnelle du 23 juillet 2008), d'état des personnes, de droit pénal, de droit fiscal, d'élection, de fonction publique, de nationalisations et dénationalisations, de création de catégories d'établissements publics. Schématiquement, ce domaine de la loi recouvre ce qui touche au **statut des personnes et à l'organisation économique et sociale.**

La compétence du législateur dans ces matières est donc quasi exclusive. L'intervention du pouvoir réglementaire ne peut être que résiduelle. Ce domaine d'intervention du législateur est considéré comme « noble » et composé des **matières les plus importantes.**

La loi détermine les principes fondamentaux en matière de défense nationale, de libre administration des collectivités territoriales, d'enseignement, de propriété, de droit du travail, de droit social et, depuis la révision constitutionnelle du 1er mars 2005, de préservation de l'environnement (voir p. 120).

Dans ces matières où le législateur détermine les principes fondamentaux, c'est-à-dire où il se contente d'une formulation générale, la collaboration avec l'exécutif est indispensable. En effet, ce dernier doit préciser les modalités d'application des principes ainsi déterminés et les mettre en œuvre. Les matières concernées par ce domaine de la loi sont considérées comme moins importantes (en terme d'intérêt pour les citoyens et le pays) et plus techniques.

Pourtant, il faut bien constater l'absence de frontière entre règles et principes fondamentaux. Le Parlement n'a jamais vraiment respecté la distinction et le gouvernement ne l'a jamais imposée. Même le Conseil d'État et le Conseil constitutionnel (décision du 27 novembre 1959) n'en ont pas tenu compte dans leurs décisions. On a donc assisté à l'**unification du domaine de la loi.**

Par ailleurs, le contenu des matières relevant du domaine de la loi n'est pas figé. En effet, celui-ci peut être précisé et complété par une loi organique (dernier alinéa de l'article 34 C). De là à y voir une possibilité d'élargissement du domaine de la loi...

Quant à **l'article 37 de la Constitution**, il **précise que les matières qui ne relèvent pas du domaine de la loi ont un caractère réglementaire** et relèvent donc de la compétence du pouvoir exécutif (le règlement est édicté par décret du Premier ministre ou du chef de l'État).

Comme déjà mentionné, le pouvoir réglementaire ne peut qu'apporter des précisions dans les matières dont la loi fixe les règles ou détermine les principes fondamentaux.

En revanche, en dehors des matières réservées à la loi, **le pouvoir réglementaire** est pleinement compétent et **s'exerce de façon « autonome »**, c'est-à-dire sans qu'une loi soit nécessaire (CE, 8 février 1985, *Association des centres E. Leclerc*, Rec., p. 26, RDP 1986, p. 256). Parmi les matières réservées au pouvoir réglementaire, citons la procédure administrative ou la détermination des contraventions et des peines applicables.

B) L'extension du domaine de la loi

Comment se situe le domaine de la loi par rapport à celui du règlement ?

Les définitions que nous avons données semblent indiquer que **la compétence du législateur est l'exception et celle du pouvoir réglementaire, la règle. En réalité, progressivement, le domaine de la loi s'est élargi à partir du noyau dur que constitue l'article 34** (mais aussi les articles 53, relatif aux traités qui ne peuvent être ratifiés ou approuvés que par une loi, 66, relatif à l'autorité judiciaire gardienne de la liberté individuelle, qui assure le respect de ce principe dans les conditions prévues par la loi et 72, relatif au statut des collectivités territoriales).

En premier lieu, l'élargissement du domaine de la loi est le résultat de la jurisprudence du Conseil constitutionnel. En effet, ce dernier a défini le domaine de la loi non seulement par référence à l'article 34, mais aussi par référence aux normes auxquelles renvoie le préambule de la Constitution et, en particulier, la Déclaration des droits de l'homme de 1789 (DDHC). Le Conseil constitutionnel avait ainsi incorporé dans le domaine de la loi la détermination des contraventions punies de peines privatives de liberté.

En second lieu, le législateur a investi ou réinvesti des domaines avec l'accord implicite du gouvernement. En effet, lorsque le gouvernement estime que le législateur empiète sur le domaine réglementaire, il peut intervenir en soulevant l'irrecevabilité du texte ou en demandant la délégalisation au Conseil constitutionnel (selon les procédures des articles 41 et 37 alinéa 2 ; depuis le 1er mars 2009, le Président de l'assemblée saisie est également habilité à opposer l'irrecevabilité à un texte ; voir p. 124 et s.). S'il ne réagit pas, l'extension de la compétence législative est considérée acquise.

Cette extension implicite de la compétence législative a pu se réaliser grâce à la position adoptée par le Conseil constitutionnel. Dans les hypothèses où l'irrecevabilité n'est pas soulevée ni la délégalisation demandée, **le Conseil considère que l'intervention du législateur dans le domaine réglementaire n'entache pas la loi d'inconstitutionnalité** (CC, 30 juillet 1982, *Blocage des prix et des revenus*, GDCC). Des actes de nature réglementaire peuvent donc revêtir une « forme législative ». Les dispositions en cause ne peuvent pas être censurées par le Conseil constitutionnel ni, du fait de leur forme législative, par le Conseil d'État.

Enfin, **l'extension du domaine de la loi est la conséquence mécanique de plusieurs révisions constitutionnelles**. Ainsi, de nouvelles matières y ont été introduites comme « la préservation de l'environnement » (2005) ou « la liberté, le pluralisme et l'indépendance des médias » et « le régime électoral des assemblées locales… » (2008).

Il résulte de tout ce qui précède qu'**il n'y a pas une compétence de droit commun et une compétence d'exception.** Nous dirions plutôt que **le législateur et le gouvernement ont chacun leur domaine propre** dont les frontières sont mouvantes, au gré des infléchissements donnés par le Conseil constitutionnel.

La définition matérielle de la loi, telle qu'on la trouve dans la Constitution, est dépassée. Elle **laisse place à une définition organique et formelle** : la loi est le texte adopté par une majorité parlementaire selon la procédure législative, quel que soit le domaine sur lequel elle porte. Cela signifie qu'**aucun domaine n'est *a priori* interdit au législateur.**

Cependant, **face aux empiétements de plus en plus systématiques de la loi sur le domaine réglementaire**, le Conseil constitutionnel, sans remettre en cause la liberté d'intervention du législateur, l'a placé « sous surveillance ». Il se propose **désormais de déclarer de façon préventive le caractère réglementaire des dispositions en cause contenues dans une loi soumise au contrôle de constitutionnalité** (Décision du 21 avril 2005, Loi d'orientation et de programme pour l'avenir de l'école, voir ci-après « Le contrôle du respect du domaine réglementaire »).

Par ailleurs, nous pouvons émettre une réserve à la liberté du législateur : celle des normes communautaires. En effet, les instances européennes édictent des actes, les règlements et les directives, qui s'intègrent de plein droit dans l'ordre juridique français. Certains de ces actes, de plus en plus nombreux, comportent des dispositions de nature législative qui échappent au Parlement et limitent donc son champ de compétence.

C) Le contrôle du respect de la délimitation

Il faut distinguer le respect du domaine réglementaire par le législateur et celui du domaine législatif par le gouvernement.

1) Le contrôle du respect du domaine réglementaire par le législateur

Il est assuré par le Conseil constitutionnel à différents niveaux.

Au moment du dépôt ou en cours de débat d'une proposition de loi ou d'un amendement parlementaire, si le gouvernement ou, depuis la révision constitutionnelle du 23 juillet 2008, le président de l'assemblée saisie, estime que la proposition de loi ou l'amendement n'est pas du domaine de la loi (c'est-à-dire empiète sur le domaine réglementaire), **il peut soulever l'irrecevabilité du texte** (art. 41, al. 1 C). Lorsque l'irrecevabilité est opposée par le gouvernement, le président de l'assemblée concernée peut admettre l'irrecevabilité. Lorsque l'irrecevabilité est opposée par le président de l'assemblée, il appartient au gouvernement de se prononcer. En cas de désaccord entre le gouvernement et le président de l'assemblée concernée, le Conseil constitutionnel est saisi et doit se prononcer dans un délai de huit jours.

Ce contrôle des irrecevabilités en amont du vote de la loi (afin d'éviter qu'elles ne deviennent effectives) est tombé en désuétude. Il est vrai que cette procédure crée un climat de tension au sein des assemblées et qu'il est préférable pour le gouvernement de laisser sa majorité repousser la proposition ou l'amendement en cause lors du vote normal (à l'issue des débats).

Comme nous l'avons vu, il se peut également que, face à une proposition ou un amendement empiétant sur le domaine réglementaire, le gouvernement ne réagisse pas. Il donne alors implicitement son accord à l'extension du domaine de la loi au-delà de l'article 34. Cet accord est donné d'autant plus facilement que le texte en cause est un projet de loi (c'est-à-dire d'origine gouvernementale) incluant volontairement des dispositions de nature réglementaire.

Le Conseil constitutionnel peut également être saisi d'une loi déjà promulguée. Lorsque **le gouvernement** estime qu'une disposition contenue dans une loi empiète sur le domaine réglementaire, il **peut demander au Conseil de déclarer que cette disposition est de nature réglementaire** (art. 37 alinéa 2 de la Constitution, procédure de la délégalisation). La déclaration du Conseil permet au gouvernement de modifier la disposition par décret réglementaire.

Cependant, face aux empiétements de plus en plus systématiques de la loi sur le domaine réglementaire et compte tenu de la désuétude de la technique de l'irrecevabilité, le Conseil constitutionnel a inauguré une forme nouvelle de contrôle du respect du domaine réglementaire à l'occasion du contrôle de la constitutionnalité des lois. **Le Conseil se propose de déclarer « préventivement » réglementaires les dispositions en cause** (Décision du 21 avril 2005, Loi d'orientation et de programme pour l'avenir de l'école). Pour des raisons pratiques, le Conseil ne peut relever l'ensemble des empiétements d'une loi. Il doit se limiter aux dispositions qui sont expressément contestées ou, lorsque l'empiétement est « transversal », aux plus caractéristiques des dispositions réglementaires du texte. Cette déclaration de la nature réglementaire de dispositions contenues dans une loi déférée, si elle ne conduit pas à leur censure, **offre la possibilité au gouvernement de déclasser ces dispositions** (et donc de les modifier par voie réglementaire) **sans saisine nouvelle du Conseil constitutionnel.**

Enfin, il faut citer un cas particulier de protection du domaine réglementaire qui concerne les textes législatifs antérieurs à 1958. Nombre de ces textes sont intervenus sur des matières non prévues à l'article 34 de la Constitution de 1958. Il fallait donc rétablir ces textes dans le domaine réglementaire. L'article 37 alinéa 2 autorise le gouvernement à les modifier par décrets pris après avis du Conseil d'État.

2) Le contrôle du respect du domaine législatif par le gouvernement

Il est assuré de façon indirecte par le Conseil d'État. Il faut distinguer deux cas de figure.

Le premier, le plus classique, est celui dans lequel le gouvernement a pris un règlement qui empiète sur le domaine législatif. Le Conseil d'État ne peut se prononcer sur l'empiétement qu'**à l'occasion d'un recours pour excès de pouvoir intenté par un justiciable contre le règlement.** L'inconvénient de cette procédure est que le Conseil ne rend pas sa décision avant de nombreux mois.

Le deuxième cas de figure est celui dans lequel une loi, qui n'a pas été contrôlée par le Conseil constitutionnel, organise un transfert abusif de compétence, même temporaire, du domaine législatif vers le domaine réglementaire. La protection du domaine législatif est alors difficile à mettre en œuvre.

En effet, le Conseil d'État n'est pas juge de la constitutionnalité de la loi. Il doit la prendre en compte telle qu'elle a été promulguée. Par conséquent, si la loi est à l'origine de l'empiétement du gouvernement sur le domaine législatif, l'irrégularité constatée est couverte par la loi (théorie de la loi écran). Ainsi, l'ordonnance du 23 décembre 1958 a autorisé le gouvernement à créer des peines privatives de liberté alors qu'il semblait que cette compétence relevait du législateur (la compétence exclusive du législateur sera reconnue par le Conseil constitutionnel en 1973). Le Conseil d'État n'a pu que valider les peines fixées par le gouvernement.

§ 2. La force de la loi et du règlement

A) La loi promulguée, acte contrôlable

La promulgation est l'acte par lequel le Président reconnaît l'existence d'une loi et ordonne aux autorités publiques de la respecter et de la faire respecter. L'acte de promulgation **rend donc la loi exécutoire.** À partir de là, elle s'impose à toutes les autorités administratives et aux juridictions. En outre, jusqu'à la révision constitutionnelle de 2008 (voir ci-dessous), la constitutionnalité d'une loi promulguée ne pouvait plus être contestée devant un juge. **Seule une autre loi pouvait la modifier ou l'abroger.** Pour autant, une disposition inconstitutionnelle en vigueur n'échappait pas à toute forme de contrôle. Le Conseil constitutionnel a en effet admis que **la constitutionnalité d'une loi déjà promulguée pouvait être contestée à l'occasion de l'examen de tout texte ultérieur la modifiant, la complétant ou affectant son domaine**. Ainsi, pour la première fois, dans sa décision du 15 mars 1999 relative à la Nouvelle-Calédonie, le Conseil constitutionnel a fait usage de ce « filet de sécurité » en censurant une disposition en vigueur depuis quatorze ans.

La révision constitutionnelle du 23 juillet 2008 a révolutionné le contrôle de constitutionnalité des lois. Face aux limites du contrôle *a priori* (avant promulgation de la loi), elle a institué, en complément de ce premier contrôle, **un contrôle de constitutionnalité *a posteriori* et par voie d'exception** (art. 61-1 C). Le contrôle est exercé *a posteriori*, c'est-à-dire qu'il **s'applique aux lois en vigueur** (déjà promulguées). Il s'agit également d'un contrôle par voie d'exception dans la mesure où il **permet aux citoyens, à l'occasion d'un procès devant les juridictions judiciaires ou administratives, de soulever eux-mêmes la question de la constitutionnalité d'une disposition de loi** (lorsque celle-ci porte atteinte aux droits et libertés que la Constitution garantit) **et d'obtenir la saisine du Conseil constitutionnel aux fins d'examen de cette disposition** (en cas d'inconstitutionnalité, elle est abrogée, voir encadré p. 293).

Enfin, il faut noter que la plupart du temps, le caractère abstrait et/ou général de la loi ne permet pas de l'appliquer directement. Le rôle du gouvernement est alors déterminant dans la mesure où c'est à lui qu'il revient de prendre les mesures d'application de la loi (pouvoir réglementaire dérivé). Sa passivité ou la difficulté à élaborer certaines de ces mesures peuvent donc retarder d'autant la mise en œuvre du texte.

B) Le règlement, acte précaire

Il est précaire dans la mesure où **sa régularité peut être contestée à tout moment** devant le juge administratif, que ce soit par la voie du recours pour excès de pouvoir (REP) ou par celle de l'exception d'illégalité (sur le REP, voir p. 349 et s. ; sur l'exception d'illégalité, voir p. 326).

§ 3. Diversité et hiérarchie des lois et des règlements

Certains actes ne sont pas à proprement parler des lois ou des règlements mais des normes que la Constitution assimile tantôt à la loi, tantôt au règlement. Ces normes viennent s'inscrire dans la hiérarchie des lois et des règlements.

A) Les actes assimilés tantôt à la loi, tantôt au règlement

1) Les ordonnances

Comme déjà mentionné, **le gouvernement peut demander au Parlement l'autorisation, sous forme d'une loi d'habilitation, d'agir par voie d'ordonnances pour exécuter son programme** (article 38 de la Constitution).

La loi d'habilitation doit répondre à plusieurs conditions :

- si le gouvernement est autorisé à prendre des ordonnances, c'est exclusivement pour « l'exécution de son programme » ;
- l'habilitation doit porter sur des matières qui sont du domaine de la loi mais, en aucun cas, elle ne peut porter sur toutes ces matières, ce qui reviendrait à donner les pleins pouvoirs au gouvernement (la loi d'habilitation doit éviter une formulation vague qui permettrait au gouvernement d'élargir abusivement son champ de décision) ;
- l'habilitation doit être limitée dans le temps.

Les ordonnances sont des **actes hybrides** émanant de l'autorité réglementaire mais portant sur des matières législatives. Suivant le stade de la procédure, elles sont successivement acte réglementaire puis législatif.

Pendant le délai d'habilitation, les ordonnances sont considérées comme des actes réglementaires (elles sont publiées et sont immédiatement applicables). Le gouvernement peut modifier une ordonnance par une autre. **Lorsque le délai d'habilitation arrive à expiration**, le gouvernement ne peut plus prendre d'ordonnances. **Les ordonnances déjà adoptées conservent leur valeur d'actes réglementaires.** En revanche, le gouvernement ne peut plus modifier les dispositions qui ont un contenu législatif. Seule une loi pourrait le faire. Enfin, le Parlement peut à nouveau légiférer dans les matières qui étaient couvertes par la loi d'habilitation.

Tant que les ordonnances ont valeur réglementaire, elles sont susceptibles de recours devant la juridiction administrative et donc annulables.

Enfin, **à l'expiration du délai imparti au gouvernement pour déposer le projet de loi de ratification des ordonnances**, deux situations se présentent :

- Si le gouvernement n'a pas déposé le projet de loi à temps, les ordonnances sont caduques.

– Dans le cas contraire, deux cas de figure sont envisageables. Le premier est celui où, malgré le dépôt, la loi de ratification n'est pas adoptée, soit que le Parlement n'ait pas à se prononcer (si le projet n'est jamais inscrit à l'ordre du jour) et les ordonnances conservent alors leur valeur réglementaire, soit qu'il rejette la ratification et les ordonnances deviennent alors caduques. Le second cas de figure est celui de la ratification des ordonnances. Celle-ci ne peut intervenir que de manière expresse, c'est-à-dire par une loi spécifique votée par le Parlement (la loi constitutionnelle du 23 juillet 2008 n'a pas repris la ratification tacite qui était également pratiquée jusque-là).

Une fois ratifiées, les ordonnances deviennent des actes de valeur législative et sont donc soustraites au contrôle juridictionnel.

Comme nous venons de le voir, **les ordonnances s'imposent à l'administration mais d'une façon variable suivant le moment de leur application.**

2) Les lois référendaires

Adoptées directement par le peuple souverain, elles ont force de loi. Leur champ d'application (largement étendu par la révision constitutionnelle du 4 août 1995) est celui du référendum prévu à l'article 11 de la Constitution : sur proposition du gouvernement ou des deux chambres conjointement, le Président de la République peut soumettre au référendum tout projet de loi portant sur « l'organisation des pouvoirs publics, sur des réformes relatives à la politique économique, sociale ou environnementale de la nation et aux services publics qui y concourent, ou tendant à autoriser la ratification d'un traité qui (...) aurait des incidences sur le fonctionnement des institutions ». La révision constitutionnelle du 23 juillet 2008 a institué, à l'article 11 C, un référendum d'initiative parlementaire qui porte sur ces mêmes sujets.

Étant « l'expression directe de la souveraineté nationale », **la loi référendaire ne peut pas faire l'objet d'un contrôle de constitutionnalité** (décision du CC du 6 novembre 1962, GDCC). Ayant force de loi, on considère qu'**elle peut être modifiée ou abrogée par une autre loi.**

3) Les mesures prises par le Président de la République dans le cadre des pouvoirs exceptionnels

L'article 16 énonce qu'en cas de crise majeure, le Président prend les mesures exigées par les circonstances. Cela signifie qu'**il concentre tous les pouvoirs entre ses mains, pouvoir exécutif et pouvoir législatif.**

Dans ce cadre, le Président peut prendre des mesures d'application dispensées de contreseing (décisions législatives ou réglementaires et décrets pour les mesures individuelles d'application). Elles doivent être soumises pour avis au Conseil constitutionnel (dont l'avis n'est pas publié).

Les mesures qui relèvent du domaine de la loi sont contrôlées par le Conseil constitutionnel dans le cadre de sa simple compétence consultative. En revanche, **les mesures qui relèvent du domaine réglementaire peuvent faire l'objet d'un véritable contrôle juridictionnel de la part du Conseil d'État.** Ainsi la Haute juridiction administrative en a-t-elle décidé dans l'arrêt d'Assemblée du 2 mars 1962 ***Rubin de Servens*** (GAJA, Rec. Lachaume). De même, **les mesures individuelles d'application peuvent être déférées au Conseil d'État** (CE, 23 octobre 1964, *D'Oriano*, Rec., p. 486).

Les mesures prises par le Président dans le cadre de l'article 16 s'imposent à l'administration. Simplement, selon qu'elles ont un caractère législatif ou réglementaire, elles sont « intouchables » ou peuvent être contrôlées et donc annulées par le juge administratif.

B) La hiérarchie des lois et des règlements

1) La hiérarchie des lois

En haut de la pyramide, on trouve **les lois organiques** (art. 46 C). Elles **ont pour objet de préciser l'organisation et le fonctionnement des pouvoirs publics** dans le cadre des principes posés par la Constitution. Elles sont donc en quelque sorte des lois d'application de la Constitution. Elles interviennent dans les cas prévus par la Constitution. La plupart des lois organiques ont été adoptées au début de la Cinquième République pour l'installation des pouvoirs publics. **Le Conseil constitutionnel est obligatoirement saisi des lois organiques.** La déclaration de conformité à la Constitution est indispensable pour leur promulgation.

Dans la hiérarchie des normes, **les lois organiques se situent entre la Constitution et les lois ordinaires.** La non-conformité des lois ordinaires aux lois organiques est un motif d'inconstitutionnalité. Bien évidemment, les lois organiques s'imposent au pouvoir réglementaire et à l'administration.

En dessous des lois organiques, on trouve **les lois ordinaires** ainsi que les normes qui leur sont assimilées, à savoir **les ordonnances** et **les lois référendaires.**

2) La hiérarchie des règlements

Elle résulte de la combinaison de deux facteurs : la place dans la hiérarchie administrative de l'auteur du règlement et les formalités d'adoption des différents règlements pris par une même autorité.

Les règlements adoptés par une autorité hiérarchiquement inférieure doivent se conformer aux règlements pris par l'autorité supérieure. Si le Président de la République et le Premier ministre détiennent l'exercice du pouvoir réglementaire général, d'autres autorités peuvent prendre des règlements : les ministres, les préfets, les autorités des collectivités décentralisées (sur le pouvoir réglementaire, voir p. 161 et s.).

Par ailleurs, **les règlements adoptés par une même autorité sont hiérarchisés entre eux selon leur procédure d'édiction.** Ainsi, si l'on considère la catégorie des décrets réglementaires (celle qui traduit l'exercice du pouvoir réglementaire général), la hiérarchie décroissante est la suivante : décrets délibérés en Conseil des ministres, décrets en Conseil d'État, décrets adoptés après avis consultatif et enfin décrets simples du Premier ministre.

Le Président et le Premier ministre peuvent également prendre d'autres types de règlements, tels les arrêtés (qui sont inférieurs aux décrets).

En conclusion, il faut signaler qu'**un vaste mouvement de codification des lois et des règlements est en cours**.

SECTION III

Les règles jurisprudentielles

La jurisprudence administrative est une source du droit administratif, tant par le biais des décisions d'espèce (qui ne valent que pour l'affaire en question) que par celui des décisions qui révèlent le pouvoir normatif du juge administratif. Ce pouvoir permet de dégager des principes non écrits auxquels doit se conformer l'action administrative. Parmi ceux-ci, la catégorie la plus importante est celle des principes généraux du droit (PGD).

§ 1. La jurisprudence administrative

A) Les décisions d'espèce

Toutes les décisions rendues par la juridiction administrative (ainsi que celles rendues par les juridictions judiciaires intéressant un domaine d'activité administratif) sont revêtues de l'autorité de la chose jugée et s'imposent à l'administration. Cependant, celle-ci se montre parfois récalcitrante ou éprouve des difficultés objectives à exécuter ces décisions.

Les développements ci-dessous seront repris dans la partie consacrée à la justice administrative (p. 335 et s.). La plupart des points abordés ici y feront l'objet de plus amples développements.

1) L'autorité de la chose jugée

Les décisions revêtues de l'autorité de la chose jugée sont réputées conformes au droit et s'imposent à l'administration qui ne peut les remettre en question par des décisions ultérieures.

Cette autorité est relative dans les recours de plein contentieux (dans les domaines du plein contentieux que sont la responsabilité et les contrats). **Elle ne s'applique qu'aux parties à l'instance.**

En revanche, **l'autorité de la chose jugée est absolue dans les recours pour excès de pouvoir** (en la matière, le pouvoir du juge est limité à l'annulation de l'acte en cause). Il faut toutefois distinguer selon que l'annulation s'applique à une décision réglementaire ou individuelle.

L'annulation d'un règlement vaut à l'égard de tous et pas seulement à l'égard des parties à l'instance ; le règlement est censé n'avoir jamais existé (effet rétroactif de l'annulation).

L'annulation d'une décision individuelle a également **un effet rétroactif.** Cette décision est censée n'avoir jamais existé. **L'administration doit alors reconstituer la situation antérieure,** de telle sorte qu'elle se trouve dans l'état où elle devrait être si l'annulation n'avait pas été prononcée.

Il peut arriver que la disparition des effets passés d'une décision administrative, à la suite de son annulation, remette en cause certains avantages ou droits acquis par des tiers. Pour préserver ces droits, **la pratique des « validations législatives », qui consiste en la validation par le législateur de l'acte annulé, s'est développée** (voir p. 337). Par ailleurs, face au risque que la disparition des effets passés d'une décision fait peser sur les droits des personnes concernées par la décision, le Conseil d'État a admis **qu'à titre exceptionnel le**

juge administratif puisse déroger au principe de l'effet rétroactif des annulations contentieuses et considérer, notamment, que tout ou partie des effets d'un acte (administratif) antérieurs à son annulation soient regardés comme définitifs (CE Ass., 11 mai 2004, *Association AC ! et autres*, AJDA 2004, 17 mai, p. 1004, obs. S. Brondel, voir p. 345).

2) L'effectivité des décisions

À la différence des simples décisions d'annulation des actes administratifs qui s'imposent d'elles-mêmes (l'acte disparaît), les décisions impliquant, de la part de l'administration, l'adoption d'un comportement donné ou un acte déterminé (comme le versement d'une somme d'argent), ont une effectivité incertaine. Par exemple, l'annulation du licenciement d'un agent public emporte l'obligation pour l'administration de le réintégrer. Mais, **en cas de mauvaise volonté de cette dernière à s'exécuter, quels sont les moyens qui existent pour la contraindre ?**

Pendant longtemps, la seule possibilité pour le justiciable était d'intenter un nouveau recours contre le refus d'exécution de l'administration ou de mettre en cause sa responsabilité en cas de préjudice résultant de l'inexécution. Face à cette situation, certaines procédures ont été instaurées afin de mieux assurer l'effectivité des décisions de justice.

En premier lieu, le décret du 31 juillet 1963 permet au justiciable de saisir la section du rapport et des études du Conseil d'État des difficultés rencontrées pour l'exécution des décisions des juridictions administratives. Cette procédure peut aboutir à une saisine du médiateur (lequel a le pouvoir d'adresser des injonctions à l'administration mais sans que celles-ci soient accompagnées de véritables sanctions) ou à une procédure d'astreinte d'office (décret du 15 mai 1990).

En second lieu, **la loi du 16 juillet 1980 imposait à l'administration condamnée au versement d'une somme d'argent de payer cette somme** dans les quatre mois (à compter de la notification de la décision). **La loi du 12 avril 2000 ramène ce délai à deux mois.** Cette obligation est assortie de procédures destinées à en assurer l'effectivité : ainsi, en cas de non-paiement des sommes dues, le créancier peut saisir le préfet qui peut soit régler d'office la somme, soit, en cas d'insuffisance de crédits, mettre en demeure la collectivité de dégager les ressources nécessaires (Décret du 20 mai 2008 qui abroge le décret du 12 mai 1981). Par ailleurs, en vertu de la loi de 1980, **le Conseil d'État a la possibilité**, à la demande du requérant ou de sa propre initiative, **de prononcer des astreintes à l'encontre de l'administration** (astreintes par lesquelles il oblige le débiteur récalcitrant à payer une certaine somme pour chaque jour de retard dans l'exécution de son obligation).

En troisième lieu, **la loi du 8 février 1995 autorise les juridictions administratives à adresser des injonctions à l'administration** à l'appui de leurs décisions.

B) Les décisions révélant le pouvoir normatif de la jurisprudence

1) La place de la jurisprudence dans l'élaboration du droit administratif

En principe, **le droit français interdit aux juges** (judiciaire comme administratif) **de prendre des arrêts de règlement qui posent une règle de droit obligatoire pour l'avenir.** Cette tâche revient au législateur et au pouvoir réglementaire.

Pourtant, les règles et les principes fondamentaux du droit administratif ont été, pour la plupart d'entre eux, élaborés et posés à l'occasion d'arrêts rendus par le Conseil d'État.

Ce droit prétorien est né pour combler les lacunes du droit écrit. En effet, il n'y avait pas, jusqu'à une époque récente, de code écrit pour le droit administratif équivalent au Code civil et rassemblant les principes et les règles de ce droit. Par son audace, le Conseil d'État a permis de structurer des domaines aussi fondamentaux que la responsabilité administrative ou les contrats. En restant fidèle à l'esprit du système juridique français et en se référant fréquemment aux principes d'équité, **le Conseil a su éviter l'écueil d'une jurisprudence arbitraire.**

Même si **l'œuvre jurisprudentielle du Conseil d'État est vivante, évolue en permanence et s'adapte aux évolutions de la société et des mentalités,** on peut toutefois affirmer que le droit administratif est aujourd'hui un droit homogène, « complet ». L'époque de l'affirmation des grands principes jurisprudentiels semble révolue. Moins audacieux qu'hier, le Conseil semble avoir abandonné le champ normatif au législateur, au gouvernement et surtout au Conseil constitutionnel (avec ses principes de valeur constitutionnelle s'imposant à toutes les autorités).

Comme nous allons le voir, les PGD sont la démonstration la plus visible du pouvoir normatif du Conseil d'État.

2) La place de la jurisprudence dans la hiérarchie des normes

Après maintes controverses, **l'opinion la plus répandue veut que la jurisprudence ait une valeur infralégislative (en dessous de la loi) et supradécrétale (au-dessus du règlement).**

Ce point de vue résulte d'une constatation d'évidence. Il est somme toute logique de considérer que **la place de la jurisprudence est déterminée par la place qu'occupe le juge parmi les autorités détentrices d'un pouvoir normatif.** Nous savons que le juge administratif est soumis aux actes du législateur et peut lui-même soumettre (annuler) les actes édictés par le pouvoir réglementaire. La jurisprudence se situe donc en dessous de la loi (même si on ne peut nier que, par certaines de ses interprétations de la loi, le juge influence le législateur) et au-dessus du règlement.

Toutefois, cette hiérarchie a été quelque peu contestée concernant le niveau des PGD.

§ 2. Les principes généraux du droit (PGD)

Apparus à l'issue de la Seconde Guerre mondiale, les PGD se sont ensuite multipliés, constituant ainsi une source abondante et incontournable de la légalité.

A) La genèse de la théorie

L'utilisation par le Conseil d'État de principes non écrits est antérieure à l'apparition des PGD. Simplement, la Haute juridiction s'est toujours efforcée de rattacher ces principes à un texte de loi interprété largement.

Les PGD sont des principes non écrits ne figurant pas, du moins expressément, dans les textes. Mais, comme ils se dégagent de l'esprit général du système juridique, le Conseil d'État n'a plus qu'à les découvrir et les consacrer. Ils s'imposent à l'administration qui doit y conformer son action non seulement dans ses décisions individuelles mais également dans les mesures réglementaires qu'elle peut être amenée à prendre. La théorie des PGD a pris corps avec deux décisions de l'immédiat après-guerre.

Dans l'arrêt de Section ***Dame Veuve Trompier-Gravier*** du 5 mai 1944 (GAJA), relatif à un retrait d'autorisation d'exploiter un kiosque à journaux, le Conseil d'État consacre le principe du **« respect des droits de la défense »** (sans mentionner expressément qu'il s'agit d'un principe). Il annule le retrait d'autorisation au motif que l'administration n'a pas respecté les « droits de la défense », n'ayant pas mis l'intéressée en mesure de prendre connaissance et de répondre aux griefs (qui sont à l'origine du retrait) formulés contre elle.

Dans l'arrêt d'Assemblée ***Aramu*** du 26 octobre 1945 (Rec. Lachaume), relatif aux mesures de révocation de fonctionnaires prononcées en 1944 dans le cadre de l'épuration, le Conseil se réfère expressément pour la première fois aux « principes généraux du droit applicables même en l'absence de texte », principes parmi lesquels figure celui des droits de la défense. En l'espèce, la révocation (de façon plus générale, ce sont les sanctions administratives qui sont visées) est annulée car l'intéressé n'a pu présenter sa défense.

B) La variété des PGD

Les PGD sont nombreux et leur liste n'est pas limitative. En effet, **le Conseil d'État en découvre régulièrement des nouveaux, en fonction des nécessités de la protection des droits des individus.** D'ailleurs, **la plupart des PGD touchent à la protection des libertés individuelles.**

1) Les catégories classiques de PGD

La première catégorie de PGD tend à assurer le **respect du principe d'égalité dans toutes ses composantes** : égalité devant la loi (CE Ass., 7 février 1958, *Syndicat des propriétaires de forêts de chênes-lièges d'Algérie*, AJDA 1958, 2, p. 220 ; CE Ass., 28 juin 2002, M. Villemain, AJDA 2002, p. 586 : le Conseil d'État estime que la loi du 15 novembre 1999 instituant le pacte civil de solidarité impose d'étendre aux signataires de ce PACS les avantages que la réglementation accorde aux « conjoints »), égalité qui régit le fonctionnement des services publics (CE Sect., 9 mai 1951, *Société des concerts du Conservatoire*, GAJA, Rec. Lachaume), égalité d'accès de tous les Français aux emplois et fonctions publics (CE Ass., 28 mai 1954, *Barel*, GAJA, Rec. Lachaume) et égal accès des hommes et des femmes (CE, 11 mai 1998, *Mlle Aldige*, RFDA 1998, p. 1011), égalité devant le salaire (CE, 8 juillet 1998, *Adam*, DA, octobre 1998 : application du principe « à travail égal salaire égal »)...

La seconde catégorie de PGD affirme le **respect du principe de liberté** : liberté « d'aller et de venir », du commerce et de l'industrie (CE, 22 juin 1951, *Daudignac*, Rec., p. 362), d'opinion (*Barel*, précité), de conscience (CE, 8 décembre 1948, *Dlle Pasteau*, Rec., p. 464), d'association (CE, 11 juillet 1956, *Amicale des Annamites de Paris*, Rec., p. 317), de l'enseignement (CE, 6 février 1946, *Fédérations des artisans bretons*, Rec., p. 42)...

La troisième catégorie de PGD a pour but d'assurer la **protection des administrés face à l'administration** : principe selon lequel tout acte administratif peut faire l'objet d'un recours pour excès de pouvoir (CE Ass., 17 février 1950, *Dame Lamotte*, GAJA, Rec. Lachaume), principe de non-rétroactivité des actes administratifs (CE Ass., 25 juin 1948, *Société du Journal L'Aurore*, GAJA, Rec. Lachaume), principe des droits de la défense (CE Ass., 26 octobre 1945, Aramu, précité), principe de prise en compte de l'expression pluraliste des courants d'opinion (CE, 17 janvier 1990, *Union nationale des professions libérales*, RFDA 1990, p. 293), principe selon lequel « l'autorité compétente, saisie d'une demande tendant à l'abrogation d'un règlement illégal, est tenue d'y déférer » (CE Ass., 3 février 1989, *Cie Alitalia*, GAJA, Rec. Lachaume), principe selon lequel l'administration a l'obligation, sauf circonstances particulières, de publier dans un délai raisonnable les règlements qu'elle édicte (CE, 12 décembre 2003, *Syndicat des commissaires et hauts fonctionnaires de la police nationale* ; AJDA, 1er mars 2004, p. 442, note H. M. ; en l'espèce, les juges ont annulé le refus du ministre de l'Intérieur de publier, à la demande des requérants, un arrêté interministériel datant de 1983), principe de la prescription trentenaire (CE Ass. 8 juillet 2005, *Société Alusuisse-Lonza-France*, n° 247976 ; en l'espèce, s'agissant de la remise en état des installations classées, le Conseil considère que ce principe [issu du droit civil] « fait obstacle à ce que le préfet impose, à son ayant droit ou à la personne qui s'est substituée à lui, la charge financière des mesures à prendre au titre de la remise en état d'un site lorsque plus de trente ans se sont écoulés depuis la date de la cessation » d'activité)...

Les principes que nous venons de décrire (relatifs à l'égalité, à la liberté et à la protection des administrés) sont empruntés à la tradition libérale issue de la DDHC de 1789 et des lois de la Troisième République.

La quatrième catégorie englobe à la fois (pour simplifier) :

- des principes empruntés aux **« nécessités de la vie sociale »**, comme celui de la continuité des services publics (CE, 13 juin 1980, *Mme Bonjean*, Rec., p. 274) ;
- des principes empruntés aux **« impératifs de l'équité »**, par exemple la restitution de l'enrichissement sans cause (CE Sect., 14 avril 1961, *Société Sud-Aviation*, Rec., p. 236, RDP 1961, p. 655, concl. C. Heumann), le droit pour les étrangers en situation régulière de « mener une vie familiale normale » (CE Ass., 8 décembre 1978, *GISTI*, GAJA ; CE Ass., 29 juin 1990, deux arrêts, *Imanbaccus, Préfet du Doubs c/ Mme Olmos Quintero*, AJDA 1990, p. 709), l'attribution de la qualité de réfugié, au nom de l'unité familiale, au conjoint et aux enfants mineurs de « l'étranger déjà réfugié » (CE, 2 décembre 1994, *Dame Agyepong*)...

2) Les catégories particulières de PGD

Les principes que nous avons énumérés se caractérisent par une portée générale. Pourtant, **il en existe d'autres, dont la portée est restreinte et spécifique, qui viennent simplement combler des lacunes de la loi.**

C'est le cas du principe interdisant à l'administration de licencier une femme enceinte (CE Ass., 8 juin 1973, *Dame Peynet*, Rec., p. 406, JCP 1975, n° 17957, note Y. Saint-Jours), de celui obligeant l'administration à verser à ses agents non titulaires une rémunération au moins égale au SMIC (CE Sect., 23 avril 1982, *Ville de Toulouse c/Aragnou*, Rec., p. 152, D. 1983, p. 8, note J. B. Auby) ou de celui obligeant l'employeur personne publique à chercher à reclasser un salarié inapte physiquement à ses fonctions (CE, 2 octobre 2002, *Chambre de commerce et d'industrie de Meurthe-et-Moselle*, AJDA, 25 novembre 2002, p. 1294, à propos des agents administratifs consulaires dont le statut ne relève ni du Code du travail ni des textes régissant les fonctionnaires ; cette solution pourrait être étendue aux agents non titulaires et aux stagiaires des trois fonctions publiques).

Par ailleurs, il existe des PGD dont la portée est générale mais au sein d'une même catégorie de droits. Ces PGD que l'on peut généralement qualifier de « transversaux » (ils couvrent différents domaines) deviennent ici les PG d'un droit particulier. C'est le cas des PG du droit de l'extradition. Ceux-ci commandent, entre autres, que l'État qui réclame l'extradition dispose d'une justice respectant « les droits et libertés fondamentaux de la personne humaine » (CE Ass., 26 septembre 1984, *Lujambio Galdeano*, Rec., p. 308, RFDA 1985, p. 183, note H. Labayle) ou encore que l'État français n'apprécie pas l'affaire sur le fond pour se prononcer sur la demande d'extradition.

3) Les nouvelles générations de PGD empruntées aux règles du droit international et aux dispositions de la Conv. EDH

La catégorie des PGD connaît depuis le milieu des années 80 de nouveaux développements. En effet, **avec la prise en compte des règles du droit international et des dispositions de la Convention européenne des droits de l'homme** (Conv. EDH), **de nouvelles sources d'inspiration s'offrent au Conseil d'État.**

Les règles du droit international public s'imposent à la France (le préambule de la Constitution de 1946 reconnaît leur autorité). Parmi celles-ci figurent les principes généraux du droit international (principes non écrits) dont le Conseil d'État admet qu'ils constituent une source du droit. Ainsi a-t-il constaté dans l'arrêt *Nachfolger,* que la décision de détruire un navire chypriote abandonné en haute mer (dans la Manche), décision commandée par l'urgence et le danger, n'a méconnu « aucun principe de droit international » (CE Sect., 23 octobre 1987, *Société Nachfolger Navigation Company*, Rec., p. 319, RDP 1988, p. 836, note J.M. Auby). Si le Conseil d'État veille à ce que les actes administratifs soient conformes à ces principes généraux, en revanche, il refuse de les faire prévaloir sur la loi internationale (voir p. 151). De la même façon, le Conseil a emprunté, notamment à la convention de Genève (de 1951), des PGD applicables aux réfugiés (CE Ass., 1er avril 1988, *Bereciartua-Echarri*, GAJA).

Par ailleurs, le Conseil d'État fait de plus en plus fréquemment application de PGD issus des dispositions de la Conv. EDH (ratifiée par la France en 1974) ou de la jurisprudence de la CJCE. Un nombre croissant de recours s'appuie d'ailleurs sur ces dispositions pour demander l'annulation d'actes administratifs. Citons, entre autres, **le PG du droit au respect de la vie privée et familiale** (art. 8 Conv. EDH), le PG du droit à la liberté d'expression (art. 10 Conv. EDH), le droit à un procès équitable (art. 6 Conv. EDH), le droit au recours effectif (art. 13 Conv. EDH). Les PG du droit européen (expressément reconnus par le traité de Maastricht) tirent leur légitimité de leur provenance, pour un certain nombre d'entre eux, du « patrimoine » constitutionnel commun aux États membres de l'Union européenne. Le Conseil d'État a renforcé leur rang hiérarchique au sein de l'ordre juridique français puisqu'il **a reconnu la primauté de ces principes généraux sur la loi nationale** (CE, 3 décembre 2001, *Syndicat national de l'industrie pharmaceutique*). Il semble en outre avoir admis sa compétence pour faire respecter cette primauté.

Ajoutons que le Conseil d'État a récemment consacré le principe de « sécurité juridique » sans pour autant le qualifier expressément de principe général du droit (CE Ass., 24 mars 2006, *Société KPMG et autres*). La sécurité juridique, ainsi que les principes qui permettent l'existence de l'État de droit, sont des principes déduits (par la CJUE) de la nature du système de l'Union européenne et des principes nécessaires au fonctionnement de l'Union. La sécurité juridique est le plus souvent utilisée sous des formes particulières : principe de la non-rétroactivité des actes administratifs, principe du respect des droits acquis et de l'immutabilité des situations juridiques subjectives, principe de sauvegarde de la confiance légitime… (pour une analyse de l'arrêt du 24 mars 2006, voir p. 171).

C) La valeur juridique des PGD

1) La théorie de la valeur législative des PGD

Elle situe les PGD au niveau de la loi, s'imposant donc au pouvoir réglementaire. Il faut alors une loi pour y déroger.

2) La théorie classique de la valeur infralégislative et supradécrétale des PGD

Cette théorie a été développée par le professeur Chapus (exposée précédemment, voir p. 132). Selon lui, les PGD ont une valeur inférieure à celle de la loi et supérieure à celle des règlements (hiérarchie déterminée par la place qu'occupe la juridiction administrative au sein des institutions). Bien qu'exposée en 1966, on peut considérer que cette analyse (ainsi que celle relative à la valeur législative des PGD) a perdu son fondement dès l'entrée en vigueur de la Constitution de 1958.

En effet, cette dernière consacre la catégorie des règlements dits autonomes (art. 37 C). Par définition, ceux-ci ne sont pas soumis à la loi. Si l'on s'en tient à la théorie classique, ces règlements n'auraient donc pas dû être soumis aux PGD. Or, dans un arrêt fondamental, le Conseil d'État se reconnaît le pouvoir de les annuler en cas de violation des PGD, ces derniers « résultant notamment du préambule de la Constitution » (CE Sect., 26 juin 1959, *Syndicat général des ingénieurs conseils*, GAJA).

Par ailleurs, **le Conseil constitutionnel a reconnu la valeur constitutionnelle de certains PGD**, comme celui de continuité des services publics (CC, 25 juillet 1979, GDCC n° 31) ou des droits de la défense (CC, 23 janvier 1987, *Conseil de la concurrence*, RFDA 1987, p. 287, note B. Genevois ; qualifié de principe fondamental). Bien évidemment, en cas de divergence entre le Conseil d'État et le Conseil constitutionnel sur la valeur d'un PGD, la solution rendue par le second s'impose au premier.

Les jurisprudences du Conseil d'État et du Conseil constitutionnel ont provoqué l'émergence d'**une nouvelle théorie hiérarchisant les PGD.**

3) La théorie moderne du double niveau de valeur des PGD

En clair, cela signifie qu'il existe des PGD de valeur législative et des PGD de valeur constitutionnelle :

- **les PGD à valeur législative** sont les plus classiques et les plus nombreux. Ils s'imposent au pouvoir réglementaire (y compris autonome) mais pas au pouvoir législatif. Ils portent essentiellement sur les règles de procédure en matière juridictionnelle. Néanmoins, il existerait des principes interprétatifs et supplétifs de valeur réglementaire auxquels les règlements pourraient donc déroger ;

– **les PGD à valeur constitutionnelle** sont empruntés pour l'essentiel au préambule de la Constitution (liberté, égalité) et se rapprochent des principes fondamentaux consacrés par le Conseil constitutionnel. À vrai dire, on voit mal ce qui les en distingue, au point que le Conseil emploie de plus en plus souvent l'expression générique de « principe de valeur constitutionnelle ».

Pendant longtemps, le Conseil d'État a refusé de s'effacer devant la jurisprudence du Conseil constitutionnel et, de façon plus générale, devant les principes constitutionnels. Plus exactement, il a continué à rendre ses arrêts en se fondant sur les PG qu'il avait lui-même dégagés plutôt que sur les mêmes principes mais de valeur constitutionnelle. Cependant, depuis une décision de 1990, **la Haute juridiction administrative accepte de substituer à ses propres PGD des principes constitutionnels correspondants** (CE Ass., 21 décembre 1990, *Amicale des anciens élèves de l'ENS de Saint-Cloud*, Rec., p. 379, RA 1991, p. 34, note H. Ruiz-Fabri ; en l'espèce, le Conseil fait référence au « principe de l'égal accès des citoyens aux emplois publics proclamé par l'article 6 de la DDHC ») **et se réfère de plus en plus souvent, expressément, à la jurisprudence du Conseil constitutionnel** relative aux principes fondamentaux reconnus par les lois de la République (CE 29 mai 1992, *Association amicale des professeurs titulaires du Muséum d'Histoire naturelle* : référence au principe fondamental de l'indépendance des professeurs de l'enseignement supérieur énoncé par le CC dans sa décision du 20 janvier 1984).

Enfin, de façon audacieuse, **le Conseil d'État a lui-même consacré l'existence d'un principe fondamental reconnu par les lois de la République,** principe selon lequel l'État doit refuser l'extradition d'un étranger lorsqu'elle est demandée dans un but politique (CE Ass., 3 juillet 1996, *Koné* ; voir p. 119).

SECTION IV
Les règles du droit international

Jusqu'à la création de la Quatrième République, les règles du droit international n'ont eu aucune incidence sur la légalité interne.

Puis, le préambule de la Constitution de 1946 a proclamé que la France « se conforme aux règles du droit public international ». Ayant « force de loi », les traités s'imposaient à l'administration et tout acte contraire était susceptible d'annulation (CE Ass., 30 mai 1952, *Dame Kirkwood*, Rec. Lachaume).

Mais surtout, l'article 55 de la Constitution de 1958 dispose que « Les traités ou accords régulièrement ratifiés ou approuvés ont, dès leur publication, **une autorité supérieure à celle des lois**, sous réserve, pour chaque accord ou traité, de son application par l'autre partie ».

Le principe semble donc clair. Néanmoins, son application l'a moins été. La détermination des normes de droit international applicables en droit français ne pose plus aujourd'hui de difficulté particulière. Pourtant, compte tenu de la position adoptée par le Conseil d'État, les rapports entre les traités internationaux et la loi française ont été ambigus, pour ne pas dire conflictuels, jusqu'en 1989.

§ 1. Les normes du droit international applicables en droit français

Il faut distinguer entre les principes généraux du droit international et les principes généraux du droit européen, les dispositions des conventions internationales et le droit dérivé de certains traités (ceux relatifs à l'Union européenne).

A) Les principes généraux du droit public international et la coutume internationale

Ils constituent le droit international non écrit et regroupent un ensemble de principes et de règles « reconnus par les nations civilisées » et consacrés comme tels par les juridictions internationales.

En droit interne, le Conseil constitutionnel a admis la supériorité des principes généraux sur les lois (CC, 30 décembre 1975, Île de Mayotte, RDP 1976, p. 557, note L. Favoreu). Il a même reconnu la valeur constitutionnelle de certaines règles coutumières de droit international public (CC, 22 janvier 1999, *Statut de la cour pénale internationale*). De son côté **le Conseil d'État** annule les actes administratifs contraires à ces principes (CE Sect., 23 octobre 1987, *Société Nachfolger*, précité). En revanche, il **refuse de faire prévaloir tant la coutume que les principes généraux du droit international sur une loi interne**. Ainsi, dans une décision de 1997, le Conseil, tout en réaffirmant que la coutume internationale fait partie du bloc de légalité, a précisé qu'**en cas de conflit entre la coutume internationale et la loi interne, aucun principe constitutionnel** (y compris celui contenu dans l'article 55 de la Constitution) **ne permet au juge de faire prévaloir la coutume sur la loi** (CE Ass., 6 juin 1997, *Aquarone*, AJDA juillet-août 1997, p. 630, chro. D. Chauvaux et T. X. Girardot). Cette solution a été étendue aux principes généraux du droit international (CE, 28 juillet 2000, *Paulin*, D. 2001, p. 411). Le Conseil montre ainsi sa réticence « envers les normes qui, n'étant pas écrites, peuvent fluctuer dans le temps » (G. Tixier, note sous l'arrêt *Paulin*).

B) Les principes généraux du droit européen

Les principes généraux du droit communautaire s'imposent en droit interne (principes de sécurité juridique ou de confiance légitime, voir p. 135). Après avoir longtemps repoussé la question du rang hiérarchique de ces principes non écrits au sein de l'ordre juridique français, **le Conseil d'État a reconnu leur primauté sur la loi nationale** car ils ont « la même valeur juridique que le traité » (européen) (CE, 3 décembre 2001, *Syndicat national de l'industrie pharmaceutique*, AJDA, 18 novembre 2002, p. 1219). Il semble en outre avoir aussi admis sa compétence pour faire respecter cette primauté. Avec cet arrêt, le Conseil contribue à **assurer encore davantage la subordination du droit national au droit européen**.

C) Les dispositions des traités et des accords internationaux

En vertu de l'article 55 de la Constitution, les dispositions d'une convention internationale ne sont applicables en droit interne qu'après la ratification du traité (par décret du chef de l'État) ou l'approbation de l'accord (par une autorité telle que le ministre des Affaires étrangères) et après publication de ce traité ou de cet accord.

Cependant, en vertu de l'article 53 de la Constitution, certains traités ou accords, souvent **les plus importants** (les traités engageant les finances de l'État, les traités de commerce…), ne peuvent être ratifiés ou approuvés qu'après le vote par le Parlement d'une loi autorisant leur ratification (on parle de loi de ratification).

Signalons également la procédure particulière d'adoption prévue par l'article 88-5 C pour tout projet de loi autorisant la ratification d'un traité relatif à l'adhésion d'un État à l'Union européenne. Si le Parlement l'autorise (par le vote d'une motion), le chef de l'État est libre de soumettre le projet de loi au vote du Congrès ou au référendum. À défaut d'autorisation, le projet de loi est soumis au référendum. Cette procédure exceptionnelle s'explique par le caractère sensible de la question de l'adhésion de nouveaux États à l'Union.

Selon une jurisprudence ancienne, pour apprécier l'applicabilité d'une convention internationale à l'administration, le Conseil d'État vérifie simplement l'existence des procédures de ratification ou d'approbation (il vérifie qu'elles ont bien eu lieu), leur inexistence privant la convention de tout effet à l'égard de l'administration (CE Ass., 23 novembre 1984, *Roujanski*, Rec., p. 383). De même, seuls les traités ou accords régulièrement publiés (au Journal officiel) sont applicables.

Par un arrêt d'Assemblée de décembre 1998, **le Conseil d'État** a abandonné sa jurisprudence traditionnelle et **accepte désormais de se prononcer également sur la régularité de la ratification d'un traité ou de l'approbation d'un accord** (CE Ass., 18 décembre 1998, *SARL du Parc d'activité de Blotzheim et SCI Haselaecker*, Jurisprudence du Conseil d'État 1998, documents d'études, La Documentation française, p. 56). En l'espèce, le Conseil juge que les traités ou accords relevant de l'article 53 de la Constitution et dont la ratification ou l'approbation est intervenue sans avoir été autorisée par la loi, ne peuvent être regardés comme régulièrement ratifiés ou approuvés. Dans le prolongement de cette jurisprudence, le **Conseil d'État a étendu le contrôle de l'applicabilité des traités et accords internationaux**. Par un **arrêt d'Assemblée du 5 mars 2003**, il énonce, sur le fondement des articles 53 et 55 de la Constitution, que **le juge administratif doit contrôler la régularité de la procédure de ratification ou d'approbation d'un traité ou accord international**, non seulement par voie d'action (comme le prévoit l'arrêt du 18 décembre 1998) **mais également par voie d'exception** c'est-à-dire à l'occasion d'un litige mettant en cause l'application de cet engagement international (CE Ass. 5 mars 2003, *M. Aggoun*, AJDA 2003, p. 726).

Par ailleurs, à l'occasion de l'examen d'une convention internationale invoquée dans un recours juridictionnel, il se peut que le Conseil d'État se heurte à une **disposition obscure** qui nécessite une **interprétation** afin d'en préciser le sens. Traditionnellement, **le Conseil s'estimait incompétent et renvoyait cette interprétation au ministre des Affaires étrangères ou, s'agissant des traités européens, à la Cour de justice de l'Union européenne** (CJUE) (anciennement Cour de justice des Communautés européennes – CJCE). Son attitude a changé sur ce point.

En ce qui concerne les dispositions d'un traité communautaire, le Conseil a longtemps été réticent à solliciter la CJCE (sans doute de peur de perdre sa « souveraineté »). Ce n'est plus le cas.

Mais surtout, **la Haute juridiction s'estime désormais compétente pour interpréter les dispositions relevant du droit international** sans demander l'avis du ministre des Affaires étrangères (CE Ass., 29 juin 1990, *GISTI*, GAJA, Rec. Lachaume). En effet, la prise en compte d'un nombre croissant de conventions internationales par le Conseil aurait provoqué des renvois incessants pour interprétation et nuit à la cohérence du contrôle juridictionnel.

D) Le droit européen dérivé

Il est constitué de tous les actes pris par les institutions européennes en application des traités instituant (notamment le traité de Rome) et modifiant les Communautés européennes (désormais Union européenne).

Le droit européen dérivé est appelé à prendre une place considérable parmi les sources de la légalité. Des différentes mesures prises par la Commission européenne (qui est avant tout une instance de propositions et de préparation des décisions pour le Conseil) et le Conseil des ministres (qui est l'organe politique de décision), à savoir les avis, les recommandations, les décisions individuelles, les règlements et les directives, seules ces deux dernières catégories d'actes nous intéressent.

Les règlements de l'Union européenne ont un « effet direct » dans l'ordre juridique des États membres de l'Union. Cela signifie qu'ils s'appliquent directement dans ces pays dès leur publication au Journal officiel de l'Union européenne. Ils sont une composante de la légalité et, à ce titre, s'imposent à l'administration. Une décision administrative peut donc être contestée pour non-respect d'un règlement européen.

Franchissant une étape supplémentaire, le Conseil d'État a estimé que la législation nationale ne pouvait empêcher l'application d'un règlement. Autrement dit, **les lois françaises doivent être compatibles avec les règlements européens** (CE, 24 septembre 1990, *Boisdet*, RFDA 1991, p. 172, note L. Dubouis).

Les directives de l'Union européenne ne sont pas obligatoires dans tous leurs éléments. Elles fixent des objectifs à atteindre dans tel ou tel domaine et laissent aux États le soin de prendre les mesures législatives ou réglementaires nécessaires pour y parvenir (l'État doit en assurer la « transposition » en droit interne). En application de la jurisprudence *Cohn-Bendit* (CE Ass., 22 déc. 1978, *GAJA*), il était considéré, jusqu'à présent, qu'une personne ne pouvait, à l'appui d'un recours contre une décision administrative individuelle, invoquer directement une disposition d'une directive, même si l'État avait été défaillant dans son obligation de transposition. La directive était en effet considérée comme n'ayant pas d'effet direct sur la situation d'une personne individuelle, puisqu'elle posait des obligations s'appliquant aux seuls États. Par un revirement de jurisprudence spectaculaire, le Conseil d'État a reconnu **la possibilité pour tout justiciable de se prévaloir**, à **l'appui d'un recours** dirigé contre un acte administratif **même non réglementaire**, **des dispositions précises et inconditionnelles d'une directive** lorsque l'État n'a pas pris, dans les délais impartis par elle, les mesures de transposition nécessaires (CE Ass., 30 octobre 2009, *Mme Perreux*).

Le Conseil d'État a précisé les obligations pesant sur les autorités françaises. Dans l'arrêt ***Alitalia*** de 1989, il réaffirme la nécessité pour l'administration de modifier ses règlements dans un délai imparti afin de les adapter aux nouveaux objectifs définis par les directives (CE Ass., 3 février 1989, *Alitalia*, GAJA, Rec. Lachaume).

La Haute juridiction a ensuite reconnu la **supériorité des directives sur les lois et règlements français** (CE Ass., 28 février 1992, *SA Rothmans International France*, Rec., p. 81, RFDA

1992, p. 425, note L. Dubouis). Elles peuvent donc être invoquées à l'appui d'un recours en annulation contre un règlement. De même, les décisions individuelles prises sur le fondement d'un règlement violant une directive ou se rattachant à une loi incompatible avec une directive, peuvent être contestées (CE Ass., 6 février 1998, *Tête et association de sauvegarde de l'ouest lyonnais*, AJDA 1998, p. 458 ; voir encadré p. 215).

Par ailleurs, le Conseil, à l'instar de la CJCE, a admis que **la violation du droit européen est de nature à engager la responsabilité de l'État lorsqu'un préjudice en résulte.** Cette responsabilité a d'abord été reconnue s'agissant de la méconnaissance des objectifs d'une directive par un règlement (CJCE, 19 novembre 1991, *Francovich et Bonifaci*, AJDA 1992, p. 143, note P. Le Mire ; CE Ass., 28 février 1992, *Société Arizona Tobacco Products*, Rec., p. 78, RDP 1992, p. 1480, note F. Fines). Puis, suite aux décisions *Brasserie du pêcheur* et *Factortame* de la Cour de justice (5 mars 1996, voir encadré ci-après), le Conseil d'État a reconnu la responsabilité de l'État du fait des actes individuels faisant application de lois contraires à des engagements internationaux (CE Ass., 30 oct. 1996, *Sté Jacques Dangeville*, AJDA avril 1997, p. 980, chro. D. Chauvaux et T.X. Girardot) et pour la première fois, pour les préjudices causés directement par la loi (CE Ass., 8 février 2007 *M. Gardedieu*, voir encadré p. 405).

Par un raisonnement quelque peu abusif, la CJCE tend à assimiler les directives aux règlements de l'Union européenne afin de leur donner une applicabilité directe dans l'ordre interne. Mais le Conseil d'État, suivant à la lettre les traités européens, contrarie cette démarche.

E11 Le régime européen de responsabilité de l'État pour violation du droit européen

Dans deux décisions du 5 mars 1996, la Cour de justice a posé les bases d'un véritable régime communautaire de responsabilité des États membres pour violation du droit communautaire (CJCE, 5 mars 1996, *Brasserie du pêcheur* et *Factortame*, Étude D. Simon, AJDA juillet-août 1996, p. 489) :

- les justiciables disposent d'un droit à réparation du préjudice subi, et ce quelle que soit la nature de la disposition communautaire violée (qu'il s'agisse d'un règlement ou d'une directive) ;
- l'obligation de réparation incombant à l'État est une obligation directe (sa mise en œuvre n'est pas conditionnée par un arrêt préalable de manquement rendu par la CJCE) ;
- la responsabilité de l'État peut être engagée quel que soit l'organe de l'État à l'origine de la violation (qu'il s'agisse du pouvoir exécutif, législatif ou de l'autorité judiciaire ; CJCE 12 novembre 2009, *Commission des Communautés européennes c/Espagne* : pour la première fois, manquement d'un État dont l'origine est la jurisprudence d'une cour suprême nationale) ;
- la Cour de justice a établi une distinction selon la marge d'appréciation dont disposait l'État. Lorsque l'autorité nationale dispose d'un faible pouvoir d'appréciation pour prendre une décision (cas de compétence liée), toute violation du droit communautaire est susceptible d'engager la responsabilité de l'État. En revanche, lorsque l'autorité dispose d'un important pouvoir d'appréciation (pouvoir discrétionnaire), la violation à l'origine du dommage doit être « suffisamment caractérisée » (c'est-à-dire manifeste et grave) ;
- enfin, les conditions du droit à réparation sont celles du régime national de responsabilité : le fait dommageable, le préjudice, le lien de causalité entre la violation du droit communautaire et le préjudice.

Par ces deux arrêts, la CJCE a voulu assurer la protection juridictionnelle des droits des justiciables dans ses différents aspects.

En outre, la Cour a estimé que le fait, pour un État, de ne prendre aucune disposition de transposition permettant d'atteindre l'objectif fixé par une directive dans le délai imparti constitue une violation caractérisée du droit communautaire susceptible d'engager la responsabilité de l'État (CJCE, 8 octobre 1996, *Dillenkofer*, C-178 et 179/94 et C-188 à 190/94).

Néanmoins, par une décision quelque peu brutale, **la CJCE a renforcé les obligations pesant sur les États destinataires pendant la période de transposition d'une directive** : l'État destinataire doit s'abstenir de prendre des mesures de nature à compromettre sérieusement la réalisation du résultat prescrit par la directive (CJCE, 18 décembre 1997, *Interenvironnement Wallonie*, aff. C-129/96, Europe, février 1998, n° 42). **Cette volonté de la Cour d'assurer l'effectivité des directives (avant même l'expiration du délai de transposition) en « orientant » l'action des États semble en contradiction avec la liberté qui leur est laissée** (par le traité de Rome) quant à la forme et aux moyens à mettre en œuvre pour parvenir au résultat fixé par les directives. Faisant application de cette jurisprudence, le Conseil d'État n'a pas relevé de contradictions entre « la liberté de moyens laissée aux États » et la « prohibition des mesures de nature à compromettre… » (CE, 10 janvier 2001, *France Nature Environnement*).

§ 2. Les rapports entre les traités et les lois (et la Constitution)

Si nous évoquons ici essentiellement les rapports entre les traités et les lois, il convient au préalable de rappeler les règles particulières qui régissent les rapports entre la Constitution et les engagements internationaux.

A) La question de la compatibilité des engagements internationaux avec la Constitution

En vertu de l'article 54 de la Constitution, il appartient au Conseil constitutionnel, saisi par l'une des autorités compétentes (le Président de la République, le Premier ministre, le président de l'Assemblée nationale, le président du Sénat et, depuis la révision constitutionnelle du 25 juin 1992, 60 députés ou 60 sénateurs), de vérifier la compatibilité des engagements internationaux avec la Constitution.

Si un engagement comporte une disposition contraire à la Constitution, sa ratification ou son approbation ne pourra intervenir qu'après une modification de la Constitution faisant disparaître la contrariété.

Par ailleurs, dans le cadre du contrôle de constitutionnalité des lois (art. 61 C), il revient au Conseil constitutionnel d'examiner les lois autorisant la ratification ou l'approbation d'un engagement international. Si ce dernier comporte une disposition contraire à la Constitution, la loi est, par ricochet, contraire à la Constitution.

B) La supériorité des traités sur les lois

L'article 55 de la Constitution pose le principe de leur supériorité sur les lois sous réserve de l'application réciproque du traité par l'autre ou les autres parties. Cependant, cette condition de réciprocité n'est pas exigée en matière de normes européennes et n'a pas lieu de s'appliquer s'agissant des conventions multilatérales « de nature humanitaire » (CC, 22 janvier 1999, *Traité relatif à la Cour pénale internationale*, un État partie à une convention ne peut pas en suspendre les « dispositions relatives à la protection de la personne humaine » au motif de la violation de cette convention par un autre État partie).

Lorsqu'il existe un doute sur la réciprocité, le Conseil d'État sursoit à statuer et renvoie au ministre des Affaires étrangères qui tranche la question (CE Ass., 29 mai 1981, *Rekhou*, AJDA 1981, p. 459, chro. F. Tiberghien et B. Lasserre, confirmé par CE Ass., 9 avril 1999, *Mme Chevrol-Benkeddach*).

Cependant, par une décision du 13 février 2003, la Cour européenne des droits de l'homme a condamné ce mécanisme du renvoi préjudiciel comme étant contraire au droit à un procès équitable (art. 6 § 1 de la Conv. EDH). Plus précisément, la Cour estime que le Conseil d'État ne peut s'estimer lié par l'avis du ministre, car autrement il se prive volontairement de la compétence lui permettant d'examiner et de prendre en compte des éléments de fait pouvant être déterminant pour le règlement du litige. Reste à savoir si la France tirera les conséquences de cette condamnation en modifiant voire en supprimant le mécanisme du renvoi au ministre des Affaires étrangères.

Quoi qu'il en soit, le défaut constaté de réciprocité prive le traité de toute applicabilité dans l'ordre juridique interne.

En principe, une fois applicable dans l'ordre interne, le traité est supérieur à la loi française. Cependant, **jusqu'en 1989, cette supériorité n'a pas été assurée** (du moins pour les traités antérieurs à cette date).

La question qui se pose est de savoir quelle est la juridiction compétente pour assurer le contrôle de la conventionnalité des lois (c'est-à-dire leur compatibilité avec les conventions internationales). On pouvait penser que cette mission revenait au Conseil constitutionnel. Mais, dans une décision fondamentale du 15 janvier 1975, celui-ci a considéré qu'il ne lui appartenait pas (lorsqu'il est saisi en application de l'art. 61 C) « d'examiner la conformité d'une loi aux stipulations d'un traité ou d'un accord international » (CC, *Interruption volontaire de grossesse*, GDCC, à propos de la compatibilité de la loi sur l'IVG avec la Convention européenne des droits de l'homme). Le Conseil s'est notamment fondé sur le fait que la Constitution ne lui attribue pas cette compétence. D'ailleurs, ajoute-t-il dans cette décision, « une loi contraire à un traité ne serait pas, pour autant, contraire à la Constitution ».

Il est important de préciser que **si le Conseil constitutionnel s'est déclaré incompétent pour assurer le contrôle de la conformité des lois aux engagements internationaux, il a implicitement délégué cette compétence aux autres juridictions.**

Or, si celles-ci ont accepté de contrôler la conventionnalité des lois antérieures aux traités, elles ont longtemps refusé d'assurer le contrôle de la loi postérieure.

E12 **La soumission des traités internationaux à la Constitution**

En octobre 1998, le Conseil d'État a rendu un arrêt fondamental en jugeant que « la suprématie... conférée aux engagements internationaux (par l'article 55 de la Constitution) ne s'applique pas, dans l'ordre interne, aux dispositions de nature constitutionnelle » (CE Ass., 30 octobre 1998, *Sarran et Levacher*, Jurisprudence du Conseil d'État 1998, documents d'études, La Documentation française). On retiendra surtout que la Haute juridiction administrative se livre ici à une interprétation directe de la Constitution.

Le jugement rendu implique que, dans l'ordre interne, aucune norme n'est égale ou supérieure à la Constitution. Par conséquent, dans un face-à-face entre traité et Constitution, les dispositions constitutionnelles doivent s'appliquer.

1) La supériorité des traités sur la loi antérieure

Elle n'a jamais posé de difficulté particulière. En effet, toutes les juridictions admettent le principe selon lequel le dernier acte adopté dans le temps prévaut sur les actes antérieurs concernant la même matière. Le traité postérieur à la loi modifie ou abroge cette dernière.

2) La supériorité des traités sur la loi postérieure

Pendant longtemps, l'attitude des juridictions a fait obstacle à son effectivité. Le Conseil d'État et la Cour de cassation considéraient que **leur mission était de veiller au respect de la loi et non d'assurer son contrôle.** Plus spécifiquement, le Conseil d'État faisait application de la théorie de « la loi écran » (la loi faisant écran entre le traité et l'acte administratif).

Ainsi, **lorsqu'une loi était postérieure à un traité** (sur une même question), **le Conseil d'État refusait de faire prévaloir le traité** (CE Sect., 1er mars 1968, *Syndicat général des fabricants de semoules de France*, Rec., p. 149, AJDA 1968, p. 235, concl. N. Questiaux, à propos de normes de droit européen). Progressivement, la position du Conseil d'État est devenue inconfortable puis intenable. En effet, les autres juridictions concernées avaient adopté des positions isolant la Haute juridiction administrative.

Dans un premier temps, la Cour de cassation, répondant à l'invitation lancée par le Conseil constitutionnel, a abandonné sa conception traditionnelle et a accepté de faire prévaloir les traités sur la loi française postérieure (Cass. ch. mixte, 24 mai 1975, *Société des Cafés Jacques Vabre*, AJDA 1975, p. 567, note J. Boulouis, à propos de la compatibilité de la législation douanière française avec les règles européennes antérieures).

Dans un second temps, la CJCE a clairement affirmé que les juges nationaux devaient laisser inappliquée toute disposition de la loi nationale contraire au droit européen (CJCE, 9 mars 1978, *Simmenthal*, AJDA 1978, p. 323, *note J. Boulouis*). Enfin, le Conseil constitutionnel lui-même a réaffirmé la supériorité des traités sur les lois (CC, 21 octobre 1988, Rec., p. 183).

Face à une telle unanimité, **la position du Conseil d'État semblait bien archaïque.** Elle témoignait du souci de ménager le législateur mais, en même temps, elle plaçait la France dans une situation inconfortable vis-à-vis du processus d'intégration européenne et du respect de ses engagements internationaux.

La Haute juridiction a finalement opéré un revirement de jurisprudence et a accepté de vérifier, dans l'arrêt *Nicolo* de 1989, la compatibilité d'une loi française de 1977 (fixant les modalités de la désignation des représentants français au Parlement européen) **avec le traité de Rome de 1957** (CE Ass., 20 octobre 1989, *Nicolo*, GAJA, Rec. Lachaume). **En l'espèce, le Conseil a fait prévaloir le traité sur la loi postérieure.**

Cette jurisprudence a eu un impact considérable. Il faut bien comprendre que c'est grâce à la portée extensive donnée à l'arrêt *Nicolo* que le Conseil d'État a pu consacrer, d'une part la règle de la compatibilité des lois françaises avec les règlements de l'Union européenne (CE, 24 septembre 1990, *Boisdet*, précité), d'autre part le principe de supériorité des directives sur les lois (CE Ass., 28 février 1992, *SA Rothmans International France*, précité).

E13 Les rapports entre la Constitution et le droit européen

Saisi de l'inconstitutionnalité d'un règlement transposant une directive européenne, le Conseil d'État doit examiner la légalité du règlement au regard des dispositions constitutionnelles. Cependant, dans l'arrêt *Arcelor*, le Conseil a estimé que lorsque le règlement attaqué transpose directement une directive et que les normes constitutionnelles invoquées trouvent leur équivalent dans des normes européennes, le contrôle de constitutionnalité doit être écarté au profit du contrôle de légalité européen assuré par la Cour de Justice (CE Ass. 8 février 2007, *Société Arcelor Atlantique et Lorraine et autres*).

L'affaire soulevée par Arcelor posait le problème de la conciliation de deux exigences : la suprématie de la Constitution et de son principe d'égalité et l'exigence de transposition des directives. Le Conseil d'État indique que, en pareille hypothèse, le juge doit procéder en deux temps :

1. Il doit d'abord rechercher si les principes constitutionnels dont la méconnaissance est invoquée ont un équivalent dans l'ordre juridique européen, c'est-à-dire *si le droit ou la liberté en cause est effectivement et efficacement protégé par le droit européen « primaire » (traités et principes généraux du droit européen), tel qu'interprété par la Cour de justice*. Tel est le cas, en l'espèce, du principe d'égalité. En cas de difficulté sérieuse, le juge doit renvoyer la question à la Cour de justice de l'Union européenne, qui détient le monopole de l'appréciation de la validité du droit communautaire dérivé. Si la Cour déclare que la directive est contraire au droit communautaire primaire, il appartient alors au juge national d'en tirer les conséquences en annulant le décret transposant cette directive illégale.
2. Si les principes constitutionnels dont la méconnaissance est invoquée n'ont pas d'équivalent dans l'ordre juridique européen, parce que ce principe est en réalité spécifique à la Constitution française (comme la laïcité), le juge doit examiner, comme il le fait d'ordinaire, si le décret est conforme à ce principe et, dans la négative, annuler le décret pour inconstitutionnalité.

L'arrêt *Arcelor* contribue à renforcer l'obligation, pour l'ensemble des pouvoirs publics, de respecter les engagements internationaux de la France, notamment le droit européen des droits de l'homme, et, dès lors, à assurer une garantie des droits la plus élevée, le cas échéant en acceptant que l'écran constitutionnel ne soit pas un obstacle à l'application du droit européen.

Dans la continuité de l'arrêt *Arcelor*, le Conseil d'État a estimé qu'en l'absence de difficultés sérieuses, la juridiction administrative peut contrôler la compatibilité d'une directive de l'Union européenne avec les droits fondamentaux protégés par la Convention européenne des droits de l'homme (CE Sect., 10 avril 2008, *Conseil national des barreaux et autres*, *Conseil des barreaux européens*, n° 296845, 296907).

CHAPITRE 2

La portée du principe de légalité

Il résulte du principe de légalité que les actes de l'administration doivent être conformes aux normes qui leur sont supérieures (légalité stricte) ou parfois simplement compatibles avec la norme supérieure (légalité souple).

Dans le cadre de la légalité, **l'administration dispose d'un pouvoir discrétionnaire ou d'une compétence liée selon que ses choix sont libres ou non.** L'intensité du contrôle du juge administratif varie en fonction de l'hypothèse dans laquelle on se trouve.

Par exception, il existe des cas dans lesquels la légalité peut être assouplie ou aménagée pour permettre aux autorités administratives ou exécutives d'agir avec plus de vigueur et de rapidité.

SECTION I

La marge d'action de l'administration : pouvoir discrétionnaire et compétence liée

§ 1. L'obligation d'agir

La légalité oblige-t-elle l'administration à agir, y compris lorsque celle-ci souhaite s'abstenir ? Son abstention est-elle illégale ?

Lorsqu'un texte prescrit l'intervention de l'administration, l'abstention de cette dernière est illégale. Le refus de l'administration de prendre un acte individuel d'application est constitutif d'une illégalité. Par ailleurs, dans le cadre de la théorie de l'abrogation (voir p. 189), l'autorité administrative compétente est obligée d'abroger les décisions individuelles non créatrices de droit devenues illégales à la suite d'un changement de circonstances (CE Sect., 25 mai 1979, *Dame Bayret*, Rec., p. 239). De même, les décisions individuelles non créatrices de droit, prises sur le fondement d'un acte réglementaire jugé illégal, doivent être abrogées (décret du 28 novembre 1983).

L'administration a l'obligation de prendre les mesures réglementaires d'application des lois et des règlements. Cette obligation est tempérée par le « délai raisonnable » dont elle dispose pour agir (CE Ass., 27 novembre 1964, *Dame Veuve Renard*, Rec., p. 590 ; CE, 13 juillet 1962, *Kevers-Pascalis*, D. 1963, p. 606). Le dépassement excessif de ce délai est constitutif d'une illégalité. L'administration est également tenue **d'abroger les règlements illégaux ou devenus sans objet, soit d'office, soit à la demande d'une personne intéressée** (loi du 20 décembre 2007 relative à la simplification du droit) (voir p. 189).

Lorsqu'aucune disposition légale n'est prévue, l'autorité administrative apprécie l'opportunité d'agir ou de ne pas agir. En général, elle n'est tenue de faire cesser une situation illégale que lorsqu'un texte l'y oblige. Cependant, cette liberté d'appréciation connaît des limites, en particulier lorsqu'une situation porte atteinte ou constitue une menace pour un intérêt public ; dans ce cas, l'administration est dans l'obligation d'intervenir. Ainsi, s'il y a menace grave à l'ordre public, l'autorité compétente est tenue de prendre les mesures de police administrative nécessaires à son maintien. Le refus d'agir est constitutif d'une illégalité (CE Sect., 14 décembre 1962, *Doublet*, Rec., p. 680, S. 1963, p. 92, concl. Combarnous).

§ 2. La distinction entre pouvoir discrétionnaire et compétence liée

L'étude du pouvoir discrétionnaire de l'administration, plus particulièrement de son étendue, est l'une des questions les plus cruciales du droit administratif. Elle est importante à un double titre : d'une part, parce qu'elle renvoie à une autre question fondamentale, celle de la liberté d'appréciation de l'administration ; d'autre part, parce que si danger d'arbitraire administratif il doit y avoir, il se situe dans cette « zone » du pouvoir discrétionnaire.

Le pouvoir discrétionnaire se définissant par rapport à la compétence liée, il convient donc de les décrire tous deux. Nous verrons que si tous les actes pris par l'administration sont susceptibles d'être contrôlés par le juge administratif qui vérifie s'ils ne rentrent pas dans l'une des hypothèses d'illégalité, **le contrôle revêt une moindre intensité lorsqu'ils portent sur des actes discrétionnaires**.

A) Définitions

1) La compétence liée

La compétence d'une **autorité administrative** est liée (par le droit, par les textes) lorsque celle-ci **est non seulement obligée d'agir, mais encore obligée de prendre une décision déterminée.** Autrement dit, elle ne dispose d'aucune possibilité de choix.

La compétence peut être fortement liée. C'est le cas, par exemple, en matière de déclaration d'association. Après le dépôt de la déclaration, l'administration est dans l'obligation de délivrer un récépissé (TA Paris, 25 janvier 1971, *Dame de Beauvoir et Leiris*, Rec., p. 813). De même, en matière de départ à la retraite des fonctionnaires, l'administration n'a aucun choix ni sur la décision, ni sur les moyens à mettre en œuvre pour y parvenir, ni sur le moment où elle doit être prise. Arrivé à la limite d'âge légale de 65 ans (en général), le fonctionnaire est automatiquement radié des cadres (CE Sect., 18 juin 1965, *Bellet*, Rec., p. 370).

La compétence est également fortement liée en matière de délivrance du permis de conduire ou d'inscription à l'Université (dans l'un et l'autre cas, l'obtention du titre ou du diplôme requis lie l'administration).

Cependant, même dans la mise en œuvre d'une compétence liée, **l'administration n'est pas totalement dépourvue de pouvoir d'appréciation.** Il est ainsi fréquent qu'elle dispose d'un **« délai raisonnable »** pour prendre sa décision (elle peut donc choisir, dans certaines limites, le moment de son intervention).

La mise en œuvre d'une compétence liée emporte une conséquence particulière quoique logique quant à sa légalité. Par définition, on ne peut reprocher à l'administration le fait d'avoir pris une décision qu'elle était dans l'obligation de prendre. En conséquence, les moyens soulevés pour contester cette décision sont voués à l'échec, ils sont dits « inopérants ». Autrement dit, **le caractère lié de la compétence préserve la décision de toute contestation relative à sa légalité** (en théorie).

2) Le pouvoir discrétionnaire

Il se justifie par la nécessité pratique d'accorder à l'administration une certaine souplesse, une certaine liberté dans son fonctionnement ainsi que dans son activité. Une autorité administrative se voit reconnaître un pouvoir discrétionnaire **lorsque les textes lui attribuant une compétence la laissent libre d'agir ou de ne pas agir et lui laissent le choix de la décision**.

La « zone » du pouvoir discrétionnaire est celle dans laquelle une autorité publique procède à « un choix parmi les moyens disponibles pour atteindre des objectifs donnés ». En d'autres termes, face à une situation de fait, **l'autorité prend la décision qui lui semble propre à réaliser ces objectifs**, tout en respectant le but d'intérêt public qui doit guider toute action administrative.

Cette liberté de choix n'est toutefois pas absolue. **Le pouvoir discrétionnaire n'est pas un pouvoir arbitraire**. Si l'autorité administrative est libre d'adopter telle décision ou tel comportement, son choix s'effectue entre des décisions et des comportements qui doivent être conformes à la légalité, sous le contrôle du juge administratif.

Parmi les manifestations les plus visibles du pouvoir discrétionnaire, on peut citer : le pouvoir d'appréciation des jurys d'examens ou de concours sur l'aptitude des candidats (on connaît toute la subjectivité d'une notation), le pouvoir d'appréciation des autorités de police sur la menace que constitue pour l'ordre public la présence d'un étranger sur le sol français (en matière d'expulsion et de reconduite à la frontière), le pouvoir d'appréciation des autorités administratives sur la gravité des fautes commises par un agent et la liberté de choix de la sanction…

Comme déjà indiqué, la nature d'un pouvoir résulte de la plus ou moins grande liberté de choix conférée à une autorité administrative par le droit. Mais il arrive aussi qu'un texte soit volontairement rédigé en termes vagues et imprécis, de telle façon que la nature du pouvoir ou de la compétence n'apparaisse pas clairement. Usant de son pouvoir d'interprétation, la jurisprudence sera amenée à le définir. En liant certaines compétences, le juge contribue à réduire la part du pouvoir discrétionnaire.

B) Les différentes hypothèses d'illégalité

Nous ne les abordons que brièvement puisqu'elles feront l'objet de développements plus conséquents dans la partie consacrée à la justice administrative (voir p. 351 et s.).

Tous les éléments d'un acte administratif (son élaboration, la compétence de son auteur, son objet, ses motifs…) peuvent être contestés devant le juge administratif dans le cadre du recours pour excès de pouvoir. Le requérant ou le juge lui-même (s'il s'agit d'un moyen d'ordre public) peut invoquer des illégalités affectant ces différents éléments, susceptibles d'entraîner l'annulation de l'acte. On distingue les illégalités externes des illégalités internes.

En ce qui concerne les illégalités externes :

- l'**incompétence** peut être soulevée lorsque l'auteur de l'acte n'est pas celui qui était investi du pouvoir de le prendre ;
- le **vice de forme ou de procédure** peut être invoqué lorsque l'acte n'a pas été élaboré et adopté selon les formes et procédures prévues par la loi.

Quant aux illégalités internes :

- il y a **détournement de pouvoir** lorsque l'administration détourne sa compétence à des fins autres que l'intérêt public ou à des fins d'intérêt public mais qui ne sont pas celles prescrites par la législation à mettre en œuvre ;
- il y a **détournement de procédure** lorsque l'administration fait usage d'une procédure administrative à des fins qui ne sont pas celles qui lui étaient assignées par la loi ;
- il y a **« violation de la loi »**, d'une part lorsque l'administration prend une décision qu'elle n'avait pas le pouvoir de prendre ou ne prend pas une décision qu'elle avait l'obligation de prendre (illégalité relative à l'objet de l'acte), d'autre part lorsque l'administration prend une décision « sans motif » (**erreur de droit**) ou sur des motifs de fait erronés (**erreur de fait** qui comprend l'inexactitude matérielle des faits et l'inexacte qualification juridique des faits ; illégalité relative aux motifs de l'acte).

Parmi ces différents cas d'ouverture du REP (recours pour excès de pouvoir), examinons plus attentivement ceux qui s'appliquent au pouvoir discrétionnaire et surtout la façon dont ils s'appliquent.

C) Les limites du pouvoir discrétionnaire : du contrôle minimum au contrôle maximum

Comme tout pouvoir, le pouvoir discrétionnaire reste soumis à la légalité. Cependant, l'intervention du juge s'est longtemps limitée à un contrôle minimum.

Puis ce contrôle minimum s'est élargi à l'erreur manifeste d'appréciation, moyen pour le juge de contrôler la qualification juridique des faits, c'est-à-dire le choix opéré par l'autorité administrative.

Enfin, dernière étape de l'entreprise de réduction du pouvoir discrétionnaire, le Conseil d'État a développé un contrôle normal, voire maximum, sur certaines appréciations discrétionnaires.

1) Le contrôle minimum

a) Les cas d'ouverture traditionnels

Le juge administratif contrôle bien évidemment la légalité externe des décisions discrétionnaires : incompétence, vice de forme ou de procédure. Il contrôle également certains éléments de la légalité interne : erreur de droit, faits matériellement inexacts et détournement de pouvoir.

Avec ces différents moyens, **le juge** s'assure seulement des bases sérieuses de l'appréciation administrative et **cantonne donc son contrôle à la périphérie du pouvoir discrétionnaire**. En effet, **il n'exerce aucun contrôle sur la qualifica-**

tion juridique des faits (c'est en cela que le contrôle est dit restreint). **Cette lacune va motiver l'introduction de l'erreur manifeste d'appréciation dans le contentieux des appréciations discrétionnaires**.

b) L'erreur manifeste d'appréciation

1. Genèse et signification

Pendant longtemps, la Haute juridiction administrative a rejeté toute idée d'un contrôle du pouvoir discrétionnaire : les appréciations discrétionnaires n'étaient « pas susceptibles d'être discutées devant le Conseil d'État statuant au contentieux ». De plus, dans ce type d'appréciation, les autorités administratives bénéficiaient (et bénéficient encore) d'une tolérance, d'un **droit à l'erreur** (une erreur simple n'entraîne pas l'illégalité de l'acte).

Pour autant, **la libre volonté de l'administration ne peut s'exercer n'importe comment**. Mais comment soumettre le pouvoir discrétionnaire sans le dénaturer ? Voilà tout le dilemme devant lequel est placé le juge et que résume la formule du président Letourneur : « ou s'immiscer dans le domaine de l'administrateur ou sacrifier les droits des individus ». Par conséquent, ce n'est pas le pouvoir discrétionnaire en tant que tel qui est en cause, mais plutôt le choix auquel il oblige.

L'idée s'est ensuite imposée que si l'administration « a le droit » de commettre une erreur, celle-ci ne peut dépasser un certain seuil de gravité, ne peut aller au-delà du raisonnable. Cette erreur si grossière qu'elle pourrait « sauter aux yeux » de tout individu, c'est l'erreur manifeste. **Son introduction dans le contentieux administratif répond donc à la volonté du juge de mieux contrôler le pouvoir discrétionnaire tout en respectant le choix fait par l'administration**.

Dans l'arrêt *Lagrange*, le Conseil estime que l'appréciation qui lui est déférée « n'est pas susceptible d'être discutée » devant lui mais qu'« il lui appartient néanmoins d'examiner si cette appréciation ne serait pas manifestement erronée » (CE Sect., 15 février 1961, AJDA 1961, p. 200, chro. Galabert et Gentot). Cela signifie que désormais, **même en cas de pouvoir discrétionnaire, l'appréciation administrative des faits, qui prend la forme de la qualification juridique des faits, n'échappe pas à tout contrôle administratif**. C'est donc « de l'intérieur même que le juge restreint la portée de la libre appréciation autorisée par le pouvoir discrétionnaire ».

Pourtant, ce n'est pas la simple inadaptation entre la situation de fait et les justifications de la décision qui est susceptible de provoquer la censure juridictionnelle mais plutôt le « dérèglement », **la disproportion manifeste entre ces faits et les motifs de la décision**.

Le juge ne se contente plus de constater le contenu des notions qu'il doit contrôler – que celui-ci soit vague ou précis – mais détermine lui-même les limites de son intervention. Autrement dit, **il fixe lui-même le seuil de disproportion entre les faits et les motifs**. Ainsi, **il « se reconnaît là le droit de substituer son appréciation à celle de l'administrateur » ou, pour le moins, se met en position d'effectuer un contrôle d'opportunité**.

En introduisant l'erreur manifeste, le Conseil d'État impose aux autorités administratives le **respect d'un minimum de logique et de bon sens**, opérant ainsi un rapprochement avec la notion de détournement de pouvoir qui a pour objet de soumettre l'administration à un minimum de moralité.

Le juge administratif n'a jamais abusé du pouvoir de contrôle approfondi que lui permet l'erreur manifeste. Il s'en est plutôt servi comme d'**une arme préventive**, une « épée de Damoclès » au-dessus de la tête des autorités administratives. Ces dernières sont prévenues qu'au-delà d'un certain degré de gravité, une erreur pourra entraîner l'annulation d'une décision. L'EMA (erreur manifeste d'appréciation) a ainsi permis d'**éviter ou d'éliminer des dispositions arbitraires, en particulier celles susceptibles d'affecter les libertés fondamentales**.

2. Champ d'application de l'erreur manifeste

L'EMA a fait son apparition à l'occasion d'arrêts que l'on peut qualifier d'anodins en matière de remembrement rural (CE, 19 avril 1961, *Ministre de l'Agriculture c/consorts Bruant*, Rec., p. 242) et d'équivalence d'emplois (CE Sect., 15 février 1961, *Lagrange*, précité).

Par la suite, le Conseil d'État a propagé l'erreur manifeste dans diverses appréciations spécialisées qui vont de la notoriété médicale (CE Sect., 24 avril 1964, *Villard*, Rec., p. 256) aux mesures d'ordre économique, en passant par l'appréciation des dangers que comportent certains produits pharmaceutiques pour la santé publique (CE, 28 avril 1967, *Fédération des syndicats pharmaceutiques de France*, AJDA 1967, t. 2, p. 401, conclusions Galmont). Mais l'EMA a surtout investi progressivement de grands domaines de l'action administrative.

En premier lieu, **dans le cadre de la fonction publique** :

- contrôle de l'« aptitude de l'agent public » à recevoir de l'avancement ou de l'« aptitude du stagiaire » à exercer ses fonctions (CE Sect., 22 février 1963, *Maurel*, Rec., p. 119) ;
- contrôle en matière de notation des fonctionnaires, considérée pendant longtemps comme une mesure d'ordre intérieur (CE Sect., 26 octobre 1979, *Leca*, Rec., p. 397, AJDA 1979, n° 12, p. 44, concl. J. Massot ; la note attribuée ne doit pas être disproportionnée par rapport aux capacités réelles de l'agent) ;
- contrôle des sanctions disciplinaires (CE Sect., 9 juin 1978, *Sieur Lebon*, AJDA 1973, p. 573, concl. Genevois ; contrôle du choix d'une sanction disciplinaire infligée à un agent par rapport à la gravité de la faute qui lui est reprochée).

En second lieu, **dans le régime de l'urbanisme** : contrôle en matière de permis de construire (CE Sect., 17 décembre 1965, *Époux Planty et autres*, AJPI 1966, p. 603, conclusions Baudoin) et en matière d'octroi de permis de bâtir (CE Ass., 29 mars 1968, *Société du lotissement de la plage de Pampelonne*, Rec., p. 211, conclusions Vught, AJDA 1968, p. 335 ; l'arrêt applique l'erreur manifeste à l'appréciation du préfet qui estime qu'un projet de construction ne porte pas atteinte à la salubrité ou à la sécurité publique).

Enfin, **en matière de police des étrangers** :

- contrôle des publications de provenance étrangère (CE Ass., 2 novembre 1973, *Société anonyme Librairie F. Maspero*, GAJA ; en l'espèce, le Conseil estime que « dès lors qu'elle n'est pas entachée d'erreur manifeste, l'appréciation à laquelle s'est livrée le ministre de l'intérieur du danger que la revue présentait pour l'ordre public ne peut pas être discutée devant la juridiction administrative ») ;
- délivrance des passeports (CE, 19 février 1975, *Fouéré*, Rec., p. 829, D. 1975, p. 435, note Pacteau) ;
- arrêtés d'expulsion (CE, 3 février 1975, *Ministre de l'Intérieur c/ Pardov*, Rec. Lachaume ; le juge accepte de vérifier si l'appréciation du ministre quant à la qualification juridique des faits, à savoir que la présence de l'étranger en France constitue « une menace pour l'ordre public », n'est pas manifestement erronée) ;

– décisions administratives de reconduite à la frontière (CE Ass., 29 juin 1990, deux arrêts, *Préfet du Doubs c/ Mme Olmos Quintero et Imanbaccus*, Rec., p. 184 et 192, RFDA 1990, p. 530, concl. Faugère ; en l'espèce, le juge a non seulement admis la possibilité d'une erreur manifeste dans une décision de reconduite mais encore, chose remarquable, il a admis qu'une telle erreur pouvait être recherchée au titre des conséquences que la décision pouvait entraîner dans la situation personnelle et familiale de son destinataire ; arrêts confirmés, par exemple, par TA Versailles, 26 septembre 1996, *M.B.B.*, obs. J. Krulic, AJDA janvier 1997, p. 110 ; erreur manifeste d'appréciation sur la situation personnelle du requérant, ce dernier, ressortissant zaïrois atteint du Sida, ne pouvant plus recevoir de soins appropriés dans son pays d'origine et étant par conséquent condamné à une mort certaine).

Le Conseil d'État a refusé pendant un certain temps d'aller au-delà de l'erreur manifeste. Certains auteurs ont donc craint que cette forme atténuée de contrôle ne serve de prétexte au Conseil pour marquer une pause dans son entreprise de réduction du pouvoir discrétionnaire.

Cependant, progressivement, **des contentieux soumis à l'EMA vont glisser vers un contrôle normal**, donc plus étendu. Autrement dit, dans ces contentieux, **la censure résulte** non plus d'une disproportion manifeste entre les faits invoqués à l'appui d'une décision et les motifs de cette décision mais **d'une simple inadaptation entre la situation de fait et les justifications de la décision** (sur la qualification juridique des faits, voir p. 354).

C'est le cas du contrôle des autorisations de licenciement des représentants du personnel (CE Ass., 5 mai 1976, *SAFER d'Auvergne et Min. de l'Agriculture c/ Bernette*, GAJA), du contrôle des décisions refusant à un candidat à un concours d'entrée dans la fonction publique l'autorisation de participer aux épreuves (CE, 18 mars 1983, *Mulsant*, Rec., p. 125 ; l'appréciation de l'autorité administrative porte sur les garanties présentées par les candidats pour exercer les fonctions), du contrôle des équivalences d'emplois (CE, 29 avril 1994, *Cougrand*, DA 1994, n° 382) et bien sûr du **contrôle des mesures prises en matière de police des étrangers** (le juge applique à ces mesures un contrôle de proportionnalité, forme poussée de contrôle normal).

2) Le contrôle de proportionnalité (contrôle maximum)

Le Conseil d'État a introduit la proportionnalité dans le contrôle de certains types d'appréciations discrétionnaires. Dès lors, **au regard de la marge d'appréciation élevée qu'il confère au juge, ce contrôle peut être considéré comme étant d'une intensité maximale** (d'où la qualification de contrôle maximum).

Plus précisément, la Haute juridiction administrative a introduit la proportionnalité par le biais d'une jurisprudence originale en matière d'urbanisme et de travaux publics, la **jurisprudence du bilan « coût-avantage »**. Comme son nom l'indique, le juge fait le bilan entre les avantages et les inconvénients d'une décision administrative. **S'il estime que les inconvénients sont excessifs par rapport aux avantages** (donc que le bilan est négatif) **ou, plus précisément, s'il existe une disproportion excessive entre eux, il peut alors censurer la décision** (comme en matière de contrôle d'erreur manifeste, l'illégalité résulte de la disproportion manifeste).

Cette théorie a été posée à l'occasion de l'arrêt de principe « ***Ville Nouvelle Est*** » en matière de légalité des expropriations (CE Ass., 28 mai 1971, *Min. Équipement c/ Féd. de défense des personnes concernées par le projet actuellement dénommé « Ville Nouvelle Est »*, GAJA, Rec. Lachaume). À une époque où les expropriations se multipliaient, le Conseil a souhaité mettre en œuvre **un contrôle plus concret** des déclarations d'utilité publique les autorisant. En l'espèce, il estime « qu'une opération ne peut être légalement déclarée d'utilité publique que si les atteintes à la propriété privée, le coût financier et éventuellement les inconvénients d'ordre social qu'elle comporte ne sont pas excessifs eu égard à l'intérêt qu'elle présente ». Et il conclut à un bilan positif.

Par la méthode de comparaison qu'il implique, **ce contrôle confère au juge un pouvoir d'appréciation considérable pouvant le conduire jusqu'au cœur de la décision administrative, c'est-à-dire son opportunité.** Si une telle hypothèse devait se réaliser, cela reviendrait à substituer l'appréciation du juge à celle de l'autorité administrative. Conscient de ce risque, **le Conseil d'État a usé du bilan de façon raisonnable et mesurée**.

Par la suite, le contrôle du juge s'est élargi puisqu'aux inconvénients cités dans la jurisprudence « *Ville Nouvelle Est* », il a ajouté « l'atteinte à d'autres intérêts publics » pouvant être causée par des opérations en matière d'urbanisme ou de travaux publics (CE, 20 octobre 1972, *Société civile Sainte Marie de l'Assomption*, Rec., p. 657, RDP 1973, p. 843, concl. Morisot ; à propos de l'utilité publique de la construction de l'autoroute Nord de Nice destinée à relier la Provence à l'Italie ; annulation de la DUP – déclaration d'utilité publique – pour coût social excessif).

Certes, **le Conseil s'est montré réticent à contrôler et à censurer les grandes opérations de travaux civils** (comme la construction des lignes du TGV ou des centrales nucléaires) **ou militaires** et, de façon générale, les annulations ont été rares. Signalons **cependant** que, **pour la première fois, en 1997, le Conseil d'État a annulé une opération d'envergure nationale sur le fondement du bilan** (CE Ass., 28 mars 1997, *Association contre le projet d'autoroute transchablaisienne et autres*, DA 1997, p. 128 ; annulation du décret déclarant d'utilité publique la réalisation de l'autoroute A 400 entre Annemasse et Thonon-les-Bains compte tenu du coût excessif de l'ouvrage en regard du faible trafic attendu).

Le contrôle du bilan n'en a pas pour autant été inefficace et sans portée.

En effet, on ne peut négliger **le caractère préventif du contrôle**. Sensibles au risque de censure, les autorités administratives mettront davantage de soin à présenter un projet équilibré. Par ailleurs, tirant les leçons de l'expérience administrative en la matière, le législateur a imposé aux autorités administratives l'obligation de joindre à leurs projets d'opérations, des « études d'impact » évaluant les répercussions des projets sur l'environnement mais aussi des bilans socio-économiques dont le juge vérifie l'existence et le contenu.

Mais surtout, le Conseil d'État a **étendu le contrôle du bilan à d'autres domaines de l'action administrative** que l'utilité publique. On le trouve notamment en matière de dérogations aux règles d'urbanisme (CE Ass., 18 juillet 1973, *Ville de Limoges*, Rec., p. 530, AJDA 1973, p. 480, chro. P. Cabanes et D. Léger), de décisions instituant des servitudes pour le passage des lignes électriques ou des zones de protection autour des sites classés (CE Ass., 24 janvier 1975, *Gorlier et Bonifay*, Rec., p. 54), de **décisions d'expulsion et de reconduite à la frontière** (CE Ass., 19 avril 1991, *Belgacem* [expulsion] et *Mme Babas* [reconduite à la frontière], Rec., p. 152 et 162, AJDA 1991, p. 551, note F. Julien-Laferrière), de sanctions administratives infligées aux personnes privées par les autorités administratives indépendantes (CE Ass., 1er mars 1991, *Le Cun*, Rec., p. 70 ; pour des sanctions prononcées par la COB – Commission des opérations de bourse)…

Il faut noter que c'est **la possibilité pour les requérants**, d'une part **d'invoquer à l'appui de leurs recours les dispositions de la Convention européenne des droits de l'homme**, d'autre part de saisir directement la Cour européenne des droits de l'homme (qui exerce un contrôle poussé sur la base des dispositions de la Conv. EDH), qui **a obligé et oblige en quelque sorte le Conseil d'État à « s'aligner » dans le sens d'un approfondissement de son contrôle**.

C'est ce qui s'est produit à l'occasion des arrêts *Belgacem* et *Dame Babas* dans lesquels les requérants ont invoqué l'article 8 de la Conv. EDH (relatif au **respect de la vie privée et familiale**). La Haute juridiction administrative, délaissant le contrôle restreint traditionnellement appliqué dans ces domaines, a examiné **le rapport entre la gravité d'une mesure** d'expulsion ou de reconduite à la frontière d'un étranger **et l'atteinte à sa vie familiale**. La mesure est illégale si, au vu de la gravité de l'atteinte portée à la vie familiale, elle a « excédé ce qui était nécessaire à la défense de l'ordre public » (*Belgacem*) ou si elle constitue, pour le respect de la vie familiale, **« une atteinte disproportionnée aux buts »** pour lesquels elle a été prise (*Dame Babas*).

Si le Conseil d'État s'est toujours montré rigoureux dans son contrôle allant jusqu'à accorder à certains étrangers coupables de violences et d'infractions le droit de rester en France, **il lui arrive cependant de faire une application plus restrictive de l'article 8 de la Conv. EDH**. Il a ainsi estimé que l'arrêté de reconduite à la frontière d'un étranger, père d'un enfant français à naître, qui avait formé des projets de mariage avec une ressortissante française et qui, de plus, n'avait pas commis d'infraction pénale et ne constituait pas un danger pour la société, « n'a pas porté au droit de l'intéressé au respect de sa vie familiale une atteinte disproportionnée aux buts en vue desquels il a été pris » (CE, 14 mars 2001, *Ben Zid*).

Toujours en se fondant sur l'article 8 de la Conv. EDH, le Conseil d'État a étendu le contrôle de proportionnalité à **d'autres contentieux relatifs à la police des étrangers** : refus de visa d'entrée en France, refus de titre de séjour et refus d'abrogation d'un arrêté d'expulsion (CE Sect., 10 avril 1992, *Aykan, Marzini et Minin*, RFDA 1993, p. 541, concl. M. Denis-Linton).

Depuis l'arrêt *Marzini* en 1992, le Conseil d'État avait toujours accepté l'argument tiré du respect de la vie privée et familiale contre le refus d'un titre de séjour. Avec l'arrêt *Rezli* du 20 juin 1997, **la Haute juridiction met fin à cette automaticité** (CE Sect., 20 juin 1997, note D. Chauvaux et T. X. Girardot, AJDA juillet-août 1997, p. 627 ; voir également l'arrêt *Mme Rakotomavo*, CE, 15 avril 1996, req. n° 136079). Ainsi, **l'étranger qui demande**, par exemple, **un titre de séjour « étudiant » ou « commerçant » sans être inscrit à l'Université ou au registre du commerce, ne peut pas se prévaloir des stipulations de l'article 8 de la Conv. EDH contre le refus du titre**.

Par ailleurs, en se fondant sur l'article 10 alinéa 2 de la Conv. EDH (qui prévoit certaines limitations à la liberté d'expression), le CE a étendu le contrôle de proportionnalité aux **mesures d'interdiction des publications destinées à la jeunesse** (CE, 28 juillet 1995, *Association Alexandre* [3 arrêts ; req. n° 157565, 159172 et 159879] ; le Conseil apprécie si l'interdiction est proportionnée aux circonstances de l'espèce).

Enfin, sur le fondement de l'article 10 de la Conv. EDH, le Conseil d'État l'a étendu aux **mesures d'interdiction des publications étrangères** (CE Sect., 9 juillet

1997, *Association Ekin*, note M. F. Verdier, AJDA avril 1998, p. 374 ; en l'espèce, le Conseil accepte de vérifier que ce pouvoir de police du ministre de l'Intérieur n'est pas utilisé de façon injustifiée et disproportionnée).

Prenant le contre-pied du Conseil d'État, **la Cour européenne des droits de l'homme a estimé que le régime français des publications étrangères est incompatible avec la Conv. EDH** (17 juillet 2001, *Association Ekin c/ France*) : l'article 14 de la loi du 29 juillet 1881 sur la presse ne précise pas ce qu'il faut entendre par « publication étrangère » et n'indique pas les motifs pour lesquels une publication de cette nature peut être interdite. La Cour estime que cette disposition ouvre la voie à l'arbitraire. Se rangeant au raisonnement de la Cour européenne, le Conseil d'État, à son tour, a enjoint le Premier ministre de procéder à l'abrogation du décret-loi du 6 mai 1939 qui avait introduit l'article 14 contesté (CE, 7 février 2003, *Groupe d'information et de soutien des immigrés*, RFDA 2003, n° 2, p. 418).

SECTION II
Les limites de la légalité

Les régimes d'exception comme les circonstances exceptionnelles partent du constat que, dans certaines situations particulièrement graves, il faut que les autorités administratives et/ou exécutives puissent déroger à la légalité. Pour autant, celle-ci ne disparaît pas, elle est simplement aménagée.

§ 1. Les régimes d'exception

Le constituant et le législateur ont prévu des régimes d'exception pour **permettre au gouvernement ou au chef de l'État de faire face à certaines situations d'urgence et/ou d'instabilité**. Ces dispositions constitutionnelles et législatives qui marquent une parenthèse dans la légalité « ordinaire », se traduisent notamment par un accroissement des pouvoirs des autorités exécutives et permettent au gouvernement ou au Président d'agir dans des domaines qui ne relèvent pas normalement de leur compétence.

On le voit, ces questions dépassent le cadre du droit administratif pour s'étendre au droit constitutionnel.

A) L'état de siège et l'état d'urgence

L'état de siège trouve son origine dans la loi du 9 août 1849 et est aujourd'hui repris à l'article 36 de la Constitution de 1958. L'état d'urgence est organisé par une loi du 3 avril 1955. Il résulte de ces régimes d'exception que lorsque les circonstances l'exigent, le gouvernement est habilité à **« ouvrir une parenthèse dans la légalité »**.

Ces circonstances sont d'une part « le péril imminent résultant d'atteintes graves à l'ordre public ou d'événements présentant […] le caractère d'une calamité publique » qui correspond au régime de l'état d'urgence (loi du 3 avril 1955 et ordonnance du 15 avril 1960), d'autre part « le péril imminent résultant d'une guerre étrangère ou d'une insurrection à main armée » qui correspond au régime de l'état de siège (art. 36 de la Constitution, institué par les lois de 1849 et 1878).

La décision de recourir à l'un de ces régimes et sa proclamation se prennent en Conseil des ministres. Le décret de proclamation est signé par le Président de la République. L'application de tels régimes représente un **danger pour les libertés des citoyens**.

L'état de siège se traduit par un transfert du maintien de l'ordre public à l'autorité militaire, une restriction aux libertés individuelles et une extension de la compétence des tribunaux militaires à nombre d'infractions pénales. L'état d'urgence élargit les pouvoirs des autorités de police (notamment des préfets) ainsi que les compétences des tribunaux militaires. Le danger pour les libertés vient du fait que les décisions prises par ces autorités ne peuvent pas être véritablement contestées. Autrement dit, **l'application des régimes d'exception légitime des actes qui seraient irréguliers en temps normal** (comme la création de juridictions d'exception).

Comme nous l'avons indiqué, l'application des régimes d'exception n'est qu'une parenthèse dans la légalité. Ils ne peuvent s'appliquer plus de douze jours sans l'autorisation du Parlement.

L'état d'urgence s'est appliqué de 1955 à 1963 à l'occasion de la guerre d'Algérie (d'abord dans les départements d'Algérie, puis en métropole en mai 1958 et d'avril 1961 à juillet 1963) puis en 1985 en Nouvelle-Calédonie, et, enfin, de novembre 2005 à janvier 2006 sur le territoire métropolitain (voir encadré ci-après). L'état de siège n'a pas trouvé à s'appliquer sous la Cinquième République, sa dernière proclamation remontant à la Deuxième Guerre mondiale.

E14 **Le recours à l'état d'urgence de novembre 2005 à janvier 2006**

Dans le contexte des émeutes urbaines du mois de novembre 2005, le gouvernement a déclaré l'état d'urgence à compter du 9 novembre 2005 (Décret n° 2005-1386 du 8 novembre 2005). Le décret n° 2005-1387 du même jour en précise les modalités d'application. Ainsi, les préfets peuvent, sur l'ensemble du territoire métropolitain : établir un couvre-feu ; interdire le séjour dans tout ou partie du département à toute personne cherchant à entraver l'action des pouvoirs publics... De plus, dans un certain nombre de communes (de la région Île-de-France, de la communauté Lille Métropole, Lyon, Marseille...), les préfets peuvent adopter des mesures supplémentaires : assignation à résidence ; fermeture provisoire des lieux de réunion de toute nature ; perquisitions de jour et de nuit...

Face à la persistance des émeutes, l'état d'urgence a été prorogé pour une période de trois mois à compter du 21 novembre 2005 (Loi n° 2005-1425 du 18 novembre 2005). Par un décret du 3 janvier 2006, il y a été mis fin de manière anticipée à compter du 4 janvier.

Le juge des référés du Conseil d'État a eu à se prononcer sur la légalité des décrets portant déclaration et mise en œuvre de l'état d'urgence (CE, Juge des référés, 14 novembre 2005, *Hofer* et, même jour, Rolin ; 21 novembre 2005, *Boisvert* ; 9 décembre 2005, *Mme Allouache et autres*). Il a jugé que le champ d'application territorial de l'état d'urgence n'était pas excessif, compte tenu des risques de propagation des violences urbaines, et que les mesures autorisées n'étaient pas disproportionnées à l'état de la situation. Saisi d'une requête en référé-liberté tendant à ce qu'il soit mis fin à l'état d'urgence, le juge des référés s'est estimé en droit de contrôler les modalités d'application de l'état d'urgence. Il a jugé qu'en raison notamment de la soudaineté de la propagation des violences urbaines et des risques de recrudescence à l'occasion des fêtes de fin d'année, le chef de l'État n'avait pas pris une décision manifestement illégale en s'abstenant de mettre fin, dès à présent, à l'état d'urgence.

B) Les pouvoirs exceptionnels de l'article 16

L'article 16 a pour objet de doter le chef de l'État de pouvoirs exceptionnels lui permettant d'assurer la **continuité de l'État et du régime en cas de crise majeure**. Il y a crise majeure lorsque les institutions de la République, l'indépendance de la nation, l'intégrité du territoire ou l'exécution de ses engagements internationaux sont menacées d'une manière grave et immédiate et lorsque le fonctionnement régulier des pouvoirs publics est interrompu.

Après consultation du Premier ministre, des présidents des assemblées parlementaires mais aussi du Conseil constitutionnel, le Président décide seul de la mise en œuvre de l'article 16. Ce pouvoir discrétionnaire ne fait l'objet d'aucun contrôle juridictionnel (CE Ass., 2 mars 1962, *Rubin de Servens*, GAJA, Rec. Lachaume).

À partir de là, le Président prend les mesures exigées par les circonstances, ce qui signifie qu'**il concentre tous les pouvoirs entre ses mains, pouvoir exécutif et pouvoir législatif**. Cette plénitude de pouvoir lui permet de prendre des mesures jugées parfois dangereuses pour les libertés (création des juridictions d'exception en 1961 pour juger les « criminels » de la crise algérienne). Pourtant, cette « dictature républicaine » connaît des **limites qu'impose l'État de droit** (le Président ne peut prononcer la dissolution de l'Assemblée nationale ; il n'est pas possible de réviser la Constitution ; à l'occasion des sessions, le Parlement continue d'exercer ses pouvoirs « pour autant qu'il ne s'agisse pas de mesures prises ou à prendre en vertu de l'article 16 »).

Sur la base des pouvoirs qu'il détient, le Président peut prendre des mesures d'application dispensées de contreseing (décisions législatives ou réglementaires et décrets pour les mesures individuelles d'application). Elles doivent être soumises pour avis au Conseil constitutionnel (dont l'avis n'est pas publié).

Les mesures qui relèvent du domaine de la loi sont contrôlées par le Conseil constitutionnel dans le cadre de sa simple compétence consultative. En revanche, **les mesures qui relèvent du domaine réglementaire peuvent faire l'objet d'un véritable contrôle juridictionnel de la part du Conseil d'État**. C'est ce qu'a décidé la Haute juridiction dans l'arrêt *Rubin de Servens*. De même, **les mesures individuelles d'application peuvent être déférées au Conseil d'État** (CE, 23 octobre 1964, *D'Oriano*, précité).

L'article 16 n'a été mis en œuvre qu'une seule fois, par le général de Gaulle, du 23 avril au 29 septembre 1961, à la suite du putsch des généraux en Algérie.

§ 2. Les circonstances exceptionnelles

Élaborée par le Conseil d'État, cette théorie autorise l'administration, lorsque des circonstances exceptionnelles surviennent, à agir en dérogeant aux règles ordinaires imposées par la légalité.

Mais les circonstances exceptionnelles n'échappent pas pour autant à la légalité. Chaque étape du processus se réalise sous l'œil vigilant du juge administratif. **Les circonstances exceptionnelles ne sont donc pas une négation de la légalité, elles en sont un aménagement**.

A) Conditions de mise en œuvre

Elles ont été posées à l'occasion de deux arrêts rendus pendant la Première Guerre mondiale, le premier relatif à une révocation prononcée sans communication préalable du dossier (CE, 28 juin 1918, *Heyriès*, GAJA, Rec. Lachaume), le second relatif à des mesures de police portant atteinte à la liberté de circulation des individus (CE, 28 février 1919, *Dames Dol et Laurent*, GAJA, Rec. Lachaume).

Le juge administratif constatant lui-même l'existence des circonstances exceptionnelles qui légitiment les atteintes à la légalité, on comprend qu'il ait posé des conditions restrictives à leur mise en œuvre.

En premier lieu, il faut que les circonstances révèlent une situation véritablement exceptionnelle c'est-à-dire revêtant un **caractère de gravité, d'anormalité et d'imprévisibilité**. Les guerres en sont l'exemple type (Seconde Guerre mondiale, guerre d'Indochine, guerre d'Algérie...) mais aussi les émeutes (événements de mai 1968), les grèves générales (comme celle de novembre 1938) ainsi que les cataclysmes naturels (par exemple, une éruption volcanique).

En second lieu, il faut que les circonstances aient rendu **inenvisageable le respect de la légalité normale**. Autrement dit, il faut que l'administration ne soit pas en mesure d'agir en restant dans le cadre de la légalité ordinaire.

Le juge vérifie avec rigueur que ces conditions sont bien remplies et réunies.

B) Les effets

1) L'administration peut déroger aux règles et, en particulier, aux contraintes imposées par la légalité ordinaire

L'administration peut ainsi **se soustraire aux règles de forme et de procédure**, comme dans l'arrêt *Heyriès* où la révocation prononcée est jugée légale malgré la suspension par décret de la règle de la communication préalable du dossier avant toute sanction disciplinaire.

De même, elle peut **s'affranchir des règles de compétence malgré leur caractère d'ordre public** (c'est-à-dire qu'elles peuvent être soulevées d'office par le juge mais aussi être invoquées à tout moment du procès par les parties). Une autorité administrative peut ainsi outrepasser sa compétence normale ou empiéter sur celle d'une autre autorité. Le juge est allé jusqu'à reconnaître qu'un simple particulier pouvait se substituer à l'autorité compétente et être ainsi considéré comme un « fonctionnaire de fait » (CE, 5 mars 1948, *Marion*, Rec., p. 113).

Enfin, l'administration peut **déroger aux règles de fond**.

D'une part, **elle peut prendre des mesures dont l'objet va au-delà de ce qui est acceptable en temps normal**. C'est le cas des mesures de police qui restreignent les libertés publiques (CE, 28 février 1919, *Dames Dol et Laurent*, précité ; à propos de la liberté d'aller et venir) ou de la décision du préfet d'évacuer la population d'une zone soumise au risque d'une éruption volcanique (CE, 18 mai 1983, *Rodes*, Rec., p. 199, AJDA 1984, p. 44, note J. Moreau).

D'autre part, elle peut prendre des mesures dont la qualification juridique serait autre en temps normal. Il en est ainsi d'une arrestation et d'un internement qui, dans le cadre de la légalité ordinaire, seraient constitutifs d'une voie de fait (voir p. 302 et s.) compte tenu de leur caractère arbitraire et qui, dans le cadre des circonstances de guerre, demeurent des actes administratifs soumis au contrôle du juge administratif (TC, 27 mars 1952, *Dame de la Murette*, GAJA).

Les circonstances exceptionnelles n'étant pas un abandon de la légalité, le juge exerce un contrôle serré sur les mesures prises par l'administration.

2) Le contrôle exercé par le juge

En premier lieu, le juge vérifie que les mesures étaient bien **nécessaires et adaptées** à la préservation de l'intérêt ou de l'ordre public. Ce contrôle des différents aspects de la décision a pour effet de réduire le pouvoir discrétionnaire de l'administration comme « peau de chagrin » (CE Ass., 19 octobre 1962, *Canal*, Rec., p. 552, GAJA).

En second lieu, la capacité à prendre des mesures dérogeant à la légalité ordinaire est **limitée à la durée des circonstances exceptionnelles** (à ce titre, on peut dire que le régime applicable dans ces circonstances constitue une parenthèse dans la légalité). Autrement dit, au moment où une telle décision est prise, les circonstances devaient être exceptionnelles. Par ailleurs, lorsque le caractère exceptionnel disparaît, la mesure n'a plus de raison d'être. Enfin, les effets que produit la décision ne doivent pas excéder dans le temps ce qui était nécessaire.

Il faut également tenir compte du moment où sont prises les décisions. Lorsqu'une réglementation est édictée en fonction de certaines circonstances, les mesures individuelles d'application ne peuvent être prises que si elles sont justifiées par les circonstances du moment (CE Sect., 7 janvier 1955, *Andriamisera*, Rec., p. 13).

La capacité à agir est également **limitée dans l'espace** à la zone géographique couverte par les circonstances exceptionnelles.

Enfin, **le juge peut accorder une indemnisation à des particuliers lésés par des actes dommageables de l'administration**, mais pas sur la base de la responsabilité pour faute. En effet, ces actes qui, en période normale, seraient considérés comme fautifs, ne le sont pas dans le cadre des circonstances exceptionnelles. Le juge peut engager la responsabilité de l'administration sur la base du risque (CE, 28 mars 1919, *Regnault-Desroziers*, GAJA ; à propos des dommages causés par l'explosion d'un dépôt de munitions pendant la Première Guerre mondiale) ou, même lorsque l'action de l'administration est légale, **sur la base de l'égalité des citoyens devant les charges publiques** (CE, 30 novembre 1923, *Couitéas*, GAJA ; à propos du refus du gouverneur général du sud tunisien de prêter le concours de la force publique pour l'application d'un jugement ordonnant l'expulsion de tribus autochtones des terres du sieur Couitéas).

PARTIE III

Les actes de l'administration

CHAPITRE 1
Les actes administratifs unilatéraux

CHAPITRE 2
Les contrats administratifs

Qu'ils soient matériels ou intellectuels, les actes de l'administration sont avant tout des manifestations de volonté de cette dernière.

Chargée de mettre en œuvre l'intérêt général, l'administration doit pouvoir imposer sa volonté. Elle le fait au quotidien par le biais de l'acte unilatéral qui lui permet de modifier l'ordonnancement juridique ou, si l'on préfère, de conférer des droits et d'imposer des obligations aux administrés. L'acte unilatéral est le procédé normal de l'action administrative.

Pour autant, l'administration n'a pas renoncé, loin s'en faut, au procédé contractuel. Par rapport au droit privé où il constitue l'acte juridique de base reposant sur un accord de volontés, le contrat se définit en droit administratif comme la rencontre entre des intérêts inégaux, entre l'intérêt général et des intérêts privés.

Bibliographie et lectures pour approfondir

Sur l'acte unilatéral :

E. Blanc, *L'obligation légale d'abroger les règlements illégaux ou devenus sans objet*, AJDA 3 mars 2008, p. 399 ; E. Cartier, *Publicité, diffusion et accessibilité de la règle de droit dans le contexte de la dématérialisation des données juridiques*, AJDA 2005, p. 1092 ; P. Cassia, *La décision implicite en droit administratif français*, JCP A, 29 juin 2009 ; M. Cliquennois, *Que reste-t-il des directives ?,* AJDA 1992, p. 3 ; P. Collière, *Le retrait des décisions individuelles créatrices de droit : un régime juridique peu satisfaisant*, AJDA 25 février 2008, p. 334 ; G. Darcy, *La décision exécutoire, esquisse méthodologique,* AJDA 1994, p. 663 ; P. Delvolvé, *L'acte administratif,* S. 1983 ; G. Dupuis (Études coordonnées par), *Sur la forme et la procédure de l'acte administratif,* Économica, 1979 ; P. Fraissex, *La déconcentration des décisions administratives individuelles,* AJDA 1999, p. 113-121 ; E. Honorat, *L'acte administratif unilatéral et la procédure administrative non contentieuse,* AJDA 20 juin 1996 (n° spécial), p. 76 ; B. Huglo, *Une nouvelle obligation : celle de bien réglementer ?*, AJDA, 2009, p. 20 ; A. Nasri, *De quelques problèmes posés par le retrait des actes administratifs,* DA 2000, n° 54, p. 20 ; J. L. Pissaloux, *Relations des citoyens avec les administrations : le changement dans la continuité,* LPA 2001, n° 32, p. 4, n° 33, p. 5 ; B. Seiller, *L'exorbitance du droit des actes administratifs unilatéraux*, RDP 2004, p. 481 ; S. Traoré, *L'extension du champ d'application de la décision implicite,* DA 2000, n° 8-9, p. 8-11.

Sur les contrats :

D. de Béchillon, *Le contrat comme norme dans le droit public positif,* RFDA 1992, p. 15 ; C. Boiteau, *Précisions sur la notion de délégation de service public,* DA 28 février 2000, n° 41, p. 10-17 ; J. Dufau, L. Rapp, *Concessions : jusqu'où ira leur remise en cause ?,* MTPB 27 février 1998, p. 18-23 ; G. Eckert, *Réflexion sur l'évolution du droit des contrats publics*, RFDA (n° 2), mars-avril 2006, p. 238 ; B. Fages, *Quelques évolutions du droit français des contrats à la lumière des principes de la commission Lando*, D. 2003, p. 2386 ; S. Flogaïtis, *Contrat administratif et acte unilatéral,* Mélanges Braibant, Dalloz, 1996, p. 229 ; M. Garrigue-Vieuville, *Que reste-t-il de la jurisprudence Société d'exploitation électrique de la rivière du Sant ?*, DA, 2009, n° 3 ; M. Keller, *Les agents contractuels de l'administration : retour à la case départ,* Droit social 1999, p. 143-145 ; T. Pez, *Transposition de la nouvelle directive « recours : du référé précontractuel au référé contractuel »*, DA, 2009, n° 6 ; J.M. Rainaud, *Le contrat administratif : volonté des parties ou loi de service public ?,* RDP 1985, p. 1183 ; L. Richer, *Les contrats administratifs,* Dalloz, coll. Connaissance du droit ; N. Sinchowicz, *La notion de délégation de service public,* AJDA 1998, p. 195 ; P. Terneyre, *L'influence du droit communautaire sur le droit des contrats administratifs,* AJDA 20 juin 1996 (n° spécial), p. 84 ; S. Traoré, *Les contrats emplois jeunes de la loi du 16 octobre 1997 et les critères jurisprudentiels des contrats de l'administration,* RDP 1998, p. 225 ; J. Waline, *Les contrats entre personnes publiques*, RFDA (n° 2), mars-avril 2006, p. 229.

CHAPITRE 1

Les actes administratifs unilatéraux

L'action administrative repose normalement sur l'acte administratif unilatéral. Comme son nom l'indique, cet acte juridique est émis unilatéralement par l'administration et **a pour objet de conférer des droits et d'imposer des obligations aux administrés**. On s'aperçoit donc qu'à la différence des relations juridiques en droit privé, fondées sur le consentement des parties, **l'acte administratif unilatéral traduit l'inégalité dans les relations administration-administrés**.

Il nous faudra d'abord établir la distinction entre les actes qui constituent des décisions administratives et ceux qui ne le sont pas. Puis, nous nous emploierons à classer les actes unilatéraux en distinguant l'acte réglementaire de l'acte individuel et surtout en identifiant les différentes catégories de règlements. Enfin, nous exposerons le régime juridique de l'acte unilatéral, de son élaboration à sa disparition.

SECTION I

Décisions et actes non décisoires

Au sein des actes unilatéraux, il faut distinguer les actes décisoires (c'est-à-dire ayant la qualité de décision) qui modifient l'ordre juridique, des actes non décisoires qui n'ont pas d'influence directe sur la situation des administrés.

§ 1. Les décisions administratives

Examinons d'abord la notion d'acte décisoire avant de voir les différentes formes que revêt cet acte.

A) La notion de décision administrative

1) Les caractères de la décision administrative

Peut être qualifié d'acte décisoire **l'acte dont l'objet est de modifier ou de maintenir en l'état l'ordonnancement juridique**. Parmi les décisions administratives, la plus importante et la plus classique est la décision exécutoire.

On a parfois tendance à la confondre avec la décision administrative au sens large dont elle n'est en réalité qu'une catégorie. En effet, certains actes unilatéraux sont des décisions sans être exécutoires. C'est le cas des décisions de refus. Par ailleurs, **tous les actes administratifs ayant un caractère de décision**, et pas seulement les actes exécutoires, **peuvent être contestés devant la juridiction administrative** (mais parmi les actes administratifs, seules les décisions peuvent l'être).

Le caractère exécutoire d'une décision signifie que **son exécution s'impose aux administrés** sans que ceux-ci puissent s'y soustraire (ce qui est somme toute le régime classique des décisions administratives). Cette « règle fondamentale du droit public » (CE Ass., 2 juillet 1982, *Huglo*, Rec., p. 257), manifestation la plus courante des prérogatives de puissance publique, emporte plusieurs conséquences.

Les droits et les obligations résultant d'une décision exécutoire s'imposent donc aux administrés. S'ils n'ont pas les moyens de s'opposer à son exécution, ils peuvent néanmoins en contester la validité devant le juge administratif (et, dans certains cas, obtenir la suspension de la décision jusqu'au jugement ; voir le référé suspension, voir p. 328).

Chaque fois que **l'administration** émet un tel acte, elle **bénéficie du privilège du préalable**. Ses décisions étant présumées légales, elle n'a pas à solliciter l'intervention du juge pour agir. Autrement dit, contrairement aux particuliers qui doivent recourir au préalable juridictionnel pour voir reconnaître leurs droits, l'administration en est dispensée.

Plus encore, le privilège du préalable l'oblige à prendre pleinement ses responsabilités : quand elle est en situation d'agir, l'autorité administrative ne peut demander au juge de prendre les mesures qu'elle a le pouvoir d'édicter (CE, 30 mai 1913, *Préfet de l'Eure*, S. 1915, p. 39, note M. Hauriou). Autrement dit, **elle est obligée d'exercer son pouvoir de décision.** Cette règle explique que le juge n'intervienne qu'après l'entrée en vigueur de la décision (s'il est saisi d'un recours).

Il existe néanmoins deux catégories de décisions administratives, **les mesures d'ordre intérieur** (dont l'importance et la portée sont faibles) **et les décisions confirmatives** (qui ne font que confirmer une décision précédente), qui **sont considérées comme insusceptibles de recours juridictionnel**. Seules les premières retiennent ici notre attention.

2) Les mesures d'ordre intérieur

Les mesures d'ordre intérieur ayant pour objet d'assurer une certaine cohérence à la vie interne de divers services (notamment en ce qui concerne la discipline dans les écoles, les prisons et les casernes), elles n'ont pas d'influence substantielle sur les droits et les obligations des administrés.

L'absence de contrôle sur ces mesures (du moins sur les plus sévères) a longtemps représenté une grave lacune (CE Ass., 27 janvier 1984, *Alain Caillol*, Rec., p. 28). La jurisprudence récente a réduit cette catégorie comme **peau de chagrin** et a, par conséquent, **limité le nombre de décisions échappant encore au contrôle du juge administratif** (CE Ass. 17 février 1995, Marie et – même jour – *Hardouin*, Rec. Lachaume, GAJA ; les sanctions infligées, dans la première espèce à un détenu et, dans la seconde, à un militaire, sont désormais exclues de la catégorie des mesures d'ordre intérieur et peuvent donc être contestées). Tirant les conclusions de la jurisprudence *Marie*, le décret du 2 avril 1996 établit la liste des comportements fautifs en milieu pénitentiaire et des sanctions correspondantes.

Pour autant, les litiges en la matière n'ont pas disparu. Ainsi, le Conseil d'État a jugé que la décision de placer un détenu à l'isolement contre son gré n'est pas, eu égard à l'importance de ses conséquences sur les conditions de détention, une simple mesure d'ordre intérieur (CE 30 juillet 2003, *Garde des sceaux c/ M. Remli*, req. n° 252712). Cependant, la requalification de la mesure ne met pas la France à l'abri de condamnations pour violation de droits et libertés fondamentaux, pour des faits antérieurs. Ainsi, la Cour européenne des droits de l'homme a condamné la France pour avoir qualifié de « mesure d'ordre intérieur » l'isolement carcéral (en 1998) et ainsi privé le détenu concerné de son **droit à un recours effectif** (CEDH, 27 janvier 2005, *Ramirez Sanchez c/ France*).

Dans le domaine pénitentiaire, les litiges ont d'autant moins diminué que, en raison des contraintes particulières pesant sur l'administration, les mesures d'ordre intérieur demeurent relativement nombreuses. Par trois décisions du 14 décembre 2007, l'Assemblée du contentieux du Conseil d'État a renforcé le contrôle exercé par le juge administratif sur la situation des détenus (CE Ass., *Garde des sceaux, ministre de la justice c/ M. Boussouar ; M. Planchenault ; M. Payet ; AJDA*, 28 janvier 2008, p. 128).

L'Assemblée pose le principe selon lequel, **pour savoir si une catégorie de décisions de l'administration pénitentiaire est ou non susceptible de recours pour excès de pouvoir (REP), il convient d'apprécier sa nature ainsi que l'importance des effets de ces décisions sur la situation des détenus.** Dans l'affaire *M. Boussouar*, le Conseil a estimé qu'une décision de changement d'affectation d'un détenu d'un établissement pour peines à une maison d'arrêt était bien susceptible d'un REP, le changement d'affectation entraînant un durcissement des conditions de détention. L'Assemblée a également estimé que sont susceptibles d'un REP : une décision de déclassement d'emploi, car le travail que les détenus peuvent exercer constitue pour eux une source de revenus mais aussi un mode de meilleure insertion dans la vie collective de l'établissement et une possibilité de faire valoir leurs capacités de réinsertion (décision *M. Planchenault*) ; la décision soumettant un détenu à des « rotations de sécurité », c'est-à-dire à des changements d'affectation fréquents d'un établissement à un autre afin de prévenir toute tentative d'évasion (décision *M. Payet*).

Dans ces trois affaires, le Conseil a manifesté **le souci de parvenir à un juste équilibre entre l'exercice de leurs droits par les détenus et les contraintes de l'administration pénitentiaire**. Dans la lignée de ces affaires, le Conseil d'État a décidé que le placement à l'isolement d'un détenu constitue, « eu égard à l'importance de ses effets sur les conditions de détention », une décision susceptible d'être contestée par la voie d'une procédure de référé devant le juge administratif (CE Sect., 31 octobre 2008, *Section française de l'Observatoire international des prisons*).

Ne subsistent aujourd'hui dans la catégorie des mesures d'ordre intérieur que quelques sanctions comme un changement de cellule dans les prisons, la mise au piquet d'un élève ou de simples observations adressées à un fonctionnaire… Il s'agit donc de décisions sans véritable portée.

Pour illustrer ce recul des mesures d'ordre intérieur, on peut conclure en signalant que même les décisions prises par les arbitres lors de compétitions sportives peuvent être contestées devant le juge administratif.

B) La forme des décisions

Elle peut être variée. La plus courante est **la forme écrite explicite, c'est-à-dire précise** (décrets du Président de la République ou du Premier ministre, arrêtés ministériels ou municipaux). Cependant, outre que la forme écrite est largement entendue (une décision peut être incluse dans un télégramme ou dans un télex), les décisions explicites (ou expresses) peuvent se présenter autrement que sous une forme écrite (il peut s'agir d'un simple geste d'un agent de police ou d'un ordre verbal).

De plus, il existe des **décisions implicites** (non formulées) **nées du silence de l'administration**. En réponse à la demande d'un administré, **le silence conservé pendant deux mois** (loi du 12 avril 2000 ; l'ancien délai était de quatre mois) **équivaut à une décision de rejet**. La réduction du délai à deux mois permet de limiter les conséquences de l'attentisme des autorités administratives (notamment lorsque la décision s'avère difficile à prendre). De plus, rien ne s'oppose à ce que la décision implicite fasse l'objet d'un contrôle du juge (s'il en est saisi).

La demande de l'administré doit être adressée à l'autorité compétente. Si ce n'est pas le cas, le destinataire saisi à tort doit la transmettre à l'autorité compétente (décret du 28 novembre 1983, loi du 12 avril 2000). En principe, ni cet « incident » de procédure ni aucun autre ne peuvent interrompre ou proroger le délai de deux mois.

Cependant, le décret du 6 juin 2001 pris pour l'application de la loi du 12 avril 2000, a prévu une exception : lorsque la demande formulée par un administré est incomplète, l'administration peut suspendre le délai au terme duquel naît la décision implicite. Le Conseil d'État, tout en admettant la légalité de ce mécanisme, a estimé que l'administration ne pouvait en abuser pour retarder la date d'intervention d'une décision (CE, 13 janvier 2003, *M. Camara et autres*, AJDA 24 février 2003, p. 327).

La décision implicite vaut donc en principe rejet de la demande. Cependant, **pour contraindre l'administration à davantage de diligence** (de rapidité) dans ses réponses ou plus simplement pour la soulager dans son travail, **de plus en plus de décisions implicites valent acceptation** de la demande de l'administré (le délai de droit commun est réduit à deux mois par la loi du 12 avril 2000 ; il existe cependant de nombreux délais particuliers), notamment en matière d'urbanisme (permis tacites de construire) ou de contrôle de l'emploi (autorisations tacites de licenciement de salariés privés). Le délai du silence ne court qu'à compter de la réception de la demande complète (avec toutes les pièces justificatives) par l'autorité compétente. La loi du 12 avril 2000 prévoit que la décision implicite d'acceptation fait l'objet d'une attestation délivrée à la demande de l'intéressé.

§ 2. Les actes unilatéraux non décisoires

À côté des décisions qui constituent le régime normal de l'activité administrative, il existe d'autres catégories d'actes administratifs dont l'objet est précisément de préparer ou de faciliter la mise en œuvre de ces décisions. **N'étant pas décisoires, ces actes ne font pas griefs et sont par conséquent insusceptibles de recours contentieux, sauf dans certaines hypothèses établies par la jurisprudence**.

Il faut distinguer une variété d'actes non décisoires de moindre intérêt, des circulaires et des directives dont le régime est plus complexe.

A) La variété des actes non décisoires

Les actes non décisoires comprennent les avis, propositions, recommandations et mises en demeure.

Cependant, il arrive que de telles mesures soient de véritables décisions. Il en est ainsi des « recommandations » des autorités administratives indépendantes successives qui ont assuré la régulation du secteur audiovisuel (voir par exemple, CE Ass., 20 mai 1985, *Labbé*, Rec., p. 157). Il en est de même des mises en demeure (ordre d'exécuter une décision) lorsqu'elles présentent un caractère contraignant ou menaçant (fixation d'un délai pour s'y conformer ou menace de sanctions).

Une autre variété d'acte non décisoire est celle des actes types comme les règlements types, les cahiers des charges types, les contrats types...

Bien souvent, ces actes types sont seulement proposés comme exemples ou modèles facultatifs à des autorités administratives (ou à des institutions privées). Dans ce cas, l'acte type est une mesure non décisoire. En revanche, lorsqu'ils constituent des modèles obligatoires pour leurs destinataires, ils sont assimilés à des décisions réglementaires (CE, 24 juin 1956, *Union des industries métallurgiques et minières*, Dr soc. 1956, p. 235 ; à propos du règlement intérieur type des caisses de Sécurité sociale).

B) Les circulaires

Les circulaires (encore appelées instructions ou notes de service) sont l'instrument dont se servent les autorités administratives **pour faire passer l'information entre les différents services d'un ministère ou entre ces services et les services déconcentrés du ministère**. Plus précisément, un ministre ou un directeur d'administration centrale est régulièrement amené, par le biais de circulaires, à **donner des instructions ou des explications** (souvent détaillées) **à ses subordonnés sur la conduite à tenir ou la politique à suivre dans tel ou tel domaine** (de la compétence du ministère) **ainsi que sur l'interprétation à donner à une loi ou à un règlement**. Cette attitude répond au souci de donner aux agents exécutants un cadre d'action stable et sécurisé (notamment face aux incertitudes liées à l'inflation et aux variations de la législation) et surtout d'**éviter les incohérences** qui pourraient naître d'interprétations divergentes **dans l'application des lois et règlements**.

Depuis 1954 et l'arrêt de principe ***Institution Notre Dame du Kreisker*** (CE Ass., 29 janvier 1954, GAJA n° 85), le régime juridique des circulaires reposait sur la distinction entre circulaires dites interprétatives et circulaires dites réglementaires.

Les circulaires dites interprétatives n'étaient pas considérées comme des décisions car elles n'apportaient aucune « valeur ajoutée » (aucune règle nouvelle) aux mesures législatives ou réglementaires qu'elles se contentaient d'interpréter ou de commenter. S'adressant aux agents des services et non aux administrés, elles étaient considérées comme de simples mesures d'ordre intérieur inopposables aux administrés qui, de leur côté, ne pouvaient pas les attaquer devant le juge administratif.

Les circulaires dites réglementaires ajoutaient à la réglementation en vigueur des normes juridiques nouvelles. Ces circulaires étant considérées comme de véritables règlements, les administrés pouvaient s'en prévaloir et les attaquer par le biais d'un recours pour excès de pouvoir. D'ailleurs, le juge était de plus en plus fréquemment amené à annuler les dispositions réglementaires des circulaires prises par une autorité incompétente. En effet, alors qu'ils ne sont pas titulaires du pouvoir réglementaire, les ministres (mais pas exclusivement) avaient (et ont toujours) tendance à vouloir « ajouter » des normes nouvelles aux lois et règlements.

Dans un **arrêt de section du 18 décembre 2002, le Conseil d'État a abandonné la traditionnelle distinction entre les circulaires purement interprétatives et les circulaires réglementaires**.

Désormais, le critère de recevabilité d'un REP contre une circulaire réside dans le caractère impératif des dispositions de la circulaire (CE Sect. 18 décembre 2002, *Mme Duvignères*, AJDA n° 10/2003, chron. F. Donnat et D. Casas, p. 487). Autrement dit, lorsque l'interprétation qu'une autorité administrative donne des lois et règlements qu'elle est chargée de mettre en œuvre présente un caractère impératif, c'est-à-dire édicte aux agents la conduite à tenir, cette interprétation fait grief et peut donc être attaquée devant le juge de l'excès de pouvoir. *A contrario*, la circulaire est non impérative lorsqu'elle propose une interprétation sans pour autant l'imposer. Dans ce cas, elle ne produit aucun effet de droit malgré le fait qu'elle soit publiée et ne fait pas grief.

La difficulté pour le juge est d'apprécier le caractère impératif de la circulaire ou du moins de certaines de ses dispositions. Sans doute, la recherche de l'intention de l'auteur de la circulaire devrait permettre d'établir si celui-ci a souhaité lui conférer ou non ce caractère. Ainsi, le Conseil d'État a reconnu le caractère impératif de la circulaire du directeur de l'administration pénitentiaire relative à la déconcentration des sanctions pour les surveillants, dans la mesure où elle ne se contente pas de commenter un arrêté du ministre de la justice mais impose une procédure (CE 12 février 2003, *Syndicat Lutte pénitentiaire*). Le caractère impératif d'une circulaire peut également dépendre des compétences de ses destinataires. Ainsi, le Conseil d'État a estimé qu'une circulaire ne présente pas ce caractère dès lors que ses destinataires ne détiennent aucun pouvoir s'agissant du domaine concerné et n'ont reçu par cette circulaire aucune instruction dans la mise en œuvre de leurs propres prérogatives (CE 26 mai 2009, *Syndicat national des personnels techniques et de travaux de l'équipement de la CGT*, AJDA, 8 juin 2009, p. 1076).

Si le Conseil d'État a fixé un nouveau critère de recevabilité des REP contre les circulaires, en revanche, **les motifs susceptibles de justifier l'annulation de la circulaire n'ont pas changé** : fixation d'une règle nouvelle (non prévue dans la loi ou le règlement que la circulaire met en œuvre), interprétation erronée des dispositions législatives ou réglementaires que la circulaire entend expliciter.

Cependant, la décision *Mme Duvignères* retient **une nouvelle hypothèse d'illégalité des circulaires : doit être censurée, la circulaire impérative qui « réitère une règle contraire à une norme juridique supérieure »** c'est-à-dire qui reprend dans ses dispositions un texte illégal. Bien que la circulaire se borne à répéter le texte illégal (sans rien ajouter au droit) et n'a par elle-même aucun effet juridique, le Conseil d'État considère qu'elle fait grief. **Cette approche extensive de « l'acte faisant grief »** est motivée par un souci d'efficacité : il s'agit de **traiter le plus en amont possible le risque de contentieux** engendré par l'application d'une circulaire réitérant une règle illégale.

Par ailleurs, les circulaires, en tant qu'elles unifient l'interprétation que fait l'administration du droit positif, sont un instrument de sécurité juridique et d'égalité devant la loi. Encore faut-il que les citoyens soient mis en mesure de connaître leur existence et d'accéder aisément à leur contenu. Tel est l'objet du décret du 8 décembre 2008 qui institue **un nouveau régime de publication** de ces actes.

Depuis le 1er mai 2009, les circulaires et instructions adressées par les ministres aux services et établissements de l'État (par exemple préfectures, rectorat...) sont accessibles à tous les administrés **sur un site Internet** relevant du Premier ministre. **Une circulaire ou une instruction, qui n'est pas publiée sur ce site, n'est pas applicable.** L'administration ne peut pas l'opposer aux usagers. Les circulaires et instructions déjà signées sont réputées supprimées pour l'avenir si elles ne sont pas reprises sur ce site. Il existe **une exception** à cette obligation de publication, pour les circulaires publiées avant le 1er mai 2009, si la loi permet aux administrés de les invoquer pour faire valoir leurs droits (cas des instructions fiscales, décret du 28 avril 2009).

C) Les directives

De création récente, les directives sont un instrument d'orientation des autorités administratives, en particulier des ministres, à l'adresse de leurs subordonnés. Mais à la différence des circulaires, **les directives s'intéressent au contenu même des décisions à prendre** (lorsque ce contenu reste libre).

Elles trouvent leur véritable utilité lorsque la loi se contente d'indiquer des objectifs à atteindre en laissant à l'autorité administrative un pouvoir d'appréciation des situations individuelles. Les décisions seront prises en suivant le « mode d'emploi » fourni par la ou les directives, ce qui évite les risques d'incohérence ou de contradiction.

Les directives permettent donc aux responsables de l'administration de définir une ligne de conduite, voire une véritable doctrine, dans tel ou tel domaine (ligne de conduite qui n'est pas impérative mais, disons plutôt, fermement recommandée), **ce qui est de nature à diminuer les risques de décisions d'application arbitraires. La cohérence de l'action administrative est ainsi préservée**.

Le régime juridique des directives a été ébauché dans l'arrêt ***Crédit foncier de France*** en 1970 (CE Sect., 11 décembre 1970, GAJA, Rec. Lachaume ; en l'espèce, une commission nationale avait refusé l'octroi, en s'appuyant sur une directive, d'une aide financière du Fonds national de l'Habitat). Par la suite, la jurisprudence en a précisé le contenu (en particulier, CE Sect., 29 juin 1973, *Société Géa*, Rec., p. 453).

Les directives sont des « normes d'orientation » à usage interne aux services et ne font qu'apporter des explications ou des précisions sur la manière d'appliquer une réglementation. Par conséquent, elles ne créent aucune norme juridique nouvelle et ne peuvent être considérées comme des décisions administratives. En particulier, les ministres n'étant pas titulaires du pouvoir réglementaire, la qualité d'acte réglementaire leur a toujours été déniée (arrêt *Géa* précité).

N'étant pas des décisions, les directives n'ont pas d'effet direct sur les administrés et ne peuvent donc faire l'objet d'un recours pour excès de pouvoir.

Par ailleurs, leur caractère de « normes d'orientation » ne les rend pas obligatoires. **L'autorité administrative destinataire d'une directive conserve donc sa liberté d'appréciation** et ce en vertu de la **règle de l'examen particulier des circonstances de chaque affaire préalable à toute décision individuelle**. Autrement dit, l'autorité vérifie si, au vu des circonstances de l'espèce, il est pertinent de suivre ou non la ligne fixée par la directive (la jurisprudence a également décidé que l'autorité devait s'en écarter si des raisons d'intérêt général l'imposent).

Malgré leur caractère non décisoire, la loi du 17 juillet 1978 a rendu obligatoire la publication des directives. En effet, elles emportent sur les administrés des effets indirects qui justifient leur publication.

En particulier, **elles leur sont opposables.** Autrement dit, l'administration peut se fonder sur une directive pour justifier les décisions prises. Mais réciproquement, **l'administré peut se prévaloir d'une directive pour contester**, devant le juge administratif, **la légalité d'une mesure individuelle d'application** (il doit montrer que la mesure n'est pas justifiée au regard de la directive dont elle découle).

En conclusion, il faut noter qu'il règne **une certaine confusion** au sein de la catégorie des directives. L'administration y recourt non seulement abondamment mais également de façon quelque peu anarchique, du moins dans les intitulés (circulaire, note...). De plus, certaines « directives » (prévues par des législations particulières) étaient de véritables règlements (comme les directives nationales d'aménagement).

Le juge est particulièrement vigilant à ce que cette confusion ne porte pas préjudice aux droits des administrés.

SECTION II
La classification des actes unilatéraux

Nous établirons d'abord la distinction entre les deux grandes catégories d'actes unilatéraux que sont les décisions réglementaires et les actes individuels. Puis, nous examinerons plus spécifiquement le pouvoir réglementaire et ses différentes composantes.

§ 1. La distinction entre acte réglementaire et acte individuel

L'acte individuel est relativement aisé à identifier : c'est un acte qui **édicte des normes dont le ou les destinataires sont nominativement ou nommément désignés**.

Il peut donc s'adresser à une personne (comme la délivrance ou le refus d'une autorisation, la nomination d'un fonctionnaire...) ou à plusieurs (comme la liste des candidats reçus à un concours ou des agents promus dans la fonction publique). On ne fait d'ailleurs pas de distinction selon qu'il s'adresse à une personne physique ou morale ou à une personne publique ou privée.

La plupart du temps, la décision individuelle n'est qu'une décision d'application d'un règlement. Ceci explique que, dans la hiérarchie des normes, la première soit soumise à la seconde.

Quant à **l'acte réglementaire**, il **édicte lui aussi des normes mais de caractère général et impersonnel**. Autrement dit, **il s'adresse à une catégorie indéterminée de personnes** :

- soit il ne donne aucune indication explicite sur ses destinataires (le Code de la route édicte des normes qui s'appliquent à tous ceux qui circulent sur les voies publiques) ;

– soit il s'adresse à un groupe ou même à une seule personne si celle-ci est désignée par sa fonction (comme le décret fixant le statut du préfet de police).

Nous pouvons donc constater que le nombre de personnes visées n'est pas un critère suffisant pour distinguer l'acte individuel de la décision réglementaire.

Les choses se compliquent lorsque l'on sait qu'une troisième catégorie d'actes, **les actes dits particuliers**, se voit appliquer un régime mixte, emprunté à la fois au règlement et à l'acte individuel. Ces décisions ne visent pas des personnes mais **certaines opérations administratives**, telle une déclaration d'utilité publique ou l'ouverture d'un concours.

§ 2. Le pouvoir réglementaire

Nous décrirons brièvement ses caractères avant d'examiner le pouvoir réglementaire général et, à travers leurs détenteurs, les pouvoirs réglementaires particuliers.

A) Ses caractères

Nous nous contenterons ici de les énumérer puisque certains ont déjà été développés et que d'autres vont l'être dans ce chapitre.

Le pouvoir réglementaire n'existe que **lorsqu'un texte** (la Constitution et surtout la loi) **le prévoit expressément** avec néanmoins deux exceptions notables concernant le pouvoir de police générale du Premier ministre (voir ci-après) et le pouvoir d'organisation du chef de service sur l'administration placée sous son autorité (voir p. 175).

L'autorité administrative titulaire d'un pouvoir réglementaire est dans l'obligation de l'exercer. Elle est tenue de prendre les mesures réglementaires d'application des lois et des règlements. Cette obligation est tempérée par **le « délai raisonnable » dont elle dispose pour agir** (CE, 27 novembre 1964, *Dame Veuve Renard*, précité ; CE, 13 juillet 1962, *Kevers-Pascalis*, précité). Néanmoins, **le dépassement excessif de ce délai est constitutif d'une illégalité**. Par ailleurs, **l'administration a l'obligation**, sauf circonstances particulières, **de publier dans un délai raisonnable les règlements qu'elle édicte** (CE, 12 décembre 2003, *Syndicat des commissaires et hauts fonctionnaires de la police nationale* ; AJDA 2004, 1er mars, p. 442, note H. M.).

Mais l'obligation d'agir peut aussi s'exprimer négativement. Ainsi, **l'administration est tenue d'abroger les règlements illégaux ou devenus sans objet, soit d'office, soit à la demande d'une personne intéressée** (loi du 20 décembre 2007 relative à la simplification du droit) (voir p. 189).

Enfin, en vertu du principe de sécurité juridique qui « constitue l'un des fondements de l'état de droit », le Conseil d'État estime que l'autorité réglementaire doit, s'il y a lieu, **adopter des mesures transitoires pour accompagner la mise en œuvre d'une nouvelle réglementation**, « en particulier lorsque les règles nouvelles sont susceptibles de porter une atteinte excessive à des situations contractuelles en cours qui ont été légalement nouées » (CE Ass., 24 mars 2006, *Société KPMG et autres*).

Cette solution devrait permettre, à l'avenir, d'introduire davantage de souplesse dans les modalités de mise en œuvre des nouvelles réglementations en offrant à l'autorité administrative un choix qui ne se limite pas à leur application rétroactive pure et simple aux situations en cours ou leur application aux seules situations à venir.

B) Le pouvoir réglementaire général

Le pouvoir réglementaire général (il est dit général parce que s'appliquant en toutes matières réglementaires et sur l'ensemble du territoire) est partagé entre le Premier ministre, autorité de droit commun, et le chef de l'État.

1) Le pouvoir réglementaire du Premier ministre

D'abord dévolu au chef de l'État sous la Troisième République puis au Président du Conseil sous la Quatrième, le pouvoir réglementaire général est attribué au Premier ministre par la Constitution de 1958 (art. 21). À ce titre, il est le chef de l'administration.

a) Le Premier ministre est chargé de l'exécution des lois

Le Premier ministre prend les mesures nécessaires à l'exécution des lois (ce pouvoir était dévolu au Président du Conseil avant 1958). Il s'agit des décrets d'application, mesures d'une portée générale s'imposant à tous.

Ce pouvoir dérivé n'est pas « créatif ». En effet, le Premier ministre doit se contenter de prendre les mesures nécessaires à la bonne exécution de la loi sans chercher à lui donner un autre sens ou à imposer son interprétation (même si, en pratique, cela se produit).

La marge de manœuvre conférée au Premier ministre par ce pouvoir lui a parfois permis de retarder, voire d'empêcher, l'application d'une loi. Pour mettre fin à ces atteintes à la volonté du législateur, le Conseil d'État a estimé que le Premier ministre a l'obligation de prendre « dans un délai raisonnable » les mesures d'exécution d'une loi, sous peine d'astreinte par jour de retard (CE Sect., 28 juillet 2000, *Association France Nature Environnement*, LPA 2000, n° 230).

b) Le Premier ministre dispose du pouvoir réglementaire autonome

La Constitution de 1958 a créé un domaine réglementaire autonome (art. 37 C). Il en découle que **le Premier ministre est compétent pour prendre des règlements en toutes matières sauf celles réservées à la loi par l'article 34 de la Constitution** (parmi les matières réservées au pouvoir réglementaire, citons la procédure administrative ou la détermination des contraventions et des peines applicables).

Ce pouvoir est autonome dans la mesure où le Premier ministre en assume seul l'exercice (avec le contreseing des ministres concernés) et **n'a pas à rattacher sa décision à un texte législatif**.

Les règlements autonomes n'étant pas soumis à la loi, on s'est interrogé sur leur soumission au contrôle du juge administratif. Le Conseil d'État s'est reconnu le pouvoir de les annuler en cas de violation des règles constitutionnelles ou des principes généraux du droit (CE Sect., 26 juin 1959, *Syndicat général des ingénieurs conseils*, précité ; CE Sect., 28 octobre 1960, *de Laboulaye*, Rec., p. 570).

Il est de jurisprudence constante que l'exercice du pouvoir réglementaire autonome ne peut conduire à un empiétement sur le domaine réservé à la loi. Ainsi, le Premier ministre ne peut pas, par décret, modifier les dispositions de nature réglementaire contenues dans une loi. Pour recouvrer sa compétence et modifier ces dispositions, il doit au préalable en demander la délégalisation au Conseil constitutionnel. Cette demande est même une obligation pour le Premier ministre lorsqu'elle lui est demandée expressément par un administré (CE Sect., 3 décembre 1999, *Association ornithologique et mammalogique de Saône-et-Loire*, AJDA, février 2000).

Par ailleurs, nous avons montré comment, avec l'accord implicite du gouvernement, le législateur a réinvesti des domaines attribués au pouvoir réglementaire autonome (voir p. 123). En pratique, aucun domaine n'est *a priori* interdit au législateur.

c) Le Premier ministre dispose du pouvoir de police générale

Dans ce cadre, les règlements édictés par le Premier ministre se rapprochent incontestablement des règlements autonomes.

En 1919, l'arrêt ***Labonne*** avait confié au Président de la République, « en dehors de toute délégation législative et **en vertu de ses pouvoirs propres », la mission de déterminer les mesures de police applicables à l'ensemble du territoire** (CE, 8 août 1919, GAJA, Rec. Lachaume).

Le Premier ministre de la Cinquième République a hérité de ce pouvoir autonome reconnu au chef de l'exécutif. Certes, l'article 34 de la Constitution de 1958, en réservant au législateur le soin de fixer les règles concernant les garanties fondamentales des libertés publiques, semblait soumettre ce pouvoir. Mais différentes décisions jurisprudentielles, dépassant la distinction classique entre matières législatives et matières réglementaires, ont réaffirmé l'existence d'attributions de police générale autonomes au profit du Premier ministre.

Ainsi, dans l'arrêt *SARL Restaurant Nicolas* en 1960, le Conseil d'État estime qu'il appartient « au chef du gouvernement, en vertu de ses pouvoirs propres et même en dehors de toute disposition législative l'y habilitant spécialement, d'édicter les mesures nécessaires à la protection de la salubrité publique sur l'ensemble du territoire national » (CE Ass., 13 mai 1960, Rec. Lachaume). Mais surtout, le Conseil constitutionnel réaffirme que l'article 34 de la Constitution n'a pas retiré au Premier ministre les attributions de police générale qu'il exerçait antérieurement en vertu de ses pouvoirs propres (CC, 20 février 1987, Rec., p. 22).

Il existe donc, en dehors des mesures de police adoptées en application d'une loi, des règlements « autonomes » de police administrative.

Bien qu'il soit l'autorité réglementaire de droit commun, le Premier ministre n'a pas l'exclusivité du pouvoir réglementaire général.

2) Le pouvoir réglementaire du chef de l'État

Il s'exerce à l'occasion de la signature des décrets délibérés en Conseil des ministres (art. 13 C) et des ordonnances (art. 38 C).

a) Le Président signe les décrets délibérés en Conseil des ministres

Ces décrets peuvent être imposés par un texte (par exemple, le décret de proclamation de l'état d'urgence est imposé par l'ordonnance du 15 avril 1960) mais, le plus souvent, **ils sont laissés à l'appréciation du Président qui**

participe ainsi à l'exercice du pouvoir réglementaire dont le titulaire est le Premier ministre. Le chef de l'État peut donc s'accaparer des attributions qui relèvent en principe du Premier ministre.

Évidemment, en période de cohabitation, la signature du Président peut devenir un instrument de résistance au gouvernement.

La pratique de la Cinquième République semblait avoir étendu le champ d'application du pouvoir présidentiel. Ainsi, dans l'arrêt *Sicard* en 1962, le Conseil d'État a admis la validité de décrets réglementaires signés par le Président et non délibérés en Conseil des ministres, dès lors que le Premier ministre y a apposé sa signature (CE, 27 avril 1962, Rec., p. 279). Ces décrets sont en réalité considérés comme étant ceux du Premier ministre.

En revanche, **dans l'arrêt *Meyet* en 1992, le Conseil d'État a clairement ouvert la voie à une extension du pouvoir présidentiel** (CE Ass., 10 septembre 1992, Rec., p. 328, RDP 1992, p. 1799, note A.M. Le Bos-Le Pourhiet). Il a jugé que tout décret délibéré en Conseil des ministres devait être signé par le Président de la République. Or, comme seul un décret en Conseil des ministres peut modifier un autre décret pris en Conseil des ministres, le chef de l'État dispose d'un pouvoir réglementaire qu'il peut étendre au détriment de celui du Premier ministre.

Le pouvoir réglementaire général apparaît donc plutôt comme un pouvoir partagé entre le Premier ministre et le Président, d'autant que si la plupart des décrets émanent du Premier ministre, force est de constater qu'il ne lui est pas possible d'exercer son pouvoir réglementaire sur une question importante sans en référer au Président de la République. De plus, comme déjà indiqué, le chef de l'État fixant librement l'ordre du jour du Conseil des ministres, possède de ce fait, même en période de cohabitation, un moyen d'aborder les projets de décrets qui sont alors considérés comme « délibérés en Conseil des ministres » et doivent être revêtus de sa signature. Enfin, on constate que les textes les plus importants sont délibérés en Conseil des ministres (donc sous l'autorité du Président). Il faut donc relativiser l'importance du pouvoir réglementaire du Premier ministre.

b) La signature des ordonnances

Dans certaines circonstances, lorsque l'importance des décisions à prendre l'exige et que le gouvernement est le mieux placé pour agir (selon sa propre appréciation) et/ou lorsque le temps manque pour suivre toute la procédure législative ordinaire, le gouvernement peut demander au Parlement l'autorisation d'agir par voie d'ordonnances.

Le recours aux ordonnances est subordonné au vote par le Parlement d'une loi d'habilitation qui doit répondre à plusieurs conditions : le gouvernement n'est autorisé à agir que pour l'exécution de son programme ; l'habilitation doit porter sur des matières qui sont du domaine de la loi ; enfin, l'habilitation est limitée dans le temps (on parle de délai d'habilitation).

Après avis du Conseil d'État, les ordonnances sont délibérées en Conseil des ministres. Elles portent le contreseing du Premier ministre, des ministres responsables, et sont signées par le chef de l'État.

À l'épreuve de la cohabitation, la signature des ordonnances s'est révélé être un instrument de résistance du Président face au pouvoir d'action et de décision du gouvernement. Ainsi François Mitterrand a refusé sa signature à trois reprises au gouvernement Chirac de 1986 à 1988. La question s'est alors posée de savoir si le Président n'avait pas l'obligation de signer ces ordonnances. Un certain nombre d'éléments semblent indiquer qu'il s'agit d'une compétence discrétionnaire du chef de l'État. D'une part, sa signature n'est soumise à aucun délai. D'autre part, l'article 38 de la Constitution indique clairement que le recours aux ordonnances est une possibilité offerte au gouvernement et n'a aucun caractère contraignant (« Le gouvernement peut... »). Le Président n'est donc pas constitutionnellement contraint de signer les ordonnances.

Les ordonnances sont des **actes hybrides** émanant de l'autorité réglementaire mais portant sur des matières législatives. **Suivant l'évolution de la procédure, elles sont successivement acte réglementaire puis législatif** (sur la procédure d'élaboration et de ratification des ordonnances, voir p. 127).

3) L'absence de pouvoir réglementaire des ministres

Cette constatation résulte d'une part du silence de la Constitution, d'autre part de la position de principe adoptée par la jurisprudence. Le juge se base sur un argument de droit (seul le pouvoir réglementaire du Premier ministre et du chef de l'État est prévu) et sur un argument d'opportunité selon lequel **une participation des ministres au pouvoir réglementaire pourrait provoquer une dilution et une confusion au sein de ce pouvoir** (par exemple, des risques d'enchevêtrement de compétences).

Il existe cependant des exceptions à ce principe.

En premier lieu, une loi ou un décret peut attribuer expressément un pouvoir réglementaire à un ministre dans un domaine plus ou moins précisément déterminé. En second lieu, le Premier ministre peut déléguer à un ministre une partie de son pouvoir réglementaire (art. 21 al. 2 C).

Enfin, en tant que chef de service, chaque ministre dispose d'un pouvoir réglementaire pour l'organisation et le fonctionnement de son ministère (CE Sect., 7 février 1936, *Jamart*, GAJA ; il appartient au ministre de prendre les mesures nécessaires). Les mesures qu'il prend sous forme de directives, arrêtés ou circulaires, portent sur le bon fonctionnement du service et sur la situation des agents rattachés au service.

C) Le pouvoir réglementaire des autorités administratives indépendantes

À la différence des ministres, la plupart des AAI sont dotées d'un pouvoir réglementaire (comme toutes décisions administratives faisant grief, leurs décisions sont susceptibles d'être portées devant le juge administratif ; CE Ass., 12 mars 1982, *CGT*, *précité*).

Ainsi, le Conseil supérieur de l'audiovisuel (CSA) dont la mission est de réguler le secteur audiovisuel (privé comme public) et en particulier de veiller au respect de la liberté et du pluralisme (afin de garantir le principe constitutionnel de la liberté de communication), dispose du pouvoir de fixer les règles relatives aux campagnes électorales et à l'expression des partis politiques à la radio-télévision.

De même, l'Autorité des marchés financiers (AMF) qui a pour mission de fixer les règles d'organisation des marchés financiers et la Commission informatique et libertés (CNIL) disposent d'un pouvoir réglementaire propre.

Le champ d'application du pouvoir réglementaire des AAI connaît une limite fondamentale : il ne doit pas permettre une remise en cause de la capacité

du gouvernement à définir la politique nationale dans les domaines concernés (CC, 3 août 1993, décision relative à la politique monétaire, précité ; en l'espèce, le CC censure les dispositions de la loi qui donne pour mission à la Banque de France de « définir [...] la politique monétaire de la France »).

D) Le pouvoir réglementaire des autorités déconcentrées et décentralisées

En tant que représentant de l'État dans le département et la région, le préfet dispose d'un pouvoir réglementaire d'organisation des services placés sous son autorité. Par ailleurs, dans l'exercice du pouvoir de police, il est tenu de prendre les mesures réglementaires nécessaires au maintien ou au rétablissement de l'ordre public.

Quant aux autorités décentralisées, maires, présidents des conseils généraux et régionaux, elles bénéficient d'un pouvoir réglementaire assez large. L'article 72 al. 3 de la Constitution consacre l'existence d'un pouvoir réglementaire local (voir p. 54 et s.).

Les autorités décentralisées disposent d'abord d'une compétence réglementaire pour l'organisation des services placés sous leur autorité (en tant que chefs de service). Il leur appartient ensuite de prendre les mesures réglementaires d'exécution des délibérations adoptées par les autorités délibérantes de leurs collectivités locales respectives.

Enfin, **dans l'exercice du pouvoir de police, le maire est tenu de prendre les mesures réglementaires nécessaires au maintien ou au rétablissement de l'ordre public dans sa commune**. À la différence du Premier ministre qui prend des décrets dans le cadre de son pouvoir de police générale, le maire agit par voie d'arrêtés.

E) Le pouvoir réglementaire de certains organismes publics ou privés

Dans le cadre de l'établissement public (qu'il soit administratif ou industriel et commercial), le directeur (en tant que chef des services placés sous son autorité) peut prendre des mesures réglementaires concernant l'organisation de ses services ainsi que le statut des agents qui y sont rattachés.

Certains organismes privés peuvent également être dotés par le législateur d'un pouvoir réglementaire spécialisé (dans leur domaine d'activité).

Il s'agit notamment d'**organismes chargés d'une mission de service public** (identifiables par trois critères cumulatifs : ils assurent une mission d'intérêt général, sont dotés de prérogatives de puissance publique et sont soumis au contrôle des autorités publiques ; CE Sect., 28 juin 1963, *Narcy*, précité). Ainsi, lorsque la Fédération française de basket-ball détermine les règles du championnat de France, elle exerce le pouvoir réglementaire qui lui a été attribué.

Il peut aussi s'agir d'un ordre professionnel dont la mission constitue un service public (c'est-à-dire poursuivant un but d'intérêt général et faisant usage de prérogatives de puissance publique ; CE, 2 avril 1943, *Bouguen*, précité).

F) Le pouvoir réglementaire des institutions de l'Union européenne

Les institutions européennes, la Commission européenne et le Conseil des ministres prennent divers types de mesures : des avis, des recommandations, des décisions individuelles, des règlements et des directives. Ces deux derniers ont un caractère réglementaire (voir p. 140).

SECTION III
Le régime de l'acte administratif unilatéral

Il regroupe l'ensemble des règles présidant à l'élaboration, à l'entrée en vigueur et à la disparition des actes administratifs.

§ 1. L'élaboration de l'acte administratif

L'élaboration de l'acte se fait selon des règles relatives à la compétence de l'auteur de l'acte, à la procédure à suivre et aux formes à donner à l'acte.

A) Les règles de compétence

Les règles de compétence se définissent par leur caractère d'ordre public, c'est-à-dire qu'elles peuvent être invoquées à tout moment d'un procès par les parties ou soulevées d'office par le juge.

1) Le contenu des règles de compétence

a) L'obligation de décider

L'autorité qui détient le pouvoir de décider ne peut se soustraire à sa compétence. En particulier, elle ne peut suspendre sa décision à la résolution de difficultés juridiques ou de litiges par les tribunaux judiciaires. Ces difficultés ou litiges peuvent être relatifs à des questions d'état civil, de nationalité, de droit de propriété… et sont, pour le juge administratif, des questions préjudicielles (pour lesquelles il peut surseoir à statuer en attendant la solution rendue par les tribunaux judiciaires).

Autrement dit, l'autorité administrative ne peut suspendre sa décision en attendant que le tribunal saisi se prononce. Si tel était le cas, elle méconnaîtrait sa compétence et son refus de décider serait alors illégal pour « incompétence négative » ou « erreur de droit ».

L'administration doit donc agir en retenant la solution qui, en l'état du dossier, paraît être la plus apparente (théorie de l'apparence), **la plus vraisemblable** (CE Sect., 18 juin 1954, *Dame Flament*, *Rec.*, p. 479). Ainsi, le ministre de l'Intérieur agit légalement lorsqu'il décide de la reconduite à la frontière d'un étranger présentant, au vu du dossier, un danger pour l'ordre public. Il n'a pas à se poser la question de la réalité de la menace à l'ordre public qui relève de l'appréciation du juge.

Cette règle de l'obligation d'agir illustre le souci d'**assurer la continuité et la cohérence de l'action administrative**.

Pour autant, cette obligation n'est pas sans implication juridictionnelle. En effet, une fois l'acte adopté, le juge administratif peut être amené à se prononcer sur sa légalité. Le jugement rendu peut alors constituer un désaveu *a posteriori* de la décision administrative.

b) Le parallélisme des compétences

Il arrive que les textes désignent l'autorité compétente pour prendre une décision mais restent silencieux sur l'autorité compétente pour l'abroger ou la modifier.

Dans ce silence des textes, cette autorité est désignée par la règle du parallélisme des compétences. Cela signifie que **l'autorité qui a pris une décision est compétente pour la modifier ou l'abroger** (CE Ass., 13 mars 1953, *Teissier*, Rec., p. 133, D. 1953, p. 735, note J. Donnedieu de Vabres ; en l'espèce, le Conseil estime que « L'autorité investie du pouvoir de nomination a compétence pour prononcer la cessation des fonctions »).

c) Les délégations de compétence

Il est compréhensible qu'une autorité ne soit pas toujours en condition d'exercer elle-même l'ensemble de ses attributions. Il est donc logique qu'elle puisse déléguer certaines de ses compétences à ses collaborateurs ou subordonnés.

Le régime des délégations de compétence est relativement rigoureux. Il pose trois conditions à leur légalité.

Une délégation de compétence n'est légale que si elle est **autorisée par un texte** : l'article 21 de la Constitution autorise le Premier ministre à déléguer « certains de ses pouvoirs » aux ministres ; le décret du 23 janvier 1947 (modifié) autorise les ministres à déléguer certaines de leurs compétences à des membres de leur cabinet ou de leur administration ; deux décrets du 10 mai 1982 autorisent les préfets à consentir des délégations à leur directeur de cabinet ou aux chefs des services déconcentrés dans le département ou la région ; l'article L. 2122-18 du Code général des collectivités territoriales autorise le maire à accorder des délégations à ses adjoints…

Une délégation de compétence ne peut être accordée que par une décision explicite et expresse (qui doit être publiée) indiquant précisément et clairement l'identité du délégataire (celui qui reçoit la délégation) ainsi que l'étendue de la délégation. Par exception, les principaux responsables de l'administration centrale d'un ministère (secrétaires généraux, directeurs d'administration centrale, chefs de service...) sont réputés disposer d'une délégation de signature du ministre, pour l'ensemble des actes (à l'exception des décrets) relatifs aux affaires des services placés sous leur autorité, à compter du jour suivant la publication au Journal officiel de l'acte les nommant dans leurs fonctions (décret du 27 juillet 2005). Ce changement (et d'autres, voir ci-après la délégation de signature) a été guidé par la volonté d'alléger la tâche représentée par l'établissement des délégations de signature après chaque changement de gouvernement ou remaniement ministériel.

Enfin, **le délégant ne peut déléguer qu'une partie de ses compétences**. Un transfert total équivaudrait à attribuer au délégataire la réalité du pouvoir de décision.

Par ailleurs, on distingue deux types de délégation de compétence ayant un contenu et des conséquences différents.

La délégation de pouvoir est accordée non à une autorité nommément désignée mais à une autorité détentrice d'une fonction. **Elle s'attache donc à la fonction et non à la personne**. Ceci explique que la délégation reste valable si le délégant ou le délégataire change.

La compétence étant transférée par la délégation, le délégant ne peut plus l'exercer (CE Sect., 5 mai 1950, *Buisson*, Rec., p. 258) ; il ne pourra à nouveau l'exercer qu'après avoir mis fin à la délégation. Les décisions du délégataire ont une force juridique correspondant à la place de ce dernier dans la hiérarchie administrative. Enfin, le délégataire ne peut pas subdéléguer la compétence à une autre autorité sauf à déléguer sa signature (CE Ass., 12 décembre 1969, *André*, Rec., p. 575).

À l'inverse, **la délégation de signature** est accordée à une autorité nommément désignée et **s'attache donc à la personne**. Il en résulte qu'un changement de délégataire ou de délégant fait perdre sa raison d'être à la délégation et la rend caduque. Là encore, signalons l'exception que constituent les délégations de signature des membres du gouvernement aux principaux responsables de l'administration centrale d'un ministère. En effet, l'attribution de la délégation étant désormais liée à la nomination du haut fonctionnaire (voir ci-avant), le changement de ministre ou de secrétaire d'État ne met pas fin aux délégations.

Le délégataire ne fait qu'exercer pour le compte et au nom du délégant certaines de ses attributions (en général pour le soulager d'une surcharge de travail). Il en résulte d'une part que ses décisions ont une force juridique correspondant à la place du délégant dans la hiérarchie administrative, d'autre part que le délégant peut à tout moment se réapproprier les compétences déléguées et agir dans les domaines qu'elles couvrent. Enfin, le délégataire ne peut en aucun cas subdéléguer la compétence, à moins que cette possibilité n'ait été expressément prévue par le texte législatif ou réglementaire autorisant la délégation de signature (les principaux responsables de l'administration centrale d'un ministère réputés disposer d'une délégation de signature du ministre peuvent subdéléguer aux agents sous leur autorité). Les subdélégations doivent faire l'objet d'un acte exprès, précisant l'étendue de la délégation et publié.

Le procédé de la délégation de signature est utilisé plus fréquemment que celui de la délégation de pouvoir. En particulier, les ministres y recourent volontiers pour déléguer certaines de leurs compétences à leurs collaborateurs.

En conclusion, on peut souligner que **dans le cadre de l'amélioration des rapports administration-administrés, la délégation de compétence a connu un nouveau souffle**. Ainsi, **certains pouvoirs de décision ont été déconcentrés vers des autorités plus au contact des réalités du terrain** (par exemple, compétence des préfets pour prendre les décisions administratives individuelles qui relevaient auparavant des administrations centrales, décret du 15 janvier 1997).

2) Le contrôle du juge administratif

Nous n'en donnons qu'un bref aperçu, ce point étant développé dans le chapitre relatif au contentieux administratif (voir p. 347 et s.).

Lorsque la légalité externe d'un acte administratif est contestée, le juge administratif est amené à contrôler le respect des règles de compétence. Il peut retenir trois types d'incompétence :

- l'incompétence matérielle (incompétence *ratione materiae*) lorsque l'acte a été pris par une autorité administrative qui n'avait pas compétence pour intervenir dans le domaine de l'acte ;
- l'incompétence territoriale (incompétence *ratione loci*) lorsqu'une autorité administrative a pris un acte qui est censé produire des effets hors de sa circonscription territoriale (le maire ne peut prendre de mesures de police qui s'appliqueraient à une autre commune) ;
- l'incompétence temporelle (incompétence *ratione temporis*) lorsqu'une autorité administrative a pris un acte alors qu'elle n'était pas encore compétente pour le prendre ou qu'elle ne l'était plus.

3) L'affranchissement des règles de compétence

L'autorité administrative peut, dans certaines circonstances, s'affranchir ou du moins s'éloigner des règles de compétence. C'est le cas lorsqu'il y a urgence et lorsque s'applique la théorie du fonctionnaire de fait.

Le juge administratif a reconnu qu'une autorité administrative peut outrepasser sa compétence normale ou empiéter sur celle d'une autre autorité. Mais surtout, il a constaté qu'**une autorité ou même un simple particulier peut se substituer à l'autorité compétente lorsqu'il y a carence de cette dernière et être ainsi considéré comme un « fonctionnaire de fait »** (CE, 5 mars 1948, *Marion*, Rec., p. 113 ; en l'espèce, un comité d'habitants avait pris des mesures d'urgence en 1940 à la suite de la fuite de la municipalité). Autrement dit, les décisions prises par cette autorité de fait sont considérées comme régulières.

Une solution contraire aurait des conséquences pratiques désastreuses, surtout lorsque l'autorité qui a pris les décisions est une autorité administrative. En particulier, plus cette autorité est tardivement déclarée incompétente (notamment pour avoir été désignée irrégulièrement), plus les actes susceptibles d'être illégaux sont nombreux. On imagine mal comment les permis de construire accordés par un adjoint au maire ayant reçu une délégation irrégulière de ce dernier pourraient être annulés (*a fortiori* si des constructions ont déjà été édifiées). En réalité, **la jurisprudence privilégie la sécurité juridique des administrés plutôt que le formalisme des règles de compétence**.

Par ailleurs, **lorsqu'il y a urgence à agir, le juge admet la régularité des décisions prises par une autorité *a priori* incompétente** (CE Sect., 5 octobre 1979, *Chambre d'agriculture de la Charente*, Rec., p. 362 ; en l'espèce, le Conseil d'État a admis la légalité d'une mesure prise par le président de la chambre d'agriculture, juridiquement incompétent, destinée à assurer dans l'urgence la continuité des missions de service public de la chambre).

B) Les règles de procédure

La complexité et la précision du régime des règles de procédure (organisé par des textes législatifs et réglementaires mais aussi par la jurisprudence) présentent dans l'ensemble l'inconvénient de retarder l'édiction des décisions mais, en même temps, permettent d'en garantir la régularité et l'objectivité.

1) Le contenu des règles de procédure

On distingue deux règles fondamentales : l'une relative à la consultation d'organismes qui, par leur avis, influencent plus ou moins la prise de décision (essentiellement les décisions réglementaires), l'autre relative aux procédures contradictoires qui doivent permettre aux personnes visées par les décisions administratives d'en être informées préalablement et de pouvoir présenter leurs observations (elle concerne donc surtout les décisions individuelles).

D'autre part, nous évoquerons brièvement la règle de l'examen particulier des circonstances et celle du parallélisme des procédures.

a) Les procédures consultatives

En fonction du caractère obligatoire ou facultatif des procédures, les avis rendus par les différents organismes consultatifs ne revêtent pas la même portée.

En revanche, les règles relatives à l'existence et à la compétence des organes consultatifs sont intangibles.

Ainsi, l'organisme doit avoir été institué régulièrement, c'est-à-dire par l'autorité compétente et selon la procédure requise (CE Sect., 8 janvier 1982, SARL *Chocolat de régime Dardenne*, Rec., p. 1, RA 1982, p. 624, note B. Pacteau).

Par ailleurs, le décret du 28 novembre 1983 relatif aux relations entre l'administration et les usagers a repris certaines règles posées par la jurisprudence en matière de composition, de convocation et de fonctionnement des organismes consultatifs : ils doivent être convoqués par écrit, les personnes qui ont un intérêt personnel à l'affaire en discussion ne peuvent siéger en leur sein, l'autorité consultante peut se dispenser de leur avis, après mise en demeure à son président, si l'organisme n'a pas rendu son avis dans un délai raisonnable…

L'organisme consultatif doit évidemment être compétent sur les sujets qui sont soumis à ses avis. Enfin, l'autorité décisionnaire doit porter à la connaissance de l'organisme tous les éléments nécessaires afin que celui-ci rende un avis éclairé.

Les avis rendus n'ont pas les mêmes effets selon qu'ils l'ont été à l'issue d'une consultation facultative ou obligatoire :

- **lorsque la consultation est facultative, l'autorité consultante n'est pas liée par l'avis et conserve son entière liberté de décision**. Elle peut même prendre une décision autre que celle qui avait été soumise à consultation (CE Sect., 15 mars 1974, *Syndicat national CGT-FO des fonctionnaires du commerce extérieur*, Rec., p. 188) ;
- **lorsque la consultation est obligatoire, l'autorité décisionnaire ne peut retenir que la décision soumise à consultation ou la décision proposée par l'avis rendu** (CE. Sect., 29 janvier 1971, *Conseil national de l'ordre des médecins*, Rec., p. 79). Si l'administration veut choisir une autre solution, elle doit à nouveau la soumettre à consultation ;
- enfin, lorsqu'il est prévu (plus rarement) que la consultation aboutisse à un **« avis conforme »**, l'autorité administrative n'a en principe qu'une alternative : **prendre une décision qui suit l'avis rendu ou ne pas prendre de décision du tout** (CE, 22 février 1957, *Société coopérative de reconstruction de Rouen*, Rec., p. 126). L'avis conforme confère donc à l'autorité consultative **une influence directe sur la prise de décision**.

Cependant, par un **arrêt d'Assemblée du 26 octobre 2001, le Conseil d'État semble avoir remis en cause la notion même d'avis conforme** (CE, 26 octobre 2001, *M. et Mme Eisenchteter*, AJDA février 2002, p. 118). Il a en effet admis que **l'autorité administrative décisionnaire n'est plus liée par un avis** (conforme) **négatif lorsque cet avis est illégal. Cela revient à reconnaître au destinataire de l'avis le pouvoir de décider s'il est tenu ou non de suivre l'avis**. Le refus de se conformer à l'avis pourrait être fondé aussi bien sur l'irrégularité de la procédure ayant abouti à sa délivrance qu'à une divergence de fond avec l'autorité consultée (ce qui est le cas en l'espèce, le maire s'étant affranchi du refus du préfet d'autoriser la délivrance de permis de construire au motif que ce refus était entaché d'une erreur manifeste d'appréciation).

b) Les procédures contradictoires

Elles doivent **permettre aux personnes visées par les décisions administratives d'en être informées préalablement et de pouvoir présenter leurs observations**.

Des procédures contradictoires sont prévues dans trois hypothèses (déterminées par les textes et la jurisprudence).

1. **Le respect des droits de la défense**

À l'origine, l'article 65 de la loi du 22 avril 1905 a institué dans la fonction publique la règle de la « communication du dossier » avant toute sanction disciplinaire.

À l'occasion d'autres contentieux, le Conseil d'État a fait de cette règle un **principe général du droit** selon lequel l'administration doit mettre l'intéressé en mesure de prendre connaissance et de répondre aux griefs formulés contre lui. Il consacre ainsi le principe du **« respect des droits de la défense »** (CE, 5 mai 1944, *Dame Veuve Trompier-Gravier*, précité ; relatif à un retrait d'autorisation d'exploiter un kiosque à journaux ; CE Ass., 26 octobre 1945, *Aramu*, précité ; relatif aux mesures de révocation de fonctionnaires prononcées en 1944 dans le cadre de l'épuration).

Concrètement, l'administration doit informer l'intéressé de son droit à demander la communication de son dossier (pour les fonctionnaires) ou l'informer de la sanction à venir (pour les autres personnes) et lui demander de présenter ses observations (de répondre aux griefs pour les fonctionnaires).

Le principe général des droits de la défense s'applique lorsque la décision administrative n'entre pas dans le champ d'application de la loi du 12 avril 2000 (voir 3. ci-après), ce qui est notamment le cas pour les relations entre l'administration et ses agents, ou de textes particuliers.

2. **Les mesures prises en considération de la personne**

Le Conseil d'État a étendu la règle des droits de la défense à toutes les mesures prises en considération de la personne (CE Sect. 24 juin 1949, *Nègre*, Rec., p. 304 ; à propos d'un fonctionnaire relevé de ses fonctions). Au-delà des sanctions disciplinaires, il peut s'agir d'une mise à la retraite d'office, d'une mutation dans un autre emploi…

3. **Les apports du décret du 28 novembre 1983 et de la loi du 12 avril 2000**

La loi n° 2000-321 du 12 avril 2000 relative aux droits des citoyens dans leurs relations avec les administrations a renforcé la valeur juridique des obligations posées par le décret du 28 novembre 1983 en y apportant quelques modifications.

En premier lieu, les administrations sont tenues d'accuser réception des demandes qu'elles reçoivent : indication de l'agent chargé du dossier, des délais dans lesquels une décision sera prise, des voies et des délais de recours (à défaut, les délais sont inopposables au demandeur), et éventuellement des pièces manquantes.

En second lieu, les administrations doivent retransmettre (vers le service compétent) les demandes mal orientées. Il est précisé que les citoyens ne doivent pas avoir à subir les conséquences de leur méconnaissance du fonctionnement des administrations.

Enfin, surtout, **les actes individuels soumis à l'obligation de motivation** (notamment les décisions défavorables, voir p. 184) **ne peuvent être pris qu'après une procédure contradictoire** (sauf en cas d'urgence ou d'abus). Cependant, lorsqu'une loi particulière organise une procédure contradictoire spécifique, celle-ci est suivie si elle donne des garanties au moins équivalentes à celles prévues par la loi de 2000 (cette règle était déjà appliquée par la jurisprudence, voir par ex. CE Ass., 8 mars 1995, *Garcia Henriquez et Deveylder*, RDP 1985, p. 1130, concl. Genevois ; application de dispositions précises en matière d'extradition).

Quel est le contenu de la procédure contradictoire ? La loi de 2000 précise que les décisions ne sont prises qu'« après que l'intéressé a été mis à même de présenter des observations écrites », ce qui suppose qu'il ait eu accès à son dossier. Mais surtout, si l'intéressé en fait la demande, une audition préalable doit être organisée (CE, 3 avril 2002, *Sté Labo'life Espana*, RFDA 2002, p. 681 ; le refus d'entendre une société, malgré sa demande, entache la procédure d'irrégularité). Pour l'occasion, il peut être assisté d'un conseil ou représenté par un mandataire. L'ensemble de ces dispositions est de nature à créer **un véritable débat contradictoire**.

c) La règle de l'examen particulier des circonstances

Même lorsque l'administration a le choix de sa décision (en ce qui concerne les décisions non réglementaires), elle doit procéder, au préalable, à un examen sérieux des données de l'affaire. Autrement dit, **elle ne doit pas prendre sa décision en fonction d'un postulat théorique qui lui donnerait la solution mais en fonction des données concrètes de l'affaire**. Cette règle traduit le souci de voir l'administration agir avec pragmatisme et de façon circonstanciée.

Le non-respect de la règle de l'examen particulier des circonstances est susceptible d'entraîner l'annulation de la décision (CE, 22 octobre 1982, *Le Quéau*, Rec., p. 786 ; à propos d'un refus de permis de construire).

d) La règle du parallélisme des procédures

Faut-il, pour modifier ou abroger une décision, suivre la procédure qui a servi à son édiction ?

La réponse est positive lorsque la procédure était obligatoire et que l'acte édicté est un règlement (CE Sect., 28 avril 1967, *Fédération nationale des syndicats pharmaceutiques*, Rec., p. 180).

En ce qui concerne les décisions non réglementaires (surtout individuelles), il faut savoir si la procédure utilisée pour l'édiction de la décision revêt la même portée, le même sens, que pour sa modification ou son abrogation. La jurisprudence a fréquemment écarté la règle du parallélisme des compétences (CE Sect., 10 avril 1959, *Fourré-Cormeray*, Rec., p. 233 ; en l'espèce, la consultation obligatoire du conseil paritaire du Centre national de la cinématographie pour nommer le directeur général du Centre n'est plus requise avant la décision de mettre fin à son mandat ; CE Ass., 29 mars 1968, *Société du lotissement de la plage de Pampelonne*, Rec., p. 211, RDP 1969, p. 320 ; la procédure de consultation et d'enquête suivie pour la délivrance d'un permis de construire n'est plus requise avant la décision de retirer le permis).

Les règles de procédure ne se limitent pas à celles que nous venons d'étudier. Il existe d'autres techniques, utilisées avec une moindre fréquence : certaines décisions, telles les déclarations d'utilité publique, ne peuvent être prises qu'après enquête publique ; d'autres décisions ne peuvent intervenir que sur proposition d'une autre autorité…

2) Le contrôle du juge administratif

Ce point sera repris dans le chapitre relatif au contentieux administratif (voir p. 347 et s.).

En cas de non-respect des règles de procédures, les décisions prises sont illégales, donc susceptibles d'être annulées par le juge administratif.

Cependant, ce dernier a développé **une jurisprudence pragmatique**, rejetant l'excès de formalisme et établissant **une distinction entre les formalités substantielles** (qui ont pour objet d'apporter des garanties aux administrés ou susceptibles d'influencer l'administration sur la décision à prendre) dont le non-respect entraîne généralement l'annulation de la décision **et les formalités non substantielles** (celles qui n'ont pas pour objet d'apporter de garanties aux administrés ni d'influencer l'administration sur le sens de la décision à prendre) dont le non-respect entraîne rarement l'annulation.

Par ailleurs, le juge ne considère pas que la décision est illégale **lorsque des formalités ont été impossibles à respecter** (théorie des formalités impossibles) ou lorsque le respect de certaines formalités était inutile.

Enfin, le juge a reconnu la **possibilité** pour l'administration **de se soustraire aux règles de procédure en cas de circonstances exceptionnelles** (voir, par exemple, CE, 28 juin 1918, *Heyriès*, précité).

C) Les règles de forme

1) La présentation formelle des décisions administratives

Comment se présentent, vues de l'extérieur, les décisions administratives ? Elles sont généralement écrites mais peuvent aussi être verbales. La plupart d'entre elles sont explicites mais il en existe qui sont implicites, comme les décisions de rejet (voir définitions p. 166). La décision type à laquelle s'appliquent les règles de forme est la décision écrite et explicite.

Elle se présente traditionnellement sous la forme d'une suite d'articles (pour les décrets ou les arrêtés) ou de « considérants » (pour les décisions juridictionnelles) précédés du « visa » des textes dont ils procèdent (les « visas » mentionnent les textes législatifs ou réglementaires auxquels les dispositions de la décision se rattachent) et, parfois, du « visa » des avis qui sont intervenus lors de l'élaboration. Cependant, la présence des visas n'est pas considérée comme une obligation et leur omission ou l'erreur commise sur un visa n'est pas un motif d'annulation de la décision.

En revanche, sont considérées comme des formalités obligatoires (**formalités dites substantielles**), la signature de la décision par son auteur (qui permet de vérifier sa compétence), le contreseing ministériel lorsqu'il est prévu par les textes (ainsi, les ministres compétents doivent apposer leurs signatures sur les décrets du chef de l'État et du Premier ministre) et surtout, la motivation des décisions, dans un certain nombre d'hypothèses.

2) L'obligation de motiver

Les hypothèses de motivation sont prévues par les textes et la jurisprudence. **L'obligation de motiver consiste pour l'auteur de l'acte à indiquer clairement dans la décision les motifs (les raisons) de fait et de droit qui justifient son édiction**.

L'auteur explique son choix, tant pour éclairer le destinataire de la décision que pour favoriser le contrôle de légalité (en exposant les motifs, il facilite la tâche des éventuels requérants). De plus, l'obligation de motivation contraint l'administration à davantage de rigueur dans la préparation de ses décisions (elle est plus attentive à leurs justifications).

Ce souci de transparence de l'administration lors de la prise de décision **se paie d'un certain formalisme** (qui n'est pas de trop en la matière) et, parfois, d'une relative lenteur de l'action administrative. Ceci explique sans doute que la règle soit la suivante : « pas de motivation sans texte. » **La jurisprudence considère que les décisions administratives n'ont pas, en principe, à être motivées**. Ce principe a été quelque peu battu en brèche par la **loi du 11 juillet 1979** relative à la motivation des actes administratifs et à l'amélioration des relations entre l'administration et le public.

La loi de 1979 soumet à l'obligation de motivation deux catégories de décisions individuelles :

- d'une part, **les décisions individuelles défavorables à leurs destinataires**, c'est-à-dire celles qui restreignent l'exercice des libertés publiques ou, de manière générale, constituent une mesure de police, celles qui infligent une sanction, subordonnent l'octroi d'une autorisation à des conditions restrictives, retirent ou abrogent une décision créatrice de droits, opposent une prescription, une forclusion ou une déchéance, refusent un avantage constituant un droit pour les personnes remplissant les conditions légales pour l'obtenir.
  À cette liste, **la loi du 17 janvier 1986** est venue ajouter les décisions qui refusent une autorisation ;
- d'autre part, **les décisions individuelles qui dérogent aux règles générales fixées par les lois et les règlements** (comme les décisions dérogeant à la réglementation du travail de nuit ou celles dérogeant à la réglementation de l'urbanisme).

La jurisprudence a reconnu plusieurs limites à l'obligation de motivation : l'urgence absolue (même si, à la demande de l'intéressé, l'auteur de la décision doit lui en transmettre les motifs dans le délai d'un mois) et le secret (le secret couvrant la défense nationale, le secret des délibérations du gouvernement ou le secret médical).

Par ailleurs, **la jurisprudence a interprété de façon restrictive le champ d'application de la loi de 1979**. Les décisions implicites de rejet (même si l'intéressé peut en demander la motivation dans le délai du recours contentieux) sont ainsi exclues de l'obligation de motivation ou, à un autre niveau, les décisions qui, rentrant dans l'une des catégories générales définies par la loi de 1979, ne correspondent pas à l'un de leurs cas d'application (CE, 12 mars 1986, *Metzler*, Rec., p. 70 ; en l'espèce, le refus de prendre une mesure de police rentre bien dans la catégorie des décisions défavorables à leurs destinataires mais ne correspond à aucun des cas d'application prévus).

Enfin, le Conseil d'État a défini les caractères de la motivation. Il a reconnu la légalité de la motivation lorsque les motifs d'une décision, au lieu d'être inclus dans la décision elle-même, figurent dans un document (lettre, avis, rapport) qui lui est joint. Surtout, **il a exigé que la motivation soit précise et complète**, en particulier concernant les motifs de fait (CE Sect., 24 juillet 1981, *Belasri*, Rec., p. 322, Rec. Lachaume). Seules des raisons d'opportunité peuvent justifier une motivation concise (CE, 19 janvier 1990, *Mme Bodin*, Rec., p. 549 ; à propos de la motivation d'un décret de dissolution d'un conseil municipal).

Le défaut de motivation (absence ou insuffisance) est un vice de forme entraînant l'annulation juridictionnelle de la décision.

§ 2. L'entrée en vigueur de l'acte administratif

Les actes administratifs sont soumis à **une obligation de publicité destinée à les porter à la connaissance des personnes qu'ils visent**. Une fois cette formalité substantielle accomplie, ils sont opposables aux administrés (ils s'imposent à eux) et invocables par eux (ils peuvent s'en prévaloir).

Par ailleurs, les actes ne peuvent produire d'effets juridiques que pour l'avenir. En principe, ils ne sont donc pas rétroactifs.

A) La publicité des actes

Le mode de publicité varie suivant le type d'acte.

1) La publication des actes réglementaires

a) Principes

Concernant l'État, les actes réglementaires des autorités centrales (décrets du Premier ministre ou du chef de l'État) sont publiés au Journal officiel (en version papier et, depuis le 1er juin 2004, sous forme électronique ; voir le paragraphe b ci-après) et les actes des autorités déconcentrées dans un recueil des actes administratifs du département (arrêté préfectoral).

Concernant les collectivités locales, les actes réglementaires font l'objet d'une publication dans un recueil des actes administratifs de la collectivité (notamment les délibérations à caractère réglementaire des régions, des départements et des communes de 3 500 habitants et plus) ou par voie d'affichage (arrêtés du maire). De plus, la publication ou l'affichage des actes peuvent également être organisés, à titre complémentaire mais non exclusif, sur support numérique (il s'agit de favoriser les progrès techniques).

La publication ou l'affichage est également le mode de publicité qui s'applique aux « actes particuliers » (qui ne sont ni réglementaires ni individuels), telles les déclarations d'utilité publique ou l'ouverture des concours.

Le défaut de publicité (absence ou inadéquation) empêche l'entrée en vigueur du règlement administratif. Toutefois, la publicité ne suffit pas nécessairement à déclencher son application.

L'entrée en vigueur de l'acte peut intervenir postérieurement à sa publicité :

- un règlement est inapplicable tant que les mesures destinées à sa mise en œuvre (lorsqu'elles sont indispensables) n'ont pas été prises (il entrera en vigueur à la date d'entrée en vigueur de ces mesures) ;
- un règlement peut déterminer, pour son entrée en vigueur, une date postérieure à celle de sa publication ou de son affichage.

Par ailleurs, l'entrée en vigueur d'un acte est parfois subordonnée à l'intervention d'un autre acte. Ainsi, les règlements des autorités décentralisées soumis à l'obligation de transmission ne s'appliquent qu'après avoir été publiés ou affichés **et** transmis au représentant de l'État (loi du 2 mars 1982).

Enfin, signalons que le Conseil d'État a posé l'obligation pour l'administration, sauf circonstances particulières, de **publier dans un délai raisonnable les règlements qu'elle édicte** (CE, 12 décembre 2003, *Syndicat des commissaires et hauts fonctionnaires de la police nationale* ; précité).

b) Les modalités de publication (des lois et) de certains actes administratifs de l'État depuis le 1er juin 2004

Jusqu'ici, la date d'entrée en vigueur (des lois et) des actes réglementaires de l'État (notamment les décrets) était fixée, en l'absence de précision dans le texte lui-même, un jour franc après la publication du texte pour Paris et un jour franc après l'arrivée du JO au chef-lieu du département en province (décret du 5 novembre 1870). **Depuis le 1er juin 2004, à défaut de précision d'une date d'entrée en vigueur dans le corps du texte, (les lois et) les actes réglementaires entrent en vigueur de manière uniforme sur tout le territoire français le lendemain de leur publication** (ordonnance du 20 février 2004). Toutefois, en cas d'urgence, l'entrée en vigueur peut avoir lieu le jour même.

Cependant, si certaines des dispositions du texte nécessitent pour leur exécution des mesures d'application, la date d'entrée en vigueur de ces dispositions est reportée à la date d'entrée en vigueur des mesures d'application.

Cette entrée en vigueur uniforme est possible car **la publication** (des lois et) des actes réglementaires **est assurée « le même jour**, dans des conditions de nature à garantir leur authenticité, **sur papier et sous forme électronique »**. Le JO est mis à la disposition du public sous forme électronique de manière permanente et gratuite (l'obligation de permanence conduira à conserver une possibilité d'accès à tout numéro du JO publié). Ces dispositions consacrent l'usage des nouvelles technologies pour l'accès des citoyens au droit et à l'information officielle. Enfin, il est prévu que **le texte diffusé sur le site du JO a la même valeur juridique que le texte figurant dans l'édition papier** (principe de l'authenticité électronique). Cependant, s'il est imprimé, le texte n'a plus cette garantie d'authenticité.

2) La notification des actes individuels

L'entrée en vigueur d'une décision individuelle résulte de sa notification (par lettre recommandée avec accusé de réception) à l'intéressé.

Lorsqu'une décision vise un grand nombre de personnes, la jurisprudence admet que la publication puisse remplacer la notification. La publicité peut également être élargie quand la décision produit des effets pour l'intéressé mais aussi pour des tiers (l'octroi d'un permis de construire doit être notifié à l'intéressé et faire l'objet d'un affichage en mairie et sur le terrain à bâtir destiné à l'information des tiers).

Les décisions individuelles favorables à leurs destinataires (notamment celles qui créent des droits) entrent en vigueur dès leur signature, sans attendre leur notification (CE Sect., 19 décembre 1952, *Mattei*, Rec., p. 594 ; à propos d'une décision de nomination d'un fonctionnaire). En revanche, les décisions défavorables ne sont applicables qu'après avoir été notifiées.

Quant aux décisions individuelles des autorités décentralisées soumises à l'obligation de transmission, elles n'entrent en vigueur qu'après avoir été notifiées aux intéressés et transmises au préfet.

E15 **La dématérialisation de certains actes**

Le décret du 29 juin 2004, pris en application de l'ordonnance du 20 février 2004, détermine la liste des actes dont la publication sous forme électronique au JO suffit à assurer l'entrée en vigueur :

- les actes réglementaires, autres que les ordonnances, relatifs à l'organisation administrative de l'État ;
- les actes réglementaires, autres que les ordonnances, relatifs aux fonctionnaires et agents publics, aux magistrats et aux militaires ;
- les actes réglementaires, autres que les ordonnances, relatifs au budget de l'État ;
- les actes réglementaires des autorités administratives indépendantes... autres que ceux qui intéressent la généralité des citoyens...

Par ailleurs, le décret détermine la liste des actes qui ne font l'objet que d'une publication sous forme électronique. Ce sont les décisions individuelles et l'ensemble des autres actes dépourvus de valeur réglementaire, y compris les avis et propositions, dont une loi ou un décret prévoit la publication au JO et qui sont relatifs à l'organisation administrative et au budget de l'État, ceux relatifs aux fonctionnaires et agents publics, aux magistrats et aux militaires, ceux émanant des autorités administratives indépendantes... Enfin, importante innovation, le Code de justice administrative est complété pour faire courir le délai de recours des tiers contre certaines décisions individuelles à compter de leur publication sous forme électronique : décisions relatives au recrutement et à la situation des fonctionnaires et agents publics, des magistrats ou des militaires ; décisions émanant d'autorités administratives indépendantes...

Ce changement soulève certaines questions, notamment quant à la preuve de l'entrée en vigueur de l'acte. Par ailleurs, avec la publication exclusive de certains actes au JO électronique, un nombre important de personnes se verra privé de l'accès effectif aux textes officiels.

Enfin, certaines décisions individuelles prises par les autorités de l'État sont publiées au Journal officiel (comme des nominations). Le décret du 29 juin 2004 prévoit que ces décisions ne font l'objet que d'une publication sous forme électronique (voir encadré ci-avant).

3) La distinction entre existence et entrée en vigueur de l'acte

Cette distinction est simple. **L'acte existe dès qu'il est signé par son auteur**. Sa validité et sa légalité sont d'ailleurs appréciées au jour de sa signature (au regard du droit en vigueur à cette date). Puis, avec sa publication ou sa notification (selon le type d'acte), il entre en vigueur et devient alors opposable aux administrés et invocable par eux.

Par conséquent, **la non-publication ou la non-notification d'un acte ne le prive pas d'existence** (CE Sect., 27 janvier 1961, *Daunizeau*, Rec., p. 57).

Dès qu'il existe et sans attendre son entrée en vigueur, l'acte peut être attaqué par le biais d'un recours pour excès de pouvoir et est donc susceptible d'être annulé (CE Sect., 26 juin 1959, *Syndicat général des ingénieurs conseils*, GAJA ; CE Sect., 30 juillet 2003, *Groupements des éleveurs mayennais de Trotteurs*, AJDA 2003, 13 octobre, p. 1813, chron. F. Donnat et D. Casas).

B) L'interdiction de l'entrée en vigueur rétroactive

La non-rétroactivité des actes administratifs est un **principe général du droit** consacré tant par la jurisprudence du Conseil d'État que par celle du Conseil constitutionnel (CE Ass., 25 juin 1948, *Société du Journal L'Aurore*, GAJA ; CC, 24 octobre 1969, Rec., p. 32). Cette règle signifie qu'**un acte, qu'il soit réglementaire ou individuel, ne peut pas produire d'effets pour le passé, c'est-à-dire avant sa publication ou sa notification**.

En effet, les décisions administratives ne valent que pour l'avenir. Plus précisément, elles produisent des effets dès leur entrée en vigueur et **s'appliquent donc instantanément aux situations en cours** (du moins les règlements). Ainsi, dans l'hypothèse où la réglementation du permis de construire change au cours de la période d'instruction d'une demande de permis, le dossier est examiné au regard de la nouvelle réglementation et non plus en fonction de celle qui était en vigueur au moment du dépôt de la demande (CE Sect., 4 juin 1982, *Junique*, Rec., p. 198).

Le principe de non-rétroactivité n'est cependant pas absolu. L'administration peut y déroger dans plusieurs hypothèses.

En premier lieu, lorsque le législateur l'y autorise de manière expresse, l'autorité administrative peut prendre des décisions à effet rétroactif (CE Ass., 8 juillet 1949, *Delacommune*, Rec., p. 346 ; CC, 4 juillet 1989, Rec., p. 41).

Il se peut également que la rétroactivité découle de la nature même de l'acte. Tel est le cas d'une décision tirant les conséquences de l'annulation d'une décision antérieure. De même, dans l'exercice de la tutelle administrative, la décision d'approbation d'un acte (par exemple d'une autorité décentralisée) ne peut avoir qu'un effet rétroactif puisque l'acte en question est en vigueur depuis son édiction (qui est évidemment antérieure à son approbation).

Enfin, la disparition des actes administratifs donne lieu à deux hypothèses de rétroactivité. D'une part, l'annulation d'un acte par le juge administratif (en excès de pouvoir) a un effet rétroactif (les effets déjà produits disparaissent). D'autre part, le « retrait » de l'un de ses actes par l'administration a également un effet rétroactif (puisqu'il reconstitue la situation telle qu'elle devrait être si l'acte n'avait pas existé).

§ 3. La disparition de l'acte administratif

Elle intervient généralement par abrogation, qui n'a pas d'effet rétroactif et ne vaut que pour l'avenir, ou par retrait, lequel a un effet rétroactif, c'est-à-dire entraînant la disparition des effets passés de la décision.

A) L'abrogation

L'action administrative a besoin de souplesse pour s'adapter aux évolutions de l'intérêt général. Simplement, ces mutations ne doivent pas se faire au détriment des droits acquis par les administrés. **L'abrogation, qui résulte d'une décision nouvelle, permet à l'administration de modifier sa réglementation ou les actes individuels tout en garantissant une certaine stabilité des situations juridiques**. En effet, comme elle ne met fin à l'acte que pour l'avenir, et ne remet nullement en cause ses effets passés, elle est beaucoup moins dangereuse (que le retrait) pour la sécurité des relations juridiques.

1) L'abrogation des actes réglementaires

a) La possibilité d'abroger les actes réglementaires

Le principe est que **les administrés n'ont aucun droit acquis au maintien d'un règlement, qu'il soit légal ou illégal**. Celui-ci peut donc être abrogé ou modifié à tout moment par son auteur ou une autorité supérieure. Cette règle s'explique par la nécessité pour les autorités de prendre les mesures adéquates pour faire évoluer et améliorer le service public (principe de mutabilité). Elle permet aussi de corriger aisément une éventuelle illégalité.

Aucune autre règle ou principe ne vient restreindre ou tempérer la possibilité pour les autorités compétentes d'abroger les actes réglementaires. Ainsi, le principe européen de *confiance légitime* – selon lequel une autorité publique qui, par son attitude, a fait naître des espérances fondées auprès des personnes concernées, ne peut modifier immédiatement la réglementation sans prendre des mesures transitoires – n'est pas invocable (CE, 16 mars 1998, Ass. *Élèves, parents d'élèves et professeurs de classes*, R. 85), sauf dans les situations où le droit européen s'applique directement.

b) L'obligation d'abroger les actes réglementaires

À l'origine, seul l'acte réglementaire devenu illégal suite à un changement dans les circonstances de droit (entrée en vigueur d'une nouvelle loi, intervention d'une directive de l'Union européenne qui nécessite, pour sa transposition, la modification du droit en vigueur) ou de fait (résultant par exemple de la disparition de la situation qui avait été invoquée pour justifier son édiction : l'interdiction de processions religieuses qui était justifiée au début du XXe siècle par les conflits durs entre l'Église et les forces laïques n'a plus eu de raison d'être une fois les passions apaisées) était soumis à l'obligation d'abrogation. Le refus de procéder à cette adaptation de la réglementation était constitutif d'une illégalité (CE Sect., 10 janvier 1930, *Despujol*, GAJA ; en l'espèce, il s'agissait d'un changement de législation).

Par la suite, le décret du 28 novembre 1983 a étendu le champ de l'obligation d'abrogation en prévoyant que « l'autorité compétente est tenue de faire droit à toute demande tendant à l'abrogation d'un règlement illégal » (que le règlement ait été illégal dès son origine, ou qu'il le soit devenu par la suite en raison d'un changement dans des circonstances de droit ou de fait).

Puis, l'arrêt *Cie Alitalia* de 1989, reprenant le décret de 1983, a érigé en **principe général du droit l'obligation pour l'autorité compétente d'abroger un règlement illégal, si une demande en ce sens lui est adressée** (CE Ass., 3 février 1989, GAJA ; obligation d'abroger des textes fiscaux qui n'avaient pas pris en compte les nouvelles dispositions imposées par une directive de l'Union européenne).

Enfin, la loi du 20 décembre 2007 (relative à la simplification du droit) **impose au pouvoir réglementaire d'abroger les règlements illégaux ou devenus sans objet, soit d'office, soit à la demande d'une personne intéressée.** L'obligation d'abrogation est donc étendue aux règlements « devenus sans objet », c'est-à-dire inutiles, redondants (dont les dispositions figurent dans d'autres textes), ou obsolètes (lorsque par exemple, la situation qu'il vise n'existe plus), devenus incompatibles avec une loi ultérieure (CE, 3 septembre 2007, *Dechelotte*)... Cette obligation d'abrogation a vocation à s'appliquer à toutes les autorités administratives (de l'État, collectivités territoriales, établissements publics à caractère administratif, organismes de sécurité sociale...). Par ailleurs, la loi prévoit une abrogation d'office. Autrement dit, **il appartient à l'administration d'abroger elle-même les dispositions inutiles, sans devoir attendre d'être saisi en ce sens par un particulier**. Cette règle découle de l'obligation pour l'administration de veiller à la cohérence de l'ordonnancement juridique et de garantir la sécurité juridique de la norme.

Les effets de ce dispositif devraient être de deux ordres. D'abord, la responsabilité de l'administration pourra toujours être engagée, dans les conditions de droit commun, lorsque l'absence d'abrogation aura causé un préjudice indemnisable. Ensuite et surtout, le dispositif devrait **inciter l'administration à mettre à jour régulièrement, pour ne pas dire systématiquement, sa production réglementaire.**

Pour le reste, l'obligation d'abrogation conserve une portée très générale. Comme nous l'avons indiqué, peu importe que le règlement ait été illégal dès son origine, ou qu'il le soit devenu par la suite en raison d'un changement dans des circonstances de droit ou de fait ; notons toutefois qu'en matière économique ou fiscale, pour ne pas imposer à l'administration des modifications constantes des textes dans un domaine où il lui faut disposer de pouvoirs étendus pour adapter son action, le changement dans les circonstances de fait doit s'analyser comme un véritable bouleversement pour entraîner l'illégalité du règlement, et donc l'obligation de l'abroger (CE Ass., 10 janvier 1964, *Simmonet*, RDP 1964. 459, concl. Braibant). Peu importe également la date à laquelle intervient la demande d'abrogation : un administré qui y a intérêt peut se manifester à tout moment, même après l'expiration du délai de recours contentieux contre le règlement. Le refus d'abrogation opposé par l'administration peut être attaqué pour excès de pouvoir. S'il est annulé, l'acte est abrogé à compter de la date du refus illégal.

Par ailleurs, lorsque, postérieurement à l'introduction d'une requête dirigée contre un refus d'abrogation, l'autorité qui a pris le règlement litigieux procède à son abrogation expresse ou implicite, le litige né de ce refus d'abroger disparaît. Cependant, le litige perdure lorsque cette même autorité reprend, dans un nouveau règlement, les dispositions qu'elle abroge, sans les modifier ou en ne leur apportant que des modifications de pure forme (CE Sect., 5 octobre 2007, *Ordre des avocats du barreau d'Évreux*, AJDA 2007, p. 1900).

2) L'abrogation des actes non réglementaires

a) La possibilité d'abroger les actes non réglementaires

L'administration est **libre d'abroger à tout moment les actes non réglementaires** (en particulier les actes individuels) lorsqu'il s'agit d'actes **non créateurs de droit** (autorisations de police, autorisations d'occupation du domaine public qui sont par nature révocables à tout instant, nominations de fonctionnaires à la discrétion du gouvernement…), à condition de respecter les règles de compétence, de forme et de procédure qui s'imposent à elle (CE Sect., 29 novembre 2002, *Assistance Pub.-Hôpitaux de Marseille*, RFDA 2003. 234, concl. Bachelier ; à propos de l'abrogation d'une nomination obtenue par fraude).

En revanche, **l'abrogation des actes non réglementaires créateurs de droits** (permis de construire, avancement d'un agent, prime…) **est plus difficile**.

Il faut distinguer deux hypothèses :

– L'autorité administrative ne peut abroger une décision individuelle **légale** créatrice de droits que **si le titulaire des droits en fait la demande ou si un texte législatif ou réglementaire le prévoit** (CE, 30 juin 2006, *Société Neuf Télécom SA*) ; ce qui aligne le régime de l'abrogation de ces actes sur celui de leur retrait (voir p. 193). Notons que l'hypothèse d'une abrogation autorisée par le législateur est assez fréquente. Par exemple, les textes prévoient que l'abrogation de la nomination d'un fonctionnaire, c'est-à-dire sa sortie définitive de la fonction publique, peut résulter soit de sa mise à la retraite, soit de sa révocation pour insuffisance professionnelle ou raisons disciplinaires.

– S'agissant des décisions non réglementaires **illégales** créatrices de droits, la jurisprudence *Pain* (CE, 21 janvier 1991) avait aligné le régime de leur abrogation sur celui de leur retrait (issu à l'époque de la jurisprudence *Dame Cachet,* voir p. 194). Après quelques hésitations, par un arrêt du 6 mars 2009, le Conseil d'État soumet explicitement l'abrogation d'une décision administrative individuelle illégale aux mêmes conditions que celles valant pour son retrait (CE, Sect., 6 mars 2009, *M. C.*, req. n° 306084). En effet, il énonce que sous réserve de dispositions législatives ou réglementaires contraires, et hors le cas où il est satisfait à une demande du bénéficiaire, **l'administration ne peut retirer ou abroger une décision expresse** (explicite) **individuelle créatrice de droits, si celle-ci est illégale, que dans le délai de quatre mois suivant l'intervention de cette décision.** Passé ce délai, l'administration n'aura plus la possibilité d'abroger une décision individuelle illégale, sauf si le bénéficiaire en fait la demande.

b) L'obligation d'abroger les actes non réglementaires

L'administration est tenue d'abroger **un acte non réglementaire non créateur de droits lorsque celui-ci est devenu illégal par suite d'un changement dans les circonstances de droit ou de fait qui avaient déterminé son édiction, à condition qu'une demande en ce sens ait été déposée** par une personne y ayant intérêt (CE Sect., 30 novembre 1990, Assoc. « *Les Verts* », AJDA 1991, p. 114, chro. Honorat et Schwartz ; obligation de modifier les actes de délimitation des circonscriptions cantonales lorsque l'évolution démographique postérieure fait apparaître de trop fortes disparités dans le nombre d'électeurs). En outre, l'obligation d'abroger ne vaut que **si la décision incriminée n'est pas devenue définitive** (*i.e.* insusceptible d'un recours contentieux par voie d'action) (CE, 30 juin 2006, *Société Neuf Télécom SA*).

À la différence des actes réglementaires, l'abrogation des actes non réglementaires non créateurs de droits n'est pas obligatoire s'il s'agit d'une illégalité existant depuis l'origine. Cette réticence du Conseil d'État s'explique par le souci de rester conforme à cette autre jurisprudence selon laquelle l'exception d'illégalité ne peut être soulevée à leur encontre que dans le délai du recours contentieux.

3) L'abrogation implicite et son appréciation par le Conseil d'État

Lorsque, ainsi que nous l'avons décrite jusqu'ici, l'abrogation d'une norme est expresse, le juge ne rencontre pas de difficulté. En revanche, lorsque l'abrogation est implicite, la situation est plus délicate. L'abrogation implicite résulte de l'intervention d'une norme qui a pour effet, implicitement, d'abroger une norme antérieure car incompatible avec la norme nouvelle. Dans ce cas, **le Conseil d'État s'est reconnu compétent pour constater une telle abrogation**, la seule condition à ce constat étant que la norme postérieure soit d'un niveau au moins égal à la norme incompatible.

Ainsi, l'abrogation implicite peut résulter de la confrontation de normes de même niveau, par exemple entre deux décrets ou entre deux lois successives (sur ce dernier cas, voir CE Sect., 23 nov. 2005, *Mme Baux*, AJDA, 20 février 2006, p. 357 et s.), ou de l'intervention d'une norme supérieure postérieure, notamment lorsqu'une réglementation est incompatible avec une loi nouvelle voire même lorsqu'une loi est incompatible avec une norme constitutionnelle postérieure. Dans ces différentes hypothèses, le Conseil d'État ne se place pas du point de vue de la légalité ou de la constitutionnalité (qui ne relève pas de sa compétence) mais se borne à apprécier la succession dans le temps de normes incompatibles entre elles.

Ainsi, dans un arrêt d'Assemblée, le CE a estimé que : « … s'il n'appartient pas au juge administratif d'apprécier la conformité d'un texte législatif aux dispositions constitutionnelles en vigueur à la date de sa promulgation, il lui revient de constater l'abrogation, fût-elle implicite, de dispositions législatives qui découlent de ce que leur contenu est inconciliable avec un texte qui leur est postérieur, que celui-ci ait valeur législative ou constitutionnelle » (CE Ass. 16 décembre 2005, *Ministre des Affaires sociales, du Travail et de l'Industrie, Syndicat national des huissiers de justice*). En l'espèce, l'article 10 de l'ordonnance du 2 novembre 1945, qui a pour conséquence d'interdire aux huissiers de justice de constituer des organisations professionnelles patronales susceptibles de participer à la négociation, est considéré comme implicitement abrogé par les dispositions consacrant la liberté syndicale figurant au 6e alinéa du Préambule de la Constitution de 1946. En même temps, cette décision met en lumière les limites de la technique de l'abrogation implicite : le fait qu'elle ne soit découverte qu'*a posteriori* par le juge crée des vides juridiques pour le passé.

B) Le retrait

L'administration peut s'être trompée. Elle doit alors être en mesure de mettre fin elle-même à la situation ainsi créée. En même temps, cette volonté de **rétablir la légalité ne doit pas se faire au détriment des droits acquis par les administrés.**

Le retrait d'un acte a pour conséquence sa disparition rétroactive. **Il est censé n'avoir jamais existé et n'avoir jamais produit d'effets.** Il faut distinguer selon que l'acte est régulier ou irrégulier.

1) Le retrait des actes réguliers (légaux)

L'acte régulier non créateur de droits peut être retiré à tout moment sans condition.

En revanche, l'acte régulier créateur de droits au profit de son destinataire (autorisation, nomination…) ou même de tiers, ne peut être retiré qu'en vertu d'une disposition législative ou réglementaire, en application d'une décision de justice ou lorsque le retrait est demandé par l'intéressé lui-même (sur recours gracieux) et à condition que ce retrait ne porte pas atteinte aux droits acquis par des tiers (CE Sect., 23 juillet 1974, *Ministère de l'Intérieur c/ sieur Gay*, Rec., p. 441).

2) Le retrait des actes irréguliers (illégaux)

L'acte irrégulier non créateur de droits peut être retiré à tout moment sans condition.

En revanche, l'acte irrégulier créateur de droits peut être retiré mais dans des conditions strictement définies. L'évolution jurisprudentielle a été la suivante. **L'objet du retrait étant de faire cesser l'illégalité, le juge a considéré, à l'instar de la procédure contentieuse, que le retrait de l'acte ne pouvait intervenir que pendant un délai de deux mois** (CE, 3 novembre 1922, *Dame Cachet*, *GAJA*, Rec. Lachaume). Il permettait en quelque sorte de **prévenir des annulations contentieuses**. Au-delà de ce délai, l'acte était définitif et devenait donc intouchable.

La question du point de départ du délai de deux mois s'est immédiatement posée. En toute logique, le délai ne court qu'à partir de la publication pour les actes réglementaires et de la notification pour les actes individuels. La jurisprudence a cependant apporté quelques précisions.

Lorsque la publicité était incomplète ou irrégulière, le délai ne courait pas et l'acte pouvait être retiré à tout moment. Ainsi, lorsqu'un permis de construire était simplement notifié à l'intéressé, le délai ne courait ni pour les tiers ni pour l'administration (CE Ass., 6 mai 1966, *Ville de Bagneux*, Rec. Lachaume). Lorsque la notification précédait la publication, le délai ne courait pour les tiers et l'administration qu'à compter de la publication.

Il faut bien constater que **la jurisprudence Cachet-Bagneux a parfois produit des situations aberrantes**. En effet, lorsque l'administration prenait un acte illégal et commettait des erreurs dans les formalités de publication ou de notification, l'acte, pourtant créateur de droits, pouvait être retiré à tout moment alors qu'aucun tiers n'en demandait l'annulation. Il y avait là une atteinte choquante aux droits acquis. C'est précisément la prise en compte de ces droits qui a parfois conduit le Conseil d'État à déroger à la règle posée par la jurisprudence *Cachet-Bagneux*. Ainsi, dans l'arrêt *Mme de Laubier*, il a estimé que le secrétaire d'État aux anciens combattants ne pouvait pas retirer un acte administratif individuel créateur de droits au-delà du délai de deux mois, bien qu'une formalité de notification mal accomplie ait empêché les délais du recours de courir (CE Ass., 24 octobre 1997, AJDA décembre 1997, p. 936). En l'espèce, le Conseil n'a pas admis que l'auteur de l'acte puisse se prévaloir de sa propre erreur dans la notification pour le retirer.

L'arrêt *Mme de Laubier* a marqué le début d'une évolution de la jurisprudence relative aux conditions de retrait des actes administratifs créateurs de droits dans le sens d'une plus grande prise en compte des droits acquis et de la sécurité juridique des administrés. **L'arrêt *M. Ternon* du 26 octobre 2001** confirme largement cette évolution puisqu'il **remet en cause la jurisprudence *Dame Cachet*** (voir encadré p. 195).

Concernant **les décisions implicites** (résultant du silence gardé par l'administration, suite à la demande d'un administré), catégorie d'actes qui, par nature, ne peut faire l'objet d'une publication, le régime du retrait est le suivant. **N'étant pas publiées, elles courent le risque d'être retirées à tout moment** (conformément à la jurisprudence *Ville de Bagneux*, précitée). C'est pourquoi le Conseil d'État a estimé qu'à l'issue de la formation de la décision implicite (acquise par l'écoulement du délai pendant lequel l'administration a gardé le silence), celle-ci ne peut plus être retirée malgré son illégalité (CE Sect., 14 novembre 1969, *Ève*, Rec., p. 498, concl. Bertrand ; à propos d'autorisations tacites de cumul d'exploitations agricoles).

Revenant sur la jurisprudence Ève, la loi du 12 avril 2000 prévoit que **le retrait pour illégalité des décisions implicites d'acceptation est autorisé : pen-**

dant le délai de recours ouvert aux tiers lorsque les mesures prévues pour assurer leur information (publicité de la décision) ont été mises en œuvre ; **pendant un délai de deux mois à compter de la date d'intervention de la décision implicite** lorsqu'aucune mesure d'information des tiers n'a été mise en œuvre (qu'elle ait été ou non prévue) ; **pendant la durée de l'instance** (de la procédure) **au cas où un recours contentieux a été formé.** On ne peut que regretter que ce régime législatif ait empêché l'extension de la solution dégagée par la jurisprudence *M. Ternon* aux décisions implicites, bloquant ainsi l'unification des règles du retrait. Plus encore, dans un avis du 12 octobre 2006, le Conseil d'État, par l'interprétation qu'il retient de la loi du 12 avril 2000, tend à favoriser les droits de l'administration au détriment de la sécurité juridique des droits des administrés (CE, avis, 12 octobre 2006, *Mme Cavallo*). Dans cet avis, le Conseil précise que l'administration peut retirer pour illégalité une décision implicite d'acceptation dès lors que l'annulation de cette décision a été demandée au juge et tant que celui-ci n'a pas statué. Surtout, il considère que ce retrait est possible, que des mesures d'information des tiers aient ou non été mises en œuvre. Ainsi, **le retrait d'une décision implicite d'acceptation n'ayant fait l'objet d'aucune mesure de publicité, dont le délai est de deux mois d'après la loi, est possible au-delà de ce délai de deux mois, dès lors qu'un recours contentieux a été formé.** Autrement dit, les possibilités de retrait peuvent à nouveau s'ouvrir dans le cas où un tiers intente un recours juridictionnel.

Quant aux **décisions implicites de rejet, leur retrait pour illégalité est possible pendant le délai de recours contentieux, à savoir deux mois à compter de la date de la décision** (CE, 26 janvier 2007, *SAS Kaefer Wanner*, *AJDA*, 2007, p. 537, concl. Struillou).

La question du caractère implicite d'une décision ne se pose pas lorsque celle-ci est concrétisée par un document car celui-ci vaut publication (CE, 19 juin 1973, *Ministère de l'Équipement c/ Époux Roulin*, Rec., p. 390 ; à propos de la lettre d'un maire valant permis tacite de construire).

E16

L'arrêt *M. Ternon* : la remise en cause de la décision *Dame Cachet*

Le Conseil d'État a adopté une décision audacieuse qui détermine ce que sont désormais les conditions de retrait des décisions individuelles explicites créatrices de droit que l'administration estime irrégulières (CE Ass., 26 octobre 2001, *M. Ternon*, AJDA décembre 2001) :

- **l'administration dispose de quatre mois à compter de la signature pour retirer sa décision ;**
- contrairement à ce que prévoyait l'arrêt *Dame Cachet*, dès qu'une action contentieuse est déclenchée (par le dépôt d'un recours contre la décision), le retrait n'est plus possible.

Mais cette innovation jurisprudentielle n'est pas applicable aux décisions individuelles implicites, aux décisions d'espèce et aux actes réglementaires.

De plus, la jurisprudence *Ternon* connaît plusieurs exceptions. Ainsi, elle est inapplicable au retrait demandé par le bénéficiaire de l'acte (CE, avis, 6 juillet 2005, *Mme Corcia*, *AJDA*, 2005, p. 2138, note Izambert) ou en cas de texte législatif, réglementaire (CE, 16 sept. 2005, *Société Soinne*, Rec. p. 397 : les dispositions relatives au retrait de l'autorisation administrative de licencier un salarié protégé par le ministre du travail dérogent à la jurisprudence *Ternon*) ou communautaire contraire (CE, 29 mars 2006, *Centre d'exportation du livre français*, *AJDA*, 2006, p. 735 : obligation de retirer les aides accordées en méconnaissance du droit communautaire au-delà même du délai de quatre mois).

Par ailleurs, il arrive que les lois et règlements confèrent au supérieur hiérarchique le pouvoir de décider en dernier ressort de la position de l'administration. La jurisprudence reconnaît alors au supérieur hiérarchique **la faculté**, pendant le délai dont il dispose pour se prononcer, **de retirer la décision, même légale, de son subordonné** (il apprécie donc la légalité mais aussi l'opportunité de la décision). C'est notamment le cas lorsque la loi organise un mécanisme de recours hiérarchique, préalable obligatoire à tout recours juridictionnel. Dès lors, seul le supérieur, saisi d'un tel recours, peut retirer la décision (CE Sect., 1er février 1980, *Clinique Ambroise Paré*, Rec., p. 623 ; à propos des décisions préfectorales relatives aux demandes d'autorisation, de création ou d'extension d'établissements de santé, qui doivent être soumises au ministre de la santé préalablement à tout recours juridictionnel).

§ 4. Le respect des décisions administratives

Les décisions administratives ont un caractère obligatoire tant pour les agents de l'administration que pour les administrés. Outre le caractère exécutoire de nombre d'entre elles, **elles bénéficient toutes d'une présomption de légalité**. Autrement dit, elles sont présumées légales tant que le juge administratif n'en a pas décidé autrement (encore faut-il qu'il soit saisi).

Face à un administré récalcitrant à respecter une décision, le moyen de contrainte le plus fréquemment employé est la sanction, pénale ou administrative. L'administration peut également recourir de façon exceptionnelle à l'exécution forcée.

A) Les sanctions pénales et administratives

En cas de non-respect de certaines décisions, des **sanctions pénales** (prononcées par les tribunaux répressifs) sont prévues par de nombreuses dispositions particulières. Il en est ainsi de l'étranger qui ne respecte pas l'arrêté d'expulsion ou de reconduite à la frontière pris à son encontre (ordonnance du 2 novembre 1945). Une disposition de portée plus générale, l'article R. 610-5 du Code pénal, punit d'amendes « ceux qui auront contrevenu aux obligations édictées par les décrets et arrêtés de police ».

Les contrevenants peuvent également se voir infliger des **sanctions administratives**. De nombreux textes particuliers attribuent à des autorités administratives le pouvoir d'adresser des mises en demeure, des injonctions, d'infliger des amendes, de prononcer des retraits d'autorisation ou même des fermetures d'établissements. En particulier, **on assiste depuis quelques années à une « montée en puissance » des sanctions pécuniaires** (amendes), qu'il s'agisse de celles prononcées par le Conseil de la concurrence ou le ministre de l'Intérieur.

Le principe de légalité des délits et des peines implique que les sanctions pénales et administratives ne peuvent être prévues que par la loi ou par décret édictés sur habilitation législative.

Cependant, par une décision du 7 juillet 2004, le Conseil d'État a admis **qu'une sanction administrative puisse, en l'absence de loi et d'habilitation législative, être prévue par un règlement autonome** (CE Sect., 7 juillet 2004, *Ministre de l'intérieur, de la sécurité intérieure et des libertés locales c/ M. Benkerrou*, n° 255136). En l'espèce, le Conseil estime que le décret qui sert de base à la sanction (retrait provisoire de l'autorisation d'exercice de la profession de taxi) n'empiète pas sur le domaine législatif, la profession de conducteur de taxi étant une activité réglementée. L'administration étant compétente pour fixer les règles d'exercice d'une profession, elle l'était également pour prévoir des sanctions administratives en rapport avec cette réglementation.

Le fait qu'une sanction administrative puisse être prévue par un règlement autonome et donc en dehors de la loi fait disparaître une petite garantie. En effet, contrairement à la loi, un règlement peut être changé dans les plus brefs délais. Par ailleurs, ce changement risque davantage de passer inaperçu et donc d'échapper au contrôle du juge.

B) L'exécution forcée

L'administration ne peut recourir à l'exécution forcée que de façon exceptionnelle. Cela s'explique fort logiquement par **les risques qu'une intervention de ce type peut faire courir aux libertés individuelles**, le recours à la force publique étant la mesure la plus « spectaculaire » d'exécution forcée.

Les conditions de l'exécution forcée (ou exécution d'office) ont été définies par la jurisprudence ***Société immobilière de Saint-Just*** (TC, 2 décembre 1902, GAJA, Rec. Lachaume ; à propos de l'expulsion d'une congrégation religieuse non autorisée). **Le juge est extrêmement attentif** non seulement au respect de ces conditions mais également à la façon dont se déroule l'exécution d'office.

On relève deux conditions générales à sa mise en œuvre : d'une part, il faut que l'administration se heurte à **un refus caractérisé de respecter la décision** administrative **rendant nécessaire** le recours à l'exécution forcée, d'autre part que les mesures d'exécution forcée **se limitent à ce qui est strictement nécessaire pour faire respecter la loi**.

Ces exigences doivent être respectées dans les trois hypothèses où l'administration peut recourir à l'exécution d'office :

- **lorsqu'elle y est autorisée expressément par la loi**. C'est le cas de la loi relative aux réquisitions militaires (loi du 3 juillet 1877), de l'ordonnance du 2 novembre 1945 qui autorise l'exécution forcée des arrêtés d'expulsion ou de reconduite à la frontière, de la loi sur la sécurité civile (loi du 22 juillet 1987) ou, plus simplement, de la loi relative à la forêt qui autorise la commune à exécuter d'office des travaux de débroussaillage qu'un propriétaire n'a pas effectué malgré la mise en demeure qui lui a été adressée (loi du 4 décembre 1985) ;
- **lorsqu'aucune voie de droit, aucun procédé juridique, ne permet de faire respecter la décision**. En particulier, lorsqu'aucune sanction pénale ou administrative n'est prévue, l'administration peut recourir à l'exécution d'office ;
- **lorsqu'il y a urgence**. Dans ce cas, l'exécution forcée peut avoir lieu même si des sanctions pénales ou administratives sont également possibles.

Lorsque l'administration recourt à l'exécution forcée en dehors de ces hypothèses, elle commet **une voie de fait**, du moins si le juge (judiciaire en l'occurrence) constate qu'il y a eu une atteinte grave à la propriété privée ou à une liberté fondamentale (sur la voie de fait, voir p. 302 et s.). Par ailleurs, l'exécution régulière d'une décision illégale peut entraîner (si la décision est censurée par le juge administratif) la condamnation de l'administration à verser des dommages et intérêts.

CHAPITRE 2

Les contrats administratifs

Si l'action administrative repose essentiellement sur la décision unilatérale (qui en est le procédé normal), elle peut également s'exercer par le biais du contrat. L'administration passe de nombreux contrats, tels les concessions de service public, les marchés de fournitures et de services, les marchés de travaux publics... qui, comme en droit privé, tirent leur existence et leur force de l'accord de volonté des parties.

Parmi toutes ces conventions, certaines n'ont pas un caractère administratif. En effet, le contrat passé par l'administration dans les conditions du droit commun, qu'il soit civil ou commercial, est privé et son contentieux relève de la compétence du juge judiciaire. **Quant au contrat administratif, il est soumis à un régime juridique exorbitant du droit commun** (qui est le droit des contrats privés) **et son contentieux relève de la compétence du juge administratif**. Toute la difficulté est d'identifier un contrat administratif, de le distinguer d'un contrat de droit privé.

Nous déterminerons dans un premier temps quels sont les critères qui permettent de conclure au caractère administratif d'un contrat puis nous nous intéresserons au régime juridique du contrat administratif, à savoir le régime de son élaboration, de son exécution et de sa disparition.

SECTION I

Les critères du contrat administratif

Il existe une hypothèse dans laquelle le recours aux critères du contrat administratif est inutile : lorsqu'**un contrat est administratif par détermination de la loi**, c'est-à-dire par la volonté du législateur. Ce dernier lui attribue la qualification de contrat administratif et/ou en confie le contentieux au juge administratif.

C'est le cas pour **les contrats relatifs à l'exécution des travaux publics** (loi du 28 Pluviôse An VIII). Le droit public s'applique d'ailleurs naturellement dans ce domaine qui laisse une large place aux prérogatives de puissance publique (par exemple, en matière d'expropriation). C'est également le cas pour **les contrats comportant occupation du domaine public** (décret-loi du 17 juin 1938 et article L. 84 du Code du domaine de l'État). Il peut s'agir de l'occupation d'une voie publique pour l'exploitation d'un café ou d'un bout de plage pour la location de matériel (comme des parasols).

Ces deux types de contrats répondent aux critères jurisprudentiels du contrat administratif. En les soumettant au droit public, le législateur n'a fait qu'anticiper la reconnaissance de leur caractère administratif.

Depuis l'entrée en vigueur de la loi MURCEF du 11 décembre 2001, sont également des contrats administratifs, **l'ensemble des marchés** passés par des personnes publiques ou leurs mandataires lorsqu'ils entrent dans le champ d'application du Code des marchés publics (voir p. 207). Jusque-là, la jurisprudence avait considéré que certains marchés courants (tel l'achat de papier, photocopieuses...) ne remplissaient aucun des critères du contrat administratif (TC, 5 juillet 1999, *Commune de Sauve c/ Sté Gestetner*, RFDA 1999.1163). La loi de 2001 a étendu largement le champ des contrats administratifs (notamment aux marchés d'assurances qui relevaient auparavant du droit privé).

De même, les **contrats de partenariat public-privé** sont qualifiés de contrats administratifs par l'ordonnance du 17 juin 2004 (voir p. 209).

Enfin, les contrats de vente d'immeubles appartenant au domaine privé de l'État ou les contrats d'emprunt public d'État sont également des contrats administratifs par détermination de la loi.

En dehors de cette hypothèse, la jurisprudence a dégagé deux critères d'identification du caractère administratif d'un contrat : **un critère organique** qui postule la présence d'une personne publique au contrat **et un critère alternatif** qui stipule que le contrat contient des clauses exorbitantes du droit commun **ou** a pour objet l'exécution même d'un service public. Après quelques hésitations, le juge a décidé que les deux sous-critères (clauses exorbitantes, exécution même d'un service public) n'étaient pas cumulatifs mais alternatifs. **Est donc administratif tout contrat conclu par une personne publique ou pour le compte d'une personne publique et qui, soit comporte des clauses exorbitantes du droit commun, soit a pour objet l'exécution même d'un service public**.

Cependant, il est apparu que **les critères dégagés par la jurisprudence pouvaient s'avérer d'un maniement délicat**. Autrement dit, il était parfois difficile de déterminer si un contrat répondait vraiment aux critères du contrat administratif. Cette incertitude explique que le législateur se soit emparé du problème : désormais, dans de nombreuses hypothèses, la qualification de contrat administratif dépend de la loi et non de la jurisprudence (marchés publics, contrats de partenariat...).

§ 1. Le critère de la présence d'une personne publique

Pour qu'un contrat soit administratif, il faut en premier lieu que l'un des cocontractants soit une personne publique. Cette **condition « nécessaire » mais non suffisante** connaît quelques aménagements.

La jurisprudence a admis qu'un contrat conclu entre deux personnes privées, contrat de droit privé par définition, pouvait être administratif sous certaines conditions. Par ailleurs, le critère organique s'avère suffisant, en principe, pour qualifier un contrat d'administratif lorsque les cocontractants sont tous des personnes publiques.

En outre, on a assisté à **un certain effacement du critère organique au profit de l'objet du contrat**.

A) Les contrats entre personnes privées

Les contrats entre personnes privées sont en principe de droit privé même lorsqu'ils contiennent des clauses exorbitantes du droit commun ou ont pour objet l'exécution d'un service public. En particulier, les contrats passés par une personne privée gérant un service public sont des contrats privés bien que cette personne puisse être investie de prérogatives de puissance publique.

Néanmoins, par son importante décision ***Société Entreprise Peyrot*** en 1963 (TC, 8 juillet 1963, GAJA), le Tribunal des conflits a admis une exception au principe : le contrat conclu entre une société d'économie mixte concessionnaire d'autoroutes (personne privée) et des entrepreneurs (privés) pour la réalisation de travaux publics, est un contrat soumis au régime de droit public dont le contentieux est confié au juge administratif.

Pour conclure au caractère administratif du contrat, le juge effectue un raisonnement en deux temps. D'abord, il rappelle que **les travaux publics**, qui concernaient en l'occurrence la construction d'une autoroute, **constituent par nature une activité de l'État et des collectivités publiques** en général. Puis il admet qu'il n'y a pas lieu de distinguer selon que **la construction est assurée** directement par l'État ou, à titre exceptionnel, **par une personne privée agissant pour le compte de l'État**.

Certains analystes y ont vu l'application de **la théorie civiliste du mandat**. Lorsque des personnes privées contractent, **il suffit que l'une d'entre elles agisse « pour le compte » d'une personne publique pour donner au contrat un caractère administratif**. En l'espèce, la société d'économie mixte a agi au nom de la collectivité publique.

La solution spécifique rendue par le Tribunal des conflits dans l'arrêt *Peyrot,* à savoir la soumission des contrats de travaux routiers au régime juridique des travaux publics, ne semblait pas devoir être étendue au-delà du domaine des travaux routiers (TC, 12 janvier 1972, *SNCF c/ Ent. Solon*, Rec., p. 944 ; en l'espèce, le Tribunal refuse d'en faire application à un contrat concernant la construction de lignes de chemin de fer).

Pourtant, quelques années plus tard, le Conseil d'État (CE Sect., 30 mai 1975, *Société d'équipement de la région montpelliéraine*, Rec., p. 326) et le Tribunal des conflits (TC, 7 juillet 1975, *Commune d'Agde*, Rec., p. 798) ont **étendu la solution de l'arrêt *Peyrot* aux travaux d'aménagement urbain**. Les contrats passés par des sociétés d'économie mixte avec des entrepreneurs privés pour, dans la première espèce, la construction de voies publiques dans des zones urbaines prioritaires et pour, dans la seconde espèce, la construction de réseaux d'assainissement d'eau potable, sont des contrats administratifs car les sociétés d'économie mixte (SEM) ont agi « pour le compte » de la collectivité publique. Par la suite, le Tribunal des conflits a étendu la jurisprudence *Peyrot* à l'exploitation des autoroutes et non plus seulement à leur construction (TC, 12 novembre 1984, *SEM du tunnel Sainte-Marie-aux-Mines*, AJDA 1985, p. 156).

Mais surtout, le Conseil d'État a précisé que **la nature administrative d'un contrat n'est pas fondée sur le statut de la société d'autoroutes**, peu importe qu'elle soit une SEM ou une société entièrement privée, mais **sur l'objet dudit contrat** (CE Sect., 3 mars 1989, *Société des Autoroutes de la région Rhône-Alpes*, RFDA 1989, p. 619). Autrement dit, le critère organique s'efface derrière l'objet du contrat.

B) Les contrats entre personnes publiques

Avant 1983, les contrats conclus entre personnes publiques relevaient du même régime que ceux dans lesquels ne figurait qu'une seule personne publique. Autrement dit, ils étaient administratifs si, outre la présence des personnes publiques (ou de leurs mandataires), ils comportaient des clauses exorbitantes du droit commun ou avaient pour objet l'exécution même d'un service public.

L'arrêt *UAP* de 1983 pose la règle selon laquelle « **un contrat conclu entre deux personnes publiques revêt en principe un caractère administratif** » (TC, 21 mars 1983, Rec., p. 537). Le terme « en principe » signifie que les contrats passés entre personnes publiques sont **présumés administratifs** mais que cette règle peut **connaître des exceptions**. C'est le cas lorsque le contrat, par son objet, « ne fait naître entre les parties **que des rapports de droit privé** » (il est alors privé).

Ainsi, les contrats conclus entre une personne publique « cliente » ou « usagère » et un service public industriel et commercial sont considérés fort logiquement comme étant de droit privé : le contrat d'abonnement d'électricité qui était passé entre une collectivité publique et EDF, qui était alors un EPIC, était commercial et relevait du droit privé. Il en est de même des contrats conclus entre deux personnes publiques pour la gestion du domaine privé de l'une d'elles, qui sont considérés comme commerciaux.

Cependant, alors même qu'un contrat est conclu entre deux personnes publiques, **il arrive que le juge administratif écarte les critères dégagés par la jurisprudence *UAP* et fasse application du critère matériel** (clause exorbitante ou participation à l'exécution du service public) pour déterminer la nature du contrat. Autrement dit, il raisonne comme si le contrat n'était pas présumé administratif. Ainsi, il a estimé qu'un contrat conclu entre un Office public d'HLM et le CROUS (donc entre deux personnes publiques) était un contrat administratif parce qu'il avait pour objet « l'exécution même du service public du logement des étudiants » (TC 1991, *CROUS Académie Metz-Nancy* ; pour un exemple d'application du critère de la clause exorbitante, voir TC 1999, *Commune de Bourisp*).

Les solutions jurisprudentielles ne sont donc pas très claires. Sans doute conviendrait-il de réaffirmer de manière expresse la motivation de l'arrêt *UAP*.

§ 2. Le critère alternatif : clause exorbitante ou participation à l'exécution même du service public

À la condition « nécessaire » mais pas suffisante de la présence d'une personne publique au contrat doit s'ajouter une des deux autres conditions relatives d'une part au contenu du contrat (existence de clauses exorbitantes du droit commun), d'autre part à l'objet du contrat (participation à l'exécution même du service public).

En effet, la jurisprudence a admis que **l'un seulement des deux critères est nécessaire** (clause exorbitante ou participation à l'exécution même du service public) pour pouvoir qualifier un contrat d'administratif.

A) La clause exorbitante du droit commun

Ce critère (le plus ancien au demeurant) a été défini dans l'arrêt ***Société des granits porphyroïdes des Vosges*** en 1912 (CE, 31 juillet 1912, GAJA, Rec. Lachaume) : **un contrat est administratif dès qu'il comporte une clause exorbitante du droit commun**. La difficulté est de cerner ce que recouvre cette notion.

En réalité, il existe plusieurs types de clauses exorbitantes. Il peut s'agir d'une **clause inhabituelle dans les contrats de droit privé** : clause imposant au cocontractant de l'administration les tarifs de son activité ou clause accordant des exonérations fiscales. Il peut aussi s'agir d'une **clause mettant en œuvre des prérogatives de puissance publique** : clause accordant à l'administration un droit de contrôle, un pouvoir de sanction ou un droit de résiliation unilatérale du contrat (sur la clause accordant un droit de résiliation, voir CE Ass., 26 février 1965, *Société du Vélodrome du Parc des Princes*, Rec., p. 133).

Le juge administratif a d'ailleurs admis qu'un contrat pouvait être considéré comme comportant une clause exorbitante bien que celle-ci n'y figure pas directement. Il en est ainsi lorsqu'une convention renvoie à un cahier des charges comportant lui-même des clauses exorbitantes (CE, 2 octobre 1981, *Commune de Borce*, Rec., p. 747 ; TC 5 juillet 1999, *UGA* ; AJDA 1999, p. 554).

L'insertion d'une clause exorbitante dans un contrat traduit la volonté des parties de le soustraire aux règles du droit privé et de le soumettre à un régime de droit public. Il existe pourtant une exception à cette volonté des cocontractants : les contrats conclus entre les services publics industriels et commerciaux et leurs usagers sont toujours des contrats de droit privé même s'ils contiennent des clauses exorbitantes du droit commun (CE Sect., 13 octobre 1961, *Établissements Companon-Rey*, Rec., p. 567 ; TC, 17 décembre 1962, *Dame Bertrand*, Rec., p. 831). Les factures adressées par EDF à ses usagers en étaient un bon exemple.

Le critère de la clause exorbitante a connu un prolongement et un élargissement avec la notion de régime exorbitant du droit commun. Dégagée dans l'arrêt ***Rivière du Sant*** (CE Sect., 19 janvier 1973, *Société d'exploitation électrique de la Rivière du Sant*, Rec. Lachaume), celle-ci présente un double intérêt.

Un contrat peut donc être administratif non seulement s'il contient une clause exorbitante mais aussi, de façon plus large, **si son régime est exorbitant du droit commun**. Bien souvent, ce régime ne figure pas explicitement dans les clauses mais **se déduit de l'environnement juridique du contrat**. Dans l'affaire *Rivière du Sant*, à propos des contrats de fourniture d'électricité passés entre EDF et des producteurs indépendants d'électricité, les contraintes exorbitantes imposées à ces derniers ne résultaient pas desdits contrats mais de textes extérieurs. Si le juge détecte autour du contrat **une « ambiance de droit public »**, il en déduit que le contrat est administratif. Contrairement aux autres critères qui permettent de déduire le caractère administratif d'un contrat et, par voie de conséquence, le régime juridique qui lui est applicable, la détection du régime exorbitant signifie que le contrat est soumis à un régime de droit public et revêt donc un caractère administratif.

Cependant, force est de constater que **le critère de la clause exorbitante et la notion de régime exorbitant ont perdu de leur pertinence**.

D'abord, le champ d'application de la clause exorbitante se restreint. Ainsi, avec l'évolution du droit privé, certains pouvoirs qui n'existaient qu'au profit de l'administration se développent dans les relations contractuelles de droit privé. Il en est ainsi de la clause de résiliation unilatérale du contrat pour faute du cocontractant qui peut donc difficilement être qualifiée, désormais, de clause exorbitante du droit commun.

Quant au régime exorbitant, il n'est jamais devenu un critère d'identification du contrat administratif. En effet, l'arrêt *Rivière du Sant* n'a pas connu de suite. En outre, il est apparu que ce régime n'était rien d'autre qu'un cumul de clauses exorbitantes. Cependant, la question de l'existence d'un régime exorbitant a rebondi avec le problème des contrats soumis au Code des marchés publics (CMP) : fallait-il considérer que la simple soumission au CMP constituait un régime exorbitant du droit commun, le Code prévoyant des modalités particulières de passation du contrat, des règles spécifiques sur le paiement des entrepreneurs... Dans un premier temps, la jurisprudence a répondu par la négative (TC 1999, *Commune de Sauve*). Puis la question a été définitivement tranchée par le législateur : les contrats soumis au CMP sont administratifs en vertu de la loi.

B) La participation à l'exécution même du service public

Implicite depuis l'arrêt *Thérond* en 1910 (CE, 4 mars 1910, GAJA ; en l'espèce, le juge avait mis en évidence le but de service public attaché à un contrat de concession), le critère de la participation à l'exécution même du service public a été dégagé et consacré dans l'arrêt *Bertin* en 1956 (CE Sect., 20 avril 1956, *Époux Bertin*, GAJA, Rec. Lachaume).

Dans cette affaire, des ressortissants soviétiques présents en France en 1944 avaient été hébergés dans des centres dépendants du ministère des Anciens combattants. Par contrat verbal passé avec le chef d'un centre, les époux Bertin s'étaient engagés à héberger et nourrir des ressortissants. À la demande du chef, un supplément de nourriture leur fut accordé. Mais, face au refus du ministre de payer la prime correspondant au supplément, le Conseil d'État fut saisi. Il se déclara compétent car « ledit contrat a eu pour objet de confier, à cet égard, aux intéressés l'exécution même du service public [du rapatriement] ». En l'espèce, l'objet du contrat a suffi à lui donner un caractère administratif.

Par ailleurs, l'arrêt *Bertin* a mis fin aux incertitudes liées au caractère suffisant ou non du critère de l'exécution même du service public pour identifier un contrat administratif. Il a posé la **règle du caractère alternatif des critères**. Est administratif le contrat qui comporte une clause exorbitante du droit commun **ou** dont l'objet est l'exécution même du service public.

Que faut-il entendre par participation à l'exécution même du service public ? Il ne saurait s'agir d'une simple collaboration au service public mais plutôt d'une **participation directe**. Cette participation se manifeste dans trois types de contrats.

- **Les contrats ayant pour objet de confier au cocontractant l'exécution même d'un service public** (arrêt Époux *Bertin*, précité). Il y a délégation du service public.
- **Les contrats comportant une participation directe du cocontractant à l'exécution du service public**. Dans l'arrêt *Affortit et Vingtain* (CE Sect., 4 juin 1954, Rec., p. 342), le Conseil d'État a admis que les contrats d'embauche de certains agents collaborateurs de l'administration étaient administratifs, ces agents participant directement à l'exécution même du service public. Cependant, un revirement de jurisprudence a posé la règle selon laquelle **les agents des services publics administratifs, quel que soit leur emploi, sont des agents publics** (TC, 25 mars 1996, *Préfet de la région Rhône-Alpes, préfet du Rhône c/ Conseil des prud'hommes de Lyon*, Rec. Lachaume ; confirmé par CE, 26 juin 1996, *Commune de Cereste c/ M. Moreschi*). On est donc passé d'un critère matériel (la participation directe à l'exécution du service

public) à un critère organique (l'appartenance à un service public administratif). Pourtant, **une brèche est apparue dans la nouvelle règle**. En effet, **la loi a qualifié de contrats de droit privé** certains types de contrats faisant participer le cocontractant à l'exécution d'un SPA : **contrats emploi-solidarité, emplois jeunes...**

Au-delà du problème particulier des agents contractuels des SPA, le critère de la participation au service public soulève des difficultés car il n'est pas toujours facile de déterminer à partir de quel moment la participation est considérée comme suffisante pour faire entrer le contrat dans la catégorie des contrats administratifs. Ainsi, dans les maisons d'arrêt, la location de téléviseurs n'associe pas le cocontractant à une mission de service public (TC 1998, *Bergas*). En revanche, la location de téléviseurs aux personnes hospitalisées (dans des hôpitaux) correspond à une mission de service public car elle « relève des éléments de confort proposés aux malades pendant leur séjour hospitalier » (CE 8 juin 1994, *Codiam*, Rec. 294).

- **Les contrats constituant une modalité d'exécution du service public** (CE, 20 avril 1956, *Grimouard*, D. 1956, p. 429). Tel est le cas dans certains contrats de fourniture de biens ou de services. Interprétant largement la notion de « modalité d'exécution du service public », le Conseil d'État a admis que le contrat, passé entre une commune et une entreprise, dont l'objet était la fourniture de terrains et d'équipements contre une promesse d'implantation et de création d'emplois, a permis l'exécution même d'une mission de service public (CE, 26 juin 1974, *Société La maison des isolants de France*, Rec., p. 365). Il en est de même des contrats visant à encourager les exportations ou des contrats accordant des aides financières à une entreprise en difficulté (TC 23 oct. 2000, *Matois*, DA 2001, comm. n° 36).

E17

La solution dégagée à l'occasion de la jurisprudence dite *Berkani* (TC, 25 mars 1996, *Préfet de la région Rhône-Alpes, préfet du Rhône c/ Conseil des prud'hommes de Lyon*) est transcrite dans la loi du 12 avril 2000 : les agents de catégorie C non titulaires de la fonction publique et exerçant leur activité au sein d'un service administratif (à la date de publication de la loi) se voient offrir la possibilité de bénéficier d'un contrat à durée indéterminée de droit public.

A contrario, ne sont pas administratifs les contrats dont l'objet est une simple participation destinée à satisfaire les besoins du service (CE Sect., 11 mai 1956, *Société des transports Gondrand*, Rec., p. 202 ; à propos de la fourniture de matériels ou de services) ou les contrats d'embauche d'agents prévoyant une participation au fonctionnement du service public (TC, 7 juillet 1980, Rosa Mérino, et CE, 27 février 1987, *Mme Lancelot* ; à propos du personnel d'entretien), sauf lorsque ces contrats concernent des agents des SPA (depuis la décision du TC du 25 mars 1996, précité).

SECTION II

Le régime juridique des contrats administratifs

L'essentiel des règles relatives à la formation des contrats passés par l'administration est commun à l'ensemble de ces contrats, administratifs comme de droit privé. Par ailleurs, ces principes ont souvent un fondement textuel (Code des marchés publics de l'État, des collectivités locales...).

Au contraire, les règles relatives à l'exécution des contrats sont essentiellement d'origine jurisprudentielle et tout à fait spécifiques aux contrats administratifs.

On rappellera que les contrats administratifs naissent d'un accord de volonté, comme en droit privé, mais que leur régime ne peut être que particulier, compte tenu de la **confrontation inégale entre des intérêts privés et l'intérêt public**.

§ 1. La formation des contrats

Elle se caractérise par les contraintes imposées à l'administration. Cette dernière n'est pas toujours libre de choisir son cocontractant ainsi que le mode de passation du contrat. Ces sujétions s'imposent avec une rigueur particulière pour les marchés publics.

A) Présentation des contrats

1) La forme et le contenu des contrats

Les différents contrats ont pour point commun de se présenter généralement **sous une forme écrite** (même si un engagement verbal est possible, voir l'arrêt *Époux Bertin*, précité). Celle-ci est impérative pour les marchés publics excédant un certain montant.

Outre des clauses relatives à l'objet du contrat et aux prix, les contrats sont généralement constitués de **cahiers des charges** qui déterminent les conditions dans lesquelles les marchés sont exécutés. Plus exactement, il existe des cahiers **servant de modèles** auxquels les parties sont libres de se référer ou non pour élaborer les contrats. On peut penser qu'elles ont intérêt à s'y rapporter, ne serait-ce que pour « sécuriser » le marché.

Parmi les cahiers des charges, on distingue :

- les « documents généraux », constitués des cahiers des clauses administratives générales qui fixent les dispositions administratives applicables à une catégorie de marchés et des cahiers des clauses techniques générales qui déterminent les dispositions techniques applicables à l'ensemble des prestations d'une même nature ;
- les « documents particuliers », constitués des cahiers des clauses administratives particulières et des cahiers des clauses techniques particulières, déterminent les dispositions propres à chaque marché.

2) Les diverses catégories de contrats

Il en existe trois principales.

a) Les marchés publics (MP)

Ces contrats ont été identifiés en raison du poids économique considérable qu'ils représentent. Le système mis en œuvre lors de la réforme du 7 mars 2001 ne correspondait pas aux souhaits de simplification, de souplesse et d'efficacité des acheteurs publics. Un nouveau Code des marchés publics (CMP) a donc été élaboré (décret du 7 janvier 2004, entré en vigueur le 10 janvier 2004). Cependant, afin d'assurer la transposition en droit interne de deux nouvelles directives communautaires en matière de marchés publics (adoptées le 31 mars 2004 : « directive secteurs » et directive dite « directive classique »), un nouveau-nouveau Code a été adopté durant l'été 2006 (décret du 1er août 2006, entré en vigueur le 1er septembre 2006).

Le Code donne une définition des MP : **« Les marchés publics sont les contrats conclus à titre onéreux avec des personnes publiques ou privées par les personnes morales de droit public (...), pour répondre à leurs besoins en matière de travaux, de fournitures ou de services ».**

Le Code 2004 avait introduit un certain nombre d'innovations. En particulier, il offrait aux acheteurs publics une plus grande liberté de choix pour procéder à leurs achats. En contrepartie, ceux-ci avaient l'obligation de respecter, quel que soit le montant du marché, l'ensemble des principes fondamentaux de la commande publique : liberté d'accès à la commande publique, égalité de traitement des candidats et transparence des procédures. Le Code de 2006 repose sur ce même binôme : liberté/responsabilité.

Examinons l'objet des différents types de marchés :

- **Le MP de fournitures** : contrat ayant pour objet l'achat, le crédit-bail, la location ou la location-vente de produits ou de matériels (ordinateurs, bennes à ordures, produits alimentaires...).
- **Le MP de services** : contrat ayant pour objet la réalisation de prestations de services (formation des personnels, études, campagne de promotion de la collectivité...).
- **Le MP de travaux** : contrat ayant pour objet « la réalisation de tous travaux de bâtiments ou de génie civil (routes, ponts...) à la demande d'une personne publique exerçant la maîtrise d'ouvrage » (maître d'ouvrage : personne pour le compte de laquelle sont réalisés les travaux).

Le Code détermine également les personnes qui y sont soumises : l'État et ses établissements publics (à l'exclusion des EP à caractère industriel et commercial, exclusion des GIP et des GIE) ; les collectivités territoriales et tous leurs établissements publics ; les mandataires (représentants légaux), publics ou privés, de l'une des personnes publiques mentionnées ci-dessus. Toutes ces personnes publiques (et, le cas échéant, privées), soumises au droit européen des marchés publics, sont désormais dénommées par le Code de 2006 « pouvoirs adjudicateurs ».

Enfin, signalons que le Code 2004 conserve un certain nombre d'améliorations introduites par le précédent et confirmé par le Code 2006 : clarification du champ d'application (le cocontractant de la personne publique peut être une autre personne publique ; fusion des règles applicables à l'État et aux collectivités territoriales) ; allégement et simplification des procédures de passation (réduction du nombre de seuils) ; l'acheteur public peut imposer aux candidats des impératifs à caractère social ou environnemental ; les procédures peuvent être réalisées par voie électronique (dématérialisation) ; simplification des formalités de candidatures : une simple déclaration sur l'honneur suffit à attester de la régularité de la situation fiscale et sociale de l'entreprise.

b) Les contrats de « délégation de services publics » (loi du 29 janvier 1993, loi du 11 décembre 2001)

Dégagées par la jurisprudence, les caractéristiques de la délégation de service public (DSP) ont été mises en définition par la loi du 11 décembre 2001 (dite loi MURCEF) : **la DSP est « un contrat par lequel une personne morale de droit public confie la gestion d'un service public dont elle a la responsabilité à un délégataire public ou privé** dont la rémunération est substantiellement liée aux résultats de l'exploitation du service. Le délégataire peut être chargé de construire des ouvrages ou d'acquérir des biens nécessaires au service ».

Trois remarques s'imposent :

- **le choix du délégataire s'effectue *intuitu personae*** : parmi les candidats retenus, le délégataire est choisi librement par le délégant (voir p. 214) ;
- ensuite, afin de lever toute ambiguïté, la loi précise que le délégataire peut être une autre personne publique ;
- enfin, s'agissant du critère de la rémunération, le Conseil d'État a estimé que la rémunération « substantiellement » liée aux résultats de l'exploitation ne signifie pas « majoritairement » liée aux résultats. **Il faut que la rémunération « propre » du délégataire** (sous forme de redevances perçues directement sur les usagers du service) **ait une influence suffisante sur l'équilibre financier du contrat**. Autrement dit, à travers cette part de sa rémunération, le délégataire doit assumer un véritable risque économique et financier (CE, 30 juin 1999, *SMITOM* ; le Conseil a estimé qu'un service d'enlèvement des ordures ménagères était bien une DSP alors que la rémunération propre du cocontractant n'était que de 30 % de sa rémunération globale, les 70 % restants étant versés par la collectivité).

On distingue plusieurs types de contrats de délégation de service public :

- **les contrats de concession par lesquels le concessionnaire se voit confier la réalisation d'un équipement public et la gestion du service public qui s'y attache** (ex. : concession d'autoroutes). La contrepartie des investissements (consentis par le concessionnaire) et du coût de l'exploitation (charges de personnels, entretien des installations…) est la redevance que le concessionnaire perçoit directement sur les usagers (ex. : prix du ticket d'autoroute) ;
- **les contrats d'affermage aux termes desquels la personne publique, après avoir réalisé elle-même les investissements et les travaux nécessaires, confie au « fermier » l'exploitation du service public** (ex. : affermage de la distribution d'eau potable). En contrepartie, ce dernier perçoit une rémunération tirée des recettes d'exploitation. L'affermage et la concession sont qualifiés de contrats « aux risques et périls » du délégataire ;

– **les contrats de régie intéressée, de gérance** et le mandat. Le caractère de délégation de service public des contrats de régie intéressée et de gérance est **aujourd'hui remis en question**. En effet, dans la régie intéressée, le cocontractant perçoit un intéressement aux résultats de l'exploitation du service. Mais, dans la plupart des cas, sa rémunération, essentiellement forfaitaire (fixée à l'avance), est versée par la collectivité. Dans la plupart des contrats de gérance, la rémunération du cocontractant est exclusivement forfaitaire. Or, lorsque la rémunération du cocontractant n'est pas substantiellement liée aux résultats de l'exploitation, il n'y a pas délégation de service public mais marché public (CE, 16 avril 1996, *Commune de Lambesc* ; CE, 30 juin 1999, *SMITOM*). Les contrats de régie intéressée et de gérance sont généralement conclus pour la gestion de services publics peu « rentables » voire déficitaires (comme le transport public de personnes).

Tous ces contrats, soumis à une obligation de publicité préalable et de mise en concurrence, sont conclus pour une durée limitée : courte pour la régie intéressée et la gérance (3 à 5 ans), moyenne ou longue pour l'affermage (5 à 15 ans), longue voire très longue pour la concession afin de tenir compte des investissements réalisés par le délégataire (10 à 30 ans).

Hormis les trois catégories que nous venons de décrire, on relève d'autres types de contrats : contrats de recrutement de personnel, contrats conclus avec les usagers des services publics, contrats financiers (emprunts, garanties)...

E18 **Marchés publics (MP) et Délégations de service public (DSP) : des différences essentielles**

- Selon le critère de l'activité : dans un MP, le titulaire effectue une prestation (matérielle, intellectuelle...) pour le compte de la collectivité ; dans une DSP, le délégataire gère et exploite directement un service public.
- Selon le critère de la rémunération et du risque : dans un MP, en contrepartie de sa prestation, le titulaire est rémunéré directement par la collectivité sous la forme, généralement, d'un prix forfaitaire (il ne court donc aucun risque économique) ; dans la DSP, la rémunération du délégataire est substantiellement liée aux résultats de l'exploitation du service (sous la forme de redevances perçues sur les usagers : par exemple, pour l'enlèvement des ordures ménagères, sur la consommation d'eau...), le délégataire est donc soumis au risque d'une baisse d'activité donc de rémunération.
- Conclusion : selon qu'une collectivité décide que l'enlèvement des ordures ménagères ou la distribution d'eau potable est confié à une entreprise privée sous la forme d'un MP ou d'une DSP, les conséquences juridiques et financières de ce choix ne sont pas du tout les mêmes.

c) Une nouveauté : les contrats de partenariat entre le secteur public et les entreprises privées

L'ordonnance du 17 juin 2004 a institué des contrats de partenariat (CP) qui sont, aux côtés des marchés publics et des délégations de service public, **une nouvelle forme d'association de l'entreprise privée aux investissements et à l'exploitation d'équipements ou de services publics.** Des critères d'ouverture restrictifs et un régime juridique et fiscal moins attractif que celui qui s'applique aux marchés publics ont fait que le recours à ce type de contrat restait exceptionnel. Dans l'optique de le rendre plus attractif, la loi du 28 juillet 2008 est venue assouplir le régime défini par l'ordonnance de 2004.

Le CP permet à une personne publique de **confier à une entreprise la mission globale de financer, concevoir tout ou partie, construire, maintenir et gérer des ouvrages ou des équipements publics et services concourant aux missions de service public de l'administration, dans un cadre de longue durée et contre un paiement effectué par la personne publique et étalé dans le temps** (hôpitaux, écoles, prisons, systèmes informatiques, infrastructures...). Les avantages de cette forme nouvelle de contrats sont multiples : un coût global du projet intéressant grâce à une intégration des phases du projet (conception, construction, exploitation, maintenance) ; des délais de réalisation plus courts ; un partage des risques entre les personnes publique et privée ; une meilleure qualité de services grâce à la rémunération à la performance ; un lancement plus rapide du projet grâce au préfinancement privé ; l'apport de l'innovation et de la créativité du secteur privé. Le recours aux CP est ouvert à l'État, aux collectivités territoriales, à leurs EPA ou EPIC, aux associations parapubliques ou administratives (sous certaines conditions), aux groupements d'intérêt public...

La loi impose la réalisation d'une évaluation préalable aux CP. Celle-ci devra faire apparaître précisément les motifs de caractère économique, financier, juridique et administratif qui conduisent la personne publique à engager la procédure de passation d'un tel contrat. Cette évaluation comportera une analyse comparative des différentes options (CP, marchés publics, DSP...), notamment en termes de coût global, de partage des risques et de performance, ainsi qu'au regard des préoccupations de développement durable. La Mission d'appui à la réalisation des CP (du ministère des Finances) doit obligatoirement valider cette évaluation pour les contrats de l'État (validation facultative pour ceux des collectivités territoriales). Les CP ne peuvent être conclus que si, au regard de l'évaluation, il s'avère :

- que, compte tenu de la complexité du projet, la personne publique n'est pas objectivement en mesure de définir seule et à l'avance les moyens techniques répondant à ses besoins ou d'établir le montage financier ou juridique du projet (critère de la complexité) ;
- ou que le projet présente un caractère d'urgence, lorsqu'il s'agit de rattraper un retard préjudiciable à l'intérêt général affectant la réalisation d'équipements collectifs ou l'exercice d'une mission de service public, quelles que soient les causes de ce retard, ou de faire face à une situation imprévisible (critère de l'urgence) ;
- ou encore que, compte tenu soit des caractéristiques du projet, soit des exigences du service public, soit des insuffisances et difficultés observées dans la réalisation de projets comparables, le recours à un tel contrat présente un bilan entre les avantages et les inconvénients économiques et financiers plus favorable que ceux d'autres contrats de la commande publique (critère de l'efficience économique).

Les procédures de passation applicables aux contrats dépendent du montant de l'opération projetée et du fondement du recours à ce type de contrat (urgence, complexité ou efficience économique) : appel d'offres, dialogue compétitif et procédure négociée après mise en concurrence préalable. Enfin, les procédures de contrôle de droit commun, en particulier les référés en matière contractuelle, sont applicables.

B) La capacité à conclure un contrat

La capacité à conclure un contrat appartient à des personnes physiques habilitées à négocier et à conclure **au nom de la personne publique**. Ces personnes sont : le ministre ou le préfet au nom de l'État, le président du conseil général au nom du département, le maire au nom de la commune, le directeur d'un établissement public au nom de l'EP...

Les personnes habilitées à conclure un contrat peuvent déléguer leur pouvoir. Pour les contrats les plus importants, cette règle de délégation est rigoureuse dans la mesure où l'autorité délégataire (celle qui a reçu délégation de compétence) doit souvent obtenir l'autorisation du délégant pour passer un contrat. Pour les contrats de moindre importance, la règle est plus souple et permet à l'autorité de déléguer plus largement sa signature.

La conséquence de l'incompétence de l'auteur de l'acte (délégation de signature irrégulière, signature d'un contrat d'une collectivité territoriale avant transmission au contrôle de légalité...) est non seulement la nullité du contrat mais, le cas échéant, **l'engagement de la responsabilité de la collectivité publique** pour la faute commise (qui cause un préjudice au cocontractant).

Dès sa signature, le contrat s'applique. Cependant, la mise en œuvre de certains contrats est suspendue à une **procédure d'approbation** par le supérieur hiérarchique ou l'autorité de tutelle. Ainsi, certains contrats de l'État doivent être approuvés par une loi (emprunts d'État) ou un décret (concession d'autoroute).

Enfin, tirant les conséquences de certains abus commis à l'occasion de la conclusion de contrats, le législateur a adopté certaines dispositions destinées à garantir une plus grande transparence mais aussi à réprimer ces abus. Ainsi, le délit de « prise illégale d'intérêt » sanctionne un agent public ou un élu qui prend, directement ou indirectement, un intérêt quelconque (financier, matériel, moral...) dans une entreprise ou dans une opération dont il a, au moment de l'acte, la charge d'assurer la surveillance, l'administration... (art 432-12 du Code pénal, délit puni de cinq ans d'emprisonnement et de 750 000 euros d'amende). Il peut s'agir, par exemple, de l'attribution d'un marché public à une entreprise dont des salariés sont des membres de la famille de l'élu incriminé ou de l'attribution d'une subvention à une association dont le président est également maire de la commune qui subventionne.

C) Les procédures de choix du cocontractant de l'administration

Les procédures de choix du cocontractant de l'administration sont différentes selon le type de contrat. Concernant les marchés publics, il convient de distinguer les procédures formalisées et obligatoires (au-dessus d'un certain seuil) de la « procédure adaptée » (au-dessous de ce seuil) beaucoup moins contraignante pour l'acheteur. Cependant, sous certaines conditions, les acheteurs publics peuvent recourir à d'autres procédures reposant davantage sur le dialogue et la négociation avec les candidats au marché.

Les procédures applicables aux marchés, qui déterminent les modalités de publicité et de mise en concurrence que l'acheteur doit suivre, répondent à diverses préoccupations : **obtenir les meilleurs prix** (ce qui ne signifie pas nécessairement les prix les plus bas), **éviter les risques de favoritisme** au profit d'un candidat, **garantir la qualité des travaux et des fournitures** et **favoriser le dialogue et la négociation avec les candidats**.

Pendant longtemps, la recherche du moindre coût a prévalu. Il est cependant apparu que les prix annoncés étaient souvent artificiels (sous-évalués par les candidats pour emporter le marché) ou que les fournisseurs n'avaient pas les moyens de les respecter en cours de réalisation du contrat. Cela explique que **la procédure d'adjudication**, adaptée à la simple fixation du prix, **ait décliné puis disparu au profit des procédures d'appel d'offres et de marchés négociés laissant plus de liberté à l'administration et faisant davantage place à la recherche de la qualité des prestations**.

Quant aux délégations de service public, leur attribution s'opère selon le principe de *l'intuitu personae*. Enfin, dans les contrats de partenariat public-privé le choix du cocontractant s'effectue en priorité en suivant la procédure du dialogue compétitif, à défaut celle de l'appel d'offices restreint.

1) L'appel d'offres (AO)

Il s'agit de « la procédure par laquelle le pouvoir adjudicateur choisit l'attributaire, sans négociation, sur la base de critères objectifs préalablement portés à la connaissance des candidats » (art. 33 du CMP).

L'appel d'offres, qui demeure la procédure de base en matière de marchés publics, est obligatoire à partir de 135 000 euros HT (d'achats) pour les marchés de fournitures et de services de l'État, 210 000 euros HT pour les marchés de fournitures et de services des collectivités territoriales et 5 270 000 euros HT pour les marchés de travaux. Il existe deux formes d'appel d'offres (le choix entre elles est libre) :

- **l'appel d'offres est dit ouvert lorsque tout opérateur économique peut remettre une offre.** Après publication de l'avis d'appel public à la concurrence (AAPC), les candidats font parvenir leurs offres. Les candidatures irrecevables sont éliminées. Puis, la commission d'appel d'offres (CAO) examine l'offre proprement dite. Après l'élimination des offres non conformes (aux besoins de la personne publique), l'offre économiquement la plus avantageuse est retenue. À ce stade, il est possible de procéder à une mise au point du marché (ajustements) avec le candidat retenu mais sans remettre en cause ses caractéristiques substantielles, notamment financières. Enfin, si aucune offre n'est acceptable, une déclaration d'AO infructueux peut être prononcée ;
- **l'appel d'offres est dit restreint lorsque seuls peuvent remettre des offres les opérateurs économiques qui y ont été autorisés après sélection.** L'AAPC peut fixer un nombre minimum et un nombre maximum de candidats autorisés à présenter une offre (minimum 5). Après réception des candidatures, la CAO ouvre les plis et examine les candidatures. Puis, la liste des candidats admis à présenter une offre est établie par la CAO pour les collectivités territoriales ou après avis de la CAO pour l'État. Les candidats retenus reçoivent la lettre de consultation qui les invite à présenter une offre. Leurs offres sont ouvertes par la CAO et celles qui sont irrégulières ou inappropriées sont éliminées. Enfin, l'offre économiquement la plus avantageuse est retenue. À ce stade, les parties peuvent procéder à une

mise au point des composantes du marché. Là encore, le recours à la déclaration d'appel d'offres infructueux est possible.

2) Les procédures négociées

« Une procédure négociée est une procédure dans laquelle le pouvoir adjudicateur négocie les conditions du marché avec un ou plusieurs opérateurs économiques » (art. 34 du CMP).

Le CMP prévoit que les pouvoirs adjudicateurs peuvent passer des marchés négociés dans deux cas :

- peuvent être négociés **après publicité préalable et mise en concurrence**, entre autres : les marchés et les accords-cadres pour lesquels, après appel d'offres ou dialogue compétitif, il n'a été proposé que des offres irrégulières ou inacceptables que le pouvoir adjudicateur est tenu de rejeter ; les marchés et les accords-cadres de services, notamment les marchés de services financiers et les marchés de prestations intellectuelles, lorsque la prestation à réaliser est d'une nature telle que les spécifications du marché ne peuvent être établies préalablement avec une précision suffisante pour permettre le recours à l'appel d'offres ;
- peuvent être négociés **sans publicité préalable et sans mise en concurrence**, entre autres : les marchés et les accords-cadres conclus pour faire face à une urgence impérieuse résultant de circonstances imprévisibles (catastrophe technologique ou naturelle) ; les marchés et les accords-cadres de fournitures concernant des produits fabriqués uniquement à des fins de recherche, d'étude ou de développement, sans objectif de rentabilité...

3) Le « dialogue compétitif »

Il s'agit d'une procédure dans laquelle le pouvoir adjudicateur conduit **un dialogue avec les candidats admis à y participer en vue de définir ou de développer une ou plusieurs solutions de nature à répondre à ses besoins** et sur la base de laquelle ou desquelles les participants au dialogue seront invités à remettre une offre.

Le dialogue compétitif est une solution adaptée à la conclusion de marchés complexes pour lesquels le pouvoir adjudicateur ne peut définir seul et à l'avance les moyens techniques répondant à ses besoins ou encore pour lesquels il n'est pas en mesure d'établir le montage juridique ou financier (ex. : réalisation d'infrastructures de transport, réseaux informatiques). Il est un élément d'amélioration de la définition des besoins.

Les candidats vont élaborer leurs offres sur la base d'un programme fonctionnel dans lequel l'acheteur décrit en termes pratiques ses attentes et les résultats qu'il veut atteindre. Une fois les besoins définis, l'acheteur envoie pour publication un avis d'appel public à la concurrence. Chaque candidat va pouvoir proposer la solution qui lui paraît le mieux répondre aux besoins décrits. Les offres vont ensuite pouvoir être améliorées grâce au dialogue que chaque candidat aura avec le pouvoir adjudicateur (la négociation peut porter sur la solution technique, le prix, le délai...). À l'issue de chaque phase de dialogue, l'acheteur public peut écarter les propositions des candidats qui se révèlent inadaptées. Lorsqu'il en décide, l'acheteur public informe les candidats de la fin du dialogue et leur demande leur offre finale. À ce stade, il n'a pas à rédiger de cahier des charges. Dès lors que les offres ont été déposées, l'offre économiquement la plus avantageuse est choisie.

4) Sous les seuils : la « procédure adaptée »

Sous les seuils des procédures formalisées, les marchés peuvent être passés selon une procédure adaptée, c'est-à-dire une procédure dont les modalités sont « librement fixées par le pouvoir adjudicateur en fonction de la nature et des caractéristiques du besoin à satisfaire, du nombre ou de la localisation des opérateurs économiques susceptibles d'y répondre ainsi que des circonstances de l'achat » (art 28 du CMP).

La procédure adaptée remplace les anciens marchés sans formalités préalables du code 2001.

Elle se distingue de l'appel d'offres par l'allégement considérable de la procédure engagée (par exemple, les pièces à fournir par le candidat sont nettement moins nombreuses, les modalités de la publicité sont choisies par le pouvoir adjudicateur…).

Par ailleurs, les pouvoirs adjudicateurs peuvent décider que leurs marchés de très faible montant, c'est-à-dire inférieurs à 4 000 euros HT, sont passés sans publicité ni mise en concurrence préalables, « si les circonstances le justifient ».

En conclusion, notons qu'en fonction des seuils, l'acheteur engage une procédure adaptée ou un appel d'offres. Néanmoins, sous certaines conditions, il peut recourir à d'autres procédures : négociées, dialogue compétitif…

5) La procédure de passation des délégations de service public : la règle de l'*intuitu personae*

La procédure doit être conforme au principe d'égal accès des candidats à l'octroi de la délégation. Pour ce faire, elle fait l'objet d'une publicité préalable sous la forme d'un avis d'appel public à la concurrence publié au Bulletin Officiel d'Annonces des Marchés Publics voire au Bulletin Officiel Européen des Marchés publics (selon le montant de la délégation) et dans une revue spécialisée ou un quotidien d'annonces légales.

Après réception des candidatures, il appartient à la commission des délégations de service public d'établir la liste des candidats admis à présenter une offre (sont éliminés dès ce stade, ceux qui ne remplissent pas les conditions de base comme la capacité technique et financière). Un document de consultation, présentant les caractéristiques du service délégable, est envoyé aux candidats retenus. Sur cette base, ils élaborent leurs offres dans un délai (fixé par le délégant) qui doit être adapté à la complexité du service à gérer.

Les offres sont examinées par la commission des délégations de service public. Celle-ci prend en compte tout un ensemble de critères permettant d'apprécier la fiabilité du candidat : garanties techniques et financières, prix pour les usagers, répartition des risques d'exploitation… Au final, la commission peut proposer de retenir une ou plusieurs offres voire aucune.

Sur la base de ces propositions, mais sans être liée par elles, l'autorité exécutive (maire, président du conseil général…) décide librement du choix du délégataire. Une négociation s'engage afin d'affiner le contrat.

Enfin, le choix du délégataire ainsi que le contrat élaboré doivent être approuvés par l'assemblée délibérante de la collectivité publique.

Néanmoins, la collectivité n'est pas tenue de suivre cette procédure lorsque le service public est confié à un établissement public (qui n'est qu'un démembrement de la collectivité) ou lorsque la délégation porte sur un montant financier limité (dans ce deuxième cas, le projet de délégation est simplement soumis à une publicité préalable).

E19 **Une nouvelle obligation de publicité**

Dans une importante décision, le Conseil d'État a précisé que la conclusion d'un contrat administratif (après mise en concurrence) doit être rendue publique par des mesures de publicité appropriées, notamment au moyen d'un avis mentionnant à la fois la conclusion du contrat et les modalités de sa consultation (CE Ass., 16 juillet 2007, *Sté Tropic travaux signalisation, RFDA 2007, p. 696 ; AJDA 2007, p. 1577*). Les acheteurs devront donc matérialiser la décision de signer le contrat par une publicité adaptée.

D) La recherche d'une plus grande transparence des procédures

L'édification d'**un droit européen des marchés publics fortement imprégné du principe de transparence** a largement influencé la réglementation nationale en la matière.

La transcription en droit interne des directives de l'Union européenne (portant notamment sur les marchés publics de fournitures, de travaux, les marchés dans les domaines de l'eau, de l'énergie, des transports et des télécommunications) **a permis d'améliorer les règles en matière de publicité préalable et de mise en concurrence des soumissionnaires sans pour autant restreindre le principe de libre choix de l'administration**.

E20 **Publicité européenne et remise en cause de contrats de concession**

Pour ne pas avoir respecté la règle de la publicité européenne au Journal officiel des Communautés européennes, prévue par la directive travaux entrée en vigueur le 20 juillet 1990, plusieurs contrats de concession ont été remis en cause alors qu'ils avaient été conclus dans le respect des règles nationales (en matière de passation). Simplement, ces règles nationales étant incompatibles avec les objectifs de la directive au moment de la conclusion des contrats concernés, les parties ne pouvaient pas s'en prévaloir (CE, 6 février 1998, *TEO*, MTPB, 27 février 1998, p. 18-23). Autrement dit, les parties au contrat auraient dû écarter d'elles-mêmes les règles nationales pour faire application de la directive.

La loi du 3 janvier 1991 relative à « la transparence et à la régularité des procédures de marché » et la loi du 29 janvier 1993 dite loi « anticorruption » ont encore étendu la portée des règles relatives à la publicité préalable. Elles les ont notamment rendues obligatoires en matière de délégation de service public tout en préservant le principe de libre choix du délégataire par l'administration (sur la délégation de service public, voir p. 208 et s.).

Par ailleurs, la loi de 1991 a institué une Mission interministérielle d'enquête sur les marchés et les conventions de délégation de service public, chargée d'enquêter sur les « conditions de régularité et d'impartialité » de la préparation, de la passation et de l'exécution des marchés publics et des conventions de délégation de l'État et des collectivités locales.

Ajoutons que le Code des marchés publics prévoit une procédure de **détection des offres** (offres financières faites par les candidats au marché) **anormalement basses** (qui ne correspondent pas à une réalité économique). Il s'agit de **prévenir des ententes illicites entre sociétés** (des sociétés s'entendent à l'avance pour se partager l'exécution du marché et l'une d'elles fait une offre anormalement basse pour être sûre de remporter le contrat).

Cette volonté de transparence s'est également manifestée par **l'élargissement et l'amélioration des possibilités offertes aux concurrents à l'obtention d'un contrat de saisir le juge.** Ainsi, il existe **deux procédures d'urgence** dont l'objet est de faire respecter les obligations en matière de publicité et de concurrence : le **référé précontractuel** qui s'exerce avant la signature du contrat et le **référé contractuel** qui s'exerce après la signature (ordonnance du 7 mai 2009, voir p. 330).

§ 2. L'exécution du contrat

Comme déjà mentionné, le contrat administratif est le terrain d'une **confrontation inégale entre des intérêts privés et l'intérêt public**. Ceci explique que l'administration dispose de prérogatives exorbitantes du droit commun. Les intérêts privés du cocontractant sont néanmoins protégés. En particulier, **il a droit au respect de l'équilibre financier du contrat**, ce qui peut entraîner des obligations pécuniaires parfois importantes pour l'administration.

Bien évidemment, des litiges peuvent naître entre les parties. Il s'agit alors pour le juge administratif de déterminer la responsabilité des uns et des autres et d'en tirer les conséquences.

A) Les prérogatives de l'administration

Même si elles ne figurent pas expressément dans le contrat, ces prérogatives importantes appartiennent de façon permanente à l'administration contractante qui ne saurait y renoncer.

1) Un pouvoir de direction et de contrôle

Il est normal que l'administration ait un droit de regard sur les conditions d'exécution du contrat. Non seulement elle peut surveiller et vérifier sa bonne exécution mais elle peut également **adresser au cocontractant des instructions et des « ordres de service »** (essentiellement en matière de travaux publics) obligatoires sur la marche à suivre pour la réalisation du contrat.

Ce pouvoir de direction et de contrôle n'a réellement de signification que pour des contrats dont l'exécution se déroule sur une certaine durée, comme les marchés de travaux publics.

2) Un pouvoir de modification unilatérale

Le droit commun soumet les contrats privés au principe d'immutabilité, ce qui signifie qu'ils ne peuvent être modifiés qu'avec l'accord des parties. Par dérogation, **les contrats administratifs peuvent être modifiés unilatéralement par l'administration en cours d'exécution lorsque l'intérêt général le justifie (principe de mutabilité)**.

Ce principe a été posé au début du XXe siècle et réaffirmé à plusieurs reprises par la jurisprudence administrative (CE, 10 janvier 1902, *Compagnie nouvelle du Gaz de Déville-lès-Rouen*, GAJA ; CE, 21 mars 1910, *Compagnie générale française des tramways*, GAJA, Rec. Lachaume ; CE, 2 février 1983, *Union des transports publics urbains et régionaux*, Rec. Lachaume).

Cependant, consciente de la nécessité de rassurer et de protéger les cocontractants potentiels, la jurisprudence a posé les limites du pouvoir de modification :

- **l'administration ne peut pas modifier les éléments fondamentaux du contrat**. Une modification substantielle peut être refusée par le cocontractant. Par conséquent, si les conditions nouvelles sont telles qu'elles impliquent nécessairement un bouleversement des conditions d'exécution du contrat, l'administration a tout intérêt à résilier la convention ;
- **l'administration ne peut pas modifier les éléments financiers du contrat** ;
- **toutes les charges nouvelles (supportées par le cocontractant) résultant d'une modification unilatérale doivent s'accompagner d'une compensation financière intégrale (respect de l'équilibre financier du contrat)**.

3) Un pouvoir de sanction

Dans un contrat privé, si l'une des parties estime que l'autre partie n'a pas rempli ses obligations, elle peut mettre en cause sa responsabilité devant le juge. Dans un contrat administratif, **l'administration peut infliger unilatéralement des sanctions au cocontractant**.

Ces sanctions, qui ne peuvent être prononcées qu'après mise en demeure, sont **adaptées à la gravité des manquements** :

- **les sanctions pécuniaires sont les moins graves.** Il peut s'agir de pénalités de retard (lorsqu'elles sont prévues par le contrat) ou d'amendes sanctionnant des fautes légères ayant entraîné un préjudice pour l'administration ;
- **les sanctions coercitives** peuvent intervenir lorsque l'exécution régulière et continue du contrat est menacée. L'administration peut alors confier l'exécution du contrat à un tiers ou l'assurer elle-même, mais aux frais du cocontractant défaillant lorsque son comportement révèle des fautes graves. Peuvent ainsi être ordonnées : la mise sous séquestre de la concession de service public, la mise en régie du marché de travaux publics, l'exécution par défaut du marché de fournitures ;
- **la résiliation du contrat** est la sanction la plus lourde. Après mise en demeure, elle est prononcée par l'administration en cas de faute grave du cocontractant. C'est pourquoi elle est généralement prononcée aux torts de ce dernier.

Lorsqu'il s'agit d'une concession, la « déchéance » du concessionnaire ne peut être prononcée que par le juge saisi par l'administration.

4) Un pouvoir de résiliation

Le pouvoir de résiliation appartient de plein droit à l'administration. **Lorsque l'intérêt du service public l'exige** (notamment son bon fonctionnement), l'administration peut résilier un contrat à tout moment de son exécution, sans le consentement du cocontractant (CE Ass., 2 mai 1958, *Distillerie de Magnac-Laval*, Rec. Lachaume). **La résiliation n'est donc pas une sanction**.

Aucune faute n'étant imputable au cocontractant, **celui-ci doit être indemnisé intégralement pour le préjudice occasionné** par la résiliation (y compris pour les bénéfices perdus pour le temps du contrat qui restait à exécuter).

B) Les droits et les obligations du cocontractant

1) Les obligations

Les obligations du cocontractant sont celles que nous avons décrites jusqu'à présent, auxquelles il faut ajouter **l'obligation d'exécution personnelle**. En conséquence, le cocontractant ne peut pas faire exécuter le contrat par un tiers, que ce soit en le sous-traitant ou en le cédant. Cependant, la loi du 31 décembre 1975 a quelque peu assoupli ce régime. Elle autorise désormais le cocontractant à céder le contrat, sous réserve de l'autorisation expresse donnée par l'administration, et permet à l'administration qui a agréé un sous-traitant de lui verser directement le prix de sa prestation.

De façon générale, le cocontractant a l'obligation d'exécuter le contrat. Cela implique, entre autres, qu'**il ne peut interrompre son exécution**, même en cas de faute commise par l'administration.

2) Les droits

En matière d'exécution du contrat, l'administration doit donner au cocontractant tous les moyens pour mener à bien sa mission. Ces moyens peuvent aller jusqu'à le placer en situation de monopole.

En matière financière, le cocontractant bénéficie de garanties importantes.

Il a droit au paiement intégral du prix rémunérant sa prestation. Ce prix peut être calculé et versé selon différentes modalités.

La règle du paiement après « service fait », c'est-à-dire à l'achèvement de la prestation, a longtemps prévalu. Elle avait toutefois pour inconvénient d'obliger l'administration à assumer la « dérive » des prix, en particulier lorsque le cocontractant ne respectait pas le délai d'exécution du contrat et laissait s'envoler les prix. Pour rationaliser la procédure de paiement, le Code des marchés publics prévoit désormais le versement d'avances forfaitaires (qui anticipent, dès le début du contrat, ce qui sera dû) ainsi que le versement d'acomptes (au fur et à mesure de la progression des travaux) qui contribuent au financement du marché.

Enfin, le cocontractant a droit au paiement des prestations supplémentaires qu'il a été obligé d'accomplir du fait de la volonté de l'administration ou de la **survenance de difficultés imprévisibles (théorie des sujétions imprévues)**. Dans un marché de travaux publics, ces difficultés peuvent prendre la forme d'un terrain instable, d'une roche dure...

C) Le respect de l'équilibre du contrat

Deux théories classiques du droit administratif prévoient les bouleversements susceptibles d'affecter l'équilibre du contrat et les mesures destinées à le rétablir.

1) La théorie du « fait du prince »

Dans une première hypothèse, le « fait du prince » illustre la situation où une modification des conditions d'exécution du contrat a été décidée par une personne publique autre que la partie contractante. Cette modification se traduit en général par une **aggravation des obligations du cocontractant**.

Dans une deuxième hypothèse, plus moderne, **l'autorité publique contractante prend elle-même des mesures qui ont pour conséquence d'aggraver les charges financières du cocontractant et de mettre à mal l'équilibre du contrat**. Elle agit :

- soit dans le cadre de son pouvoir de modification unilatérale (voir p. 217) ;
- soit en fonction d'une compétence qu'elle détient mais qui est **étrangère au contrat**. Par exemple, lorsqu'un maire, dans le cadre de ses pouvoirs de police, modifie le sens de la circulation dans sa commune, il peut aggraver de ce fait les charges pesant sur un service de transports en commun concédé par la commune.

Si le juge administratif constate que le « fait du prince » frappe spécialement le cocontractant, ce dernier a droit au rétablissement de l'équilibre financier du contrat et à l'indemnisation intégrale du préjudice subi. Le comportement de l'autorité administrative entraîne en quelque sorte une responsabilité sans faute de l'administration.

2) La théorie de l'imprévision

Elle a été définie à l'occasion du célèbre arrêt ***Compagnie générale d'éclairage de Bordeaux*** en 1916 (CE, 30 mars 1916, GAJA, Rec. Lachaume) : **il y a imprévision lorsque, en raison d'un événement extérieur aux parties et imprévisible, les conditions d'exécution du contrat sont bouleversées, du moins temporairement**.

L'événement qui a provoqué le bouleversement doit être extérieur aux parties au contrat, c'est-à-dire indépendant de leur volonté. Il doit également avoir été imprévisible au moment de la conclusion du contrat (il peut s'agir d'une guerre ou d'une crise économique). Enfin, le bouleversement ne doit être que temporaire.

Lorsque le bouleversement est tel que le cocontractant risque de ne plus être en mesure de pouvoir assumer ses obligations, il tente de se mettre d'accord avec l'administration sur une indemnisation. Si la négociation échoue, il saisit le juge administratif afin de faire constater la situation d'imprévision et évaluer l'indemnité. Celle-ci ne couvre pas intégralement la charge financière supplémentaire qu'a dû supporter le cocontractant compte tenu du bouleversement du contrat. En effet, l'événement à l'origine de cette situation n'étant imputable à aucune des parties, **le juge considère que la charge financière doit être répartie** entre elles.

Cette répartition tient cependant compte du fait que **le cocontractant a poursuivi l'exécution déficitaire du contrat au nom de l'intérêt public** : l'indemnité d'imprévision couvre plus de 90 % du préjudice.

Comme déjà indiqué, **le bouleversement ne doit être que temporaire. L'indemnité d'imprévision a précisément pour objet de permettre la continuité de l'exécution du contrat, donc du service public**. S'il s'avère que l'interruption est le fait d'un comportement fautif du cocontractant, celui-ci perd son droit à l'indemnité (CE Sect., 5 novembre 1982, *Société Propétrol*, AJDA 1983, p. 259, concl. D. Labetoulle). Par ailleurs, l'impossibilité de rétablir l'équilibre de la situation est considérée comme un cas de force majeure (voir p. 368) justifiant la résiliation du contrat à l'initiative de l'une ou l'autre des parties (CE Ass., 9 décembre 1932, *Compagnie des tramways de Cherbourg*, GAJA, Rec. Lachaume).

§ 3. Le contentieux de l'opération contractuelle

Le contentieux entre les parties relève, pour l'essentiel, du juge du contrat, avec l'intervention possible, en amont et en aval, du juge des référés (voir p. 330). Cependant les tiers sont souvent concernés. À défaut de pouvoir saisir le juge du contrat, ils ont été autorisés à agir sur le terrain de l'excès de pouvoir avant que le Conseil d'État, plus récemment, n'ouvre une brèche dans cette impossibilité de saisir le juge du contrat.

A) Le contentieux contractuel

Dans ce cadre, le juge administratif du contrat est saisi par les parties par le biais d'un recours de pleine juridiction.

Il est compétent pour **constater**, à la demande de l'une ou l'autre partie, **l'éventuelle nullité totale ou partielle du contrat** en raison des conditions de sa formation. Le contrat est donc nul, dès l'origine. Dans ce cas, si le cocontractant a effectué des prestations prévues par le contrat et subi un préjudice, il est en droit d'obtenir une indemnité (CE Sect ; 20 octobre 2000, *Soc. Citécâble-Est*, RFDA 2001, p. 359). Mais le juge peut aussi choisir de **privilégier la stabilité des relations contractuelles**. Ainsi, lorsque la délibération autorisant le maire à signer le contrat n'était pas devenue exécutoire à la date de la signature, faute d'avoir été communiquée préalablement au contrôle de légalité, la jurisprudence indiquait que la procédure était irrégulière et le contrat nul. Par un revirement, le Conseil d'État a jugé que « ce seul vice [de procédure] ne saurait être regardé comme d'une gravité telle que le juge doive écarter le contrat... ». Au nom « de la loyauté des relations contractuelles », un tel vice ne peut plus être invoqué par les parties pour se délier de leurs obligations contractuelles (CE Ass., 28 décembre 2009, *Commune de Béziers*).

Le juge est également compétent pour **trancher les litiges relatifs à l'exécution du contrat**. En cas de faute, de manquement des parties à leurs obligations contractuelles, il ordonne le versement de dommages et intérêts (ex. : lorsque l'administration tarde à payer son cocontractant). Mais il peut aussi accorder des indemnités afin de prendre en compte les conséquences résultant de transformations survenues dans les conditions d'exécution du contrat, dans le cadre d'une responsabilité contractuelle sans faute (modification du contrat pour des raisons d'intérêt général ou fait du prince, voir p. 217 et 219). La responsabilité contractuelle prévalant sur la responsabilité extracontractuelle, l'une des parties ne peut invoquer à l'encontre de l'autre un régime de responsabilité extracontractuelle plus favorable (notamment un cas de responsabilité sans faute).

B) Le contentieux de l'annulation

1) Recours pour excès de pouvoir contre les actes détachables du contrat

Partant du constat que les tiers n'avaient pas le droit de saisir le juge du contrat d'une action en nullité contre celui-ci et, pour leur permettre de défendre leurs intérêts, le juge a considéré qu'il existe, en amont et en aval, des actes unilatéraux détachables du contrat pouvant faire l'objet d'un recours pour excès de pouvoir et donc annulables.

Avant la conclusion du contrat, l'autorisation donnée à l'exécutif par l'assemblée délibérante de conclure le contrat ou la décision de signer le contrat s'en détachent et sont attaquables par les tiers y ayant intérêt (concurrents évincés, associations de défense, contribuables locaux...), voire par le cocontractant lui-même, devant le juge de l'excès de pouvoir. De la même façon, les tiers peuvent attaquer les décisions d'exécution du contrat (CE Ass., 2 février 1987, *Soc. TV 6*) qui, lorsqu'elles en sont détachables (en cas d'incompétence de leur auteur, de violation des obligations en matière de publicité...), peuvent être annulées.

Les actes annulés par le juge disparaissent rétroactivement. Les conséquences de l'annulation varient selon la gravité du vice affectant l'acte détachable : s'il s'agit d'un vice mineur, le contrat peut continuer à être exécuté, sous réserve de substituer à l'acte annulé un nouvel acte pris régulièrement ; s'il s'agit d'**un vice particulièrement grave** (ex. : incompétence du signataire) **ou si l'irrégularité provient des dispositions mêmes du contrat, à défaut d'accord entre les parties, le juge du contrat, saisi, constate sa nullité dès l'origine** (CE 1er oct. 1993, *Soc. Le Yacht-club international Bormes-les-Mimosas*, AJDA 1993, p. 810).

2) Recours en annulation contre le contrat lui-même

Selon une jurisprudence ancienne, seules les parties à un contrat peuvent demander au juge d'en constater la nullité (CE, 4 août 1905, *Martin*). Ce principe ne connaissait que des exceptions limitées : possibilité pour le préfet de demander, dans le cadre d'un déféré, l'annulation du contrat d'une collectivité locale, possibilité pour les usagers d'un service public de demander l'annulation des clauses réglementaires du contrat de délégation de ce service (CE Ass., 10 juillet 1996, M. *Cayzeele*, Rec. Lachaume), possibilité pour les personnes y ayant intérêt de demander l'annulation du contrat d'engagement d'un agent public non titulaire (CE Sect., 30 octobre 1998, *Ville de Lisieux* ; en l'espèce, le juge avait été saisi par un conseiller municipal). En dehors de ces hypothèses, s'il existe bien une voie de droit ouverte aux tiers pour contester un contrat, celle-ci est indirecte et complexe : possibilité de demander l'annulation des actes « détachables » du contrat (voir 1 ci-dessus).

Par un arrêt du 16 juillet 2007, le Conseil d'État a opéré **un revirement de sa jurisprudence en ouvrant aux concurrents évincés de la conclusion d'un**

contrat administratif un recours leur permettant de contester directement devant le juge administratif, après sa signature, la validité de ce contrat ou de certaines de ses clauses, qui en sont divisibles (CE Ass, 16 juillet 2007, *Sté Tropic travaux signalisation*). Ce recours peut être assorti d'une demande tendant à ce que le juge des référés ordonne, à titre conservatoire, la suspension de l'exécution du contrat.

Cependant, le Conseil d'État a apporté plusieurs garanties visant à préserver la sécurité juridique des relations contractuelles :

- seuls les candidats à un contrat administratif dont l'offre a été rejetée ont qualité pour agir ;
- le recours ne peut être exercé que dans un délai de deux mois à compter de la date à laquelle la conclusion du contrat est rendue publique ;
- les concurrents évincés, auxquels est ouvert ce nouveau recours, ne peuvent plus, à compter de la conclusion du contrat, contester les actes détachables antérieurs à sa conclusion.

Par ailleurs, le juge dispose de pouvoirs étendus qui doivent lui permettre de moduler les effets de sa décision : pouvoir de décider la résiliation du contrat pour l'avenir, ou la modification de certaines de ses clauses, ou la poursuite du contrat sous réserve de régularisation, ou simplement d'accorder des indemnités au demandeur. L'annulation totale ou partielle du contrat n'est prononcée, le cas échéant avec effet différé, que si les vices constatés le justifient et si cette annulation ne porte pas une atteinte excessive à l'intérêt général ou aux droits des cocontractants (transposition aux contrats de la règle posée pour les actes unilatéraux, CE Ass., 11 mai 2004, *Association AC ! et autres*).

Ce recours « *Tropic* », et la procédure de référé-suspension qui l'accompagne, devraient être maintenus, ceux-ci n'ayant pas le même objet que le nouveau référé contractuel institué par l'ordonnance du 7 mai 2009.

C) La garantie décennale des constructeurs

La garantie décennale des constructeurs n'est pas considérée par la jurisprudence comme une responsabilité contractuelle (CE, 4 juillet 1980, *Société Forrer*, Rec., p. 307. Pourtant, elle donne lieu à un abondant contentieux lié à la mauvaise exécution des contrats.

Découlant des articles 1792 et 2270 du Code civil, le principe de la responsabilité décennale est le suivant : **le maître de l'ouvrage** (c'est-à-dire celui qui a commandé l'ouvrage) **est, pour une période de dix ans** (à compter de la réception de l'ouvrage), **garanti par les entrepreneurs et les architectes avec lesquels il a contracté contre les vices affectant les ouvrages** (il s'agit ici des « gros ouvrages »).

Le régime de cette garantie a été étendu au maître d'ouvrage personne publique par l'arrêt *Trannoy* en 1973 (CE Ass., 2 février 1973, AJDA 1973, p. 159, note F. Moderne).

PARTIE IV

Les formes et les modalités de l'activité administrative

CHAPITRE 1
Le service public

CHAPITRE 2
La police administrative

Tous les pouvoirs que détient l'administration (notamment les prérogatives de puissance publique) trouvent leur justification dans le service public. Celui-ci regroupe un certain nombre de services d'intérêt ou d'utilité collective mis à la portée de tous dont l'administration assure pour l'essentiel la gestion et l'exécution (même de façon indirecte par le biais du secteur privé).

Parmi ces services publics, la police administrative, l'un des plus anciens, vise à encadrer les activités privées dans le but de préserver l'ordre public.

Ces formes de l'activité administrative que sont le service public et la police administrative **contribuent à donner** (et à maintenir) **de la cohésion et de la cohérence à la société. Toutefois, la contrepartie de cet encadrement et de cette réglementation des activités et des comportements est une certaine restriction à la liberté individuelle et collective.** Le juge administratif (mais aussi constitutionnel) veille à ce qu'un juste équilibre soit maintenu entre les nécessités de l'action administrative et celles de la protection des libertés.

Bibliographie et lectures pour approfondir

Sur le service public :

J.M. Belorgey, *Service public et droit communautaire,* AJDA 20 juin 1996 (n° spécial), p. 35 ; J. Caillosse, *Le droit administratif français saisi par la concurrence ?,* AJDA 2000, p. 99 ; J.M. Dauchy, *Mutabilité du service public et droit des usagers*, LPA 2003, n° 251, p. 8 ; M. Debène, O. Raymundie, *Sur le « service universel » : renouveau du service public ou nouvelle mystification*, AJDA 1996, p. 183 ; M. Karpenschif, *La privatisation des entreprises publiques : une pratique encouragée sous surveillance communautaire,* RFDA 2002, p. 95 ; J. F. Lachaume, *L'identification d'un service public industriel et commercial : la neutralisation du critère fondé sur les modalités de gestion du service*, RFDA (n° 1), janvier-février 2006, p. 119 ; M. Long, *Service public, services publics : déclin ou renouveau ?,* RFDA 1995, p. 497 ; J. P. Markus, *Le principe d'adaptabilité : de la mutabilité au devoir d'adaptation des services publics aux besoins des usagers,* RFDA 2001, p. 589-604 ; A.S. Mescheriakoff, *Droit des services publics,* PUF ; A. Monpion, *Le contrôle de l'interventionnisme économique public : l'affaiblissement du principe de liberté du commerce et de l'industrie ?*, AJDA 11 février 2008, p. 232 ; E. Pisier-Kouchner ; *Service public et libertés publiques,* Revue *Pouvoirs,* 1986, n° 36, p. 143 ; J. Rivero, *Les deux finalités du service public industriel et commercial,* CJEG 1994, n° spécial 500, p. 375 ; B. Stirn, *La conception française du service public,* CJEG 1993, p. 299 ; Nil Symchowicz, *La notion de délégation de service public,* AJDA mars 1998, p. 195 ; *Le service public : unité et diversité,* n° spécial annuel, AJDA juin 1997 ; *L'intérêt général,* rapport du Conseil d'État 1999.

Sur la police administrative :

T.M. David-Pecheul, *La contribution de la jurisprudence constitutionnelle à la théorie de la police administrative,* RFDA 1998, p. 362 ; L. Dumolard, *La police municipale : entre primauté de l'État et décentralisation,* RRJ 2000, p. 183-198 ; C. Goyard, *L'administration face aux sectes,* RA 1996, p. 539-543 ; Y. Mény, *Décentralisation et liberté d'expression : l'ordre moral à Clochemerle ?,* Mél. Colliard, 1984, p. 559 ; J. Morand-Deviller, *Esthétique et droit de l'urbanisme,* Mél. Chapus, 1992, p. 429 ; J. Morange, *Censure, liberté, protection de la jeunesse, observations à propos de l'arrêt* Association Promouvoir, RFDA 2000, p. 1311-1318 ; J. Moreau, *Police administrative et police judiciaire. Recherche d'un critère de distinction,* AJDA 1963, p. 68 ; E. Picard, *Les contrôles d'identité au regard des droits fondamentaux : des régimes inutilement hétéroclites,* RFDA 1994, p. 959 ; M. Puech, *De la mise en danger d'autrui,* D. 1994, chro. p. 153 ; *Le préfet et l'ordre public,* Administration 1996, n° 173, p. 1-170 ; Cahiers de la fonction publique, *Les polices,* 2002, n° 208.

CHAPITRE 1
Le service public

L'expression de service public désigne à la fois une activité (critère fonctionnel) et un organe (critère organique).

D'un point de vue fonctionnel, le service public s'assimile à la production et à la gestion de services d'intérêt général. L'intérêt général est en effet la condition ***sine qua non***, librement appréciée par les gouvernants, de la création de services publics. Organiquement, le service public regroupe l'ensemble des organismes publics et privés chargés de gérer et d'exécuter les missions de service public (voir p. 243).

Même s'il n'est plus le critère exclusif ou dominant de définition du droit administratif, le service public demeure la justification première de toute activité administrative ainsi que des moyens exceptionnels dont dispose l'administration pour mettre en œuvre ces activités (notamment les prérogatives de puissance publique).

Nous examinerons successivement la notion de service public, les distinctions au sein des différentes activités de l'administration (distinctions entre services publics administratifs et services publics industriels et commerciaux et entre services marchands et services non marchands), le régime juridique applicable aux services publics et les modes de gestion du service public.

SECTION I
La notion de service public

Après avoir connu bien des vicissitudes, de la crise au renouveau puis à nouveau au doute, la notion de service public est aujourd'hui sous l'emprise d'une théorie dominante, celle du service public fonctionnel (qui met en évidence sa fonction d'intérêt général).

§ 1. L'évolution de la notion de service public

La notion de service public a été définie à l'occasion de plusieurs arrêts rendus au début du XXe siècle. L'arrêt ***Blanco*** consacre l'expression de service public (TC, 8 février 1873, précité) mais surtout les arrêts ***Terrier*** et ***Thérond*** posent les critères d'identification du service public (CE, 6 février 1903, GAJA ; CE, 4 mars 1910, GAJA) : est un service public, l'activité exercée selon des procédés exorbitants du droit commun (donc soumise au droit administratif) et ayant pour objet la satisfaction de l'intérêt général. À ces critères juridique et matériel, il faut ajouter un critère organique selon lequel seules les personnes publiques gèrent des services publics.

La notion de service public est à l'origine de la fondation de **l'école du service public** par Léon Duguit. Selon lui, la finalité du droit administratif est la gestion des activités de service public destinées à la satisfaction de l'intérêt général. L'activité de service public entraîne la mise en œuvre des règles du droit administratif et détermine la compétence du juge administratif. **Cette doctrine avait donc pour ambition de voir l'ensemble du droit administratif se développer autour de la notion de service public**.

Dans la définition du droit administratif, le critère du service public domine celui de la puissance publique. Ce second critère est aussi à l'origine d'une fameuse école, l'école de la puissance publique, fondée par Maurice Hauriou : selon lui, le droit administratif se détermine en fonction des moyens mis en œuvre par l'administration pour mener à bien sa mission de service public. Si ces moyens sont ceux de la gestion publique, le droit administratif s'applique et le juge administratif est compétent.

Cependant, alors qu'elle semble à son apogée, la notion de service public connaît une crise qui fait vaciller ses fondements.

De plus en plus fréquemment, **l'administration assume des activités qui relèvent en principe de l'initiative privée et recourt au droit privé dans le fonctionnement de ces activités : c'est la naissance des services publics industriels et commerciaux** (TC, 22 janvier 1921, *Société commerciale de l'Ouest africain*, GAJA, Rec. Lachaume).

D'autre part, **la jurisprudence admet que des organismes privés puissent être chargés de gérer des services publics « classiques »** (CE, 13 mai 1938, *Caisse primaire « Aide et protection »*, précité).

La disparition de l'unité de son régime juridique n'empêche pourtant pas la théorie du service public d'être à l'origine, dans les années cinquante, de la définition de notions clés du droit administratif : contrat administratif (CE, 20 avril 1956, *Époux Bertin*, précité), domaine public (CE Sect., 19 octobre 1956, *Société « Le Béton »*, GAJA) ou travail public (TC, 28 mars 1955, *Effimieff*, GAJA, Rec. Lachaume).

Depuis, le critère du service public s'est stabilisé. Combiné avec celui de puissance publique, il fournit la définition du droit administratif.

Mais surtout, **au-delà des critères juridiques, les services publics contribuent à maintenir la cohésion sociale de la nation même si, par certains aspects, ils peuvent être la cause de restrictions des libertés individuelles, en particulier de la liberté d'entreprendre** (nationalisations).

Leur développement ou leur restriction dépend de **facteurs économiques mais surtout de choix politiques**. Ainsi, les vagues de nationalisations (comme celle de 1981) ont été l'occasion d'accroître l'emprise de l'État sur certains pans de l'industrie ou de la finance afin de lui donner (en théorie) les moyens d'améliorer la situation économique et sociale. De fait, elles marquent un recul de la liberté d'entreprendre. À l'inverse, les privatisations (comme celles de 1985 et 1993) correspondent à un objectif politique de désengagement de l'État afin de donner ou de rendre à l'initiative privée toute sa place (ou, plus simplement, pour apporter de l'argent dans les caisses de l'État). Toutefois, le recul de l'État est aussi dénoncé comme un risque d'affaiblissement de la cohésion sociale.

Une chose est sûre, **le service public au sens traditionnel doit être profondément renouvelé pour répondre à de nouvelles exigences**.

Les exigences posées par la jurisprudence constitutionnelle ainsi que celles inhérentes à la construction européenne vont dans le sens d'une **ouverture du service public à la concurrence**. À cela, il faut ajouter des **exigences de moderni-**

sation des méthodes de gestion, d'amélioration des relations avec les usagers ainsi que d'amélioration de l'efficacité et de la qualité du service rendu…

Les chantiers en cours de réforme de l'État ont pour ambition de répondre à ces défis, comme en témoignent les nombreuses et pour certaines importantes dispositions de la loi du 12 avril 2000 relative aux droits des citoyens dans leurs relations avec les administrations. Par ailleurs, des réflexions et des actions sont engagées sur la défense du « service public à la française » face aux exigences de la construction européenne (voir p. 230 et s.).

E21 **Création des « maisons des services publics »**

Aux termes de la loi du 12 avril 2000, des maisons des services publics peuvent être créées par convention (approuvée par le préfet du département). Ces maisons réunissent des services publics relevant de l'État ou de ses établissements publics, des collectivités territoriales ou de leurs établissements publics, des organismes de Sécurité sociale ou d'autres organismes chargés d'une mission de service public parmi lesquels figure au moins une personne morale de droit public.

L'idée qui préside à la création des maisons des services publics est de faciliter les démarches des usagers et d'améliorer la proximité des services publics sur le territoire.

§ 2. Service public virtuel et service public fonctionnel

Le service public peut être appréhendé à partir de deux théories, l'une reposant sur la notion de service public virtuel, aujourd'hui résiduelle, l'autre sur la notion de service public fonctionnel.

A) Le service public virtuel

L'activité privée mais d'intérêt général exercée (avec autorisation) sur le domaine public est considérée comme un service public virtuel. De virtuel, le service public devient effectif lorsque l'administration lui impose des obligations de service public auxquelles elle subordonne l'autorisation d'exploitation (CE Sect., 5 mai 1944, *Compagnie maritime de l'Afrique orientale*, Rec. Lachaume).

Ce précédent a régulièrement permis de reconnaître la légalité des obligations de service public imposées à l'exploitant privé exerçant son activité sur le domaine public (notamment en matière de services de transports en commun).

Pourtant, sous les critiques, cette théorie a perdu de sa consistance. Il lui a en particulier été reproché de conférer un pouvoir de contrôle excessif à l'administration sur les entreprises privées.

B) Le service public fonctionnel

Il se définit par trois critères qui ont largement évolué au fil des décennies : le critère de l'intérêt général, à l'origine de la théorie (le service public a une fonction d'intérêt général) et qui est largement dominant aujourd'hui, le critère du rattachement organique de l'activité et le critère du régime juridique applicable aux services publics.

1) Le critère de l'intérêt général

La condition première à l'institution d'une activité en service public est son caractère d'intérêt général. Toutefois, celui-ci étant **apprécié par l'autorité publique, la création d'un service public est donc subjective**. D'ailleurs, lorsqu'il existe un doute sur la nature d'une activité ou d'un organisme, il convient de rechercher si **l'intention de l'autorité compétente** était de l'ériger en service public.

Bien évidemment, pour les services dits régaliens de l'État (ses missions traditionnelles), liés à sa souveraineté, cette conception n'a rien changé : la police, la justice, la défense nationale... sont des services publics « par nature ».

En revanche, elle a favorisé la transformation de certaines activités en services publics, notamment **en matière culturelle et sportive**. À la Comédie française et au Théâtre aux armées, reconnus depuis le début du siècle comme des services publics, sont venus s'ajouter les Maisons de l'art et de la culture, ainsi que certains théâtres nationaux ou municipaux. Cette reconnaissance a été élargie à des activités de loisirs en général. Ainsi, la jurisprudence a admis que la gestion d'un casino pouvait être un service public lorsque les profits dégagés contribuent à financer l'expansion touristique de la ville (CE, 25 mars 1966, *Ville de Royan*, Rec., p. 237). Peuvent aussi être des services publics, l'exploitation d'une plage ou l'organisation de compétitions sportives par les fédérations compétentes.

Les autorités publiques ont décelé le goût croissant du public pour ces activités et la nécessité d'en assurer l'accès à tous. **Seul le service public pouvait garantir à la fois le développement de ces activités** (pour répondre à la demande) **et leur égal accès pour tous**. Mais l'intérêt général s'est également étendu à d'autres activités répondant à des préoccupations profondes de la société : lutte contre le chômage, protection de l'environnement...

L'inconvénient d'une telle diversification des activités de service public a été de **dénaturer quelque peu la notion mais aussi, selon certains, de dévaloriser « l'intérêt général »**. Cela explique en partie pourquoi le Conseil d'État s'est efforcé de mieux délimiter voire de resserrer la notion de mission d'intérêt général. Ainsi, dans l'arrêt *M. Rolin* (CE Sect., 27 oct. 1999 ; AJDA, déc. 1999), le Conseil a conclu à l'absence d'une mission de service public de la *Française des jeux* car la condition de l'exercice d'une activité d'intérêt général n'était pas remplie. Le commissaire du gouvernement a en effet estimé que les jeux de hasard « ne présentent pas de caractère véritablement récréatif ou sportif, culturel ou intellectuel ». Le divertissement procuré au public par une activité, même exercée par l'État ou une société sous son contrôle, ne suffit donc pas à lui conférer un caractère d'intérêt général. Par ailleurs, il est apparu que l'intention du législateur n'était pas de créer un service public mais seulement de faire rentrer des recettes nouvelles dans les caisses de l'État.

Cette évolution a conduit à classer les activités assurées par les personnes publiques en deux catégories :

- **les « activités de plus grand service » destinées à satisfaire l'intérêt des administrés** (ou du moins du plus grand nombre). Elles sont considérées comme les véritables activités de service public (au sens noble du terme) même si la recherche d'un certain profit n'est pas exclue (notamment pour les SPIC). Comme nous l'avons exposé, les activités de plus grand service sont extrêmement diverses : spectacles, loisirs, fêtes, sports... ;

– **les « activités de plus grand profit » destinées à satisfaire l'intérêt financier de l'organisme gestionnaire**. *A priori* exclues des activités de service public, elles peuvent pourtant en faire partie lorsqu'elles contribuent à financer des activités de plus grand service. Sont ainsi considérées comme des services publics, la perception des impôts ou l'exploitation du Loto national.

2) Le critère du rattachement organique de l'activité

Une activité sera de service public si, en plus d'avoir pour objet la satisfaction de l'intérêt général, elle présente un rattachement organique à une personne publique.

Lorsque l'activité d'intérêt général est assurée par une personne publique (en régie ou par le biais d'un établissement public, voir p. 251), il n'y a guère de doute sur son caractère de service public. La majorité des services publics sont d'ailleurs exercés directement par l'État, les collectivités locales et leurs établissements publics.

Pendant longtemps, seule **l'activité d'intérêt général** assurée par une personne publique et soumise à un régime de droit public était considérée comme un service public. Puis la notion **a connu un bouleversement lorsque des personnes publiques se sont vues confier des activités privées** (gestion du domaine privé) **mais surtout lorsque des personnes privées se sont vues confier la gestion d'un service public** (CE, 13 mai 1938, *Caisse primaire « Aide et protection »*, précité ; CE Ass., 31 juillet 1942, *Monpeurt*, précité ; CE Ass., 2 avril 1943, *Bouguen*, précité ; CE Sect., 13 janvier 1961, *Magnier*, précité). On a alors parlé d'« éclatement » du critère organique.

En réalité, il est apparu que **l'activité, même exercée par une personne privée, conservait un rattachement à une personne publique**. En effet, une telle activité est **déléguée par la personne publique** à la personne privée sur la base d'un contrat (concession ou mandat) ou d'un acte unilatéral (loi, règlement).

Concernant l'habilitation unilatérale à gérer un service public, depuis l'arrêt *Sieur Narcy* du 28 juin 1963, le rattachement organique peut être prouvé par le double constat de l'exercice d'un contrôle par l'autorité administrative (un droit de regard sur les modalités d'accomplissement de la mission de l'organisme privé) et de l'attribution à la personne privée de prérogatives de puissance publique (pour qu'elle soit à même d'exécuter la mission d'intérêt général qui lui est confiée). Cependant, dans un **arrêt du 22 février 2007** (CE Sect., 22 février 2007, *Association du personnel relevant des établissements pour inadaptés*, AJDA 2007, p. 793), le Conseil d'État a estimé que **le rattachement organique peut exister même en l'absence de prérogatives de puissance publique**, dans la mesure où la collectivité publique a entendu placer l'organisme privé dans une situation de dépendance (pour plus de détails, voir p. 256).

3) Le critère du régime juridique applicable aux services publics

Pendant longtemps, les services publics ont été exclusivement soumis à un régime particulier, exorbitant du droit commun : le régime de droit public. Mais **l'apparition des activités de service public exercées de façon analogue aux activités privées a marqué la soumission de ces services au droit privé et, de ce fait, a porté un rude coup au critère du régime juridique particulier**.

Pourtant, celui-ci n'a pas perdu toute consistance. En effet, **même lorsqu'un service public est soumis au droit privé, le droit public imprègne le régime du service** : la jurisprudence a admis qu'un SPIC pouvait disposer de prérogatives de puissance publique pour mener à bien son activité et prendre de véritables actes administratifs dont le contentieux relève du juge administratif ; de plus, les contrats des SPIC avec leurs fournisseurs contenant des clauses exorbitantes du droit commun peuvent être des contrats administratifs...

Par ailleurs, il faut garder à l'esprit qu'il existe un fonds commun à tous les services publics sous la forme des lois du service public (continuité, adaptation, égalité, neutralité ; voir p. 243).

§ 3. La compatibilité du « service public à la française » avec le cadre européen

Il y a quelques années, le professeur Chapus écrivait que « les traités européens ignorent la notion de service public et ne font qu'une place congrue aux idées voisines » (telle celle d'intérêt général). Pour appuyer son raisonnement, il citait le rapport 1994 du Conseil d'État : le droit français étant « désormais voué à s'élaborer, dans une très large proportion, sous influence communautaire (...) **l'avenir de la notion de service public est, si l'on n'y prend garde, compté** ».

Il semble pourtant qu'entre la doctrine du « service public à la française » et le cadre européen, il n'y ait plus aujourd'hui de réelle incompatibilité.

A) La reconnaissance progressive du rôle central des services publics dans la cohésion économique et sociale de l'Union

Pendant longtemps, la notion de « service public » a été ignorée du droit européen. Elle n'apparaît d'ailleurs pas dans le traité instituant la Communauté européenne (traité de Rome de 1957). Il est vrai que l'intégration européenne a d'abord été conçue comme un moyen de réaliser un marché intérieur unique en facilitant la libre circulation des biens et des services entre États membres. Dans cette perspective, les services publics « à la française », avec leur organisation traditionnelle sous la forme de monopoles publics, apparaissaient comme un obstacle. D'ailleurs, à partir du milieu des années 1980, la Commission européenne va s'attaquer aux monopoles existant en faveur des opérateurs publics de services publics en réseaux (EDF, Air France, France Telecom...). En France, certains ont donc craint une remise en cause de la légitimité même de la notion de service public alors qu'en réalité c'est son mode d'organisation (monopolistique) qui était en cause.

Le rapprochement entre la conception française du service public et le cadre européen va intervenir progressivement au cours des années 1990. D'abord sous la pression des gouvernements français successifs, ensuite et surtout grâce à l'évolution de la jurisprudence de la Cour de Justice des Communautés européennes (CJCE). Dans la doctrine française, les missions de service public sont marquées par des préoccupations telles que l'égalité de traitement des usagers ou la continuité du service. Or, **la CJCE**, à travers les arrêts ***Cor-***

beau (19 mai 1993) et ***Commune d'Almelo*** (27 avril 1994, AJDA 1994, p. 637, note F. Hamon), **a mis en évidence l'égalité et la continuité comme fondement de l'intérêt économique général.** Ainsi, la CJCE admet **la nécessité de restreindre le champ de la concurrence pour permettre l'accomplissement des missions d'intérêt général**. Ces arrêts constituent la reconnaissance du rôle central que jouent les services publics dans la cohésion économique et sociale de l'Union.

Dans le prolongement de cette jurisprudence, les autorités européennes ont marqué leur souci de rééquilibrer le développement du marché intérieur européen. Si **la concurrence** est réaffirmée comme un objectif fondamental, elle **doit de plus en plus être conciliée avec la préoccupation de cohésion** (sociale, territoriale...) si présente dans la doctrine française. Ainsi, divers textes européens, comme celui relatif aux services postaux, font non seulement référence au service public mais évoquent aussi des possibilités de restrictions à la concurrence afin, d'une part, d'assurer la diffusion des services sur l'ensemble du territoire (couverture territoriale), d'autre part de garantir la fourniture de ces services. Cet équilibre entre concurrence et cohésion va trouver une concrétisation à travers la notion de « service universel » (voir B ci-après et encadré p. 232).

Le rapprochement entre la conception française et la vision européenne des services publics s'est poursuivi grâce à l'action de la Commission européenne qui, dans une communication de 1996, a réaffirmé son souci de mettre en valeur les services d'intérêt général (lesquels sont « au cœur du modèle européen de société »). La communication **reconnaît la légitimité des services publics et affirme la liberté des États membres de définir les missions d'intérêt général que le marché ne peut remplir** du fait de ses insuffisances. Non seulement elle pose un socle commun sous la forme du **service universel** (un service public de base), mais elle reconnaît en outre la possibilité pour tous les États membres d'**aller au-delà de ce service**. La communication a fait l'objet de plusieurs actualisations. Ainsi, dans une communication de 2000, la légitimité des services publics et la neutralité de la commission par rapport au mode de propriété des entreprises en charge du service d'intérêt général sont confirmées. En revanche, la commission introduit **une conception consumériste des services publics** : on ne parle plus d'usager mais de consommateur.

Enfin, l'article 16 du traité d'Amsterdam (1997) prend en compte un nouveau domaine d'action de l'Union européenne : la contribution à la promotion des services d'intérêt général, ce qui équivaut à reconnaître la spécificité des services publics dans l'Union européenne.

Cette reconnaissance du rôle des services publics s'inscrit malgré tout dans le mouvement plus large de libéralisation des services publics en réseau et d'extension du champ de la concurrence sur les marchés nationaux (transports ferroviaires, services postaux, énergie, télécommunications).

B) Le service universel, service public de base

La notion de service universel a été introduite en Europe par la commission européenne en 1992. Dès cette date puis dans différents documents (tel le Livre vert postal), le service universel est décrit comme **« le service de base offert à tous dans l'ensemble de la communauté à des conditions tarifaires abordables et avec un niveau de qualité standard »**.

Contrairement aux apparences, la référence aux « objectifs de service universel » n'est pas la transposition au niveau européen de la notion de service public « à la française ». Il s'agit de deux approches sensiblement différentes. Le service universel doit être perçu comme **un service public de base dans un environnement qui demeure concurrentiel plutôt que comme un véritable service public au sens large**. Autrement dit, l'exigence de service universel peut figurer dans la mission d'un service public. Ainsi, dans la définition française du service public des télécommunications, le service public comprend le service universel des télécommunications, les services obligatoires de télécommunication et les missions d'intérêt général.

On peut donc constater que le service universel n'épouse pas les contours du service public « à la française », qui est plus large. Cette exigence d'un service public de base s'est imposée progressivement comme **une contrepartie à l'ouverture des services publics en réseaux à la concurrence, une garantie contre les risques d'une remise en cause de la cohésion sociale liée à la libéralisation.** L'intérêt du service universel est qu'il constitue **un socle commun à tous les pays membres de l'Union en matière de service public**. Il est en quelque sorte un compromis autour des obligations minimales de service public. De plus, le service universel favorise la concurrence au profit des consommateurs. En effet, les activités d'intérêt général concernées par le service universel ne sont pas « rentables » pour les « entreprises » qui les assurent. Celles-ci sont donc « obligées » d'être performantes sur leurs activités connexes (baisse des tarifs, prestations de meilleure qualité).

Pour se conformer et s'adapter à ces évolutions (ouverture à la concurrence et maintien des exigences de service public), la France fait évoluer le statut de ses activités de service public (voir encadré ci-dessous).

E22 Le nouveau statut des télécommunications et des activités postales : entre ouverture à la concurrence et maintien des exigences du service public

Sous la pression des exigences européennes (en particulier avec la directive « pleine concurrence ») mais aussi des exigences d'efficacité, les lois du 26 juillet 1996 ont consacré la généralisation de la concurrence en matière de télécommunications. Ainsi, France Telecom a été transformée en société nationale appartenant à l'État mais ouverte aux capitaux privés étrangers et soumise à la concurrence des opérateurs privés. Désormais, l'usager devenu client peut choisir entre différentes offres de services et de prix. Pour autant, la déréglementation des télécommunications ne signifie pas absence de règles. Le secteur fait désormais l'objet d'une régulation visant à assurer un bon équilibre entre concurrence et maintien des exigences du service public.

Pour ce faire, la loi du 26 juillet 1996 a instauré l'Autorité de régulation des télécommunications, autorité administrative indépendante chargée de veiller, notamment, à ce que les opérateurs (France Telecom et les exploitants privés) respectent la nouvelle règle du jeu (sur l'ART, voir p. 43). Par ailleurs, le gouvernement, garant du respect des exigences de service public (exigences d'ailleurs définies dans la loi), dispose d'un pouvoir de décision en matière d'attribution des licences d'exploitation et de fixation des prix des services. Enfin, la loi prévoit que, dans le cadre du service public, chacun a le droit de bénéficier du service universel, c'est-à-dire d'un service de qualité, accessible à tous à un prix raisonnable.

Depuis le 1er janvier 1998, la France doit faire face à l'ouverture définitive du marché des télécommunications. L'adaptation de France Telecom à ce nouveau contexte s'est achevée avec la privatisation de la société en 2004.

Suivant la même évolution, dans un premier temps, la loi sur la régulation des activités postales du 21 mai 2005 a limité le champ du monopole postal et a créé une « banque postale », puis, dans un second temps, la loi du 9 février 2010 a transformé la personne morale de droit public La Poste en société anonyme (depuis le 1er mars 2010) dont l'État est actionnaire majoritaire. Le caractère de service public national de La Poste est rappelé. La Poste et ses filiales ont quatre missions de service public et d'intérêt général : le service universel postal ; la contribution, par le réseau de points de contact (17 000 au moins), à l'aménagement et au développement du territoire ; le transport et la distribution de la presse ; l'accessibilité bancaire. Les agents de La Poste, qui sont fonctionnaires de l'État, conservent leur statut. Cette réforme devrait permettre à La Poste de faire face à la libéralisation totale des marchés postaux en Europe fixée au 31 décembre 2010.

SECTION II

Les distinctions au sein des activités de l'administration

Traditionnellement, au sein des activités de l'administration, on distingue les services publics administratifs des services publics industriels et commerciaux. Mais, depuis quelques années, sous l'influence du droit européen, une autre distinction, qui ne se superpose pas exactement à la première, s'est imposée : celle des services marchands (qui agissent dans le secteur économique) et des services non marchands (qui sont en quelque sorte « hors commerce »).

§ 1. La distinction SPIC – SPA

La jurisprudence a admis que des services publics pouvaient être soumis à une gestion privée. Cette reconnaissance est à l'origine de la catégorie des services publics industriels et commerciaux (SPIC) qui se différencient des services publics administratifs (SPA), soumis à une gestion publique. Reste à savoir comment identifier ces deux catégories.

Il est possible de reconnaître les SPA et les SPIC selon des critères dégagés par la jurisprudence. La question ne se pose pas dans les mêmes termes lorsque les services reçoivent une qualification textuelle. Enfin, nous verrons que, revenant sur sa jurisprudence, le Tribunal des conflits n'a pas reconnu que les services sociaux constituaient une catégorie spécifique de services publics.

A) Les critères jurisprudentiels

Pendant longtemps, le critère organique a suffi pour identifier les services publics : le SPA était le service géré par une personne publique et le SPIC était le service géré par une personne privée. Les bouleversements que nous avons décrits précédemment ont cependant rendu nécessaire la recherche de nouveaux critères d'identification.

Il a fallu attendre les conclusions de M. Laurent sur l'arrêt *Union syndicale des industries aéronautiques* en 1956 pour avoir des éléments de réponse (CE Ass., 16 novembre 1956, D. 1956, p. 759). Le commissaire du gouvernement a défini trois critères d'identification des SPIC relatifs à l'objet du service, à son financement et à ses modalités de fonctionnement. **On en a déduit *a contrario* que les services publics qui ne réunissaient pas ces conditions étaient présumés administratifs.**

1) L'objet du service

Il faut examiner ici la nature de l'activité exercée : **est industriel et commercial, le service dont l'activité est analogue à celle d'une entreprise privée**.

Ce critère s'avère toutefois insuffisant dans la mesure où **la jurisprudence qualifie parfois d'administratifs des services dont l'activité paraissait pourtant être celle d'une entreprise privée**. Ainsi, dans l'affaire *Denoyez et Chorques*, le Conseil d'État qualifie implicitement d'administratif le service d'exploitation de l'ancien bac de l'île de Ré par le département de la Charente-Maritime (CE Sect., 10 mai 1974, Rec. Lachaume).

2) L'origine des ressources financières

Le critère de l'origine des ressources financières est plus fiable que celui de l'objet du service. **Si les ressources proviennent des redevances versées par les usagers, le service public est considéré comme industriel et commercial**. En revanche, **un financement par des recettes fiscales ou des subventions publiques va dans le sens du caractère administratif du service** (comme dans l'affaire ***Union syndicale des industries aéronautiques***, arrêt précité).

Si le service est financé par des ressources d'origines différentes, le juge recherche celle qui occupe une place prépondérante. Dans le cas du service d'enlèvement des ordures ménagères, le service pourra être tantôt industriel et commercial (si les communes, comme les y autorise la loi de finances du 30 décembre 1974, perçoivent une redevance sur les usagers), tantôt administratif (lorsque le financement est assuré par la taxe fiscale sur l'enlèvement des ordures).

3) Les modalités de fonctionnement

Elles peuvent révéler clairement le caractère administratif du service : absence de bénéfices, voire gratuité, soumission aux règles de la comptabilité publique, situation de monopole légal. De plus, si un doute subsiste, la gestion directe du service par une personne publique contribue à exclure son caractère industriel et commercial.

À l'inverse, l'accumulation de procédés du droit privé révèle le caractère industriel et commercial du service.

B) Les qualifications textuelles

Il arrive que les textes qualifient les services d'administratifs ou d'industriels et commerciaux. Le plus souvent, c'est l'organe gestionnaire du service, notamment quand il s'agit d'un établissement public, qui est qualifié ; la qualification donne alors la nature du service. Celle-ci n'a pas la même portée selon qu'elle est attribuée par la loi ou le règlement.

La qualification donnée par la loi s'impose et détermine le régime juridique applicable au service ainsi que la juridiction compétente pour connaître de son contentieux. Le juge se contente d'enregistrer la qualification sans pouvoir en contester la réalité.

Au contraire, **lorsque la qualification d'un établissement public est donnée par un règlement, le juge ne s'estime pas lié et se prononce en fonction de la**

nature réelle de l'activité. Ainsi, la qualification d'établissement public industriel et commercial donnée au Fonds d'orientation et de régularisation des marchés agricoles (FORMA) par le décret du 29 juillet 1961 (organisme supprimé par un décret du 29 janvier 1986) n'a pas résisté au fait qu'il exerçait « en réalité, une action purement administrative » (TC, 24 juin 1968, deux arrêts, *Société Distilleries bretonnes et Société d'approvisionnements alimentaires*, Rec., p. 801, concl. Gégout).

C) L'absence de spécificité de la catégorie des services publics sociaux

Avec l'arrêt ***Naliato*** en 1955 (TC, 22 janvier 1955, Rec., p. 614), le Tribunal des conflits avait semblé consacrer l'existence d'une autre catégorie de services publics à gestion privée : les services sociaux.

En l'espèce, le juge a considéré que la colonie de vacances du ministère de l'industrie était organisée comme les organismes privés similaires (c'est-à-dire à objet social) et que, par conséquent, le juge judiciaire était compétent (pour connaître de l'action en responsabilité intentée contre l'État en raison de l'accident survenu à un enfant participant à cette colonie).

Cependant, **le bloc de compétence judiciaire annoncé par la jurisprudence *Naliato* est resté sans lendemain**. Dans des affaires similaires concernant le fonctionnement de centres aérés, de patronages et de colonies de vacances, les juges (Conseil d'État et tribunaux judiciaires) se sont efforcés de mettre en évidence les spécificités de ces services sociaux par rapport aux œuvres sociales privées et ont souvent conclu à la compétence du juge administratif (CE, 27 janvier 1971, *Caisse des écoles de la Courneuve*, Rec., p. 70 ; relatif à un centre aéré municipal).

Le Tribunal des conflits a définitivement abandonné l'arrêt ***Naliato*** et arrêté sa position actuelle à l'occasion de l'affaire ***Gambini*** en 1983 (TC, 4 juillet 1983, RDP 1983, p. 1381, note J.M. Auby ; à propos d'un village de vacances organisé en Corse par la ville de Puteaux). Il définit une **ligne de conduite pragmatique consistant à se prononcer au cas par cas sur le caractère public ou privé du service.** De cette jurisprudence d'espèce, on déduit que **les services publics sociaux ne constituent pas une catégorie spécifique** à côté des SPA et des SPIC.

§ 2. La distinction entre services marchands et services non marchands

Le droit européen soumet **les « entreprises »**, c'est-à-dire « toute entité exerçant une activité économique indépendamment du statut juridique [public ou privé] de cette entité » (CJCE 23 avril 1991, *Höfner*), **au respect des règles de concurrence afin de garantir une égalité entre elles**. De la même façon, le Code du commerce (art. L. 410-1 et s., imprégnés des règles européennes) soumet au respect des principes de la concurrence l'ensemble des acteurs économiques, et notamment les personnes publiques dans leurs activités de « production, distribution et services, y compris dans le cadre des délégations de service public ». Au nom de ces règles, un certain nombre de pratiques sont strictement encadrées (les aides d'État aux entreprises) voire prohibées (les ententes entre entreprises pour dominer un secteur, les abus de position dominante).

Parmi les différentes activités de l'administration, il faut distinguer les services marchands, directement soumis aux règles de la concurrence, des activités publiques non marchandes et donc « hors commerce » (CJCE, 24 oct. 2002, *Aéroports de Paris*, distinction des services d'assistance à escale (aux avions), de nature économique, et des activités de police de l'aéroport).

Les **services marchands** se traduisent par **l'exercice d'une activité économique à titre onéreux ou par la production ou l'échange non gratuit de biens et de services**. Ils sont assurés par des sociétés privées ou des services d'intérêt économique général, ce qui désigne « les activités de service marchand remplissant des missions d'intérêt général et soumises de ce fait, par les États membres, à des obligations spécifiques de service public » (Communication de la Commission du 20 septembre 2000). Les services marchands correspondent aux services publics industriels et commerciaux mais aussi à certains services publics administratifs (logement social, autoroutes payantes, cantines scolaires...). Ils sont donc **directement soumis au droit de la concurrence et à la compétence du conseil de la concurrence** (voir p. 242). En revanche, les **services non marchands**, qui n'ont pas d'activité « économique », ne sont **qu'indirectement soumis au droit de la concurrence et relèvent du juge administratif** (voir p. 242). Il s'agit de la très grande majorité des services publics administratifs, services régaliens, enseignement public, Sécurité sociale...

SECTION III

Le régime juridique des services publics

Nous nous attacherons d'abord à définir les règles liées à la création et à la suppression des services publics puis nous examinerons les régimes juridiques applicables, d'une part aux SPIC et aux SPA, d'autre part aux services marchands et non marchands ; enfin, nous analyserons le contenu des fameuses lois (de fonctionnement) du service public.

§ 1. La création et la suppression des services publics

La création et la suppression des services publics relèvent de la compétence des autorités chargées de définir l'intérêt public ou, plus exactement, les besoins de la population (au niveau national et local). Ces autorités possèdent-elles pour autant un droit à la création et à la suppression des services publics ? Autrement dit, ont-elles toute latitude pour créer ou supprimer un service public ? De même, les administrés ont-ils un droit à la création et au maintien des services publics ?

A) La compétence pour créer et supprimer des services publics

Avant 1958, la création et la suppression des services publics relevaient du domaine de la loi. On considérait que la création d'un service public, entraînant une restriction des libertés individuelles (qu'il s'agisse d'un SPIC qui concurrence l'initiative privée, d'un SPA qui impose certaines contraintes ou d'un service public en situation de monopole qui élimine toute concurrence), devait obligatoirement relever de la compétence du législateur, autorité chargée de veiller au respect des libertés et d'exprimer l'intérêt général.

Cette compétence n'était toutefois pas absolue. Ainsi, en vertu du principe de libre administration des collectivités locales, les autorités locales possédaient (et possèdent encore) la compétence pour créer des services publics locaux.

En n'attribuant pas explicitement à la loi la création des services publics dans son article 34, la Constitution de 1958 fait du pouvoir réglementaire le détenteur de droit commun de cette compétence. Pourtant, ce même article 34 réserve la création des services publics ou fait dépendre leur création du législateur dans plusieurs hypothèses :

- lorsqu'un service public doit être assuré par un établissement public constituant une nouvelle catégorie d'EP. En effet, il revient à la loi de fixer les règles concernant la création des catégories d'établissements publics ;
- lorsque la création d'un service public résulte de la nationalisation d'une entreprise privée. Seule la loi peut fixer les règles concernant les nationalisations d'entreprises mais aussi, à l'inverse, les transferts de propriétés d'entreprises du secteur public au secteur privé (privatisations) ;
- lorsqu'il s'agit de la création de SPIC mettant en cause la liberté du commerce et de l'industrie. L'aménagement de ce principe de valeur constitutionnelle (CC, 16 janvier 1982) relève de la loi ;
- lorsque les collectivités locales créent ou suppriment des services publics, elles ne peuvent le faire que dans les hypothèses et les conditions fixées par la loi, cette dernière pouvant seule déterminer les principes fondamentaux de la libre administration des collectivités locales ;
- pour créer (ou supprimer) certains services publics en matière de défense nationale, d'enseignement et de Sécurité sociale. Aux termes de l'article 34, il revient à la loi de déterminer les principes fondamentaux dans ces domaines.

B) Les règles liées à la création et à la suppression des services publics

1) Le droit au service public

Dans le silence des textes, il appartient à l'autorité publique compétente d'apprécier si un besoin collectif justifie l'institution ou le maintien d'un service public. Autrement dit, les administrés n'ont droit ni à la création, ni au maintien d'un service public (CE Sect., 18 mars 1977, *Ch. de commerce de La Rochelle*, Rec., p. 153).

En revanche, **ce droit existe lorsque la Constitution ou la loi impose l'existence d'un service public**. Si une autorité administrative refuse de prendre les mesures destinées à la création d'un service public prescrit par la loi, les administrés peuvent attaquer ce refus par la voie d'un recours pour excès de pouvoir.

Par ailleurs, **les administrés ont droit au fonctionnement normal et régulier du service public existant**. Cela signifie qu'ils ont droit à l'accès au service et à ce que celui-ci se conforme à ses obligations de continuité, d'adaptation, d'égalité et de neutralité (voir p. 244 et s.). Il en résulte qu'**un refus d'accès au service ou une inexécution du service dans les conditions prescrites par le cahier des charges est susceptible d'être attaqué par la voie du recours pour excès de pouvoir** (CE, 21 décembre 1906, *Syndicat des propriétaires et contribuables du quartier Croix-de-Seguey-Tivoli*, GAJA ; en l'espèce, la compagnie concessionnaire du réseau de tramways de Bordeaux avait supprimé la ligne desservant le quartier de la Croix-de-Seguey-Tivoli, pourtant prévue par le cahier des charges). Évidemment, plus le service est soumis au droit privé, plus les possibilités de recours sont restreintes.

2) Création et suppression des services publics nationaux et locaux

a) Création et suppression des services publics nationaux

Le législateur dispose d'une compétence de création des services publics qui est soumise à certaines exigences et restrictions.

En premier lieu, **il semble que la création de certains services publics soit imposée** (au moins implicitement) **par la Constitution** (pour satisfaire les besoins de la population en matière de santé et de Sécurité sociale, pour assurer le maintien de l'ordre...). Le Conseil constitutionnel a souligné le fait que « la nécessité de certains services publics nationaux découle de principes ou de règles de valeur constitutionnelle » (CC, 25 et 26 juin 1986, *Privatisations*, Rec., p. 61 ; 18 septembre 1986, *Liberté de communication*, Rec., p. 141). Il s'agit ici de la seule hypothèse où le législateur ne peut pas supprimer un service public.

En second lieu, le Conseil constitutionnel, dans sa décision du 16 janvier 1982, a reconnu **la compétence discrétionnaire du législateur pour décider des nationalisations, sous réserve que l'appréciation de la nécessité de ces nationalisations ne soit pas entachée d'une erreur manifeste** (CC, 16 janvier 1982, *Lois de nationalisation*, précité). Il a par ailleurs admis que **le législateur pouvait apporter des restrictions à la liberté d'entreprendre, à condition que ces restrictions ne soient pas « arbitraires ou abusives »**. On le voit, le pouvoir de création des services publics du législateur est ici restreint à la marge.

Enfin, outre le fait que les monopoles nationaux ne peuvent être confiés à des entreprises privées (CC, 18 septembre 1986, précité), **toute l'édification du marché intérieur européen s'est faite et se fait dans le sens d'une réduction des monopoles publics**. Il appartient au législateur de supprimer ces monopoles au fur et à mesure de l'ouverture à la concurrence des domaines concernés (transport aérien, poste...).

Le pouvoir de création des services publics par l'autorité réglementaire est soumis aux mêmes exigences de respect de la liberté d'entreprendre et de la libre concurrence.

b) Création et suppression des services publics locaux

Les assemblées délibérantes des collectivités locales ont compétence pour décider la création de services publics locaux qui répondent aux besoins de la population.

Lorsque la création d'un service public n'est pas obligatoire, c'est-à-dire n'est pas imposée par la loi, il revient à l'autorité compétente d'apprécier l'opportunité d'une telle création. En revanche, lorsque la loi impose cette création, les collectivités locales doivent prendre les mesures nécessaires à la mise en place du service (comme pour le service d'entretien des voies publiques, obligatoire pour les communes).

La question qui se pose est évidemment celle de la marge de manœuvre des autorités compétentes pour créer des services publics qui viennent concurrencer l'initiative privée.

En effet, **en vertu du principe de la liberté du commerce et de l'industrie** posé par la « loi d'Allarde » des 2 et 17 mars 1791 et érigé en liberté publique par le Conseil d'État (CE Sect., 28 octobre 1960, *de Laboulaye*, Rec., p. 570), **les activités industrielles et commerciales bénéficient d'une protection qui exclut que les services publics puissent concurrencer l'initiative privée**.

Plus largement, l'activité privée est protégée par le principe de la **liberté d'entreprendre, principe de valeur constitutionnelle** qui figure dans la Déclaration des droits de 1789 (CC, 16 janvier 1982, précité). Pourtant le Conseil d'État a depuis longtemps développé une jurisprudence favorable à l'interventionnisme économique des collectivités locales.

À l'origine, la Haute juridiction administrative a exclu que la création d'un service public puisse concurrencer l'initiative privée, sauf « circonstances exceptionnelles » (CE, 29 mars 1901, *Casanova*, GAJA, Rec. Lachaume ; en l'espèce, le Conseil a reconnu l'illégalité de la création d'un service médical gratuit dans une commune où exerçaient déjà deux médecins).

La jurisprudence a évolué sous l'influence du « socialisme municipal », phénomène apparu dès la fin du XIXe siècle et consacré par des décrets-lois de 1926 autorisant les communes à créer et exploiter « des services d'intérêt général à caractère industriel et commercial ». Tout en estimant que les activités commerciales restent réservées à l'initiative privée, **le Conseil d'État a admis que les communes pouvaient créer des services publics lorsqu'existaient des circonstances particulières de temps ou de lieu** (CE Sect., 30 mai 1930, *Chambre syndicale du commerce en détail de Nevers*, GAJA, Rec. Lachaume ; en l'espèce, l'absence de circonstances particulières adaptées entraîne l'illégalité de la création d'une épicerie municipale).

Plus explicitement, **cette jurisprudence autorise les collectivités locales à créer des services publics pour répondre à un besoin de la population qui n'est pas satisfait par l'initiative privée** (en cas de carence ou d'insuffisance de cette dernière). Cette interprétation large des « circonstances particulières » a permis la création en toute légalité de nombreux services publics concurrençant potentiellement l'initiative privée : un camping municipal (CE Sect., 17 avril 1964, *Commune de Merville-Franceville*, Rec., p. 231) ou un cabinet dentaire municipal (CE Sect., 20 novembre 1964, *Ville de Nanterre*, Rec. Lachaume).

Cependant, le Conseil d'État a récemment modifié sa jurisprudence en décidant que le critère justifiant la création d'un service public par une collectivité publique est **l'intérêt public** dont la carence de l'initiative privée n'est que l'un des éléments constitutifs (CE Ass., 31 mai 2006, *Ordre des avocats au barreau de Paris*) (sur cette importante décision, voir ci-après).

Quant à la suppression des services publics locaux, elle devrait être conditionnée par la disparition des « circonstances particulières » qui ont justifié leur instauration. En réalité, la jurisprudence autorise leur maintien même lorsque ces circonstances n'existent plus afin de permettre à la collectivité locale de compenser les dépenses et les investissements engagés.

c) La redéfinition du cadre de l'intervention économique des collectivités publiques

Les collectivités publiques (État et collectivités territoriales) sont responsables d'un service public dans deux hypothèses : lorsque la loi les oblige à prendre en charge l'activité en cause et lorsqu'elles décident de leur propre initiative d'en faire une activité de service public.

Comme nous l'avons indiqué, depuis l'arrêt *Chambre syndicale du commerce en détail de Nevers* de 1930, l'intervention des collectivités publiques dans le domaine économique, par la création d'un service public, était subordonnée au respect de la liberté du commerce et de l'industrie (critère tiré de l'existence d'une carence de l'initiative privée). Par un important arrêt d'Assemblée de 2006, le Conseil d'État a redéfini le cadre de l'intervention des collectivités publiques dans la sphère économique (CE Ass., 31 mai 2006, *Ordre des avocats au barreau de Paris*, AJDA, 11 septembre 2006, p. 1592, chro. C. Landais et F. Lenica).

D'une part, après quelques hésitations jurisprudentielles, le Conseil a, pour la première fois, clairement affirmé que **les activités entrant dans les missions de service public dont la puissance publique se trouve investie** (par la loi) **échappent aux règles régissant les entreprises commerciales**. Autrement dit, dans ce cas, l'argument tiré de la liberté du commerce et de l'industrie ne peut pas être opposé à la création d'un service public. Cette solution a été rendue possible par la position de la CJCE qui considère que certains organismes exerçant une activité économique ne sont pas des entreprises, notamment lorsqu'ils ne poursuivent pas de but lucratif, ce qui leur permet d'échapper aux règles de la concurrence (voir notamment, CJCE 16 mars 2004, *AOK*, AJDA 2004, p. 1076). La solution retenue s'explique également par un avis du Conseil d'État selon lequel certaines activités de l'État échappent par nature au droit de la concurrence (Avis du 23 octobre 2003 ; à propos des prestations d'action sociale). Au final, cette « immunité » offerte par l'arrêt du Conseil d'État devrait pleinement jouer en faveur des activités de service public administratif et de celles à vocation sociale. En revanche, s'agissant des activités de service public industriel et commercial, l'exemption des règles de la concurrence devrait plus probablement faire l'objet d'une justification au cas par cas.

D'autre part, l'arrêt de 2006 a réaffirmé le principe selon lequel lorsque, indépendamment de ses missions de service public (celles imposées par la loi), une personne publique entend prendre en charge une activité économique, elle ne peut le faire que dans le respect de la liberté du commerce et de l'industrie mais aussi, et c'est une actualisation, du droit de la concurrence. En tout état de cause, cette prise en charge doit toujours être **justifiée par un intérêt public**. De ce point de vue, l'arrêt de 2006 « enterre » le critère traditionnel de la carence de l'initiative privée qui n'est plus que l'un des éléments constitutifs de l'intérêt public. Désormais, **l'intervention économique d'une personne publique est légale, c'est-à-dire qu'elle est fondée à faire concurrence à l'initiative privée, si cette concurrence est nécessaire à la satisfaction des besoins du public**.

Enfin, la décision rappelle que les collectivités publiques, dès lors qu'elles interviennent sur un marché, doivent respecter le droit de la concurrence.

§ 2. Le régime applicable selon le statut (SPIC ou SPA) ou selon qu'il s'agit ou non de services marchands

Le service public est aujourd'hui soumis à des régimes juridiques très différents. Dans la traditionnelle distinction entre service public administratif et service public industriel et commercial (voir p. 233), le premier est essentiellement régi par le droit public, le second majoritairement par le droit privé. L'application du droit privé au SPIC visait un équilibre entre efficacité des interventions (dans le secteur commercial) et obligations de service public pour ne pas faire dépendre les prestations du seul jeu du marché.

Mais, sous l'impact du droit de la concurrence (d'origine européenne), la distinction SPIC-SPA a montré ses limites (l'extension du marché ayant pour effet de soumettre de nombreux services publics à ces nouvelles règles). Désormais, elle est renouvelée sous la forme d'une opposition entre services marchands et non marchands (voir p. 235) qui commande l'application du droit spécifique de la concurrence.

A) Le régime juridique applicable aux SPA et aux SPIC

Il est clair que la qualification donnée à un service public ne suffit pas à connaître précisément le régime juridique qui lui est applicable. Seule la combinaison de la qualification du service et de la nature de l'organe gestionnaire permet de déterminer ce régime.

1) Le régime juridique applicable aux SPA

Les SPA recourent largement à la gestion publique et **sont presque entièrement soumis au droit administratif**.

Leurs décisions unilatérales sont exécutoires ; **leurs agents sont tous** (depuis l'arrêt du Tribunal des conflits du 25 mars 1996 *Préfet de la région Rhône-Alpes, préfet du Rhône c/ Conseil des prud'hommes de Lyon*, précité) **des agents publics relevant d'un statut de droit public** (fonctionnaire ou agent contractuel) ; leurs biens répondent aux règles de la domanialité publique ; les travaux qu'ils effectuent ou font effectuer pour leur compte sont des travaux publics (relevant là encore d'un régime particulier).

Quant aux usagers, ils sont en principe dans une situation statutaire de droit public définie par les lois et règlements du service (*a fortiori* lorsque le SPA est géré par une personne publique). Il existe néanmoins quelques exceptions notables. Ainsi, depuis 1990, les rapports entre les services de la Poste et ses usagers sont régis par le droit privé.

L'usager a un droit d'accès au service et à son bon fonctionnement. Il peut donc attaquer par le biais d'un recours pour excès de pouvoir (REP) toute mesure allant à l'encontre de ses droits. En revanche, il n'a aucun droit acquis au maintien des conditions de fonctionnement du service ; l'administration peut donc modifier à tout moment et unilatéralement le fonctionnement du service et la situation de l'usager. Cependant, un recours pour excès de pouvoir est toujours possible contre ce règlement ou contre les mesures individuelles d'application.

Si les usagers des services publics administratifs gérés par une personne privée sont en principe dans une situation de droit public, il existe de nombreuses exceptions. Ainsi, les rapports des organismes de protection sociale (caisses d'assurance maladie, vieillesse, chômage…) avec leurs usagers (leurs affiliés) sont des rapports de droit privé.

2) Le régime juridique applicable aux SPIC

Les SPIC sont soumis au droit privé dans leur gestion et leur comptabilité ou dans leurs relations avec les tiers.

Les usagers des SPIC se trouvent toujours dans une situation contractuelle de droit privé. À vrai dire, concernant les relations des SPIC avec leurs usagers, il existe un « bloc de compétences » judiciaire attribuant à la juridiction judiciaire l'ensemble du contentieux susceptible d'intervenir (CE Sect., 13 octobre 1961, *Établissements Companon-Rey*, Rec., p. 567).

Pourtant, **dans plusieurs hypothèses, les règles du droit public s'appliquent** au régime des SPIC.

D'abord, la jurisprudence a admis qu'**un SPIC pouvait disposer de prérogatives de puissance publique** pour mener à bien son activité et **prendre de véritables actes administratifs**. Ainsi, le gestionnaire, même privé, d'un service public est habilité à prendre des règlements administratifs pour l'organisation et le fonctionnement du service (TC, 15 janvier 1968, *Compagnie Air France c/ Épx Barbier*, GAJA, Rec. Lachaume). Les usagers ont donc la possibilité de contester ces règlements par la voie d'un recours pour excès de pouvoir.

Ensuite, **les contrats** des SPIC avec leurs fournisseurs contenant des clauses exorbitantes du droit commun **peuvent être des contrats administratifs**.

Enfin, si les agents des SPIC sont soumis au droit privé et, plus précisément, aux règles du droit du travail, il existe deux exceptions notables : le directeur du service et l'agent comptable, lorsqu'il a le statut de comptable public, ont un statut de droit public.

En définitive, le régime juridique des SPIC est loin d'être uniforme et présente une grande complexité.

B) Le régime juridique applicable aux services marchands et aux services non marchands

1) La compétence juridictionnelle

Les pratiques anticoncurrentielles des personnes publiques (qui faussent la concurrence avec d'autres « entreprises ») **sont sanctionnées par le Conseil de la concurrence** agissant sous le contrôle de l'autorité judiciaire (la cour d'appel de Paris). Mais pour l'ensemble de leurs actes administratifs (actes d'organisation ou de délégation du service public, décisions par lesquelles ces personnes assurent le service public qui leur incombe au moyen de prérogatives de puissance publique), ces mêmes personnes publiques ne relèvent que de la compétence du **juge administratif**.

Les **services non marchands**, qui n'ont pas d'activité « économique », n'entrent pas directement en concurrence avec les « entreprises ». Cela ne signifie pas pour autant que les actes des autorités publiques gestionnaires de ces services échappent au respect des règles de concurrence. Désormais, **le juge administratif vérifie que leurs actions ou leurs décisions ne faussent pas le jeu de la concurrence entre personnes qui agissent, elles, en matière économique** (CE 3 nov. 1997, *Sté Million et Marais*, Rec. p. 406, concl. Stahl) : adoption d'une réglementation qui favoriserait une entreprise, octroi injustifié d'une aide publique, convention de délégation d'un service marchand qui placerait le délégataire en situation d'abus de position dominante…

Lorsqu'une autorité publique gère un **service marchand**, elle est soumise au droit de la concurrence. **Ses pratiques relèvent du Conseil de la concurrence et ses actes administratifs du juge administratif**. Ainsi, le juge administratif a annulé des décisions prises par Aéroports de Paris concernant l'occupation du domaine public aéroportuaire, ces décisions avantageant Air France au détriment des autres compagnies aériennes (CE 26 mars 1999, *Sté EDA*, Rec. p. 107).

2) La conciliation entre les règles de la concurrence et les nécessités du service public

Le service public est soumis à certaines contraintes que ne connaissent pas les entreprises commerciales (notamment l'obligation d'assurer un accès égal et continu au service en tous points du territoire). Pour assumer ces contraintes, le service public peut bénéficier d'avantages en apparence anticoncurrentiels : subventions directes ou système de compensation (par exemple pour l'exploitant d'une ligne aérienne déficitaire), monopole, prix bas du service pour en faciliter l'accès… **Ces dérogations aux règles de la concurrence sont acceptables dans la mesure où existent de véritables impératifs d'intérêt général.**

Ainsi, le **juge européen admet** que, en fonction de considérations d'intérêt public de nature non économique, des « **droits exclusifs** » peuvent être conférés (à un opérateur), lorsqu'il s'agit d'une contrepartie nécessaire pour que le service puisse remplir les missions qui lui sont fixées « dans des conditions économiques acceptables ». Un organisme postal peut donc compenser ses activités non rentables par les bénéfices réalisés dans d'autres secteurs (par exemple, services financiers), dès lors qu'il « a l'obligation d'assurer la collecte, le transport et la distribution du courrier au profit de tous les usagers, sur l'ensemble du territoire (...) à des tarifs uniformes et à des conditions de qualité similaire, sans égard aux situations particulières et au degré de rentabilité économique de chaque opération individuelle » (CJCE 19 mai 1993, *Corbeau*) (voir p. 232).

Outre des impératifs d'intérêt général, deux conditions sont nécessaires à la régularité des dérogations aux règles de la concurrence : l'exercice effectif de sa mission par le service d'intérêt économique général ; la soumission aux règles de la concurrence des activités dissociables du service public.

Par ailleurs, la CJCE a admis que certains organismes exerçant une activité économique ne sont pas des entreprises, notamment lorsqu'ils ne poursuivent pas de but lucratif, ce qui leur permet d'échapper aux règles de la concurrence (voir notamment, CJCE 16 mars 2004, *AOK*, AJDA 2004, p. 1076).

De son côté, **le juge français veille lui aussi au respect d'un équilibre entre avantages accordés au service public et respect du libre jeu de la concurrence**. Il a ainsi estimé que les avantages octroyés au concessionnaire du service de diffusion des données publiques sont compensés par les obligations de service public qu'il doit supporter (exhaustivité et qualité de l'information fournie), ce qui ne le place pas dans une situation d'abus automatique de position dominante (CE 17 décembre 1997, *Ordre des avocats*).

§ 3. Les lois (de fonctionnement) du service public

Les services publics sont soumis à quelques principes fondamentaux de fonctionnement, encore appelés lois de Rolland (du nom du professeur Rolland) : continuité, adaptation, égalité et neutralité.

A) La continuité du service public

Parce qu'il est créé pour répondre à un besoin reconnu et permanent du public, **le service public ne peut pas fonctionner par à-coups, par saccades**. Autrement dit, **les usagers ont droit au fonctionnement régulier du service, sans interruption**, sauf en cas de circonstances exceptionnelles.

Ce principe a des conséquences déterminantes sur le régime des agents des services publics et sur celui des contrats.

Jusqu'en 1946, le principe de continuité a justifié l'interdiction du droit de grève dans les services publics (CE, 7 août 1909, *Winkell*, GAJA). La grève était assimilée à une faute grave susceptible d'entraîner la révocation des agents fautifs.

En consacrant le caractère constitutionnel du droit de grève, le préambule de la Constitution de 1946 a mis à mal le principe de continuité.

E23 **L'encadrement du droit de grève**

La continuité du service public dans les transports terrestres réguliers de voyageurs

La loi du 21 août 2007 encadre plus strictement l'exercice du droit de grève dans les transports terrestres réguliers de voyageurs, avec comme objectif de réduire les perturbations qui en résultent. Le texte établit ainsi un « service minimum » et pose diverses obligations.

Une procédure obligatoire de prévention des conflits est instaurée : le dépôt d'un préavis de grève ne pourra intervenir qu'après une négociation préalable entre l'employeur et les organisations syndicales représentatives qui envisagent de déposer ce préavis.

Les autorités organisatrices de transport doivent définir des dessertes prioritaires en cas de grève ou de perturbations prévisibles du trafic et déterminer différents niveaux de service en fonction de l'importance de la perturbation. Le niveau minimal de service correspond à la couverture des besoins essentiels de la population.

Les entreprises de transport doivent élaborer un plan de transport adapté aux priorités de dessertes et un plan d'information des usagers. En cas de perturbation du trafic, tout usager a le droit de disposer d'une information gratuite, précise et fiable sur le service assuré. Si l'entreprise de transport est directement responsable du défaut d'exécution dans la mise en œuvre du plan de transport adapté ou du plan d'information des usagers, le remboursement total des titres de transport aux usagers et le prolongement des abonnements peuvent lui être imposés. Pour les salariés des entreprises de transport, le non-paiement des jours de grève est établi comme règle. Par ailleurs, les salariés jugés indispensables à l'exécution des niveaux de service devront informer leur employeur, au plus tard 48 heures à l'avance, de leur intention de participer à la grève.

Les parties au conflit peuvent désigner un médiateur dès le début de la grève. Au-delà de huit jours de grève, l'employeur, une organisation syndicale représentative ou le médiateur peut décider l'organisation d'une consultation ouverte aux salariés sur la poursuite du mouvement. La consultation doit garantir le secret du vote mais son résultat est sans effet, juridiquement, sur l'exercice du droit de grève.

L'instauration d'un service minimum d'accueil dans les écoles en temps de grève

Le service minimum d'accueil (SMA) dans les écoles a été rendu obligatoire par la loi du 23 juillet 2008. Il est vrai que la grande majorité des maires refusaient de mobiliser du personnel territorial pour accueillir les enfants dans les écoles maternelles et élémentaires, alors même que les grèves posaient d'importants problèmes de garde aux parents.

Aux termes de la loi, le SMA est obligatoire dès lors que 25 % au moins des enseignants sont en grève. Par ailleurs, les grévistes doivent informer les autorités locales au moins quarante-huit heures à l'avance afin que celles-ci puissent prendre les dispositions nécessaires. Les mairies qui organisent ce service de garde sont remboursées de leurs frais. Ce remboursement est financé par les retenues sur salaires opérées sur le traitement des grévistes. Par ailleurs, c'est l'État et non les communes qui endosse la responsabilité administrative et pénale de l'accueil.

Tout en reconnaissant que le droit de grève bénéficie aux agents des services publics, le Conseil d'État s'est efforcé de concilier ce principe avec celui de continuité : **le législateur et le gouvernement sont habilités à prendre les mesures permettant d'éviter un usage abusif du droit de grève, mesures pouvant aller jusqu'au retrait du droit de grève à certaines catégories d'agents** (CE Ass., 7 juillet 1950, *Dehaene*, GAJA, Rec. Lachaume).

Le principe de continuité est donc à l'origine de limitations, voire d'interdictions législatives au droit de grève : pour les policiers, les CRS, les militaires, les contrôleurs aériens... en activité dans des secteurs « stratégiques » pour le bon fonctionnement du pays. De plus, selon la loi du 31 juillet 1963, toute grève dans les services publics doit être précédée d'un préavis.

Enfin, le **principe de continuité** a retrouvé toute sa vigueur grâce à la jurisprudence du Conseil constitutionnel qui en a fait **un principe de valeur constitutionnelle**, au même titre que le principe du droit de grève (CC, 25 juillet 1979 ; en l'espèce, le Conseil estime qu'il appartient au législateur d'assurer la conciliation des deux principes ; jurisprudence réaffirmée par la décision du 27 janvier 1994), et à la jurisprudence du Conseil d'État qui l'a qualifié de **« principe fondamental »** (CE, 13 juin 1980, *Mme Bonjean*, Rec., p. 274).

Malgré tout, **ce compromis entre les deux principes paraît parfois bien théorique**. Tous les usagers ont à l'esprit les mouvements de grève (répétés et parfois sans préavis) à la SNCF, à la RATP ou de la part des contrôleurs aériens. C'est pourquoi l'idée d'un **« service minimum »** et d'un encadrement du droit de grève pour tenter de concilier droit de grève et continuité du service public dans certains secteurs sensibles s'est imposée (voir encadré).

Le principe de continuité a également des conséquences sur le régime des contrats. Il est à l'origine de la théorie de l'imprévision (voir p. 219). Par ailleurs, il pose l'obligation pour le concessionnaire d'assurer de façon régulière le service public qui lui a été confié et, en particulier, de poursuivre sa gestion même en cas d'importantes difficultés financières.

B) L'adaptation du service public

Ce principe repose sur l'idée que **le service public doit être capable de s'adapter à l'évolution des besoins du public mais aussi au changement des techniques** (qui permettent de réaliser le service ; distributeurs automatiques de billets ou de tickets pour les transports publics, mise en ligne des informations administratives ou officielles, justice électronique...).

Qualifiée également de **principe de mutabilité**, l'adaptation du service public aux nouvelles exigences de l'intérêt général emporte des conséquences relatives aux droits des usagers et des agents des services ainsi qu'aux contrats administratifs.

En vertu du principe d'adaptation, **les usagers du service public n'ont aucun droit acquis au maintien des conditions de fonctionnement des services** (CE Sect., 27 janvier 1961, *Vannier*, précité). Autrement dit, ils ne peuvent pas s'opposer à des modifications dans les conditions de fonctionnement ni à la suppression du service (que l'on songe aux suppressions de bureaux de poste ou d'écoles en milieu rural). Les modifications peuvent concerner aussi bien les usagers des SPA qui sont dans une situation légale et réglementaire que ceux des SPIC qui se trouvent pourtant dans une situation contractuelle de droit privé (concernant les usagers de l'ex-SPIC EDF, une hausse des tarifs de l'électricité s'appliquait aux abonnements).

Cependant, les usagers ne sont pas totalement démunis face au pouvoir de l'administration. En premier lieu, les adaptations qui interviennent n'ont d'effet que pour l'avenir. En second lieu, les règlements décidant les modifications sont toujours susceptibles de faire l'objet d'un contrôle du juge administratif (s'il est saisi par un usager) et peuvent donc être annulés.

En ce qui concerne les agents des services publics, ils n'ont aucun droit acquis au maintien des conditions de fonctionnement des services. En particulier, ils ne peuvent s'opposer aux modifications dans les conditions d'emploi (en théorie).

Enfin, **concernant les contrats administratifs**, le principe d'adaptation signifie que **l'administration peut user de son pouvoir de modification unilatérale** (CE, 10 janvier 1902, *Compagnie nouvelle du gaz de Déville-lès-Rouen*, précité ; à propos d'un contrat de concession). Néanmoins, lorsqu'il s'agit d'un contrat de concession, elle ne peut pas imposer au concessionnaire un nouveau mode de gestion du service ni la création d'un nouveau service public.

C) L'égalité devant le service public

Elle découle du principe d'égalité devant la loi qui figure dans la Déclaration des droits de l'homme de 1789.

En partant du principe général de valeur constitutionnelle de l'égalité devant la loi, le Conseil Constitutionnel a « déduit » le principe d'égalité devant le service public et en a fait à son tour **un principe de valeur constitutionnelle**. De son côté, le Conseil d'État l'a consacré comme **un principe général du droit.**

Les jurisprudences constitutionnelle et administrative ont donné la même portée à l'« égalité » devant le service public. Toutes les personnes se trouvant dans une **situation identique** vis-à-vis du service public doivent bénéficier d'un **même traitement**. Il est donc possible de pratiquer une différence de traitement (une discrimination) entre personnes ne se trouvant pas dans des situations comparables.

Le principe d'égalité s'applique aux agents des services publics. Il impose l'égalité d'accès aux emplois publics (CE Ass., 26 mai 1954, *Barel*, GAJA, Rec. Lachaume ; à propos de « candidats communistes » à l'ENA) ainsi que l'égalité de traitement des fonctionnaires appartenant à un même corps (en particulier l'égalité dans le déroulement de la carrière).

Le principe d'égalité s'applique également aux usagers des services publics. Ces derniers peuvent exiger que **le service fournisse une prestation identique à tous ceux qui se trouvent dans une situation identique** (CE Sect., 9 mai 1951, *Société des concerts du Conservatoire*, précité ; le juge retient l'inégalité de traitement des associations symphoniques quant à la retransmission radiophonique de leurs concerts).

Néanmoins, **l'administration peut procéder à des discriminations lorsque les usagers se trouvent dans des situations différentes** (CE Sect., 10 mai 1974, *Denoyez et Chorques*, Rec. Lachaume ; le Conseil estime que la différence de situation appréciable entre habitants permanents de l'île de Ré et habitants du continent justifie l'institution d'un tarif réduit au profit des premiers pour emprunter le transport par bac entre la ville de La Rochelle et l'île) **ou lorsque l'intérêt général le**

justifie (CE Sect., 24 avril 1964, *Sté anonyme de livraisons industrielles et commerciales*, Rec., p. 239 ; le Conseil admet la légalité de l'indicatif téléphonique SVP – à trois lettres seulement – en raison des avantages que les services fournis par SVP procurent à l'ensemble des usagers).

Ainsi, un usager industriel d'EDF (une grosse entreprise) n'étant pas dans une situation identique à celle d'un usager domestique, pourra bénéficier d'un tarif dégressif. De même, on estime que les personnes les plus défavorisées peuvent bénéficier d'un accès prioritaire à certaines prestations sociales ou à certains services (instauration dans quelques villes de la gratuité de l'accès aux transports publics pour les chômeurs).

Cependant, lorsque les discriminations ne sont pas justifiées par la différence des situations par rapport au service public, le juge censure la mesure discriminatoire (CE, 6 janvier 1967, *Ville d'Elbeuf*, Rec., p. 1 ; illégalité de la tarification différenciée selon le nombre d'ouvriers employés dans les établissements usagers des installations d'épuration des eaux usées).

Quant à la particularité que représentait la jurisprudence *Ville de Tarbes* (CE Sect., 26 avril 1985, Rec., p. 119), à savoir l'illégalité des différences de tarifs d'inscription dans les écoles municipales de musique selon les ressources des familles, elle est désormais abandonnée. **Les collectivités publiques peuvent donc moduler les tarifs de l'ensemble des services publics locaux administratifs et facultatifs en fonction du revenu des usagers** (CE Sect., 29 décembre 1997, deux arrêts, *Commune de Gennevilliers et Commune de Nanterre*, AJDA 1998, p. 102-106).

D) Le principe de neutralité du service public

Le principe de neutralité du service public découle de celui d'égalité. Dans sa décision du 18 septembre 1986 (relative au SP de l'audiovisuel), le Conseil constitutionnel le qualifie de « corollaire » du principe d'égalité.

La neutralité implique que **le service public ne favorise pas une personne ou une catégorie de personnes ou ne fonctionne pas de façon différenciée en fonction, notamment, des convictions politiques ou religieuses** de ses agents ou de ses usagers.

Le principe de neutralité trouve une application « naturelle » **en matière d'enseignement public**.

Les enseignants ont un devoir de neutralité politique et religieuse. Le principe de laïcité (c'est-à-dire la neutralité de l'État vis-à-vis des religions) **explique l'obligation de neutralité religieuse**, contrairement à ce qui se produit dans l'enseignement privé qui peut être confessionnel, c'est-à-dire lié à la religion.

Par un avis du 3 mai 2000, le Conseil d'État a précisé les modalités de l'expression religieuse des agents du service de l'enseignement public (CE, 3 mai 2000, *Mlle Marteaux*, port d'un foulard par une surveillante d'externat). Le Conseil a rappelé que si les agents du service de l'enseignement public bénéficient de la liberté de croyance qui prohibe toute discrimination dans l'accès aux fonctions comme dans le déroulement de la carrière, il leur est interdit d'exprimer leur foi dans le cadre du service. Cette interdiction se justifie par la nécessité d'assurer l'égalité de traitement de tous les usagers du service public (en l'occurrence les élèves), c'est-à-dire de ne pas les influencer dans leurs choix religieux et moraux. Cette obligation de neutralité s'impose tant aux enseignants qu'aux surveillants et autres personnels.

Par ailleurs, l'avis précise qu'en cas de manquement d'un agent à l'obligation de neutralité, « la réponse de l'administration et la sanction éventuelle, sous le contrôle du juge, ne seront pas les mêmes, selon qu'il s'agit d'un signe fort discret porté hors présence du public ou d'un signe visible porté au contact du public » (la différence entre une médaille portée sous le corsage et un foulard). De plus, l'administration devra tenir compte de la plus ou moins bonne volonté de l'agent à se mettre en conformité avec son obligation de neutralité (refus ou acceptation de retirer le signe). L'équilibre ainsi proposé par la Haute Juridiction administrative vise à permettre la coexistence des différentes communautés religieuses au sein des établissements publics d'enseignement.

L'obligation de neutralité concerne également les élèves de l'enseignement public. La jurisprudence administrative a posé des **limites à leur liberté d'expression politique** (CE, 8 novembre 1985, *Ministère de l'Éducation nationale c/ Rudent*, Rec., p. 316 ; le Conseil censure une décision autorisant l'organisation dans un lycée de réunions par des groupements politiques d'élèves). La juridiction administrative a surtout posé les **limites de la liberté religieuse des élèves par une interprétation subtile et nuancée des textes**.

C'est ainsi que, le 27 novembre 1989, le Conseil d'État a rendu un avis relatif au port du **« foulard islamique »**. Il a estimé que **le port de signes d'appartenance à une communauté religieuse n'est pas incompatible avec le principe de laïcité, à condition que ces signes ne soient pas portés de façon ostentatoire et ne portent pas préjudice à un suivi normal des enseignements**.

Par la suite, le Conseil a annulé une interdiction du port du foulard islamique en raison de son caractère « général et absolu » (CE, 2 novembre 1992, *Kherouaa*, Rec., p. 389). Néanmoins, la Haute juridiction administrative a reconnu la légalité des sanctions prononcées à l'encontre d'élèves se justifiant par les troubles (de l'ordre public) que le port du foulard islamique a provoqués au sein de l'établissement (CE, 10 mars 1995, *Époux Aoukili*, D. 1995, p. 365, note G. Koubi ; pour un arrêt confirmant cette solution, voir par exemple, CE Sect., 20 mai 1996, M. Ali, AJDA septembre 1996, p. 710, obs. G. Koubi).

Par ailleurs, dans l'arrêt *Ait Ahmad* du 20 octobre 1999 (AJDA, février 2000), le Conseil d'État, tout en réaffirmant que la liberté d'expression et de manifestation de croyances religieuses dans les établissements d'enseignement est la règle, a admis que cette liberté puisse faire l'objet d'un encadrement plus large. Ainsi, si une sanction contre un élève ne peut pas être fondée sur le simple port d'un signe d'appartenance à une confession, en revanche des motifs « extra-religieux » peuvent être valables (légalité de l'exclusion de l'élève fondée sur le caractère présumé dangereux du port du foulard dans le cadre des enseignements sportif et technologique). Ce n'est plus tant la manifestation religieuse du port du foulard qui est visée par les sanctions que des considérations plus classiques de sécurité ou d'assiduité.

Cependant, face à l'impuissance des enseignants et des chefs d'établissement confrontés à des cas de port du voile islamique, il a été décidé de recourir à la loi pour encadrer le port de signes religieux : la **loi du 15 mars 2004 interdit dans les écoles, les collèges et les lycées publics « le port de signes ou tenues par lesquels les élèves manifestent ostensiblement une appartenance religieuse »**. La mise en œuvre d'une procédure disciplinaire est précédée d'un dialogue avec l'elève. Les premiers contentieux résultant de l'application de la loi ont permis au juge administratif de préciser le contenu et la portée de la notion de signe ostensiblement religieux.

Ainsi, par plusieurs décisions du 5 décembre 2007, le Conseil d'État a confirmé l'exclusion d'élèves pour méconnaissance du principe de laïcité (deux affaires, CE 5 décembre 2007 ; *M. Singh* ; *M. et Mme G.*). Le Conseil a d'abord rappelé que si les élèves peuvent porter des signes religieux discrets, sont en revanche interdits, d'une part, les signes ou tenues (tels notamment un voile ou un foulard islamique, une kippa ou une grande croix), dont le port, par lui-même, manifeste ostensiblement une appartenance religieuse, d'autre part, ceux dont le port ne manifeste ostensiblement une appartenance religieuse qu'en raison du comportement de l'élève (le carré de tissu de type bandana couvrant la chevelure de Mlle G. était porté par celle-ci en permanence et elle-même et sa famille avaient persisté avec intransigeance dans leur refus d'y renoncer). Par ailleurs, il est apparu que l'administration s'était conformée à l'obligation de dialogue précédant toute sanction. Ainsi, dans l'affaire M. Singh, il a été proposé à l'élève d'abandonner le sous-turban pour porter un filet de protection afin de protéger et de maintenir l'intégrité absolue de sa chevelure (ce que la religion sikhe exige) tout en respectant les règles d'hygiène et de sécurité. Enfin, le Conseil a estimé que cette sanction de l'exclusion définitive n'entraînait pas une atteinte excessive à la liberté de pensée, de conscience et de religion garantie par l'article 9 de la CEDH et ne méconnaîssait pas non plus le principe de non-discrimination posé par l'article 14 de la CEDH.

Le Conseil d'État a également appliqué cette « méthode » de conciliation entre les droits et les obligations à la **question de l'assiduité des élèves**. Il a estimé que des élèves qui en font la demande peuvent bénéficier individuellement d'autorisations d'absence afin d'exercer leur culte, à la condition que ces « absences soient compatibles avec les tâches inhérentes à leurs études » (CE Ass., 14 avril 1995, *Consistoire central des israélites de France et Koen*, concl. Y. Aguila, RFDA 1995, p. 585).

Le principe de neutralité trouve également une application importante dans la **fonction publique**. Il est en particulier destiné à empêcher que des nominations puissent intervenir en fonction des convictions politiques des intéressés. De façon générale, **si la liberté d'opinion des agents doit être respectée, ils sont eux-mêmes soumis à une obligation de réserve afin que l'impartialité du service ne puisse être contestée**. Dans ce cadre, le juge administratif a rappelé que le principe de laïcité fait obstacle à ce que les agents publics disposent du droit de manifester leurs croyances religieuses dans le cadre de leurs fonctions. Il en découle qu'un agent public ne peut porter un signe destiné à marquer son appartenance à une religion (CAA Lyon, 27 novembre 2003, *Mlle Nadjet Ben Abdallah*, AJDA 2004, 26 janvier, p. 154 ; en l'espèce, le port d'un voile par un fonctionnaire contrôleur du travail et le refus répété de le retirer a été considéré comme une faute grave qui justifiait une mesure de suspension). Pour apprécier la gravité de la faute, il convient de tenir compte de la nature du signe religieux porté ainsi que de son caractère plus ou moins ostentatoire mais aussi du fait que l'agent exerce des fonctions de représentation ou des prérogatives de puissance publique.

En conclusion, on peut noter que la **gratuité des services publics** n'est pas véritablement un principe qui s'impose et **ne compte donc pas au nombre des lois du service public**. Certes, le législateur peut la prévoir pour certains services publics (la loi du 16 juin 1881 prévoit la gratuité de l'enseignement primaire public) mais le Conseil constitutionnel ne l'a pas reconnue comme un principe de valeur constitutionnelle. Ce « principe » de gratuité est évidemment exclu pour les SPIC (puisqu'ils sont soumis aux règles commerciales). Quant aux SPA, d'une part la législation peut laisser à certains d'entre eux la possibilité de percevoir des redevances (la législation universitaire prévoit la perception par les universités de « rémunérations de service » en plus des droits d'inscription), d'autre part la personne publique gérant un service public à caractère facultatif (dont la création n'était pas obligatoire) peut percevoir des redevances.

SECTION IV

Les modes de gestion du service public

On peut les distinguer selon la nature de l'organe gestionnaire. Bien évidemment, la gestion directe par les personnes publiques est « naturelle » mais la jurisprudence a également accepté la possibilité que des services publics soient gérés par des personnes privées. Depuis l'arrêt *Loupias*, la jurisprudence a reconnu que le choix du mode de gestion est un pouvoir discrétionnaire de la personne publique sur lequel le juge n'a pas à se prononcer (CE, 18 mars 1988).

§ 1. La gestion directe par les personnes publiques

Un service public peut être géré directement par l'administration (la régie) ou par une structure autonome (l'établissement public).

A) La régie

Historiquement, l'exploitation du service public en régie correspond à la situation où la collectivité territoriale (État ou collectivité locale) **en assure directement le fonctionnement avec ses biens et son personnel**. Ceci implique que le budget de la régie est intégré à celui de la collectivité. Le service public en régie n'est donc pas doté de la personnalité juridique.

La régie est utilisée pour gérer la plupart des SP, notamment les plus importants comme la police, la justice ou la défense nationale.

En principe, la régie est donc directe. Dans ce cas, le service ne se distingue pas de la collectivité dont il relève (les ministères sont gérés en régie directe par l'État).

Mais **d'autres formes de régies, dites indirectes, se sont développées**, essentiellement pour assurer la gestion de services publics à caractère industriel et commercial de l'État (service des Monnaies et médailles) et des collectivités locales (en effet, la gestion de ces services en régie directe s'est avérée inadaptée : elle ne permettait pas d'isoler les comptes de l'activité et ne permettait donc pas d'en connaître le coût). Il s'agit de la **régie dotée de l'autonomie financière** (sous la forme d'un budget annexe) et de la **régie personnalisée**, c'est-à-dire dotée de la personnalité morale et de l'autonomie financière. En pratique, la régie personnalisée est proche de l'établissement public.

La jurisprudence récente a précisé les conditions dans lesquelles le service assuré par un organisme dédié (régie dotée de l'autonomie financière ou dotée d'une personnalité juridique propre) pouvait être considéré comme géré directement par la collectivité publique : d'une part, il faut que l'organisme ait comme objet statutaire exclusif de gérer ce service (même si une diversification « accessoire » de son activité est acceptée) ; d'autre part, il faut que la collectivité exerce « sur cet organisme un contrôle comparable à celui qu'elle exerce sur ses propres services » (CE Sect., 6 avril 2007, *Commune d'Aix-en-Provence*, AJDA, 21 mai 2007, p. 1020 et s., chro. F. Lenica et J. Boucher ; cette décision prolonge la décision *Teckal* de la CJCE du 18 novembre 1999). Lorsque ces conditions sont réunies, le recours à ces organismes est libre de toute contrainte puisqu'ils sont « assimilables » à la collectivité publique. Dans le cas contraire, l'organisme apparaîtrait comme « distinct » de la collectivité (par exemple, en raison de la faiblesse des contrôles exercés par la collectivité publique) et donc comme un tiers. Dès lors, la passation d'un contrat (avec publicité et mise en concurrence) serait obligatoire pour répondre à l'intention de la collectivité de confier à cet organisme une mission de service public. Par ailleurs, la même décision reconnaît qu'un organisme dédié peut être mis en place (librement donc sans contrat) lorsque plusieurs collectivités publiques décident de créer et gérer ensemble un service public sous réserve que cet organisme réalise l'essentiel de son activité avec ces collectivités.

Enfin, signalons que certains services sont dits en régie sans en avoir réellement le statut. C'est le cas de la Régie autonome des transports parisiens (RATP) qui est un EPIC doté de la personnalité juridique ou de l'ex-Régie Renault qui était une entreprise publique devenue société anonyme en 1990 et dont la majorité du capital appartient désormais au secteur privé.

B) L'établissement public

Ayant déjà été étudié (voir p. 99 et s.), nous nous contenterons ici de rappeler quelques caractéristiques de l'EP.

Il peut être défini comme **une personne morale de droit public disposant à ce titre d'une certaine autonomie et chargée d'une mission particulière d'intérêt général**.

L'EP est un mode de gestion classique de nombreux services publics. Cette variété se manifeste notamment dans ses domaines d'intervention : économique (chambres de commerce et d'industrie), social (hôpitaux, bureaux d'aide sociale, caisses nationales de Sécurité sociale), culturel (universités, lycées, musées, Collège de France), aménagement du territoire (quartier de la Défense, établissement public administratif de Marne-la-Vallée).

Mais certains EP sont aujourd'hui dotés d'un statut d'entreprise industrielle ou commerciale et ne gèrent plus de services publics à proprement parler. Pour beaucoup, cet « amalgame des intérêts économiques et de la chose publique » a été à l'origine de la dénaturation de la notion d'EP.

§ 2. La gestion par des organismes de droit privé

Ce procédé, qualifié de **gestion déléguée**, consiste à confier par contrat, par la loi ou par décision de l'autorité administrative, la gestion d'un service public à un organisme privé (mais aussi à une personne physique ; voir CE, 20 avril 1956, *Époux Bertin*, précité). Le législateur a repris à son compte cette notion doctrinale depuis 1992.

A) L'habilitation contractuelle à gérer un service public

1) Le recours au contrat

a) Délégation de service public ou marché public de services

La gestion déléguée du service public par contrat prend depuis longtemps diverses formes : la concession ou l'affermage et parfois la régie intéressée ou la gérance. En instituant le principe de libre administration des collectivités locales, la décentralisation a rendu à ces collectivités leur liberté contractuelle. Ainsi, on a assisté à l'apparition de nouvelles formes de délégation de service public, notamment au travers des contrats innommés.

Ce n'est que récemment que le législateur a pris acte de l'existence de la catégorie des contrats de délégation de service public à l'occasion de la loi du 6 février 1992 relative à l'administration territoriale de la République et de la loi du 29 janvier 1993 relative à la prévention de la corruption et à la transparence de la vie économique et des procédures publiques. Cette seconde loi a notamment permis de soumettre l'ensemble de ces contrats à la réglementation en vigueur : renforcement des procédures de publicité, limitation de la durée des contrats, règles strictes pour leur élaboration, recours au référé précontractuel (voir p. 215). Enfin, la loi MURCEF du 11 décembre 2001 a repris à son compte la définition jurisprudentielle de la délégation de service public.

Sur le fond, le développement de la gestion et de l'exécution déléguées des activités d'intérêt général est la conséquence de contraintes économiques et financières croissantes : l'internationalisation des compétences et l'ouverture à la concurrence des activités d'intérêt public conduisent les collectivités publiques gestionnaires de ces activités à revoir leur stratégie. Désormais, elles ne veulent plus ou ne peuvent plus assumer le poids financier du service assuré et la lourdeur des investissements à réaliser (sans oublier le souci de dégager les activités d'intérêt général du carcan d'une gestion publique pesante).

On considère aujourd'hui que toute activité d'intérêt public tant de nature administrative qu'industrielle et commerciale peut être confiée à un opérateur autonome, à l'exception des activités correspondant aux missions régaliennes de l'État (police, justice, armée, fiscalité...). Sont ainsi déléguées la gestion et l'exploitation de l'eau, des ordures ménagères, des transports publics, des équipements sportifs, des activités touristiques... mais aussi de certains services à finalité sociale ou culturelle.

Ajoutons que depuis l'arrêt *SMITOM* (CE, 30 juin 1999), le contrat confiant à un tiers une mission de service public peut être soit une délégation de service public lorsque le cocontractant assume le risque économique (sa rémunération est substantiellement liée aux résultats d'exploitation, notamment à travers les redevances qu'il perçoit des usagers et qui peuvent fluctuer), soit un marché public de services lorsque le cocontractant n'assume pas ce risque (par exemple, parce que sa rémunération est forfaitaire et/ou garantie par la collectivité).

b) Le principe du recours au contrat

Le Conseil d'État, par un important arrêt du 6 avril 2007, a fixé les droits et obligations des collectivités lorsqu'elles décident de confier une mission de service public à un tiers (CE Sect., 6 avril 2007, *Commune d'Aix-en-Provence*, précit.) :

– l'arrêt affirme que **le recours à un contrat**, soit une délégation de service public ou un marché public de services, **est le principe**. Cela implique que

la dévolution d'un service public à un tiers **ne peut se faire que dans le respect des obligations de publicité et de mise en concurrence** (sur ces procédures, voir p. 211 et s.) ;
- la passation d'un contrat (avec publicité et mise en concurrence) s'impose y compris lorsque le tiers entretient des relations, mêmes étroites, avec la collectivité publique : par exemple, lorsque celle-ci a créé ou contribué à créer l'organisme auquel elle entend confier le service public (comme une société d'économie mixte), lorsqu'elle est membre de son conseil d'administration ou actionnaire ;
- **le principe du recours à un contrat ne connaît que deux exceptions.** D'une part, « si un texte en dispose autrement ». Ce texte, qui ne peut être que de niveau législatif, pourrait prévoir une autre modalité contractuelle que celle prévue pour la délégation de service public (voir le cas des textes organisant l'attribution des services publics de transports de voyageurs en région parisienne) ou un régime d'habilitation unilatérale (sur ce dernier point, voir p. 255). D'autre part, « lorsque, eu égard à la nature de l'activité en cause et aux conditions dans lesquelles il l'exerce, le tiers ne saurait être regardé comme un opérateur sur un marché concurrentiel ». Cette exception recouvre le cas d'une activité confiée au tiers qui n'est pas une « activité économique » sur un marché concurrentiel (comme l'organisation d'actions sociales au profit des fonctionnaires et de leurs familles) et le cas de l'opérateur qui exerce une activité économique mais est investi par la puissance publique d'un « droit exclusif » reconnu par le droit européen (voir p. 243).

2) Les différents types de contrats

a) La concession

Dans ce mode de gestion, **une collectivité publique** (le concédant) **concède discrétionnairement** (librement) **par un contrat** (on parle d'un contrat de concession) **le service public à une personne, publique ou privée** (le concessionnaire). Ce contrat détermine les conditions de gestion et d'exploitation du SP qui sont conformes aux exigences de l'intérêt général (c'est un cahier des charges). En particulier, il rappelle les obligations du service public : continuité, égalité entre usagers et adaptation. À l'expiration de la concession, la personne publique « récupère » les biens ainsi que les ouvrages réalisés et gérés par le concessionnaire.

L'intérêt du concessionnaire réside dans le fait qu'il se rémunère en prélevant une redevance sur les usagers. En revanche, il doit, le cas échéant, assumer les pertes liées à l'activité (les finances publiques, donc les contribuables, sont ainsi préservées).

Historiquement, ce mode de gestion a d'abord pris la forme (à compter du milieu du XIXe siècle) de concessions de services publics industriels et commerciaux à des sociétés commerciales (dans une période de libéralisme économique triomphant). Le premier service public concédé fut celui du chemin de fer (concédé par l'État à plusieurs sociétés commerciales). Suivirent, dans la seconde moitié du siècle, ceux de l'eau, du gaz et de l'électricité (dont la distribution fut concédée principalement par les départements et les communes).

Le procédé de la concession a permis de trouver un **juste équilibre entre les nécessités du libéralisme économique** qui voulaient que des activités industrielles et commerciales soient assumées par des sociétés privées (l'« esprit » du droit public s'opposait d'ailleurs à ce que des personnes publiques puissent s'aventurer hors du champ naturel des activités publiques) **et les nécessités de l'intérêt public** (de ces activités) **qui voulaient que ces sociétés soient soumises à certaines contraintes inhérentes à une bonne gestion de l'intérêt général**.

Pendant toute cette période, la concession de service public était assimilée à la concession de travaux publics. **Ce n'est qu'avec l'arrêt *Thérond* en 1910 que le système de la concession de service public acquiert véritablement son autonomie** (CE, 4 mars 1910, précité ; il s'agissait en l'espèce d'un marché passé entre la ville de Montpellier et le sieur Thérond, ayant pour objet la capture et la mise en fourrière des chiens errants et l'enlèvement des bêtes mortes sur la voie publique).

À compter de l'entre-deux-guerres, la concession connaît une période de déclin. La crise économique provoque la multiplication des faillites, obligeant les autorités publiques à organiser un soutien financier aux sociétés en difficulté (théorie de l'imprévision). Dans le même temps, l'État développe une politique d'interventionnisme économique qui conduit à **ouvrir progressivement la gestion des SPIC aux personnes de droit public.** En particulier, la gestion de ces activités est confiée à des **établissements publics**. Ainsi, en 1946, la distribution de l'électricité et du gaz a été confiée respectivement à EDF (Électricité de France) et GDF (Gaz de France).

Aujourd'hui, la concession de service public est un mode de gestion souple qui peut concerner aussi bien des particuliers que des sociétés privées (comme Veolia Environnement et la Lyonnaise des eaux qui assurent la distribution de l'eau ; la concurrence entre ces entreprises privées pour obtenir les marchés est à la source de plusieurs affaires de corruption dont la retentissante affaire du *Dauphiné News* à Grenoble) ou des sociétés d'économie mixte (sociétés d'autoroutes, privatisées par plusieurs décrets de 2006). D'autre part, elle peut porter aussi bien sur la gestion de SPA que de SPIC.

La concession est omniprésente dans les grands domaines de l'économie nationale. Elle s'applique en particulier aux autoroutes à péage, tunnels, exploitation d'installations portuaires et d'aéroports, ports de plaisance, ponts et bacs à péage, transports publics d'intérêt local…

b) L'affermage

Les collectivités locales (essentiellement) choisissent librement par contrat un « fermier » qui va assurer le service public. Le fermier verse à la personne publique une redevance forfaitaire et, en contrepartie, se rémunère sur les recettes d'exploitation.

Les communes utilisent parfois l'affermage pour exploiter un réseau de transports urbains ou des services de distribution d'eau. Le choix de l'affermage correspond au souhait de la collectivité de **faire assurer seulement l'exploitation** d'un service public, alors que celui de la concession associe le plus souvent la réalisation de travaux à l'exploitation du service (sur les contrats de délégation de service public, voir p. 252).

c) La régie intéressée

Par ce mode de gestion, l'administration confie à un régisseur (personne publique ou privée) le soin d'assurer le service public sur la base d'un contrat.

Ce régisseur, qui joue le rôle d'un gérant, reçoit sa rémunération directement de la collectivité publique, en fonction des résultats de l'exploitation. Ces résultats sont non seulement d'ordre financier mais également liés à la qualité du service fourni (qui est appréciée par l'administration). Le statut de la RATP (qui est un EPIC) en fait une régie intéressée. Le caractère de délégation de service public du contrat de régie intéressée (comme du contrat de gérance) est aujourd'hui remis en cause (voir p. 209).

d) Les contrats innommés

De plus en plus fréquemment, les personnes publiques, surtout les collectivités locales, confient l'exécution de services publics par des contrats qui ne rentrent ni dans la catégorie des contrats de concession, ni dans celle des contrats de régie intéressée, ni dans celle des contrats d'affermage.

Ces contrats dits de « gestion déléguée du service public » sont illustrés par exemple par l'arrêt *Bertin* de 1956 (CE, 20 avril 1956, précité).

B) L'habilitation unilatérale à gérer un service public

À partir de l'entre-deux-guerres, la jurisprudence a admis que le législateur pouvait recourir aux personnes privées pour assurer un service public administratif (CE, 13 mai 1938, *Caisse primaire « Aide et protection »*, précité ; à propos des sociétés mutualistes comme les caisses primaires et les caisses régionales de Sécurité sociale). Cette évolution ne s'est pas faite sans se heurter aux tenants de l'orthodoxie administrative, farouchement opposés à toute intrusion de personnes privées dans la sphère strictement publique.

Par la suite, outre la loi, l'habilitation unilatérale a pris d'autres formes : actes réglementaires, actes individuels, délibérations des collectivités territoriales.

Par ailleurs, dans le silence des textes et de la jurisprudence, les collectivités publiques ont pris l'habitude d'attribuer unilatéralement un service public en dehors de toute autorisation par le législateur. Par son arrêt du 6 avril 2007, le Conseil d'État a mis fin à cet état de fait en jugeant que pour être légal, **tout régime de délégation unilatérale du service public doit avoir été autorisé, dans son principe même, par le législateur** (CE Sect., 6 avril 2007, *Commune d'Aix-en-Provence*, précit.). Cette règle est cohérente avec la solution d'ensemble dégagée par le juge dans le même arrêt, à savoir qu'en cas d'appel à un tiers pour gérer un service public, le recours à un contrat est le principe et l'habilitation unilatérale une exception. Ajoutons que pour être conforme aux principes généraux du droit européen, le régime législatif d'autorisation unilatérale devra prévoir l'exigence d'une publicité, même limitée, de l'intention de la collectivité publique.

La motivation originelle de l'habilitation unilatérale, qui demeure aujourd'hui, **est de confier la gestion d'une activité d'intérêt public aux représentants de la catégorie de personnes concernée par cette activité, tout en limitant autant que faire se peut la soumission de l'organisme au droit public.**

Parmi les nombreux organismes privés chargés d'un SPA, on trouve notamment :

– **des sociétés mutualistes** comme les caisses primaires et les caisses régionales de Sécurité sociale, (CE Ass., 13 mai 1938, Caisse primaire « Aide et protection », GAJA, Rec. Lachaume) ;

– **des syndicats professionnels** comme les « groupements de défense contre les ennemis des cultures » qui ont vocation à traiter les cultures pour les protéger des parasites (CE Sect., 13 janvier 1961, Magnier, Rec., p. 33, AJDA 1961, p. 142, note CP) ;
– **des associations** comme les « associations communales de chasse agréées » ou les « associations agréées de pêche » qui ont vocation à organiser la chasse et la pêche et à protéger les réserves de chasse et de pêche ; les associations sportives telles les fédérations (de football, de rugby, d'athlétisme...) qui ont notamment pour but d'organiser les compétitions nationales et de réglementer la discipline.
Il faut noter que certains organismes de droit privé se sont vus reconnaître cette qualification sans que l'on sache si l'on avait à faire à une association ou à un nouveau type d'institution. C'est le cas pour les « centres régionaux de lutte contre le cancer » qui ont vocation à organiser le dépistage et le traitement des malades (TC, 20 novembre 1961, *Centre régional de lutte contre le cancer « Eugène Marquis »*, Rec. Lachaume) ;
– **les « comités d'organisation » et les « ordres professionnels ».** Les premiers, créés au début de la guerre (loi d'août 1940) pour gérer la pénurie en matière industrielle, avaient pour mission de répartir les matières premières et la main-d'œuvre. Les seconds ont pour mission d'encadrer et de veiller à la discipline de certaines professions libérales (ordre des médecins, des avocats...).

La difficulté quant à la qualification de ces organismes est liée au fait que la jurisprudence comme les textes restent silencieux sur leur nature. Ainsi, les arrêts du Conseil d'État ***Monpeurt*** (Ass., 31 juillet 1942, GAJA ; saisi d'un recours pour excès de pouvoir par un industriel contre une décision du Comité d'organisation des industries du verre) et ***Bouguen*** (Ass., 2 avril 1943, GAJA ; saisi d'un recours pour excès de pouvoir par un médecin contre une décision du Conseil national de l'ordre des médecins) les définissent comme n'étant pas des établissements publics mais sans préciser ce qu'ils sont. Il faudra quelques années pour admettre pleinement leur qualité d'organisme privé (certes il est vrai d'un type particulier).

Pour rendre plus aisée **l'identification des personnes privées en charge d'une mission de service public**, le Conseil d'État a défini dans l'arrêt ***Narcy*** (Sect., 28 juin 1963, Rec. Lachaume) **trois critères cumulatifs** : le critère de **l'intérêt général** auquel doit répondre la mission exercée, celui des **prérogatives de puissance publique** dont doit être doté l'organisme en cause et enfin, celui du **contrôle de l'organisme par les pouvoirs publics.**

Cependant, l'arrêt *Narcy* n'a pas suffi à dissiper les hésitations de la jurisprudence quant à l'importance respective de ces trois critères. Plus précisément, la question s'est posée de savoir si la détention par l'organisme privé de prérogatives de puissance publique était en toute hypothèse nécessaire pour permettre l'identification d'un service public. Dans un arrêt de 1990, le Conseil d'État a apporté une première réponse à cette question en estimant qu'une association paramunicipale **doit être regardée comme gérant un service public, « alors même que l'exercice de ses missions ne comporterait pas la mise en œuvre de prérogatives de puissance publique »** (CE, 20 juillet 1990, *Ville de Melun c/Vivien et autres*). Le commissaire du gouvernement avait indiqué que la qualification de service public devait être retenue « à partir d'un certain degré de sujétion ou de dépendance de l'organisme privé... ».

Cette solution a été consacrée par le Conseil d'État dans un arrêt du 22 février 2007 (CE Sect., 22 février 2007, *Association du personnel relevant des établissements pour inadaptés*, AJDA, 16 avril 2007, p. 793, chro. F. Lenica et J. Boucher). Le juge rappelle que le critère tiré de l'existence de prérogatives de puissance publique cumulé avec celui du contrôle exercé par l'administration suffit à qualifier de service public une activité d'intérêt général exercée par une personne privée. En revanche, **lorsque ces prérogatives sont absentes, il convient de rechercher, selon la méthode du faisceau d'indices, la marque de la volonté de la collectivité publique, qui ne saurait résulter du seul contrôle exercé sur l'activité en cause, de confier une telle mission à la personne privée**. Parmi ces indices, on trouve : l'intensité de l'intérêt général poursuivi, les conditions de création, d'organisation et de fonctionnement de l'organisme, les obligations qui lui sont imposées... (par exemple, l'intérêt général prééminent qui s'attache à l'aide aux handicapés, la maîtrise par la collectivité publique et non par la personne privée du prix des prestations, du public accueilli...).

C) La société publique locale

La loi du 28 mai 2010 permet aux collectivités territoriales et leurs groupements de créer, dans le cadre des compétences qui leur sont attribuées par la loi, des sociétés publiques locales (SPL) sous la forme de sociétés anonymes dont ils détiennent la totalité du capital. Ces sociétés sont compétentes, entre autres, pour exploiter des services publics à caractère industriel ou commercial.

L'intérêt majeur pour une collectivité de recourir à une SPL réside dans le fait qu'elle n'a pas à procéder à une mise en concurrence pour lui confier la gestion d'un SPIC, sous réserve du respect des exigences de la jurisprudence communautaire. Ainsi, à l'avenir, la SPL pourrait devenir un mode de gestion de SPIC. Cependant, ce phénomène devrait rester d'une ampleur limitée. D'abord parce que la création d'une SPL nécessite la mobilisation de capitaux (et donc le recours à l'emprunt). Ensuite parce que la SPL n'a pas la possibilité comme un EPIC de mener des activités accessoires (plus rentables). Les collectivités pourraient donc préférer, plutôt que d'utiliser la SPL, avoir recours à un EPIC ou à la classique délégation de service public attribuée après mise en concurrence (pour plus de détails sur la SPL, voir p. 72).

E24 **Les entreprises publiques**

Les entreprises publiques sont un outil traditionnel d'intervention de l'État dans l'économie. Juridiquement, il s'agit de personnes morales chargées d'exploiter une activité industrielle et commerciale, ayant le cas échéant le caractère d'un service public, et placées sous le contrôle d'une ou plusieurs personnes publiques.

Le contrôle des personnes publiques s'exerce soit par la possession de la majorité du capital d'une entreprise (s'il s'agit d'une société), soit par la détention de la majorité des pouvoirs (en terme de voix) au sein des organes délibérants de l'entreprise ou de l'établissement public. Il n'existe pas de statut général de l'entreprise publique. Les entreprises publiques existantes ont été créées directement par l'État (ex. : Commissariat à l'énergie atomique) et surtout par les vagues de nationalisations (1936, 1945-1946, 1982).

L'entreprise publique peut se présenter sous trois formes juridiques : établissement public industriel et commercial, société anonyme de droit privé dont une partie du capital est détenue par l'État (banques, compagnies d'assurance, sociétés industrielles...), société d'économie mixte (de droit privé) dont le capital est partagé entre personne publique et personne privée.

Quant aux missions des entreprises publiques, elles ont pu être très diverses : gestion d'un service public (EDF-GDF, Air France, France Télévision, France Telecom...) ou d'une activité privée (banque, assurance...).

Sous l'influence du principe européen de libre concurrence, l'État français a dû mettre fin au monopole exercé par certaines entreprises publiques (monopole d'Air inter puis d'Air France sur le transport aérien national, d'EDF sur la distribution d'électricité...). De plus, le désengagement progressif de l'État de l'économie et le souci de mieux armer les entreprises publiques face à la concurrence se traduisent par des privatisations : transformation de certains établissements publics en société de droit privé à capital (France Telecom, EDF et GDF) ou ouverture supplémentaire du capital des sociétés aux capitaux privés (Air France, Renault, Crédit Lyonnais, France Telecom...).

CHAPITRE 2

La police administrative

D'un point de vue organique, la notion de police désigne l'institution chargée du maintien de l'ordre. D'un point de vue fonctionnel, elle désigne **une activité de service public dont la finalité est le maintien de l'ordre public, soit en en prévenant les atteintes, soit en y mettant fin**. Seul l'aspect fonctionnel nous intéresse ici.

La finalité de la police administrative est plus restreinte que celle des autres activités administratives qui tendent à la satisfaction de l'intérêt général. De plus, une importante différence avec de nombreux autres services publics doit être soulignée : l'activité de police ne peut être concédée à une société privée. Elle est exercée directement et unilatéralement par l'autorité administrative compétente.

La mission de maintien de l'ordre se concrétise à la fois par **des activités matérielles** (sur le terrain) telles les vérifications d'identité, les contrôles routiers, la surveillance des manifestations et par **l'édiction de normes juridiques** de caractère réglementaire (réglementation de la circulation et du stationnement) ou individuel (saisie d'un livre, interdiction d'une manifestation, suspension du permis de conduire).

Après avoir examiné le contenu de la notion de police administrative, nous décrirons l'organisation de ce service public (les différentes polices et les différentes autorités compétentes). Enfin, sachant que la police administrative apporte des restrictions aux libertés individuelles, nous montrerons comment la légalité des mesures de police est conditionnée par le respect de quelques règles générales et d'une règle fondamentale : **la nécessité des atteintes aux libertés**.

SECTION I

La notion de police administrative

La police administrative a pour objet de préserver l'ordre public. En conséquence, elle doit prévenir les risques de troubles par des mesures appropriées et nécessaires. Elle a donc un caractère préventif qui la différencie de la police judiciaire dont la finalité est répressive.

§ 1. La préservation de l'ordre public

A) La conception classique de l'ordre public

La police administrative a pour objet de veiller au respect de l'ordre public. Celui-ci comprend la trilogie : **tranquillité, sécurité et salubrité publiques** (art. L. 131-2 du Code des communes, intégré au Code général des collectivités territoriales).

Assurer l'ordre public, c'est donc prendre les mesures mais aussi engager les actions qui ont pour objet d'empêcher ou de faire cesser les atteintes à la tranquillité (tapages nocturnes, gêne engendrée par la circulation, manifestations sur la voie publique…), à la sécurité (dommages aux personnes et aux biens, accidents…) et à la salubrité (hygiène des lieux publics, épidémies, pollution…).

L'ordre public ainsi défini ne doit être confondu ni avec « l'ordre public » tel qu'il résulte de l'article 6 du Code civil ni avec l'ordre social et l'ordre moral. En effet, à la différence de ces notions qui se caractérisent par leur caractère général et parfois abstrait, **l'ordre public, en droit administratif, est relativement précis et concret** (même si, par son objet, il contribue à la préservation des grands équilibres socio-économiques).

Cependant, même si les finalités de l'ordre public sont relativement précises et intangibles, **les exigences qu'elles impliquent varient suivant l'état de la société**. Par exemple, si la sécurité publique impose aujourd'hui des réglementations de plus en plus abondantes et contraignantes en matière de circulation sur la voie publique, on comprend que cette exigence ne se posait pas en ces termes il y a encore quelques décennies.

B) Les nouvelles finalités de l'ordre public

À la trilogie traditionnelle, s'ajoutent **d'autres finalités, liées aux préoccupations du moment**.

Ainsi, la notion de « **bon ordre** » qui figurait également à l'article L. 131-2 du Code des communes (mais qui est plus abstraite et plus générale que les trois autres) est à l'origine du rattachement à l'ordre public de la notion d'« **esthétique publique** » visant à permettre la préservation de l'environnement naturel et architectural. Ainsi, dans l'arrêt *Usines Renault* de 1938, le Conseil d'État admet la légalité de la réglementation des enseignes autour de l'Arc de Triomphe dans « l'intérêt de l'esthétique » (CE, 3 juin 1938, Rec., p. 531).

Cependant, la multiplication de législations spécifiques relatives à la protection de l'environnement (en matière d'affichage, de publicité, de monuments historiques…) a contribué à orienter la jurisprudence : la réglementation municipale établissant une distinction entre types de monuments funéraires selon des critères d'esthétique est illégale (CE Sect., 18 février 1972, *Chambre syndicale des entreprises artisanales du bâtiment de la Haute-Garonne*, Rec., p. 153).

De même, la jurisprudence administrative a intégré la notion de « **moralité publique** » à l'ordre public. Certes, c'est bien « l'ordre moral » qui est en cause ici mais uniquement dans la mesure où il permet de sauvegarder la tranquillité ou la sécurité publique. Le Conseil d'État a admis que le caractère immoral d'un film pouvait justifier légalement l'interdiction de sa projection par le maire sur le territoire de sa commune lorsqu'il risquait d'être, en raison de circonstances locales particulières, préjudiciable à l'ordre public (CE Sect., 18 décembre 1959, *Sté Les films Lutétia*, GAJA, Rec. Lachaume ; confirmé par CE Sect., 14 octobre 1960, *Sté Les films Marceau*, Rec., p. 533 ; 26 juillet 1985, *Ville d'Aix-en-Provence*, Rec., p. 236).

Hormis la jurisprudence relative aux interdictions municipales de films, les arrêts se référant explicitement à « l'immoralité » sont rares. On peut citer l'arrêt *Jauffret* qui reconnaît à l'autorité de police le pouvoir de prescrire « la fermeture de lieux de débauche portant atteinte à la moralité publique » et de ce fait « générateurs de troubles à l'ordre public » (CE, 30 septembre 1960, Rec., p. 504).

Par ailleurs, en se référant implicitement à la « moralité publique » dans deux décisions du 27 octobre 1995, le Conseil d'État a reconnu que **le respect de la dignité de la personne humaine est une composante de l'ordre public**, ceci à l'occasion de l'examen de deux arrêtés municipaux interdisant le spectacle de « lancer de nains » (CE Ass., 27 octobre 1995, *Commune de Morsang-sur-Orge* et, du même jour, CE Ass., Ville d'Aix-en-Provence, AJDA décembre 1995, p. 878, chro. J. H. Dahl et D. Chauvaux ; en l'espèce, le Conseil a reconnu la légalité des arrêtés municipaux).

Avec le contrôle de « l'esthétique publique » ou de la « moralité publique », la police administrative s'éloigne des aspects matériels de l'ordre public.

Enfin, de façon plus surprenante, la notion de **« protection contre soi-même »** a été rattachée à l'ordre public.

Le 28 juin 1973, dans le cadre de ses pouvoirs de police générale, le Premier ministre a édicté un arrêté rendant obligatoire le port du casque pour les conducteurs des véhicules à deux roues et le port de la ceinture de sécurité pour les automobilistes. Contestée pour son caractère attentatoire à la liberté individuelle, cette réglementation a été jugée légale par le Conseil d'État car elle a pour objet de « réduire les conséquences des accidents de la route » (CE, 4 juin 1975, *Bouvet de la Maisonneuve*, Rec., p. 330). Ce jugement, fondé sur des arguments de bon sens et non de droit, a simplement pris en compte les avantages à attendre des mesures considérées (réduction des conséquences des accidents en terme humain ou même économique). Il faut donc considérer que la protection des individus contre eux-mêmes mais aussi la protection des tiers usagers de la route sont des buts de police administrative.

§ 2. Le caractère préventif de la police administrative

On distingue traditionnellement la police administrative préventive et la police judiciaire répressive. Le clivage manquant de netteté, la jurisprudence a dégagé un critère d'identification reposant sur la finalité des opérations de police. La distinction entre les deux types de police permet d'établir la compétence juridictionnelle : celle du juge administratif pour connaître des litiges relatifs à la police administrative et celle du juge judiciaire pour les litiges relatifs à la police judiciaire.

A) La distinction entre police administrative et police judiciaire

La **police administrative** a pour objet de prévenir les atteintes à l'ordre public. Elle est donc **préventive**. Quant à la **police judiciaire**, aux termes de l'article 14 du Code de procédure pénale, elle a pour mission de « constater les infractions à la loi pénale, d'en rassembler les preuves et d'en rechercher les auteurs ». Elle est donc **répressive**.

Pourtant, la distinction s'avère délicate à établir :

- **le même personnel** agit souvent dans les deux types de police. Ainsi, l'agent de police qui règle la circulation exerce une mission de police administrative. Le même agent qui verbalise une infraction exerce une mission de police judiciaire ;
- il arrive qu'une opération de police administrative se prolonge par une opération de police judiciaire et, inversement, qu'une opération de police judiciaire se transforme en opération de police administrative ;

– enfin, si la police administrative est avant tout préventive, il arrive qu'elle devienne répressive : la dispersion d'une manifestation peut avoir pour objet de mettre un terme aux troubles qu'elle a engendrés. De même, si la police judiciaire est répressive, il arrive aussi qu'elle soit préventive : l'interpellation d'un individu paraissant sur le point de commettre une infraction est une opération de police judiciaire à caractère préventif (dans la mesure où elle empêche la réalisation de l'infraction).

B) La définition d'un critère finaliste

Pour clarifier la distinction, la jurisprudence a retenu **un critère finaliste qui s'attache à l'objet de la décision ou de l'opération de police à qualifier ainsi qu'à l'intention dans laquelle les autorités ou personnels de police ont agi** (CE Sect., 11 mai 1951, *Baud*, Rec. Lachaume ; TC, 7 juin 1951, *Dame Noualek*, Rec., p. 636).

Le critère finaliste se présente de la façon suivante : on se trouve en présence de la police judiciaire lorsque les décisions ou opérations à qualifier **sont en relation avec une infraction pénale précise**, réelle ou présumée. Ainsi, dans l'affaire *Baud*, le Conseil d'État a estimé qu'une action de police menée en vue d'arrêter des individus soupçonnés d'appartenir à une bande de malfaiteurs est une opération de police judiciaire. Il en est de même du placement en garde à vue d'un automobiliste interpellé pour conduite d'un véhicule automobile sous l'empire d'un état alcoolique (TC, 22 mars 2004, *X. c/ Ministre de l'intérieur*, n° 339 ; en l'espèce, l'automobiliste avait été frappé par un policier pendant sa garde à vue). Si les décisions ou opérations ne sont pas en relation avec une infraction pénale déterminée, elles se rattachent à la police administrative.

Le critère finaliste a notamment permis d'établir la distinction parmi **les opérations de contrôle d'identité sur la voie publique**. La recherche et l'arrestation de l'auteur d'une infraction précise sont une opération de police judiciaire ; un contrôle dont l'objet est le maintien de l'ordre public, sans qu'il y ait de relation avec une infraction particulière, est une opération de police administrative.

Les interprétations restrictives données par la jurisprudence à la législation intervenue en la matière depuis 1981 (qui tendait à renforcer les contrôles d'identité au titre de la police administrative) **ont réduit les possibilités de contrôle administratif** (dans le souci de préserver les libertés individuelles). Par ailleurs, la loi du 10 juin 1983 a donné **compétence à l'autorité judiciaire pour connaître des litiges relatifs à l'ensemble des contrôles d'identité** (Cass. crim., 25 avril 1985, deux arrêts, *Bogdan et Vuckovic*, RFDA 1986, p. 444, note J. Morange). Ainsi, la distinction police administrative-police judiciaire est donc largement atténuée.

C) Les conséquences de la distinction entre police administrative et police judiciaire sur la qualification des opérations de police

Comme déjà indiqué, les litiges relatifs aux opérations de police administrative relèvent du juge administratif et ceux relatifs aux opérations de police judiciaire relèvent du juge judiciaire. Toutefois, cette compétence juridictionnelle est parfois déterminée après (ou par) un changement de qualification de l'opération de police.

1) Le contrôle de la réalité de la qualification des opérations de police

La jurisprudence a clairement établi que **la distinction police administrative – police judiciaire n'a rien d'artificiel**. En particulier, **le juge n'hésite pas à annuler une qualification lorsque celle-ci lui paraît ne pas correspondre à la réalité**. Ainsi, dans l'affaire ***Sté Frampar***, le Conseil d'État estime qu'une saisie de journaux ordonnée par le préfet d'Alger en 1956 et 1957, dont l'objet était d'empêcher la diffusion d'articles susceptibles d'entraîner des troubles à l'ordre public (et non de conserver les preuves d'une infraction comme il le prétendait), ne pouvait être présentée comme une mesure de police judiciaire mais constituait en réalité une mesure de police administrative (CE Ass., 24 juin 1960, *Sté Le Monde et Sté Frampar*, GAJA).

2) Le changement de qualification des opérations de police

Il arrive fréquemment qu'une opération de police administrative se transforme, se prolonge en une opération de police judiciaire. Autrement dit, à une phase préventive succède une phase répressive. Lorsqu'un dommage résulte d'une telle action de police, la difficulté est de savoir à quel moment on est passé de l'une à l'autre et, surtout, de savoir si ce dommage trouve sa cause dans la phase administrative ou dans la phase judiciaire de l'opération.

La jurisprudence a posé « la règle du jeu » en matière de transformation d'une opération de police à l'occasion des arrêts ***Dlle Motsch*** (TC, 5 décembre 1977, Rec., p. 671) et ***Société Le profil*** (TC, 12 juin 1978, Rec., p. 649, D. 1978, p. 626, note R. Moulin ; à propos d'un transport de fonds).

Dans l'affaire *Dlle Motsch*, un contrôle d'identité est organisé de nuit, sur la Croisette à Cannes (police administrative). Le conducteur d'une voiture force le barrage puis s'enfuit en brûlant plusieurs feux rouges et en empruntant un sens interdit. Il fonce ensuite sur l'agent motocycliste qui s'était lancé à sa poursuite. Ce dernier fait feu et blesse la passagère qui avait pris place dans le véhicule. Le juge a estimé que l'opération de police judiciaire a commencé aussitôt après le franchissement irrégulier du barrage. Par conséquent, l'action en dommages-intérêts intentée par la passagère contre l'administration relève de la compétence des tribunaux judiciaires.

Pour déterminer la nature du contentieux et donc la compétence juridictionnelle, **le juge recherche où se trouve la cause « essentielle » qui est à l'origine du dommage**. Si celui-ci trouve sa cause dans l'opération de police judiciaire, le contentieux sera judiciaire, s'il trouve sa cause dans l'opération de police administrative, il sera administratif.

SECTION II

L'organisation de la police administrative

La police administrative générale coexiste avec un certain nombre de **polices dites spéciales en raison de la particularité de leur objet**. Ces différentes polices peuvent « se rencontrer » et se combiner entre elles.

§ 1. La police générale

Il faut distinguer selon que le pouvoir de police générale est applicable au niveau national (compétence du Premier ministre), au niveau départemental (compétence du préfet) ou communal (compétence du maire).

A) Au niveau national

Le Premier ministre est l'autorité de droit commun en matière de police générale.

Ce point ayant déjà été traité (voir p. 173), nous nous contenterons ici d'en rappeler les grandes lignes.

En 1919, l'arrêt ***Labonne*** avait confié au Président de la République, « en dehors de toute délégation législative et **en vertu de ses pouvoirs propres** », **la mission de déterminer les mesures de police applicables à l'ensemble du territoire** (CE, 8 août 1919, précité). Le Premier ministre de la Cinquième République a hérité de ce pouvoir autonome reconnu au chef de l'exécutif.

Malgré l'article 34 de la Constitution de 1958 qui réserve au législateur le soin de fixer les règles concernant les garanties fondamentales des libertés publiques, la jurisprudence administrative a réaffirmé l'existence d'attributions de police générale autonomes au profit du Premier ministre (CE Ass., 13 mai 1960, *SARL Restaurant Nicolas*, précité ; il appartient « au chef du gouvernement, en vertu de ses pouvoirs propres et même en dehors de toute disposition législative l'y habilitant spécialement, d'édicter les mesures nécessaires à la protection de la salubrité publique sur l'ensemble du territoire national »). De son côté, le Conseil constitutionnel a reconnu que l'article 34 de la Constitution n'a pas retiré au Premier ministre les attributions de police générale qu'il exerçait antérieurement en vertu de ses pouvoirs propres (CC, 20 février 1987, précité).

Le chef de l'État dispose aussi des moyens que lui donne la Constitution pour prendre des mesures de police générale, qu'il s'agisse des décrets délibérés en Conseil des ministres, des mesures qu'il peut prendre dans le cadre de ses pouvoirs propres ou dans celui de la mise en œuvre de l'article 16 de la Constitution relatif aux pouvoirs exceptionnels (sur les pouvoirs du Président de la République, voir p. 173).

Enfin, les ministres ne disposent pas du pouvoir réglementaire, y compris du pouvoir de police générale. Même le ministre de l'Intérieur qui a autorité sur les personnels de la police d'État, ne possède pas ce pouvoir, sauf en cas d'habilitation du Premier ministre ou du Président.

B) Au niveau départemental

En tant que représentant de l'État, **le préfet est l'autorité de police générale du département**. Il est tenu de prendre les mesures réglementaires nécessaires au maintien ou au rétablissement de l'ordre public dans le département. Il est le seul à pouvoir édicter des mesures dont le champ d'application excède le territoire d'une commune. Il a autorité sur les personnels de la police d'État en activité dans le département.

Lorsqu'un maire n'a pas pris les mesures nécessaires au maintien de l'ordre public dans sa commune, le préfet peut, après mise en demeure et lorsque les circonstances l'exigent, se substituer à lui pour agir (pouvoir de substitution d'action).

Le préfet est également compétent pour prendre les mesures nécessaires au maintien de la sécurité publique sur les routes nationales hors agglomération (puisqu'à l'intérieur de celles-ci, le maire est compétent). Enfin, le préfet est compétent en matière de polices spéciales (voir ci-après).

De son côté, **le président du conseil général dispose**, depuis les lois de décentralisation de 1982-1983, **d'un pouvoir réglementaire en matière de police du domaine départemental**. Il est ainsi compétent pour prendre les réglementations applicables à la circulation sur les routes départementales hors agglomération.

C) Au niveau communal

Le maire est l'autorité de « police municipale » (art. L. 131-1 et L. 131-2 du Code des communes, intégré au Code général des collectivités territoriales).

Il est tenu de prendre les mesures réglementaires nécessaires au maintien ou au rétablissement de l'ordre public dans sa commune (il agit par voie d'arrêtés municipaux).

Dans les communes de plus de 10 000 habitants, la police est étatisée (loi du 23 avril 1941). Elle peut l'être également dans les communes de moins de 10 000 habitants dont les besoins en matière de sécurité le justifient et qui, accessoirement, disposent de moyens suffisants (notamment en personnels de police).

L'étatisation de la police municipale emporte deux conséquences : d'une part les personnels de police sont intégrés à la fonction publique de l'État (ils deviennent des fonctionnaires de l'État) tout en demeurant chargés d'exécuter les arrêtés de police du maire, d'autre part la police du maintien de la tranquillité publique est transférée au préfet. Il appartient alors à ce dernier d'empêcher « les rixes et disputes... les attroupements, les bruits et rassemblements nocturnes qui troublent le repos des habitants et tous les actes de nature à compromettre la tranquillité publique » (art. L. 132-8 du Code des communes, intégré au Code des collectivités territoriales).

§ 2. Les polices spéciales

Ces polices sont dites spéciales en raison de la particularité de leur objet. Elles sont régies par des textes spécifiques.

Il peut s'agir de polices visant une catégorie particulière d'administrés (police des étrangers), une catégorie particulière d'activité (police de la chasse, de la pêche, des jeux), des bâtiments particuliers (installations classées, édifices menaçant ruine), des lieux particuliers (gares, aérodromes).

Il existe un certain nombre de particularités permettant de distinguer les polices spéciales de la police générale.

Contrairement à la police générale qui vise la préservation de l'ordre public dans toutes ses composantes, certaines polices spéciales ont pour objet **la sauvegarde d'un élément particulier de l'ordre public**. Ainsi, si la finalité de la police des débits de boissons est de préserver la tranquillité, la sécurité et la salubrité publiques, elle vise plus spécifiquement à prévenir les troubles qui pourraient résulter d'un excès de boisson et à protéger la santé publique (en particulier celle des mineurs).

Il existe même **des polices spéciales qui ne poursuivent pas les mêmes finalités que la police générale**. C'est notamment le cas de la police des publications étrangères et de la police du cinéma dont l'objet peut être de **préserver n'importe quel intérêt général**. La police du cinéma protège bien évidemment la moralité publique, en particulier celle des mineurs, mais aussi les intérêts économiques du cinéma.

Les polices spéciales se distinguent de la police générale par le fait que les autorités compétentes ne sont pas les mêmes. Ainsi, la police des étrangers et celle des publications étrangères relèvent de la compétence du ministre de l'intérieur, la police du cinéma est exercée par le ministre de la culture (les ministres ne disposant pas d'un pouvoir de police générale). La police des gares et des aérodromes appartient au préfet (alors que, placé dans le cadre de la police administrative, le maire de la commune où se situe la gare ou l'aérodrome aurait été compétent) ainsi que la police de la chasse, de la pêche et celle des « installations classées »...

La distinction vient aussi du fait que **l'exercice des polices spéciales se traduit par le recours à des techniques et à des procédures étrangères à la police générale**. Par exemple, en matière de police des étrangers, le ministre de l'intérieur ne peut prononcer une expulsion qu'après avis d'une commission devant laquelle s'est déroulée une procédure contradictoire, l'étranger pouvant présenter sa défense. De même, en matière de police des édifices menaçant ruine, le préfet peut prendre un « arrêté de péril » par lequel il enjoint aux propriétaires d'édifices rendus dangereux par leur état de ruine d'effectuer les travaux nécessaires.

§ 3. Le concours des polices

La variété des polices les conduit parfois à « se rencontrer ». Dans cette hypothèse, des règles jurisprudentielles prévoient les conditions de leur combinaison.

A) Le concours des polices générales

Lorsque deux pouvoirs de police générale se rencontrent, la règle est la suivante : les mesures prises par le Premier ministre au niveau national n'excluent pas l'intervention des préfets, des présidents des conseils généraux et des maires, mieux à même d'apprécier à leur niveau (territorial) les besoins du maintien de l'ordre.

Plus précisément, **l'autorité inférieure peut, dans les limites de son ressort territorial, compléter les prescriptions de l'autorité supérieure mais seulement en les aggravant et à condition que les circonstances locales le justifient** (CE, 18 avril 1902, *Commune de Néris-les-Bains*, GAJA, Rec. Lachaume).

Ainsi, un maire peut abaisser la vitesse maximale autorisée pour la traversée des agglomérations (fixée par le Code de la route à 50 km/h) si la voie publique lui paraît étroite, en mauvais état ou très fréquentée. Son intervention vise alors à prévenir les risques d'accident et à réduire les nuisances. En revanche, il ne peut autoriser une élévation de la vitesse maximale en prenant argument du bon état et de la largeur suffisante de la voie.

B) Le concours entre police générale et police spéciale

Certaines polices spéciales font l'objet d'une attribution exclusive : ainsi, la police des chemins de fer est réservée au ministre des transports, celle des aérodromes et des gares au préfet. Dans ce cas, l'intervention de l'autorité de police générale est exclue (CE, 20 juillet 1935, *Sté Étab. SATAN*, Rec., p. 847).

En dehors de cette hypothèse, c'est-à-dire en général, **l'existence d'une police spéciale n'empêche pas l'intervention de l'autorité de police générale lorsque les circonstances locales le justifient**. Simplement, **cette autorité ne peut qu'aggraver la mesure de police spéciale**.

Ainsi, en matière de police du cinéma, le Conseil d'État a admis qu'un maire pouvait interdire la projection d'un film qui avait pourtant reçu l'autorisation d'exploitation au niveau national (CE Sect., 18 décembre 1959, *Sté Les films Lutétia*, précité).

C) Le concours entre polices spéciales

La règle est simple : chaque police doit être exercée selon l'objet, les procédures et le champ d'application qui lui sont propres. **Il ne saurait donc y avoir de combinaison entre elles ou d'empiétement de l'une sur l'autre**.

SECTION III

La légalité des mesures de police administrative

Il faut distinguer d'une part le cadre légal, constitué de l'ensemble des règles générales s'imposant au pouvoir de police, d'autre part le principe de fond qui conditionne la légalité de toute activité de police : la nécessité des mesures de police ou, plus exactement, la nécessité des atteintes qu'elles portent aux libertés. Enfin, nous verrons que l'illégalité d'une mesure de police peut entraîner la responsabilité de l'administration.

§ 1. Le cadre légal

A) L'obligation d'agir

La première obligation incombant aux autorités de police administrative est de **prendre les mesures nécessaires au maintien ou au rétablissement de l'ordre public**. Toute abstention est illégale et, si un préjudice en résulte, l'autorité compétente peut voir sa responsabilité mise en jeu.

Cette règle de l'obligation d'agir va de soi lorsqu'une réglementation de police existe et que l'autorité de police doit simplement en faire application. Elle concerne aussi bien l'autorité qui a édicté la réglementation que celle qui doit assurer la mise en œuvre d'une réglementation élaborée à un niveau supérieur (c'est notamment le cas des maires chargés d'appliquer les réglementations de police édictées par le préfet).

Cette obligation d'agir vaut aussi lorsque l'autorité de police est confrontée à une situation de fait susceptible d'entraîner des troubles à l'ordre public. Le Conseil d'État a énoncé cette règle tout en limitant l'obligation d'agir à l'hypothèse de « péril grave » (CE Sect., 23 octobre 1959, *Doublet*, Rec., p. 540). Par la suite, la Haute assemblée a supprimé cette exigence et a considéré comme fautive l'abstention de l'autorité de police. Ainsi, dans l'arrêt *Latty* de 1976, le juge estime « qu'il incombait au maire (...) de prendre les mesures appropriées pour empêcher sur le territoire de sa commune, les bruits excessifs de nature à troubler le repos et la tranquillité des habitants » (CE, 23 juin 1976, Rec., p. 329).

B) Les conditions de la légalité des mesures de police

Ce sont avant tout les conditions classiques communes à toutes les décisions administratives : elles doivent être prises par l'autorité compétente, selon les formes et les procédures requises.

Ainsi, puisque les mesures de police sont potentiellement dangereuses pour les libertés, **l'obligation de les motiver est forte**. L'article 1er de la loi du 11 juillet 1979 (relative à la motivation des actes administratifs) énonce : « les personnes physiques ou morales ont le droit d'être informées sans délai des motifs des décisions administratives défavorables qui les concernent et, à cet effet, doivent être motivées les décisions qui (...) constituent une mesure de police ». L'article 3 de la même loi ajoute que « la motivation doit être écrite et comporter l'énoncé des considérations de droit et de fait qui constituent le fondement de la décision ».

Sur le fond, **les mesures de police ne peuvent être prises que dans le but exclusif qui leur est assigné, c'est-à-dire le maintien de l'ordre public**. Toute autre finalité (comme la satisfaction d'un intérêt personnel ou la réponse à un problème social, voir p. 272) est constitutive d'un détournement de pouvoir.

C) Le pouvoir discrétionnaire des autorités de police

Dans ce cadre légal, les autorités de police disposent d'une marge d'appréciation importante. Le juge administratif estime en effet qu'**elles doivent avoir le choix des moyens destinés à préserver l'ordre public**.

Comme l'explique M. Terneyre (commissaire au gouvernement), l'autorité de police doit prendre la mesure qui lui semble « nécessaire, adaptée et proportionnée au résultat recherché, à savoir le maintien de l'ordre public dans le respect des libertés publiques » (note sous CE, 12 mars 1986, *Préfet de police de Paris c/ Metzler*, D. 1986). Autrement dit, l'autorité se prononce de façon discrétionnaire en tenant compte des circonstances de temps et de lieu.

Ce pouvoir discrétionnaire connaît toutefois des limites importantes. Outre la nécessité de la mesure et la prohibition des interdictions générales et absolues (voir p. 271), **les autorités de police ne peuvent édicter certains types**

de règlements, par exemple des réglementations instaurant des régimes d'autorisation ou de déclaration préalable à l'exercice d'une activité (que seule la loi peut établir).

Ainsi, dans l'arrêt *Daudignac,* le Conseil d'État a jugé illégal un arrêté municipal soumettant la pratique des photographes-filmeurs sur la voie publique à la délivrance d'une autorisation préalable (CE Ass., 22 juin 1951, GAJA).

§ 2. La nécessité des mesures de police

L'exercice du pouvoir de police est soumis à un contrôle étendu de légalité, ce qui est somme toute logique dans la mesure où ce pouvoir porte atteinte aux libertés et qu'il est admis que « la liberté est la règle et la restriction de police l'exception ».

Le contrôle porte essentiellement sur la nécessité des mesures de police, condition de leur légalité.

A) Le caractère nécessaire des mesures de police

La légalité des mesures de police est étroitement liée à leur nécessité. Ainsi, **une mesure de police n'est légale que si elle est nécessaire au maintien de l'ordre public**.

Le juge exerce ici un contrôle poussé de l'adéquation de la mesure à la gravité de la menace à l'ordre public. Autrement dit, **il vérifie, par un rapport de proportionnalité, si la mesure constitue un juste équilibre entre les nécessités du maintien de l'ordre et le respect des libertés individuelles** (comme la liberté d'aller et venir, de réunion, du commerce et de l'industrie...). **Toute mesure disproportionnée** eu égard à la gravité des atteintes à l'ordre public, **est annulée**.

Dans le fameux arrêt ***Benjamin*** en 1933, le Conseil d'État considère « que s'il incombe au maire, de prendre les mesures qu'exige le maintien de l'ordre, il doit concilier l'exercice de ses pouvoirs avec le respect de la liberté de réunion » (CE, 19 mai 1933, GAJA, Rec. Lachaume). En l'espèce, l'interdiction pure et simple de la réunion est jugée excessive eu égard à la gravité des troubles susceptibles d'être provoqués.

En revanche, lorsque la mesure de police s'avère « nécessaire, adaptée et proportionnée » au but poursuivi, sa légalité est reconnue. Ainsi, l'interdiction d'un défilé dans les deux rues principales d'une ville, en raison des risques d'accident accrues par l'augmentation de la circulation, est légale (CE, 21 janvier 1966, *Legastelois*, Rec., p. 45).

Certains auteurs ont cru pouvoir déceler dans ce contrôle poussé de la nécessité, non seulement un contrôle de la légalité mais également de l'opportunité des mesures de police. Il est vrai que l'examen de la proportionnalité des mesures aux risques de troubles lui confère une certaine subjectivité. Pourtant, **dans la mesure où le juge se borne à vérifier le caractère nécessaire de la mesure eu égard aux circonstances concrètes de l'affaire, il n'y a pas de contrôle de l'opportunité**.

B) La distinction entre libertés publiques et simples facultés

L'étendue des **pouvoirs de police** varie selon les libertés en cause. Ces pouvoirs sont **restreints lorsque les libertés auxquelles ils portent atteinte sont protégées par la loi ou la Constitution**, en l'occurrence les libertés publiques : liberté de la presse, de réunion, d'association, de culte... Ils sont au contraire **étendus lorsque la liberté en cause est moins protégée** (manifestation sur la voie publique), ***a fortiori*** **lorsqu'il s'agit de simples facultés** (pratique du camping).

La mesure de police peut également porter atteinte non à une liberté protégée par la loi ou la Constitution mais à un **principe général du droit que les autorités de police doivent respecter** (liberté d'aller et venir ou liberté du commerce et de l'industrie).

On l'aura compris, l'intensité du contrôle du juge dépend du degré de protection dont bénéficie une liberté. **Plus la liberté est protégée, plus le contrôle de la mesure de police sera poussé**.

Néanmoins, dans chaque affaire, la prise en compte par le juge des spécificités de la liberté ou de l'activité en cause ainsi que des circonstances de temps et de lieu, produit une jurisprudence nuancée.

À cet égard, la jurisprudence relative à l'exercice de la liberté du culte est significative. Lorsqu'une procession sur la voie publique est traditionnelle, l'autorité de police ne peut l'interdire que s'il existe des menaces précises et sérieuses de troubles à l'ordre public (CE, 19 février 1909, *Abbé Olivier*, GAJA ; en l'espèce, illégalité de l'interdiction des convois funèbres accompagnés des membres du clergé revêtus de leurs habits sacerdotaux). Par ailleurs, le Conseil d'État se montre plus exigeant vis-à-vis de mesures de police portant atteinte à la liberté de culte dans un lieu privé que de celles qui y portent atteinte sur la voie publique (CE, 14 mai 1982, *Association internationale pour la conscience de Krishna*, Rec., p. 179 ; illégalité de l'interdiction de toute cérémonie religieuse organisée par des adeptes de Krishna dans un ancien hôtel).

De même, en matière de manifestations sur la voie publique, activité pourtant soumise à un pouvoir de police étendu, le juge est réticent à accepter les interdictions concernant les manifestations traditionnelles (CE, 18 février 1921, *Abbé Poignant*, Rec., p. 189).

Enfin, **lorsqu'une mesure de police semble de nature à compromettre l'exercice d'une liberté publique individuelle, le juge peut prononcer, en urgence, la suspension de l'exécution de cette mesure** : suspension de l'exécution d'un arrêté municipal instaurant un **couvre-feu pour les enfants** au motif que le maire ne pouvait légalement pas prévoir l'exécution forcée de sa décision (CE, ordonnance du président de la section du contentieux, 29 juillet 1997, *Préfet du Vaucluse*, RFDA 1998, p. 383).

Pour ce même motif, l'exécution forcée illégale, le Conseil d'État a annulé plusieurs arrêtés « couvre-feu ». Cependant, le Conseil a effectué un revirement en estimant légal l'arrêté du maire d'Orléans interdisant la circulation non accompagnée des mineurs de moins de treize ans, de 23 heures à 6 heures du matin, dans trois zones sensibles de la ville (CE, ordonnance du juge des référés, 9 juillet 2001, *Préfet du Loiret*). À la différence des arrêtés annulés en 1994, celui d'Orléans est limité à des zones spécifiques, contenues dans un contrat local de sécurité, et ne donne lieu à exécution forcée (reconduite au domicile par des agents de police) qu'en cas d'urgence. Dans cette ordonnance comme dans celle *Ville d'Étampes* (CE, 27 juillet 2001), le Conseil d'État rappelle que la légalité des mesures restreignant la liberté de circulation des mineurs est subordonnée à la double condition qu'elles soient justifiées par l'existence de risques particuliers dans les secteurs pour lesquels elles sont édictées (en l'occurrence, risque d'être personnellement victimes d'actes de violence comme le risque d'être mêlés, incités ou accoutumés à de tels actes), et qu'elles soient adaptées par leur contenu à l'objectif de protection (des mineurs de moins de treize ans). À travers ces affaires, le Conseil d'État fait émerger une conception renouvelée de l'ordre public. En effet, (presque) pour la première fois, la jurisprudence admet que des mesures de police peuvent avoir avant tout comme objectif de protéger un intérêt privé (le droit du mineur à la sécurité), l'intérêt public (le maintien de l'ordre public) n'étant visé que de façon indirecte.

C) La prohibition des interdictions générales et absolues

Le principe de prohibition des interdictions générales et absolues (interdictions totales) est le corollaire du caractère nécessaire des mesures de police. Toute décision qui prononce une telle interdiction est jugée illégale, *a fortiori* si elle touche une liberté publique.

En réalité, une interdiction générale et absolue n'est pas illégale en elle-même. Le juge doit apprécier au cas par cas si cette interdiction ne va pas au-delà des nécessités de l'ordre public. Simplement, **aux yeux du juge, une telle mesure est présumée illégale car il est certainement possible de parvenir au but à atteindre par une décision moins rigoureuse**.

Ainsi, dans l'affaire ***Action française*** en 1935, le préfet de police avait ordonné la saisie du journal du même nom à Paris et dans le département de la Seine en raison des risques de troubles à l'ordre public que sa diffusion aurait pu entraîner. Ces risques étaient liés aux événements de février 1934 (l'agitation suscitée par les ligues d'extrême droite). Le juge a estimé que la saisie générale du journal dans le département de la Seine n'avait aucune justification puisque les risques de troubles étaient limités à Paris et que cette saisie avait de ce fait le caractère d'une voie de fait (TC, 8 avril 1935, GAJA, Rec. Lachaume).

De même, dans l'arrêt ***Daudignac***, un maire avait interdit l'exercice dans la rue de la profession de photographe-filmeur (photographe qui prend un cliché des passants et le leur vend). Le Conseil d'État a annulé l'arrêté interdisant de façon absolue l'exercice de cette activité en raison de l'atteinte qu'il porte à la liberté du commerce et de l'industrie, considérant qu'il était possible d'atteindre le même objectif que l'interdiction (éviter des embouteillages notamment) par une mesure moins radicale (CE Ass., 22 juin 1951, précité). Le maire aurait ainsi pu réglementer les heures et les lieux d'activité.

En revanche, le juge a reconnu la légalité d'une interdiction de l'activité de photographe-filmeur sur la route menant au Mont-Saint-Michel pour la durée de la saison touristique. En effet, au vu des circonstances (affluence exceptionnelle des touristes), il apparaît qu'aucune autre mesure n'aurait permis d'assurer la régulation et la sécurité de la circulation (CE, 13 mars 1968, *Époux Leroy*, Rec., p. 178).

Citons également **les arrêtés municipaux « antimendicité »** qu'un certain nombre de maires ont dû rapporter et reprendre avec une rédaction différente, en raison de l'interdiction générale et absolue qu'ils édictaient et qui les rendait de ce fait illégaux (voir par exemple, TA, Pau, 22 novembre 1995, M. *Couveinhas Jacques*, Assoc. *« Sortir du fond » c/ commune de Pau*, RFDA 1996, p. 373, concl. J. Y. Madec).

E25 **Le pouvoir de police générale du maire ne peut avoir pour finalité de régler des problèmes sociaux**

Arrêtés « antiprostitution », arrêtés « couvre-feu » (pour les mineurs de moins de treize ans), arrêtés « anti-OGM »... Ces différentes mesures illustrent la tentation des maires d'exercer leur pouvoir de police générale pour traiter des problèmes sociaux (pour ne pas dire sociétaux).

Le cas s'est à nouveau posé avec des arrêtés pris par des maires de la région parisienne, interdisant les coupures de courant pour les familles en difficulté économique et sociale. La suspension de ces arrêtés par le tribunal administratif de Cergy-Pontoise a été confirmée par le président de la cour administrative d'appel de Versailles (6 décembre 2004, *Commune de Pierrefitte, Commune de Stains, Commune de Villetaneuse*). Le juge a estimé que ni les pouvoirs de police générale reconnus aux maires ni les dispositions protectrices des droits de l'homme tirées de la Constitution, de normes internationales ou de la législation ne pouvaient conférer un fondement légal suffisant aux arrêtés en cause. En particulier, le juge considère que *les menaces* (invoquées par les maires) *à l'ordre public,* à la sécurité... que provoqueraient les coupures d'électricité *« ne sont pas, de par leur imprécision et leur éventualité, de nature à justifier le recours au pouvoir de police administrative générale pour interdire ces coupures ».*

Ainsi, les arrêtés « anticoupures d'électricité » contestés ne répondent à aucun des buts légaux de la police administrative générale : ni à la salubrité publique (le risque pesant sur l'hygiène publique n'étant qu'hypothétique), ni au respect de la dignité humaine (qui concerne essentiellement les atteintes portées à l'intégrité physique de la personne humaine). De plus, les mesures d'interdiction, par l'atteinte qu'elles portent à la liberté du commerce et de l'industrie (puisqu'il s'agit d'une ingérence dans la relation individuelle d'une entreprise industrielle et commerciale avec ses clients), apparaissent comme disproportionnées par rapport aux objectifs poursuivis.

Par ailleurs, certains arrêtés se fondent, entre autres, sur des droits et libertés protégés par la Déclaration universelle des droits de l'homme (le droit à un niveau de vie suffisant, le droit à la vie), la Convention européenne des droits de l'homme... ou sur le droit de disposer d'un logement décent (érigé en objectif de valeur constitutionnelle par le Conseil constitutionnel). Là encore, la méthode est contestable. En effet, les maires ne peuvent pas prendre de mesures destinées à mettre en œuvre ces droits (en interdisant les coupures), la mise en œuvre effective des droits économiques et sociaux relevant du législateur et du gouvernement. Enfin, à l'appui de leurs arrêtés, les maires ne peuvent pas invoquer une carence du législateur puisque la loi, précisément, a organisé des dispositifs destinés à empêcher que des familles en situation de précarité sociale ne soient brutalement privées d'énergie ou d'eau.

§ 3. L'extension des pouvoirs de police en période de crise

Sur les régimes d'exception, voir p. 156 et s.

§ 4. Mesure de police et responsabilité

Le régime de la responsabilité administrative étant étudié ultérieurement (voir Partie VI), nous ne donnons ici que quelques éléments d'indication.

L'illégalité d'une mesure de police peut être sanctionnée par son annulation (en cas de recours pour excès de pouvoir ou même d'exception d'illégalité, voir respectivement, p. 349 et s. et p. 326). Cependant, **lorsque cette illégalité est à l'origine d'un dommage, la responsabilité de l'administration peut être engagée** dans trois hypothèses :

- s'il y a faute simple (notamment pour les décisions ou les opérations de police ne présentant pas de difficultés particulières) ;

- en cas de faute lourde de l'autorité de police (notamment pour les opérations présentant une certaine difficulté, comme les opérations de maintien de l'ordre).
  La responsabilité pour faute peut résulter bien évidemment d'une décision ou d'une action de police mais aussi d'une carence de l'autorité de police (inaction ou refus de prendre les mesures nécessaires) ;
- sans qu'aucune faute ne soit commise par l'autorité de police. Il peut s'agir d'une responsabilité pour risque (lorsqu'un tiers à l'opération de police a été atteint par l'usage d'armes à feu ou d'engins dangereux) ou pour rupture de l'égalité devant les charges publiques (voir par exemple, CE, 30 novembre 1923, *Couitéas*, GAJA ; à propos du refus légal de l'administration d'exécuter une décision de justice en raison des risques de troubles graves à l'ordre public).

Pour conclure, signalons que les forces de sécurité intérieure, dont font partie les polices nationale et municipale, sont soumises au contrôle d'une autorité administrative indépendante, la Commission nationale de déontologie de la sécurité instituée en 2000. Sa mission est de contrôler la déontologie des forces de sécurité et de dénoncer les manquements (voir p. 42).

PARTIE V

La justice administrative

CHAPITRE 1

La juridiction administrative

CHAPITRE 2

La répartition des compétences entre juges administratif et judiciaire

CHAPITRE 3

Le contentieux administratif

« **Juger l'administration, c'est encore administrer** ». Cette formule ambiguë résume la situation paradoxale de la justice administrative. Entre la fonction de juger qui la rattache au « pouvoir » judiciaire et le lien organique, intellectuel, avec l'administration qui la place dans une position si particulière vis-à-vis de l'exécutif, la justice administrative apparaît comme un « défi » à la séparation des pouvoirs. Sa fonction est de juger, de trancher les litiges nés de l'activité administrative. Longtemps considéré comme un « protecteur des prérogatives de l'administration », le juge administratif assume aujourd'hui, par le contrôle effectif qu'il exerce sur l'administration, son rôle de gardien (à son niveau) de l'État de droit.

Malgré l'affranchissement progressif de la tutelle de l'exécutif et la reconnaissance constitutionnelle de son existence ainsi que de son indépendance, des affinités avec l'administration demeurent et un certain doute subsiste encore sur l'objectivité du juge administratif (surtout concernant le Conseil d'État). Enfin, notons que la justice administrative a été profondément remaniée au cours des deux dernières décennies, qu'il s'agisse, par exemple, de la réforme du contentieux (loi du 31 décembre 1987), destinée à lui permettre de faire face à la demande croissante de justice, ou de la réorganisation du Conseil d'État (décret du 6 mars 2008).

Dans un souci de simplification du contentieux administratif, l'ensemble des dispositions relatives aux juridictions administratives et à la procédure contentieuse a été rassemblé au sein du **Code de justice administrative**, en vigueur depuis le 1er janvier 2001. Justiciables et juristes ont désormais un unique document de référence.

Bibliographie et lectures pour approfondir

Sur la juridiction administrative :

J. Arrighi de Casanova et J.-H. Stahl, *Le décret n° 2010-164 du 22 février 2010 relatif aux compétences et au fonctionnement des juridictions administratives*, RFDA n° 2, mars-avril 2010, p. 387 ; P. Bon, *La question prioritaire de constitutionnalité après la loi organique du 10 décembre 2009*, RFDA n° 6, nov.-déc. 2009, p. 1107 ; O. Gohin, *Rapporteur public et réorganisation de l'audience dans le contentieux administratif : une réforme en trompe l'œil – À propos du décret du 7 janvier 2009*, JCP A, 15 juin 2009 ; P. Gonod, *Le Conseil d'État à la croisée des chemins ?* (à propos du décret du 6 mars 2008 relatif à l'organisation et au fonctionnement du Conseil d'État), AJDA 31 mars 2008, p. 630 ; B. Guérel, *Le juge administratif français contemporain,* Gaz. Pal. 2005, nos 44-46, p. 2 ; D. Lochak, *La justice administrative,* Montchrestien (Clefs) ; J. Y. Madec, *Le décret du 19 décembre 2005 : dernier acte de repentance ou réveil de la juridiction administrative française ?*, AJDA 2006, 23 janv., p. 113 ; B. Pacteau, *La justice administrative française désormais en règle avec la Cour européenne des droits de l'homme ?,* RFDA n° 5, sept.-oct. 2009, p. 885 ; F. Séners, *L'impartialité et l'indépendance des membres du Conseil d'État* (concl. sur CE, 5 oct. 2005, *Hoffer*), RFDA (n° 5), septembre-octobre 2005, p. 942 ; *Chronique d'une réforme réussie* (à propos des cours administratives d'appel), dossier de l'AJDA, 30 juin 2008, p. 1240 et s. ; *Les tribunaux administratifs ont cinquante ans, état des lieux et perspectives,* AJDA 2004, p. 625.

Sur la répartition des compétences entre juges administratif et judiciaire :

J. P. Amadei, *Le juge administratif n'est-il plus que le juge des personnes publiques ?* RRJ 2004, p. 217 ; J. Auvret-Finck, *Les actes de gouvernement, irréductible peau de chagrin ?,* RDP 1995, p. 131 ; D. Bailleul, *L'exécution des décisions administratives par le juge*, AJDA 3 mars 2008, p. 386 ; D. Pouyaud, *Le Tribunal des conflits, juge du fond. Des conditions moins strictes,* RFDA n° 6, nov.-déc. 2009, p. 1229 ; J. Rivero, *Le juge judiciaire, juge administratif,* RFDA 1990, p. 757, *Dualité de juridictions et protection des libertés,* RFDA 1990, p. 734 ; A. Viala, *La voie de fait, voie d'eau dans le dualisme juridictionnel,* LPA 1998, n° 9, p. 9-15.

Sur le contentieux administratif :

L'appel en contentieux administratif, dossier de l'AJ, 3 juillet 2006 ; F. Abikhzer, *Le délai raisonnable dans le contentieux administratif : un fruit parvenu à maturité ?,* AJDA 2005, p. 983 ; J.-L. Autin, *Réflexions sur le principe du contradictoire dans la procédure administrative,* EDCE 2001, n° 52 ; D. Bailleul, *Les nouvelles méthodes du juge administratif,* AJDA 2004, p. 1626 ; M. Bernard, *Le recours pour excès de pouvoir est-il frappé à mort ?,* AJDA juin 1995, n° spécial, p. 190 ; C. Broyelle, *De l'injonction législative à l'injonction prétorienne : le retour du juge administrateur,* DA 2004, n° 3, p. 8 ; C. Chevallier-Govers, *Le président du tribunal administratif au secours de la célérité de la justice administrative, Gaz. Pal. 2001, n° 168-169, p. 3-20* ; J. P. Costa, *L'exécution des décisions de justice,* AJDA juin 1995, n° spécial, p. 227 ; S. Deliancourt, *L'autorité de chose jugée s'attachant aux décisions rendues par le Conseil d'État en sa qualité de juge de cassation*, AJDA 24 mars 2008, p. 568 ; F. Donnat et D. Casas, *L'office du juge administratif dans la jurisprudence du Conseil d'État,* DA 2004, n° 5, p. 9 ; O. Gohin, *Les principes directeurs du procès administratif en droit français,* RDP 2005, p. 171 ; M. Gros, *Fonctions manifestes et latentes du détournement de pouvoir,* RDP 1997, 1237 ; D. Lanz, *Le juge du référé suspension peut-il juger le fond ?* AJDA 2004, p. 521 ; G. Le Chatelier, *Les incidences du droit communautaire sur le droit du contentieux administratif,* AJDA juin 1996, n° spécial, p. 97 ; P. Martin, *La recevabilité du recours pour excès de pouvoir à l'encontre des contrats. Pour le centenaire de l'arrêt Wachsmann*, RFDA (n° 1), janvier-février 2006, p. 24 ; J. Rivero, *Le Huron au Palais-Royal, ou réflexions naïves sur le recours pour excès de pouvoir,* D. 1962, chro. p. 37 ; M.-C. Rouault, *La loi du 30 juin 2000 : un petit pas vers un traitement efficace de l'urgence par le juge administratif,* D. 2001, chro. p. 398-403 ; *Les modes alternatifs de règlement des litiges,* Dossier de l'AJDA de janvier 1997.

CHAPITRE 1

La juridiction administrative

L'organisation juridictionnelle française est originale. Elle se caractérise par une dualité de juridictions, c'est-à-dire par **l'existence d'une juridiction spécialisée dans le règlement des litiges administratifs, à côté de la juridiction judiciaire compétente pour connaître des litiges opposant les particuliers entre eux et pour faire respecter la loi** (à la différence des pays anglo-saxons où il existe un ordre de juridiction unique). Cependant, la séparation entre les ordres de juridiction n'est pas absolue (dans certaines hypothèses, le juge judiciaire intervient dans le contrôle de l'action administrative).

L'autonomie et l'indépendance de la juridiction administrative s'apparentent à de véritables conquêtes obtenues après une longue évolution, n'ayant connu que récemment leur véritable consécration.

Après avoir retracé cette évolution et analysé le statut de la juridiction administrative, nous décrirons les différentes juridictions qui composent l'ordre administratif en examinant leur organisation et leurs attributions.

SECTION I

De l'autonomie à la constitutionnalisation de la juridiction administrative

Le principe de séparation des autorités administratives et judiciaires est à l'origine d'une longue évolution qui devait aboutir à la naissance de la juridiction administrative. Pourtant, ce n'est que récemment qu'elle a définitivement été consacrée. En effet, le Conseil constitutionnel l'a dotée d'un statut constitutionnel.

§ 1. Vers l'autonomie

A) La séparation des autorités administratives et judiciaires

Le principe de la séparation des autorités administratives et judiciaires a été proclamé, plus que posé, par la loi des 16 et 24 août 1790 (relative à l'organisation judiciaire) et réaffirmé par la loi du 16 Fructidor An III (2 septembre 1795). Ce principe, **inspiré par la méfiance envers les tribunaux judiciaires** (héritiers des Parlements de l'Ancien Régime), **leur dénie toute compétence pour juger de l'action administrative** (du moins lorsque celle-ci est synonyme de puissance publique) ainsi que pour juger les administrateurs (c'est-à-dire les fonctionnaires qui détiennent le pouvoir de décision) à raison de leurs fonctions.

Les tribunaux judiciaires écartés, s'est instaurée la pratique selon laquelle les administrateurs étaient également juges des litiges administratifs, donc juges et parties (système de l'« administrateur-juge »). Il fallait en conséquence, sous peine de déni de justice ou d'arbitraire, donner un véritable juge à la puissance publique.

Ce fut fait en l'An VIII (1799) avec l'institution de juridictions spécialisées dans le règlement du contentieux de l'administration.

La Constitution de l'An VIII dispose que « Sous la direction des consuls, un Conseil d'État est chargé de rédiger les projets de loi et les règlements d'administration publique, et de résoudre les difficultés qui s'élèvent en matière administrative ». **La double fonction administrative et contentieuse qui est attribuée au Conseil d'État ne sera jamais remise en cause**.

D'autre part, la loi du 28 Pluviôse An VIII institue les **« conseils de préfectures »** (ancêtres des tribunaux administratifs) dont la mission est de conseiller les préfets pour certains types de litiges (en matière de travaux publics ou de contributions directes).

Malgré le progrès que constitue l'instauration de ces « juridictions », on ne peut guère parler de justice administrative. En effet, les ministres demeurent juges de droit commun du contentieux administratif : c'est l'époque de **la justice retenue**. Pourtant, **l'influence du Conseil d'État est déjà prépondérante**. Non seulement il a la mainmise sur l'élaboration des décisions mais ses avis et propositions sont systématiquement suivis par le chef de l'État.

B) La naissance d'une véritable juridiction administrative

Ce n'est qu'au terme d'une longue période que le législateur puis le Conseil d'État vont consacrer l'abandon de la justice retenue et **l'avènement de la justice déléguée**.

La loi du 24 mai 1872 charge le Conseil d'État de juger souverainement « au nom du peuple français » (au même titre que le juge judiciaire). Autrement dit, ses décisions n'ont plus à être soumises à une autre autorité. La loi crée également le Tribunal des conflits, chargé de trancher les conflits de compétence entre les ordres de juridictions (lorsqu'un doute existe sur le point de savoir si un litige relève de la compétence de la juridiction administrative ou de celle de la juridiction judiciaire, il revient au Tribunal de trancher ; voir p. 308 et s.).

Quelques années plus tard, **l'arrêt *Cadot* fait du Conseil d'État le juge de droit commun des litiges administratifs** (CE, 13 décembre 1889, GAJA). Dans ses conclusions, le Commissaire du gouvernement Jagerschmidt pose clairement la règle : « Partout où il existe une autorité ayant un pouvoir de décision propre (…) **un débat contentieux peut naître et le Conseil d'État peut être directement saisi** » (D. 1891, 3, p. 41).

Par la suite, les conseils de préfecture sont réorganisés à deux reprises (en 1926 et 1933) : leur nombre est réduit et la carrière des magistrats est revalorisée. Mais surtout, l'engorgement du Conseil d'État appelle une réforme en profondeur. Elle se concrétise par la transformation des conseils de préfecture en **tribunaux administratifs** (décrets de 1953) **qui deviennent juges de droit commun du contentieux administratif**. Le Conseil d'État devient alors juge de premier ressort dans des cas déterminés, juge d'appel ou juge de cassation.

Les progrès réalisés grâce à la réforme sont vite anéantis et le Conseil d'État se retrouve à nouveau débordé de recours. Une nouvelle réforme du contentieux est engagée par la loi du 31 décembre 1987. La principale innovation consiste à **créer un nouveau degré de juridiction : les cours administratives d'appel qui prennent en charge une partie du contentieux du Conseil d'État** (au niveau de l'appel).

Au terme de cette évolution, la juridiction administrative a acquis son indépendance vis-à-vis de l'administration, même si **les liens organiques et intellectuels demeurent très forts**.

Pourtant, une dernière étape restait à franchir. En effet, le principe de séparation des autorités administratives et judiciaires n'ayant qu'une valeur législative, c'est l'existence même de la juridiction administrative qui pouvait être remise en cause par le législateur (selon l'article 34 de la Constitution de 1958, le législateur est compétent pour créer de nouveaux ordres de juridiction et donc, en toute logique, pour les supprimer). En donnant un véritable statut constitutionnel à la justice administrative, le Conseil constitutionnel a écarté cette menace.

§ 2. La constitutionnalisation de la juridiction administrative

Seul le Conseil constitutionnel pouvait remédier au silence de la Constitution (qui ne fait aucune allusion à l'existence de la justice administrative et ne fait référence au Conseil d'État qu'à propos de ses attributions consultatives) et apporter à la juridiction administrative des garanties constitutionnelles quant à son existence, son indépendance et son fonctionnement.

Dans un premier temps, par la décision du 22 juillet 1980, **il consacre la valeur constitutionnelle du principe d'indépendance de la juridiction administrative** (CC, *Validation d'actes administratifs*, GDCC ; il l'identifie comme un principe fondamental reconnu par les lois de la République), confirmée par la décision du 28 juillet 1989 (RFDA 1989, p. 691, note B. Genevois).

Mais surtout, par la décision capitale du 23 janvier 1987, **il érige en principe constitutionnel l'existence de la juridiction administrative** (CC, *Conseil de la concurrence*, GAJA). Sans reconnaître valeur constitutionnelle au principe de la séparation des autorités administratives et judiciaires, le Conseil constitutionnel se fonde sur « la conception française de la séparation des pouvoirs » pour dégager **un principe fondamental reconnu par les lois de la République, selon lequel la juridiction administrative est seule compétente pour annuler ou réformer les décisions prises par les autorités administratives dans l'exercice des prérogatives de puissance publique**.

Cette constitutionnalisation de la juridiction administrative emporte plusieurs conséquences fondamentales :

- le législateur ne peut plus porter atteinte à son existence ni même à son indépendance. Seul le constituant le pourrait ;
- la juridiction administrative est désormais dotée de compétences propres, au même titre que la juridiction judiciaire, cette dernière étant chargée par l'article 66 de la Constitution de la protection de la liberté individuelle et de la propriété ;

– le législateur peut être « habilité » ponctuellement par le Conseil constitutionnel à déroger au principe de répartition des compétences. Il peut ainsi, « dans l'intérêt d'une bonne administration de la justice », attribuer l'ensemble du contentieux relatif à une matière à l'un ou l'autre des deux ordres de juridiction (on parle alors de « bloc de compétence »).

Quant aux conséquences sur le fonctionnement de la juridiction administrative (notamment en ce qui concerne l'indépendance des magistrats), elles seront étudiées dans les développements suivants.

SECTION II
Les juridictions administratives

L'ordre juridictionnel administratif comprend des juridictions de droit commun, Conseil d'État, tribunaux administratifs (TA) et cours administratives d'appel (CAA) ainsi que des juridictions spécialisées.

§ 1. Le Conseil d'État

Le Conseil d'État est la juridiction suprême de l'ordre administratif. Autrement dit, il domine les juridictions inférieures que sont les tribunaux administratifs et les cours administratives d'appel. Ce « statut » se reflète dans son organisation et dans ses attributions.

A) L'organisation du Conseil d'État

Le Conseil comporte un effectif théorique d'environ 300 membres qui se répartissent au sein des sections administratives et de la section du contentieux.

1) Composition

Les membres du Conseil d'État sont pour l'essentiel recrutés à la sortie de l'ENA (parmi les mieux classés). Paradoxalement, alors qu'ils exercent des fonctions juridictionnelles, ils sont encore considérés comme des fonctionnaires (cela vaut également pour les membres des TA et des CAA), du moins au regard des textes. Ils jouissent pendant toute leur carrière des avantages attachés à l'appartenance à un grand corps de l'État.

Au sein du Conseil d'État, la hiérarchie entre les membres s'établit comme suit (dans un ordre décroissant) :

– le Premier ministre assure en théorie la présidence du Conseil ;
– **en pratique, la présidence appartient au vice-président du Conseil** (qui occupe le plus haut poste de la fonction publique) ;
– les sept présidents de section qui, avec le vice-président, forment le bureau ;

- les conseillers d'État en service ordinaire, choisis aux deux tiers parmi les maîtres des requêtes (en moyenne, après une quinzaine d'années d'ancienneté) et pour un tiers au tour extérieur (c'est-à-dire désignés en toute liberté par le gouvernement parmi des personnalités extérieures au Conseil que l'on veut ainsi récompenser et/ou « recaser » pour leur fidélité politique et/ou pour le travail accompli).
  Quant aux conseillers d'État en service extraordinaire, ce sont des personnalités qualifiées pour représenter les différents domaines de la vie nationale. Nommés pour quatre ans, ils continuent à exercer pendant cette période leurs fonctions d'origine. Au sein du Conseil, ils ne participent qu'aux fonctions administratives (à l'exclusion par conséquent de la fonction juridictionnelle) ;
- les maîtres des requêtes sont choisis pour les trois quarts parmi les auditeurs (en moyenne, après deux ou trois ans d'ancienneté dans la fonction) et pour un quart au tour extérieur (à condition d'avoir au moins dix années de fonction dans l'administration) ;
- les auditeurs de 2e puis de 1re classe (il faut en moyenne dix-huit mois pour passer de l'une à l'autre) sont recrutés à la sortie de l'ENA.

Sur l'ensemble des effectifs du Conseil d'État, une centaine de membres sont en permanence en situation de détachement, de disponibilité ou encore « mis à disposition ». Cette grande souplesse leur permet d'occuper des fonctions hors du Conseil : fonctions ministérielles (ce fut le cas pour Laurent Fabius lorsqu'il était Premier ministre) ou au sein d'un cabinet, mandats politiques, fonctions dirigeantes au sein d'une entreprise privée (ce que l'on appelle le « pantouflage »)...

Par ailleurs, il faut noter qu'aucun texte n'accorde de garanties d'indépendance aux membres du Conseil d'État : ni le décret du 30 juillet 1963 qui fixe leur statut, ni la loi du 6 janvier 1986 qui pose la règle de l'inamovibilité des membres des tribunaux administratifs (dont le bénéfice a été étendu aux membres des cours administratives d'appel).

Pourtant, **ces garanties existent dans les faits**, conformément à une règle coutumière et grâce à la protection que confère l'appartenance à un grand corps : **le principe de l'avancement à l'ancienneté et la règle non écrite selon laquelle les membres du Conseil ne peuvent pas se voir infliger de sanctions disciplinaires, garantissent leur indépendance**.

2) Sections et formations

La répartition des fonctions au sein du Conseil d'État se fait entre sections.

a) Les sections administratives

Les fonctions consultatives sont assurées par six sections administratives couvrant les grands domaines de la vie administrative : Intérieur, Finances, Sociale, Travaux publics, Études et rapport, auxquelles il faut ajouter **la nouvelle section de l'administration** (créée par le décret du 6 mars 2008 relatif à l'organisation et au fonctionnement du Conseil d'État). Outre l'ensemble des projets de loi et de décret en matière de fonction publique (qui étaient jusque-là traités par trois sections différentes), la section de l'administration traitera des relations entre administration et usagers, de la procédure administrative non contentieuse et de la défense nationale, mais également de tous les contrats publics ainsi que des propriétés publiques. La nouvelle section de l'administration devient ainsi la section en charge des outils de la gestion publique.

De plus, le décret du 6 mars 2008 apporte plusieurs innovations destinées à permettre au Conseil d'État de mieux concourir à l'amélioration de la qualité de la réglementation dans un contexte d'inflation normative. Ainsi, chaque section administrative est désormais dotée d'une formation ordinaire aux effectifs restreints, chargée de l'examen des affaires les moins complexes. Les affaires les plus importantes et/ou les plus difficiles sont renvoyées à l'Assemblée générale qui réunit l'ensemble des conseillers d'État. Par ailleurs, tous les membres des sections administratives se voient attribuer voix délibérative. Enfin, les présidents des sections administratives sont désormais assistés d'un président-adjoint afin d'accentuer la collégialité des travaux.

Le décret du 6 mars 2008 organise également une plus grande ouverture du Conseil d'État sur l'extérieur par le recours accru à des personnes susceptibles, en raison de leurs connaissances ou de leur expérience, d'éclairer les travaux des diverses formations consultatives.

b) La section du contentieux

La fonction juridictionnelle relève de la section du contentieux. Elle est divisée en 10 sous-sections chargées d'instruire et de juger les affaires. Suivant l'importance et/ou la difficulté présentée par une affaire, les formations de jugement varient :

- **pour les affaires présentant le moins de difficultés**, le jugement est confié à **une sous-section ou à deux, trois ou quatre sous-sections réunies** ;
- **lorsqu'une affaire présente des difficultés particulières, d'ordre juridique ou politique, elle peut être renvoyée à la section du contentieux** qui, pour l'occasion, comprend seulement son président, ses 3 présidents adjoints, ses 10 présidents de sous-section et le rapporteur de l'affaire ;
- **enfin, les affaires les plus importantes et/ou les plus difficiles peuvent être renvoyées à l'Assemblée du contentieux** qui est la formation suprême de jugement du Conseil d'État. Celle-ci comporte dix-sept membres : le vice-président du Conseil d'État, les présidents de section, les trois présidents adjoints de la section du contentieux, le président de la sous-section qui a instruit l'affaire, les quatre présidents de sous-section les plus anciens dans leurs fonctions (leur présence est prévue par le décret du 6 mars 2008 afin de renforcer la représentativité de la fonction contentieuse, voir d ci-après) et le rapporteur.

Les affaires soumises au Conseil d'État sont attribuées aux différentes sous-sections par le président de la section du contentieux. La formation de jugement se prononce sur la base des conclusions rendues par le « rapporteur public », qui s'est substitué au « commissaire du gouvernement » dont l'appellation pouvait prêter à confusion (décret du 7 janvier 2009). Le rapporteur public, tout comme le commissaire du gouvernement auparavant, est le magistrat chargé d'exposer publiquement à l'audience son opinion sur les questions que présentent à juger les requêtes et sur les solutions qu'elles appellent. La formation de jugement n'est pas tenue de suivre ses conclusions. Auparavant désignés par décrets en conseil des ministres, les rapporteurs publics au Conseil d'État sont désormais désignés par arrêtés du vice-président du Conseil d'État pris sur proposition du président de la section du contentieux (Décret n° 2005-1586 du 19 décembre 2005). Il s'agit d'un nouveau retrait de pouvoir des autorités politiques envers les membres du Conseil d'État. Par ailleurs, à la suite de plusieurs condamnations prononcées par la Cour européenne des droits de l'homme, qui avait estimé que la présence du « commissaire du gouvernement » au délibéré d'une affaire, même sans y participer, portait atteinte au droit à un procès équitable (dans la mesure où le « commissaire » s'exprime publiquement à l'audience et peut ainsi influencer les membres de la formation de jugement ; arrêts *Kress* du 7 juin 2001 et *Martinie* du 12 avril 2006), le décret du 1er août 2006 prévoit que devant le Conseil d'État, le commissaire du gouvernement (le rapporteur public, désormais) assiste au délibéré sans y prendre part, sauf demande contraire d'une partie. Le maintien de la possibilité pour le rapporteur public d'assister au délibéré s'explique par le rôle que joue le Conseil d'État. Il ne se borne en effet pas à trancher les litiges dont il est saisi, mais « il oriente, par sa jurisprudence, les décisions de l'ensemble des autres juridictions administratives. Les commissaires du gouvernement (rapporteurs publics), qui sont les porte-parole de cette construction jurisprudentielle, tirent de l'assistance au délibéré les moyens de la connaître et de la comprendre de manière intime » (B. Stirn, *Convention européenne des droits de l'homme et commissaire du gouvernement*, La lettre de la justice administrative n° 13, oct. 2006).

c) La fin de la « double appartenance »

Jusqu'ici, le principe de la « double appartenance » voulait que chaque membre du Conseil d'État appartienne à une section administrative et à la section du contentieux. Le décret du 22 février 2010 met fin à ce principe en prévoyant que les conseillers d'État en service ordinaire, les maîtres des requêtes et les auditeurs peuvent être affectés soit à une, soit à deux sections (il peut s'agir de deux sections administratives).

d) La séparation entre activités de conseil et activités contentieuses

Dans l'arrêt *Kress* du 7 juin 2001, la Cour européenne des droits de l'homme a condamné l'idée même qu'un membre d'une juridiction ayant fait connaître son opinion sur une affaire (dans le cadre de ses fonctions) puisse participer au délibéré de cette affaire. Malgré l'existence de garanties procédurales pour assurer l'impartialité du procès administratif (par exemple, le rapporteur d'un projet de décret devant une section administrative ne siège pas au contentieux si la légalité dudit décret est examinée par la suite), la jurisprudence de la CEDH a fragilisé le principe même de la coexistence des fonctions administratives et des fonctions contentieuses au sein de la juridiction administrative française (la règle de la « double appartenance », le fonctionnement de l'assemblée du contentieux qui comprend, notamment, les présidents des sections administratives). Face aux critiques persistantes, le décret du 6 mars 2008 a consacré en droit la séparation de fait entre activités de conseil et activités contentieuses.

Ainsi, le décret affirme expressément la règle coutumière selon laquelle « les membres du Conseil d'État ne peuvent participer au jugement des recours dirigés contre les actes pris après avis du Conseil d'État, s'ils ont pris part à la délibération de cet avis ». En outre, les justiciables pourront vérifier par eux-mêmes que cette règle est respectée en obtenant communication de la liste des membres des formations consultatives ayant pris part à l'avis rendu sur l'acte qu'ils attaquent.

Par ailleurs, le décret met fin à la présence des représentants des sections administratives dans la formation ordinaire de neuf membres, les sous-sections réunies, et la section du contentieux siégeant en formation de jugement.

Enfin, le décret modifie la composition de l'Assemblée du contentieux (voir b ci-dessus). Celle-ci passe à dix-sept membres (contre douze auparavant), dont une nette majorité appartient à la Section du contentieux, et devient la plus nombreuse des formations de jugement du Conseil d'État. Par ailleurs, la voix prépondérante du vice-président disparaît. Enfin, lorsque l'Assemblée du contentieux est saisie d'un recours contre un acte pris après avis du Conseil d'État, le président de la section administrative qui a eu à délibérer de cet avis ne siège pas, même s'il n'a pas siégé le jour où l'affaire a été examinée en section administrative.

E26

Les références d'un arrêt permettent d'identifier la formation de jugement et donc d'en mesurer l'importance : CE, 7 février 1947, *d'Aillières* (arrêt rendu en sous-sections) ; CE Sect., 22 décembre 1978, *Union des chambres syndicales d'affichage* (arrêt rendu en section du contentieux) ; CE Ass., 2 novembre 1973, *Sté Librairie François Maspero* (arrêt rendu en assemblée du contentieux et donc de façon particulièrement solennelle).

B) Les fonctions du Conseil d'État

Les deux fonctions majeures du Conseil sont la fonction juridictionnelle et la fonction consultative. Il ne faut pas négliger pour autant la fonction d'inspection qu'il exerce à l'égard des juridictions administratives et les attributions qu'il détient en matière d'études et de rapport.

1) La fonction contentieuse

Selon les contentieux, le Conseil d'État est juge de premier et dernier ressort (dans les matières où il a une compétence directe), juge d'appel, juge de cassation. **Étant la juridiction suprême de l'ordre administratif, on dit que le Conseil statue « souverainement ». Cela implique qu'il ne peut pas y avoir de recours contre ses arrêts devant une autre juridiction**. En plus de cette triple compétence, le Conseil d'État est juge des référés.

Signalons que le Conseil d'État intervient également comme juge dans deux hypothèses particulières, au sens où celles-ci ne relèvent pas du contentieux au sens strict : le recours dans l'intérêt de la loi et l'homologation d'une transaction.

a) Le Conseil d'État, juge de premier et dernier ressort

Depuis que les tribunaux administratifs sont juges de droit commun du contentieux administratif (réforme de 1953), le Conseil d'État ne statue plus en premier et dernier ressort que sur des contentieux déterminés en raison de leur importance. Il faut noter que la compétence du Conseil pour connaître de certains de ces contentieux a été récemment transférée aux tribunaux administratifs (décret du 22 février 2010, voir p. 291). Désormais, il est compétent pour connaître :

- des recours pour excès de pouvoir formés contre les décrets (du Président ou du Premier ministre) et les ordonnances avant leur ratification ;
- des recours pour excès de pouvoir formés contre les actes réglementaires des ministres et des autres autorités à compétence nationale et contre leurs circulaires et instructions de portée générale ;
- des recours formés contre les décisions administratives des organismes collégiaux à compétence nationale (jurys de concours nationaux, Conseil supérieur de l'audiovisuel...) ;
- des litiges individuels relatifs au recrutement et à la discipline des fonctionnaires nommés par décrets (il s'agit des plus hauts fonctionnaires nommés par décret du Président de la République) ;
- du contentieux des élections aux conseils régionaux et au Parlement européen ;
- des actions en responsabilité dirigées contre l'État pour durée excessive de la procédure devant la juridiction administrative (Décret n° 2005-911 du 28 juillet 2005). Il est, en effet, opportun que de tels litiges trouvent rapidement un règlement définitif, pour éviter que se noue un nouveau contentieux sur la durée de l'instance. Par ailleurs, cette procédure permettra d'unifier les appréciations sur le caractère excessif de la durée d'un litige.

b) Le Conseil d'État, juge d'appel

Traditionnellement, le Conseil d'État était juge d'appel des jugements rendus par les tribunaux administratifs. **La réforme du contentieux de 1987, puis plusieurs actes législatifs et réglementaires, ont progressivement transféré aux cours administratives d'appel l'essentiel de ses compétences en la matière**. Mais il demeure compétent pour connaître des appels formés contre les jugements des TA rendus en matière :

- d'élections municipales et cantonales ;
- d'appréciation de légalité.

c) Le Conseil d'État, juge de cassation

Le Conseil d'État est compétent pour connaître des recours en cassation formés contre les décisions des juridictions administratives spécialisées, les arrêts des cours administratives d'appel et, depuis le 1er septembre 2003, les jugements des tribunaux administratifs statuant en premier et dernier ressort sur certains litiges de faible importance (décret du 24 juin 2003).

En principe, en tant que juge de cassation, le Conseil d'État ne doit pas se comporter comme un « troisième degré de juridiction ». Autrement dit, il doit se prononcer non sur le litige initial (ce qui reviendrait à rejuger l'affaire au fond) mais sur le jugement (rendu par la juridiction inférieure) qui lui est soumis.

S'il approuve le jugement, celui-ci est définitif. S'il le « casse », l'affaire revient devant la juridiction pour être à nouveau jugée.

Pourtant, **la loi de 1987 l'autorise à rejuger l'affaire lorsque « l'intérêt d'une bonne administration de la justice l'exige »**. Sa décision est alors définitive.

d) Le Conseil d'État, juge des référés

Depuis l'entrée en vigueur le 1er janvier 2001 de la loi du 30 juin 2000 relative aux référés devant les juridictions administratives (voir p. 327 et s.), le Président de la section du contentieux ainsi que les conseillers d'État qu'il désigne à cet effet sont juges des référés. Les référés permettent aux justiciables d'obtenir du juge, en urgence, des mesures préservant leurs droits. Les ordonnances des juges des référés sont rendues sans audience publique ou après audience publique selon le cas d'espèce.

e) Le Conseil d'État, juge du recours dans l'intérêt de la loi

Voir page 345.

f) Le Conseil d'État, juge de l'homologation des transactions

Le Conseil d'État a admis que les parties à une instance en cours devant le juge administratif peuvent, **y compris en cassation**, présenter à celui-ci des conclusions tendant à l'homologation d'une transaction par laquelle elles mettent fin à leur contestation (CE Ass., 11 juillet 2008, *Société Krupp Hazemag*, précit.). Le Conseil d'État peut donc homologuer une transaction, non pas comme juge de cassation mais comme juge de l'homologation (voir p. 319).

g) L'activité contentieuse du CE

Pour le Conseil, la réduction des délais de jugement, en particulier des pourvois en cassation, est une priorité. Pour permettre un traitement plus rapide des dossiers, l'ensemble de la juridiction administrative recourt de plus en plus aux nouvelles technologies de l'internet. La dématérialisation de la procédure contentieuse va concerner le dépôt des requêtes, les échanges de mémoires, la notification des décisions… (sur la justice électronique, voir p. 322). En outre, les différentes réformes de procédure intervenues ces dernières années ont permis d'accélérer le traitement des affaires : possibilité pour le juge de statuer seul par voie d'ordonnance pour les affaires ne présentant aucune difficulté juridique (décret du 28 juillet 2005) ; transfert du Conseil d'État aux cours administratives d'appel, depuis le 1er janvier 2005, de la compétence pour connaître des appels formés contre les jugements des TA statuant en matière de reconduite à la frontière. Cependant, l'objectif d'une réduction durable des délais de jugement n'est pas assuré pour les années à venir. En effet, le Conseil d'État est confronté à un accroissement des pourvois en cassation dirigés contre les jugements rendus en dernier ressort par les tribunaux administratifs et contre les arrêts rendus en appel par les CAA.

Par ailleurs, les recours en référé (loi du 30 juin 2000, voir p. 327 et s.) ont sensiblement augmenté. Au sein des référés, le contentieux des étrangers et plus particulièrement celui relatif aux titres de séjour et aux refus de visas occupe une place substantielle. Plus largement, dans différents rapports annuels, le Conseil fait remarquer que « bien des requérants saisissent le juge des référés dans des hypothèses ou à des fins qui ne correspondent pas vraiment à cette procédure » (requêtes abusives, volonté d'attirer l'attention du public ou des médias...).

En dehors de ces fonctions contentieuses, le Conseil d'État est également compétent pour donner un avis sur les **« questions de droit nouvelles »** qui se posent aux tribunaux administratifs et aux cours administratives d'appel (par exemple pour l'interprétation d'une nouvelle législation). En général, le renvoi au Conseil n'intervient que lorsque les questions présentent une difficulté particulière et que la réponse qu'il peut apporter est susceptible d'intéresser nombre de litiges.

2) La fonction consultative

Voir p. 30.

3) La fonction d'inspection

Le Conseil d'État a une fonction d'inspection des juridictions administratives. La « mission d'inspection » contrôle l'organisation et le fonctionnement de la juridiction inspectée ainsi que son activité juridictionnelle. Il s'agit d'une démarche qualitative qui doit permettre d'accroître l'efficacité des juridictions. Ainsi, toute partie se plaignant de la durée excessive d'une procédure engagée devant un tribunal administratif ou une cour administrative d'appel peut saisir le chef de la mission permanente d'inspection qui doit faire des recommandations visant à remédier à cette situation (Décret n° 2005-1586 du 19 décembre 2005). Cette autorité se voit ainsi reconnaître un rôle de contrôle en matière de durée excessive des procédures juridictionnelles.

4) Les attributions en matière d'études et de rapport

La Section du rapport et des études (créée par le décret du 24 janvier 1985) exerce trois types d'activité :

- elle est chargée de rédiger le rapport annuel faisant le bilan de l'activité du Conseil d'État ;
- elle signale et tente de régler les difficultés d'exécution des décisions de justice (voir p. 338) ;
- elle réalise des études spontanément ou à la demande du Premier ministre. Dans le prolongement de ces études, elle peut prendre l'initiative de proposer des réformes législatives.

À côté du travail consultatif effectué par les sections administratives, la section du rapport et des études réalise des études afin d'**éclairer le gouvernement sur les problèmes juridiques posés par telle ou telle question d'actualité souvent technique** : le cadre juridique du réseau Internet, 1998 ; l'utilité publique aujourd'hui, 1999 ; la norme internationale en droit français, 2000 ; publication et entrée en vigueur des lois et de certains actes administratifs, 2001 ; collectivités territoriales et obligations communautaires, 2003 ; sécurité juridique et complexité du droit, 2006 ; l'administration française et l'UE : quelles influences, quelles stratégies ?...

§ 2. Les tribunaux administratifs et les cours administratives d'appel

Les tribunaux administratifs (TA) ont été créés par le décret du 30 septembre 1953 qui en a fait les juridictions administratives de droit commun. Quant aux cours administratives d'appel (CAA), compétentes pour connaître des jugements rendus par les TA, elles ont été créées par la loi du 31 décembre 1987 portant réforme du contentieux administratif et constituent ainsi un second degré de juridiction. Les objectifs de désengorgement du Conseil d'État et de réduction des délais de jugement recherchés par les réformes successives ne sont jusqu'à aujourd'hui que partiellement atteints.

L'organisation et le fonctionnement de ces juridictions inférieures répondent aux règles du Code des tribunaux administratifs et des cours administratives d'appel.

A) Organisation

1) Le corps unique des membres des TA et des CAA

La réforme de 1987 et le décret du 28 septembre 1988 ont créé **un corps unique des tribunaux administratifs et des cours administratives d'appel**. L'effectif de ce corps est d'environ 800 membres, recrutés en principe par la voie de l'ENA. Cependant, les besoins en personnel ont entraîné un recrutement accru par le « tour extérieur » (ouvert aux fonctionnaires de catégorie A justifiant d'au moins dix ans d'ancienneté et aux magistrats de l'ordre judiciaire) et l'organisation d'un recrutement complémentaire par voie de concours (instauré à titre provisoire jusqu'en 1985, il a été prorogé à plusieurs reprises).

La diminution du nombre des énarques dans le recrutement a provoqué une perte de prestige du corps qui, à son tour, « a fait fuir » les énarques vers des débouchés plus prestigieux (et plus rémunérateurs). De façon générale, **les membres du corps des TA et des CAA ne bénéficient pas des mêmes avantages que les membres du Conseil d'État. Moins bien rémunérés et exerçant des tâches plus restreintes, ils ont également des perspectives de carrière plus limitées**. Certes, la création des CAA a ouvert davantage de possibilités (puisque leurs magistrats sont choisis parmi les magistrats des TA) mais il n'existe pas, hormis les nominations au tour extérieur, de possibilité d'« ascension » vers le Conseil d'État. De plus, les postes prestigieux de présidents des CAA sont occupés par des conseillers d'État. Il en résulte qu'un membre du corps des magistrats des TA-CAA qui accède à cette fonction acquiert automatiquement la qualité de conseiller d'État.

Depuis la loi du 25 mars 1997 (modifiant celle du 6 janvier 1986), le corps des membres des TA et des CAA comprend trois grades (au lieu de sept) : conseiller, premier conseiller, président.

Tirant les conséquences du principe de valeur constitutionnelle d'indépendance de la juridiction administrative (posé par la décision du Conseil constitutionnel du 22 juillet 1980), **le législateur a déterminé, dans la loi du 6 janvier 1986, les règles garantissant l'indépendance des membres des tribu-**

naux administratifs (dont le bénéfice a été étendu aux membres des cours administratives d'appel) :

- au premier rang de ces règles figure le **principe d'inamovibilité des conseillers** : « lorsqu'ils exercent leurs fonctions de magistrats dans une juridiction administrative, **(les conseillers des TA et des CAA) ne peuvent recevoir, sans leur consentement, une affectation nouvelle, même un avancement**. » ;
- la loi de 1986 a institué un **Conseil supérieur des tribunaux administratifs** (devenu également compétent à l'égard des cours administratives d'appel) dont le rôle à l'égard des magistrats administratifs doit être équivalent à celui joué par le Conseil supérieur de la magistrature pour les magistrats judiciaires, c'est-à-dire celui d'un **garant de leur indépendance**. Présidé par le vice-président du Conseil d'État et comprenant notamment des représentants élus du corps, le Conseil supérieur joue un rôle important en matière de gestion de la carrière des magistrats (promotion, détachement...) et pour les questions d'ordre individuel dont il a à connaître (titularisation, mutation...) ;
- enfin, le corps des membres des TA et des CAA n'est plus géré par le ministère de l'Intérieur. **Rattaché au ministère de la Justice depuis 1990**, il est géré par le secrétaire général du Conseil d'État.

Malgré les garanties ainsi apportées par la loi de 1986, l'indépendance des membres des juridictions inférieures ne semble pas encore complètement acquise, du moins dans les esprits (ils sont souvent considérés comme des fonctionnaires plutôt que comme des magistrats).

2) Fonctionnement

Les TA sont au nombre de 42 dont 31 en métropole (création récente du TA de Montreuil par le décret du 29 juillet 2009). Leur organisation interne varie selon leur taille. Le TA de Paris, le plus grand, comprend dix-huit chambres. La plupart des autres tribunaux comptent de dix (Versailles) à deux chambres (Caen, Bastia, Saint-Denis de la Réunion...). Enfin, les huit plus petits (ceux d'outre-mer sauf Saint-Denis) ne comportent qu'une seule chambre. Chaque chambre comprend de trois à cinq magistrats (dont le président) et un rapporteur public (ex-commissaire du gouvernement, décret du 7 janvier 2009).

Quant aux **cours administratives d'appel**, elles **sont au nombre de huit** (Paris, Lyon, Bordeaux, Nantes, Nancy, Marseille, Douai et, depuis le 1er septembre 2004, Versailles. La création de cette dernière cour va permettre de « soulager » la CAA de Paris) et sont également divisées en chambres (de 3 à 9 selon leur taille), composées chacune de quatre ou cinq magistrats (dont le président) et d'un rapporteur public. Présidées par des conseillers d'État, elles sont rattachées au secrétariat général du Conseil d'État pour la gestion de leurs corps.

Les chambres des TA et des CAA constituent le cadre de la formation de jugement (qui comprend trois magistrats). Pour les affaires dont elle est saisie, chaque formation se prononce sur la base des conclusions du rapporteur public (qui est l'un des conseillers). Un décret du 19 décembre 2005 avait indiqué que les « commissaires du gouvernement » (ancien nom du rapporteur public) assistent au délibéré sans y participer. L'arrêt *Martinie* rendu par la Cour européenne des droits de l'homme le 12 avril 2006 n'avait pas admis cette présence, même muette. Tirant les conséquences de cet arrêt, le décret du 1er août 2006 prévoit que désormais, devant les TA et les CAA, la décision sera délibérée hors la présence du « commissaire du gouvernement ».

Selon leur nature et/ou les difficultés qu'elles présentent, les affaires sont jugées soit par une chambre siégeant en formation de jugement, soit par une formation de chambres réunies (dans les CAA et dans les tribunaux composés de plus de deux chambres, à l'exception du TA de Paris), soit par le TA (à titre exceptionnel) ou la CAA en formation plénière.

De plus, afin d'accélérer le traitement des affaires, la loi du 8 février 1995 (et celle du 30 juin 2000) prévoit que **les litiges liés à certains contentieux devant les TA** (litiges réputés de moindre importance) **peuvent être tranchés par un magistrat statuant seul** (président du tribunal ou magistrat délégué par lui) : en matière de permis de conduire, en matière fiscale pour les litiges relatifs aux impôts locaux, en matière de communication de documents administratifs... Ce mécanisme a été étendu aux CAA par le décret du 24 juin 2003 qui ouvre ainsi **deux cas dans lesquels le juge d'appel peut statuer par ordonnance**, c'est-à-dire par une décision émanant d'un juge unique (chef de la juridiction ou magistrat délégué) : lorsqu'une ordonnance rendue en première instance est entachée d'un vice qui conduit à son annulation, mais où l'examen du dossier fait apparaître qu'une autre solution, relevant elle-même du pouvoir de statuer par ordonnance, peut être retenue pour rejeter la requête initiale ; lorsque les requêtes formées contre les jugements relatifs à des décisions de reconduite à la frontière ne sont manifestement pas susceptibles d'entraîner l'infirmation du jugement attaqué (ce second cas est applicable depuis le transfert aux CAA de la compétence d'appel en la matière au 1er janvier 2005).

Par ailleurs, le décret du 24 juin 2003 institue l'**obligation du ministère d'avocat** devant les CAA.

Enfin, il faut noter que le décret du 29 mai 1997 a institué une « assemblée générale » dans les tribunaux et les cours. Regroupant l'ensemble des magistrats de la juridiction, elle se réunit au moins une fois par an et a pour fonction, consultative, d'« examiner les sujets d'intérêt commun ».

B) Attributions

Les seules attributions communes aux TA et aux CAA sont administratives : il peut s'agir notamment de la présidence de commissions administratives locales.

1) Attributions des tribunaux administratifs

a) Attributions consultatives

Les TA ont conservé des conseils de préfecture une fonction de conseil des préfets (sur les questions qui leur sont soumises) qui est rarement mise en œuvre. Depuis le développement de la décentralisation, il leur arrive également de donner des avis informels aux autorités locales.

b) Attributions contentieuses

Les TA sont juges de droit commun du contentieux administratif, ce qui signifie qu'ils sont compétents pour connaître de tous les litiges administratifs, sauf ceux attribués par un texte à une autre juridiction.

Il faut noter que des compétences dévolues au Conseil d'État en premier et dernier ressort ont été récemment transférées aux TA dans le but d'unifier les règles de compétence à l'intérieur de la juridiction administrative. Ainsi, le décret du 22 février 2010 a transféré aux TA la compétence pour connaître : de certains actes des ministres et des autres autorités à compétence nationale, comme les actes individuels (principalement le TA de Paris pour les actes des ministres) ; des litiges d'ordre individuel, sauf dans certains cas, pour les fonctionnaires nommés par décret du Président de la République (compétence du tribunal dans le ressort duquel se trouve le lieu d'affectation de l'agent) ; des recours dirigés contre les actes dont le champ d'application s'étend au-delà du ressort d'un seul tribunal (compétence du TA dans le ressort duquel se trouve la première autorité dénommée par l'acte).

En ce qui concerne la répartition du contentieux entre TA, le tribunal territorialement compétent est celui dans le ressort duquel est situé le siège de l'autorité administrative qui a pris la décision attaquée ou signé le contrat litigieux. Toutefois, afin d'éviter l'encombrement du TA de Paris (compte tenu des nombreuses autorités décisionnaires siégeant dans la capitale), la règle de la compétence territoriale fait l'objet de plusieurs dérogations. Ainsi, pour les litiges en matière d'urbanisme ou d'expropriation, le tribunal compétent est celui du lieu de l'immeuble litigieux. De même, en matière de responsabilité extra-contractuelle (pour un dommage de travaux publics ou un dommage imputable à un agissement matériel de l'administration), le tribunal compétent est celui dans le ressort duquel se trouve le lieu de réalisation du fait générateur du dommage.

Depuis 1990, les TA ont réalisé d'importants efforts de productivité grâce à de nouveaux moyens de recherche documentaire mis à la disposition des magistrats, à la généralisation de l'informatique, à des recrutements conséquents et à une large utilisation des procédures allégées (par exemple, juge statuant seul pour les affaires les plus simples).

E27 **Une possibilité nouvelle d'intervention pour le juge administratif : l'homologation d'une transaction en dehors de tout litige introduit devant lui**

Par un avis du 6 décembre 2002, le Conseil d'État a reconnu la possibilité au juge administratif d'homologuer, sur demande des signataires, certaines transactions, alors même qu'aucun litige n'est introduit devant lui (Avis, CE Ass., 6 décembre 2002, *Syndicat intercommunal des établissements du second cycle du second degré du district de L'Haÿ-les-Roses,* AJDA n° 5, 9 février 2005, p. 242).

Avec cet avis, le Conseil d'État reconnaît l'existence de cette nouvelle voie de droit (l'homologation) qui ne relève ni de l'excès de pouvoir (demande d'annulation) ni du plein contentieux (demande d'indemnisation...) (Pour plus de détails, voir p. 317, la transaction).

---

2) Attributions des cours administratives d'appel

Les cours administratives d'appel sont les juges d'appel des jugements rendus par les TA dans toutes les matières, sauf celles dans lesquelles les TA statuent en premier et dernier ressort et celles dont l'appel relève du Conseil d'État (contentieux des élections municipales et cantonales, contentieux de l'appréciation de légalité) ; de plus, l'appel des décisions par lesquelles le juge des référés a ordonné « toutes mesures nécessaires à la sauvegarde d'une liberté fondamentale » face à l'administration, relève du président de la section du contentieux du Conseil d'État.

À leur création, les CAA étaient compétentes pour connaître des appels formés contre les jugements des TA **en matière de plein contentieux** (contentieux de la responsabilité, des contrats, fiscal…) **et de contraventions de grande voirie**.

Le décret du 17 mars 1992 leur a transféré en plusieurs étapes **la compétence d'appel des jugements rendus par les TA sur les recours pour excès de pouvoir contre les actes non réglementaires** (urbanisme, expropriation, fiscalité, fonction publique).

Puis la loi du 8 février 1995 a transféré aux CAA **l'appel des jugements rendus par les TA sur les recours pour excès de pouvoir contre les actes réglementaires** (transfert achevé le 1er octobre 1995).

Enfin, depuis le 1er janvier 2005, les CAA sont compétentes pour connaître des recours formés contre les jugements des TA statuant en matière de reconduite à la frontière (compétence détenue jusque-là par le Conseil d'État.

L'amélioration progressive de la situation des CAA, même fragile, est le fruit des réformes engagées. D'abord, la signature, le 9 décembre 2002, de **« contrats d'objectifs »** entre le Vice-Président du Conseil d'État et chaque président de cour administrative d'appel, en vue de réduire le délai de jugement des cours. Ces contrats permettent à chaque CAA de disposer d'une programmation sur cinq ans (au lieu d'une année) des emplois et des crédits nécessaires. Cette démarche favorise donc une approche globale de l'ensemble des besoins (emplois de magistrats et d'agents de greffe, locaux…). Les contrats d'objectifs attribuent également aux cours des moyens supplémentaires. L'effectif des magistrats a ainsi augmenté et des moyens matériels adaptés sont attribués aux cours.

Ensuite, la création d'une nouvelle cour administrative d'appel à Versailles (en activité depuis le 1er septembre 2004).

Enfin, la mise en œuvre de mesures « techniques » (depuis le 1er septembre 2003) prévues par le décret du 24 juin 2003 et destinées à lutter contre l'encombrement des cours administratives d'appel. Ainsi, afin de limiter le nombre d'appels, le décret institue **l'obligation du ministère d'avocat devant les CAA**. Par ailleurs, les jugements rendus par les tribunaux administratifs sur certains litiges de faible importance seront rendus en dernier ressort et ne seront donc susceptibles que d'un pourvoi en cassation. Le décret prévoit également une simplification du fonctionnement des cours afin d'accélérer le traitement des appels. En particulier, il ouvre deux cas dans lesquels le juge peut statuer seul par ordonnance, par exemple dans le cas où les requêtes formées contre les jugements relatifs à des décisions de reconduite à la frontière ne sont manifestement pas susceptibles d'entraîner l'infirmation du jugement attaqué.

Les jugements des CAA peuvent être soumis au Conseil d'État en cassation. Néanmoins, pour éviter un afflux de recours, ceux-ci doivent passer par un **« filtre »**. La Commission d'admission des pourvois en cassation qui servait de

« filtre » a été supprimée par le décret du 24 décembre 1997. Désormais, **les sous-sections de la Section du contentieux traitent les demandes d'admission**. Cette réforme devrait permettre de diminuer la durée de la procédure, donc de raccourcir les délais de jugement. En particulier, tout recours qui ne présente pas de moyens sérieux (c'est-à-dire qui n'avance pas un argument juridique susceptible de fonder une annulation) est rejeté (ce qui est le cas pour plus de la moitié d'entre eux). Par ailleurs, toujours dans l'idée d'accélérer cette procédure d'admission en cassation, il est désormais prévu, pour les affaires les plus simples, la possibilité pour un juge de statuer seul par ordonnance (Décret n° 2005-911 du 28 juillet 2005).

Malgré les lenteurs persistantes, **la qualité des jugements rendus par les TA et les CAA a donné à ces juridictions une véritable autorité et crédibilité**. Ils ont ainsi gagné en « autonomie » par rapport au Conseil d'État, même si ce dernier demeure plus que jamais « l'unificateur du droit ».

Enfin, de façon générale, **les tribunaux administratifs sont réputés plus proches des préoccupations des justiciables que le Conseil d'État et mieux placés pour y apporter des réponses appropriées**.

E28

La question prioritaire de constitutionnalité (QPC) devant le juge administratif

La QPC est issue de la révision constitutionnelle du 23 juillet 2008 (article 61-1 C). La loi organique du 10 décembre 2009 est venue préciser les modalités d'application de la QPC, complétée par deux décrets du 16 février 2010. La procédure décrite ci-dessous est identique devant les juridictions judiciaires. Depuis le 1er mars 2010, tout justiciable peut invoquer l'inconstitutionnalité d'une disposition législative applicable au litige en cours devant une juridiction administrative de premier ou second degré, voire de cassation, et obtenir que le Conseil constitutionnel soit saisi de cette question sur renvoi du Conseil d'État qui se prononce dans un délai déterminé. Il est nécessaire qu'il y ait violation d'une disposition législative portant atteinte aux droits et libertés garantis par la Constitution, que cette violation soit soulevée dans le cadre d'une instance en cours et que la juridiction devant laquelle se déroule ladite instance décide de renvoyer la question au Conseil d'État, filtre obligatoire avant l'examen de la QPC par le Conseil constitutionnel.

La QPC doit être soulevée par écrit, l'argumentaire devant être motivé et distinct des conclusions au fond. Lorsque la question est transmise à la juridiction supérieure, le juge du fond saisi doit alors surseoir à statuer jusqu'à réception de la décision du Conseil d'État ou, si elle lui a été adressée, du Conseil constitutionnel. En revanche, si la question est posée dans le cadre d'une instance où la liberté d'une personne est en jeu ou au cours d'une instruction, le juge n'a pas à surseoir à statuer. Un double filtrage est effectué. Dans un premier temps, le juge devant lequel se déroule l'instance doit déterminer s'il transmet ou non la question du justiciable au Conseil d'État. Si les conditions de la QPC sont réunies, il doit transmettre, sans délai, la question. Dans un second temps, le Conseil d'État devra, de nouveau, vérifier si les conditions de la QPC sont rassemblées, notamment si la juridiction qui l'a saisi a convenablement apprécié ces conditions et si la question est bien nouvelle ou présente un caractère sérieux.

Si la QPC est transmise au Conseil constitutionnel, ce dernier la reçoit accompagnée des mémoires ou des conclusions des parties et la juge, dans un délai de trois mois, dans le cadre d'une procédure contradictoire et en audience publique. La saisine doit être motivée. Le Conseil constitutionnel pourra déclarer la disposition conforme ou contraire à la Constitution. Dans le premier cas, la disposition continuera à s'appliquer et l'instance au cours de laquelle la QPC a été soulevée reprendra son cours. Dans le second cas, la déclaration d'inconstitutionnalité entraînera l'abrogation de la disposition législative.

§ 3. Les juridictions spécialisées

Il n'y a pas vraiment d'unité de la catégorie. Les juridictions spécialisées sont nombreuses et diverses. Quand leur qualité de juridiction n'est pas clairement affirmée par les textes, il peut être difficile de les distinguer de simples organes administratifs (la jurisprudence se fonde alors sur plusieurs critères : nature et étendue des compétences, composition).

Leur création est motivée à la fois par le besoin contentieux de juridictions disposant de compétences techniques pour pouvoir traiter d'affaires spécialisées (Cour des comptes) **et par le souci de rapprocher la justice administrative des justiciables en les faisant participer à son fonctionnement** (juridictions professionnelles).

Parmi les juridictions spécialisées, on distingue notamment :

- **les juridictions sociales**, en particulier la Commission centrale d'aide sociale, compétente pour connaître du contentieux de l'admission à l'aide sociale ;
- **les juridictions disciplinaires**, telle la Cour de discipline budgétaire et financière (qui sanctionne les fautes de gestion des agents publics), les juridictions disciplinaires des ordres professionnels (conseil national de l'ordre des médecins), le Conseil supérieur de la Magistrature (lorsqu'il statue en conseil de discipline) ;
- **la Cour des comptes** qui est la plus ancienne et la plus prestigieuse de ces juridictions (voir p. 33) ;
- **la Cour nationale du droit d'asile** (loi du 20 novembre 2007), ex-Commission des recours des réfugiés, se prononce sur les refus de reconnaissance de la qualité de réfugié. Face à l'afflux considérable des recours depuis le milieu des années 1980, la Commission a dû adapter ses méthodes de travail (création de nouvelles sections, possibilité de jugements par ordonnances du président).

Presque toutes les juridictions spécialisées relèvent du Conseil d'État par la voie de la cassation.

CHAPITRE 2

La répartition des compétences entre juges administratif et judiciaire

Le statut constitutionnel attribué à la juridiction administrative (son existence et son indépendance sont ainsi garanties) et la définition d'une sphère de compétence constitutionnellement protégée qui en est résultée, n'ont pas résolu les problèmes liés à la répartition des compétences entre le juge administratif et le juge judiciaire.

Certes, **le juge administratif est le juge de droit commun des litiges nés de l'activité administrative alors que le juge judiciaire ne dispose que d'une compétence d'exception.** Cependant, la recherche d'un critère de répartition s'est toujours avérée vaine. De plus, **le juge judiciaire**, quoique juge d'exception, **dispose de nombreuses compétences qui lui permettent de pénétrer de façon significative le champ de l'action administrative**. La frontière entre leurs domaines de compétence étant mouvante, il arrive que des conflits de compétence surgissent, dont le règlement appartient au Tribunal des conflits. Enfin, il ne faut pas négliger le fait que certains actes administratifs ou d'apparence administrative échappent à la fois au contrôle du juge administratif et à celui du juge judiciaire.

SECTION I

La compétence de droit commun de la juridiction administrative

§ 1. Nécessité d'une activité administrative

Le juge administratif n'est compétent que pour les litiges nés d'une activité administrative. Il s'agit là d'une condition nécessaire même si elle n'est pas suffisante. Cette nécessité permet d'éliminer certains types de litiges du champ de compétence du juge administratif.

Il faut distinguer entre les litiges qui échappent à la fois à la compétence du juge administratif et à celle du juge judiciaire (ceux nés des actes des administrations étrangères, ceux relevant de l'activité du pouvoir législatif, actes de gouvernement) et les litiges qui échappent spécifiquement à la compétence du juge administratif. Seuls ces derniers nous intéressent ici.

A) Incompétence du juge administratif pour les litiges intéressant les particuliers

Bien évidemment, le juge administratif est incompétent pour connaître des litiges entre particuliers. Il l'est également pour connaître des actions engagées par l'administration contre des personnes privées (sauf exception : par exemple, lorsque l'administration, condamnée à réparer un dommage, se retourne contre l'un de ses agents qui a commis une faute personnelle ayant contribué à la réalisation du dommage ; voir p. 390).

Néanmoins, lorsqu'une personne privée gère un service public, certains de ses litiges rentrent dans le champ de compétence du juge administratif (CE, 13 janvier 1961, *Magnier*, précité).

B) Incompétence du juge administratif pour les litiges relatifs au service public de la justice

Bien que la justice soit un service public, le juge administratif est incompétent pour connaître de l'activité du juge judiciaire. **Cette règle résulte du principe de séparation des pouvoirs : il ne faut pas que le juge administratif puisse porter atteinte à l'indépendance du juge judiciaire**.

Toutefois, la justice étant un service public géré par une personne publique (l'État), la jurisprudence a établi une **distinction entre les actes relevant du fonctionnement de la justice judiciaire, pour lesquels le juge administratif est incompétent, et les actes relevant de l'organisation, de l'administration de la justice judiciaire, pour lesquels il est compétent** (TC, 27 novembre 1952, *Préfet de la Guyane*, GAJA). La distinction entre organisation et fonctionnement est relativement floue, comme en témoigne la jurisprudence.

Relèvent ainsi de l'organisation du service de la justice et sont donc soumis à la compétence du juge administratif :

- les décisions relatives à l'organisation générale du service public de la justice (arrêt *Préfet de la Guyane*) ;
- les actes relatifs à la carrière des magistrats ainsi qu'à la discipline du corps, sauf lorsque ces actes sont pris directement par l'autorité judiciaire ;
- le Conseil d'État s'est reconnu compétent pour connaître des litiges relatifs à la composition et, plus spécifiquement, aux élections au Conseil supérieur de la magistrature (CE Ass., 17 avril 1953, *Falco et Vidaillac*, GAJA).

Relèvent du fonctionnement de la justice judiciaire et échappent donc à la compétence du juge administratif :

- les actes effectués dans le cadre de la police judiciaire (à la différence des actes de police administrative pour lesquels le juge administratif est compétent). Il en est ainsi du placement en garde à vue d'une personne (TC,22 mars 2004, *X. c/ Ministre de l'intérieur*, n° 339 ; en l'espèce, il s'agissait d'un automobiliste interpellé pour conduite d'un véhicule automobile sous l'empire d'un état alcoolique et ayant été frappé par un policier pendant sa garde à vue) ;
- tous les actes relatifs aux différentes étapes de la procédure judiciaire (saisine de juridictions, instruction des affaires, jugements rendus…).

Par exception, le Conseil d'État s'est reconnu compétent pour connaître de la régularité de l'avis émis par la Chambre d'accusation en matière d'extradition (CE Ass., 15 octobre 1993, deux affaires, *Royaume-Uni, Mme Joy-Davis-Aylor*, Rec. Lachaume, RFDA 1993, p. 116).

§ 2. La recherche d'un critère de compétence du juge administratif

Comment déterminer la compétence du juge administratif ? La réponse de bon sens, faisant de la présence de l'administration à un litige le critère de compétence, n'a pas tenu longtemps face à la diversification des modes d'action de l'administration.

A) La distinction entre actes d'autorité et actes de gestion

Initialement, les tribunaux judiciaires ne pouvaient connaître du contentieux de l'administration mais, au cours du XIXe siècle, la doctrine a dégagé une nouvelle interprétation du principe de séparation des autorités administratives et judiciaires.

Il résulte de cette interprétation une distinction entre les actes administratifs dits d'autorité et ceux dits de gestion. Les actes d'autorité révèlent la mise en œuvre de prérogatives de puissance publique alors que les actes de gestion révèlent des méthodes et des moyens qui sont ceux des simples particuliers.

La conséquence de cette distinction est simple : **les actes de puissance publique relèvent de la compétence du juge administratif alors que les actes de gestion « privée » relèvent de la compétence du juge judiciaire.** L'idée transparaît déjà que la compétence est liée au fond, c'est-à-dire que la compétence du juge est liée au droit applicable (les actes d'autorité sont soumis au droit administratif qui, lui-même, commande la compétence du juge administratif).

La systématisation de la distinction opérée par le commissaire du gouvernement Laferrière était d'ailleurs cohérente avec les répartitions de compétence déjà établies. Ainsi, la loi du 28 Pluviôse An VIII attribue le contentieux des travaux publics, révélateurs par excellence de la gestion publique, au juge administratif.

Jusque dans la seconde moitié du XIXe siècle, une autre théorie, celle de **« l'État débiteur »**, proposait un critère différent de répartition de la compétence entre juge administratif et juge judiciaire. Inspirée de textes datant de la Révolution, cette théorie impliquait l'interdiction pour les tribunaux judiciaires de condamner l'État à payer une somme d'argent, cette condamnation relevant de la compétence exclusive du juge administratif. Autrement dit, quelle que soit la nature de l'acte à l'origine de la dette (y compris, par conséquent, les actes de gestion « privée »), la compétence revenait à la juridiction administrative.

Dans un premier temps, la jurisprudence a restreint la portée de « l'État débiteur » aux condamnations pécuniaires prononcées contre « l'État puissance publique ». En quelque sorte, cette théorie est venue s'intégrer à la distinction actes d'autorité – actes de gestion. Elle fut ensuite définitivement abandonnée à l'occasion de **l'arrêt *Blanco*** qui **a consacré le service public comme critère de la compétence administrative en même temps que comme fondement du droit**

administratif (TC, 8 février 1873, précité), **sans pour autant exclure toute idée de puissance publique**.

Quant à la théorie des actes d'autorité, elle est dépassée au début du XXe siècle par la notion de service public. En effet, cette notion devient de plus en plus fréquemment la justification du recours au droit administratif dans les nouveaux domaines d'activité de l'administration.

B) Le critère du service public

À la suite de la décision *Blanco,* plusieurs arrêts sont venus confirmer le recours au service public comme critère de compétence du juge administratif : *Terrier* (CE, 6 février 1903, GAJA), *Feutry* (TC, 29 février 1908, GAJA), *Thérond* (CE, 4 mars 1910, GAJA).

Les célèbres conclusions du commissaire du gouvernement Romieu dans l'affaire *Terrier* sont d'ailleurs significatives : « tout ce qui concerne l'organisation et le fonctionnement des services publics proprement dits, généraux ou locaux (...) constitue une opération administrative qui est, par sa nature, du domaine de la juridiction administrative. (...) Toutes les actions entre les personnes publiques et les tiers ou entre ces personnes publiques elles-mêmes, et fondées sur l'exécution, l'inexécution ou la mauvaise exécution d'un service public sont de la compétence administrative. »

Reprenant la solution proposée par la jurisprudence, **« l'École du service public » fait de la notion le critère exclusif de compétence de la juridiction administrative**. Cette prééminence ne dure toutefois pas. En premier lieu, parce que **la notion de service public « se privatise » peu à peu** à travers le développement des services publics industriels et commerciaux dont le contentieux échappe en grande partie au juge administratif (TC, 22 janvier 1921, *Sté commerciale de l'Ouest africain*, précité). En second lieu, parce que le critère de la puissance publique se renouvelle (le recours aux personnes privées pour gérer des services publics n'exclut pas la compétence du juge administratif lorsque l'activité du service révèle l'utilisation de prérogatives de puissance publique) et s'élargit en **« gestion publique »**.

Aucune des deux notions de service public et de gestion publique ne semble pouvoir jouer seule le rôle de critère général et unique de la compétence du juge administratif. Elles paraissent plutôt devoir se combiner.

C) La solution actuelle : le lien entre juge compétent et droit applicable au litige

Une chose est certaine : **la ligne de partage des compétences du juge administratif et du juge judiciaire est floue** et susceptible d'être déplacée à tout moment par le législateur ou la jurisprudence. Seules les sphères de compétence respectives constitutionnellement protégées échappent à cet aléa (CC, 23 janvier 1987, précité).

L'approche dominante consiste à considérer que **la compétence du juge est déterminée par le droit applicable**. Autrement dit, lorsque le droit administratif s'applique à une activité, les litiges qui naissent de cette activité relèvent du juge administratif. Cette approche rejoint celle qui distingue la gestion publique de la gestion privée (mais entendue au sens large). On rétorquera que la distinction droit public – droit privé applicable ne fait que déplacer le problème : quel est le critère permettant de déterminer le droit applicable à un litige ?

Sans doute l'examen combiné des critères classiques de personne publique, service public et puissance publique peut fournir des justifications à l'application du droit administratif :

- **la présence d'une personne publique au litige fait présumer de l'application du droit administratif, donc de la compétence du juge administratif**. En réalité, **ce critère organique s'avère insuffisant** dans la mesure où de nombreuses activités des personnes publiques sont soumises aux règles du droit privé et relèvent en conséquence de la compétence du juge judiciaire ;
- **lorsque les activités de l'administration constituent des services publics, il y a là encore présomption d'application du droit administratif.** Quelle que soit la nature des services publics, le droit public imprègne toujours leur régime, même de façon minimum (pour les SPIC), justifiant de ce fait la compétence du juge administratif pour les éléments du service concerné. Néanmoins, on estime que **le critère du service public est à lui seul insuffisant pour déterminer la compétence du juge administratif** et doit être combiné avec d'autres critères, en particulier avec celui de la gestion publique (ou privée) ;
- enfin, **le recours aux procédés de la puissance publique** (élargi en réalité à la **gestion publique**) peut justifier l'application du droit administratif et la compétence du juge administratif. Ce critère est toutefois quelque peu réducteur dans la mesure où de nombreux actes soumis au droit administratif ne révèlent aucun recours aux prérogatives de puissance publique (comme les contrats administratifs ne comportant aucune clause exorbitante du droit commun). Comme déjà mentionné, la gestion publique se combine avec les autres critères pour déterminer la compétence du juge administratif.

En pratique, le juge administratif est compétent pour trancher les litiges :

- entre l'administration et les particuliers (qui peuvent être des usagers des services publics, des contribuables, des entrepreneurs, des occupants du domaine public…) ;
- au sein de l'administration, d'une part entre collectivités publiques, d'autre part pour les litiges liés à la carrière des fonctionnaires et à la discipline au sein de la fonction publique.

SECTION II
La compétence d'exception du juge judiciaire

En dépit du principe de séparation, certaines activités administratives relèvent de la compétence du juge judiciaire :

- au titre du droit applicable (c'est-à-dire dans la mesure où ces actes sont soumis au droit privé) ;

- au titre des matières « **réservées par nature** à l'autorité judiciaire » (contentieux lié à l'état et à la capacité des personnes, à la liberté individuelle et au droit de propriété) ;
- au titre des matières attribuées à l'autorité judiciaire par la loi ;
- au titre de l'interprétation ou de l'appréciation de la légalité des actes administratifs.

§ 1. La compétence du juge judiciaire à raison du droit applicable

Il s'agit tout simplement de l'application de la règle décrite plus haut : **lorsque l'activité en cause est soumise au droit administratif, le juge administratif est compétent ; lorsqu'elle est soumise au droit privé, le juge judiciaire est compétent.**

Les services publics industriels et commerciaux en sont une bonne illustration. En recourant à des modes de gestion similaires à ceux des entreprises privées, les SPIC se soumettent aux règles du droit privé. L'essentiel de leur contentieux relève alors du juge judiciaire : litiges avec leur personnel, litiges avec leurs usagers pour lesquels il existe un « bloc de compétence judiciaire » attribuant à la juridiction judiciaire l'ensemble du contentieux susceptible d'intervenir (CE Sect., 13 octobre 1961, *Étab. Companon-Rey*, précité), contrats...

Pourtant, dans plusieurs hypothèses, les règles du droit public continuent à s'appliquer : la jurisprudence a admis qu'un SPIC pouvait disposer de prérogatives de puissance publique pour mener à bien son activité et prendre de véritables actes administratifs que les usagers peuvent contester par la voie d'un recours pour excès de pouvoir ; les contrats des SPIC avec leurs fournisseurs contenant des clauses exorbitantes du droit commun peuvent être des contrats administratifs...

Un autre exemple classique de la compétence du juge judiciaire à raison du droit applicable est celui du contentieux de la gestion du domaine privé d'une collectivité publique, celle-ci s'exerçant selon les modes de la gestion privée (par exemple pour les dommages dus à une mauvaise gestion).

§ 2. L'autorité judiciaire, gardienne de la liberté individuelle et de la propriété privée

Malgré le rôle considérable qu'a joué et que joue le juge administratif dans la protection des libertés, le Conseil constitutionnel, se basant sur l'article 66 de la Constitution (« L'autorité judiciaire, gardienne de la liberté individuelle »), a consacré l'état et la capacité des personnes, la liberté individuelle et le droit de propriété comme des matières « **réservées par nature** à l'autorité judiciaire » et faisant dès lors partie d'une sphère de compétence constitutionnellement protégée (CC, 23 janvier 1987, précité). Autrement dit, ni le législateur ni le juge ne peuvent la remettre en cause.

Dans chacune de ces matières, le contentieux suscité par l'activité administrative relève donc du juge judiciaire.

A) L'état des personnes

Bien que les décisions en la matière soient prises par des autorités publiques, les tribunaux civils sont traditionnellement seuls compétents pour se prononcer sur les réclamations liées à l'état des personnes. Ces litiges, ne portant par nature que sur des questions de droit civil, peuvent concerner le nom, l'état civil, la filiation, le domicile, la nationalité, la capacité…

B) L'emprise et la voie de fait

La compétence du juge judiciaire en matière de liberté ou de propriété peut être prévue par un texte. C'est le cas de l'article 136 du Code de procédure pénale qui attribue compétence exclusive aux tribunaux judiciaires dans les cas de « violation de la liberté individuelle ou du domicile ». Cette compétence peut aussi résulter de constructions jurisprudentielles comme l'emprise ou la voie de fait.

1) L'emprise irrégulière

L'emprise est une action légale de l'administration qui consiste, sur la base d'un titre juridique régulier, à **déposséder un particulier d'une propriété privée immobilière** (par exemple, à réquisitionner un bâtiment).

Lorsque l'emprise est régulière, le contentieux relève du juge administratif (TC, 30 juin 1949, *Nogier*, Rec., p. 604). Cependant, l'emprise peut être irrégulière et entraîner la compétence du juge judiciaire. La jurisprudence exige la réunion de trois conditions pour retenir l'illégalité de l'emprise.

a) Les conditions de l'emprise irrégulière

En premier lieu, **il faut que la dépossession soit réelle, effective**, même si elle n'est que provisoire et n'affecte que partiellement les biens.

En second lieu, il faut qu'il y ait dépossession de la **propriété immobilière**. C'est le droit de propriété qui doit être mis en cause et **non l'un de ses démembrements**, c'est-à-dire, schématiquement, l'un des droits qui en découle (TC, 26 octobre 1981, *Synd. des copropriétaires de l'immeuble Armenonville*, Rec., p. 507 ; en l'espèce, l'atteinte portée à la jouissance d'une servitude n'est pas constitutive d'une emprise. La servitude se définit comme une charge grevant un bien immeuble au profit d'un autre bien immeuble ; par exemple, ne pouvant accéder directement depuis la route à sa demeure, le propriétaire peut bénéficier d'une servitude de passage sur le terrain d'un voisin pour lui permettre de se rendre à son domicile).

Enfin, **il faut que la dépossession soit irrégulière**, c'est-à-dire effectuée sans titre légal (CE Sect., 15 février 1961, *Werquin*, Rec., p. 118).

b) Le régime juridique de l'emprise irrégulière

Le juge administratif doit se prononcer sur le caractère légal ou non de l'emprise. Autrement dit, il apprécie la régularité de la dépossession. Les tribunaux judiciaires, incompétents de ce point de vue, doivent surseoir à statuer et renvoyer les parties devant la juridiction administrative en cas de difficulté sérieuse d'appréciation de la légalité de l'emprise.

En revanche, **le juge judiciaire est compétent pour réparer les préjudices nés de la dépossession irrégulière**. S'il ne peut prononcer qu'une réparation pécuniaire (puisqu'il n'a pas les moyens de contraindre l'administration, par exemple à quitter des locaux qu'elle occupe irrégulièrement, pas de voies de contrainte à l'encontre de l'administration), celle-ci porte néanmoins sur l'ensemble des préjudices résultant de l'emprise irrégulière (qu'il s'agisse de la privation de jouissance du bien mais aussi des préjudices accessoires, comme la dégradation de biens mobiliers à l'occasion d'une occupation illégale de locaux).

2) La voie de fait

Il y a voie de fait lorsque l'administration, par une mesure ou une action gravement illégale, porte gravement atteinte à une liberté fondamentale ou au droit de propriété. Le juge judiciaire dispose alors d'une « plénitude de juridiction » (de pleins pouvoirs).

Cette théorie repose sur une idée simple. Un acte administratif illégal relève de la compétence du juge administratif. Son caractère administratif commande la compétence. Mais lorsqu'un acte administratif est gravement illégal, au point d'apparaître comme « manifestement insusceptible d'être rattaché à l'exercice d'un pouvoir appartenant à l'administration » (CE Ass., 18 novembre 1949, *Carlier*, Rec., p. 490), **il perd son caractère administratif**. Le principe de séparation des autorités n'a plus alors de raison d'être et rien ne s'oppose à ce que le juge judiciaire, gardien des libertés fondamentales et de la propriété privée, soit compétent pour connaître du contentieux résultant de la voie de fait.

a) Les conditions de la voie de fait

Deux conditions doivent être réunies pour produire une voie de fait.

En premier lieu, **il faut que l'action de l'administration soit entachée d'une irrégularité particulièrement grave**. Cette particulière gravité « dénature » l'acte et lui fait perdre son caractère administratif.

L'irrégularité peut trouver son origine :

- **dans la décision administrative**, même si son exécution est légale (voie de fait par manque de droit). Ainsi, l'ordre de retirer son passeport à une personne pour des « motifs fiscaux » ne peut manifestement pas se rattacher au pouvoir de l'administration en matière de recouvrement d'impôt direct (TC, 9 juin 1986, *Commissaire de la République de la Région Alsace*, Rec., p. 301 ; voir également, CE Sect., 10 octobre 1969, *Consorts Muzelier*, Rec., p. 432, à propos de la saisie de documents personnels opérée au domicile d'un amiral lors de son décès) ;
- **dans les conditions d'exécution matérielle de la décision** alors que cette dernière est légale (voie de fait par manque de procédure). Le cas le plus fréquent est celui de l'irrégularité résultant de l'**exécution forcée d'une décision** (exécution forcée d'une réquisition sur la base d'une loi qui prévoyait des sanctions pénales, TC, 27 novembre 1952, *Flavigny*, Rec., p. 643).
  Néanmoins, en cas d'urgence ou de circonstances exceptionnelles, l'exécution d'office perd son caractère de voie de fait, retrouve sa qualité d'acte administratif et relève à nouveau de la compétence du juge administratif (TC, 27 mars 1952, *Dame de la Murette*, GAJA) ;
- **à la fois dans la décision et dans son exécution forcée** (TC, 8 avril 1935, *Action française*, précité ; la décision de saisie du journal était disproportionnée et la saisie d'office n'était pas justifiée par l'urgence) ;

– **dans l'absence de titre juridique** justifiant les agissements matériels de l'administration (c'est-à-dire dans l'absence de décision donnant un fondement juridique à l'intervention administrative) : par exemple, expulsion des occupants d'un immeuble sans ordre préalable d'expulsion.

En second lieu, **il faut que l'action de l'administration porte une atteinte grave au droit de propriété mobilière, immobilière ou à une liberté fondamentale**.

L'atteinte à la propriété immobilière peut se traduire par une emprise (occupation de locaux, par exemple). L'atteinte à la propriété mobilière peut prendre la forme de la destruction d'une maison d'habitation exécutée d'office (TC, 22 juin 1998, *Préfet de la Guadeloupe*, JCP 1998, II, 10169) ou de la saisie de documents personnels (CE, 10 octobre 1969, *Consorts Muzelier*, précité).

L'atteinte grave à une liberté fondamentale consiste notamment en toute mesure qui empêche son exercice (le retrait d'un passeport ou une arrestation empêche l'exercice de la liberté d'aller et venir).

b) Les conséquences de la voie de fait sur la compétence du juge

Le juge judiciaire dispose de compétences bien plus larges qu'en matière d'emprise. Il bénéficie même d'une **« plénitude de juridiction »**.

Juges judiciaire et administratif sont tous deux compétents pour apprécier le caractère de voie de fait de l'acte (TC, 27 juin 1966, *Guigon*, Rec., p. 830).

En revanche, **le juge judiciaire est seul compétent pour faire cesser une voie de fait** (il a le devoir de faire cesser au plus vite les atteintes aux droits et libertés) **ou pour prévenir sa survenance**. Il dispose pour cela d'**attributions exceptionnelles** :

– il peut **adresser des injonctions à l'administration**, lui enjoignant par exemple d'évacuer des locaux occupés ou de libérer des personnes arrêtées ou détenues (TC, 17 juin 1948, *Manufacture de velours et peluches*, Rec., p. 513) ;
– le juge judiciaire des référés (qui se prononce en urgence) peut adresser des injonctions à l'administration, lui interdisant des agissements susceptibles de constituer des voies de fait (technique du « référé préventif ») ;
– les différentes injonctions peuvent être assorties d'**astreintes** (qui contraignent les autorités récalcitrantes au paiement d'une certaine somme d'argent pour chaque jour de retard dans l'exécution de l'injonction).

Enfin, le juge judiciaire est seul compétent pour **condamner l'administration à la réparation de l'ensemble des dommages causés par la voie de fait** (réparation pécuniaire). Par un arrêt du 9 septembre 2009, la Cour de cassation a élargi le champ du droit à réparation en estimant que, indépendamment des préjudices particuliers dont il appartient aux demandeurs de justifier, **la seule constatation d'une voie de fait ouvre droit à réparation** (Civ. 3e, 9 septembre 2009, M. *Pongérard*, AJ 21 septembre 2009 ; la prise de possession prématurée par une commune expropriante du terrain d'un particulier, avant même le prononcé de l'ordonnance d'expropriation et donc en l'absence de titre juridique, est constitutive d'une voie de fait et emporte *ipso facto* l'existence d'un préjudice).

Pendant longtemps, la plénitude de juridiction du juge judiciaire s'est heurtée à la règle tirée de l'adage **« ouvrage public mal planté ne se détruit pas »**. Autrement dit, même lorsque l'implantation d'un ouvrage public était constitutive d'une voie de fait, les pouvoirs considérables que détient le juge judiciaire pour faire cesser une voie de fait étaient « inopérants » : **il ne pouvait pas ordonner l'enlèvement ou la destruction de l'ouvrage** et devait se contenter d'allouer des dommages-intérêts à la personne lésée. À l'avenir, il devrait en être autrement. En effet, la règle de « l'intangibilité des ouvrages publics » est aujourd'hui remise en question par la jurisprudence administrative (et judiciaire). Déjà, en 1991, le Conseil d'État avait consacré le pouvoir du juge administratif d'annuler les refus illégaux de l'administration de détruire, de modifier ou de déplacer les ouvrages publics (CE Sect., 19 avril 1991, *Époux Denard et Martin*, RFDA 1992, p. 59, note J. P. Maublanc). Mais surtout, il résulte d'un arrêt du 29 janvier 2003 que le principe de l'intangibilité de l'ouvrage public ne doit pas faire obstacle à l'exécution d'une décision de justice. Néanmoins, avant de prononcer la démolition de l'ouvrage, le juge doit se demander si une régularisation est possible. Si elle ne l'est pas, il revient au juge administratif de mettre en balance d'une part, les inconvénients de la présence de l'ouvrage pour les intérêts publics et privés et d'autre part, les conséquences de la démolition pour l'intérêt général (CE Sect., 29 janvier 2003, *Syndicat départemental de l'électricité et du gaz des Alpes-Maritimes et commune de Clans*, AJDA n° 15/2003, p. 784).

L'orientation donnée par les tribunaux judiciaires à la voie de fait a été l'objet de vives critiques. Ces derniers ont eu **tendance à abuser de la notion et à retenir des voies de fait trop aisément**. En plusieurs occasions, le Tribunal des conflits a tenté de remettre de l'ordre dans cette situation. Ainsi, il a décidé qu'une mesure de rétrogradation (en division inférieure) d'un club de football par la Fédération française de football ne constituait pas une voie de fait (TC, 13 janvier 1992, Préf. *Région Aquitaine*, DA 1992, p. 132).

Plus encore, **dans sa décision *Préfet de police de Paris* du 12 mai 1997** (AJDA 1997, p. 575), le Tribunal a estimé que **la « consignation à bord » d'un navire**, ordonnée par l'autorité administrative à l'encontre d'un passager clandestin à qui était refusée l'entrée sur le territoire national, **ne constituait qu'une simple illégalité**, non constitutive d'une voie de fait. Pourtant, les conditions de la voie de fait semblaient réunies, notamment parce que la privation de la liberté d'aller et venir ne pouvait résulter que d'un placement en zone d'attente (qui est la procédure régulière pour les « clandestins ») et non d'une « consignation ». **Cette décision semblait mettre fin à la théorie de la voie de fait**. C'est ainsi que pendant plusieurs années, le contentieux de la rétention administrative des étrangers n'a donné lieu qu'à la reconnaissance de simples « illégalités » relevant de la compétence du juge administratif.

Pourtant, par un revirement de jurisprudence, **le Tribunal des conflits a « ressuscité » la voie de fait**. Il a ainsi estimé que la confiscation d'un passeport à une personne suspecte de falsifier son identité et son placement en zone d'attente constituent une voie de fait dès lors que le placement a été levé sans que le passeport ne soit restitué (TC, 19 novembre 2001, *Mlle Mohamed*, AJDA, mars 2002, p. 234 ; en l'espèce, il y a exécution forcée irrégulière d'une décision administrative régulière). En effet, le placement en zone d'attente ayant été levé, seul l'engagement de poursuites pénales pour usurpation d'identité pouvait légalement justifier la prolongation de la rétention du passeport. Or, aucune poursuite n'avait été exercée. Cette décision est intéressante à double titre. D'abord, en ce qu'**elle a ouvert la voie à un retour du juge judiciaire, gardien des libertés individuelles** au moment même où le juge administratif, à travers les nouveaux référés, s'est trouvé lui-même en position de connaître des atteintes aux libertés et de les faire cesser. Ensuite, en ce qu'**elle a élargi le champ d'application potentiel de la voie de fait**, le tribunal estimant que celle-ci résulte soit de l'exécution forcée irrégulière d'une décision régulière, soit d'une décision manifestement non susceptible de se rattacher à **un pouvoir de l'administration** (et non comme dans la jurisprudence traditionnelle à « l'exercice d'un pouvoir »).

Désireux de mettre un terme aux hésitations quant à la définition et au champ qu'il convient de donner à la voie de fait, **le TC a réaffirmé la définition de la voie de fait** : « il n'y a de voie de fait justifiant (...) la compétence de l'ordre judiciaire, que dans la mesure où l'administration, soit a procédé à l'exécution forcée, dans des conditions irrégulières, d'une décision même régulière, portant une atteinte grave au droit de propriété ou à une liberté fondamentale, soit a pris une décision ayant l'un ou l'autre de ces effets à la condition que cette dernière décision soit elle-même insusceptible d'être rattachée à un pouvoir appartenant à l'autorité administrative » (TC, 23 mai 2005, *Haut-commissaire de la République en Polynésie française*).

§ 3. Les compétences judiciaires par détermination de la loi

Il existe une grande variété de lois attribuant compétence au juge judiciaire pour connaître des litiges relatifs au fonctionnement de l'administration. Nous ne retiendrons ici que les plus importantes.

A) La compétence du juge judiciaire pour connaître du contentieux de certains régimes de responsabilité

Nous ne ferons que citer ces compétences attribuées par le législateur qui feront l'objet de développements dans la partie consacrée à la responsabilité administrative (voir p. 360). Le juge judiciaire est ainsi compétent pour connaître de l'action en responsabilité engagée contre l'État :

- à raison des fautes commises par les membres de l'enseignement (loi du 5 avril 1937) ;
- à raison des accidents causés par les véhicules (action contre les personnes publiques ; loi du 31 décembre 1957) ;
- à raison des dommages causés par certaines infractions pénales (loi du 3 janvier 1977) et par les actes de terrorisme (loi du 9 septembre 1986) ;
- pour l'indemnisation des victimes de contamination du Sida par transfusion sanguine (action contre les décisions du Fonds d'indemnisation ; loi du 31 décembre 1991).

B) Autres compétences du juge judiciaire

1) Le contentieux de l'électorat

Si le contentieux électoral relève pour l'essentiel du juge administratif (compétent pour les élections locales et administratives) et du Conseil constitutionnel (pour les élections nationales), le contentieux de l'électorat (relatif à la qualité d'électeur) est, pour certains aspects, confié au juge judiciaire (par des textes).

Malgré leur caractère administratif, les commissions qui ont pour mission de réviser chaque année les listes électorales (mise à jour) relèvent, pour leur contentieux, du juge judiciaire (le tribunal d'instance). Ce dernier apprécie le bien-fondé de leurs décisions d'inscription, de refus d'inscription ou de radiation des listes électorales.

2) Le contentieux fiscal

La fixation et le recouvrement de l'impôt traduisant l'exercice de prérogatives de puissance publique, il est logique que le contentieux des impôts directs relève du juge administratif.

En revanche, le contentieux des **impôts indirects** (droits de douanes, droits d'enregistrement...) et de certaines taxes parafiscales qui y sont assimilées est confié par divers textes au juge judiciaire. Il est compétent pour connaître des réclamations des contribuables portant aussi bien sur la fixation de l'assiette de l'impôt (son établissement) que sur le recouvrement de l'impôt.

Toutefois, dès que le contentieux porte sur des opérations qui ne sont pas liées directement à l'imposition même, le juge administratif retrouve sa compétence.

§ 4. La compétence du juge judiciaire en matière d'interprétation et d'appréciation de la légalité des actes administratifs

Il arrive que le règlement d'une affaire devant le juge administratif ou le juge judiciaire dépende de la réponse apportée à une question accessoire. La question accessoire est celle de l'interprétation ou de l'appréciation de la légalité d'un acte privé devant le juge administratif et d'un acte administratif devant le juge judiciaire.

Quelle doit être l'attitude du juge devant lequel se pose une telle question ? Doit-il, conformément au principe de séparation des autorités, renvoyer la question devant le juge compétent ? Ou bien peut-il, par dérogation à ce principe, procéder lui-même à l'interprétation ou à l'appréciation de la légalité de l'acte ?

A) La question accessoire

La question accessoire ne se pose que si deux conditions sont réunies :

- il faut que l'interprétation ou l'appréciation de la légalité de l'acte soit **nécessaire au règlement du litige principal** ;
- il faut que l'interprétation ou l'appréciation de la légalité de l'acte **rencontre une difficulté sérieuse**.

La détermination du juge compétent pour répondre à la question accessoire révèle l'affrontement de deux conceptions.

Si l'on applique le principe de séparation des autorités administratives et judiciaires, la question (accessoire) est dite « préjudicielle ». Le juge du principal (celui qui est chargé du règlement du litige principal) a donc l'obligation de surseoir à statuer et de renvoyer la difficulté d'interprétation ou d'appréciation de la légalité de l'acte au juge compétent. La réponse apportée par ce dernier permet de reprendre l'examen de l'affaire et contribue à la solution du litige.

Si, à l'opposé, notamment par souci d'une justice rapide, on déroge au principe de séparation, la question (accessoire) est dite « préalable ». En vertu du principe selon lequel « le juge du principal est juge de l'accessoire », ce dernier est compétent pour résoudre lui-même la difficulté d'interprétation ou d'appréciation de la légalité de l'acte.

La jurisprudence n'a pas fait prévaloir une conception sur l'autre. Elle a établi une distinction entre l'interprétation d'un acte et l'appréciation de sa légalité, cette dernière constituant un pouvoir plus étendu.

La règle veut que l'appréciation ou l'interprétation d'une question de droit privé devant le juge administratif constitue toujours une question préjudicielle devant être renvoyée devant le juge judiciaire.

Par conséquent, seule la compétence du juge judiciaire pour interpréter ou apprécier la légalité d'un acte administratif nous intéresse. Il faut distinguer selon que le juge judiciaire statue en tant que juge civil ou répressif.

B) La compétence des juridictions civiles

1) En matière d'interprétation des actes administratifs

En vertu d'une règle jurisprudentielle, **les tribunaux judiciaires sont compétents pour interpréter les règlements** (TC, 16 juin 1923, *Septfonds*, GAJA, Rec. Lachaume). Dans ce cas de figure, il y a donc question préalable. L'idée du Tribunal des conflits est que cette tâche n'est pas différente de celle d'interprétation des lois à laquelle les tribunaux judiciaires sont habitués.

A contrario, l'interprétation des actes individuels échappe au juge judiciaire (question préjudicielle), sauf en cas d'attribution législative de la matière dans laquelle l'acte est pris.

2) En matière d'appréciation de la légalité des actes administratifs

Bien que critiquée, la solution est celle de l'**incompétence des tribunaux judiciaires pour apprécier la légalité tant des règlements que des actes individuels** (question préjudicielle).

Toutefois, en vertu du principe selon lequel l'autorité judiciaire est gardienne de la liberté individuelle et du droit de propriété, les tribunaux judiciaires peuvent apprécier la légalité des règlements portant une atteinte grave à la liberté individuelle ou au droit de propriété (TC, 30 octobre 1947, *Barinstein*, Rec., p. 511). Par ailleurs, le juge judiciaire est compétent lorsque la loi le prévoit.

C) La compétence des juridictions répressives

Jusqu'en 1994, l'état du droit résultait des solutions posées par l'arrêt ***Avranches et Desmaret*** en 1951 (TC, 5 juillet 1951, Rec., p. 638).

1) En matière d'interprétation des actes administratifs

Le juge pénal ne pouvait interpréter que les règlements (la solution était donc identique à celle qui prévaut au civil).

2) En matière d'appréciation de la légalité des actes administratifs

Les pouvoirs du juge pénal étaient ici étendus (par rapport à ceux du juge civil) : compétence pour apprécier la légalité des règlements et celle des actes individuels (du moins lorsque ceux-ci constituent le fondement à la poursuite pénale).

L'article 111-5 du Code pénal (entré en vigueur en mars 1994) met fin à cette situation complexe et confuse : **« Les juridictions pénales sont compétentes pour interpréter les actes administratifs, réglementaires ou individuels et pour en apprécier la légalité lorsque, de cet examen, dépend la solution du procès pénal qui leur est soumis. »** Cette nouvelle disposition devrait permettre une raréfaction des questions préjudicielles (voir, dans la même collection, *Droit Pénal Général,* 1re partie, ch. 3).

SECTION III

La résolution des conflits de compétence : le Tribunal des conflits

Lorsque des « conflits » de compétence surviennent entre tribunaux des deux ordres de juridiction, c'est-à-dire lorsqu'ils ont un doute sur leur compétence, lorsqu'ils la revendiquent tous deux ou la rejettent tous deux, il appartient au Tribunal des conflits de trancher.

§ 1. Organisation et fonctionnement du Tribunal des conflits

Le Tribunal des conflits a été institué (ou plus exactement rétabli) par la loi du 24 mai 1872. Toute son organisation a été conçue dans un **souci d'équilibre**.

Ainsi, le Tribunal est **composé à parité de membres représentant les deux ordres de juridiction** : trois membres de la Cour de cassation élus en son sein et trois membres du Conseil d'État élus en son sein. S'y ajoutent deux conseillers (un par cour suprême) désignés par les six membres déjà élus. Ils occupent leurs fonctions pour trois ans.

Bien que la présidence du Tribunal des conflits appartienne en théorie au garde des Sceaux, elle revient en fait à son vice-président (élu par les autres membres pour trois ans). Le rôle du garde des Sceaux n'est déterminant qu'en cas de partage égal des voix, sa voix faisant basculer le vote (hypothèse rare : 8 février 1873, *Blanco*, précité ; 12 mai 1997, *Préfet de police de Paris c/ Tribunal de grande instance de Paris,* AJDA 1997, p. 575).

Les affaires sont examinées par des rapporteurs puis présentées au Tribunal par des commissaires du gouvernement (qui n'ont aucun lien avec lui) dont le rôle est de proposer une solution juridique argumentée. Le rapporteur et le commissaire du gouvernement d'une affaire n'appartiennent pas au même ordre de juridiction et les rôles s'inversent à chaque nouvelle affaire (ainsi, un rapporteur conseiller d'État succède nécessairement à un rapporteur conseiller à la Cour de cassation).

Ainsi équilibré, **le Tribunal des conflits peut exercer sa mission en toute sérénité** et sans tentation partisane (même si elles existent).

Malgré sa faiblesse quantitative (quelques dizaines d'affaires par an), **la jurisprudence du Tribunal a une portée considérable**. En effet, **les décisions relatives à la compétence s'avèrent souvent déterminantes pour le fond de l'affaire**.

Ainsi, dans la célèbre décision *Blanco,* avant d'attribuer la compétence à l'autorité administrative en matière de responsabilité de l'État à raison de ses services, le Tribunal rejette les principes établis par le Code civil (bien qu'il soit établi par le législateur) et affirme le caractère spécial des règles applicables aux services publics (TC, 8 février 1873, précité).

§ 2. Le règlement des conflits de compétence

On distingue traditionnellement selon que le règlement intervient à l'occasion d'un conflit positif ou d'un conflit négatif de compétence. Le souci d'une justice plus rapide a favorisé le développement des procédures de renvoi destinées à prévenir la survenance des conflits de compétence.

A) Le conflit positif

Destinée à préserver la compétence du juge administratif des débordements du juge judiciaire, cette procédure (appliquée dès 1828) est mise en œuvre par l'administration (et non par le juge administratif).

Lorsque le préfet estime qu'une affaire a été portée à tort devant un tribunal judiciaire, il lui adresse un **« déclinatoire de compétence »** l'invitant à renoncer à se prononcer sur le litige. Le tribunal doit alors **surseoir à statuer** et dispose de quinze jours pour se prononcer sur sa compétence. Soit il s'incline, soit il rejette le déclinatoire de compétence.

Dans cette seconde hypothèse, le préfet peut se ranger à la position du tribunal qui poursuit alors le traitement de l'affaire ou, comme cela se produit le plus souvent, il peut **prendre un « arrêté de conflit » qui a pour effet d'« élever le conflit »**. Cette « élévation » a pour conséquence d'obliger le tribunal à surseoir à statuer en même temps que de saisir le Tribunal des conflits par l'intermédiaire du garde des Sceaux (du ministère public).

Le Tribunal des conflits dispose de trois mois pour se prononcer :

- **s'il confirme l'arrêté de conflit, la compétence du juge judiciaire est définitivement écartée**. Le juge administratif pourra alors examiner l'affaire s'il est saisi par le requérant (en effet, le dessaisissement du juge judiciaire n'entraîne pas la saisine automatique du juge administratif) ;
- **s'il infirme l'arrêté de conflit, la compétence du juge judiciaire est reconnue** et le traitement de l'affaire reprend normalement ;
- enfin, il se peut que l'arrêté de conflit ne soit que partiellement confirmé. Cela ne signifie pas que la compétence revienne au juge administratif mais simplement qu'il se pose, à l'occasion du procès devant le juge judiciaire, une question préjudicielle qui doit être renvoyée devant le juge administratif.

Cette procédure du conflit positif n'est ouverte que devant les juridictions judiciaires. En effet, **il n'existe aucune procédure de dessaisissement du juge administratif**. Lui seul peut, le cas échéant, décliner sa compétence. Par ailleurs, il n'y a pas d'élévation de conflit devant les juridictions répressives (sauf pour les actions civiles) ni devant la Cour de cassation.

B) Le conflit négatif

Il y a conflit négatif **lorsque des tribunaux des deux ordres de juridiction se sont successivement déclarés incompétents** pour connaître d'un litige **ou lorsque les jugements rendus** par une juridiction administrative et par une juridiction judiciaire **sont contradictoires au fond**. Dans les deux hypothèses, **le justiciable est victime d'un déni de justice** (littéralement, un refus de justice).

Avant le décret du 25 juillet 1960 (relatif à la prévention des conflits de compétence ; voir ci-après), lorsqu'un tribunal de chaque ordre saisi se déclarait successivement incompétent pour connaître d'un litige, le justiciable n'avait comme seule possibilité que de saisir le Tribunal des conflits pour qu'il tranche la question. Ce dernier n'étant soumis à aucune contrainte de délai pour apporter une réponse, il pouvait s'écouler plusieurs années avant que l'affaire ne soit traitée.

L'autre cas est celui où un juge administratif et un juge judiciaire rendent des jugements contradictoires au fond sur un même litige. Jusqu'à la **loi du 20 avril 1932**, il n'existait aucune procédure permettant de lever cette contradiction. C'est d'ailleurs une affaire dans laquelle le déni de justice était choquant qui a inspiré la loi.

Le sieur Rosay avait été blessé alors qu'il se trouvait dans la voiture d'un particulier heurtée par un véhicule militaire. Le juge civil avait exonéré de toute faute le conducteur de la voiture. Saisi à son tour, le juge administratif avait estimé que le conducteur du véhicule militaire n'avait commis aucune faute. Le sieur Rosay était donc lésé dans son droit à réparation.

La loi du 20 avril 1932 fut adoptée à la suite de cette affaire. Elle autorise le justiciable qui a épuisé sans résultat toutes les voies de recours dans chaque ordre de juridiction à saisir **le Tribunal des conflits**. Celui-ci **ne se prononce pas sur la compétence mais sur le fond de l'affaire. Son jugement est définitif**.

C) La prévention des conflits : les procédures de renvoi au Tribunal des conflits

Ces procédures ont pour objet d'éviter des conflits de compétence qui ralentissent le cours de la justice. Le décret du 25 juillet 1960 prévoit la « consultation » du Tribunal des conflits avant que ne surviennent les contestations sur la compétence.

1) Le renvoi obligatoire pour prévenir les conflits négatifs

Lorsqu'un tribunal (administratif ou judiciaire) saisi d'un litige **se déclare incompétent par une décision qui n'est plus susceptible de recours** (les voies de recours internes à l'ordre de juridiction étant épuisées), le requérant peut saisir une juridiction de l'autre ordre. Si celle-ci s'estime également incompétente pour connaître du litige, **elle a l'obligation de surseoir à statuer et de renvoyer la question de la compétence au Tribunal des conflits** (le seul inconvénient étant que l'examen de l'affaire n'est enserré dans aucun délai).

Désormais, **les parties à un conflit n'ont plus à se préoccuper de saisir le Tribunal des conflits, cette obligation incombant aux juridictions**. Cette procédure permet d'éviter nombre de conflits négatifs et rend de ce fait la justice plus fluide.

2) Le renvoi facultatif

Cette procédure facultative est réservée aux juridictions suprêmes de chaque ordre. Lorsque **le Conseil d'État et la Cour de cassation** « détectent » des questions de compétence « soulevant une difficulté sérieuse et mettant en jeu la séparation des autorités administratives et judiciaires », ils **ont la possibilité de saisir le Tribunal des conflits de ces questions**. Il leur appartient donc d'apprécier l'opportunité de surseoir à statuer et de renvoyer au Tribunal des conflits.

Signalons qu'il y a autant de saisines du Tribunal des conflits par le biais des procédures de renvoi que par celui des conflits positifs.

SECTION IV
Les litiges échappant à la compétence des juges administratif et judiciaire

Il s'agit de litiges qui, par leur nature, leur objet ou la « qualité » de la personne qui en est à l'origine, échappent au contrôle des juges administratif et judiciaire.

§ 1. Les litiges relatifs aux actes des autorités étrangères

Qu'ils résultent d'actes pris par une autorité française agissant pour le compte d'une autorité étrangère (le chef de l'État agissant en tant que coprince de la principauté d'Andorre) ou d'actes pris par une autorité étrangère établie exceptionnellement en France (présence des forces alliées dans l'après-guerre), ces litiges échappent au contrôle des juges français.

§ 2. Les litiges relatifs à l'exercice du pouvoir législatif

En vertu du principe de séparation des pouvoirs, le juge est incompétent pour connaître des litiges nés de l'activité du pouvoir législatif (dont le rôle est de voter les lois et de contrôler le gouvernement).

De même, le juge administratif se déclare incompétent pour connaître des actes à caractère administratif pris par les organes chargés de la gestion des chambres parlementaires (actes non législatifs émanant des assemblées ; ex. : refus d'admission à concourir en vue d'un recrutement d'administrateurs, litige relatif à l'attribution d'une allocation de retraite...). Il existe néanmoins deux exceptions à cette jurisprudence. D'abord, en vertu d'une ordonnance de 1958, la juridiction administrative est compétente pour réparer les dommages causés par les services du Parlement (responsabilité de l'État) et pour connaître des litiges relatifs à la carrière des fonctionnaires parlementaires. Ensuite, par une décision d'Assemblée, le Conseil d'État a jugé que relèvent également de la **compétence du juge administratif, parce que détachables de la procédure parlementaire et de l'accomplissement par les assemblées de leurs fonctions en matière de législation et de contrôle du gouvernement**, les marchés qui ont le caractère de contrats administratifs passés par les assemblées (CE Ass., 5 mars 1999, *Président de l'Assemblée nationale*, GAJA, en l'espèce, il s'agissait de marchés de travaux publics).

Soucieux de l'indépendance du législateur, le Conseil a jusqu'ici refusé d'étendre la solution dégagée dans la décision de 1999 à d'autres types d'actes des assemblées (CE Ass., 4 juillet 2003, *M. Papon*, AJDA 2003, 15 septembre, p. 1603, chro. F. Donnat et D. Casas ; en l'espèce, incompétence du juge pour connaître des litiges relatifs au régime des pensions des parlementaires).

§ 3. Les actes de gouvernement

Les actes de gouvernement **bénéficient d'une immunité juridictionnelle, c'est-à-dire qu'ils échappent à tout contrôle**.

À l'origine, cette immunité tenait au **« mobile politique »** des actes (CE, 1er mai 1822, *Laffitte*, Rec., 1821-1825, p. 202 ; « la réclamation du sieur Laffitte tient à une question politique dont la décision appartient exclusivement au gouvernement »). Il s'agissait de préserver de tout contrôle des actes politiques, surtout de « haute politique » internationale et interne. Ce critère fut rapidement abandonné en raison de son imprécision (CE, 19 février 1875, *Prince Napoléon*, GAJA).

Les actes de gouvernement sont **à la fois administratifs et politiques.** Émanant du pouvoir exécutif, **on considère généralement qu'ils relèvent de la fonction gouvernementale**. Définis longtemps par leur nature, ils le sont aujourd'hui par leur objet ou leur portée.

Bien que la catégorie des actes de gouvernement soit réduite comme « peau de chagrin », le Conseil d'État en « découvre » un nouveau de temps à autre. Ils sont classés en deux séries de décisions.

1) Les actes touchant aux rapports du gouvernement et du Parlement et aux rapports entre les pouvoirs publics

Cette première catégorie d'actes comprend :

- les décrets de convocation ou de clôture des sessions extraordinaires du Parlement ;
- les décrets de dissolution de l'Assemblée nationale ;
- les projets de lois, c'est-à-dire l'initiative gouvernementale en matière législative (CE, 29 novembre 1968, *Tallagrand*, Rec., p. 607) ;
- les décrets de promulgation des lois, signés par le chef de l'État ;
- la décision du Président de la République de mettre en œuvre l'article 16 de la Constitution de 1958 (pouvoirs exceptionnels ; CE Ass., 2 mars 1962, *Rubin de Servens*, précité) ;

– la décision du Président de recourir au référendum (article 11 de la Constitution) (CE, 29 avril 1970, *Comité des chômeurs de la Marne*, Rec., p. 279) ;
– la décision par laquelle le Président de la République nomme un membre du Conseil constitutionnel (CE, Ass, 9 avril 1999, *Mme Ba*, RFDA 1999, p. 573) ;
– la décision du Premier ministre refusant de demander au Conseil constitutionnel de se prononcer en urgence (sur la constitutionnalité d'une loi) (CE, 9 octobre 2002, *M. Meyet et M. Bouget*, AJDA novembre 2002, p. 1099).

2) Les actes touchant aux rapports du gouvernement avec un État étranger ou une organisation internationale

Cette seconde catégorie d'actes comprend :

– les actes intervenus dans le cadre de la négociation et de la ratification des traités (CE Sect., 13 juillet 1979, *Coparex*, Rec., p. 319) ;
– les actes liés à la conduite de la guerre ;
– **les mesures liées à la conduite des relations internationales de la France** (CE Ass., 11 juillet 1975, *Paris de Bollardière*, Rec., p. 423 ; à propos d'un décret instituant une zone de sécurité dans les eaux internationales durant les essais nucléaires).

Ainsi, le Conseil d'État a considéré que **la décision du chef de l'État concernant la reprise des essais nucléaires était un acte de gouvernement** (CE Ass., 29 septembre 1995, *Assoc. Greenpeace France*, AJDA 1995, p. 749, chro. J.H. Stahl et D. Chauvaux). Cette décision traduit le **souci du juge de ne pas perturber la conduite des relations diplomatiques de la France**. De même, un décret mettant en œuvre une résolution du Conseil de sécurité de l'ONU qui impose un embargo à l'égard de la Libye est insusceptible de recours (CE, 29 décembre 1997, *Sté Héli-Union*, DA 1997, n° 3, p. 24).

Enfin, par une décision du 5 juillet 2000, **le Conseil d'État a qualifié d'acte de gouvernement la décision du Président de la République d'engager, en mars 1999, les forces françaises dans l'opération de police internationale dirigée contre la Serbie** (CE, *M. Mégret, M. Mekhantar*, AJDA, janvier 2001, p. 95-101). Pour écarter sa compétence, le Conseil d'État a estimé que la décision du chef de l'État ainsi que les décisions fixant les objectifs militaires et déterminant les moyens mis en œuvre **ne sont pas détachables de la conduite des relations internationales de la France**. En l'occurrence, il s'agissait de l'opération de police internationale Allied Force (avec l'OTAN, le G7, l'Union européenne...) fondée sur une résolution du Conseil de sécurité des Nations Unies et s'inscrivant dans le cadre des relations diplomatiques que la France entretenait avec la république fédérale de Yougoslavie, dont le Kosovo constituait une entité fédérée.

3) Le contrôle des actes « détachables »

Tous les actes touchant aux rapports du gouvernement avec les États étrangers ne sont pas des actes de gouvernement. En effet, **lorsqu'un acte est « détachable » des relations internationales, c'est-à-dire s'il peut être contrôlé par un juge sans que cela ait des répercussions sur l'ordre international, il peut être soumis à un contrôle juridictionnel** (CE Ass., 30 mai 1952, *Dame Kirkwood*, Rec. Lachaume ; en l'espèce, la décision d'extradition prise par le gouvernement français dans le cadre d'un accord diplomatique n'était pas un acte de gouvernement). De même, les mesures se rapportant à la coopération culturelle et technique avec les États étrangers sont considérées comme détachables.

Par ailleurs, le Conseil d'État a admis (tardivement) que la responsabilité de l'État pouvait être engagée pour les préjudices nés d'un traité (CE, 30 mars 1966, *Cie générale d'énergie radioélectrique*, précité).

Comme déjà mentionné, les actes de gouvernement ont été longtemps définis par leur nature. Ils le sont aujourd'hui par leur objet et leur portée. Ainsi, même si la possession par la France de l'arme nucléaire constitue un élément clé de ses relations internationales, **les mesures se rapportant à cette possession ne sont pas par nature des actes de gouvernement**. Si le Conseil d'État a considéré que la décision du chef de l'État concernant la reprise des essais nucléaires était un acte de gouvernement, c'est parce que cette mesure n'était pas détachable de la conduite des relations internationales de la France. Pour se prononcer sur le caractère détachable ou non de l'acte, **le juge examine le contexte international** dans lequel il est intervenu (en l'espèce, la décision visait à reprendre des essais interrompus en 1992 et s'inscrivait dans un contexte de négociations sur le désarmement nucléaire).

Il n'y a donc plus véritablement de catégories d'actes de gouvernement mais des décisions dont l'objet et la portée doivent être examinés au cas par cas.

CHAPITRE 3

Le contentieux administratif

Tout acte administratif peut être contesté. La contestation est portée devant le juge administratif et donne lieu à une procédure (la procédure administrative contentieuse) caractérisée par trois éléments : le souci de protéger les droits des parties à l'instance, la recherche de la preuve et la préservation de l'action administrative.

L'« arme » du justiciable est le recours contentieux. Il existe différents types de contentieux selon l'importance des pouvoirs du juge. À ces contentieux correspondent différents recours, en particulier le plus important de tous, le recours pour excès de pouvoir, qui mérite un examen plus approfondi.

SECTION I

Le précontentieux (la prévention du contentieux)

Afin d'éviter un afflux des recours contentieux qui gênerait le bon fonctionnement de la justice administrative mais aussi tout simplement pour permettre **un règlement différent et plus rapide des litiges**, deux méthodes sont envisageables. L'une, traditionnelle, repose sur les recours administratifs ; l'autre, plus moderne, se base sur différentes techniques de « négociation » avec l'administration. L'une et l'autre doivent permettre à l'État de réaliser des économies sur le budget des juridictions administratives.

À la suite du rapport *Régler autrement les conflits* (1993), le Premier ministre a pris en février 1995 deux circulaires destinées à **renforcer le recours à ces « modes alternatifs » de règlement des litiges**.

§ 1. Les recours administratifs

Les recours administratifs permettent aux administrés d'**adresser une réclamation directement à l'administration** (contestation d'un impôt, d'un refus de permis de construire…). Cette dernière a l'obligation d'accuser réception à ces recours (gracieux ou hiérarchiques, loi du 12 avril 2000) mais cette obligation ne vaut que pour les recours administratifs formés par les personnes visées par une décision (CE Sect., avis 15 juillet 2004, *M. et Mme Damon*, n° 266479 ; cela exclut donc les recours de tiers contre des décisions individuelles ; en l'espèce, un permis de construire). L'administration est libre de répondre favorablement ou non (discrétionnairement) aux recours administratifs, même si un recours reposant sur une justification sérieuse a davantage de chance d'aboutir. La décision prise sur recours, qui est notifiée au demandeur, doit mentionner les voies et les délais de recours contentieux (à défaut, le délai de recours contentieux ne court pas ; les recours administratifs de tiers ne bénéficient pas de cette disposition, avis du CE du 15 juillet 2004).

Qualifiés de « recours de droit commun », recours gracieux et recours hiérarchique sont ouverts aux administrés même si un texte ne le prévoit pas :

– **le « recours gracieux » est adressé directement à l'autorité qui a pris l'acte** pour lui demander de modifier ou de supprimer l'acte. L'administré peut certes invoquer des raisons légales à l'appui de sa demande mais aussi et surtout, serait-on tenté de dire, **des raisons d'opportunité** (qui n'ont pas leur place dans une procédure contentieuse) ;
– **le « recours hiérarchique » est adressé au supérieur de l'autorité qui a pris l'acte**. La demande est identique, à savoir la modification ou la suppression de l'acte litigieux ;
– enfin, signalons qu'il existe également un recours de tutelle. L'administré peut s'adresser à l'autorité qui exerce la tutelle (lorsqu'elle existe) sur l'auteur de la décision (par exemple, tutelle sur les établissements publics). Encore faut-il que cette autorité ait un pouvoir d'annulation ou de réformation des décisions prises par l'autorité sous tutelle.

De plus en plus fréquemment, le recours administratif est imposé comme un « préalable obligatoire » à toute démarche contentieuse.

Autrement dit, avant de saisir le juge administratif, l'« administré » doit d'abord adresser sa demande à l'autorité compétente. Tel est le cas en matière fiscale (où une très large majorité des réclamations obtient satisfaction par ce biais), en matière d'accès aux documents administratifs ou de décisions relatives à la situation individuelle des fonctionnaires civiles ou militaires (notation, avancement...). Mais de quel administré s'agit-il ? Les textes instituant l'obligation d'un recours administratif préalable énumèrent les personnes auxquelles ce recours administratif est ouvert. En principe, l'exigence d'un recours préalable ne peut pas être opposée au requérant ne faisant pas partie des personnes ainsi énumérées. Autrement dit, dans ce cas, le requérant est recevable à saisir directement le juge administratif.

Par un revirement de jurisprudence, le Conseil d'État a étendu l'obligation du recours administratif préalable « à toute personne justifiant d'un intérêt lui donnant qualité pour introduire ce recours contentieux… » (CE, 28 septembre 2005, *M. Louis*, AJDA 16 janvier 2006, p. 103). Mais cet arrêt risquait de compliquer la tâche des tiers dans la saisine de la juridiction administrative puisque le tiers intéressé devait non seulement justifier d'un intérêt lui donnant qualité à agir mais aussi être bien informé de la procédure précontentieuse applicable (à savoir l'obligation d'un recours administratif préalable). Conscient de ce risque, le Conseil d'État a rendu un nouvel arrêt par lequel il cantonne la portée de la jurisprudence *M. Louis* : à l'exception des décisions administratives des ordres professionnels, **le respect d'une procédure obligatoire de recours administratif ne s'impose qu'aux personnes énumérées par les textes applicables** (CE Sect. 10 mars 2006, *Société Leroy-Merlin*).

La règle veut donc qu'en cas de recours administratif obligatoire, la décision contestée ne soit pas susceptible d'être portée devant le juge administratif, du moins tant que l'autorité administrative ne s'est pas prononcée sur le recours. En application de cette règle, le juge estimait également irrecevables

les demandes de sursis à exécution de la décision contestée. Par un arrêt du 12 octobre 2001, **le Conseil d'État a opéré un revirement de jurisprudence en accueillant un référé suspension** (nouvelle dénomination du sursis) **alors que la décision contestée était soumise à un recours administratif obligatoire** (CE Sect. 12 octobre 2001, *Sté des produits Roche*, RFDA mars-avril 2002, p. 315). Le Conseil a estimé que l'objet même du référé est de permettre, dans tous les cas où l'urgence le justifie, la suspension dans les meilleurs délais d'une décision administrative contestée, y compris dans le cas où l'exercice d'un recours administratif préalable est obligatoire. La suspension de la décision peut donc être demandée au juge des référés et prononcée par celui-ci (sur le référé suspension, voir p. 327) à condition que le recours administratif ait été effectivement engagé et sans attendre que l'administration ait statué sur celui-ci.

Si la généralisation de l'obligation du recours préalable semble difficile à mettre en œuvre (en particulier pour des raisons d'allongement des procédures), en revanche, **il serait plus adapté**, comme le préconise le Conseil d'État, **d'instaurer un « principe général de procédure administrative » ouvrant droit aux administrés à l'examen effectif des réclamations qu'ils adressent à l'administration**.

Dans ce sens, **la circulaire du 9 février 1995** relative au traitement des réclamations adressées à l'administration **préconise un accueil plus favorable des réclamations**. Les demandes justifiées doivent pouvoir obtenir une réponse favorable, permettant ainsi de prévenir des procédures contentieuses.

§ 2. Les modes spécifiques de règlement des litiges : la « négociation » avec l'administration

A) Le recours au médiateur

C'est le mode de règlement des litiges le plus pratiqué et le plus efficace. En droit public, le médiateur est une autorité émanant de l'administration mais dotée d'une autonomie fonctionnelle destinée à donner de la crédibilité à la médiation. **Saisi d'une réclamation par un administré ou un usager, le médiateur négocie une solution amiable avec l'administration concernée et la propose au demandeur**. Au-delà du règlement des litiges, le médiateur est de plus en plus **un rouage essentiel de la relation administration-administré**. À côté du médiateur de la République, institution la plus connue (voir p. 34), d'autres médiateurs ont été institués, soit par des collectivités locales (le médiateur municipal à Paris), soit par des organismes publics (à la Poste ou à la SNCF). Un **nouveau type de médiation** est apparu dans le cadre du service public, une médiation au **caractère plus social, destinée à apaiser les tensions** (exemple des médiateurs scolaires institués en 1996).

B) La transaction

Elle peut être définie comme un « arrangement satisfaisant » pour les deux parties. Juridiquement, aux termes de l'article 2044 du Code civil, la transaction est un contrat par lequel les parties terminent une contestation née, ou préviennent une contestation à naître. Elle se pratique depuis fort longtemps

exclusivement en matière financière et sous le contrôle du juge. Une hypothèse classique est celle de **l'État créancier** : la transaction prend souvent la forme d'un accord par lequel l'administration fiscale accepte de ne pas exercer de poursuites moyennant le paiement d'une somme forfaitaire par le contrevenant.

La circulaire du 6 février 1995 relative au développement du recours à la transaction prend en compte l'hypothèse de **l'État débiteur** : les services de l'État doivent s'efforcer « de recourir à la transaction pour résoudre les conflits dans tous les cas où, compte tenu des circonstances de fait et de droit, il apparaît clairement que l'État a causé un préjudice et doit l'indemniser ». Par ailleurs, d'autres personnes de droit public sont autorisées à pratiquer la transaction : collectivités locales, établissements publics.

Cependant, **la pratique transactionnelle a récemment fait l'objet d'une modification substantielle**. En effet, alors que ce mode de résolution amiable des litiges avait été ces dernières années expressément recommandé aux personnes publiques en dehors de toute intervention du juge, **le Conseil d'État, par un avis du 6 décembre 2002, a reconnu la possibilité au juge administratif d'homologuer, sur demande des signataires, certaines transactions, alors qu'aucun litige n'est introduit devant lui** (Avis, CE Ass., 6 décembre 2002, *Syndicat intercommunal des établissements du second cycle du second degré de l'Haÿ-les-Roses*, AJDA n° 5, 9 février 2005, p. 242).

Selon le Conseil d'État, « la recevabilité d'une telle demande d'homologation doit toutefois être admise, dans l'intérêt général, lorsque la conclusion d'une transaction vise à remédier à une situation telle que celle créée par une annulation ou la constatation d'une illégalité qui ne peuvent donner lieu à régularisation, ou lorsque son exécution se heurte à des difficultés particulières ».

Avec cet avis, le Conseil d'État reconnaît l'existence de cette nouvelle voie de droit (l'homologation) qui ne relève ni de l'excès de pouvoir (demande d'annulation) ni du plein contentieux (demande d'indemnisation...).

Pour que le juge administratif soit compétent, il faut que **« la transaction ait pour objet le règlement ou la prévention de litiges pour le jugement desquels la juridiction administrative serait compétente »**. Par ailleurs, la procédure d'homologation doit être contradictoire. Enfin, « la non-homologation entraîne la nullité de la transaction ».

L'homologation ne relevant ni de l'excès de pouvoir ni du plein contentieux, on pouvait s'interroger sur la nature de ce type de jugement et sur les procédures auquel il est soumis. Dans un **avis du 4 avril 2005** (*Société Cabinet JPR Ingénierie*, RFDA 2005, n° 3, p. 678, chron. Terneyre), le Conseil d'État répond à ces questions en estimant que le jugement par lequel un TA se prononce sur une demande d'homologation d'une transaction (soit pour l'accueillir, soit pour la rejeter) est **une décision juridictionnelle susceptible de faire l'objet d'un appel** (à moins que le litige que prévient ou éteint la transaction soit au nombre de ceux pour lesquels le TA statue en premier et dernier ressort) **devant la cour administrative d'appel** (dans la mesure où l'appel ne relève pas du Conseil d'État).

Par une décision d'Assemblée, le Conseil d'État a **encore élargi les possibilités d'homologation d'une transaction par le juge administratif.** Il a admis que les parties à une instance en cours devant le juge administratif peuvent, **y compris en cassation,** présenter à celui-ci des conclusions tendant à l'homologation d'une transaction par laquelle elles mettent fin à leur contestation (CE Ass., 11 juillet

2008, *Société Krupp Hazemag* ; AJDA, 8 septembre 2008, chro. E. Geffray et S.-J. Liéber, pp. 1588-1593). Cette décision est audacieuse dans la mesure où, ***a priori*, il existe une incompatibilité entre l'homologation d'une transaction et le rôle du juge de cassation.** En effet, le juge de cassation ne rejuge pas l'affaire sur le fond. Or, l'homologation exige une véritable procédure d'examen au fond de la validité de la transaction qui conduit donc le juge de cassation à remettre en cause la décision rendue en premier et dernier ressort par le juge du fond. Pour contourner cet obstacle, le Conseil d'État, **tout en acceptant d'homologuer la transaction, précise qu'il n'intervient pas en tant que juge de cassation mais en tant que juge de l'homologation.**

Il appartient alors au juge administratif, qui se prononce en tant que juge de l'homologation, de vérifier que les parties consentent effectivement à la transaction, que l'objet de celle-ci est licite, qu'elle ne constitue pas de la part de la collectivité publique une libéralité et ne méconnaît pas d'autres règles d'ordre public. En cas d'homologation de la transaction, le juge administratif doit constater le non-lieu à statuer sur la requête ou, dans le cas où la partie requérante aurait subordonné son désistement à l'homologation de la transaction, donner acte de ce désistement. En revanche, le refus d'homologation entraînant la nullité de la transaction, il appartient dans cette hypothèse au juge de statuer sur la requête.

C) La conciliation

Elle est organisée sous deux formes. D'abord, la mission de conciliation confiée aux tribunaux administratifs est destinée à réduire la durée de certaines instances (et donc à améliorer le fonctionnement de la justice administrative). Ensuite, des procédures de conciliation applicables à certains litiges (comme les litiges contractuels concernant l'État et les collectivités territoriales) et dont les conditions sont définies par décret en Conseil d'État. Mais, force est de constater que **la conciliation est peu pratiquée**. Cela s'explique sans doute par la méconnaissance des procédures existantes mais surtout par **le flou entourant la notion de conciliation**. En particulier, **il existe une large confusion avec la médiation**. En pratique, la **conciliation consiste pour les parties à faire appel à un conciliateur** (extérieur) **qui va les réunir** (physiquement) **afin de parvenir à un accord sur le litige**. Si le conciliateur rend un avis destiné à rapprocher les positions, il est important que l'accord entre les parties se concrétise dans un acte formel ayant valeur de contrat.

D) L'arbitrage

Très pratiqué en droit privé (notamment en droit du travail par le passé), l'arbitrage est quasi inexistant en droit administratif en raison des craintes du Conseil d'État de voir une partie du contentieux public échapper à la juridiction administrative. Cette procédure de caractère juridictionnel consiste à solliciter l'intervention d'un tiers extérieur au litige qui joue le rôle d'arbitre. La solution proposée n'est généralement pas obligatoire pour les parties.

De fait, le recours à l'arbitrage en droit public ne concerne qu'un nombre limité de litiges, en raison de l'interdiction de principe de recourir à cette procédure pour les personnes publiques, sauf disposition législative contraire (par exemple, l'État et les collectivités territoriales sont autorisés à y recourir pour les litiges nés à l'occasion de la liquidation de leurs dépenses de travaux et de fournitures). Tout recours à l'arbitrage en dehors des cas prévus par la loi est sanctionné par le juge administratif : nullité d'une clause compromissoire (qui prévoit le recours à l'arbitrage en cas de litige) inscrite dans une convention de gestion (CAA Lyon, 27 décembre 2007, *SA Lagarde et Meregnani*, AJDA, 7 avril 2008, p. 698, chro. C. Vinet).

Signalons cependant qu'un projet de réforme prévoit de lever l'interdiction du recours à l'arbitrage en ce qui concerne les contrats publics.

SECTION II

La procédure administrative contentieuse

La procédure administrative contentieuse obéit à des règles précises fixées pour l'essentiel par décret mais aussi, pour certains de ses aspects, par la loi, voire par la Constitution (notamment pour tout ce qui touche aux droits de la défense).

En suivant la chronologie de la procédure, nous étudierons successivement : les caractères de la procédure, l'introduction et le déroulement de l'instance, les voies de recours.

§ 1. Les caractères de la procédure

La procédure doit répondre à certaines exigences destinées, les unes à garantir les droits des parties en présence, les autres à donner au juge les moyens de mener à bien l'instruction de l'affaire.

A) La procédure est essentiellement écrite

Au contraire de la procédure civile essentiellement orale, la procédure administrative est essentiellement écrite. À chaque étape correspond une pièce écrite : dépôt de la requête (qui doit contenir certaines indications comme le nom du requérant, les moyens invoqués et, bien sûr, les « prétentions » du requérant), échange de mémoires, de contre-mémoires, rapport sur l'affaire, conclusions du rapporteur public.

Les quelques interventions orales prévues, hormis le débat qui peut intervenir à l'occasion de certaines mesures d'instruction comme une expertise, ont lieu lors de l'audience de jugement (lecture des conclusions du rapporteur public, observations des avocats et des parties, voir p. 334). Mais en aucun cas il n'y a débat.

B) La procédure est contradictoire

L'obligation de suivre une procédure contradictoire **s'inscrit dans le principe général du « respect des droits de la défense »** (CE, 5 mai 1944, *Dame Veuve Trompier-Gravier*, précité).

Elle se traduit par l'obligation pour le juge de communiquer aux parties à l'instance les différents documents liés à l'affaire. En particulier, **chaque partie doit pouvoir prendre connaissance des mémoires et contre-mémoires produits par la partie adverse et être mis en mesure d'y répondre**. Le non-respect de cette règle du contradictoire est un motif d'annulation du jugement rendu.

Le décret n° 97-563 du 29 mai 1997 réformant le Code des tribunaux administratifs et des cours administratives d'appel a quelque peu réduit les obligations de communication des mémoires. Jusque-là, tout mémoire produit par une partie devait être communiqué à la partie adverse. Désormais, **seuls la requête, le « mémoire complémentaire »** (qui complète la requête lorsque celle-ci a été présentée sous une forme sommaire) **et le premier mémoire de chaque défendeur sont obligatoirement communiqués**. Les mémoires ultérieurs ne sont communiqués que s'ils contiennent des éléments nouveaux que le juge est susceptible de prendre en compte pour sa décision.

La jurisprudence a précisé l'étendue des obligations liées au caractère contradictoire de la procédure : non seulement le juge doit mettre à même les parties de prendre connaissance de toutes les pièces du dossier, mais **il a également l'obligation de ne pas avoir lui-même accès à des pièces non communiquées aux parties**. Autrement dit, le juge ne peut fonder sa décision sur une pièce connue de lui seul et dont l'une des parties n'aurait pas été mise à même de prendre connaissance. Cette solution, dégagée à propos de documents intéressant des secrets de la défense nationale, a été étendue aux données intéressant la sûreté de l'État, la défense et la sécurité publique (CE Ass., 6 novembre 2002, *Moon Sun Myung*, AJDA, décembre 2002, p. 1337). Cependant, cette faiblesse relative du juge qui réside dans le fait de ne pas pouvoir accéder à certaines informations est partiellement compensée par les mesures que le juge peut prendre dans le cadre de ses pouvoirs de direction de la procédure (voir ci-après).

C) La procédure est secrète

Cela signifie simplement que, pendant l'instruction, les différents documents produits (mémoires, expertise…) ne peuvent être communiqués qu'aux parties au procès et, bien évidemment, au juge.

D) La procédure est inquisitoriale

À la différence de la procédure civile de type accusatoire, dans laquelle l'initiative est laissée aux parties (le demandeur « assigne » le défendeur) et que le juge se contente d'arbitrer, la procédure administrative est inquisitoriale, c'est-à-dire **placée sous la direction et l'initiative du juge**.

Saisi par une « requête », celui-ci invite les parties à produire leurs mémoires (dans un délai déterminé) et peut notamment clore l'instruction lorsque l'affaire lui semble en état d'être jugée (voir p. 334).

Toutefois, **le juge joue un rôle prépondérant dans la recherche de la preuve**. Comme dans la procédure civile, la charge de la preuve incombe au demandeur, c'est-à-dire généralement à l'administré. Ce dernier est cependant quelque peu désarmé face à une décision administrative qui lui est « étrangère » et dont il ne connaît pas nécessairement les motifs (en particulier en matière d'excès de pouvoir). Pour atténuer le « fardeau » de la preuve, le juge peut « interroger » l'administration sur sa décision :

– il peut lui demander de **fournir les documents au vu desquels la décision a été prise** (CE Ass., 28 mai 1954, *Barel*, précité). Cet accès aux documents a d'ailleurs été élargi et simplifié par le législateur avec la loi de 1978 relative à la « communication des documents administratifs » ;
– il peut demander à l'administration **« les raisons de fait et de droit » (les motifs) de sa décision** (CE Sect., 26 janvier 1968, *Sté Maison Génestal*, GAJA). De plus, la loi de 1979 relative à la « motivation des actes administratifs » (complétée par celle de 1986) a fait de la motivation de certaines catégories d'actes (comme les décisions défavorables) une obligation pour l'administration.

Par ailleurs, **le juge prend toute mesure d'instruction qui lui paraît nécessaire à l'établissement des faits** (demande d'expertise, enquête, visite des lieux...).

Les mesures que le juge peut prendre dans le cadre de son pouvoir général de direction de la procédure **permettent également d'éviter que certains actes ou décisions de l'administration n'échappent à toute forme de contrôle**. Il en est ainsi lorsque le juge refuse, au nom du caractère contradictoire de la procédure, de se faire communiquer certaines pièces auxquelles les parties ne peuvent avoir accès (car contenant des informations relatives à des secrets de la défense nationale ou à la sécurité publique). Dans ce cas, afin de se procurer « les éléments de nature à lui permettre de former sa conviction sur les points du litige », le juge peut demander à l'administration des éléments d'information sur les raisons conduisant à exclure certaines informations d'une communication (CE Ass., 6 novembre 2002, *Moon Sun Myung*, précité). Dans sa décision, le juge tiendra compte d'un éventuel refus opposé à sa demande, et de façon plus générale, de la « qualité » de la réponse apportée (notamment de la précision). Ainsi, par ses pouvoirs d'instruction, **le juge peut rétablir une certaine équité** (entre les parties) dans le déroulement du procès.

E29 **Vers la justice électronique**

Dans le cadre du Plan stratégique pour l'administration électronique, la juridiction administrative s'est engagée sur la voie de la dématérialisation des échanges avec les justiciables et les administrations. Les portails internet seront des outils d'information : sur le déroulement de la procédure, le fonctionnement pratique de la justice administrative...

Différentes expérimentations sont engagées. Depuis septembre 2004, toutes les juridictions de première instance et d'appel permettent aux parties à l'instance de connaître, via internet, l'état de l'instruction de leur dossier. Par ailleurs, le décret n° 2005-222 du 10 mars 2005 autorise à titre expérimental la transmission par voie électronique des requêtes devant les juridictions administratives, des pièces du dossier, des décisions prises pour l'instruction et de la notification de la décision juridictionnelle. L'initiative de recourir à cette voie appartient aux parties. L'utilisation de la voie électronique aura pour effet de dispenser de l'obligation de présenter des copies pour la requête, la décision attaquée et les mémoires ultérieurs (par dérogation aux dispositions du Code de justice administrative). Les parties sont réputées avoir reçu notification des pièces qui leur sont transmises à la date indiquée sur l'accusé de réception électronique adressé à la juridiction au moment de la consultation du document et, à défaut, quinze jours après la date d'envoi des pièces communiquées. En cas de difficultés notamment d'ordre technique (ex. : défaillance des transmissions), la juridiction peut imposer le retour au document papier et à la transmission par voie postale.

§ 2. L'introduction de l'instance

A) L'introduction du recours

Pour pouvoir être examiné par le juge, le recours doit être « **recevable** ». Autrement dit, il doit remplir certaines conditions liées au requérant, à sa propre forme, à la nature de l'acte attaqué et au délai imparti. Une fois déclaré recevable, le recours ne produit en tant que tel aucun effet sur la décision, en particulier aucun effet suspensif.

1) Les conditions de recevabilité des recours

a) Les conditions liées au requérant

La première condition liée au requérant est **la capacité à ester en justice**. Elle est reconnue aux personnes physiques majeures non-incapables (les incapables ne peuvent être que représentés).

Quant aux personnes morales, elles sont représentées en justice par une personne physique habilitée à cette fin. Ainsi, les collectivités locales sont représentées par leurs organes exécutifs (maire pour la commune, président du conseil général pour le département...) sur autorisation des assemblées délibérantes.

Par ailleurs, le requérant doit avoir **un intérêt à agir**. Cette question ne se posant véritablement que dans le cadre du recours pour excès de pouvoir, elle sera traitée spécifiquement dans les développements qui lui sont consacrés (voir p. 349).

b) Les conditions liées au recours lui-même

Comme déjà mentionné, la requête doit être écrite (en français) et contenir certaines indications comme le nom du requérant, les moyens invoqués (c'est-à-dire les arguments de fait et de droit) et, bien sûr, les conclusions du requérant (ce qu'il demande au juge).

Par ailleurs, le **droit de timbre**, c'est-à-dire l'obligation que les requêtes soient revêtues d'un timbre fiscal, a été supprimé par une ordonnance du 22 décembre 2003. Sa suppression devrait permettre de faciliter le dépôt des recours, notamment pour les requérants résidant à l'étranger, mais également de simplifier la tâche du greffe qui était obligé jusque-là d'inviter les requérants ignorants ou négligents à régulariser leur requête, et de faciliter les expériences de dématérialisation des procédures (dépôt des requêtes en ligne). Désormais, l'accès au juge administratif est entièrement gratuit.

Enfin, si jusqu'ici il était rare que la requête dût être présentée par un avocat, cette obligation du ministère d'avocat est désormais instituée devant les cours administratives d'appel (depuis le 1er septembre 2003).

L'irrecevabilité d'un recours résultant du non-respect de l'une des conditions de forme et de procédure que nous venons de décrire **est assez facilement surmontable**. En effet, la jurisprudence dans un premier temps, le décret du 29 mai 1997 (relatif au fonctionnement des TA et des CAA ainsi qu'à la procédure devant ces juridictions) plus récemment, ont posé **le principe de l'obligation pour le juge d'inviter le requérant à régulariser sa requête**.

Ajoutons que le fait de porter à tort une requête devant une autre juridiction que la juridiction compétente n'est plus une cause d'irrecevabilité. En effet, dans ce cas, la requête est transférée à la juridiction compétente (à l'initiative des juridictions elles-mêmes).

c) La décision préalable

La règle de la décision préalable signifie simplement que le recours est recevable devant le juge administratif dans la mesure où il est **dirigé contre une décision administrative** (*a contrario,* certaines mesures administratives ne sont pas des décisions et ne sont pas de ce fait susceptibles de recours : mesures d'ordre intérieur, mesures préparatoires...). La décision préalable a pour effet de « lier le contentieux », c'est-à-dire qu'elle ouvre au demandeur la possibilité d'intenter une action contentieuse.

Cette règle applicable à tous les types de recours ne connaît que peu d'exceptions (notamment en matières de travaux publics où le litige est soumis directement au juge).

L'exigence de la décision préalable ne pose pas de problème en matière de recours pour excès de pouvoir, la raison d'être d'un tel recours étant d'obtenir l'annulation d'une décision administrative (plus exactement l'examen de sa légalité).

En revanche, **en matière de plein contentieux** (contentieux des contrats, de la responsabilité administrative... ; voir p. 347), **le requérant doit « susciter » la décision préalable**. S'il désire obtenir réparation d'un préjudice résultant d'une activité administrative, **le justiciable doit d'abord adresser une demande d'indemnité à l'administration**. Ce n'est qu'**en cas de décision de refus exprès ou implicite** (c'est-à-dire après deux mois de silence de l'administration ; le délai a été réduit de quatre à deux mois par la loi du 12 avril 2000) qu'**il peut alors se tourner vers le juge en contestant la décision**.Cependant, le Conseil d'État a admis **qu'un recours indemnitaire prématuré, en raison de l'absence de décision préalable de l'administration liant le contentieux, est régularisable tout au long de l'instance**, quand bien même l'administration défenderesse aurait soulevé devant le juge l'irrecevabilité du recours juridictionnel. Pour ce faire, **il suffit au requérant de faire naître une décision implicite** (en adressant une demande indemnitaire à l'administration sur laquelle le silence gardé par celle-ci fait naître la décision) **avant que le juge ne statue**, et de communiquer l'existence de cette décision au juge (CE 11 avril 2008, *Établissement français du sang*, AJDA, 23 juin 2008, p. 1215).

d) Les délais de recours

Le délai de droit commun pour intenter un recours est de **deux mois à compter de la publicité de la décision ou de l'acte attaqué** (publication pour les actes réglementaires, notification pour les actes individuels et publication pour les contrats ; le défaut de publicité empêche le délai de courir). **Passé ce délai, il y a forclusion** (c'est-à-dire déchéance du droit d'agir en justice) **et le recours est irrecevable**.

La brièveté du délai s'explique par la nécessité de **sécuriser au plus vite les décisions administratives** (et les situations qui en découlent). Elles ne sont contestables que peu de temps et, passé les deux mois, deviennent définitives. Cette règle ne facilite bien évidemment pas la tâche des requérants, en particulier pour la rédaction des recours. Néanmoins, pour atténuer sa rigueur, les justiciables ont la possibilité de déposer une simple « requête sommaire » (dans laquelle ils indiquent leurs arguments) qui sera ensuite « amplifiée » par un « mémoire complémentaire ».

Certains contentieux dérogent au délai de droit commun. Ainsi, en matière électorale, le délai n'est que de quelques jours. À l'inverse, en matière de travaux publics, la recevabilité des recours n'est soumise à aucune condition de délai (sauf pour les créances de l'État qui relèvent de la règle de la prescription quadriennale).

En matière de décision individuelle explicite, le point de départ du délai n'est pas le même pour le destinataire de la décision et pour les tiers :

- pour le destinataire, le délai court à compter de la notification de la décision. **Depuis le décret du 28 novembre 1983, l'administration est tenue d'indiquer dans la notification le délai de recours et les voies de recours ouvertes contre la décision** (elle doit préciser les modes de calcul du délai et indiquer le juge administratif compétent). À défaut de ces indications, le délai n'est pas opposable au destinataire de la décision (à moins de considérer que la connaissance acquise de la décision par son destinataire suffit à déclencher le délai de recours) ;
- pour les tiers, le délai ne court qu'à compter de la publication de la décision (affichage d'un permis de construire en mairie et sur le lieu de la construction). Par ailleurs, importante innovation, le Code de justice administrative a été complété pour faire courir le délai de recours des tiers contre certaines décisions individuelles à compter de leur publication... sous forme électronique. Cet ajout est la conséquence du décret du 29 juin 2004 qui prévoit que certaines décisions individuelles, publiées au Journal officiel, ne font désormais l'objet que d'une publication sous forme électronique (sur le site du JO) : décisions relatives au recrutement et à la situation des fonctionnaires et agents publics, des magistrats ou des militaires ; décisions émanant d'autorités administratives indépendantes... (sur les nouvelles règles d'entrée en vigueur de certains actes, voir pp. 204 et 205).

Lorsqu'une décision est née du silence conservé par l'administration pendant deux mois **(décision implicite de rejet)**, le délai de recours de deux mois ne commence à courir pour le destinataire de la décision qu'à l'expiration des deux mois. Cette règle ne vaut qu'en matière d'excès de pouvoir. En effet, en matière de plein contentieux, la décision implicite de rejet ne fait courir aucun délai à l'égard du destinataire (décret du 11 janvier 1965).

Dans les hypothèses où le silence conservé par l'administration vaut acceptation (décision implicite d'acceptation), le délai ne court pour les tiers qu'à compter de la publication de la décision. Or, une décision implicite ne pouvant pas (par définition) être publiée (sauf si un document matérialise la décision : lettre d'un maire valant permis de construire tacite que le destinataire peut afficher à l'intention des tiers), il arrive fréquemment que le délai ne commence jamais à courir.

Il existe deux hypothèses dans lesquelles **le délai de recours peut être prorogé** (c'est-à-dire prolongé, pour simplifier) :

- le dépôt d'un recours gracieux ou hiérarchique (sur les recours administratifs, voir p. 315) dans le délai de recours contentieux a pour effet de

proroger ce délai. Un nouveau délai de recours contentieux de deux mois commence à courir du jour de la réponse de l'administration sur le recours administratif. La prorogation n'est toutefois possible qu'une fois (lorsqu'un recours hiérarchique suit un recours gracieux, seul le premier entraîne une prorogation). Signalons cependant que certains textes particuliers prévoient que l'exercice d'un recours administratif n'interrompt pas le délai de recours contentieux (CE Sect., 21 décembre 2007, *Groupement d'irrigation des prés de la forge et autres* : contestation des décisions relatives aux installations, ouvrages, travaux et activités en matière d'utilisation des eaux) ;
- lorsque le recours est déposé devant une juridiction incompétente dans le délai de deux mois, celui-ci est prorogé.

Les recours présentés après expiration du délai de deux mois sont irrecevables. Le requérant est dit « forclos ». **S'il n'est plus possible d'obtenir directement l'annulation de la décision, la légalité de cette dernière peut néanmoins être mise en cause** (de façon indirecte) **à l'occasion d'un recours contre un acte ultérieur d'application**.

Cette technique dite de **l'exception d'illégalité** consiste, à l'occasion d'un recours ordinaire contre un acte d'application d'une décision, à invoquer l'illégalité de la décision dont on veut faire écarter l'application à l'espèce.

L'illégalité d'un règlement peut toujours être invoquée (exception d'illégalité « perpétuelle »). En revanche, l'illégalité d'un acte non réglementaire ne peut pas être soulevée en raison des risques d'atteinte aux droits acquis (cette impossibilité connaît de rares exceptions, comme les actes non réglementaires dommageables, c'est-à-dire ayant causé un préjudice).

L'exception d'illégalité ne vise pas à annuler la décision illégale mais simplement à en écarter l'application à l'espèce. Par conséquent, en dehors des exceptions d'illégalité qui peuvent être soulevées à son encontre dans d'autres espèces où des actes d'application sont en cause, la décision continue de s'appliquer normalement. Cela dit, dans nombre de cas, sachant que l'application de sa décision a été écartée, l'administration cesse d'en faire usage afin de ne pas risquer d'autres recours.

2) L'effet non suspensif du recours

À la différence du droit privé, le recours en droit public n'a pas d'effet sur l'exécution de la décision attaquée, du moins jusqu'au jugement. En particulier, **le dépôt d'un recours n'entraîne pas la suspension de l'exécution de l'acte : l'effet non suspensif des recours s'explique par le caractère exécutoire des décisions administratives, « règle fondamentale du droit public »** (CE, 2 juillet 1982, *Huglo*, précité).

Autrement dit, **même si un acte administratif est manifestement illégal, il continue à produire des effets jusqu'à son annulation**. Cette règle s'explique par la nécessité d'assurer **la continuité de l'activité administrative**. Des recours suspensifs, de surcroît en grand nombre, gripperaient la machine administrative.

L'inconvénient d'une telle règle est notamment le **risque d'atteinte qu'elle fait porter aux droits des justiciables**. Ces dernières années, il est arrivé que des arrêtés d'expulsion soient annulés alors que la mesure avait déjà été appliquée à l'individu.

Les procédures d'urgence, tout particulièrement les différents sursis à exécution et la suspension provisoire, permettent d'atténuer la rigueur de l'« effet non suspensif ».

B) La rénovation des procédures d'urgence : la loi du 30 juin 2000

À l'occasion ou indépendamment d'un recours principal, les procédures d'urgence permettent d'obtenir du juge, en urgence, des mesures préservant les droits des justiciables.

À l'origine de la loi du 30 juin 2000 relative au référé devant les juridictions administratives, un constat alarmant : alors que les recours juridictionnels n'ont pas d'effet suspensif, le justiciable devait pouvoir s'appuyer sur les procédures d'urgence pour préserver ses droits fondamentaux. Or, tel n'était pas le cas :

- le référé souffrait d'une contradiction fondamentale. Destiné à obtenir du juge, dans de brefs délais, toutes les mesures utiles à la solution d'un litige, il ne permettait pas de faire obstacle à l'exécution de la décision administrative, ce qui était pourtant sa finalité ;
- en dehors du contentieux de l'expulsion des étrangers et du permis de construire, le Conseil d'État n'accordait que rarement le sursis à exécution. De plus, la demande de sursis n'était souvent examinée que plusieurs mois après le dépôt de la requête ;
- quant à la suspension provisoire (de la décision administrative pour une durée de trois mois), elle n'était guère davantage accordée.

Autrement dit, aucune procédure d'urgence n'était réellement effective, c'est-à-dire permettant de faire cesser, dans les plus brefs délais, un agissement administratif illégal portant atteinte à une liberté fondamentale.

Tirant les conséquences de cette crise, la loi du 30 juin 2000, entrée en vigueur le 1er janvier 2001, vise à remédier à la lenteur de la justice administrative par un **renforcement de la procédure de référé et un renouvellement de la procédure de sursis à exécution** (qui porte désormais le nom de « suspension des décisions administratives »). La loi pose le cadre des procédures d'urgence. Il revient au juge, à travers ses décisions, d'en préciser le contenu et la portée.

Quels sont les enjeux de ces nouvelles dispositions ? Pour l'État français, il s'agit de mettre sa justice administrative en conformité avec la Convention européenne des droits de l'homme (art. 13) qui garantit à toute personne dont les droits et libertés ont été violés le droit à un « recours effectif », et d'éviter ainsi d'être condamnée par la Cour européenne des droits de l'homme. Pour le juge administratif, il s'agit de préserver sa crédibilité et sa légitimité dans son rôle de protecteur des libertés, rôle de plus en plus souvent assumé par le juge judiciaire.

Ajoutons que l'ordonnance n° 2009-515 du 7 mai 2009 a apporté d'importantes modifications au régime du référé en matière contractuelle.

1) Les procédures d'urgence

a) Le référé suspension (ex « sursis à exécution »)

Le référé suspension comporte de nombreux éléments de continuité avec l'ancien sursis à exécution, à commencer par la raison d'être de cette procédure.

Le référé suspension est particulièrement important pour atténuer la rigueur de l'« effet non suspensif » des recours. Il constitue une **dérogation au caractère exécutoire des décisions administratives**.

La demande de suspension doit être formulée à l'appui d'un recours principal tendant à l'annulation d'une décision administrative. Elle consiste à **demander au juge** (du principal) **la suspension provisoire de l'exécution de la décision attaquée jusqu'au prononcé du jugement** (principal).

La suspension ne préjuge en rien du jugement à venir. Il se peut qu'elle soit accordée et qu'en fin de compte le recours principal soit rejeté.

La nouveauté (relative) réside dans les conditions du prononcé de la suspension (cumul de deux exigences) :

- **l'urgence**. Le Conseil d'État a précisé que la condition d'urgence est remplie « lorsque la décision administrative contestée préjudicie de manière suffisamment grave et immédiate à un intérêt public, à la situation du requérant ou aux intérêts qu'il entend défendre » (CE Sect., 19 janvier 2001, *Confédération nationale des radios libres*, AJDA, février 2001). La reconnaissance de l'urgence par le juge est donc conditionnée au caractère « immédiat » du risque de préjudice. Toutefois, la preuve de ce caractère immédiat incombe au demandeur. En outre, le Conseil d'État a estimé que l'urgence doit s'apprécier « objectivement et compte tenu de l'ensemble des circonstances de chaque espèce » (CE, *Préfet des Alpes maritimes*, AJDA 2001, p. 461). Autrement dit, le juge doit effectuer, au cas par cas, « la nécessaire balance des intérêts », l'intérêt du requérant d'une part, l'intérêt général, l'intérêt du défendeur, voire l'intérêt de tiers d'autre part. Le juge se livre donc à un bilan des urgences ;
- l'existence d'un « doute sérieux sur la légalité de la décision administrative » (notion plus souple qui remplace le « moyen sérieux »).

Quant à la preuve du caractère difficilement réparable du préjudice, elle n'est plus exigée.

Comme précédemment, ces conditions sont nécessaires mais non suffisantes. En effet, **il appartient au juge d'apprécier l'opportunité d'accorder ou non une suspension** (le juge « peut » ordonner la suspension) en mettant en balance l'intérêt de l'exécution de la décision et l'importance des droits à protéger (CE Ass., 13 février 1976, *Association de sauvegarde du Quartier Notre-Dame*, D. 1977, p. 115).

Par ailleurs, **autre nouveauté, la suspension peut être demandée contre des décisions de rejet**, ce qui a pour effet d'étendre le champ d'application du sursis. Par un arrêt de section du 20 décembre 2000, le Conseil d'État avait déjà admis cette possibilité (CE Sect., 20 décembre 2000, *M. Ouatah*, AJDA, février 2001 ; en l'espèce, il s'agissait du refus du consul général de Tunis de délivrer un visa à M. Ouatah). Le principal intérêt de cet arrêt est de définir la portée concrète du sursis d'une décision de rejet. En effet, comme l'explique Francis Lamy dans ses conclusions, « la suspension des décisions de rejet, pour avoir un sens, doit être explicitée par une injonction précisant (à l'administration) ce qu'il y a lieu de faire ». Ainsi, il appartient au juge d'assortir le prononcé du sursis d'indications quant aux mesures à prendre par l'administration. Le juge pourra ainsi prescrire une mesure d'exécution dans un sens déterminé ou le réexamen de la demande (de l'administré) dans un délai déterminé.

Enfin, il est clair que **la généralisation de la technique du juge unique** (y compris pour les autres types de référés) pour le prononcé de la suspension (au lieu d'un collège de juges) permet de mieux répondre, c'est-à-dire plus rapidement, aux demandes des administrés.

Ajoutons qu'une décision du 19 janvier 2001 (précitée) a apporté une innovation quant au type de conséquences (des décisions administratives) qui peuvent être prises en compte pour le prononcé d'une suspension : une décision administrative paut être suspendue même si elle n'a que des répercussions financières (pour le demandeur).

b) Le référé liberté

Le référé liberté est une **innovation destinée à mieux protéger les libertés publiques.** En cas d'urgence et d'atteinte grave et manifestement illégale à une liberté fondamentale, par une personne publique ou une personne privée gérant un service public, **le juge administratif des référés peut ordonner toutes mesures nécessaires à la sauvegarde de cette liberté**. En particulier, il peut exercer un **pouvoir d'injonction** (renforcé le cas échéant par le prononcé d'astreintes) **afin d'interdire préventivement** à l'administration des agissements tombant sous le coup de la procédure **ou pour la contraindre à cesser** ce type d'agissements.

Le juge doit se prononcer dans les 48 heures de la requête. L'appel est ouvert dans les 15 jours de la notification de l'ordonnance du président du tribunal administratif, devant le président de la section du contentieux du Conseil d'État, lequel dispose de 48 heures pour statuer.

Quelles sont les libertés susceptibles d'être protégées dans le cadre du référé-liberté ? Les nombreuses libertés reconnues comme « fondamentales » depuis l'entrée en vigueur de la loi du 30 juin 2000 ont comme point commun de posséder un fondement constitutionnel : **liberté d'aller et venir** (CE, 2 avril 2001, *Deperthes*), **droit d'asile** (CE, 12 janvier 2001, *Mme Hyacinthe*), **libre administration des collectivités territoriales** (CE Sect., 18 janvier 2001, *Commune de Venelles*), **liberté personnelle** (CE, 2 avril 2001, *Cts Marcel*), **droit de mener une vie familiale normale** (CE Sect., 30 octobre 2001, *Mme Tliba*), **liberté d'entreprendre** (CE, 12 novembre 2001, *Commune de Montreuil-Bellay*), **présomption d'innocence** (CE Ord. 14 mars 2005 *M. Gollnisch*, le Conseil estime que nonobstant la compétence du juge judiciaire, il peut être complètement saisi de faits qui y portent atteinte), **droit au respect de la vie privée** (CE Ord. 25 octobre 2007, *Mme Y c/ Conseil national pour l'accès aux origines personnelles*)... Pour autant, le juge des référés a clairement fait connaître son intention de concentrer son intervention sur un « noyau dur » de libertés essentielles (sans l'étendre à un ensemble de droits plus vastes).

Pour une application du référé-liberté, citons l'ordonnance du Conseil d'État du 14 mars 2005 (*M. Gollnisch*) dans laquelle il juge, à propos de l'action disciplinaire engagée à l'encontre d'un professeur d'université, que les multiples déclarations publiques dans lesquelles le recteur a considéré comme établi le manquement de l'intéressé à ses obligations déontologiques et a appelé de ses vœux la sanction la plus grave susceptible d'être prononcée (la révocation), ont porté une atteinte grave et manifestement illégale à la présomption d'innocence. Il estime également que la condition d'urgence est remplie eu égard à la double circonstance que l'instance disciplinaire n'est pas close et que des poursuites pénales sont en cours. Le juge enjoint aux diverses autorités administratives ayant à connaître de l'action disciplinaire de s'abstenir de prendre des positions publiques qui porteraient atteinte à la présomption d'innocence.

En revanche, ne constitue pas une situation d'urgence, la décision infligeant un blâme à un fonctionnaire civil ou militaire (CE, ordonnance du juge des référés, 22 mars 2002, M. Matelly). Si la solution semble logique concernant les fonctionnaires civils pour lesquels le blâme est une sanction légère, en revanche, elle est plus discutable s'agissant des militaires, le blâme étant la sanction disciplinaire la plus forte et pouvant avoir un impact important sur leur carrière.

c) Le référé conservatoire

L'innovation consiste à permettre au juge des référés, en cas d'urgence et sur simple requête recevable même en l'absence de décision administrative préalable, d'ordonner toutes mesures utiles. Il s'agit notamment de **prévenir les décisions administratives qui auraient un caractère irrémédiable** comme celles découlant de l'adage « ouvrage public mal planté ne se détruit pas ».

Si le référé conservatoire ne peut faire échec à l'exécution d'une décision administrative, il permet en revanche le prononcé d'injonction. Ainsi, les personnes publiques peuvent demander au juge des référés qu'il adresse des injonctions à une personne privée en vue de protéger un intérêt public (par exemple, expulsion des occupants sans titre du domaine public). De leur côté, les personnes privées peuvent également demander à ce même juge d'adresser des injonctions à une personne publique, par exemple en vue d'obtenir la communication de documents administratifs.

d) Les référés précontractuel et contractuel

La loi du 29 janvier 1993, dite loi « anticorruption », avait institué le « référé précontractuel ». Comme son nom l'indique, il ne peut être exercé qu'avant la signature du contrat. Il a pour objet de **faire respecter les obligations en matière de publicité et de concurrence**. Ce référé a fait l'objet d'une première modification par la loi du 30 juin 2000.

L'ordonnance du 7 mai 2009 relative aux procédures de recours applicables aux contrats de la commande publique (contrats administratifs et contrats de droit privé), qui transpose la directive européenne 2007/66/CE du 11 décembre 2007, **améliore l'efficacité du référé précontractuel et met en place un référé contractuel.** Les **possibilités de recours** des candidats évincés lors d'une passation de marché en raison du non-respect des obligations de publicité et de mise en concurrence y sont **renforcées**. Les dispositions de l'ordonnance s'appliquent aux contrats pour lesquels une consultation est engagée à partir du 1er décembre 2009.

- Le référé précontractuel (avant signature du contrat)

Les contrats susceptibles de faire l'objet de ce référé devant le juge administratif sont désormais définis de façon générique et non plus par catégorie (marchés publics, contrats de partenariat, délégations de service public...). Il s'agit des *« contrats administratifs ayant pour objet l'exécution de travaux, la livraison de fournitures ou la prestation de services, avec une contrepartie économique constituée par un prix ou un droit d'exploitation, ou la délégation d'un service public »*. Par ailleurs, l'introduction d'un tel référé entraîne **la suspension automatique de la signature du contrat jusqu'à la notification** (aux parties) **de la décision juridictionnelle** (auparavant, le juge devait prononcer la suspension).

Enfin, l'ordonnance prévoit **un délai** (qui devra être précisé par décret) **pendant lequel le juge du référé précontractuel ne peut statuer.** Le but est d'éviter qu'il statue avant que tous les recours aient été déposés.

Les pouvoirs du juge demeurent relativement inchangés. Il peut ordonner à la personne publique de **se conformer aux obligations de publicité et de concurrence** (à défaut, il peut suspendre toute exécution de décision qui se rapporte à la passation de ce contrat), ainsi que de **supprimer toutes les clauses du contrat qui méconnaissent ces obligations.** Un système d'**astreintes** (pénalité par jour de retard dans la mise en œuvre des décisions du juge) provisoires ou définitives est institué. Avec ces pouvoirs, le juge prend une place encore plus prépondérante dans la passation d'un contrat.

Ajoutons que par un arrêt du 3 octobre 2008, le Conseil d'État a modifié sa jurisprudence sur l'intérêt à agir en matière de référé précontractuel. Jusqu'à présent une entreprise candidate à l'attribution d'un marché, pour obtenir l'annulation de la procédure, pouvait invoquer devant le juge tout manquement aux obligations de publicité et de mise en concurrence, *« même si un tel manquement n'a pas été commis à son détriment »* (CE 8 avril 2005, *Sté Radiometer*, req. 270476). Le Conseil d'État exige désormais que **l'irrégularité soit susceptible d'avoir lésé ou risque de léser l'entreprise,** fût-ce de façon indirecte en avantageant une entreprise concurrente (CE, Sect., 3 octobre 2008, *Syndicat mixte intercommunal de réalisation et de gestion pour l'élimination des ordures ménagères du secteur Est de la Sarthe*, Smirgeomes).

- Le référé contractuel (après signature du contrat)

Celui-ci a pour objet d'ouvrir une voie de recours pouvant être mise en œuvre **après signature du contrat,** devant le juge administratif ou le juge judiciaire (selon la nature du contrat), en cas de manquement à une obligation de publicité ou de mise en concurrence, de violation du délai de suspension ou de non-respect de la suspension de la signature du contrat liée à la saisine du juge du référé précontractuel. Le requérant dispose pour saisir la juridiction administrative d'un délai de 31 jours suivant la publication d'un avis d'attribution du contrat ou, pour les marchés fondés sur un accord-cadre, suivant la notification de la conclusion du contrat. En l'absence de publication de l'avis ou de la notification, le délai est de six mois à compter du lendemain du jour de la conclusion du contrat (décret du 27 novembre 2009). Une personne qui aurait exercé un référé précontractuel ne sera pas recevable à exercer le référé contractuel si l'autorité qui a attribué le marché s'est conformée à la décision rendue sur ce recours et si elle a respecté l'obligation de ne pas signer le contrat. Les personnes ayant un intérêt à agir sont les mêmes que dans le référé précontractuel, c'est-à-dire **les candidats à un marché susceptibles d'être lésés par un manquement** (voir p. 361), ainsi que le représentant de l'État lorsque le contrat est passé par une collectivité territoriale ou l'un de ses établissements publics.

Le juge du référé contractuel peut prononcer la **suspension de l'exécution du contrat,** dans l'attente de sa décision au fond. **En cas de manquements graves** aux obligations de publicité et de mise en concurrence, il est tenu de prononcer la **nullité du contrat** (seules des raisons impérieuses d'intérêt général peuvent justifier qu'une autre sanction soit prononcée). En cas de **violations plus simples**, il peut d'office soit **prononcer la nullité contrat**, soit **réduire sa**

durée, soit prononcer une **pénalité financière** à l'encontre de l'autorité qui a attribué le marché.

Le référé contractuel apparaît comme subsidiaire par rapport au référé précontractuel qui devrait demeurer la voie privilégiée de contestation des procédures de passation des contrats *« de commande publique »*.

e) Le référé (« sursis à exécution ») à la demande du préfet

Dans les hypothèses où **le préfet** peut demander la suspension des décisions des collectivités locales, celui-ci **n'a plus qu'à démontrer l'existence d'un doute sérieux quant à la légalité de l'acte attaqué et non plus d'un moyen sérieux** (sur le sursis à exécution à la demande du préfet, voir p. 95).

f) Le constat d'urgence

Cette procédure permet d'obtenir du **juge** qu'il **ordonne la constatation de situations de fait lorsque celles-ci sont importantes pour la preuve des faits** sur lesquels le requérant fonde sa demande.

La loi du 30 juin 2000 a supprimé l'impératif d'urgence pour la mise en œuvre du constat, transformant ainsi cette procédure **en une simple variété de référé instruction**.

g) Le référé instruction

Cette procédure demeure inchangée. Elle permet de demander au juge diverses mesures d'instruction (expertises, enquêtes...), y compris sur simple requête, sans qu'il y ait urgence.

Par un arrêt du 11 février 2005, le Conseil d'État a estimé que l'expert désigné par le juge administratif peut procéder à une expertise sur les comptes d'une collectivité territoriale mais surtout, opérant un revirement de sa jurisprudence, qu'**il peut se voir confier une mission de conciliation entre les parties** (CE Sect., 11 février 2005, *Organisme de gestion du cours du Sacré-Cœur*, AJDA 17 octobre 2008, n° 35, p. 1932-1935).

h) Le référé provision

Cette procédure, instituée par le décret du 2 septembre 1988, permet de **verser une provision** (c'est-à-dire une somme d'argent) **à un créancier en procès contre l'administration « lorsque l'existence de l'obligation** (de l'administration) **n'est pas sérieusement contestable »**. Les présidents des tribunaux administratifs, des cours administratives d'appel et le président de la section du contentieux du Conseil d'État peuvent accorder au créancier de l'administration une **partie de la créance qui lui est due** (en particulier lorsque l'équilibre financier d'une entreprise risquerait d'être compromis).

La loi du 30 juin 2000 a mis fin à l'exigence d'« une demande au fond ». Cette innovation devrait permettre d'**éviter la saisine du juge du fond chaque fois que l'octroi de la provision suffira à résoudre le litige**.

2) L'autorité des décisions du juge des référés

La procédure du référé a fait la preuve de son efficacité (décisions rendues dans de brefs délais, protection des libertés fondamentales...). En revanche, le juge des référés se heurte parfois à la mauvaise volonté des administrations dont la décision a été suspendue. Ainsi, dès le lendemain de la suspension partielle d'un arrêté ministériel prévoyant l'ouverture anticipée de la chasse à certains gibiers d'eau, le ministre reprend un arrêté à peu près similaire au premier ; à nouveau saisi d'une demande de suspension, le juge y fait droit ; le surlendemain, le ministre adopte un nouvel arrêté encore une fois similaire au premier…

Face à de tels comportements et à l'inquiétude qu'ils suscitent chez les justiciables, le Conseil d'État s'est livré à une mise au point. Il a ainsi rappelé que **si les décisions du juge des référés n'ont pas, au principal, l'autorité de la chose jugée, elles sont néanmoins exécutoires et, en vertu de l'autorité qui s'attache aux décisions de justice, obligatoires** (CE Sect., 5 novembre 2003, *Assoc. Convention vie et nature pour une écologie radicale, Assoc. pour la protection des animaux sauvages*, AJDA 2003, 8 décembre, p. 225, chro. F. Donnat et D. Casas).

§ 3. Le déroulement de l'instance

Une fois le recours recevable et les éventuelles mesures d'urgence adoptées, la seconde phase de la procédure s'ouvre. Elle se caractérise essentiellement par **la recherche du bien-fondé du recours**. Le juge se prononce sur les prétentions du requérant à l'issue d'une instruction qu'il a dirigé grâce à ses nombreux pouvoirs.

A) L'instruction

Elle se résume à quelques étapes :

- dépôt de la requête (adressée au greffe du tribunal) ;
- désignation de la sous-section en charge de l'affaire au Conseil d'État ;
- désignation du rapporteur et du rapporteur public (le rapport n'est pas communiqué aux parties ; en revanche, elles peuvent prendre connaissance des conclusions du rapporteur public avant l'audience, afin de mieux préparer les observations orales qu'elles pourront y développer) ;
- production des mémoires des parties et échange de certains de ces mémoires (principe du contradictoire, voir p. 320) ;
- le juge peut demander à l'une des parties de reprendre, dans un mémoire récapitulatif, les conclusions et moyens précédemment présentés dans le cadre de l'instance en cours, les conclusions et moyens non repris étant réputés abandonnés (décret du 22 février 2010) ;
- le juge peut prendre toute mesure d'instruction utile à la compréhension et à la solution du litige : expertise, visite des lieux, enquête… Il peut également demander à l'administration la transmission de tout document susceptible de l'éclairer sur les motifs de la décision contestée ;
- enfin, depuis le décret du 22 janvier 1992, si le juge envisage de relever d'office des moyens d'ordre public (plus exactement, lorsque les parties ont omis de soulever de tels moyens, le juge est obligé de les relever ; par exemple, le moyen tiré de l'incompétence de l'auteur d'une décision ou de la violation de l'autorité absolue de la chose jugée), il doit en informer les parties et prendre en compte leurs observations.

Lorsque l'affaire semble en état d'être jugée, le juge peut prononcer la clôture de l'instruction par ordonnance pour une date déterminée (qui ne peut être inférieure à 15 jours à compter de la date de l'ordonnance). À défaut, la clôture intervient de façon « mécanique » trois jours francs avant l'audience. Le décret du 22 février 2010 institue un mécanisme supplémentaire de clôture d'instruction : le juge a la possibilité d'informer les parties des dates prévisibles de fixation de l'audience et de clôture de l'instruction ; dès que la date de clôture prévisible est dépassée, la clôture peut intervenir par simple ordonnance avec effet immédiat (l'objectif est d'améliorer l'information des justiciables et la maîtrise de la procédure contentieuse).

B) Le jugement

1) L'audience de jugement

L'audience de jugement, en principe publique, respecte un rituel bien établi :

- le rapporteur présente son rapport de façon concise. Il se contente de donner les éléments de fait et de droit (qu'il a rassemblé) qui doivent permettre au juge de se prononcer ;
- parfois, les avocats (ou même les parties) font des observations orales qui, le plus souvent, reprennent et développent le contenu des mémoires écrits ;
- **le rapporteur public prononce ses conclusions, c'est-à-dire qu'il propose au juge une solution juridique argumentée** que ce dernier n'est cependant pas tenu de suivre ;
- les parties ou leurs mandataires peuvent reprendre la parole après l'intervention du rapporteur public afin de « présenter de brèves observations orales » (décret du 7 janvier 2009). Cette innovation doit permettre aux parties d'attirer immédiatement l'attention de la formation de jugement, sans attendre une éventuelle note en délibéré (qu'elles sont autorisées à déposer après l'audience), sur une question de fait ou de droit que le rapporteur public aurait présenté sous un angle différent de celui qu'elles avaient envisagé ;
- l'affaire est « mise en délibéré » (cette étape de la procédure est secrète) pour que les juges se prononcent ;
- le jugement adopté à l'issue du délibéré est lu au cours d'une séance publique qui a lieu généralement plusieurs semaines après l'audience de jugement proprement dite ;
- le jugement est notifié aux parties. La notification peut désormais être faite par lettres remises contre signature ou par tout autre dispositif permettant d'attester la date de réception, au lieu des habituelles lettres recommandées avec demande d'accusé de réception (décret n° 2005-1586 du 19 décembre 2005).

Signalons que le caractère public de l'audience, en raison des difficultés qu'il peut soulever dans certains types de litiges, connaît des exceptions : « le président de la formation de jugement peut, à titre exceptionnel, décider que l'audience aura lieu ou se poursuivra hors la présence du public, si la sauvegarde de l'ordre public ou le respect de l'intimité des personnes ou de secrets protégés par la loi l'exige » (nouvel art. L. 731-1 du Code de justice administrative). Cette disposition pourra jouer par exemple dans une affaire de responsabilité médicale.

2) Les caractères du jugement

Le contenu du jugement est étroitement lié aux pouvoirs du juge qui varient eux-mêmes selon le type de contentieux (voir p. 347).

Le juge doit toutefois respecter quelques règles :

- comme déjà mentionné, il doit relever d'office les moyens d'ordre public qui n'auraient pas été soulevés par les parties (moyen tiré de la méconnaissance de la compétence des juridictions, moyen tiré de l'incompétence de l'auteur d'une décision...) ;
- **il doit statuer dans la limite des conclusions des parties**. Autrement dit, **il doit répondre aux demandes des parties, ni plus ni moins**. Il ne peut pas prendre une décision qui ne lui a pas été demandée car il statuerait alors *ultra petita* (au-delà des demandes). De même, son jugement ne peut pas occulter une demande car il statuerait *infra petita* (en deçà des demandes) ;
- le juge peut condamner une partie à payer à l'autre les frais de procédure (décret du 2 septembre 1988 ; par exemple, il peut décider de ne pas faire payer des frais à un requérant lorsque sa démarche vise simplement à faire annuler une décision violant de façon flagrante ses droits).

Quant à la forme des jugements (« jugements » pour les tribunaux administratifs, « arrêts » pour les cours administratives d'appel et « arrêts » pour le Conseil d'État), elle se présente comme suit :

- en premier lieu, l'arrêt indique la juridiction qui a rendu le jugement (TA pour tribunal administratif, CAA pour cour administrative d'appel et CE pour Conseil d'État) et, quand il y a lieu, la formation de jugement (Sect. ou Ass. au sein du Conseil d'État) ;
- il indique ensuite la date du jugement et les « visas » qui sont les textes sur lesquels le juge appuie sa décision (lois, décrets, arrêtés...) ;
- puis viennent **les « motifs » qui sont le cœur de l'arrêt** et se présentent sous la forme d'une série de considérants généralement concis (« Considérant que... »). **Les motifs sont les raisons de fait et de droit qui fondent la décision** ;
- suit le dispositif, c'est-à-dire le jugement en lui-même qui se présente en une suite d'articles (parfois un seul) correspondants aux différents éléments de la solution ;
- la **« formule exécutoire »** clôt l'arrêt. C'est par elle que le juge **ordonne l'exécution du jugement et soumet les parties au respect de la chose jugée**.

Concernant le délai pour rendre un jugement, l'article 6-1 de **la Convention européenne des droits de l'homme dispose que les États doivent faire en sorte que la justice soit rendue dans un « délai raisonnable »**. La France a été plusieurs fois condamnée à ce titre (ainsi, délai non raisonnable de 4 ans et 3 mois : CEDH, 24 octobre 1989, *H*). Pour les affaires les plus délicates, le juge administratif doit faire diligence (par exemple, 2 jours pour statuer sur un décret d'extradition : CE, 25 septembre 1984, *Galdenao*). Dans un **arrêt du 28 juin 2002, le Conseil d'État a consacré l'obligation pour la juridiction administrative de juger dans un délai raisonnable,**

le non-respect de cette obligation étant susceptible d'engager la responsabilité de l'État (CE Ass., *M. Magiera*, AJDA 2002, p. 596).

C) L'exécution des jugements

Les jugements, en particulier d'annulation de l'acte attaqué, ont des effets sur l'existence de l'acte et, par conséquent, sur la situation du requérant et de l'administration, voire de tiers.

Les parties doivent se conformer au jugement rendu. Autrement dit, elles ont **l'obligation d'exécuter la chose jugée**. Cependant, les « résistances » de l'administration aux décisions de justice ont rendu nécessaire le recours à certaines techniques et méthodes destinées à la contraindre ou à l'« accompagner ».

Enfin, l'intervention du juge administratif est d'autant plus efficace que, dans certains cas, il n'hésite pas à se substituer au pouvoir réglementaire.

1) Les effets du jugement

a) L'autorité de la chose jugée

Les décisions revêtues de l'autorité de la chose jugée sont **réputées conformes au droit et s'imposent à l'administration (et au justiciable)** qui ne peut les remettre en question par des décisions ultérieures. **Lorsque le juge prononce l'annulation de la décision contestée, celle-ci disparaît et est même censée n'avoir jamais existé** (effet rétroactif de l'annulation).

Cette autorité est relative dans les recours de plein contentieux (dans les domaines de plein contentieux que sont la responsabilité et les contrats, le juge prononce l'annulation de l'acte litigieux, peut le réformer, accorde des réparations pécuniaires en fonction du préjudice causé). **Elle ne s'applique qu'aux parties à l'instance**.

En revanche, **l'autorité de la chose jugée est absolue dans les recours pour excès de pouvoir** (en la matière, le pouvoir du juge est limité à l'annulation de l'acte en cause). Il faut toutefois distinguer selon que l'annulation s'applique à une décision réglementaire ou individuelle.

L'annulation d'un règlement vaut à l'égard de tous (elle a un effet *erga omnes*) et pas seulement à l'égard des parties à l'instance ; le règlement est censé n'avoir jamais existé (effet rétroactif de l'annulation). Si l'administration veut « réactiver » la décision illégale, elle ne peut le faire qu'en se conformant aux règles de fond ou de forme qu'elle n'avait pas respectées initialement.

L'annulation d'une décision individuelle a également un effet rétroactif. Cette décision est censée n'avoir jamais existé. **L'administration doit alors reconstituer la situation antérieure**, dans l'état où elle devrait être si la décision n'avait pas été prise (CE, 26 décembre 1925, *Rodière*, GAJA ; à propos de la reconstitution de carrière de fonctionnaires suite à l'annulation de sanctions). Néanmoins, lorsque les motifs de l'annulation de la décision individuelle ne sont pas liés au fond, l'administration peut reprendre la même décision (un simple vice de forme par exemple n'empêche donc pas une décision future identique).

Cependant, face aux conséquences que la disparition des effets passés d'une décision peut avoir sur les droits ou les situations acquises au titre de cette décision, le Conseil d'État a admis qu'à titre exceptionnel le juge administratif puisse déroger au principe de l'effet rétroactif des annulations contentieuses et considérer que tout ou partie des effets d'un acte (administratif) antérieurs à son annulation soient regardés comme définitifs, voire que l'annulation ne prenne effet qu'à une date ultérieure déterminée par lui (CE Ass., 11 mai 2004, *Association AC ! et autres*, AJDA 2004, 17 mai, p. 1004, obs. S. Brondel). Selon le Conseil, il appartient au juge administratif de mettre en balance les conséquences de la rétroactivité de l'annulation et les inconvénients que présenterait, au regard du principe de légalité et du droit des justiciables à un recours effectif, une limitation dans le temps des effets de l'annulation. En l'espèce, le Conseil a tiré des conséquences différentes de l'annulation contentieuse : les clauses illégales restent soumises à l'effet rétroactif de l'annulation ; en revanche, pour les autres clauses, l'annulation n'a d'effets que pour l'avenir ; enfin, s'agissant encore d'autres clauses, l'annulation n'est prononcée qu'à compter d'une date ultérieure, laissant ainsi au gouvernement le temps de prendre des mesures transitoires (pour un autre cas de modulation dans le temps des effets d'une annulation contentieuse, voir CE Sect., 25 février 2005, *France Telecom*, AJDA mai 2005, p. 997).

b) Les validations législatives

À la suite de l'annulation d'une décision administrative, il peut arriver que la disparition des effets passés **remette en cause certains avantages ou droits acquis par des tiers**. Pour préserver ces droits, **la pratique des « validations législatives »,** qui consiste à faire valider l'acte annulé par le législateur (à la demande de l'administration), s'est développée. Ainsi, l'annulation d'un concours plusieurs années après son déroulement est censée faire perdre aux candidats reçus le bénéfice de leur réussite. Comme on ne peut pas, en toute logique, remettre en cause plusieurs années de carrière, mieux vaut valider rétroactivement les résultats du concours.

De même, suite aux nombreuses contestations relatives à la passation du contrat de concession du Stade de France, le législateur a été amené à adopter une loi de validation du contrat (loi du 11 décembre 1996). Cette validation était en quelque sorte justifiée par la nécessité d'écarter toute incertitude quant à la construction du Stade de France dans les délais (pour la coupe du monde de football 1998). L'« intérêt national » l'a emporté sur les droits des entrepreneurs écartés du contrat. Cependant, après avoir rappelé que la loi de validation prévoit un droit éventuel à indemnisation au profit des tiers, la cour administrative d'appel de Paris a posé le principe de la responsabilité de l'État à l'égard des architectes écartés (par la loi) de la possibilité d'accéder à l'octroi du contrat de concession (CAA, 4 décembre 1997, *M. Serfati, concl. C. Lambert*, AJDA mars 1998, p. 254). Il y a donc une **responsabilité de l'État du fait de la loi de validation** (lorsqu'elle prévoit un droit éventuel à indemnisation).

Cependant, tout en reconnaissant la **constitutionnalité des validations**, le Conseil constitutionnel a posé des conditions restrictives à leur usage (CC, 22 juillet 1980, précité). **Le législateur ne peut pas valider la décision annulée par le juge mais seulement les actes qui en découlent**, en particulier les actes individuels. Sans cela, ceux-ci disparaîtraient à l'occasion de la reconstitution de la situation antérieure à l'annulation qui incombe à l'administration.

Par ailleurs, **la régularité des validations législatives est liée au respect de conditions résultant du droit constitutionnel** (la validation doit intervenir pour des motifs d'intérêt général ou liés à des exigences constitutionnelles, en respectant les décisions ayant force de chose jugée et le principe de non-rétroactivité des peines et des sanctions ; CC, 18 décembre 1997) **et du droit européen** (la validation ne doit pas remettre en cause le principe du **droit à un procès équitable** posé à l'article 6 § 1 de la Convention européenne des droits de l'homme ; avis CE Ass., 5 décembre 1997, *OGEC de l'Abbaye de Saint-Sauveur-le-Vicomte*, AJDA février 1998, p. 167, chro. T.X. Girardot et F. Raynaud ; la validation ne doit pas non plus porter une atteinte excessive au **droit de propriété protégé** par l'article 1er du premier Protocole additionnel à la Convention).

S'agissant de l'examen des **lois de validation** au regard de l'article 1er du premier Protocole additionnel, le Conseil d'État a décidé qu'elles **font l'objet d'un contrôle plein et entier quant à leur conventionnalité par rapport au Protocole** (CE Ass., 11 juillet 2001, *M. Préaud*, AJDA 2001, p. 841 à 847). Il a ainsi ouvert la voie à une large extension de son contrôle sur les lois de validation. Ce contrôle, dit de **proportionnalité**, consiste à comparer le poids respectif des intérêts en cause : droit au respect des biens et légitimité de l'ingérence des pouvoirs publics. Quant au contrôle des validations législatives au regard de l'article 6 § 1 de la Convention européenne des droits de l'homme (droit à un procès équitable), le Conseil d'État a marqué sa volonté, par un important avis du 27 mai 2005, de s'aligner presque entièrement sur la position exigeante de la Cour européenne des droits de l'homme (avis CE Ass. 27 mai 2005, *M. Provin*, AJDA, 11 juin 2005, p. 1455, chro. C. Landais et F. Lenica) : pour être compatible avec les stipulations de l'article 6 § 1 de la Convention, l'intervention rétroactive du législateur en vue de modifier au profit de l'État les règles applicables à des procès en cours doit reposer sur **« d'impérieux motifs d'intérêt général »**.

2) Les remèdes à l'inexécution des jugements

Jusqu'à une date récente, le juge administratif s'interdisait, à la différence du juge judiciaire, d'adresser des injonctions (c'est-à-dire des ordres exprès) à l'administration. Par ailleurs, aucune contrainte matérielle ne peut être exercée à l'encontre de l'administration : ni, bien évidemment, le recours à la force publique, ni l'usage de voies d'exécution forcée (ses biens sont insaisissables).

La seule possibilité pour le justiciable était alors d'intenter un nouveau recours contre le refus d'exécution de l'administration ou de mettre en cause sa responsabilité en cas de préjudice résultant de l'inexécution. Face à cette situation, certaines procédures ont été instaurées afin de mieux assurer l'effectivité des décisions de justice.

En premier lieu, **le décret du 31 juillet 1963 permet au justiciable de saisir la section du rapport et des études du Conseil d'État des difficultés rencontrées pour l'exécution des décisions des juridictions administratives**. Cette procédure peut aboutir à une saisine du médiateur (lequel a le pouvoir, depuis la loi du 24 décembre 1976, d'adresser des injonctions à l'administration mais sans que celles-ci soient accompagnées de véritables sanctions) ou à une procédure d'astreinte d'office (décret du 15 mai 1990).

En second lieu, **la loi du 16 juillet 1980 imposait à l'administration condamnée au versement d'une somme d'argent de payer cette somme dans les quatre mois** (à compter de la notification de la décision). **La loi du 12 avril 2000 ramène ce délai à deux mois**. Cette obligation est assortie de procédures destinées à en assurer l'effectivité : par exemple, le défaut d'exécution du jugement dans le délai imparti peut entraîner le mandatement d'office de la somme par le préfet ou l'autorité de tutelle (pour les condamnations pécuniaires prononcées contre les collectivités territoriales ou leurs établissements publics) ; (pour plus de détails, voir p. 131). De plus, le Conseil d'État a décidé qu'en cas d'insuffisance de ressources de la collectivité, le préfet peut aller jusqu'à procéder à la vente des biens de la collectivité dès lors que ceux-ci ne sont pas indispensables au bon fonctionnement des services publics dont elle à la charge (CE Sect. 18 novembre 2005, *Société fermière de Camporolo*). Par ailleurs, si le préfet s'abstient, « le créancier de la collectivité territoriale est en droit de se retourner contre l'État en cas de faute lourde commise dans l'exercice du pouvoir de tutelle ». Enfin, lorsque le préfet a pu légalement refuser de prendre certaines mesures (en raison de l'insuffisance des actifs de la collectivité ou en raison d'impératif d'intérêt général), « le préjudice qui en résulte pour le créancier de la collectivité territoriale est susceptible d'engager la responsabilité de la puissance publique s'il revêt un caractère anormal et spécial ».

Par ailleurs, en vertu de la loi de 1980, **le Conseil d'État a la possibilité, à la demande du requérant ou de sa propre initiative, de prononcer des astreintes à l'encontre de l'administration** (astreintes par lesquelles il oblige le débiteur récalcitrant à payer une certaine somme pour chaque jour de retard dans l'exécution de son obligation). Signalons que, **pour la première fois**, dans sa décision *Bandesapt* du 28 mai 2001, la section du contentieux **a prononcé une astreinte d'office**. D'autre part, depuis la loi du 30 juillet 1987, le juge peut également prononcer des astreintes à l'encontre des personnes privées gérant un service public.

Enfin, toujours en vertu de la loi de 1980, le fonctionnaire responsable de l'inexécution d'un jugement ou dont le comportement a provoqué le prononcé d'une astreinte (cette deuxième hypothèse ayant été prévue par la loi du 29 janvier 1993) peut être traduit devant la Cour de discipline budgétaire et se voir infliger une très lourde amende.

Toutefois, ces trois procédures (saisine du comptable, prononcé d'astreintes et déféré du fonctionnaire devant la Cour de discipline budgétaire) ont, jusqu'à présent, fait l'objet d'un usage limité. En effet, il arrive fréquemment que les créanciers n'en aient pas connaissance. De plus, « mise au pied du mur », l'administration a tendance à s'exécuter avant d'être sanctionnée.

En troisième lieu, **la loi du 8 février 1995 autorise les juridictions administratives, sur demande expresse des requérants, à adresser des injonctions à l'administration à l'appui de leurs décisions** (l'importance du nouveau pouvoir du juge est illustrée par des injonctions adressées au Premier ministre lui-même, injonctions de prendre un décret). Le CE, les CAA et les TA **peuvent prescrire aux autorités administratives les mesures d'exécution des jugements qui semblent nécessaires, en les assortissant éventuellement d'un délai d'exécution et d'une astreinte** (de plus en plus, le CE intègre à ses jugements un véritable mode d'emploi de l'exécution de la chose jugée).

Ainsi, la CAA de Nantes, après avoir annulé la décision d'un maire refusant la délivrance d'un certificat d'urbanisme à M. Thomas et à la suite du nouveau refus formulé par le maire pour le même motif, a enjoint à ce dernier de procéder à une nouvelle instruction de la demande. Pour donner du poids à son injonction, la Cour a fixé au maire un délai d'un mois (donc relativement court) pour prendre une nouvelle décision et a posé une astreinte de 500 F par jour de retard (CAA Nantes, 11 décembre 1996, *M. Thomas*, AJDA mars 1997, chro. de jurisprudence des CAA, p. 280).

Partant du constat que **le pouvoir d'injonction des juges administratifs était en quelque sorte inopérant dans l'hypothèse de l'annulation de certains types d'actes administratifs, le Conseil d'État a introduit une innovation susceptible de donner un nouveau souffle à ce pouvoir**. Lorsque la décision administrative annulée est une décision de refus (refus d'un permis de construire, refus de délivrer un titre de séjour...), l'administration a l'obligation de statuer à nouveau sur la demande de l'intéressé dans un délai fixé par le juge. Normalement, si l'annulation est liée à un motif de fond, l'autorité administrative doit faire droit à la demande. Néanmoins, entre l'annulation du refus et la nouvelle décision que doit prendre l'administration, la situation de l'intéressé peut s'être modifiée dans un sens qui justifie un nouveau refus de la part de l'administration (le demandeur d'un titre de séjour peut s'être rendu coupable d'un crime ou d'un délit). Or, traditionnellement, les juges se contentaient de prendre acte du changement de circonstances pour en déduire que l'administration était dégagée de l'obligation découlant de l'annulation (à savoir prendre la mesure demandée). Le pouvoir d'injonction perdait donc en quelque sorte sa raison d'être. **Désormais, le juge accepte de procéder à des mesures d'instruction** (à commencer par l'interrogation des parties) **afin de vérifier s'il y a eu ou non des changements de circonstances** (CE, 4 juillet 1997, 2 arrêts, *M. Leveau et M. Bourezak*, AJDA juillet-août 1997, p. 584). Sur cette base, **il peut alors se prononcer en toute connaissance de cause sur la demande d'injonction formulée par le requérant**. Ayant constaté l'absence de changement dans l'une des deux affaires précitées, le Conseil d'État a prescrit la mesure demandée par le requérant.

Enfin, il faut noter une tendance récente du juge administratif à assortir ses jugements d'un véritable mode d'emploi de l'exécution de la chose jugée, alors même qu'il ne lui est pas demandé de prononcer une injonction (CE Ass., 29 juin 2001, *M. Vassilikiotis* ; CE, 27 juillet 2001, *M. Titran*). Dans la décision *Vassilikiotis*, le Conseil d'État a tiré les conséquences de l'abstention illégale du pouvoir réglementaire à prendre les mesures de transposition d'une directive en annulant partiellement l'arrêté en cause, en posant l'obligation pour l'État de régulariser, dans un délai raisonnable, l'arrêté en cause et surtout, en indiquant à l'autorité administrative les mesures provisoires qu'elle devait prendre dans l'attente de la régularisation de l'arrêté (à savoir la délivrance des cartes professionnelles de guide des musées en appréciant, au cas par cas, si les diplômes présentés offrent « des garanties équivalentes à celles qui résultent de la possession des diplômes français »). Cette technique jurisprudentielle permet, d'une part, de censurer l'illégalité tout en préservant ce qui n'est pas illégal et, d'autre part, de montrer aux autorités administratives, sans empiéter sur leur liberté de choix, la démarche à suivre pour éviter à l'avenir de nouvelles irrégularités.

Même si les difficultés d'exécution ne concernent traditionnellement qu'une faible proportion des décisions juridictionnelles rendues et bien que ces difficultés ne soient pas toujours imputables à la mauvaise volonté de l'administration (celle-ci peut ne pas voir les suites à donner à un arrêt, en particulier lorsqu'il annule une décision produisant des effets depuis plusieurs années), il n'est pas satisfaisant pour l'État de droit de constater que l'administration peut se lancer, parfois avec succès, dans une sorte de « guérilla » qui perturbe le bon déroulement de la justice. Néanmoins, la loi de 1995 permet une meilleure application des décisions de justice. **Les requérants savent désor-**

mais qu'ils peuvent s'adresser aux TA et aux CAA pour leurs demandes d'aide ou d'astreinte.

Dans l'ensemble, **l'efficacité des mesures prises pour assurer l'exécution des jugements se révèle satisfaisante**, notamment en matière de permis de construire, de fonction publique et de titre de séjour des étrangers. Cependant, il semble que la procédure d'exécution soit parfois mal comprise des justiciables. Il en va ainsi, en particulier, lorsque l'annulation d'une décision administrative n'impose à l'administration que de statuer à nouveau sur la demande dont elle était saisie (cas des annulations de refus de permis de construire par exemple) mais n'impose pas, contrairement à ce qu'attend souvent le requérant, qu'elle lui délivre l'autorisation sollicitée. En outre, le Conseil constate la part excessive prise par les affaires touchant au contentieux de la fonction publique dans l'ensemble des procédures d'exécution. Cela s'explique par la réticence de certaines administrations à exécuter des décisions de justice défavorables dans une matière sensible du point de vue de la gestion de leurs services, mais aussi par les difficultés objectives d'exécution (en particulier en ce qui concerne les conséquences des annulations d'évictions illégales de fonctionnaires ou les effets de l'annulation d'un concours).

Les bons résultats d'ensemble ont en partie permis **de lever certaines craintes des justiciables quant à l'efficacité d'une procédure contentieuse à l'encontre d'un acte administratif**.

3) Des jugements par lesquels le juge administratif se substitue au pouvoir réglementaire

L'intervention du juge administratif est d'autant plus efficace que, dans certains cas, il ne se contente pas de constater la carence du pouvoir réglementaire mais se substitue à lui. Dans un arrêt *Sadin* du 11 juin 1999 (Rec. p. 174), où l'illégalité d'un règlement au regard du principe d'égalité avait été constatée, la Section du contentieux du Conseil d'État a ainsi comblé le vide illégal en reconnaissant aux personnes illégalement exclues d'un droit le bénéfice de ce droit. Dans la décision *Vassilikiotis* du 29 juin 2001 (voir 2 ci-dessus), le Conseil d'État a tiré les conséquences de l'abstention illégale du pouvoir réglementaire à prendre les mesures de transposition d'une directive : il a en effet précisément indiqué à l'autorité administrative, dans l'attente de l'intervention de ces mesures de transposition, les obligations qui lui incombaient. Enfin, dans la décision *Madame Barbier* du 25 février 2005 (Rec. p. 81), le Conseil d'État, constatant que le pouvoir réglementaire avait illégalement omis de reconnaître aux instances disciplinaires compétentes pour les pharmaciens la possibilité d'assortir leurs sanctions d'un sursis, leur a accordé lui-même ce pouvoir.

Mais, dans tous ces cas, la substitution du juge au pouvoir réglementaire n'a été possible que parce que la norme à appliquer était prédéterminée : le droit communautaire, la loi ou le principe d'égalité imposaient au pouvoir réglementaire d'intervenir dans un sens déterminé. Face à la carence de ce pouvoir, le juge a donc pu anticiper sur cette intervention pour se prononcer sur des décisions individuelles. Cette jurisprudence marque une rupture par rapport à la tradition selon laquelle le juge administratif s'interdisait de faire œuvre d'administration active.

§ 4. Les voies de recours

Tout jugement non définitif est susceptible de faire l'objet d'un recours. Il faut distinguer d'une part les voies de réformation qui permettent de former des recours devant des juridictions différentes de celle qui a statué sur le jugement contesté, d'autre part les voies de rétractation qui permettent des recours devant la juridiction qui a statué.

A) Les voies de réformation

Certains aspects de l'appel et de la cassation ayant déjà été traités dans le chapitre consacré à la juridiction administrative (voir p. 285 et 292), nous apportons ici des remarques complémentaires.

1) L'appel

a) La procédure d'appel

Les décisions des tribunaux administratifs, juges de droit commun, peuvent faire l'objet d'un appel devant les cours administratives d'appel (et le Conseil d'État dans de rares hypothèses). **Les cours administratives d'appel (CAA) jouent le rôle de deuxième degré de juridiction : le requérant leur demande non seulement d'annuler le jugement de première instance mais également de rejuger l'affaire sur le fond.**

Les parties au jugement de première instance disposent d'un délai de deux mois pour former leur appel. Depuis le 1er septembre 2003, le ministère d'avocat est obligatoire devant les CAA (sont dispensés de cette obligation, les recours pour excès de pouvoir formés contre les décisions individuelles relatives à la situation des agents publics, décret du 24 juin 2003).

L'appel n'a pas d'effet suspensif. Autrement dit, il n'entraîne pas une suspension de l'exécution du jugement de première instance. Néanmoins, **les cours administratives d'appel et le Conseil d'État** (dans sa fonction de juge d'appel) **peuvent prononcer le sursis à exécution des jugements des juridictions inférieures.** Pour cela, il faut que l'appel se fonde sur un moyen sérieux et que l'exécution du jugement risque d'entraîner un préjudice difficilement réparable. Là encore, le juge d'appel apprécie librement l'opportunité d'accorder ou non le sursis.

À l'appel principal (formé par le requérant qui a généralement vu sa requête rejetée en première instance) peut se joindre **un appel « incident » formé par l'autre partie au jugement de première instance.** En effet, lorsque cette dernière n'est pas entièrement satisfaite du premier jugement, elle peut en demander la réformation au juge d'appel.

E30 **Le délai d'appel dans l'hypothèse d'un jugement avant dire droit**

Un jugement par lequel le tribunal administratif ne statue que sur une partie des conclusions dont il est saisi et ordonne, pour le surplus, une mesure d'instruction, constitue un jugement avant dire droit. En conséquence, le délai pour faire appel de ce jugement court de sa notification jusqu'à l'expiration du délai de recours contentieux applicable au jugement qui met fin à l'instance (CE Ass., 18 décembre 1998, *Gaz de France*, documents d'études, Jurisprudence du Conseil d'État 1998, La Documentation française).

---

b) Les pouvoirs du juge

Les pouvoirs du juge d'appel découlent de l'« effet dévolutif de l'appel », ce qui signifie que le juge réexamine l'ensemble du litige et le rejuge sur le fond. **Il doit statuer dans la limite des moyens et des conclusions présentés en première instance** (tout nouveau moyen ou toute nouvelle conclusion est irrecevable).

Cependant, **le Conseil d'État a posé une exception à cette règle en matière de plein contentieux** : lorsque l'étendue réelle des conséquences dommageables d'un fait n'est connue que postérieurement au jugement de première instance, le requérant est recevable à augmenter en appel le montant de ses prétentions par rapport au montant de l'indemnité demandée devant les premiers juges (CE Sect., 8 juillet 1998, *Département de l'Isère*, documents d'études, Jurisprudence du Conseil d'État 1998, La Documentation française).

Par ailleurs, abandonnant une jurisprudence ancienne, le Conseil d'État a énoncé que le juge d'appel saisi d'un moyen qui avait été jugé à tort irrecevable par le juge de première instance, n'a pas à annuler (automatiquement) le jugement mais doit, après avoir relevé l'erreur, se prononcer sur le bien-fondé du moyen puis, le cas échéant, sur les autres moyens invoqués en appel (CE Sect., 16 mai 2003, *Mlle Maltseva*, AJDA 2003, p. 1025, obs. F. Aubert).

Lorsqu'un jugement de première instance ne s'est pas prononcé sur le fond de l'affaire (par exemple, s'il s'agissait d'un jugement d'incompétence), le juge d'appel peut, s'il estime que l'affaire est suffisamment « claire », évoquer le litige **(pouvoir d'« évocation »)**, c'est-à-dire le juger sur le fond. Les litiges sont ainsi tranchés plus rapidement.

Enfin, le Conseil d'État a admis la possibilité pour le juge d'appel (mais aussi de première instance) d'accepter, à la demande de l'administration, une **substitution de motifs**, de droit ou de fait, pour une décision administrative qui autrement encourt l'annulation (CE Sect., 6 février 2004, *Mme Hallal*) (voir. p. 355).

Les décisions du juge d'appel sont susceptibles d'un recours en cassation devant le Conseil d'État.

2) La cassation

En principe, en tant que juge de cassation, le Conseil d'État ne doit pas se comporter comme un « troisième degré de juridiction ». Autrement dit, **il n'a pas à rejuger l'affaire sur le fond mais doit simplement vérifier la conformité au droit du jugement qui lui est soumis**.

a) La procédure du recours en cassation

Le Conseil d'État est seul compétent pour connaître des recours en cassation formés contre les décisions des juridictions administratives spécialisées et les arrêts des cours administratives d'appel.

Le pourvoi en cassation est ouvert, dans les deux mois du jugement d'appel, aux seules parties présentes à ce jugement ; le recours doit être présenté par un avocat au Conseil d'État ou à la Cour de cassation.

Le recours en cassation n'a pas d'effet suspensif mais le Conseil d'État peut ordonner un sursis à exécution du jugement d'appel (aux conditions définies précédemment).

Pour éviter un afflux des recours en cassation et permettre aux CAA de jouer pleinement leur rôle, **la loi du 31 décembre 1987 organise une procédure**

d'admission. La commission d'admission des pourvois (créée au sein du Conseil d'État par le décret du 2 septembre 1988) qui jouait le rôle de « filtre » des recours a été supprimée par le décret du 24 décembre 1997. Désormais, **il appartient aux sous-sections de la Section du contentieux de traiter les demandes d'admission** en rejetant en particulier celles qui ne sont fondées sur aucun moyen sérieux (environ 60 % de rejets jusqu'à présent). Cette réforme devrait permettre de diminuer la durée de la procédure, donc de raccourcir les délais de jugement.

b) Les pouvoirs du juge

Le Conseil d'État contrôle d'abord la légalité externe du jugement attaqué (compétence du juge, respect des formes et de la procédure de jugement).

Il examine ensuite la légalité interne, à savoir le moyen tiré de la **« violation de la loi » (le contenu et les motifs du jugement)**. Le contrôle de la « violation de la loi » (au sens où on l'entend dans le recours pour excès de pouvoir, voir p. 353 et s.) permet notamment au juge d'examiner les faits et de contrôler leur exactitude matérielle. Quant au contrôle de la qualification juridique des faits, il se limite pour le Conseil d'État à un contrôle de la dénaturation des faits qui laisse au juge du fond « l'appréciation souveraine des faits ». Cependant, la distinction entre appréciation et qualification (des faits) n'est pas clairement établie.

Par cinq décisions de section du 11 juin 1999 (AJDA, octobre 1999), **le Conseil d'État a fait prévaloir une conception extensive de son contrôle de la qualification juridique des faits**. Il a ainsi estimé que **diverses appréciations portées par des cours administratives d'appel n'étaient pas des appréciations souveraines** (qu'il ne contrôle pas) **mais des opérations de qualification juridique des faits soumises au contrôle du juge de cassation**.

Il en est ainsi de la disproportion de l'atteinte portée par une mesure d'expulsion, pour des motifs de sécurité publique, au droit d'un étranger au respect de sa vie privée et familiale (arrêt *M. El Mouhaden*) ; de l'existence de la nécessité impérieuse, au regard des exigences de la sécurité publique, que présente la mesure d'expulsion d'un étranger (arrêt *M. Cheurfa*) ; du caractère de faute d'une gravité suffisante pour justifier le licenciement d'un salarié protégé (arrêt *Mme Chicard*)... Cette extension du contrôle de la qualification juridique des faits traduit notamment la **volonté du Conseil d'État d'assurer une application uniforme du droit** (en particulier lorsque des libertés publiques sont en jeu) **sur l'ensemble du territoire**.

Par ailleurs, lorsque le Conseil d'État examine une décision juridictionnelle reposant sur plusieurs motifs et **qu'il constate que l'un d'entre eux est erroné, il a en principe l'obligation de prononcer l'annulation du jugement contesté**. Cependant, le Conseil estime que cette obligation est levée dans le cas où la décision juridictionnelle est régulière et annule en excès de pouvoir un acte administratif et **qu'il constate qu'un autre motif retenu par le juge du fond peut justifier l'annulation** (CE Sect., 22 avril 2005, *Commune de Barcarès*, RFDA 2005, n° 3, p. 557, concl. J. H. Stahl). Autrement dit, dans cette hypothèse, il examine les autres motifs.

Si le Conseil d'État approuve le jugement d'appel, celui-ci est définitif. S'il le « casse », l'affaire est en principe renvoyée devant la juridiction d'appel qui a rendu le jugement cassé (mais statuant, sauf impossibilité, dans une autre formation) ou devant une autre juridiction de même niveau.

C'est alors un « nouveau procès qui s'ouvre » (devant la juridiction de renvoi) à l'occasion duquel l'affaire est complètement rejugée (des moyens nouveaux peuvent être soulevés). Néanmoins, le nouveau jugement qui ne se conformerait pas à l'arrêt de cassation est à son tour susceptible d'un recours en cassation. On le voit, de recours en recours, l'affaire peut « s'enliser » au détriment de la sécurité et de la stabilité des situations juridiques.

Pour éviter d'en arriver à de telles situations, la loi du 31 décembre 1987 **autorise le Conseil d'État à rejuger lui-même l'affaire lorsque « l'intérêt d'une bonne administration de la justice l'exige »**.

Au-delà de l'approbation du jugement d'appel ou du « renvoi de l'affaire », c'est la **question de l'autorité des décisions prises par le juge de cassation qui est posée**. Ainsi, le Conseil d'État constate qu'en règle générale, les décisions prises ne sont revêtues que de l'autorité relative de la chose jugée. Autrement dit, le juge d'appel n'est pas lié par la décision de cassation. En revanche, lorsque le juge de cassation **annule une décision juridictionnelle revêtue de l'autorité absolue de chose jugée, sa propre décision a la même autorité et lie par conséquent le juge d'appel** (CE Sect., 30 sept. 2005, *Commune de Beausoleil* ; à propos de l'annulation d'un arrêt de la CAA de Marseille confirmant l'annulation d'un permis de construire et sur la base duquel la CAA avait accordé à une société la décharge d'une participation financière pour non-réalisation d'aires de stationnement ; dès lors, la commune au profit de laquelle devaient être réalisées les aires de stationnement est fondée à demander l'annulation du jugement de la CAA exonérant la société).

En tant que juge de cassation, le Conseil d'État a **la responsabilité d'unifier la règle de droit ou, plus exactement, l'interprétation qui est susceptible de lui être donnée** par les différentes juridictions. Cette « unification » permet d'éviter (en principe) des divergences, voire des contradictions de jurisprudence (ce qui est bénéfique aux justiciables).

E31 Le cas particulier du recours dans l'intérêt de la loi

Le recours dans l'intérêt de la loi (RIL) tend à la censure d'une décision juridictionnelle, devenue définitive, dont un ministre veut éviter qu'elle constitue un précédent (qu'elle se reproduise). Ce recours est purement jurisprudentiel (il n'est prévu par aucun texte).

Le RIL n'est enfermé dans aucun délai. Il ne peut être présenté que par un ministre. Celui-ci a intérêt pour agir alors même que l'État n'aurait pas été partie au litige tranché par le jugement ou l'arrêt frappé du recours. La décision d'un ministre d'introduire ou non un tel recours relève de son appréciation discrétionnaire. Les actes juridictionnels susceptibles de faire l'objet d'un RIL sont les jugements des TA ou les arrêts des CAA, à condition que ce jugement ou cet arrêt soit devenu définitif et soit revêtu de l'autorité de la chose jugée (ce qui n'est pas le cas d'une ordonnance prise en matière de référés d'urgence). Le RIL ne peut être exercé que devant le Conseil d'État.

L'annulation d'un jugement dans l'intérêt de la loi n'a aucun effet sur la situation des parties au litige initial. Autrement dit, cette annulation ne revêt qu'une portée « doctrinale ». Elle constitue un rappel à la loi, sans conséquence juridique, adressé aux TA et aux CAA (par exemple, annulation du jugement d'un TA qui a statué sur un litige relatif à une décision d'attribution de l'allocation aux adultes handicapés alors que ce contentieux relève, de par la loi, de la compétence de l'autorité judiciaire ; CE, 17 octobre 2008, n° 314209, *Ministre du travail, des relations sociales et de la solidarité c/ M. T.*).

B) Les voies de rétractation

Elles permettent des recours devant la juridiction qui a statué sur le jugement contesté.

1) L'opposition

Toute personne qui n'était pas partie à une instance mais qui se trouve d'une façon ou d'une autre **condamnée par le jugement** rendu peut demander au juge de statuer à nouveau, dans les deux mois suivant la notification du jugement. L'opposition ne peut être formée que devant un juge statuant en dernier ressort. Son usage est très rare en pratique.

2) La tierce opposition

Toute personne qui n'était pas partie à une instance mais qui se trouve d'une façon ou d'une autre **lésée dans ses droits** par le jugement rendu ou l'ordonnance prise par le juge, peut former une tierce opposition sans condition de délai et quelle que soit la juridiction. Étant extérieur à l'affaire, le tiers prendra généralement connaissance du jugement « par hasard ». Le juge saisi doit réexaminer entièrement l'affaire et il arrive que la solution rendue soit différente du jugement initial.

3) Le recours en révision

Cette voie de recours n'est ouverte qu'aux seules parties à l'instance, dans des cas limitativement énumérés, à l'encontre des décisions contradictoires du Conseil d'État. Comme son nom l'indique, le recours en révision a pour objet de **faire réviser un jugement** (le faire rejuger) **entaché d'une grave irrégularité** : décision rendue sur la base d'une pièce fausse, pièce capitale non communiquée par l'autre partie… L'exigence de gravité explique que ce recours n'est que rarement admis.

4) Le recours en rectification d'erreur matérielle

Lorsqu'une erreur matérielle commise pendant la formation du jugement a influencé la décision du juge, le recours vise à la faire rectifier (le demandeur dispose d'un délai de deux mois à compter de la notification du jugement).

L'erreur matérielle doit être substantielle. Il peut s'agir d'une erreur dans le calcul du montant d'une indemnité, d'une erreur dans un décompte de voix ou même d'une maladresse de rédaction du jugement. En revanche, lorsque l'erreur a pour origine le mémoire du requérant, le recours que celui-ci introduit ne peut qu'être rejeté (CE, 26 mars 2003, MM. *Lema*, req. n° 250101).

Admis devant toute juridiction statuant en dernier ressort, ce type de recours permet uniquement de demander la rectification de l'erreur, pas du jugement lui-même.

À la différence du Conseil d'État et des cours administratives d'appel, les tribunaux administratifs ne peuvent pas être saisis de recours en rectification des erreurs matérielles entachant leurs jugements (cela est logique puisque ces jugements ne sont contestables que par la voie de l'appel).

Par ailleurs, le décret du 22 février 2010 prévoit la possibilité pour le Président de la juridiction (TA, CAA ou Conseil d'État) de rectifier lui-même une simple erreur matérielle non susceptible d'avoir exercé une influence sur le jugement de l'affaire, par une ordonnance qui doit intervenir dans le délai d'un mois à compter de la notification aux parties de la décision. La notification de l'ordonnance rectificative rouvre, le cas échéant, le délai d'appel ou de recours en cassation contre la décision ainsi corrigée. En revanche, lorsqu'une partie signale au président du TA ou de la CAA l'existence d'une erreur ou d'une omission matérielle entachant une décision, cette demande n'a pas pour effet de proroger à son profit le délai de recours, sauf si une ordonnance rectificative de la décision intervient.

SECTION III

Les recours contentieux

On distingue plusieurs types de contentieux selon l'importance des pouvoirs du juge. Parmi ces contentieux, celui de l'annulation ouvre droit au recours pour excès de pouvoir qui est, en quelque sorte, le recours de droit commun ouvert à tous les justiciables.

§ 1. Les différents types de contentieux

Prenant en compte l'étendue des pouvoirs du juge, Laferrière a dégagé en 1881 une classification des branches du contentieux administratif : contentieux de pleine juridiction, contentieux de l'annulation, contentieux de l'interprétation et contentieux de la répression.

A) Le contentieux de pleine juridiction

C'est dans ce contentieux que le juge dispose des pouvoirs les plus étendus. **Il peut non seulement prononcer des condamnations pécuniaires à l'encontre de l'administration mais encore réformer totalement ou partiellement la décision administrative contestée**.

Le contentieux de pleine juridiction (ou plein contentieux) s'applique :

- au **contentieux des contrats** (pouvoir d'annulation du contrat, sanctions pécuniaires…) ;
- au **contentieux de la responsabilité administrative** (qui donne lieu principalement à des sanctions pécuniaires).

Il s'applique également à des contentieux plus spécifiques :

- au **contentieux électoral** (pouvoir d'annulation d'une élection et même pouvoir de modification des résultats) ;
- au **contentieux fiscal** (pouvoir de rectification des impositions).

B) Le contentieux de l'annulation

Dans ce type de contentieux, il est demandé au juge d'apprécier la légalité d'un acte administratif. **S'il déclare l'acte illégal, il ne peut que l'annuler**. S'il le déclare légal, il ne peut que rejeter le recours.

Le recours en annulation le plus important est le recours pour excès de pouvoir, qualifié de **recours direct en annulation** (voir p. 349).

C) Le contentieux de l'interprétation et de l'appréciation de la légalité

Dans ce contentieux, il est demandé au juge d'apprécier la légalité d'un acte administratif ou d'en clarifier le sens lorsque celui-ci est obscur.

Généralement, l'interprétation et l'appréciation de la légalité d'un acte ont lieu **à l'occasion d'une question préjudicielle sur renvoi d'une juridiction judiciaire** ou, plus simplement, à la demande d'une partie.

D) Le contentieux de la répression

Le juge a ici pour mission de **réprimer certaines infractions en prononçant des peines**. Il s'agit généralement de sanctions pécuniaires.

Le contentieux de la répression s'applique notamment :

- aux contraventions de grande voirie. Les personnes ayant porté atteinte à l'intégrité du domaine public (pollution d'un cours d'eau, par exemple) peuvent être condamnées à des amendes mais aussi à remettre les lieux en état ;
- au contentieux des poursuites exercées devant les juridictions disciplinaires administratives. Les personnes poursuivies peuvent se voir infliger des sanctions professionnelles.

E32 **Nouvelle remise en cause de la distinction entre contentieux de l'excès de pouvoir et plein contentieux**

Revenant sur sa jurisprudence *Le Cun* (1er mars 1991), le Conseil d'État décide que le **juge saisi d'un recours contre une sanction administrative infligée à un administré se prononce non pas en excès de pouvoir mais comme juge de plein contentieux** (CE Ass., 16 février 2009, *Société Atom*, n° 274000). Pour justifier cette décision, **le Conseil se fonde sur les pouvoirs dont dispose le juge pour contrôler une telle sanction.** D'une part, il doit prendre une décision qui se substitue à celle de l'administration et, d'autre part, le cas échéant, faire application d'une loi nouvelle plus douce entrée en vigueur entre la date à laquelle l'infraction a été commise et celle à laquelle il statue.

En l'espèce, la demande de la société visait l'amende qui lui avait été infligée pour avoir perçu de ses clients des paiements en espèces d'un montant supérieur au seuil fixé par la loi. Le Conseil d'État relève d'office l'erreur commise par la CAA qui avait estimé que cette demande relevait du contentieux de l'excès de pouvoir. Ayant annulé l'arrêt de la CAA, il se prononce sur la demande en appliquant à l'infraction commise par la société les dispositions issues de la loi du 2 août 2005 et de l'ordonnance du 7 décembre 2005 qui prévoient des peines moins sévères que la loi ancienne.

---

§ 2. Le recours pour excès de pouvoir

Le recours pour excès de pouvoir (REP) est **un véritable « procès fait à un acte »** et non un procès entre parties. C'est donc un recours objectif qui tend à annuler une décision administrative, non à reconnaître un droit individuel (on peut même dire qu'il protège la légalité en général).

Le REP a pu se développer notamment grâce à l'assouplissement des conditions de recevabilité (délais moins restrictifs, admission des recours contre les décisions implicites de rejet…) et à l'accroissement des pouvoirs du juge (en particulier dans l'examen des faits : appréciation, qualification…).

Le REP est aujourd'hui considéré comme le recours de droit commun. **Il peut être exercé même sans texte le prévoyant contre tout acte administratif unilatéral** (CE Ass., 17 février 1950, *Dame Lamotte*, GAJA, Rec. Lachaume ; reconnaissance du caractère d'**ordre public** du REP). Désormais, **même la loi ne peut exclure le recours pour excès de pouvoir**. D'une part, l'article 13 de **la Convention européenne des droits de l'homme reconnaît le droit à un recours effectif en cas d'atteintes aux droits et libertés**, y compris lorsqu'elles sont le fait de « personnes agissant dans l'exercice de leurs fonctions officielles » (CJCE, 15 mai 1986, *Johnston*, RFDA 1988, p. 691, note Dubouis). D'autre part, sur le fondement de l'article 16 de la Déclaration des droits de l'homme et du citoyen (qui exige que la garantie des droits soit assurée), **le Conseil constitutionnel a décidé que le législateur ne saurait « priver de tout droit au recours devant le juge de l'excès de pouvoir la personne qui entend contester la légalité d'un acte »** (CC, 9 avril 1996).

Le succès du recours pour excès de pouvoir vient de sa grande accessibilité et de la protection efficace qu'il confère aux justiciables contre l'arbitraire administratif (il est parfois qualifié de « recours populaire »).

Ses conditions de recevabilité (relativement souples) et ses cas d'ouverture (relativement larges) offrent un accès aisé aux justiciables.

A) Les conditions de recevabilité du recours

Elles sont communes aux différents recours avec néanmoins une spécificité plus marquée quant à la condition relative au requérant.

1) La condition de la décision préalable

Voir page 324.

2) La condition de délai

Voir page 324.

3) La condition liée au requérant : l'intérêt à agir

Bien que conçu comme un recours « démocratique », le REP ne peut être ouvert à tous sous peine de provoquer un afflux de recours rendant le contentieux ingérable. Il a donc fallu **trouver un compromis entre une large accessibilité au REP et la préservation du bon fonctionnement de la justice administrative**. Les solutions jurisprudentielles reflètent ce compromis.

Le principe est le suivant : **pour que le recours soit recevable**, outre la capacité à ester en justice (voir p. 323), **le requérant doit justifier d'un intérêt direct et suffisant à l'annulation de l'acte administratif** (il peut s'agir d'un intérêt matériel ou moral). Cette règle a souvent été interprétée avec souplesse par la jurisprudence.

Lorsque le requérant est une personne physique, il doit justifier d'un intérêt personnel légitime et direct.

Ainsi, le Conseil d'État a admis qu'un contribuable communal ou départemental a « qualité » pour contester des décisions locales à caractère fiscal (CE, 29 mars 1901, *Casanova*, GAJA, Rec. Lachaume) alors que le contribuable national n'a pas qualité pour attaquer les décisions nationales de même nature.

De même, les usagers d'un service public ont qualité pour agir contre les décisions concernant l'organisation et le fonctionnement du service (CE, 21 décembre 1906, *Synd. des propriétaires et contribuables du quartier Croix-de-Seguey-Tivoli*, précité). Cette règle vaut pour tous les usagers des SP, même lorsqu'ils sont très nombreux, comme ceux de la SNCF.

Les personnes qui ne sont pas directement concernées par un acte administratif peuvent également l'attaquer : un propriétaire peut contester le permis de construire accordé pour l'édification d'un immeuble voisin.

Enfin, l'intérêt à agir futur, éventuel, a été reconnu à un campeur contre un arrêté municipal interdisant le camping dans une commune où il n'avait jamais planté sa tente mais où il pourrait avoir l'intention de le faire (CE, 14 février 1958, *Abisset*), à l'hôtelier d'une station thermale contre un arrêté ministériel fixant le calendrier des vacances scolaires (CE, 28 mai 1971, *Damasio*).

Lorsque le requérant est une personne morale (syndicat, association), **son recours est recevable s'il vise à la défense d'un intérêt collectif en rapport avec l'objet social de la personne morale**.

Ainsi, le Conseil d'État a admis la recevabilité de l'action d'organisations professionnelles lorsque cette action est exercée **contre des décisions portant atteinte à un « intérêt professionnel »** et non à l'intérêt individuel de l'un de leurs membres (CE, 28 décembre 1906, *Synd. des patrons coiffeurs de Limoges*, GAJA, Rec. Lachaume).

Dans la recevabilité des recours collectifs, la jurisprudence a incontestablement tenu compte de l'importance croissante prise par les associations et les syndicats ainsi que de leur rôle privilégié dans la défense des intérêts collectifs (ces groupements sont mieux placés pour agir que les individus). En conséquence, le juge admet la **recevabilité de recours dirigés contre des décisions individuelles** (mais aussi réglementaires) **lorsqu'elles portent préjudice au groupement** (par exemple, mesure de nomination d'un fonctionnaire qui porte préjudice à tous ceux qui auraient été susceptibles d'en bénéficier ; autorisation de licenciement d'un « salarié protégé » dans la mesure où il représente l'intérêt collectif des salariés : CE Ass., 10 avril 1992, *Sté Montalev*, AJDA 1992, chro. jur., p. 736).

En même temps, le Conseil d'État a posé des limites à la recevabilité des recours collectifs. Il a en particulier **mis l'accent sur le rapport devant exister entre la nature de l'acte attaqué et l'objet social du groupement**. Ainsi, les recours formés par les associations de défense de l'environnement sont recevables seulement lorsqu'ils visent à demander l'annulation de mesures concernant l'environnement (comme une déclaration d'utilité publique).

Enfin, le requérant peut être **une personne morale de droit public**.

Par exemple, l'État peut attaquer les décisions des autorités locales. De même, les autorités locales peuvent intenter un recours contre les décisions de l'État mais seulement pour préserver des intérêts locaux (CE, 18 avril 1902, *Commune de Néris-les-Bains*, précité ; en l'espèce, il s'agissait du recours d'une commune contre un acte de l'autorité de tutelle).

B) Les cas d'ouverture du recours pour excès de pouvoir

Tous les éléments d'un acte administratif (l'autorité compétente pour le prendre, son élaboration, son objet, ses motifs…) peuvent être contestés devant le juge administratif dans le cadre du recours pour excès de pouvoir. Le requérant ou le juge lui-même (pour les moyens d'ordre public) peut invoquer des illégalités affectant ces différents éléments et susceptibles d'entraîner l'annulation de l'acte. On distingue les illégalités externes des illégalités internes.

1) Les illégalités externes

Elles affectent les modalités d'élaboration de l'acte.

a) L'incompétence

Elle peut être soulevée **lorsque l'auteur de l'acte n'est pas celui qui était compétent pour le prendre**.

Étant **un moyen d'ordre public**, l'incompétence doit être relevée d'office par le juge (si elle n'a pas été soulevée par le requérant). Même si l'acte est régulier dans tous ses autres aspects, **la gravité de ce vice est telle qu'elle implique l'annulation de l'acte**. La sanction la plus grave qui puisse être prononcée à l'encontre d'un acte est son **« inexistence »** lorsqu'il a été pris par une personne étrangère à l'administration (sauf en cas d'application de la théorie du « fonctionnaire de fait », c'est-à-dire lorsque la personne étrangère a agi dans l'intérêt du service).

Il arrive que l'incompétence soit négative lorsqu'une autorité n'agit pas parce qu'elle se croit incompétente. Mais l'incompétence est généralement positive.

Le juge peut retenir trois types d'incompétence :

- l'incompétence matérielle (incompétence *rationae materiae*) lorsque l'acte a été pris par une autorité administrative qui n'avait pas compétence pour le prendre, cette compétence appartenant à une autre autorité. Cet empiétement se produit par exemple en cas de délégation illégale de signature ;
- l'incompétence territoriale (incompétence *rationae loci*) lorsqu'une autorité administrative a pris un acte qui est censé produire des effets en dehors de sa circonscription territoriale (le maire ne peut pas prendre de mesures de police qui s'appliqueraient dans une autre commune) ;
- l'incompétence temporelle (incompétence *rationae temporis*) lorsqu'une autorité administrative a pris un acte alors qu'elle n'était pas encore compétente pour le prendre ou qu'elle ne l'était plus.

b) Le vice de procédure

Il peut être invoqué **lorsque l'acte n'a pas été élaboré et adopté selon les procédures prévues par la loi**.

En cas de non-respect des règles de procédure, les décisions prises sont illégales, donc susceptibles d'être annulées par le juge administratif.

Cependant, ce dernier a développé une **jurisprudence pragmatique, rejetant l'excès de formalisme et établissant une distinction entre les formalités substantielles** (celles dont l'objet est **d'apporter des garanties aux administrés ou qui sont susceptibles d'influencer l'administration sur le sens de la décision à prendre** ; par exemple, le respect des **droits de la défense**, les consultations préalables) dont le non-respect entraîne généralement l'annulation de la décision **et les formalités non substantielles** dont le non-respect entraîne rarement l'annulation.

Par ailleurs, le juge ne considère pas que la décision est illégale lorsque des formalités ont été impossibles à respecter (**théorie des formalités impossibles**) ou lorsque le respect de certaines formalités était inutile.

Enfin, le juge a reconnu la possibilité pour l'administration de **se soustraire aux règles de procédures en cas de circonstances exceptionnelles** (voir par exemple, CE, 28 juin 1918, *Heyriès*, précité).

c) Le vice de forme

Le vice de forme peut être invoqué **lorsque l'acte n'a pas été élaboré et adopté selon les formes prévues par la loi**. Il peut s'agir d'irrégularités liées à la signature de l'acte, à sa motivation… qui peuvent justifier l'annulation de l'acte.

2) Les illégalités internes

Les illégalités internes affectent le contenu même de la décision : son but, son contenu et ses motifs.

a) Le détournement de pouvoir (le but de l'acte)

Il y a détournement de pouvoir **lorsque l'administration détourne sa compétence** :

- **à des fins autres que l'intérêt public** (un intérêt privé notamment). Ainsi, dans l'arrêt *Brasseur* de 1991, un maire avait restreint le commerce ambulant afin de protéger les intérêts de commerçants de sa ville (CE Sect., 25 janvier 1991, Rec., p. 23) ;
- **à des fins d'intérêt public mais qui ne sont pas celles de la législation à mettre en œuvre**. Ainsi, dans l'arrêt *Pariset*, le pouvoir de police est utilisé dans l'intérêt financier de la commune (CE, 26 novembre 1875, *Pariset*, GAJA, Rec. Lachaume). Les annulations concernant des pouvoirs détournés à des fins financières ont d'ailleurs été nombreuses.

Le contrôle du détournement de pouvoir est d'autant plus délicat à mettre en œuvre qu'il consiste pour le juge à **pénétrer la psychologie de l'auteur de l'acte afin de découvrir quelles étaient ses intentions réelles**. Voilà pour le moins une démarche des plus subjective à laquelle il n'est guère habitué.

La diminution du nombre d'annulations pour ce motif provient en partie de l'exigence manifestée par le juge quant à la preuve du détournement de pouvoir, **un faisceau de présomptions étant nécessaire**. Par ailleurs, il semble que le juge préfère se tourner vers d'autres moyens moins subjectifs, en particulier la violation de la loi.

b) Le détournement de procédure

Il y a détournement de procédure **lorsque l'administration fait usage d'une procédure administrative à des fins qui ne sont pas celles qui lui étaient assignées par la loi**.

Par exemple, si un directeur d'école désireux d'exclure un élève pour mauvaise conduite abaisse ses notes au lieu d'engager normalement une procédure disciplinaire à son encontre, il commet un détournement de procédure (CE, 18 décembre 1968, *Brunne*, Rec., p. 658).

c) La « violation de la loi » (contenu et motifs de l'acte)

Ce terme pour le moins imprécis recouvre bien des aspects.

1. **La violation directe de la règle de droit**

Ce moyen est retenu lorsqu'un acte (du moins son contenu) méconnaît la règle de droit, c'est-à-dire l'ensemble des normes qui s'imposent à lui. Ainsi, un acte avec effet rétroactif est pris en méconnaissance directe du principe de non-rétroactivité des actes administratifs. **Le contenu de l'acte doit être parfaitement conforme au contenu des normes qui lui sont supérieures**.

2. **L'illégalité relative aux motifs de l'acte**

Les motifs sont les raisons de fait et de droit qui ont justifié la décision. Dans la mesure où ils n'apparaissent pas toujours clairement, il appartient au juge de les rechercher avant d'examiner leur légalité. Plusieurs illégalités peuvent être détectées :

a. *L'erreur de droit*

L'erreur de droit porte sur les motifs de droit de la décision.

Elle tient d'abord à **une erreur d'interprétation d'un texte** (ou d'une norme, de façon plus large). L'administration croyait détenir un pouvoir d'un texte mais elle s'est trompée sur sa compétence. Si ce pouvoir a servi pour justifier une décision, il y a erreur de droit. Ainsi, dans la célèbre affaire *Barel*, le ministre chargé d'établir la liste des candidats autorisés à se présenter au concours d'entrée à l'ENA a interprété le principe d'égal accès aux emplois publics comme l'autorisant malgré tout à opérer des discriminations en fonction des opinions politiques des candidats (CE, 28 mai 1954, précité ; le juge a retenu l'erreur de droit).

Elle peut aussi prendre la forme d'un **« défaut de base légale »** lorsque l'administration invoque à l'appui de sa décision un texte (une norme) inapplicable (à la situation visée) ou qui n'existe pas.

Enfin, l'erreur de droit peut être retenue lorsque la décision **se fonde sur un texte** (une norme) **illégal**.

b. *L'erreur de fait*

L'erreur de fait porte sur les motifs de fait de la décision et donne lieu à deux types de contrôle :

– Le contrôle de l'exactitude matérielle des faits.

Le juge contrôle si les faits invoqués par l'administration à l'appui de sa décision sont matériellement exacts, c'est-à-dire **s'ils ont bien eu lieu**. Deux arrêts classiques ont été l'occasion de définir ce moyen.

Dans l'arrêt ***Camino***, le maire d'Hendaye avait été révoqué par décret pour n'avoir pas veillé à la décence d'un convoi funèbre. Il y a eu annulation du décret pour fait inexact (CE, 14 janvier 1916, GAJA). Dans l'arrêt ***Trépont***, un préfet avait été mis en congé « sur sa demande ». Là aussi, il y a eu annulation pour fait inexact, le préfet n'ayant pas formulé une telle demande (CE, 20 janvier 1922, Rec., p. 65).

– Le contrôle de la qualification juridique des faits.

Le juge vérifie si les faits invoqués par l'administration sont **« de nature » à justifier la décision**.

Ce moyen est apparu avec l'arrêt ***Gomel*** en 1914 (CE, 4 avril 1914, GAJA, Rec. Lachaume) : en vertu du pouvoir qu'il tient de la loi de refuser le permis de construire lorsque le projet porte atteinte à une « perspective monumentale », le préfet a refusé au sieur Gomel un permis de construire place Beauvau. Le Conseil d'État estime « qu'il appartient au Conseil d'État de vérifier si l'emplacement de la construction projetée est compris dans une perspective monumentale, et dans le cas de l'affirmative, si cette construction telle qu'elle est proposée serait de nature à y porter atteinte ». En l'espèce, le refus d'accorder le permis est illégal car l'endroit où est prévue la construction ne peut être qualifié de perspective monumentale.

Le contrôle de la qualification juridique des faits s'est ensuite étendu à de nombreux domaines.

Ainsi, en matière de libertés publiques, à propos de l'interdiction d'une réunion, le juge s'interroge sur le point de savoir si la tenue de cette réunion (du moins si les circonstances de fait dans lesquelles elle devait se dérouler) était de nature à troubler gravement l'ordre public (CE, 19 mai 1933, *Benjamin*, précité). **En qualifiant juridiquement ces circonstances** (ces faits) **de « risques de troubles graves à l'ordre public », le maire a commis une erreur** (qui a entraîné l'annulation de l'interdiction).

De même, en matière de sanctions disciplinaires dans la fonction publique, le juge doit rechercher si le comportement reproché au fonctionnaire (les faits) constitue bien une faute de nature à justifier la sanction disciplinaire qui lui a été infligée (qualification juridique). Si le comportement n'est pas fautif (c'est le juge qui apprécie), la qualification juridique donnée par l'administration est erronée et la sanction est annulée.

Le contrôle de la qualification juridique des faits est déterminant pour délimiter le pouvoir de l'administration. Il marque en effet la frontière entre le contrôle normal (sur la compétence liée) et le contrôle restreint (sur le pouvoir discrétionnaire).

Traditionnellement, le contrôle de la qualification juridique des faits n'intervenait qu'en matière de compétence liée. Mais l'apparition de nouvelles techniques de contrôle (destinées à réduire le pouvoir discrétionnaire : l'erreur manifeste puis le contrôle de proportionnalité) a permis d'établir l'illégalité de décisions discrétionnaires comme résultant d'une qualification juridique des faits « manifestement erronée » (sur le pouvoir discrétionnaire et la compétence liée ainsi que sur l'erreur manifeste, voir p. 148 et s.).

E33 **Possibilité pour le juge de procéder à une substitution de motifs afin de préserver la régularité d'une décision administrative**

Le Conseil d'État admet la possibilité pour le juge de première instance ou d'appel d'accepter, à la demande de l'administration, une substitution de motifs, de droit ou de fait, pour une décision administrative qui autrement encourt l'annulation (CE Sect., 6 février 2004, *Mme Hallal*, AJDA 2004, p. 436).

Le Conseil énonce les conditions qui doivent être remplies pour que le juge puisse faire droit à la demande de l'administration :

- le juge doit rechercher si le motif avancé par l'administration est de nature à fonder légalement la décision contestée ;
- il doit apprécier si l'administration aurait pris la même décision si elle s'était fondée initialement sur ce motif.

Lorsque ces deux conditions sont remplies, le juge peut accepter la substitution des motifs, sous réserve toutefois de ne pas priver le requérant d'une garantie procédurale liée au motif substitué.

Cette décision du Conseil d'État a fait l'objet de vives critiques de la part d'une partie de la doctrine dans la mesure où elle marque un revirement de jurisprudence favorable à l'administration. À travers la possibilité de demander la substitution d'un motif régulier à un motif erroné (d'une décision), l'administration se voit offrir une sorte de « droit à l'erreur », un « filet de rattrapage ». En l'espèce, la Haute juridiction administrative estime qu'il n'est pas assuré que la commission de recours contre les décisions de refus de visa d'entrée en France aurait pris la même décision si l'administration s'était fondée initialement sur le motif qu'elle a avancé devant elle pour refuser d'accorder un visa de long séjour à une personne étrangère s'affirmant à la charge d'un ressortissant français, à savoir l'absence de justification tenant à une aide régulière par les enfants français résidant en France. En conséquence, la substitution de motifs est refusée et la décision de la commission de recours est annulée, comme le demandait la requérante.

Dans le prolongement de cette jurisprudence, le Conseil d'État saisi d'un pourvoi contre une ordonnance de référé suspension a admis que le juge des référés puisse accepter, à la demande de l'administration, une substitution de motifs et ainsi ne pas donner suite à la demande de suspension (CE 15 mars 2004, *Commune de Villasavary*, AJDA 2004, 28 juin, p. 1311, concl. D. Chauvaux).

PARTIE VI

La responsabilité administrative

L'administration est soumise à deux règles fondamentales, celle de la légalité et celle de la responsabilité. Elles sont deux faces incontournables de l'État de droit, libéral et démocratique. D'un côté, l'acte administratif qui viole la légalité peut, en principe, être annulé. De l'autre, lorsque l'activité administrative est à l'origine d'un dommage causé aux usagers, aux tiers voire aux agents publics, la responsabilité de la puissance publique est engagée (sous certaines conditions) afin de garantir aux victimes la réparation du dommage.

Cette responsabilité dite civile (par distinction avec la responsabilité pénale) est largement l'œuvre du Conseil d'État, le législateur n'étant intervenu que pour établir des régimes particuliers. La responsabilité qui nous intéresse ici est extra-contractuelle, par distinction avec la responsabilité contractuelle qui est engagée en cas de manquement par l'administration aux obligations découlant des contrats qu'elle a conclus (voir p. 220).

Nous étudierons successivement les caractères généraux de la responsabilité administrative, la responsabilité sans faute puis pour faute.

Bibliographie et lectures pour approfondir

Sur les caractères généraux de la responsabilité administrative :

H. Calvet, *Droit administratif de la responsabilité et droit communautaire,* AJDA 20 juin 1996 (n° spécial), p. 92 ; G. Darcy, *La responsabilité de l'administration,* Dalloz ; M. Deguergue, *Le contentieux de la responsabilité : politique jurisprudentielle et jurisprudence politique,* AJDA juin 1995, n° spécial, p. 211 ; M. Heers, *L'indemnisation de la perte d'une chance,* Gaz. Pal. 2000, n° 82-83, p. 7-9 ; F. Mallal, *Les atteintes à l'honneur ou à la réputation dans le contentieux de la responsabilité administrative,* AJDA novembre 1997, p. 833 ; J. P. Payre, *Faute et fait de la victime dans le contentieux de la responsabilité administrative extra-contractuelle,* AJDA 1980, p. 398 ; I. Poirot-Mazères, *La notion de préjudice en droit administratif français,* RDP 1997, p. 519 ; J. Waline, *L'évolution de la responsabilité extra-contractuelle des personnes publiques,* EDCE 1995, n° 46, p. 459 ; *L'évolution du droit de la responsabilité,* rapport du Conseil d'État 1997, p. 241 ; *Réflexions sur le droit et la santé,* rapport du Conseil d'État 1998 ; *Cahiers de la fonction publique, La responsabilité de l'administration,* 2002, n° 210 et n° 211.

Sur la responsabilité pour faute :

J. Clerckx, *L'abandon par le Conseil d'État de la faute lourde en matière de responsabilité médicale : incertitudes et réticences,* RRJ 2001, p. 1831 ; F. Lemaire, *Le collaborateur occasionnel salarié d'une entreprise,* RFDA n° 2, mars-avril 2010, p. 410 ; F. Llorens-Fraysse, *L'utilisation de la présomption de faute par le juge administratif,* LPA, 20 février 1985, p. 4 ; *Le poids de la faute dans la responsabilité administrative,* Rev. Droits, 1987, n° 5, p. 65 ; F. Roques, *L'action récursoire dans le droit administratif de la responsabilité,* AJDA 1991, p. 75 ; A. Toublanc, *De la prétendue disparition de la faute lourde en matière de responsabilité médicale*, AJDA 2004, p. 1173 ; M. Trémeur, *La responsabilité des services publics hospitaliers, Évolution/Perspectives,* LPA, 12 juillet 1995, p. 17 ; P. Weckel, *L'évolution de la notion de faute personnelle,* RDP 1990, p. 1525.

Sur la responsabilité sans faute :

N. Albert, *La responsabilité de l'État du fait des « émeutes » en question*, AJDA, 10 avril 2006, p. 739 ; A. Berramdane, *L'obligation de prévention des catastrophes et risques naturels,* RDP 1997, p. 1717 ; B. Brenet, *Aspects classiques et actuels de la théorie des collaborateurs occasionnels et bénévoles du service public,* LPA, 26 novembre 1986, p. 19 ; T. Debard, *L'égalité des citoyens devant les charges publiques : fondement incertain de la responsabilité administrative,* D. 1987, p. 157 ; C. Guettier, *La responsabilité du fait des lois : nouveaux développements*, RFDA (n° 2), mars-avril 2006, p. 355 ; F. Thiriez, *La jurisprudence Bianchi : symbole ou réalité ?,* DA 2001, n° 1, p. 9.

CHAPITRE 1
Les caractères généraux de la responsabilité administrative

La responsabilité de l'administration pour les dommages causés par son activité n'a été reconnue que dans la deuxième moitié du XIXe siècle. Le régime de cette responsabilité (ou plutôt les régimes) a été élaboré, dans ses principes, par le Conseil d'État. Ce sont ces principes qui nous intéressent dans le présent chapitre.

Nous examinerons d'abord le principe même de la responsabilité administrative avant de voir quelles sont les conditions qui ouvrent droit à réparation et la façon dont s'effectue l'indemnisation du préjudice.

SECTION I
Le principe de la responsabilité administrative

§ 1. La reconnaissance du principe

Après avoir été irresponsable pendant longtemps pour les dommages provoqués par son action, l'administration a vu le principe de sa responsabilité reconnu par le juge en même temps que l'autonomie des règles de cette responsabilité. Rapidement, le Conseil d'État, lui-même « autonome », va permettre un essor spectaculaire de la responsabilité administrative.

A) L'irresponsabilité de la puissance publique

Tout au long du XIXe siècle, l'idée a prévalu que « le propre de la souveraineté est de s'imposer à tous, sans qu'on puisse réclamer d'elle aucune compensation » (Laferrière). Autrement dit, on ne pouvait exiger de la puissance publique qu'elle répare les dommages causés par son action. Cette irresponsabilité valait aussi bien pour les dommages résultant des actes de puissance publique que des lois.

Cette irresponsabilité était à la fois le fruit du passé et de l'époque. En vertu de l'adage hérité de l'Ancien Régime selon lequel **« le Roi ne peut mal faire »**, on continuait à considérer que le peuple souverain (ce dernier ayant pris la place du monarque en 1791) ne pouvait être à l'origine de dommages causés à ses membres. Par ailleurs, au XIXe siècle, la France était dotée d'**un État libéral peu interventionniste**, se cantonnant pour l'essentiel à ses fonctions régaliennes (comme la justice ou la police). Les hypothèses dans lesquelles sa responsabilité était susceptible d'être engagée paraissaient donc relativement peu nombreuses.

Cette irresponsabilité de la puissance publique ne connaissait que de rares exceptions :

- en vertu de la loi du 28 Pluviôse An VIII, les dommages résultant des travaux publics donnaient lieu à réparation (cette loi fonde toujours le régime de la responsabilité en la matière) ;
- les collectivités locales n'étant pas « souveraines », le principe de leur responsabilité a toujours existé. Simplement, la compétence pour connaître du contentieux de leur responsabilité n'a été transférée au juge administratif que tardivement (début du XXe siècle) ;
- enfin, les activités de « gestion privée » de l'État (gestion du domaine privée notamment) donnaient lieu à un contentieux judiciaire.

B) L'autonomie de la responsabilité

1) La portée de l'arrêt *Blanco* de 1873

Annoncé par l'arrêt *Rothschild* de 1855 (CE, 6 décembre 1855, Rec., p. 707), le principe d'un régime de responsabilité spécifique de l'État est consacré par l'arrêt ***Blanco*** en 1873 (TC, 8 février 1873, GAJA, Rec. Lachaume : « **la responsabilité, qui peut incomber à l'État** pour les dommages causés aux particuliers par le fait des personnes qu'il emploie dans le service public, ne peut être régie par les principes qui sont établis dans le Code civil, pour les rapports de particulier à particulier ; que cette responsabilité n'est ni générale, ni absolue, qu'elle **a ses règles spéciales qui varient suivant les besoins du service et la nécessité de concilier les droits de l'État avec les droits privés »**).

La décision du Tribunal des conflits reconnaît non seulement **la possibilité de mettre en jeu la responsabilité de l'État pour les dommages causés par ses différentes activités mais pose aussi la règle selon laquelle ce régime de responsabilité doit se démarquer de celui régi par le droit privé** (par le Code civil).

La reconnaissance de la responsabilité de l'État s'explique par le fait que l'État libéral laisse progressivement la place à **l'État-providence**. Celui-ci se caractérise par un interventionnisme soutenu dans de nombreux domaines, donc par la multiplication des hypothèses dans lesquelles son activité peut être à l'origine de dommages causés aux particuliers. Par ailleurs, le développement de l'« assurance » qui rend plus aisée l'indemnisation en matière de responsabilité privée fait apparaître l'irresponsabilité de l'État comme une « anomalie » de moins en moins acceptable.

2) Les limites à l'autonomie de la responsabilité

Le principe de l'autonomie de la responsabilité administrative et de la compétence du juge administratif connaît quelques limites.

En vertu des règles de répartition des compétences entre les ordres de juridiction (voir p. 297 et s.), **un certain nombre d'activités administratives soumises au droit privé relèvent de la compétence du juge judiciaire, y compris, bien sûr, pour les actions en responsabilité** (activité des services publics industriels et commerciaux, gestion et exploitation du domaine privé...). De même, le juge judiciaire est compétent lorsqu'il est dans son rôle de gardien de la liberté individuelle et de la propriété privée (en cas de voie de fait notamment).

En outre, **le législateur est intervenu à de nombreuses reprises pour fixer des régimes spéciaux de responsabilité et, dans certains cas, pour en confier le contentieux au juge judiciaire** :

- La responsabilité de l'État à raison des fautes commises par les membres de l'enseignement (loi du 5 avril 1937). Lorsqu'une faute (personnelle ou de service) commise par un membre du personnel enseignant est à l'origine d'un dommage causé ou subi par un élève de l'enseignement public placé sous la surveillance de cet enseignant (et, depuis 1960, par un élève de l'enseignement privé sous contrat d'association), la responsabilité de l'État est engagée devant les tribunaux judiciaires. Autrement dit, **la responsabilité de la puissance publique est substituée à celle de l'enseignant**.
  Celui-ci n'est pas pour autant exonéré de sa responsabilité. Si la faute à l'origine du dommage est une faute personnelle, l'État peut se retourner contre son agent (action récursoire ; voir p. 390).
  Enfin, la compétence du juge judiciaire est écartée lorsque le dommage est dû à une mauvaise organisation du service ou au défaut d'entretien d'un ouvrage public. Dans cette hypothèse, la responsabilité de l'État est appréciée par le juge administratif.
- La responsabilité des personnes publiques à raison des accidents causés par les véhicules dont elles ont la garde ou la propriété (loi du 31 décembre 1957). Le souci d'équité entre victimes d'accidents causés par un véhicule administratif et victimes d'accidents causés par un véhicule privé est à l'origine de cette loi. En effet, traditionnellement, les dommages subis par les premiers étaient appréciés par le juge administratif avec plus de rigueur que ne l'étaient par le juge judiciaire les dommages causés aux seconds.
  Désormais, **le régime des accidents de la circulation est unifié**. **Quel que soit le véhicule à l'origine du dommage** (administratif ou privé) **et quelle que soit la nature du dommage, la victime s'adresse à un juge unique, le juge judiciaire** (qui fait application des règles du droit privé). **Lorsqu'un véhicule administratif est en cause, la victime peut engager une action en responsabilité mais uniquement contre la personne publique** (qui peut ensuite se retourner contre l'agent fautif).
  Le champ d'application de la loi de 1957 est très large. En témoigne la notion de « véhicule quelconque » (pouvant être à l'origine de l'accident) dont la portée, quoique précisée par la jurisprudence, mériterait d'être redéfinie. Ainsi, le juge a décidé que la loi s'appliquait bien sûr aux véhicules terrestres mais aussi aériens, maritimes et fluviaux. Parmi ceux-ci, elle s'applique aux véhicules de transport comme aux engins de travaux, notamment de travaux publics (grues, bétonnières…). Par sa portée, cette loi met à mal l'unité du contentieux des dommages de travaux publics. Certains commentateurs ont d'ailleurs exprimé le souhait que ce contentieux soit soustrait à la loi.
- Certains régimes de responsabilité organisés par le législateur et dont le contentieux est confié au juge judiciaire sont liés à des préoccupations plus récentes. Ces régimes, instaurés sur le fondement d'**un « risque social »** (en quelque sorte lié au contexte social, donc parfois en dehors de

toute responsabilité de l'État), **prévoient la prise en charge de la réparation des dommages causés aux victimes par des fonds d'indemnisation** (la socialisation des risques entraîne la socialisation de la réparation).

Ainsi, la loi du 3 janvier 1977 organise **l'indemnisation des victimes d'infractions pénales** lorsque le dommage a été causé par des « atteintes à la personne » (qui se traduisent, par exemple, par une incapacité de travail) ou lorsqu'il place indirectement la victime dans une « situation matérielle grave » (par exemple, une escroquerie qui n'a été que partiellement indemnisée, peut aboutir à mettre la victime en difficulté face à des créanciers). L'indemnité est versée par le fonds de garantie des victimes des actes de terrorisme et d'autres infractions (loi du 6 juillet 1990).

La loi du 9 septembre 1986 organise **l'indemnisation des victimes d'actes de terrorisme**. Le fonds de garantie assure la réparation des préjudices corporels (alors que les dommages aux biens sont couverts par les compagnies d'assurances). En cas de litige entre les victimes et le fonds de garantie ou les compagnies d'assurances, les tribunaux judiciaires sont compétents.

La loi du 31 décembre 1991 organise **l'indemnisation des victimes de contamination du virus du Sida par transfusion sanguine**. Le contentieux des décisions prises par le fonds d'indemnisation relève de la compétence du juge judiciaire (cour d'appel de Paris). Ce dernier se révèle assez souple quant au préjudice indemnisable (une personne informée à tort qu'elle était séropositive peut être indemnisée de la douleur morale qu'elle a subie de ce fait : CAA Paris, 24 mars 1998, A.P. *Hôpitaux de Paris*, DA 1998, n° 8-9, note C. Esper).

La loi du 23 décembre 2000 organise l'**indemnisation des victimes de l'amiante**. Elle améliore le dispositif d'indemnisation des personnes qui ont obtenu la reconnaissance d'une maladie professionnelle occasionnée par l'amiante ou qui « ont subi un préjudice résultant directement d'une exposition à l'amiante », ainsi que de leurs ayants droit, d'une part par l'admission à obtenir « réparation intégrale de leurs préjudices », d'autre part en créant un **fonds d'indemnisation dont la mission est de réparer ces préjudices**.

Toute personne qui accepte l'offre d'indemnisation du fonds est réputée se désister des actions en réparation devant les tribunaux. Cependant, l'introduction d'un recours devant la cour d'appel est possible (contestation des décisions prises par le fonds). Enfin, **les actions de droit commun aux fins de réparation demeurent ouvertes aux victimes qui ne saisissent pas le fonds**. Ainsi, plusieurs jugements ont reconnu la **responsabilité de l'État** en matière de « contamination » par l'amiante en se fondant sur la **carence fautive de l'État** qui, pendant longtemps, s'est abstenu de réglementer, voire d'interdire le recours à l'amiante, alors que le risque était connu avant 1945.

– Enfin, le juge judiciaire est compétent pour connaître de la responsabilité de l'État dans des domaines plus restreints : en matière de réparation des dommages causés par le fonctionnement de la justice judiciaire (loi du 5 juillet 1972 ; voir p. 382), de dommages causés par le fonctionnement administratif du service pénitentiaire et en matière d'accidents d'origine nucléaire.

Depuis l'arrêt *Pelletier* en 1873, la responsabilité personnelle de l'agent public relève du juge judiciaire (TC, 30 juillet 1873, GAJA, Rec. Lachaume) (sur la répartition de la responsabilité entre l'administration et ses agents, voir p. 384 et s.).

Enfin, la responsabilité administrative a perdu une partie de sa spécificité vis-à-vis de la responsabilité civile. En effet, **le souci commun des juges administratif et judiciaire d'indemniser au mieux les victimes s'est traduit par une nouvelle approche du risque, celle de sa « socialisation »** (prise en charge par la collectivité).

C) Le développement de la responsabilité : le rôle déterminant du Conseil d'État « autonome »

La reconnaissance de la responsabilité de l'État prend toute sa signification au regard d'un autre événement survenu quelques mois auparavant : après une longue évolution, la loi du 24 mai 1872 reconnaît l'autonomie du Conseil d'État. Ainsi, de façon cohérente, **le juge administratif enfin indépendant va connaître du contentieux d'une responsabilité administrative enfin reconnue et autonome.**

Surtout, **cette « liberté » du juge va lui permettre de définir et d'étendre progressivement le régime général de la responsabilité de l'État.**

Rapidement, le Conseil d'État démontre sa détermination à ne laisser aucun domaine de l'activité administrative hors du champ de la responsabilité. Ainsi, il admet de façon audacieuse le principe de la responsabilité des services de police pour les dommages causés aux particuliers (CE, 10 février 1905, *Tomaso Grecco*, GAJA). Plus tard, il étend la responsabilité de l'État aux dommages causés par les lois (CE Ass., 14 janvier 1938, *« La Fleurette »*, GAJA) et par les traités internationaux (CE Ass., 30 mars 1966, Cie *générale d'énergie radioélectrique*, GAJA, Rec. Lachaume).

§ 2. La nature du droit de la responsabilité administrative

On l'aura compris au vu de ce qui vient d'être dit, le droit de la responsabilité administrative est éminemment jurisprudentiel. Certes, la loi a souvent organisé des régimes spéciaux de responsabilité mais les règles et principes généraux du régime sont l'œuvre du Conseil d'État.

Le régime de la responsabilité administrative relève du domaine de la loi. En effet, les règles posées par la jurisprudence sont applicables « en l'absence de disposition législative y dérogeant ». Autrement dit, seul le législateur peut modifier ces règles.

Ce régime est sans aucun doute marqué par le **développement spectaculaire de la responsabilité sans faute, c'est-à-dire par la multiplication des hypothèses dans lesquelles l'administration doit réparer les conséquences dommageables de son activité même si aucune faute ne lui est imputable** (voir p. 393 et s.). Cette responsabilité présente le double avantage de prendre en compte au mieux les droits des victimes et d'éviter au juge de porter une appréciation sur l'activité administrative.

SECTION II
Le droit à réparation

La reconnaissance de la responsabilité de l'administration ouvre droit à réparation au bénéfice de la victime. Ce droit n'est cependant ouvert qu'à certaines conditions tenant aux caractères du préjudice ainsi qu'au lien de cause à effet entre le fait dommageable et le préjudice. La charge de la preuve pèse sur la victime.

En préliminaire, il nous faut évoquer l'hypothèse dans laquelle le droit à réparation est annihilé du fait de la situation de la victime au moment du dommage.

§ 1. Le refus du droit à réparation du fait de la situation de la victime

Il existe plusieurs hypothèses dans lesquelles le droit à réparation, même si ses conditions d'engagement sont réunies, sera refusé à la victime du fait de sa situation au moment du dommage.

Lorsque la victime s'est exposée sciemment au risque dont la réalisation est la cause du dommage, elle ne peut prétendre à réparation. Elle doit assumer les conséquences de son choix.

Il en est ainsi de la société qui a pris le risque, compte tenu des circonstances, de voir un permis de construire refusé (CE, 22 juillet 1977, *Sté nouvelle du Palais des sports*, Rec., p. 370). De même, en prenant un chemin signalé comme exposé aux avalanches, des randonneurs ont accepté le risque de dommage résultant d'une avalanche (CE Sect., 11 avril 1975, *Départ. de la Haute-Savoie*, Rec., p. 230).

Lorsque la situation de la victime à laquelle le dommage porte atteinte est une situation précaire, il ne saurait y avoir réparation. Il en est ainsi du retrait de l'autorisation accordée à une société d'exploiter une gare routière (CE, 9 décembre 1983, *Ville d'Hendaye*, Rec., p. 506). De façon générale, les « autorisations d'exploitation » ou les « tolérances » sont précaires car révocables par l'administration.

Enfin, **lorsque la victime est dans une situation irrégulière au moment du dommage**, elle n'a pas droit à réparation. Ainsi, lorsqu'un dancing n'est pas en conformité avec les normes de sécurité au moment de son incendie (qui a causé la mort de près de 150 personnes), ses exploitants ne peuvent se prévaloir des fautes commises par les autorités de police chargées des contrôles et de la surveillance (CE Sect., 7 mars 1980, *SARL Cinq-Sept*, Rec., p. 129).

§ 2. Les caractères du préjudice ouvrant droit à réparation

Le préjudice doit avant tout être certain et porter atteinte à un intérêt légitime. Pour le reste, il peut être aussi bien matériel que moral. Il en résulte que **de nombreuses catégories de personnes peuvent avoir droit à la réparation de toutes sortes de préjudices**.

A) Le préjudice doit être certain

Le préjudice certain **peut évidemment être actuel** (celui que le juge peut constater) mais **il peut aussi être futur**. Autrement dit, **le fait qu'un préjudice**

n'ait pas produit ses effets au moment de son évaluation ne fait pas obstacle au droit à réparation, du moins si sa réalisation future ne fait pas de doute (il en est ainsi pour certains types de handicaps évolutifs qui obligent à terme les personnes touchées à cesser leur activité professionnelle).

A contrario, **ne constituent pas des préjudices certains ceux dont la réalisation n'est qu'éventuelle**. De même, certaines conséquences de l'activité des services publics peuvent représenter une gêne, un trouble, voire un dommage pour certaines personnes sans être pour autant considérées par le juge comme des préjudices indemnisables. Par exemple, la naissance d'un enfant après l'échec d'une interruption volontaire de grossesse « n'est pas génératrice d'un préjudice de nature à ouvrir à la mère un droit à réparation par l'établissement hospitalier où cette intervention a eu lieu », sauf circonstances particulières (CE Ass., 2 juillet 1982, *Mlle R.*, Rec., p. 266).

En revanche, **la « perte d'une chance » sérieuse** (du fait du dommage ou d'une décision administrative, cette perte étant appréciée par le juge) **est considérée comme un préjudice certain**. Ainsi, la perte d'une chance sérieuse de réussite à un examen ou à un concours (CE, 17 mars 1972, *Dlle Jarrige*, Rec., p. 222) ou d'avancement pour un fonctionnaire (CE Ass., 1er décembre 1961, Lacombe, Rec., p. 674), la perte de chance de se soustraire au risque lié à un acte médical du fait du défaut d'information du patient par le médecin (CE Sect., Consorts Telle, AJDA, février 2000 ; en l'espèce, les patients n'avaient pas été informés du risque de paralysie ; voir également CE Ass., 19 mai 2004, *CRAM d'Île-de-France, CPAM du Val-de-Marne*, AJDA 2004, 5 juillet, p. 1361), ouvrent droit à réparation au bénéfice de la personne lésée. Cette interprétation large du préjudice certain ne doit pas faire oublier qu'il appartient à la victime d'apporter la preuve qu'elle possédait bel et bien une chance sérieuse, sauf en matière d'actes médicaux où la charge de la preuve est renversée et pèse sur l'hôpital (CE Sect., *Consorts Telle*, précité, pour plus de détails, voir p. 390).

Cette jurisprudence excluait donc du droit à indemnisation la victime dont la chance perdue n'était pas suffisamment sérieuse (aux yeux du juge). Par une décision du 21 décembre 2007, le Conseil d'État a adopté **une approche plus nuancée, consistant à indemniser, non pas le dommage effectivement subi par la victime, mais la valeur de la chance qu'elle a perdue d'éviter ce dommage** (CE Sect., 21 décembre 2007, *Centre hospitalier de Vienne* ; pour plus de détails, voir p. 381). Autrement dit, la méthode traditionnelle consistant à déterminer si la perte de chance est sérieuse et, dans l'affirmative, à indemniser l'ensemble des conséquences du dommage subi par la victime, laisse place à une évaluation directe de la valeur de la chance qu'elle a perdue d'éviter ce dommage (l'indemnisation est proportionnée à l'importance de la chance perdue).

B) Le préjudice doit consister en une atteinte à un intérêt légitime, matériel ou moral

1) L'élargissement de l'intérêt légitime : victime « immédiate » et victime « par ricochet »

La notion d'atteinte à un intérêt légitime s'est révélée importante pour l'identification des personnes ayant droit à réparation. À l'origine, **l'intérêt légitime était exclusivement celui de la victime « immédiate » du dommage**.

Rapidement, le juge administratif a reconnu fort logiquement que **des personnes ayant des liens avec la victime « immédiate » pouvaient être touchées « par ricochet » par le fait dommageable et donc être indemnisées**. Cette solution a été admise au bénéfice des victimes « par ricochet » **titulaires d'un droit à pension alimentaire**.

Par la suite, le Conseil d'État a admis que **tout intérêt légitime** (apprécié et reconnu comme tel par lui) **atteint par un dommage certain pouvait ouvrir droit à réparation** (CE Ass., 28 juillet 1951, *Bérenger*, Rec., p. 473, concl. Agid). Le lien de parenté entre victime « immédiate » et victime « par ricochet » n'est d'ailleurs pas exigé.

Révélateur de l'évolution des mœurs mais aussi du retard avec lequel le juge administratif réagit parfois, le Conseil d'État n'a reconnu le préjudice causé à une concubine du fait du décès de son concubin que bien après le juge judiciaire (CE Sect., 3 mars 1978, *Dame Muësser*, Rec. Lachaume).

2) Préjudice matériel et préjudice moral

Le préjudice peut bien sûr être matériel. Il s'agit des dommages causés aux biens mobiliers et immobiliers (comme les dégâts causés à un bâtiment) ainsi que des atteintes physiques portées aux personnes (à l'occasion d'un accident imputable à l'administration, par exemple). Dans ces différentes hypothèses, le préjudice est estimé concrètement et peut être chiffré (en argent).

La question de l'évaluation concrète du préjudice a longtemps été un obstacle à la prise en compte par le juge administratif de préjudices immatériels, notamment du préjudice moral. Ce n'est que **progressivement que des dommages de toutes natures ont été admis comme ouvrant droit à réparation**.

Pendant longtemps, le Conseil d'État a refusé la réparation de la **« douleur morale »**. Autrement dit, il refusait d'indemniser la peine résultant du décès d'un être cher au prétexte que les « larmes ne se monnayent pas ». Cette position était toutefois largement critiquée et ce d'autant plus que les tribunaux judiciaires réparaient ce type de préjudice depuis la fin du XIXe siècle. Ce n'est qu'en 1961 que le juge administratif reconnaît la « douleur morale » (CE Ass., 24 novembre 1961, *Letisserand*, GAJA, Rec. Lachaume). Pourtant, pendant de longues années après cette reconnaissance, il se montre « timide » dans l'évaluation du préjudice.

De même, le Conseil d'État a longtemps été réticent à réparer la **« douleur physique »**. En 1942, il accepte d'indemniser ces souffrances mais à condition qu'elles soient d'une particulière gravité (CE Ass., 24 avril 1942, *Morell*, Rec., p. 136). Par la suite, le Conseil a assoupli sa jurisprudence en acceptant de réparer les souffrances « d'une certaine importance » (CE Sect., 6 juin 1958, *Commune de Grigny*, Rec., p. 323).

Hormis les deux hypothèses que nous venons d'évoquer, la Haute juridiction administrative ne s'est pas montrée hostile à l'indemnisation d'autres types de préjudices moraux.

C'est le cas pour le **préjudice « esthétique »** qui fait l'objet d'une réparation depuis longtemps (CE, 12 avril 1930, *Sieur et dame Perret*, Rec., p. 479). Il s'agit ici de la gêne quotidienne éprouvée par une personne au regard des atteintes portées à son aspect physique. L'indemnisation ne sera pas la même suivant l'âge de la victime ou sa profession (il est certain qu'une jeune femme exerçant la profession de mannequin sera mieux indemnisée qu'un vieil agriculteur).

C'est également le cas pour les **« troubles dans les conditions d'existence »** qui sont, eux aussi, réparables. Ce type de préjudice, propre à la jurisprudence administrative, concerne **des désagréments ou des difficultés rencontrées au quotidien par la victime**, qu'il s'agisse d'une infirmité empêchant d'écrire et rendant difficile la poursuite des études, de la gêne physiologique rendant difficile ou impossible la pratique d'un sport ou d'une profession (CE, 25 juin 1965, *Peyre*, Rec., p. 388 ; infirmité obligeant un médecin à modifier les conditions d'exercice de son activité) ou, de façon plus globale, de l'obligation de changer de mode de vie. La réparation découlant de ce préjudice est souvent intégrée à l'indemnité globale que va percevoir la victime (au titre des différents préjudices).

Enfin, **l'atteinte portée à la réputation et à l'honneur d'une personne** est réparable (CE Sect., 19 février 1965, *Bellec*, Rec., p. 120 ; à propos de la décision injustifiée de ne pas titulariser un stagiaire). Dans de rares cas, le Conseil d'État admet même qu'il puisse y avoir **atteinte à la réputation d'une personne morale** (CE, 24 mars 1995, *SARL Nice Hélicoptères*, req. n° 129415 ; en l'espèce, une entreprise de transport aérien avait dû cesser son activité en raison de décisions administratives illégales. Le juge estime « que les agissements fautifs de l'administration [...] ont porté atteinte à sa réputation »).

§ 3. Le lien de causalité

Il appartient à la victime de prouver l'existence d'un lien de causalité entre le fait imputé à l'administration et le dommage qu'elle a subi. Cependant, l'administration peut être exonérée partiellement ou entièrement de sa responsabilité s'il apparaît que le préjudice prend son origine dans une « cause étrangère ».

A) L'appréciation de la causalité directe

Le principe est simple : **le fait dommageable doit être la cause directe du préjudice**. La plupart du temps, la preuve de ce lien ne pose pas de problème, la cause étant évidente à constater.

Lorsqu'elle l'est moins, certains indices peuvent permettre de l'identifier. Ainsi, la pratique a démontré que le délai rapproché entre la réalisation du dommage et l'intervention d'un fait susceptible d'en être la cause créait une présomption de causalité entre ce fait et le préjudice.

La difficulté est toute autre lorsqu'il existe plusieurs causes possibles au dommage et qu'aucune d'entre elles n'apparaît comme la cause directe ou même comme une cause suffisamment directe. Laquelle retenir ?

Le juge administratif s'est inspiré d'une méthode utilisée en droit privé : la **« causalité adéquate »** (parmi les autres méthodes du droit privé auxquelles aurait pu recourir le juge administratif, citons la théorie de « l'équivalence des conditions » qui consiste à considérer comme cause du dommage tous les faits sans lequel le dommage ne se serait pas produit).

La causalité adéquate consiste à identifier **le fait ayant eu une vocation particulière à provoquer le dommage**. Pour dire les choses le plus simplement possible, le juge retient **la cause qui paraît avoir été la plus décisive dans la réalisation du dommage** (CE Sect., 14 octobre 1966, *Marais*, Rec., p. 548 ; en l'espèce, il n'y a pas de lien direct entre le mauvais état de la chaussée d'une route qui a provoqué des dégâts à un camion et la panne ultérieure de son moteur qui n'avait été vérifié que sommairement par le chauffeur avant sa remise en route).

B) L'exonération de responsabilité : les causes étrangères

Lorsque le préjudice prend son origine dans une « cause étrangère » à l'administration, celle-ci peut être exonérée partiellement ou totalement de sa responsabilité.

1) La faute de la victime

Lorsque la victime, par son comportement fautif, a contribué à la réalisation du dommage ou en a aggravé l'importance, l'administration est partiellement ou entièrement exonérée de sa responsabilité (c'est-à-dire dégagée de sa responsabilité).

L'administration est entièrement exonérée si la faute de la victime est l'unique cause du dommage. Elle l'est partiellement si la faute de la victime a contribué, avec le fait de l'administration, à la réalisation du dommage (il y a alors partage de responsabilité ; l'importance de la responsabilité de l'administration sera fonction de l'importance de son fait, fautif ou pas, comme cause du dommage).

La faute de la victime est exonératoire (c'est-à-dire qu'elle exonère partiellement ou totalement l'administration de sa responsabilité) quel que soit le régime de responsabilité (pour faute ou sans faute).

Le fait que la victime ait commis une faute ne signifie pas qu'il y ait eu intention de la commettre. Au contraire, dans la plupart des cas, la faute s'assimile à une simple imprudence de la victime, même si cette imprudence peut avoir des conséquences dramatiques.

2) La force majeure

Dans ses conséquences, la force majeure se rapproche de la faute de la victime.

La force majeure se définit classiquement comme **l'événement** (qui est la ou l'une des causes du dommage) **extérieur au défendeur, imprévisible dans sa survenance et irrésistible dans ses effets**. Il s'agit classiquement de phénomènes naturels (CE, 23 janvier 1981, *Ville de Vierzon*, Rec., p. 28 ; des pluies revêtent « à raison de leur violence et de leur intensité exceptionnelles et imprévisibles par rapport à tous les précédents connus dans la région le caractère d'un événement de force majeure »). Cependant, la faute de la victime peut aussi se présenter comme un cas de force majeure.

Le juge se montrant très exigeant quant aux conditions de sa réalisation, la force majeure n'est que très rarement admise.

Lorsque la force majeure est la cause exclusive du dommage, l'administration est totalement exonérée de sa responsabilité. Si la force majeure n'a fait que renforcer le préjudice causé par le fait de l'administration, l'exonération de cette dernière n'est que partielle. Ce système fonctionne quel que soit le régime de responsabilité en cause (pour faute ou sans faute).

3) Le fait du tiers

Lorsqu'un tiers, par son comportement, a contribué à la réalisation du dommage, l'administration peut être, dans certaines hypothèses, partiellement ou entièrement exonérée de sa responsabilité. Les conséquences du fait du tiers sont donc différentes selon le type de responsabilité applicable à l'administration.

En cas de responsabilité pour faute, le fait du tiers exonère entièrement l'administration lorsqu'il est la cause exclusive du dommage et partiellement lorsqu'il a contribué avec le fait de l'administration à la réalisation du dommage.

L'inconvénient pour la victime, en cas de partage de responsabilité, est que **le tiers et l'administration ne sont pas responsables solidairement** (*in solidum*, contrairement à ce qui se produit en droit civil). Autrement dit, la victime ne peut pas demander la réparation intégrale du préjudice à l'un ou à l'autre (qui se retournerait ensuite contre le coauteur du dommage) ; elle doit les attaquer l'un après l'autre pour la part de responsabilité qui leur incombe.

En cas de responsabilité sans faute, le fait du tiers n'est jamais exonératoire. La victime peut donc demander à l'administration la réparation intégrale du préjudice. À charge pour celle-ci de se retourner ensuite contre le tiers pour lui demander remboursement de la part de la somme (versée à la victime) qui lui incombe (c'est ce que l'on appelle une action récursoire).

Néanmoins, lorsqu'une loi empêche l'action récursoire de l'administration, le juge admet que le fait du tiers soit exonératoire. L'impossibilité de se retourner contre le tiers équivaudrait à faire supporter intégralement et définitivement par l'administration la réparation d'un préjudice dont elle n'est que le coauteur.

Enfin, **dans le contentieux des dommages de travaux publics** (loi du 28 Pluviôse An VIII), le fait du tiers n'est pas exonératoire pour le défendeur (en l'occurrence le maître de l'ouvrage ou l'entrepreneur) même en cas de responsabilité pour faute. La situation des victimes est donc privilégiée.

4) Le cas fortuit

Lorsque l'on ne parvient pas à identifier la cause d'un dommage, on parle de cas fortuit. Tout comme la force majeure, cette « **cause inconnue** » est imprévisible et irrésistible. Cependant, à la différence de la force majeure qui est une cause étrangère à l'administration, le cas fortuit est une cause « intérieure ».

En cas de responsabilité pour faute, le cas fortuit exonère l'administration. Cette solution est logique puisque le cas fortuit se caractérise par un dommage dont la cause est inconnue (CE Ass., 28 mai 1971, *Départ. du Var c/ Entreprise Bec frères*, Rec., p. 419 ; en l'espèce, après avoir écarté la force majeure comme cause de la rupture du barrage de Malpasset, le juge ne relève aucune faute dans la conception ou la construction de l'ouvrage ni dans son entretien et conclut au cas fortuit).

En cas de responsabilité sans faute, le cas fortuit ne peut pas exonérer l'administration. En effet, dans ce type de responsabilité, la victime n'a pas à démontrer la cause du dommage.

SECTION III
L'indemnisation

Une fois les conditions d'engagement de la responsabilité établies, la réparation peut avoir lieu sous la forme de l'allocation de dommages-intérêts. L'indemnisation de la victime doit être intégrale. Après avoir identifié la personne responsable, c'est-à-dire celle à qui vont être réclamés des dommages-intérêts, le juge procède à l'évaluation de l'indemnité.

§ 1. Réparation « par équivalent » et réparation « en nature »

Dans le système de la responsabilité administrative, la réparation s'effectue « par équivalent » (par l'allocation de dommages-intérêts, c'est-à-dire d'une somme d'argent). Ce système se distingue de celui pratiqué en droit civil qui repose sur la réparation « en nature », c'est-à-dire par une condamnation à faire. Néanmoins, **la loi du 8 février 1995 qui autorise le juge administratif à adresser des injonctions à l'administration a permis un certain développement de la réparation en nature** (par exemple, sous la forme d'un ordre donné à l'administration de prêter le concours de la force publique à l'exécution d'une décision de justice).

Par un avis du 16 février 2009, l'Assemblée du contentieux du Conseil d'État a innové en matière de réparation en nature. Ainsi, à propos de la déportation à partir de la France de personnes victimes de persécutions antisémites (pendant la seconde guerre mondiale), elle a estimé que la réparation des préjudices ne pouvait se borner à des mesures d'ordre financier mais devait également prendre la forme d'une reconnaissance solennelle du préjudice collectivement subi par ces personnes, du rôle joué par l'État dans leur déportation ainsi que du souvenir que doivent laisser, dans la mémoire de la nation, leurs souffrances et celles de leurs familles (CE Ass., avis, 16 février 2009, *Mme Hoffman-Glemane*, n° 315499). L'avis prend acte que cette reconnaissance a été accomplie par les **actes et initiatives des pouvoirs publics** français comme la loi du 26 décembre 1964 qui prévoit l'imprescriptibilité des crimes contre l'humanité ou la déclaration du chef de l'État du 16 juillet 1995 reconnaissant la responsabilité de l'État français au titre des préjudices exceptionnels causés par la déportation. Outre l'indemnisation, la réparation peut donc prendre une forme **politique, psychologique ou symbolique.**

§ 2. La réparation intégrale du préjudice

A) Signification et portée du principe

1) La réparation des préjudices matériels et moraux

La réparation intégrale du préjudice **impose que l'indemnisation compense de la façon la plus exacte et la plus complète possible le dommage subi**.

La mesure par le juge de l'étendue et de l'importance du préjudice ne pose pas de difficulté particulière lorsqu'il s'agit de dommages matériels. Le plus souvent, il est relativement aisé de chiffrer la perte pécuniaire qui en résulte.

En revanche, **l'évaluation d'un préjudice moral** (qui n'est pas quantifiable objectivement) **ne peut reposer que sur l'appréciation subjective du juge**. C'est à lui qu'il revient de fixer l'indemnisation des souffrances physiques, morales ou d'une atteinte à l'honneur. Cette subjectivité (qui se combine néanmoins avec quelques critères objectifs) explique les différences, voire les contrariétés d'appréciation, d'un juge à l'autre.

2) Les déductions

Le juge doit déduire du montant des dommages-intérêts alloués à la victime, les sommes ne correspondant pas au préjudice réellement subi. Autrement dit, il faut éviter que la réparation n'excède l'importance réelle du préjudice. Ce système des déductions est d'ailleurs conforme au **principe d'ordre public** (que le juge doit donc relever d'office) **selon lequel « les personnes morales de droit public ne peuvent jamais être condamnées à payer des sommes dont elles ne sont pas redevables »**.

Ainsi, le juge déduit des dommages-intérêts les sommes versées à la victime par sa compagnie d'assurances ou par les caisses de Sécurité sociale (CE, 3 février 1984, *Loubat*, Rec., p. 46). L'administration n'est pas pour autant déchargée d'une partie de sa responsabilité puisque les débiteurs disposent d'un recours leur permettant de se tourner vers elle pour récupérer les sommes versées à la victime.

Pour établir la réalité du préjudice, le juge est fréquemment amené à **prendre en compte l'état physique ou moral d'une personne ainsi que l'état d'un bien tel qu'il était avant la survenance du dommage**. S'il s'avère que le fait dommageable n'a fait qu'aggraver une déficience physique préexistante ou l'état de vétusté déjà avancé d'un bien, les dommages-intérêts alloués à la victime ne couvriront que le préjudice supplémentaire. La collectivité publique responsable du dommage est donc déchargée d'une partie de sa responsabilité.

3) Les régimes spéciaux

Il arrive que des lois déterminent des régimes spéciaux de réparation que le juge doit appliquer sans pouvoir porter d'appréciation. **De façon générale, ces régimes sont favorables à l'administration qui n'a alors pas l'obligation de réparer intégralement le préjudice**.

La réparation peut être forfaitaire (la pension d'invalidité perçue par un agent public, à la suite d'un accident en service imputable à son administration de rattachement, est censée couvrir le préjudice dans son entier).

Elle peut également être **plafonnée**, c'est-à-dire ne pas excéder un montant prédéterminé (c'est le cas pour la réparation des dommages causés par des infractions pénales dont les auteurs sont inconnus ou insolvables).

Enfin, **la réparation peut ne porter que sur certaines conséquences du dommage** (par exemple, la servitude administrative qui consiste en l'installation de lignes téléphoniques prenant support sur des biens privés n'ouvre droit à réparation que pour les dommages causés par les travaux d'installation et par l'entretien des lignes).

B) La date d'évaluation du préjudice

À l'origine, le juge évaluait le préjudice au jour de sa réalisation mais ce système pouvait se révéler défavorable aux victimes. En effet, dans une période de dépréciation monétaire et pour peu que la décision allouant des dommages-intérêts (jugement ou décision de l'administration sur recours préalable) n'intervienne que longtemps après la date de réalisation du dommage, le montant de l'indemnité était nécessairement et artificiellement sous-évalué.

Par plusieurs arrêts rendus en 1947, le Conseil d'État a fait progresser ce système d'évaluation. Il a notamment établi une distinction selon que le dommage est porté aux biens ou aux personnes.

En ce qui concerne les dommages aux biens, le principe demeure selon lequel l'évaluation des préjudices se fait au jour de leur réalisation ou, lorsque cette réalisation dure un certain temps, « à la date où, leur cause ayant pris fin et leur étendue étant connue, il pouvait être procédé aux travaux destinés à les réparer » (CE Ass., 21 mars 1947, *Compagnie générale des eaux*, GAJA, Rec. Lachaume).

Néanmoins, si pour une raison indépendante de sa volonté, la victime n'est pas en mesure de procéder aux travaux de réparation du bien endommagé, l'évaluation est reportée à la date à laquelle cette exécution devient possible. Ce type d'évaluation présente l'inconvénient majeur de mettre à la charge de la victime l'avance des frais de réparation.

En ce qui concerne les dommages causés aux personnes, l'ancien état du droit est abandonné au profit de **la règle selon laquelle l'évaluation du préjudice doit se faire au jour du jugement** ou de la décision administrative accordant des dommages-intérêts (CE Ass., 21 mars 1947, *Dame Veuve Aubry*, GAJA, Rec. Lachaume).

Ce système d'évaluation permet au juge (ou à l'autorité administrative) de **prendre en compte les changements intervenus dans la situation de la victime depuis la réalisation du dommage**. Ainsi, il peut compenser les pertes de salaire engendrées par une incapacité partielle de travail.

Par ailleurs, dans son évaluation, le juge doit tenir compte de deux éléments. D'une part, de l'obligation de réparer intégralement le préjudice. D'autre part, du comportement négligent de la victime dans le retard apporté à la réparation du dommage. Ainsi, le retard anormal de la victime à présenter sa demande de dommages-intérêts est susceptible d'atténuer le préjudice et donc la réparation (affaire *Veuve Aubry*, précitée).

§ 3. La recherche de la personne responsable

Dire que l'administration doit réparer le préjudice qu'elle a causé ne suffit pas. **Il faut identifier la collectivité publique personne morale à qui la demande de dommages-intérêts va être adressée**.

En général, la personne responsable est celle à qui est rattachée l'activité à l'origine du dommage. **Lorsque l'activité dommageable** relève exclusivement d'une collectivité, il n'y a pas de difficulté. Mais lorsqu'elle **est le fruit d'une**

rencontre des compétences de plusieurs collectivités, l'identification de la personne responsable est plus complexe. Voici quelques hypothèses significatives.

Il en est ainsi **lorsqu'une collectivité publique agit pour le compte d'une autre collectivité**. Cette hypothèse concerne notamment les communes qui n'ont pas les moyens de mettre seules en œuvre des services publics communaux : le préjudice résultant de l'intervention du service de lutte contre l'incendie d'une autre commune dans une commune dépourvue d'un tel service est imputable à la seconde car la lutte contre l'incendie fait partie des compétences de police municipale (CE Sect., 12 juin 1953, *Ville de Toulouse*, Rec., p. 284). De même, dans les communes à police d'État, lorsque les activités de police à l'origine d'un dommage relèvent de la police municipale, la responsabilité incombe à la commune.

Il en est de même en matière d'**exercice d'un pouvoir de tutelle**. À qui sont imputables les actes dommageables pris dans ce cadre ? En principe, cette responsabilité incombe à l'autorité de tutelle. Néanmoins, lorsque celle-ci exerce son pouvoir de substitution d'action (notamment en cas de carence de la collectivité sous tutelle), elle agit pour le compte de la collectivité sous tutelle. Cette dernière est donc la personne responsable (CE Ass., 24 juin 1949, *Commune de Saint-Servan*, Rec., p. 310 ; à propos de la révocation d'un agent communal par le préfet).

Enfin, l'identification de la personne responsable est également complexe **lorsque plusieurs collectivités publiques collaborent à l'organisation et à l'exécution d'un service public**. À qui sont imputables les dommages résultant de l'exécution de ce service ?

La jurisprudence a élargi les possibilités offertes à la victime. Celle-ci peut demander réparation intégrale du préjudice à n'importe laquelle de ces collectivités qui peut ensuite se retourner contre les autres pour leur demander le remboursement de l'indemnité qu'elle a versée (moins sa propre part du dommage). La victime peut également agir contre toutes les collectivités à la fois en demandant leur condamnation solidaire.

Cette jurisprudence s'applique à diverses hypothèses de responsabilité : responsabilité de l'État et du département concerné pour les dommages causés par des vaccinations obligatoires (CE Ass., 13 juillet 1962, *Lastrajoli*, Rec., p. 506) ; responsabilité d'une commune pour les dommages occasionnés par le mauvais fonctionnement d'un service de transport scolaire (CE, 11 juillet 1980, *Chevrier*, Rec., p. 309) ; responsabilité de l'État du fait de la transmission du virus du Sida par transfusion sanguine (CE Ass., 9 avril 1993, *D..., G... et B...*, Rec., p. 110, RFDA 1993, p. 583, concl. Legal).

§ 4. L'indemnité

Elle est constituée d'une indemnité principale qui couvre le dommage principal et d'indemnités accessoires qui couvrent des dommages secondaires.

A) L'indemnité principale

L'indemnité principale a pour objet d'assurer la réparation du préjudice, réparation intégrale mais pas au-delà.

L'indemnité principale se présente **généralement sous la forme d'un capital** alloué à la victime (une somme d'argent versée en une fois). Ce système peut toutefois s'avérer inapproprié pour assurer l'intégralité de la réparation, notamment dans certaines hypothèses de dommages corporels. En effet, la situation de la victime peut continuer à évoluer défavorablement après l'allocation du capital qui ne permet donc pas d'en tenir compte.

Le juge peut alors préférer recourir à l'indemnisation **sous la forme d'une rente** (versement régulier d'une somme d'argent). Celle-ci peut être temporaire (allouée pour quelques années) ou viagère (allouée pour la vie).

Depuis 1981, afin de pallier la dégradation de l'indemnisation liée aux dépréciations monétaires (donc pour assurer la réparation intégrale du préjudice), le Conseil d'État a admis que **les rentes peuvent être indexées, donc réévaluées régulièrement** (CE Sect., 12 juin 1981, *Centre hospitalier de Lisieux*, Rec., p. 262, Rec. Lachaume).

Enfin, rappelons que dans le calcul de l'indemnité, le juge déduit les sommes déjà perçues par la victime au titre du préjudice. Il peut s'agir des sommes qui lui sont versées par sa compagnie d'assurances, par les caisses de Sécurité sociale ou encore de l'allocation-chômage attribuée à la victime d'un accident.

B) Les indemnités accessoires

Les indemnités accessoires ont pour objet de couvrir différents préjudices pouvant résulter du retard dans le versement de l'indemnité principale.

La plus fréquente se présente sous la forme de **l'allocation d'intérêts moratoires destinée à compenser la « non-productivité » de l'indemnité pendant le délai de retard** (art. 1153 du Code civil dont l'applicabilité devant la juridiction administrative a été reconnue par le Conseil d'État). Les intérêts moratoires correspondent tout simplement aux intérêts (calculés sur la base du taux légal) qu'aurait perçus la victime en cas de placement financier de l'indemnité principale.

Les intérêts moratoires peuvent eux-mêmes être capitalisés (en cas de retard de versement au créancier) et produire « les intérêts des intérêts » (art. 1154 du Code civil).

L'autre indemnité accessoire notable se présente sous la forme de l'allocation d'intérêts compensatoires. Ils peuvent être demandés par la victime lorsqu'un préjudice (autre que le préjudice principal et en général lié à l'incapacité de la victime à faire face à ses obligations financières) causé par le retard dans le versement de l'indemnité est imputable à la mauvaise volonté de l'administration. Les intérêts compensatoires sont cumulables avec les intérêts moratoires.

CHAPITRE 2

La responsabilité pour faute

La responsabilité de l'administration est engagée en principe sur la base d'une faute. Il est normal que la puissance publique assume les conséquences dommageables de son activité qui trouvent leur source dans des comportements fautifs.

Cependant, comme nous le verrons dans le chapitre suivant, les hypothèses de responsabilité sans faute se sont multipliées afin de toujours mieux protéger les victimes. Du point de vue de la réparation du dommage, il est apparu indispensable d'identifier l'origine de la faute. À cette fin, la jurisprudence a établi la distinction entre la faute personnelle de l'agent qui engage sa responsabilité personnelle et la faute de service qui engage la responsabilité de l'administration.

Nous analyserons d'abord les caractères de la faute susceptible d'engager la responsabilité de la puissance publique avant d'examiner les liens qui existent entre la responsabilité de l'administration et la responsabilité des agents publics.

SECTION I

La faute

Il paraît bien difficile de donner une définition synthétique de la faute susceptible d'engager la responsabilité de l'administration, tant il en existe de variétés. En pratique, l'absence d'une définition de la faute n'est pas un vrai problème. De façon pragmatique, le juge administratif en a dessiné les contours en posant les règles indispensables à son identification, à sa preuve et à sa gravité.

§ 1. Origine et preuve de la faute

On peut dire le plus simplement possible qu'il y a faute **lorsque le service n'a pas fonctionné comme il aurait dû**. Cette définition reste toutefois bien générale. On peut seulement tenter de « cerner » la faute en la rapprochant d'autres notions (telle la notion d'illégalité) avec lesquelles elle semble avoir des liens.

Quelle que soit cette faute, la victime devra en apporter la preuve à moins qu'elle ne soit présumée et donc à la charge de l'administration.

A) Diversité de la faute

La faute peut être un acte juridique (individuel ou réglementaire), une opération matérielle, un mauvais fonctionnement du service, un retard, une maladresse, une négligence, une illégalité… Elle peut résulter d'une action positive ou d'une inaction du service, d'une abstention (carence d'une autorité de police, par exemple).

Il peut s'agir d'une faute « du » service lorsqu'elle est anonyme ou, plus généralement, d'une faute « de » service quand son auteur peut être identifié.

Enfin, **la notion même de faute est relative dans la mesure où le juge apprécie l'action** (ou l'abstention) **de l'agent en prenant en compte les circonstances de temps et de lieu**. Autrement dit, les mêmes faits qui, dans certaines circonstances, sont qualifiés de faute ne le seront plus dans un autre contexte. C'est dire si la reconnaissance ou non d'une faute peut découler d'une **appréciation subjective du juge**.

B) Le lien entre faute et illégalité

Le lien entre faute et illégalité n'est pas très prononcé. Bien souvent, une faute de l'administration n'est pas constitutive d'une illégalité. En revanche, une illégalité est toujours constitutive d'une faute mais pas nécessairement de nature à entraîner la responsabilité de l'administration.

1) Une faute n'est pas nécessairement constitutive d'une illégalité

L'erreur de diagnostic d'un médecin ou la promesse non tenue sont des fautes susceptibles de provoquer des dommages, donc d'engager la responsabilité de l'administration, mais ne sont pas constitutives d'illégalités.

2) Toute décision illégale est constitutive d'une faute mais n'est pas nécessairement de nature à engager la responsabilité de l'administration

Précisons d'abord que si la décision à l'origine d'un dommage est légale, elle ne saurait être considérée comme fautive (CE Sect., 7 décembre 1979, *Sté Les Fils de Henri Ramel*, Rec., p. 456, D. 1980, p. 303, concl. Genevois).

Il faut ensuite poser comme règle que toute décision illégale est nécessairement fautive. Néanmoins, toute illégalité fautive n'est pas de nature à engager la responsabilité de l'administration.

Ainsi, lorsqu'une décision a été prise sans que certaines formalités (non substantielles) soient respectées, il y a bien une illégalité constitutive d'une faute. Celle-ci peut entraîner l'annulation de la décision mais n'ouvre aucun droit à réparation (il en est ainsi lorsqu'une irrégularité de forme ou de procédure entache une décision d'éviction d'un fonctionnaire – c'est-à-dire d'exclusion – qui, par ailleurs, est justifiée sur le fond).

C) La faute peut être prouvée ou présumée

Lorsqu'une personne subit un dommage résultant d'une faute de l'administration, elle doit apporter la preuve non seulement de cette faute mais également du lien de causalité entre la faute et le dommage.

Pour contrebalancer cette règle jugée quelque peu rigoureuse pour les victimes (la preuve étant parfois enfouie dans le « secret » de l'administration), le juge est doté de pouvoirs inquisitoriaux dans la recherche de la preuve (il peut notamment demander à l'administration de lui communiquer tout document nécessaire à la compréhension d'une affaire ou commander une expertise) (voir p. 321).

De plus, dans certains domaines, **le juge a inversé la charge de la preuve de sorte que c'est à l'administration, placée alors en situation de défendeur, de prouver qu'elle n'a commis aucune faute : c'est la « présomption de faute »** (la faute de l'administration est présumée jusqu'à ce qu'elle apporte la preuve du contraire, si elle le peut).

La présomption a été instituée dans deux hypothèses :

- pour les accidents subis par les usagers des ouvrages publics (les tiers bénéficiant de la responsabilité sans faute). L'administration ne peut échapper à sa responsabilité qu'en prouvant que l'ouvrage a été entretenu normalement (théorie du défaut d'entretien normal) ;
- pour les accidents subis par les personnes en traitement dans les services publics médicaux (hôpitaux publics). C'est le cas pour les dommages graves et inattendus causés par des soins courants qui « révèlent » un défaut d'organisation ou de fonctionnement du service (CE Ass., 7 mars 1958, *Dejous*, précité).

La présomption de faute a été étendue aux dommages qui sont sans rapport avec la maladie ayant justifié le traitement (CE, 9 décembre 1988, *Cohen*, Rec., p. 431 ; transmission d'une infection lors d'une radio ou de l'intervention chirurgicale qui l'a suivie).

§ 2. Le degré de la faute : faute lourde ou faute simple

A) Les critères qui conditionnent le degré de la faute

Dans la plupart des domaines d'action de l'administration, une faute « simple » (légère) suffit à engager la responsabilité de l'administration. Mais dans d'autres domaines **dont le fonctionnement et/ou l'exécution présente des difficultés, une faute qualifiée, dite faute « lourde »** (on pourrait dire une faute grave si la gravité n'était pas toute relative), **est requise**.

Dans ces activités au fonctionnement difficile, **il est normal que le service ait une marge d'erreur, celle de la faute simple**. Les agents ne doivent pas être inquiétés pour des fautes légères, sous peine de gêner toute initiative (et de favoriser l'engagement fréquent de la responsabilité de l'administration).

Lorsque l'on retrace l'évolution de la responsabilité administrative, on s'aperçoit que **le degré de la faute exigée** (pour que la responsabilité de l'administration soit engagée) **va sans cesse en diminuant**. C'est ainsi qu'avant la faute lourde, une « faute manifeste et d'une particulière gravité » était exigée. De plus, dans certains domaines, la faute lourde a été abandonnée au profit de la faute simple (et dans des domaines où la faute simple était exigée, il y a eu passage à la responsabilité sans faute). Cette évolution historique s'explique bien sûr par **le souci de protéger de mieux en mieux les victimes des faits dommageables de l'administration**.

Il existe donc un domaine de la faute lourde et un domaine de la faute simple (beaucoup trop vaste pour pouvoir être énuméré). Pourtant, **ces domaines ne sont pas intangibles**. En effet, **chaque fois que le juge doit apprécier le caractère d'une faute, il le fait en fonction des circonstances de temps et de lieu** (appréciation au cas par cas). Si ces circonstances ont rendu plus difficile l'accomplissement du service, le juge peut ne retenir la responsabilité de l'administration que pour faute lourde. Inversement, si elles ont facilité l'exécution d'une activité réputée pourtant difficile, le juge peut retenir la faute simple.

B) La réduction progressive du domaine de la faute lourde

1) La police administrative

L'arrêt ***Tomaso Grecco*** a pour la première fois admis que l'activité de police pouvait entraîner la mise en jeu de la responsabilité des services de police en cas de faute lourde (CE, 10 février 1905, GAJA). Il s'agissait d'un événement considérable tant la police est au cœur du pouvoir discrétionnaire de la puissance publique.

Cette jurisprudence est surtout à l'origine de la distinction entre activité juridique et activité matérielle de police. **Les opérations matérielles de police**, notamment celles qui se déroulent « sur le terrain » (les opérations de maintien de l'ordre par exemple) **ne peuvent engager la responsabilité des services de police qu'en cas de faute lourde**. L'exigence de la faute lourde est justifiée par la difficulté de l'activité. **Pour les activités juridiques de police** (comme l'activité de réglementation), **la faute simple suffit**.

Le clivage opérations matérielles/faute lourde – activités juridiques/faute simple n'est toutefois pas intangible. Le contexte qui entoure une activité de police est déterminant pour le degré de la faute susceptible d'engager la responsabilité des services de police. Ainsi, le Conseil d'État a estimé qu'étant donné la complexité de l'exercice de la police de la circulation à Paris, une faute lourde est nécessaire tant pour la partie matérielle que pour la partie juridique de cette activité (CE Ass., 20 octobre 1972, *Ville de Paris c/ Marabout*, Rec., p. 664). Inversement, la faute simple suffit lorsque l'opération sur le terrain n'a rencontré aucune difficulté particulière (CE Sect., 28 avril 1967, *Lafont*, Rec., p. 182 ; un maire avait laissé ouvrir prématurément une piste de ski).

L'activité de police générale n'est pas seule à exiger la faute lourde. Il en est de même pour l'activité des polices spéciales telle la police des aérodromes ou celle de la chasse.

Enfin, signalons que l'activité des services de police peut, dans certaines hypothèses, entraîner leur responsabilité sur le fondement du risque (responsabilité sans faute au profit des tiers en cas d'usage d'armes à feu ; voir p. 394).

2) L'activité de tutelle et de contrôle

Étant donné la marge de manœuvre importante dont disposent généralement les personnes contrôlées, les services et les autorités de tutelle et de contrôle (dont la plupart relèvent de l'État) ne voient leur responsabilité engagée qu'en cas de faute lourde.

Cette règle a été définie à propos du contrôle de tutelle de l'État sur les collectivités locales et les établissements publics (CE Ass., 29 mars 1946, *Caisse départementale d'assurances sociales de Meurthe-et-Moselle*, GAJA ; TA Bastia, 3 juillet 1997, *Ville de Saint-Florent*, LPA 1998, p. 36-37 ; en l'espèce, responsabilité de l'État autorité tutélaire pour défaut de contrôle de légalité et du contrôle budgétaire). La responsabilité de l'autorité de contrôle peut être engagée à l'égard de la victime et à l'égard de l'autorité contrôlée (qui peut toujours se retourner contre son autorité de tutelle). Signalons que le Conseil d'État n'a pas suivi la CAA de Marseille qui avait abandonné la faute lourde au profit de la faute simple en matière de responsabilité de l'État pour carence du contrôle de légalité et a cassé l'arrêt d'appel : « La responsabilité de l'État à raison de sa carence dans l'exercice du contrôle ne peut être engagée que pour faute lourde » (CE, 6 octobre 2000, *Ministre de l'Intérieur c/ Commune de St Florent et autres*, AJDA, février 2001, p. 201; en l'espèce, la faute consistait en l'absence de déféré préfectoral de onze délibérations, toutes entachées de la même illégalité). Le refus du Conseil repose sur des justifications classiques : l'exercice du contrôle de légalité par les préfets est particulièrement difficile (ceux-ci doivent contrôler un grand nombre d'actes dont l'appréciation juridique est délicate, sans en avoir réellement les moyens) ; le recours au déféré doit traduire un pouvoir discrétionnaire du préfet et ne pas entraîner trop facilement la responsabilité de l'État ; le régime de la faute lourde permet à l'État d'éviter des condamnations pécuniaires. La solution retenue par le Conseil d'État est surprenante dans la mesure où elle est déconnectée de l'évolution générale de la responsabilité du fait des activités de contrôle et de tutelle, dans laquelle la faute lourde est en recul au bénéfice de la faute simple.

Le régime de la faute lourde a ensuite été étendu à d'autres formes de contrôle de l'activité des personnes publiques et des organismes privés : contrôle des banques (CE Sect., 2 février 1960, *Kampmann*, Rec., p. 107 ; CE Ass., 30 novembre 2001, *M. et Mme Kechichian* : le Conseil confirme le maintien du régime de la faute lourde), tutelle des caisses de Sécurité sociale (CE, 10 juillet 1957, *Ministre du Travail*, Rec., p. 468), contrôle exercé par la Commission des opérations de bourse (qui a fusionné au sein de la nouvelle « Autorité des marchés financiers »)...

En revanche, **lorsque l'autorité de contrôle dispose de pouvoirs importants** qui lui permettent en théorie d'exercer un contrôle efficace, **le Conseil d'État admet qu'une faute simple peut suffire à engager sa responsabilité**. C'est sur ce fondement qu'a été admise la responsabilité de l'État pour les carences dans le contrôle des centres de transfusion sanguine (CE Ass., 9 avril 1993, *D..., G... et B...*, précité ; à propos de la transmission du virus du Sida par transfusion sanguine).

De même, le Conseil d'État a reconnu la responsabilité de l'État du fait de sa carence fautive à prendre les mesures de prévention des risques liés à l'exposition des travailleurs aux poussières d'amiante (CE Ass., 3 mars 2004, *Ministre de l'Emploi et de la Solidarité c/Consorts Xueref, Botella, Bourdignon, Thomas* [4 espèces]). Le Conseil pose l'obligation pour les autorités publiques chargées de la prévention des risques professionnels de se tenir informées des dangers que peuvent courir les travailleurs dans le cadre de leur activité professionnelle et d'arrêter, en l'état des connaissances scientifiques, les mesures les plus appropriées pour limiter et si possible éliminer ces dangers. Or, en l'espèce, alors que le nombre des décès liés à l'exposition de l'amiante ne cessait d'augmenter depuis les années 50, l'État est resté inactif : il a fallu attendre les années 90 pour qu'une étude soit menée sur la question et des mesures efficaces n'ont été prises que tardivement.

3) Les activités médicales

Traditionnellement, la jurisprudence faisait une distinction entre l'organisation et le fonctionnement du service (ne présentant pas de difficulté particulière),

pour lesquels une faute simple suffit à engager la responsabilité de l'hôpital public (dommages causés par des soins ordinaires ; dans l'arrêt *M. Theux* de 1997, le Conseil d'État a décidé que la responsabilité d'un établissement hospitalier peut être engagée par « toute » faute commise dans l'organisation ou le fonctionnement du SAMU : CE Sect., 20 juin 1997, concl. J. H. Stahl, RFDA 1998, p. 82), **et l'accomplissement des actes médicaux ou chirurgicaux** (plus difficile) **qui n'engage sa responsabilité que pour faute lourde** (CE, 6 mai 1988, *Administration générale de l'Assistance publique à Paris c/ consorts Leone*, Rec., p. 186 ; à propos d'une erreur de diagnostic).

Par un revirement spectaculaire, **le Conseil d'État a abandonné l'exigence d'une faute lourde en matière d'actes médicaux** (CE Ass., 10 avril 1992, *Épx V.*, GAJA, Rec. Lachaume ; à propos d'une césarienne avec anesthésie).

Plus récemment, le Conseil a confirmé cette solution mais surtout il a **étendu le champ des obligations des médecins à l'occasion d'actes médicaux**. À la suite d'un examen prénatal n'ayant pas détecté de risque de trisomie chez le fœtus, Mme Q. (âgée de 42 ans) donne naissance à un enfant trisomique. En cassation, le Conseil d'État reconnaît la responsabilité de l'hôpital pour faute médicale, non dans la conduite de l'examen, mais dans le fait de ne pas avoir porté à la connaissance des parents la faible fiabilité des résultats de cet examen. **L'obligation du médecin porte donc non seulement sur la bonne conduite de l'examen, mais également sur l'évaluation des résultats obtenus et l'information des patients** (CE Sect., 14 février 1997, *Centre hospitalier régional de Nice c/ Époux Q.*, AJDA mai 1997, chronique générale de jurisprudence administrative, p. 430 ; voir également CAA Bordeaux, 17 novembre 1998, *Mlle Durand*, AJDA mars 1999, p. 222 : responsabilité de l'hôpital pour défaut d'information concernant les risques liés à un traitement de chirurgie esthétique).

Par la suite, par deux arrêts de section du 5 janvier 2000 (Consorts *Telle*, *Assistance publique - Hôpitaux de Paris* ; AJDA, février 2000), le Conseil d'État a posé **une jurisprudence plus exigeante en matière d'information des patients par les médecins**. Dans ces deux affaires, des patients n'avaient pas été informés des risques de paralysie présentés par les interventions. Le Conseil a estimé que « lorsque l'acte médical envisagé, même accompli dans les règles de l'art, comporte des risques connus de décès ou d'invalidité, le patient doit en être informé dans des conditions qui permettent de recueillir son consentement éclairé. Si cette information n'est pas requise en cas d'urgence, d'impossibilité ou de refus du patient d'être informé, la seule circonstance que les risques ne se réalisent qu'exceptionnellement ne dispense pas les praticiens de leur obligation ». Par ailleurs, le Conseil d'État modifie également sa jurisprudence en matière de charge de la preuve : il appartient désormais à l'hôpital de prouver que le devoir d'information du patient n'a pas été méconnu. Enfin, le Conseil a durci sa jurisprudence relative aux règles d'indemnisation du préjudice subi du fait d'un défaut d'information. Il estime qu'un tel préjudice résulte de la perte de chance de se soustraire au risque que le manquement au devoir d'information a entraîné. En conséquence, l'hôpital devra indemniser la victime d'une partie du dommage correspondant à la probabilité que le patient aurait eu de refuser l'intervention s'il avait été correctement informé du risque.

La portée de ce revirement de jurisprudence est considérable : permettre **une unité de la jurisprudence**, les règles déterminées par le Conseil d'État pour les médecins du secteur public hospitalier étant désormais similaires à celles que la Cour de cassation a fixées pour les médecins du secteur libéral ; favoriser **la naissance d'un véritable droit du patient face au corps médical**.

E34 **Enfant né avec un handicap non décelé au cours de la grossesse : le Conseil d'État revient sur son avis *Draon***

Après la Cour de cassation, qui a rendu plusieurs décisions dans le même sens, c'est au tour du Conseil d'État de considérer l'article 1er-I de la loi du 4 mars 2002 (relative aux droits des malades) comme incompatible avec l'article 1er du premier protocole additionnel à la Convention européenne de sauvegarde des droits de l'homme (CE, 24 févr. 2006, *Levenez* ; en l'espèce, le droit violé est le droit au respect des biens). Le Conseil revient ainsi sur son avis rendu en 2002 (CE Ass., 6 déc. 2002, *Draon*, JCP A, 2003, 1104, étude G. Chavier).

L'arrêt rappelle que les parents d'un enfant né avec un handicap non décelé au cours de la grossesse pouvaient, avant l'entrée en vigueur de l'article 1er-I de la loi du 4 mars 2002, obtenir de la personne publique responsable de la faute réparation du préjudice correspondant aux charges particulières découlant, tout au long de la vie de l'enfant, du handicap de ce dernier. Il juge que cet article a porté une atteinte disproportionnée aux créances en réparation que les parents pouvaient légitimement espérer détenir sur la personne responsable avant l'entrée en vigueur de cette loi en excluant du préjudice les charges particulières découlant du handicap de l'enfant tout au long de sa vie, en subordonnant l'engagement de la responsabilité de l'auteur de la faute à une faute caractérisée et en instituant un mécanisme de compensation forfaitaire des charges découlant du handicap ne répondant pas à l'obligation de réparation intégrale.

Le Conseil d'État estime que l'article 1er de la loi ne peut pas s'appliquer aux instances en cours.

Dans la ligne de la jurisprudence *Telle*, le Conseil d'État a admis la responsabilité pour faute d'un hôpital pour le défaut d'information du patient lui ayant fait perdre une chance sérieuse de se soustraire au risque (CE Ass., 19 mai 2004, *Caisse régionale d'assurance maladie [CRAM] d'Île-de-France, Caisse primaire d'assurance maladie [CPAM] du Val-de-Marne*, AJDA 2004, 5 juillet, p. 1361, chron. C. Landais et F. Lenica) ; la perte de chance est évaluée à 30 % des différents préjudices subis, par rapprochement entre d'une part, les risques inhérents à l'intervention et, d'autre part, les risques encourus par le patient en cas de renonciation à celle-ci.

Cependant, la jurisprudence sur la perte de chance excluait du droit à indemnisation la victime dont la chance perdue n'était pas suffisamment sérieuse (aux yeux du juge). Par une décision du 21 décembre 2007, le Conseil d'État, se rapprochant de la jurisprudence de la Cour de cassation relative aux établissements d'hospitalisation privés, a adopté **une approche plus nuancée, consistant à indemniser, non pas le dommage effectivement subi par la victime, mais la valeur de la chance qu'elle a perdue d'éviter ce dommage**, cette valeur devant être évaluée à une fraction du dommage corporel, déterminée en fonction de l'ampleur de la chance perdue (CE Sect., 21 décembre 2007, *Centre hospitalier de Vienne*). Autrement dit, **l'indemnisation est proportionnée à l'importance de la chance perdue**. Ainsi, en l'espèce, le patient, à qui une erreur de diagnostic avait fait perdre une chance, évaluée par l'expert médical à une probabilité de trois sur dix, d'éviter la cécité d'un œil, s'est vu octroyer une indemnité égale à trois dixièmes des conséquences dommageables de la perte de son œil. Ce mode de raisonnement permet de mieux prendre en compte à la fois le légitime souci d'indemnisation des victimes et la réalité des incertitudes qui affectent la pratique médicale.

Toujours concernant le champ des obligations des médecins, le Conseil d'État a décidé que **ne constitue pas une faute** de nature à engager la responsabilité de l'hôpital, **un acte médical administré à un patient contre sa volonté lorsque cet acte est indispensable à sa survie** (CE Sect., 26 octobre 2001, *Mme X.*, à propos d'une transfusion sanguine à un témoin de Jéhovah). Pour autant, le Conseil n'a pas « entendu faire prévaloir de façon générale l'obligation pour le médecin de sauver la vie sur celle de respecter la volonté du malade ». De façon pragmatique, **il considère que l'acte n'est pas fautif uniquement parce qu'il était indispensable à la survie du patient et proportionné à son état**. La transfusion sanguine était proportionnée parce qu'il n'y avait pas d'autre type de traitement susceptible de sauvegarder la vie du malade et de respecter ainsi sa volonté. **Cette décision du Conseil d'État ne manque pas d'audace puisque le droit fait au contraire prévaloir, dans tous les cas, la volonté du malade et a consacré le droit de ce dernier à refuser les soins**.

Enfin, le Conseil d'État a admis dans l'arrêt ***Bianchi*** de 1993 que **la responsabilité hospitalière peut même être engagée sans faute sur la base d'un risque exceptionnel** (CE Ass., 9 avril 1993, Rec., p. 127) (voir p. 396 et s.).

Aujourd'hui, les victimes d'erreur médicale paraissent enfin protégées de façon adaptée.

4) Le fonctionnement du service public de la justice

En ce qui concerne le fonctionnement défectueux du service public de la justice judiciaire, la Cour de cassation a posé dans l'arrêt ***Giry*** de 1956 le principe selon lequel la responsabilité de l'État doit être appréciée par les tribunaux judiciaires mais selon les règles de la responsabilité de la puissance publique (Cass. civ., 23 novembre 1956, *Trésor public c/ Giry*, GAJA). Cette jurisprudence a permis l'application assez large d'un régime de responsabilité sans faute.

La **loi du 5 juillet 1972** est venue en quelque sorte contredire le dispositif mis en place par l'arrêt *Giry* en prévoyant que la responsabilité de l'État « n'est engagée que par une faute lourde ou par un déni de justice ». Pour ne pas faire perdre aux victimes le bénéfice des hypothèses de responsabilité sans faute, la loi a été interprétée restrictivement comme ne concernant que l'activité juridictionnelle (c'est-à-dire tout ce qui se rapporte au fait de juger) des tribunaux. Autrement dit, **en dehors de l'activité juridictionnelle qui n'engage la responsabilité de l'État que pour faute lourde, les autres activités du service public de la justice judiciaire** (comme l'activité de police judiciaire) **engagent cette responsabilité pour faute simple, voire sans faute**.

L'évolution la plus marquante en la matière concerne **la notion de faute lourde qui fait l'objet, depuis un arrêt de 2001, d'une interprétation extensive** ouvrant ainsi la voie à une conception plus large du fonctionnement défectueux de la justice. La Cour de cassation a en effet estimé qu'un ensemble de dysfonctionnements relatifs à l'enquête, à l'instruction, aux actes juridictionnels ; **une somme d'anomalies ou de fautes simples, qui prises isolément sont excusables, sont considérées comme constitutives globalement de la « faute lourde »** du service public de la justice (Cass. Ass. plén., 23 février 2001, *Bolle-Laroche*).

Prenant exemple sur le dispositif applicable au service public de la justice judiciaire, le Conseil d'État a estimé que **le fonctionnement défectueux du service public de la justice administrative n'engage la responsabilité de l'État que pour faute lourde, cette exigence de la faute lourde étant limitée à « l'exercice de la fonction juridictionnelle »** (CE Ass., 29 décembre 1978, *Darmont*, AJDA novembre 1979, p. 45, note M. Lombard). Cependant, le Conseil précise que « l'autorité qui s'attache à la chose jugée s'oppose à la mise en jeu de cette responsabilité dans les cas où la faute lourde alléguée résulterait du contenu même de la décision juridictionnelle et où cette décision serait devenue définitive » (voir également CE, 14 janvier 1998, *Dagorn*, DA 1998, n° 5, note J.C.B.).

Ce régime restrictif de la responsabilité de la juridiction administrative a connu une évolution importante. D'abord, **le Conseil d'État, sans faire référence à une faute, a reconnu la responsabilité du service public de la justice administrative pour ne pas avoir respecté un délai raisonnable pour juger** (CE Ass., 28 juin 2002, *M. Magiera*) : la durée d'examen de l'affaire par le tribunal administratif a été de 7 ans et 6 mois pour « une requête qui ne présentait pas de difficulté particulière ». S'appuyant sur l'article 6 § 1 de la Convention européenne des droits de l'homme (« Toute personne a droit à ce que sa cause soit entendue équitablement et dans un délai raisonnable... ») et sur les principes généraux qui gouvernent le fonctionnement des juridictions administratives, le Conseil consacre **l'obligation pour la juridiction administrative de juger dans un délai raisonnable**, le non-respect de cette obligation engageant la responsabilité de l'État en cas de préjudice causé au justiciable. Ensuite, le Conseil a précisé les conditions d'engagement de la responsabilité de l'État tant pour la durée excessive de la procédure que pour cause de faute lourde dans l'exercice de la fonction juridictionnelle (CE, 18 juin 2008, *M. Gestas*). Ainsi, il a estimé que l'appréciation du délai raisonnable pour juger doit en principe prendre en compte les instances (procédures) résultant de recours en rectification d'erreur matérielle et celles introduites pour obtenir l'exécution de la décision contentieuse, car ces instances doivent être considérées comme déterminantes pour l'issue du litige. Mais surtout, **s'écartant de sa jurisprudence *Darmont*** (voir ci-dessus), le Conseil a admis que la responsabilité de l'État peut être engagée **pour faute lourde dans le cas où le contenu même de la décision juridictionnelle est entaché d'une violation manifeste du droit européen** ayant pour objet de conférer des droits aux particuliers (il s'aligne ainsi sur la jurisprudence de la CJCE).

Mais la responsabilité de l'État ne s'arrête pas au fonctionnement défectueux de « sa » justice judiciaire ou administrative. En se fondant sur la règle selon laquelle la fonction de juger, qui est l'une des expressions de la souveraineté, appartient de façon indivisible à l'État, le Conseil d'État a décidé que **l'État est responsable du préjudice né de l'exercice de la fonction juridictionnelle, y compris lorsque la justice a été rendue par un autre que lui** (CE Sect., 27 février 2004, *Mme Popin*, RFDA 2004, n° 2, p. 420, rubr. Terneyre). En l'espèce, la requérante, professeur des universités, avait été sanctionnée par le conseil de son université réuni en formation disciplinaire. Nonobstant la circonstance que cet organe relevait de l'université, établissement public distinct de l'État, le Conseil a estimé que la justice étant rendue au nom de l'État, seule la responsabilité de ce dernier pouvait être engagée.

5) Le recul de la faute lourde dans les autres domaines

Pendant longtemps, l'activité liée à divers services n'a engagé la responsabilité de ces services qu'en cas de faute lourde (en raison de leur difficulté d'exercice). Mais là encore, la faute lourde laisse progressivement place à la faute simple :

– **l'activité des services fiscaux.** Traditionnellement, la responsabilité de l'État pour l'établissement et le recouvrement de l'impôt ne pouvait être engagée que sur la base d'une faute lourde (CE Sect., 21 janvier 1983, *Ville de Bastia*, Rec., p. 22). Fort heureusement, cette règle bien rigoureuse s'est assouplie puisque **la faute lourde n'est plus exigée que dans le cas où les services fiscaux se sont heurtés à des difficultés réelles** (CE Sect., 27 juillet 1990, *Bourgeois*, AJDA 1991, p. 53 : en l'espèce, responsabilité pour faute simple suite à une erreur de saisie informatique ; CE Sect., 29 décembre 1997, *Commune d'Arcueil*, RFDA 1998, p. 97 : responsabilité pour faute simple lorsque l'appréciation de la situation du contribuable ne comporte pas de difficulté particulière) ;

– **l'activité des services pénitentiaires.** Jugée particulièrement difficile, l'activité des services pénitentiaires ne pouvait engager la responsabilité de l'État que sur la base « d'une faute manifeste et d'une particulière gravité ». Dans un premier temps, le Conseil d'État a soumis cette responsabilité à l'exigence d'une faute lourde (CE Sect., 3 octobre 1958, *Rakotoarinovy*, Rec., p. 470). Puis, plus récemment, il a retenu la responsabilité de l'administration pénitentiaire du fait du suicide d'un détenu non pas sur le fondement d'une faute lourde mais comme étant la « conséquence directe d'une succession de fautes imputables au service » (CE, 23 mai 2003, *Mme Chabba*, AJDA 2004, 26 janvier, p. 158, note N. Albert). Cette décision impliquait-elle l'abandon de la faute lourde en la matière ou fallait-il comprendre que l'accumulation de fautes équivaut à une faute lourde ? Afin de mettre un terme aux divergences d'interprétation, le Conseil d'État a décidé qu'**une faute simple est susceptible d'engager la responsabilité de l'administration pénitentiaire en cas d'atteinte à l'intégrité physique d'un détenu** (CE, 17 décembre 2008, *Garde des Sceaux, Ministre de la Justice c/ M. et Mme Z.*, req. n° 292088). En l'espèce, l'enchaînement de plusieurs circonstances, notamment les faiblesses du système d'évacuation des fumées et l'impossibilité pour les surveillants de nuit d'accéder rapidement au matériel de lutte contre l'incendie, « alors même qu'aucune de ces circonstances ne revêt le caractère d'une faute lourde dans l'organisation ou le fonctionnement du service de surveillance des détenus », ont suffi à engager la responsabilité de l'État.

En conclusion, notons que le revirement de jurisprudence du Conseil d'État en matière d'activités de secours et de sauvetage ou de lutte contre l'incendie illustre parfaitement le déclin de la faute lourde. Dans ces activités, une faute simple suffit désormais pour engager la responsabilité de l'État (CE Sect., 13 mars 1998, *M. Améon et autres*, AJDA mai 1998, p. 418 ; en l'espèce, il s'agissait d'opérations de sauvetage en mer).

SECTION II
Les liens entre la responsabilité de l'administration et la responsabilité des agents publics

Pour identifier l'origine d'un dommage et organiser sa réparation, la jurisprudence a établi une distinction fondamentale entre la faute personnelle de l'agent et la faute de service.

Par ailleurs, le souci de mieux protéger les victimes a conduit le juge à développer des mécanismes de cumul (de fautes et de responsabilités) qui ont pour effet d'occulter quelque peu l'origine de la faute et la responsabilité réelle du dommage. Cependant, les actions récursoires entre l'administration et ses agents permettent de rétablir la distinction entre la faute personnelle et la faute de service.

§ 1. La distinction entre faute personnelle et faute de service

Une faute est toujours le fait d'une personne physique, d'un agent, qui a pris une décision fautive ou a agi de façon fautive. Pourtant, c'est la responsabilité de l'administration qui est engagée, **l'agent s'effaçant derrière la fonction, derrière le service**. Néanmoins, **il arrive que la faute de l'agent n'ait qu'un lien éloigné ou inexistant avec le service. Elle est alors considérée comme une faute personnelle engageant la responsabilité de l'agent devant les tribunaux judiciaires**.

A) De la « garantie des fonctionnaires » à la faute détachable

Au XIXe siècle, à l'irresponsabilité de l'État « souverain » répondait la « quasi-irresponsabilité » des fonctionnaires dans l'exercice de leurs fonctions. Certes, l'article 75 de la Constitution de l'An VIII prévoyait la possibilité d'engager des actions tendant à mettre en jeu la responsabilité des fonctionnaires devant les tribunaux judiciaires. Mais le déclenchement de ces poursuites était subordonné à une autorisation du Conseil d'État très rarement accordée. Ce système dit de la **« garantie des fonctionnaires »** ne présentait donc qu'un intérêt limité pour les victimes.

Après avoir été vivement critiqués, l'article 75 ainsi que « toutes autres dispositions (...) ayant pour objet d'entraver les poursuites dirigées contre des fonctionnaires publics » ont été abrogés par le décret du 19 septembre 1870 (pris par le gouvernement de la Défense nationale formé après la chute de Napoléon III). On passait ainsi d'un extrême à l'autre : désormais dépourvus de protection et de garantie, les fonctionnaires pouvaient être poursuivis devant les tribunaux judiciaires et ce quelle que soit la nature de leurs fautes. Le fonctionnement normal de l'administration était ainsi menacé. Un rééquilibrage paraissait nécessaire.

Ce rééquilibrage va venir d'une décision du Tribunal des conflits interprétant de façon restrictive le décret de 1870. En effet, **à l'occasion de l'arrêt *Pelletier* en 1873** (TC, 30 juillet 1873, GAJA, Rec. Lachaume ; à propos de l'action en responsabilité engagée par le sieur Pelletier devant le tribunal civil et tendant à la condamnation personnelle des autorités publiques qui avaient ordonné la saisie d'un journal), **le Tribunal**, faisant application du principe de séparation des autorités administratives et judiciaires, **a décidé qu'un agent public ne pouvait être poursuivi devant les tribunaux judiciaires que pour faute personnelle détachable de l'exercice de ses fonctions**.

De cette solution a découlé la **distinction entre la faute personnelle détachable de l'exercice des fonctions de l'agent et la faute de service non détachable.** La faute personnelle détachable entraîne la responsabilité de l'agent devant le juge judiciaire et la faute de service entraîne la responsabilité de l'administration devant le juge administratif.

Ceci dit, comment identifier et distinguer, parmi les fautes commises par l'agent public, la faute personnelle et la faute de service ?

B) L'identification de la faute de service et de la faute personnelle

1) L'absence de critère d'identification

En réalité, il n'existe pas de critère précis permettant d'établir la distinction entre faute de service et faute personnelle. Quelques auteurs ont tenté par des définitions nécessairement subjectives de dessiner le contour des deux catégories de fautes.

Ainsi, le commissaire du gouvernement Laferrière, dans ses conclusions sur l'arrêt ***Laumonnier-Carriol*** (conclusions sur TC, 5 mai 1877, Rec., p. 437) estime que « si l'acte dommageable est impersonnel, s'il révèle un administrateur, un mandataire de l'État, plus ou moins sujet à erreur (...) l'acte reste administratif et ne peut être déféré aux tribunaux ». La faute de service ainsi définie est imputable à la fonction. En revanche, si l'acte dommageable révèle « l'homme avec ses faiblesses, ses passions, ses imprudences (...) alors la faute est imputable au fonctionnaire (...) et l'acte, perdant son caractère administratif, ne fait plus obstacle à la compétence judiciaire ».

Comme déjà mentionné, **la jurisprudence a donné à la faute de service un champ d'application le plus large possible** (et a réduit de ce fait celui de la faute personnelle), **à la fois dans le but évident de garantir au mieux le droit à réparation des victimes** (l'administration étant plus sûrement solvable que ses agents) **mais aussi pour ne pas gêner outre mesure l'initiative des agents et le fonctionnement normal de l'administration**.

D'un point de vue pratique, seules les hypothèses de faute personnelle peuvent être identifiées et répertoriées (tant le champ d'application de la faute de service est large). On peut donc en déduire que les fautes qui n'entrent pas dans ces hypothèses sont des fautes de service.

2) Les catégories de fautes personnelles

Pour tous les auteurs, la faute personnelle **se caractérise à la fois par sa gravité et par le fait que l'agent a agi hors du but de sa fonction** (Duguit). Autrement dit, elle est considérée comme étant **sans lien avec le service**. Voilà pourquoi elle est qualifiée de détachable du service. Pourtant, la jurisprudence a rapidement admis qu'une faute pouvait être personnelle sans pour autant être dépourvue de tout lien avec le service ou même avec l'exercice des fonctions.

On recense trois catégories de fautes personnelles.

En premier lieu, **les fautes commises en dehors de l'exercice des fonctions ou, autrement dit, dépourvues de tout lien avec le service**. C'est l'hypothèse la plus simple. Il s'agit de **fautes commises par le fonctionnaire dans le cadre de sa vie privée** (CE Sect., 13 juillet 1962, *Dame Veuve Roustand*, Rec., p. 487 ; utilisation de son arme à feu par un policier en dehors du service ; CE, 5 novembre 1976, *Ministre des Armées c/ Compagnie d'assurances « la Prévoyance » et Société des laboratoires Berthier-Derol*, Rec., p. 475 ; utilisation de leur voiture personnelle par des agents en dehors du service).

En second lieu, **les fautes commises en dehors de l'exercice des fonctions mais non dépourvues de tout lien avec le service**. Elles sont considérées comme matériellement détachables du service.

Il peut s'agir de fautes commises en dehors des fonctions mais **par le biais des moyens matériels dont dispose l'agent du fait de ses fonctions** (CE Ass., 26 octobre

1973, *Sadoudi*, Rec. Lachaume ; à son domicile, un gardien de la paix tue accidentellement un collègue avec son arme de service conservée chez lui en vertu du règlement du service).

Il peut aussi et surtout s'agir de fautes **commises à l'occasion de l'accomplissement du service**. La « faute personnelle type » résulte de l'accident provoqué par un chauffeur qui a détourné le véhicule (administratif ou militaire) du trajet de sa mission normale à des fins personnelles (aller rendre visite à sa fiancée ou à sa famille, faire une course personnelle…).

Enfin, **les fautes commises par l'agent dans l'exercice de son service mais qui s'en détachent intellectuellement, psychologiquement, par leur particulière gravité**.

La faute personnelle peut **résulter d'un comportement excessif de l'agent, en particulier de violences et de brutalités** à l'égard d'un usager (TC, 21 décembre 1987, *Kessler*, Rec., p. 456 ; brutalités exercées par un agent des PTT sur un usager). Dans ce cas, la faute personnelle est aussi une faute professionnelle.

La faute personnelle peut aussi résulter d'un comportement qui traduit **l'intention de nuire ou la malveillance** (TC, 26 octobre 1981, *Préfet des Bouches-du-Rhône*, Rec., p. 657 ; propos injurieux tenus par un fonctionnaire sur un collègue à l'occasion d'une réunion de service).

Enfin, elle peut manifester **la recherche d'un intérêt personnel** (CE, 21 avril 1937, *Dlle Quesnel*, Rec., p. 413, à propos d'une receveuse des postes qui avait détourné les fonds dont elle avait la charge).

Il faut préciser que la jurisprudence a posé la distinction entre la faute personnelle et certaines notions qui semblent s'en rapprocher.

Ainsi, la faute de l'agent peut constituer **une infraction pénale**.

Si cette infraction n'est pas commise volontairement mais, comme c'est souvent le cas, par imprudence, **il n'y a pas faute personnelle** mais il peut y avoir faute de service (TC, 14 janvier 1935, *Thépaz*, GAJA ; à propos d'un véhicule militaire qui blesse involontairement un cycliste suite à une erreur de conduite).

Il faut bien évidemment **distinguer la responsabilité personnelle civile du fonctionnaire découlant d'une faute personnelle et la responsabilité personnelle pénale du fonctionnaire découlant d'un délit pénal**.

En ce qui concerne la faute de l'agent constitutive d'**une voie de fait**, son caractère intentionnel en fait une faute personnelle et, *a contrario*, son caractère involontaire en fait une faute de service (TC, 8 avril 1935, *Action française*, précité). La voie de fait prend toutefois rarement la forme d'une faute personnelle.

Enfin, la faute personnelle ne se confond pas avec **la faute disciplinaire**. Il faut noter que l'agent peut être poursuivi devant les tribunaux judiciaires pour une faute personnelle et faire en même temps l'objet d'une procédure disciplinaire interne pour les mêmes faits (par exemple, militaires en permission ayant occasionné une bagarre).

3) Les conséquences de la faute personnelle

La faute personnelle rend possible l'engagement de poursuites devant les tribunaux judiciaires contre l'agent responsable. Ceux-ci ne peuvent en aucun cas prononcer de condamnation à l'encontre de l'administration (principe de la séparation des autorités).

Ajoutons que s'il existe un doute sur le point de savoir s'il y a faute personnelle ou faute de service, l'administration élève le conflit devant le Tribunal des conflits.

Si la faute personnelle a été commise contre l'administration, l'agent ne peut être poursuivi que devant les tribunaux administratifs.

Néanmoins, comme nous allons le voir, **la portée de la faute personnelle a été considérablement réduite par les effets de la théorie du cumul des fautes puis du cumul des responsabilités. Cette théorie permet à la victime de mettre en jeu la responsabilité de l'administration même en cas de faute personnelle de l'agent** (l'administration ayant la possibilité de se retourner ensuite contre son agent en vertu de son droit d'action récursoire).

§ 2. Du cumul de fautes au cumul de responsabilités

À la suite de l'arrêt *Pelletier* en 1873, aucun rapprochement n'était possible entre faute de service et faute personnelle. La première donnait lieu à une action contre l'administration devant le juge administratif et la seconde à une poursuite contre l'agent devant le juge judiciaire. Dans la seconde hypothèse, il arrivait souvent, étant donné la gravité des conséquences d'une faute personnelle, que la victime ne bénéficie pas d'une réparation intégrale du préjudice subi.

Le souci de protection des victimes (la volonté de leur garantir l'indemnisation la plus favorable) a conduit le juge à permettre la mise en jeu de la responsabilité de l'administration même si le dommage est causé par une faute personnelle.

A) Le cumul de fautes

En 1911, **l'arrêt *Anguet* offre la possibilité aux victimes d'agir au choix contre l'administration ou contre l'agent lorsqu'à l'origine du dommage on trouve au moins une faute personnelle et une faute de service qui se cumulent** (CE, 3 février 1911, GAJA, Rec. Lachaume). Ainsi, dans l'affaire *Anguet*, à la faute de service consistant en la fermeture prématurée d'un bureau de poste, s'était ajoutée la faute personnelle des agents qui, en brutalisant le sieur Anguet pour le faire sortir du bureau, lui avaient cassé la jambe. Dans la plupart des hypothèses de fautes cumulées, on constate que le dommage a été causé par une faute personnelle, elle-même rendue possible par une faute de service préalable (souvent un défaut de surveillance).

En cas de cumul de fautes, la victime a donc le choix entre poursuivre l'administration devant le juge administratif (au titre de la faute de service) en demandant la réparation intégrale du préjudice **ou poursuivre l'agent devant le juge judiciaire** (au titre de la faute personnelle) en demandant, là encore, la réparation intégrale (sur le patrimoine personnel du fonctionnaire).

Bien évidemment, si la jurisprudence a admis cette possibilité de choix, c'est pour **permettre aux victimes d'agir contre l'administration, nécessairement plus solvable** que ses agents. La victime ne peut être indemnisée qu'une seule fois. Autrement dit, une action contre l'administration suivie d'une action contre l'agent (ou l'inverse) ne peut aboutir à un cumul d'indemnités.

B) Le cumul de responsabilités

Quelques années après la reconnaissance du cumul de fautes, le Conseil d'État, sous l'impulsion du commissaire du gouvernement Blum, élabore un nouveau système de cumul favorable aux victimes.

Ainsi, dans l'arrêt ***Lemonnier*** en 1918, la Haute juridiction décide qu'**un dommage peut avoir comme origine une faute unique ayant le caractère mixte de faute personnelle et de faute de service, entraînant alors un cumul de responsabilités** (CE, 26 juillet 1918, *Époux Lemonnier*, GAJA, Rec. Lachaume ; en l'espèce, Madame Lemonnier avait été blessée par une balle tirée d'un stand forain autorisé par le maire mais sans que celui-ci ne prenne aucune mesure de sécurité).

E35 **L'application des règles ordinaires relatives au partage des responsabilités à des circonstances extraordinaires : l'affaire *M. Papon***

En 1998, la cour d'assises de la Gironde a condamné M. Papon, secrétaire général de la préfecture de la Gironde entre 1942 et 1944, à une peine de dix ans de réclusion criminelle pour complicité de crimes contre l'humanité (participation à l'organisation de quatre convois de juifs vers les camps d'extermination) puis au versement aux parties civiles d'une somme de 4,72 millions de francs (719 559 euros). M. Papon s'est alors tourné vers le ministre de l'Intérieur afin que l'État prenne en charge cette condamnation civile. L'intéressé estimait que les faits sur lesquels reposait sa condamnation constituaient une faute de service et non une faute personnelle détachable du service. À la suite du refus du ministre, le Conseil d'État a fait partiellement droit à la demande de M. Papon.

Il a d'abord estimé que la faute imputable à l'intéressé avait bien le caractère d'une faute personnelle qui se rattachait à la catégorie des fautes qui, d'une part, ont entraîné des conséquences d'une extrême gravité, d'autre part, révèlent un comportement inexcusable, au sens moral, de l'agent.

Il a ensuite constaté que cette faute avait néanmoins, pour la réalisation du dommage, conjugué ses effets avec une faute de service ayant pris la forme d'une politique d'exclusion des juifs conduite par le gouvernement de Vichy. Le Conseil d'État a estimé que cette faute de service était imputable à l'administration française.

Enfin, considérant que les fautes respectives présentaient le même caractère exceptionnel de gravité, le Conseil a décidé d'un partage égal de la charge finale de la condamnation civile entre l'administration et l'agent (CE Ass., 12 avril 2002, *M. Papon*).

La mise en jeu de la responsabilité administrative de l'État républicain n'engage en rien sa responsabilité morale. Elle est simplement le moyen objectif d'assurer une juste réparation des dommages causés par le régime de Vichy.

Il y a faute mixte « si la faute a été commise dans le service ou à l'occasion du service, si les moyens et les instruments de la faute ont été mis à la disposition du coupable par le service, si en un mot, **le service a conditionné l'accomplissement de la faute** ». Dans cette hypothèse, **« la faute se détache peut-être du service (…) mais le service ne se détache pas de la faute »** (concl. Blum, RDP 1919, p. 41).

Lorsque le cumul de responsabilités est reconnu, la victime a le choix, pour obtenir réparation, entre poursuivre l'administration devant le juge administratif ou poursuivre l'agent devant le juge judiciaire (ainsi, dans l'affaire *Lemonnier*, malgré la faute personnelle du maire, la commune est condamnée à réparer le dommage).

Après avoir appliqué le cumul aux fautes personnelles commises dans le service, le Conseil d'État **va en étendre le bénéfice aux fautes personnelles commises en dehors de l'exercice des fonctions mais « non dépourvues de tout lien avec elles »** (CE Ass., 18 novembre 1949, *Dlle Mimeur*, GAJA ; dommage causé par le conducteur d'un camion militaire qui s'en était servi à des fins personnelles). Il s'agit des fautes qui ont pu être commises grâce aux moyens dont dispose l'agent dans ses fonctions.

Autrement dit, même lorsque la faute personnelle est commise sans qu'aucune faute de service n'ait contribué à la réalisation du dommage, le cumul de responsabilités est admis. La victime peut alors agir au choix contre l'administration ou l'agent sans qu'il puisse y avoir cumul d'indemnités.

§ 3. Les actions récursoires entre l'administration et ses agents

Les actions récursoires permettent à celui, de l'administration ou de l'agent public, qui a été condamné à réparer intégralement un préjudice, de se retourner contre l'autre (administration ou agent public) pour lui demander le remboursement des sommes versées à la victime correspondant à sa part de responsabilité dans la réalisation du préjudice.

Autrement dit, ces actions récursoires sont destinées à permettre à l'administration et aux agents de **ne pas supporter seuls le poids de la réparation d'un dommage qui trouve son origine dans un cumul de fautes ou de responsabilités**.

A) L'action récursoire de l'administration contre son agent

Il était logique que la jurisprudence souhaite protéger au mieux le droit à réparation des victimes en leur permettant d'agir contre l'administration en cas de cumul de fautes ou de responsabilités.

Mais il était tout aussi logique de **permettre à l'administration ayant réparé l'intégralité du préjudice de se retourner contre son agent coupable d'une faute personnelle ayant contribué en partie** (cumul de fautes) **ou totalement** (cumul de responsabilités) **à la réalisation du préjudice et de lui demander le remboursement des sommes versées aux victimes** (du moins celles qui correspondent à « sa part » dans la réalisation du dommage).

Pourtant, le principe selon lequel les fautes personnelles des agents n'engagent pas leur responsabilité à l'égard de l'administration a prévalu pendant longtemps. Il faut attendre 1951 et la jurisprudence ***Laruelle et Delville*** pour que le Conseil d'État reconnaisse à l'administration la possibilité d'exercer une action récursoire contre ses agents (CE Ass., 28 juillet 1951, deux arrêts, GAJA).

Cette solution est évidemment équitable. **S'il est utile et nécessaire que l'administration garantisse le droit à réparation des victimes, il serait en revanche tout à fait anormal qu'elle garantisse ses agents pour leurs fautes personnelles et leur assure de ce fait l'impunité**.

Le remboursement que doit effectuer l'agent à l'administration est évidemment proportionnel à l'importance de sa faute personnelle dans la réalisation du dommage, du moins en matière de cumul de fautes. En matière de cumul de responsabilités, l'agent peut avoir à rembourser l'intégralité de l'indemnité versée par l'administration à la victime (en particulier dans l'hypothèse de faute personnelle commise en dehors des fonctions).

Le contentieux de l'action récursoire relève de la compétence de la juridiction administrative (bien que l'acte en cause soit une faute personnelle relevant du juge judiciaire, le Tribunal des conflits a considéré que le litige entre l'administration et son agent est avant tout une affaire interne à l'administration donc relevant du juge administratif).

B) L'action récursoire de l'agent contre l'administration

Il arrive également qu'un agent soit condamné (par erreur) par un tribunal judiciaire alors que le dommage avait été causé par une faute de service. Cela signifie que le juge judiciaire pensait être en présence d'une faute personnelle (et n'a pas détecté la faute de service) et que le préfet ne l'a pas invité à décliner sa compétence (« déclinatoire de compétence » qui peut être suivi d'une élévation du conflit).

En cas de condamnation injustifiée de l'agent, il est normal qu'il puisse exercer une action récursoire contre l'administration et lui demander le remboursement de ce qu'il a versé à la victime.

Lorsque l'agent condamné à réparer l'intégralité du préjudice a néanmoins commis une faute personnelle qui a contribué à la réalisation du dommage, il ne peut demander à l'administration que le remboursement de ce qu'il n'aurait pas dû payer, c'est-à-dire la part correspondant à la faute de service (CE Ass., 28 juillet 1951, *Delville*, précité ; le chauffeur d'un véhicule administratif a été condamné, sur la base d'une faute personnelle (état d'ébriété), à réparer l'intégralité du préjudice causé alors qu'une faute de service (freins défectueux) avait contribué avec la même importance à la réalisation du dommage).

Les contestations relatives aux actions récursoires relèvent de la juridiction administrative.

CHAPITRE 3

La responsabilité sans faute

Nous avons déjà mentionné que la responsabilité pour faute constitue le droit commun de la responsabilité, la responsabilité sans faute n'étant que subsidiaire.

Comme son nom l'indique, **la responsabilité sans faute se caractérise par l'absence de faute à l'origine du dommage**. Ce régime est donc plus favorable pour les victimes puisqu'elles n'ont pas à prouver l'existence d'une faute dans le fonctionnement de l'administration mais simplement le lien de causalité entre l'activité administrative et le dommage qu'elles ont subi. Par ailleurs, la jurisprudence exige que le dommage soit certain et direct mais surtout spécial (les victimes doivent être individualisables) et anormal (il doit avoir une certaine gravité).

Lorsque ces conditions sont remplies, **la responsabilité de l'administration est engagée de plein droit** et la victime peut être indemnisée du préjudice subi.

La volonté du juge comme du législateur de protéger au mieux les victimes des faits dommageables non fautifs de l'administration, a conduit à un élargissement continu de la responsabilité sans faute. Ses hypothèses d'application sont fort nombreuses.

La responsabilité sans faute se partage en deux grands types de responsabilité : la responsabilité pour risque et la responsabilité pour rupture de l'égalité devant les charges publiques.

SECTION I

La responsabilité pour risque

La responsabilité pour risque repose sur l'idée que la responsabilité de l'administration est engagée **lorsque le dommage est la concrétisation d'un risque inhérent à l'activité administrative et aux moyens employés à cette occasion**. L'existence de ce risque (qualifié de « risque social » dans certaines hypothèses) justifie l'établissement d'une responsabilité sans faute.

Nous distinguerons la responsabilité du fait des choses, des activités et des situations dangereuses de la responsabilité instituée au profit des collaborateurs occasionnels du service public.

§ 1. La responsabilité du fait des choses, des activités et des situations dangereuses

Née sur l'idée du « risque de voisinage », cette responsabilité s'est d'abord appliquée aux choses dangereuses avant d'être étendue aux activités, aux méthodes et aux situations dangereuses. Son champ d'application de plus en plus large a provoqué une évolution des conditions de son engagement. Ainsi, la notion de « voisinage » a en partie disparu.

Nous étudierons ici les quatre hypothèses dans lesquelles cette responsabilité est applicable.

A) Les dommages de travaux publics causés aux tiers

Nous avons vu précédemment que les dommages de travaux publics causés aux usagers entraînent une présomption de faute (voir p. 376). Autrement dit, pour s'exonérer, l'administration doit prouver que l'ouvrage public source du préjudice était entretenu normalement.

En ce qui concerne les tiers victimes de dommages de travaux publics (le tiers étant la personne étrangère aux travaux publics, c'est-à-dire n'ayant aucun lien avec eux), la responsabilité de l'administration (en pratique, il s'agit de la responsabilité du maître de l'ouvrage, de l'entrepreneur ou du concessionnaire de travaux publics) est engagée sur la base du risque. Cela signifie qu'**étant donné le risque inhérent aux travaux publics ou à la présence d'ouvrages publics, le tiers victime d'un dommage accidentel doit être automatiquement indemnisé**. Pour cela, il faut que le dommage ait un caractère anormal.

Il est normal qu'une personne ne bénéficiant pas des travaux ou de l'ouvrage public (à la différence des usagers) puisse être indemnisée de plein droit des conséquences dommageables qu'elle subit du fait de ces travaux ou de l'ouvrage. C'est le cas lorsque, sous la pression de l'eau, la rupture d'un barrage cause des dommages physiques et matériels aux tiers (CE Ass., 28 mai 1971, *Département du Var c/ Entreprise Bec frères*, Rec., p. 419).

B) Les dommages causés par les choses dangereuses

Il ne suffit pas qu'une chose représente un risque potentiel de dommage pour être considérée comme une chose dangereuse à laquelle s'applique la responsabilité sans faute. Suivant les hypothèses, la jurisprudence réclame un risque exceptionnel, un danger particulier…

1) Les explosifs et les munitions

Le Conseil d'État a créé le régime de la responsabilité du fait des choses dangereuses à l'occasion de l'arrêt ***Regnault-Desroziers*** en 1919 (CE, 28 mars 1919, GAJA). Dans cette affaire, dite du fort de la Double-Couronne, un stock de munitions de guerre entreposé dans un fort situé à proximité d'une agglomération avait explosé, faisant plusieurs dizaines de morts. Le Conseil d'État a estimé que l'administration militaire n'avait pas commis de faute mais que les opérations de stockage et de manutention de ces engins dangereux « comportaient des risques excédant les limites de ceux qui résultent normalement du voisinage, et que de tels risques étaient de nature, en cas d'accident (…) à engager, indépendamment de toute faute, la responsabilité de l'État ».

2) Les armes et les engins dangereux

Le régime de responsabilité inauguré par l'arrêt *Regnault-Desroziers* a été largement étendu, en particulier à **l'usage d'armes dangereuses par la police**.

Le Conseil d'État a ainsi estimé que l'utilisation d'armes à feu par les forces de police à l'occasion d'opérations de police fait courir un risque tel (un risque exceptionnel, selon la jurisprudence) aux personnes étrangères à l'opération, qu'en cas de dommages qui leur seraient causés, la responsabilité administrative est engagée sur la base du risque (CE Ass., 24 juin 1949, *Lecomte et Daramy, deux arrêts*, GAJA ; ainsi, dans l'affaire *Lecomte*, au cours d'une poursuite, un gardien de la paix tire un coup de feu et blesse mortellement le patron d'un café qui était assis devant son établissement).

Cette jurisprudence connaît toutefois deux restrictions. D'une part, la notion d'armes dangereuses ne concerne que les armes à feu. Les dommages causés par les matraques ou les grenades lacrymogènes sont donc exclus du bénéfice de la responsabilité pour risque. D'autre part, dans l'arrêt *Dame Aubergé* en 1951, le Conseil d'État a clairement posé que le régime de la responsabilité pour risque ne s'applique qu'aux tiers, c'est-à-dire aux personnes (mais aussi aux biens) étrangères aux opérations de police (CE Sect., 27 juillet 1951, *Dame Aubergé et Dumont*, Rec., p. 447). Pour les personnes ou les biens visés par les opérations, la responsabilité des personnels de police ne peut être engagée que sur la base d'une faute simple « en raison des dangers inhérents à l'usage des armes ».

3) Les ouvrages publics dangereux

Le Conseil d'État a estimé qu'**en raison du danger que représentent certains ouvrages publics, les dommages qui en résultent entraînent la responsabilité du maître de l'ouvrage, de l'entrepreneur ou du concessionnaire, pour risque et ce, aussi bien au bénéfice des tiers que des usagers**.

Il a notamment admis cette responsabilité pour les dommages résultant de la rupture d'une canalisation d'eau (CE Sect., 18 décembre 1953, *Gain*, Rec., p. 570) ou de gaz.

Le Conseil d'État a étendu ce régime de responsabilité pour risque à d'autres ouvrages publics en raison du danger particulier qu'ils représentent pour leurs usagers (CE Ass., 6 juillet 1973, *Dalleau*, Rec., p. 482 ; à propos d'une route exceptionnellement dangereuse).

4) Les produits sanguins

Le Conseil d'État a reconnu la responsabilité pour risque des Centres publics de transfusion sanguine à raison des produits sanguins qu'ils fournissent, dans la mesure où ces produits sont à l'origine d'un risque de contamination (notamment par le virus du Sida) des personnes transfusées (CE Ass., 26 mai 1995, *Cons. N'Guyen, Jouan et Cons. Pavan* (3 décisions), AJDA 1995, p. 577, chro. *Stahl et Chauvaux*, p. 508).

De plus, dans le souci de **faciliter l'indemnisation des personnes victimes d'une contamination** suite à une transfusion sanguine, le Conseil d'État a décidé que **lorsque plusieurs centres de transfusion publics et privés sont susceptibles d'être à l'origine de la contamination d'une personne, la victime peut demander réparation de la totalité du préjudice subi à l'un des centres publics**, à charge pour celui-ci de se retourner contre les coauteurs du dommage (CE Sect., 15 janvier 2001, *Assistance publique-Hôpitaux de Paris*, requête n° 208958).

C) Les dommages causés par les activités et les méthodes dangereuses

Se fondant toujours sur le risque de voisinage, le Conseil d'État a étendu le régime de la responsabilité sans faute aux accidents pouvant résulter de certaines activités ou méthodes.

1) L'éducation surveillée, les « permissions de sortir »...

Il l'a appliqué en premier lieu aux méthodes nouvelles et libérales de rééducation utilisées par les institutions d'éducation surveillée. Ainsi, pour ne pas compromettre les chances de réussite de cette expérience mais aussi pour garantir au mieux le droit à réparation des victimes, le juge a décidé de retenir la responsabilité sans faute de l'administration pour les dommages causés aux voisins par des mineurs délinquants évadés de ces institutions (CE Sect., 3 février 1956, *Thouzellier*, Rec., p. 49).

En second lieu, **le Conseil d'État s'est détaché de la notion de risque de voisinage au sens strict** (les déplacements étant plus rapides, le dommage peut être causé par une personne ne se trouvant pas dans le voisinage) et a étendu la jurisprudence sur les méthodes dangereuses aux dommages causés par des évadés d'établissements psychiatriques pratiquant la méthode des « sorties d'essais » (CE Sect., 13 juillet 1967, *Département de la Moselle*, Rec., p. 341) ainsi qu'aux dommages causés par des détenus bénéficiant de « permissions de sortir » (CE, 2 décembre 1981, *Theys*, Rec., p. 456 ; TC, 3 juillet 2000, *Garde des Sceaux c/ Cts P.*, JCP 2000, II, 10444 : bien que la permission de sortir soit accordée par le juge de l'application des peines, la responsabilité en cause est bien celle de l'État au titre du régime des permissions de sortir qu'il a institué).

2) L'activité médicale des hôpitaux

En matière de responsabilité hospitalière, le Conseil d'État a admis que **les « aléas thérapeutiques » pouvaient engager la responsabilité des hôpitaux publics sur la base d'un risque exceptionnel** (CE Ass., 9 avril 1993, *Bianchi*, RFDA 1993, p. 573) : même si « aucune faute ne peut être relevée (...) lorsqu'un acte médical nécessaire au diagnostic ou au traitement du malade présente un risque dont l'existence est connue mais dont la réalisation est exceptionnelle et dont aucune raison ne permet de penser que le patient y soit particulièrement exposé, la responsabilité (...) est engagée si l'exécution de cet acte est la cause directe de dommages sans rapport avec l'état initial du patient comme avec l'évolution prévisible de cet état, et présentant un caractère d'extrême gravité ».

Les conditions posées par l'arrêt *Bianchi* pour engager la responsabilité pour risque de l'hôpital sont d'une telle rigueur que cette jurisprudence semblait devoir rester sans prolongement (en ce sens, CE, 30 juillet 1997, *M. et Mme Kreiss*, n° 148902 ; en l'espèce de « graves séquelles invalidantes » suite à une intervention chirurgicale ne suffisent pas pour retenir la responsabilité pour risque exceptionnel de l'hôpital).

Pourtant, dans une décision ***Hôpital Joseph Imbert d'Arles*** (CE Sect., 3 novembre 1997, AJDA 1997, p. 1016), **le Conseil d'État confirme et élargit la solution retenue par l'arrêt *Bianchi*.** Dans cette affaire, un « patient » est décédé suite à une anesthésie générale. La décision retenant la responsabilité de l'hôpital est audacieuse à un double titre. En premier lieu, elle fait entrer l'anesthésie dans la catégorie des actes médicaux nécessaires au traitement du patient. En second lieu et surtout, elle considère qu'**une intervention chirurgicale sans but thérapeutique** (en l'espèce, la victime n'était pas un malade mais un patient admis à l'hôpital à sa demande pour y subir une circoncision rituelle) **peut être à l'origine d'une responsabilité sans faute**.

En réalité, par cette décision, le Conseil d'État pose le principe selon lequel dès qu'**une personne** est **admise à l'hôpital** et quelle que soit la nature de l'acte qu'elle vient y subir (traitement ou intervention), elle **se trouve sous la responsabilité de cet hôpital**.

En fondant sa décision sur le principe d'égalité des usagers devant le service public, la Haute juridiction a pris en compte **le légitime souci de solidarité avec les victimes** (qui sont désormais prises en charge par la collectivité). En même temps, face au danger que peut représenter une extension trop large de la responsabilité pour les finances des hôpitaux, le commissaire du gouvernement a clairement prévenu que **la solution posée par l'arrêt *Hôpital Joseph Imbert d'Arles* ne s'appliquerait à l'avenir que dans des cas, très rares**, où « l'énoncé des circonstances qui ont entraîné le dommage provoque un sentiment de scandale et d'indignation ».

Prenant acte de la légitime solidarité avec les victimes d'aléas thérapeutiques, **la loi du 4 mars 2002 relative aux droits du malade** prévoit que **les accidents médicaux sans faute**, les affections consécutives aux complications dues aux traitements et médicaments et les infections contractées à l'hôpital ou en clinique, à partir d'un taux d'incapacité de 25 %, **feront l'objet d'une procédure accélérée de réparation à l'amiable**. Pour ce faire, un fonds appelé Office national d'indemnisation est créé.

3) Les rassemblements ou attroupements dangereux

Enfin, il faut évoquer un régime particulier de responsabilité pour risque établi par la loi : celui de la réparation des **dommages causés par des rassemblements ou attroupements dangereux**. Après avoir pesé sur les communes, cette responsabilité incombe à l'État depuis la loi du 7 janvier 1983 (son contentieux a été transféré à la juridiction administrative par la loi du 9 janvier 1986).

Cette responsabilité se caractérise par son champ d'application particulièrement large :

- peu importe que le dommage ait été causé par les manifestants ou par les forces de l'ordre (TC, 2 juin 1945, *Épx. Cuvillier*, Rec., p. 276) ;
- peu importe que les victimes aient été ou non étrangères à la manifestation ;
- enfin, peu importe la nature du dommage. Le Conseil d'État estime en effet que la loi n'énonce « aucune restriction quant à la nature des dommages indemnisables » (CE Ass., avis 6 avril 1990, *Sté Cofiroute et SNCF*, GAJA : un accroissement des dépenses ou une perte de recettes d'exploitation subi par une entreprise peut être indemnisé).

Les seules restrictions tiennent à la nature des actes commis par les manifestants et à leur lien avec les dommages. **La responsabilité de l'État ne peut être engagée que si les dommages sont la conséquence directe et certaine d'actes de violence graves, constitutifs de crimes ou de délits** (les victimes de dommages causés par une simple échauffourée ne bénéficient donc pas de ce régime), **commis par des rassemblements ou attroupements précisément identifiés : CE Ass., Avis, 20 février 1998, *Société ECSA et autres*** (DA 1998, n° 4, p. 28). Ainsi, les entreprises n'ayant pu effectuer leurs livraisons en raison de la mise en place de barrages sur les routes par les transporteurs routiers en juin-juillet 1992, ne pourront obtenir réparation de la part de l'État que si elles imputent les dommages subis à des délits précis et non à la situation générale de blocage du pays. Dans ce même avis, le Conseil a précisé que **l'État peut être déclaré responsable, en l'absence de faute de sa part, dans le cas où une rupture de l'égalité devant les charges publiques est la conséquence d'une inaction justifiée par l'intérêt général, notamment par les nécessités de l'ordre public** (par exemple, en cas de barrages de péniches : CE Sect., 27 mai 1997, *SA Victor Delforge*, Rec., p. 253).

Au vu de ce raisonnement, on pouvait s'attendre à une extension du régime de réparation fondé sur la responsabilité de l'État du fait des attroupements. C'est ce qui s'est produit avec l'**extension du régime au cas de violences urbaines** (CE Sect., 29 décembre 2000, *Assurances générales de France*, AJDA 2001, p. 164-167) puis, de façon plus large, **aux dommages causés à l'issue d'un rassemblement spontané** (CE Sect., 13 décembre 2002, *Cie d'assurances Les Lloyd's de Londres*, AJDA, 23 décembre 2002., à propos de dégradations causées par des jeunes gens dans une discothèque dont l'entrée leur avait été refusée). Le Conseil d'État reste « le garant de la solidarité sociale » (avec les victimes).

4) Un nouveau cas de responsabilité sans faute fondée sur la garde dans le cadre de l'assistance éducative

La personne publique à laquelle est confiée la garde d'un mineur faisant l'objet d'une mesure d'assistance éducative est responsable sans faute des dommages causés aux tiers par ce mineur (CE Sect., 11 février 2005, *GIE Axa courtage*, AJDA 2005, p. 663 et s.). En conséquence, l'État est condamné à réparer le préjudice (un incendie directement provoqué par le mineur). Par cet arrêt, le Conseil d'État abandonne sa jurisprudence précédente exigeant une faute pour que soit engagée la responsabilité de la personne publique. Le régime d'indemnisation est donc aligné sur celui des dommages causés par les mineurs délinquants placés (voir p. 396).

Cependant, de façon inédite, le Conseil décide que **le fondement de ce nouveau cas de responsabilité sans faute n'est pas le risque mais la garde** : « la décision par laquelle le juge des enfants confie la garde d'un mineur, dans le cadre d'une mesure d'assistance éducative (...) transfère à la personne qui en est chargée la responsabilité d'organiser, diriger, contrôler la vie du mineur » et « qu'en raison des pouvoirs dont l'État se trouve ainsi investi lorsque le mineur a été confié à un service ou à un établissement qui relève de son autorité, sa responsabilité est engagée, même sans faute ».

Cette responsabilité fondée sur la garde semble néanmoins pouvoir être rattachée à la catégorie plus large de la responsabilité pour risque. En effet, l'activité publique consistant à organiser et contrôler la vie d'un mineur placé hors de son milieu familial comporte nécessairement un risque alors même que le mineur en cause ne peut être considéré comme dangereux. De plus, ni le juge civil ni la doctrine n'opposent la notion de garde à celle de risque.

Confirmant sa décision *GIE Axa Courtage*, le Conseil d'État estime qu'en cas de dommages causés par un mineur délinquant bénéficiant du régime de liberté surveillée, l'établissement spécialisé (qu'il soit public ou privé) ou la personne « digne de confiance » (comme les grands-parents) auquel l'enfant est confié est responsable sans faute sur le fondement de la garde (CE Sect., 1er février 2006, *Garde des sceaux, ministre de la justice c/ Mutuelle assurance des instituteurs de France*, AJDA 2006, 20 mars, p. 586, chr. C. Landais et F. Lénica). Mais le Conseil ajoute que l'État est également responsable sans faute en raison du risque spécial résultant de la mise en œuvre d'une des mesures de liberté surveillée prévue par l'ordonnance du 2 février 1945. En laissant subsister, à côté de la responsabilité sans faute du gardien, celle de l'État pour risque, le Conseil d'État a consacré **un régime de cumul de responsabilités**.

Enfin, le Conseil d'État a estimé que sa jurisprudence *GIE Axa courtage* s'applique aux dommages causés par des mineurs placés auprès des services judiciaires de l'État, et ce, même si la victime était elle-même sous le contrôle de ces mêmes services (CE 13 novembre 2009, *Garde des sceaux, ministre de la Justice c/ Association tutélaire des inadaptés* ; à propos d'un jeune majeur placé dans un foyer relevant de la protection judiciaire de la jeunesse, tondu et brûlé avec des cigarettes par plusieurs mineurs également placés).

D) Les dommages causés par les situations dangereuses (le risque professionnel)

Lorsqu'une personne subit un dommage résultant de la situation dangereuse dans laquelle ses obligations professionnelles l'ont placé, elle bénéficie de la responsabilité pour risque.

C'est le cas du consul de France à Séoul que le gouvernement maintient en poste au moment de l'invasion des troupes nord-coréennes. Ses biens ayant été pillés, il obtient réparation du gouvernement français pour « risques exceptionnels » (CE Sect., 19 octobre 1962, *Perruche*, Rec., p. 555). Il en est de même pour l'institutrice en état de grossesse qui fait sa classe alors qu'une épidémie de rubéole touche l'établissement. Ayant contracté la maladie et son enfant étant né avec des malformations, la responsabilité de l'État est engagée sur la base du risque (CE Ass., 6 novembre 1968, *Dame Saulze*, Rec., p. 550).

§ 2. La responsabilité pour risque au profit des collaborateurs occasionnels du service public

Dans l'arrêt ***Cames*** en 1895, le Conseil d'État accepte de faire bénéficier les agents permanents de l'administration victimes d'un accident au cours de l'exercice de leurs fonctions, d'un système de responsabilité sans faute (CE, 21 juin 1895, GAJA ; accident subi par un ouvrier de l'État sans qu'aucune faute n'ait été commise ni de sa part, ni de la part de l'administration). Celui-ci se fonde sur les risques attachés à l'exercice des fonctions.

Mais rapidement, cette jurisprudence va perdre sa raison d'être. En effet, trois ans plus tard, en 1898, le législateur adopte la loi sur la réparation des accidents du travail. Désormais traités comme les salariés de droit privé en ce qui concerne les accidents du travail, les fonctionnaires bénéficient d'un système de réparation forfaitaire (le régime des pensions d'invalidité ; la pension d'invalidité est fixée en fonction du taux d'invalidité qui touche l'agent).

Alors qu'elle semblait plus ou moins désuète, la jurisprudence *Cames* a trouvé un nouveau terrain d'application, celui des dommages subis par les collaborateurs non permanents de l'administration. **Ayant participé bénévolement et de façon désintéressée à l'exécution d'un service public, le collaborateur**

occasionnel doit être automatiquement indemnisé des dommages qu'il pourrait subir (CE Ass., 22 novembre 1946, *Commune de Saint-Priest-la-Plaine*, GAJA, Rec. Lachaume ; des habitants d'une commune qui avaient accepté, à la demande du maire, d'assurer le feu d'artifice à l'occasion d'une fête locale, ont été blessés par l'explosion prématurée de deux fusées). Par cette jurisprudence, le Conseil d'État a voulu protéger une catégorie ne bénéficiant d'aucun régime législatif de réparation des accidents du travail.

Progressivement, le juge a déterminé le champ d'application de cette jurisprudence.

En ce qui concerne la « collaboration » au service public, après avoir exigé que le collaborateur occasionnel ait été « requis » par l'administration, le Conseil d'État a admis qu'il n'ait été que « sollicité » (arrêt *Commune de Saint-Priest-la-Plaine*, précité). Par la suite, la « collaboration spontanée » justifiée par l'urgence a même été acceptée (CE Sect., 25 septembre 1970, *Commune de Batz-sur-Mer*, Rec., p. 540 ; à propos du secours porté à des noyés).

Il faut que la participation au service public soit désintéressée.

La collaboration au service public doit se traduire par une participation à une véritable mission de service public. Le juge a cependant interprété largement cette condition. Le secours à des personnes en danger (noyades, incendies) ou l'aide apporté pour l'organisation et le déroulement de fêtes locales sont ainsi des collaborations bénévoles. Le Conseil d'État a même admis que les dommages subis par les appelés du contingent pouvaient être indemnisés en tant que dommages subis à l'occasion d'une collaboration occasionnelle (CE Sect., 27 juillet 1990, *Bridet*, Rec., p. 230).

Enfin, le dommage doit être directement lié à la participation à une mission de service public. Autrement dit, seul le dommage survenu pendant l'exécution de cette mission est indemnisable.

L'admission de la responsabilité sans faute au profit des collaborateurs occasionnels du service public entraîne **des conséquences financières** (liées à la réparation) **que certaines collectivités** (auxquelles sont rattachés les services publics en question) **peuvent avoir des difficultés à supporter**. Cela explique que le juge se montre plus rigoureux depuis quelques années pour admettre cette responsabilité pour risque.

Cependant, dérogeant à certains critères traditionnels (en particulier celui de participation désintéressée au service public), la Cour de cassation a décidé dans un arrêt de principe que les auxiliaires de justice (dont la mission est de concourir à titre professionnel à l'administration de la justice : par exemple, avocats, huissiers de justice…) victimes de dommages anormaux, spéciaux et d'une certaine gravité dans l'exercice de leurs fonctions, sont assimilés à des collaborateurs de l'administration et bénéficient ainsi d'un régime de responsabilité sans faute (Cass. civ. 1re, 30 janvier 1996, *Morand c/ Agent judiciaire du Trésor*, RFDA 1997, p. 1301-1309, note P. Bon).

De même, le Conseil d'État a décidé d'appliquer aux bénévoles agissant dans un service hospitalier le régime de la responsabilité sans faute du service public à l'égard de ses collaborateurs occasionnels (CE, 31 mars 1999, *Hospices civils de Lyon* ; AJDA, juin 1999 ; personne membre d'une association d'aide aux handicapés s'étant blessée (avec séquelles) suite à une chute sur le sol de l'hôpital). Le Conseil d'État assimile donc les bénévoles à des collaborateurs occasionnels du service public. Cette jurisprudence intéresse tous ceux qui agissent bénévolement auprès des malades hospitalisés mais aussi les bénévoles d'autres établissements comme les prisons (les « visiteurs de prison »).

Enfin, le Conseil d'État a reconnu au salarié d'une société privée le bénéfice de cette responsabilité pour risque (CE Sect., 12 octobre 2009, *Mme Chevillard*). Le salarié d'un prestataire de service a la qualité de collaborateur occasionnel du service public s'il intervient en dehors du cadre des missions traditionnelles afférentes à son contrat de travail et accepte, en raison de l'urgence de l'intervention, de prendre les risques inhérents à l'opération (à l'occasion d'un sauvetage en mer, le pilote d'un hélicoptère a volontairement accepté de porter secours à une personne blessée et est décédé lors de l'opération).

SECTION II
La responsabilité pour rupture de l'égalité devant les charges publiques

La responsabilité pour rupture de l'égalité devant les charges publiques se fonde sur une idée simple, quoiqu'un peu abstraite : **il n'est pas normal qu'un individu** (ou un groupe d'individus) **supporte seul les inconvénients inhérents à une décision ou à une situation justifiée par l'intérêt général**.

Comme l'indique cette définition, la responsabilité pour rupture de l'égalité devant les charges publiques porte sur des dommages inhérents à l'activité administrative. Ces dommages ne peuvent donc pas avoir une origine accidentelle.

Par ailleurs, pour que le droit à réparation puisse être ouvert aux victimes, le préjudice doit non seulement être spécial mais également atteindre **un degré élevé de gravité et d'anormalité**. En particulier, il doit excéder les gênes et les inconvénients normaux de la vie en société (qui n'ouvrent pas droit à réparation). La réunion de ces conditions permet au juge de constater **la rupture de l'égalité devant les charges publiques que l'indemnité accordée à la victime doit permettre de rétablir**.

Enfin, **ce régime de responsabilité a un caractère d'ordre public**, c'est-à-dire que le juge, saisi d'un recours en indemnité, doit vérifier si la responsabilité pour rupture de l'égalité devant les charges publiques ne peut pas trouver à s'appliquer (du moins lorsqu'elle n'a pas été invoquée par la victime).

Nous allons étudier successivement les trois grandes hypothèses d'application de la responsabilité pour rupture de l'égalité devant les charges publiques : responsabilité pour dommages permanents de travaux publics, du fait des lois et des conventions internationales, du fait des décisions administratives régulières.

§ 1. La responsabilité pour dommages permanents de travaux publics

Les dommages permanents de travaux publics désignent, comme leur nom ne l'indique pas, **les inconvénients provisoires** (même si du provisoire peut parfois devenir durable) **inhérents à l'exécution des travaux publics ou à la présence et au fonctionnement d'ouvrages publics. Pour reprendre une expression du droit privé, on peut qualifier ces dommages d'inconvénients ou de troubles de voisinage**.

Les travaux publics étant **exécutés dans l'intérêt général**, si les préjudices qui en résultent présentent **un caractère de spécialité et d'anormalité**, la responsabilité de l'auteur des travaux est engagée pour rupture de l'égalité devant les charges publiques. La victime est alors indemnisée sans avoir à prouver que le dommage a été causé par une faute.

Cette hypothèse de responsabilité sans faute a été reconnue pour la première fois dans l'arrêt ***Commune de Vic-Fezensac*** en 1931 (CE Sect., 24 juillet 1931, Rec., p. 860). Cet arrêt a surtout été l'occasion pour le juge de poser la règle selon laquelle **seuls les dommages excédant les inconvénients normaux du voisinage peuvent donner lieu à réparation**.

Les dommages permanents de travaux publics ont ensuite donné lieu à une abondante jurisprudence qui a permis de préciser le régime de cette responsabilité et ses hypothèses d'application.

Ainsi, le Conseil d'État relève deux types de dommages (souvent liés l'un à l'autre) pouvant résulter de la construction d'un ouvrage public : **le trouble de jouissance** (un voisin ne peut pas profiter normalement de sa propriété) et **la dépréciation de la valeur de la propriété** (la construction d'un ouvrage bruyant et/ou polluant et/ou inesthétique peut faire chuter la valeur des propriétés ou des immeubles voisins). Dans l'arrêt *Faivre,* le Conseil a constaté l'existence de ces deux types de dommages causés au voisin d'une centrale thermique (CE Sect., 16 novembre 1962, *EDF c/ Faivre*, Rec., p. 614).

De même, de façon classique, le juge retient le dommage permanent de travaux publics lorsque des travaux occasionnent **une gêne, un trouble dans l'activité des commerçants voisins** (si le préjudice est anormal et spécial). Ainsi, un cordonnier a été indemnisé pour la perte substantielle de recettes occasionnée pendant près de deux ans par des travaux de voirie (CE, 6 mars 1970, *Ville de Paris*, Rec., p. 164).

Enfin, si la victime indemnisée est généralement une personne physique, le juge accepte également que la réparation bénéficie aux personnes morales (CE Sect., 20 novembre 1992, *Commune de Saint-Victoret*, Rec., p. 418 ; bâtiments communaux devant être insonorisés en raison du bruit provoqué par l'activité de l'aéroport Marseille-Marignane).

§ 2. La responsabilité du fait des lois et des conventions internationales

Les lois et les conventions internationales sont des expressions de la souveraineté de l'État. Cela explique que, même depuis sa reconnaissance par le juge, la responsabilité de l'État du fait de ces actes n'est jamais allée de soi.

A) L'admission de la responsabilité du fait des lois et des conventions internationales

Comment organiser la réparation des dommages pouvant résulter de l'application des lois ? Pendant longtemps, cette question est restée sans réponse. Le statut même de la loi, « expression de la volonté générale », c'est-à-dire de la volonté souveraineté du peuple, plaçait le législateur en dehors ou plus exactement au-dessus de toute question de responsabilité. De plus, l'infaillibilité présumée de la loi, norme suprême jusqu'à la Constitution du 4 octobre 1958, la rendait intouchable.

Pourtant, **la responsabilité de l'État du fait des lois** a pu être admise (mais de façon exceptionnelle, voir ci-dessous) **grâce au développement de la responsabilité sans faute, cette dernière permettant un contrôle de la loi qui n'implique aucune appréciation sur le fond du texte** (puisqu'il n'y a pas à rechercher de faute). Le juge constate simplement qu'il y a eu rupture de l'égalité devant les charges publiques.

La responsabilité de l'État a été engagée pour la première fois du fait d'une loi à l'occasion de l'arrêt ***La Fleurette*** en 1938 (CE Ass., 14 janvier 1938, *Sté des produits laitiers La Fleurette*, GAJA, Rec. Lachaume) : pour soutenir le marché du lait, une loi avait interdit la fabrication des produits de substitution à la crème naturelle. Une société, seule à fabriquer un produit de remplacement, avait été contrainte de cesser son activité. Le préjudice causé par la loi (la cessation d'activité) étant grave et spécial, l'État avait été conduit à réparer le dommage ainsi causé.

La reconnaissance de **la responsabilité de l'État du fait des dommages causés par les conventions internationales** (autre manifestation de souveraineté) aurait dû intervenir rapidement à la suite de l'arrêt *La Fleurette*. En effet, à compter de 1946, les conventions sont assimilées aux lois. Pourtant, cette reconnaissance n'est intervenue que bien plus tard avec l'arrêt ***Cie générale d'énergie radioélectrique*** en 1966 (CE Ass., 30 mars 1966, GAJA, Rec. Lachaume) : le préjudice résultait, pour une société exploitant une radio qui avait été réquisitionnée par l'occupant allemand, de l'application de conventions internationales prévoyant le report de l'examen des réparations (pécuniaires). En l'espèce, le préjudice n'étant pas suffisamment spécial, l'État n'a pas eu à le réparer.

Depuis l'arrêt de 1966, le Conseil d'État n'a retenu que deux fois la responsabilité de l'État du fait des traités internationaux (CE Sect., 29 octobre 1976, *Ministre des Affaires étrangères c/ Consorts Burgat* ; CE, 29 décembre 2004, *M. Almayrac et autres*, AJDA, 28 février 2005, p. 427, chro. C. Landais et F. Lenica). Cette rareté tient à la rigueur des conditions d'application de cette responsabilité (voir B ci-dessous). Cependant, dans l'arrêt *M. Almayrac* de 2004, le Conseil **a abandonné implicitement la condition relative à l'incorporation régulière dans l'ordre juridique interne du traité objet du litige**, ce qui devrait rendre plus aisé, à l'avenir, l'engagement de la responsabilité de l'État à ce titre.

Enfin, **la Cour de justice de l'Union européenne a donné naissance à un véritable droit européen de la responsabilité des États membres pour violation du droit européen**, et ce quelle que soit l'autorité à l'origine de la violation, qu'il s'agisse du gouvernement, du législateur ou du juge (voir encadré p. 141).

La mise en œuvre de la responsabilité de l'État est conditionnée à la réalisation de plusieurs conditions appréciées avec rigueur par le juge.

B) La mise en œuvre de la responsabilité

1) Les conditions relatives au préjudice

Comme dans toute hypothèse de responsabilité, le préjudice causé par une loi ou une convention internationale doit être certain et le lien de causalité entre le texte et le dommage doit être prouvé.

Le préjudice causé **doit également être spécial** (et grave), c'est-à-dire que les victimes doivent être individualisables. Cette condition était appréciée avec une rigueur particulière par le juge qui n'admettait qu'une seule victime (comme dans l'arrêt *La Fleurette*, précité, ou l'arrêt *Caucheteux et Desmonts*, CE, 21 janvier 1944, Rec., p. 22). Le Conseil d'État a ensuite admis la responsabilité de l'État pour des dommages touchant un assez grand nombre de personnes (CE Sect., 25 janvier 1963, *Bovero*, Rec., p. 53 ; à propos d'une ordonnance législative interdisant l'exécution des jugements prononçant l'expulsion de leur logement des familles de militaires servant en Afrique du Nord). Quoi qu'il en soit, **la loi et les conventions étant par nature des normes de portée générale, la condition de spécialité est rarement remplie**.

2) La condition relative à l'intention de l'auteur de l'acte

Par ailleurs, **le législateur ou les auteurs de la convention internationale ne doivent pas avoir manifesté, même implicitement, leur volonté d'exclure la réparation**. Étant donné la place de la loi et des conventions dans la hiérarchie des normes, le juge administratif ne peut pas s'opposer à des dispositions exonérant l'État de toute responsabilité ou établissant un régime spécifique de réparation.

Cependant, concernant les lois, le Conseil d'État a largement nuancé cette règle. **Il refuse en effet que le silence du législateur puisse, par principe, être interprété comme excluant toute indemnisation** (CE, 2 nov. 2005, *Société coopérative Ax'ion*, AJDA, 23 janv. 2006, p. 142). Autrement dit, la volonté du législateur ne peut être appréciée qu'au cas par cas. Cette décision assouplit par conséquent les conditions d'engagement de la responsabilité de l'État du fait d'une loi.

3) La condition relative à l'objet du texte

Lorsqu'une loi a été adoptée dans un but d'intérêt général supérieur comme celui de la santé publique, de la sécurité publique, de la protection de la nature, de l'économie… **la responsabilité de l'État ne peut pas être engagée** (CE, 15 juillet 1949, *Ville d'Elbeuf*, Rec., p. 359 ; irresponsabilité de l'État pour la législation sur les prix). Cependant, par un **revirement de sa jurisprudence**, le Conseil d'État a jugé que les dommages causés par la prolifération de certaines espèces d'oiseaux sauvages protégées en vertu de la loi du 10 juillet 1976 sur la protection de la nature, sont **susceptibles d'engager, sans faute à prouver, la responsabilité de l'État du fait de cette loi** (CE Sect., 30 juillet 2003, *Assoc. pour le développement de l'aquaculture en région Centre et autres*, D. 2003, p. 2527, note C. Guillard). En l'espèce, le juge ne considère plus « l'intérêt général » qui s'attache à la loi mais « l'objectif de la loi » comme justificatif de celle-ci. Cette nouvelle approche semble marquer **un assouplissement des conditions posées pour ouvrir droit à réparation** en cas de dommage causé par une loi.

Par ailleurs, **lorsqu'une loi a eu pour objet d'instaurer une discrimination** (comme la loi instituant un mécanisme de solidarité financière entre communes et aboutissant à faire payer les communes les plus riches au profit des communes les plus pauvres), les dommages résultant de son application (dommage financier dans le cas du mécanisme de solidarité entre communes) ne peuvent donner lieu à réparation. Il n'y a en effet pas rupture de l'égalité devant les charges publiques mais inégalité imposée devant les charges publiques.

Enfin, **lorsqu'une loi a été adoptée dans le but de préserver des droits acquis (par des tiers)** remis en cause par l'annulation d'une décision administrative (loi de validation), la responsabilité de l'État peut être engagée du fait de cette loi (à condition qu'elle prévoie un droit éventuel à indemnisation ; voir p. 337).

E36 **Le Conseil d'État consacre un deuxième cas de responsabilité de l'État du fait des lois**

Par un arrêt *Gardedieu*, la Haute juridiction a modifié sa jurisprudence relative à la responsabilité du fait des lois, en tirant les conséquences de l'obligation pour l'État de respecter les engagements internationaux (CE Ass. 8 février 2007, *M. Gardedieu*). La responsabilité de l'État est étendue à la réparation de l'ensemble des préjudices qui résultent de l'intervention d'une loi adoptée en méconnaissance des engagements internationaux de la France (en l'occurrence, l'article 6 § 1 de la Convention européenne de sauvegarde des droits de l'homme).

Deux cas de responsabilité du fait des lois sont désormais ouverts :

- Le premier cas, fondé sur la rupture d'égalité devant les charges publiques et donc sur la responsabilité sans faute, est traditionnel. Il résulte de l'arrêt *La Fleurette*.
- Le second cas constitue l'apport de l'arrêt. Il s'agit de la possibilité d'engager la responsabilité de l'État du fait de la contrariété d'une loi à un engagement international en raison des « *obligations [de l'État] pour assurer le respect des conventions internationales par les autorités publiques* ». Cette formulation renvoie à l'idée de faute, dans le manquement de l'État à ses obligations, et non à un nouveau fondement de la responsabilité administrative. Nul n'est alors besoin de prouver un préjudice anormal et spécial, tout préjudice étant susceptible d'être indemnisé.

Jusqu'alors, le juge administratif reconnaissait la responsabilité de l'État du fait des actes réglementaires pris pour l'application de lois contraires à des engagements internationaux (CE Ass., 28 février 1992, *Sté Arizona Tobacco Products*) et du fait des actes individuels faisant application de telles lois (CE Ass., 30 oct. 1996, *Sté Jacques Dangeville*). Cependant, jamais le Conseil d'État n'avait consacré le principe de la responsabilité de l'État pour les préjudices causés directement par la loi. Au final, c'était donc toujours la fonction exécutive qui était reconnue comme fautive et non la fonction législative. Le juge administratif ne se reconnaissait pas la légitimité pour juger que le législateur avait commis une faute à ce titre.

Le principe reconnu par le Conseil d'État renforce l'effectivité de l'obligation du législateur d'appliquer les engagements internationaux.

§ 3. La responsabilité du fait des décisions administratives régulières

Il arrive que les décisions administratives, même légales, soient la cause de dommages. Si l'égalité devant les charges publiques a été rompue, la légalité des décisions administratives ne saurait faire obstacle à la mise en jeu de la responsabilité de l'administration, donc à la réparation du préjudice.

A) La responsabilité du fait des règlements légaux

La jurisprudence en la matière est proche de celle relative à la responsabilité de l'État du fait des lois.

Il faut néanmoins noter une différence substantielle. Contrairement au législateur, l'administration ne peut s'exonérer elle-même de sa responsabilité (ou même fixer un régime particulier de réparation).

Pour le reste, les deux régimes sont similaires. Pour que la responsabilité de l'administration soit engagée du fait des règlements légaux, il faut que le préjudice soit certain (et que le lien de causalité soit démontré), spécial (victimes individualisables) et anormal. Là encore, l'égalité devant les charges publiques est rompue pour satisfaire l'intérêt général.

Le Conseil d'État a admis cette responsabilité dans l'arrêt ***Commune de Gavarnie*** en 1963 (CE Sect., 22 février 1963, Rec., p. 113). En l'espèce, un commerce de souvenirs installé sur le chemin menant au cirque de Gavarnie avait subi un grave préjudice du fait d'un arrêté municipal réservant le chemin aux promeneurs à dos de mulets et l'interdisant donc aux piétons qui constituaient la clientèle essentielle du commerce. La responsabilité de l'administration est néanmoins rarement retenue (pour un arrêt confirmant *Commune de Gavarnie,* voir par exemple, CE, 13 mai 1987, *Aldebert*, Rec., p. 924 ; préjudice subi par un relais routier du fait d'un arrêté municipal instituant un itinéraire de détournement de la route nationale au bord de laquelle se trouve ce relais).

De plus, lorsqu'un règlement a été pris en vue de satisfaire un intérêt général supérieur ou lorsqu'il a eu pour objet d'instaurer une discrimination, la responsabilité de l'administration ne peut être engagée.

En définitive, **les conditions rigoureuses d'admission de la responsabilité administrative du fait des règlements préservent la capacité d'agir de la puissance publique** (du moins au niveau réglementaire).

B) La responsabilité du fait des décisions individuelles légales

Cette responsabilité trouve son origine dans l'arrêt ***Couitéas*** en 1923 (CE, 30 novembre 1923, GAJA). En l'espèce, le gouverneur général du sud tunisien avait refusé de prêter le concours de la force publique pour appliquer un jugement ordonnant l'expulsion de tribus autochtones installées irrégulièrement sur les terres du sieur Couitéas. **Ce refus était fondé sur le risque de troubles graves à l'ordre public** (il s'agissait d'expulser quelque 8 000 personnes). Le Conseil d'État a admis cet argument mais a également estimé que le sieur Couitéas avait subi un **préjudice spécial et anormal** qui engageait la responsabilité de l'administration pour rupture de l'égalité devant les charges publiques.

Le refus du concours de la force publique pour l'exécution des jugements est d'ailleurs devenu un des domaines de prédilection de la responsabilité du fait des décisions individuelles légales (CE Ass., 3 juin 1938, *Sté Cartonnerie Saint-Charles*, GAJA ; refus d'expulser des grévistes d'une usine ; CE Ass., 22 janvier 1943, *Braut*, Rec., p. 19 ; refus d'expulser des locataires occupant un appartement). Comme dans l'arrêt *Couitéas,* le juge a estimé que le refus d'intervenir était légalement fondé sur des craintes de troubles à l'ordre public mais que le caractère anormal et spécial du préjudice ouvrait droit à réparation aux victimes.

Par la suite, cette responsabilité a été étendue à d'autres types de décisions individuelles régulières :

- refus d'autorisation de licenciement de personnels excédentaires en raison des risques de perturbation de la vie économique locale (CE Sect., 28 octobre 1949, *Société des Ateliers du Cap Janet*, Rec., p. 450) ;
- décision de renoncer à une expropriation après plusieurs années de discussion (CE Sect., 23 décembre 1970, *EDF c/ Farsat*, Rec., p. 790) ;

– refus d'accès d'un port à des navires qui a entraîné la perte de leurs cargaisons (CE Sect., 7 décembre 1979, *Société Les Fils de Henri Ramel*, Rec., p. 456) ;
– décision de fermeture de tours d'habitations ayant entraîné la perte de sa clientèle pour un pharmacien (CE Sect., 31 mars 1995, *Lavaud*, LPA 1er août 1995, p. 6, note M. Deguergue).

La responsabilité du fait des décisions individuelles régulières a également été appliquée aux décisions de refus d'agir des autorités en cas de perturbation de l'ordre public (CE Sect., 27 mai 1977, *SA Victor Delforge*, Rec., p. 253 ; CE, 11 mai 1984, Port autonome de Marseille, Rec., p. 178 ; à propos du refus de faire rompre le blocus d'un port).

Lorsque le préjudice subi est anormal et grave, la victime a droit à réparation. Ceci dit, ces conditions étant appréciées avec rigueur par le juge, la responsabilité de l'administration est rarement retenue, **ce qui préserve là encore la capacité à agir de la puissance publique**.

E37 **Responsabilité sans faute de l'État pour défaut de scolarisation d'un enfant handicapé**

Par une solution inédite, le TA de Lyon, en se fondant sur la loi du 11 février 2005 pour l'égalité des chances, la participation et la citoyenneté des personnes handicapées, a décidé qu'un défaut de scolarisation d'un enfant handicapé engage la responsabilité sans faute de l'État (TA Lyon, 29 septembre 2005, *M. et Mme Khélif.*). En l'espèce, après la fermeture de l'établissement spécialisé qui l'accueillait, un enfant lourdement handicapé avait regagné le domicile familial sans avoir la possibilité d'être scolarisé. La commission départementale de l'éducation spéciale a alors proposé trois établissements dont aucun n'a pu accueillir l'enfant faute de place disponible.

Le tribunal estime qu'il n'y a pas de faute de l'État dans la mesure où ses services ont sérieusement recherché une solution pour l'enfant. En revanche, il retient la responsabilité sans faute de l'État : « compte tenu de la longueur de la période pendant laquelle Brahim n'a pas été scolarisé... l'État a fait peser sur l'enfant et ses parents une charge anormale et spéciale de nature à engager, dans les circonstances de l'espèce, sa responsabilité même en l'absence de faute ».

L'apport de ce jugement serait considérable s'il pouvait (sous réserve de sa confirmation) contraindre l'État, à l'avenir, à mieux assumer ses responsabilités vis-à-vis de cette population largement délaissée que constituent les personnes handicapées et leurs familles.

BIBLIOGRAPHIE GÉNÉRALE

(des bibliographies spécialisées sont proposées au début des parties)

Manuels et ouvrages

Les classiques

— R. Bonnard, *Précis de droit administratif,* LGDJ, 4e éd., 1943
— L. Duguit, *Traité de droit constitutionnel* [qui, comme son nom ne l'indique pas, est avant tout un traité de droit administratif], 5 volumes, 1921-1929
— C. Eisenmann, *Cours de droit administratif* (enseignements de 1948 à 1973), 2 vol., LGDJ, 1982-1983
— M. Hauriou, *Précis de droit administratif et de droit public,* Sirey, 12e éd., (par André Hauriou), 1933
— M. Waline, *Droit administratif,* Sirey, 9e éd., 1963

Les récents

— G. Braibant, B. Stirn, *Le droit administratif français,* Presse de Sc. Po.
— R. Chapus, *Droit administratif général,* Montchrestien
— G. Dupuis, M. J. Guédon, P. Chrétien, *Droit administratif,* Armand Colin
— J.M. de Forges, *Droit administratif,* coll. Premier Cycle, PUF
— A. de Laubadère, J. C. Venezia, Y. Gaudemet, *Droit administratif*
— G. Lebreton, *Droit administratif général,* Armand Colin, coll. Cursus, 2 tomes
— J. Morand-Deviller, *Cours de droit administratif,* Montchrestien
— G. Peiser, *Droit administratif,* mémento Dalloz
— J. Rivero, J. Waline, *Droit administratif,* précis Dalloz

Commentaires de jurisprudence et d'avis

— J.-F. Lachaume, *Les grandes décisions de la jurisprudence, droit administratif,* coll. Thémis, PUF
— M. Long, P. Weil, G. Braibant, P. Delvolvé, B. Genevois, *Les grands arrêts de la jurisprudence administrative,* Sirey
— Y. Gaudemet, B. Stirn, T. Del Farra, F. Rollin, *Les grands avis du Conseil d'État,* Dalloz

Revues

— L'Actualité juridique, Droit administratif (AJDA)
— Revue administrative (RA)
— Revue du droit public et de la science politique (RDP)
— Revue française de droit administratif (RFDA)

INDEX

D

L

M

N

O

P

Q

R

S

INDEX DES ARRÊTS ET DES AVIS CITÉS

C

D

E

F

G

H

I

J

K

L

M

T

U

V

W

TABLE DES MATIÈRES

CHAPITRE 2
L'administration d'État

CHAPITRE 3
Les collectivités territoriales

PARTIE II

Le principe de légalité

CHAPITRE 1

Les sources de la légalité

PARTIE IV

Les formes et les modalités de l'activité administrative

CHAPITRE 1

Le service public

Avantage Paradigme	**mise à jour en avril-mai 2011**

Les demandes de mise à jour gratuite ne seront prises en compte **que sur cet original** correctement complété, les photocopies seront refusées.
Nous cesserons l'envoi des mises à jour dès parution de l'édition suivante.

DROIT ADMINISTRATIF

☐ **Oui, je demande la mise à jour gratuite de cet ouvrage**

Mon adresse courriel* est la suivante (Il n'y aura pas d'envoi par La Poste) :

ADRESSE COURRIEL (e-mail)

QUE JE RÉPÈTE EN MAJUSCULE

Mes coordonnées* : ☐ M. ☐ Mme ☐ Mlle

NOM PRÉNOM

ADRESSE

CODE POSTAL VILLE

TÉLÉPHONE FIXE TÉLÉPHONE PORTABLE

☐ Étudiant(e) : NIVEAU :

☐ Enseignant(e) : TITRE : MATIÈRE :

UNIVERSITÉ, ÉCOLE... : VILLE :

☐ Autre :

J'ai acheté cet ouvrage à la librairie :

☐ **Je vous autorise à utiliser les informations qui précèdent***
(notamment pour m'informer de vos publications)

Signature obligatoire

Merci de nous retourner l'original de ce document complété et signé
(avec vos suggestions, critiques et appréciations...)

Éditions Paradigme
14, quai Saint-Laurent, 45000 Orléans

* Les Éditions Paradigme s'engagent à ne pas céder à un tiers d'autres données que le nom, l'adresse postale et le courriel. Conformément aux dispositions de la loi Informatique et Libertés, vous disposez d'un droit d'accès, de rectification et de retrait des données vous concernant.